KNUT LINSEL

CHARLES DE GAULLE UND DEUTSCHLAND 1914–1969

D1666410

deutsches

historisches

institut

historique

allemand

paris

BEIHEFTE DER FRANCIA

Herausgegeben vom Deutschen Historischen Institut Paris

Band 44

CHARLES DE GAULLE UND DEUTSCHLAND 1914–1969

von

Knut Linsel

JAN THORBECKE VERLAG SIGMARINGEN
1998

KNUT LINSEL

CHARLES DE GAULLE UND DEUTSCHLAND

JAN THORBECKE VERLAG SIGMARINGEN
1998

Die Deutsche Bibliothek – CIP-Einheitsaufnahme

[Francia / Beihefte]
Beihefte der Francia / hrsg. vom Deutschen Historischen Institut,
Paris. – Sigmaringen : Thorbecke
   Früher Schriftenreihe
   Reihe Beihefte zu: Francia / 01
   ISSN 0178-1952
   Bd. 44. Linsel, Knut: Charles de Gaulle und Deutschland. – 1998

Linsel, Knut:
Charles de Gaulle und Deutschland / Knut Linsel. – Sigmaringen :
Thorbecke, 1998
   (Beihefte der Francia ; Bd. 44)
   Zugl.: Bonn, Univ., Diss., 1996
   ISBN 3-7995-7346-1

BEIHEFTE DER FRANCIA
Herausgeber: Prof. Dr. Werner Paravicini
Redakteur: Dr. Stefan Martens
Deutsches Historisches Institut, Hôtel Duret de Chevry, 8, rue du Parc-Royal, F-75003 Paris
Institutlogo: Heinrich Paravicini, unter Verwendung eines Motivs
am Hôtel Duret de Chevry

Dieses Buch ist aus säurefreiem Papier hergestellt und entspricht den Frankfurter Forderungen zur Verwendung alterungsbeständiger Papiere für die Buchherstellung.

Gesamtherstellung: M. Liehners Hofbuchdruckerei GmbH & Co. Verlagsanstalt, Sigmaringen
Printed in Germany · ISBN 3-7995-7346-1

INHALTSVERZEICHNIS

VORWORT

Bei der vorliegenden Studie handelt es sich um meine Dissertation, die im Sommersemester 1996 von der Philosophischen Fakultät der Rheinischen Friedrich-Wilhelms-Universität Bonn angenommen worden ist und für die Drucklegung überarbeitet wurde. Das Rigorosum fand am 15. Mai 1996 statt.

Großer Dank gebührt an erster Stelle meinem akademischen Lehrer Herrn Professor Dr. Klaus Hildebrand für seine intensive Förderung dieser Arbeit sowie für alles, was ich als Historiker während des Studiums, insbesondere in seinem Doktorandenseminar, und als wissenschaftliche Hilfskraft an seinem Lehrstuhl von ihm gelernt habe. Herrn Professor Dr. Hans-Peter Schwarz bin ich gleichfalls sehr dankbar für seine anregenden und ertragreichen Verbesserungsvorschläge und die Übernahme des Korreferats während des Promotionsverfahrens.

Ferner sei Herrn Professor Dr. Peter-Michael Hahn, Potsdam, und den Bonner Hochschulassistenten Herrn Dr. Ulrich Lappenküper und Herrn Dr. Christoph Studt gedankt, weil sie wertvolle Hilfe geleistet haben, die über ihre eigenen wissenschaftlichen Interessengebiete streckenweise weit hinausging.

Bei Herrn Professor Dr. Werner Paravicini, dem Direktor des Deutschen Historischen Instituts Paris, und Herrn Dr. Stefan Martens möchte ich mich für die Veröffentlichung der Dissertation in der wissenschaftlichen Reihe »Beihefte der Francia« und die sorgfältige Manuskriptbehandlung bedanken.

Meinen Kolleginnen Gabriele von Alten und Andrea Süchting weiß ich mich wegen ihrer außergewöhnlich umsichtigen und menschlich angenehmen Hilfsbereitschaft beim Korrekturlesen verbunden. Dabei stellten sie wahrlich einen »Adlerblick« unter Beweis. Meinen Bonner und Leipziger Freunden Thomas Krechel, André Krowke, Dr. Martin Stauch und Ralf Wirsing danke ich besonders für ihre gehaltvollen Hinweise und für ihre Hilfe auf dem Gebiet der elektronischen Texterstellung. Familie Friedhelm Klaes, Koblenz, bin ich zu Dank verpflichtet, weil sie nie gezögert hat, ihre vorzügliche Gastfreundschaft unter Beweis zu stellen, wenn Forschungsaufenthalte im Bundesarchiv vonnöten waren.

Der Konrad-Adenauer-Stiftung, St. Augustin, bin ich zu besonderem Dank für ein mehrsemestriges Promotionsstipendium und ihre ideelle Graduiertenförderung verpflichtet.

Meinen Eltern, Geschwistern und Großeltern schulde ich großen Dank, denn sie haben den Impetus zur mehrjährigen Beschäftigung mit einem intellektuell faszinierenden Thema gegeben und den Fortgang der Forschungen ebenso verständnisvoll wie rege begleitet. In den Gesprächen mit ihnen ist mir oft deutlich geworden, in welchem Maße es notwendig ist, Charles de Gaulles Deutschlandbild und -politik genau zu kennen, um die Gegenwart zu verstehen und sich für die Zukunft zu orientieren.

Knut Linsel
Bonn, im April 1997

I. EINLEITUNG: PROBLEM, FORSCHUNGSSTAND, QUELLENLAGE

Im Jahre 1986 hat der französische Zeithistoriker und Journalist Jean Lacouture Deutschland als »inspiration centrale«, als »le thème majeur« Charles de Gaulles bezeichnet und die Bedeutung Deutschlands für die Vita und Politik des Generals mit jener verglichen, die das Himalajagebirge für einen leidenschaftlichen Alpinisten zu besitzen vermag[1]. In einer ähnlichen Weise hat der Historiker Jacques Binoche 1977 die These vertreten, Deutschland sei »für General de Gaulle die Kern- und Schicksalsfrage Frankreichs und Europas« gewesen. De Gaulles Karriere ließe sich, so schließt er seine Betrachtung ab, ohne Deutschland nicht verstehen[2].

In einem gewissen Kontrast zu dieser Einschätzung ist noch unlängst beklagt worden, es herrsche in Deutschland, sowohl innerhalb der Zeitgeschichtsschreibung als auch jenseits wissenschaftlicher Kreise, seit zwanzig Jahren ein allgemeines Unverständnis gegenüber den wesentlichen politischen Zielen und Entscheidungen Charles de Gaulles[3]. 1993 hat Andreas Wilkens am Ende einer Rezension zahlreicher Spezialstudien die Bilanz gezogen, die De-Gaulle-Forschung im engeren Sinne stünde »erst am Anfang«[4]. Mag dieses Urteil im Hinblick auf die Quellenlage teilweise zutreffen, so mutet es dennoch gewagt an. Denn prima vista mangelt es kaum an Darstellungen über das Deutschlandbild und die Deutschlandpolitik Charles de Gaulles[5].

Während die einschlägige Forschung bis in die achtziger Jahre hinein die einzelnen Phasen der Karriere des Generals und Staatsmannes teilweise recht holzschnittartig und undifferenziert betrachtet hat, weicht diese streckenweise auf einer unzureichenden Quellenbasis zustande gekommene Einschätzung seit wenigen Jahren einer nuancierteren historiographischen Interpretation. Denn bis zum internationalen Pariser Kolloquium »De Gaulle en son siècle«[6] des Jahres 1990 wurden de Gaulles deutschlandpolitische Verlautbarungen aus den zwanziger und dreißiger Jahren primär und keineswegs völlig zu Unrecht unter dem Aspekt des traditionellen, machtpolitische und geistesgeschichtliche Elemente verknüpfenden Erbfeindschaftsdenkens untersucht[7]. Reiner Marcowitz hat 1988 de Gaulles entsprechende Konzeption während der sich rückblickend als Intermezzo ausnehmenden Tätigkeit als Oberhaupt der Provisorischen Regierung Frankreichs von 1944 bis 1946 überwiegend und

---

1 Vgl. J. Lacouture, De Gaulle. Bd. 3: Le Souverain 1959–1970, Paris 1986, S. 289.

2 Vgl. J. Binoche, La formation allemande du Général de Gaulle, in: Etudes gaulliennes 5, Heft 17 (1977) S. 34f.

3 Vgl. J.-B. Neveux, De Gaulle vu de R.F.A. Vingt ans d'incompréhension, in: Ebd. Bd. 15, Heft 44 (1985) S. 78f.

4 Siehe A. Wilkens, Das Jahrhundert des Generals. Die historische Forschung zu de Gaulle steht erst am Anfang, in: Francia 20/3 (1993) S. 181.

5 Vgl. Nouvelle Bibliographie internationale sur Charles de Gaulle 1980–1990, établie par l'Institut Charles-de-Gaulle, Paris 1990, S. 191–198, 221–227, 281–306. Einige der neuesten, seitdem erschienenen Beiträge werden nachfolgend genannt bzw. besprochen.

6 »De Gaulle en son siècle«. Journées internationales organisés par l'Institut Charles de Gaulle. 19–24 novembre 1990. UNESCO-Paris, 7 Bde., hg. v. Institut Charles de Gaulle, Paris 1991/1992. Vgl. dazu die detaillierte Kritik von A. Wilkens, Das Jahrhundert des Generals, S. 181–185.

7 So z. B. J.-P. Bled, L'image de l'Allemagne chez Charles de Gaulle avant juin 1940, in: Etudes gaulliennes 5, Heft 17 (1977) S. 68.

zum Teil einseitig mit Aufteilungs- und Abspaltungsplänen in bezug auf das am Ende besiegte, besetzte und befreite Deutsche Reich in Verbindung gebracht[8]. In dieser Perspektive wirkt de Gaulles Politik, die er gegenüber der Bundesrepublik von 1958 an betrieb und die ihren qualitativen Höhepunkt 1963 mit dem Elysée-Vertrag erreichte, wie eine Wende. Sie bewog bereits zeitgenössische Beobachter dazu, von einem »Mirakel«[9] zu sprechen.

Im Sinne der Thematik des Kolloquiums »De Gaulle en son siècle« von 1990 zeichnet sich dagegen innerhalb der Historiographie die Tendenz ab, eher das Verbindende und Kontinuierliche zwischen den verschiedenen Lebensphasen de Gaulles und den Etappen seiner politischen Laufbahn zu betonen. So vergleicht beispielsweise der Romanist Peter Schunck den Wortlaut eines zentralen Auszugs aus de Gaulles 1934 veröffentlichtem Werk »Vers l'armée de métier« mit der offiziösen Instruktion, die François Seydoux Anfang September 1958 zum Auftakt seiner Botschaftermission in Bonn von de Gaulle erhielt. 1934 beschrieb der Oberstleutnant de Gaulle das Verhältnis der beiden Staaten und Völker folgendermaßen:

L'opposition des tempéraments avive cette amertume. Ce n'est point que chacun méconaisse la valeur de l'autre et ne se prenne à rêver, parfois, aux grandes choses qu'on pourrait faire ensemble. Mais les réactions sont si différentes qu'elles tiennent les deux peuples en état constant de méfiance[10].

Ähnlich heißt es in der Instruktion des Jahres 1958 unter Hinweis auf den deutschen Bundeskanzler:

Bien entendu, beaucoup dépendra du chancelier Adenauer, mais si je trouve en ce grand homme des dispositions qui correspondent aux miennes, nous pourront ensemble faire de grandes choses[11].

Unter dem Aspekt der Kontinuität stellt sich die Frage, ob sich hinter de Gaulles Äußerung von 1934 der Gedanke einer Aussöhnung und Zusammenarbeit, wie er im deutsch-französischen Vertrag 1963 de jure Wirklichkeit wurde, gewissermaßen avant la lettre verbarg.

Ferner sind 1990 beim gleichen Anlaß einzelne politische Schritte und Entscheidungen de Gaulles, die in einer gewissen Hinsicht mit Fug und Recht als »säkular« im Sinne des Kongreßthemas qualifiziert werden können, auf verbesserter Quellengrundlage einer konkreten Detailuntersuchung unterzogen und präziser in den historischen Kontext eingeordnet worden. Rainer Hudemann analysiert in seiner Abhandlung »De Gaulle und der Wiederaufbau in der französischen Besatzungszone nach 1945« dessen teilweise zukunftsweisende deutschlandpolitische Pläne und gelangt dabei zu dem Ergebnis, daß sich de Gaulles Absichten »zwischen einer Sicherheitspolitik im Stile von 1919 und einer anderen Sicherheitspolitik neuen Stils [bewegt

---

8   Vgl. R. MARCOWITZ, Grundzüge der Deutschlandpolitik de Gaulles und Bidaults von Herbst 1944 bis Frühjahr 1947, in: Mitteilungen der Ranke-Gesellschaft 1 (1988) S. 117–134.

9   Vom »miracle de Colombey« ist in: De Gaulle ou l'éternel défi. 56 témoignages recueillis et présentés par J. LACOUTURE et R. MEHL, Paris 1988, S. 359, die Rede.

10 Ch. DE GAULLE, Vers l'armée de métier, Paris 1971 (erstmals 1934 erschienen), S. 26f.

11 Vgl. P. SCHUNCK, De Gaulle und seine deutschen Nachbarn bis zur Begegnung mit Adenauer, in: W. LOTH, R. PICHT (Hg.), De Gaulle, Deutschland und Europa, Opladen 1991, S. 27 mit der dortigen Anm. 62. Es handelt sich bei den in diesem Sammelband vereinigten Aufsätzen um ausgewählte Vorträge deutscher Teilnehmer des De-Gaulle-Kolloquiums von 1990.

hätten], die sich nicht mehr allein auf traditionelle Elemente militärischer und wirtschaftlicher Sicherheit gründete, sondern ebenso auf eine Zusammenarbeit zwischen den Völkern, und die eng mit einer Demokratisierungspolitik in Deutschland verbunden wurde«[12].

Auf einer breiten archivalischen Quellengrundlage setzt Dietmar Hüser diese Forschungen Rainer Hudemanns in seiner umfangreichen Studie über die französische Deutschlandpolitik zwischen 1944 und 1950 fort, in der er schwerpunktartig die Konzeption de Gaulles vor dem nationalen und internationalen, gesellschaftlichen und wirtschaftlichen Kontext betrachtet und mit der Deutschlandpolitik Georges Bidaults, Robert Schumans und Jean Monnets vergleicht. Ausgehend von der »Frage, wie aus dem ›Annexionisten‹ und ›Zerstückeler‹ von 1944 bis 1946 der ›Aussöhner‹ von 1958 bzw. 1963 wurde«[13], der sich obendrein rhetorisch eines »Politikstils der kalkulierten Unschärfe« befleißigt habe[14], unterscheidet Dietmar Hüser systematisch deutschlandpolitische Konzeptionen, übermittelte Instruktionen und erfolgte Realisationen der Provisorischen Regierung de Gaulle in der französischen Besatzungszone und im Saargebiet. Er vertritt die These, Frankreich habe 1945/46 eine »doppelte Deutschlandpolitik« betrieben, die nacheinander auf französische Dominanz in Deutschland und französisch-deutsche Integration am Rhein hinzielte, und zeigt umgehend die begrenzte Verwendbarkeit dieser an eine bestimmte nationale Perspektive gebundenen Begrifflichkeit auf[15].

Hinsichtlich der Entstehung des Elysée-Vertrages 1963 weist der Bonner Zeithistoriker Hans-Peter Schwarz in einer weiteren Spezialuntersuchung nunmehr nach, daß die Entscheidung zugunsten eines ratifikationsbedürftigen völkerrechtlichen Vertrages anstelle eines bloßen, qualitativ zurückstehenden Protokolls, von dem im Jahre 1962 noch bei zahlreichen bilateralen Kontakten auf Regierungsebene die Rede gewesen war, extrem kurzfristig fiel. Im Grunde wurde ein Vertrag erst im Rahmen des Paris-Besuches Konrad Adenauers zwischen dem 20. und dem 22. Januar 1963 konkret entworfen und dann geschlossen[16]. Inwiefern äußere Umstände wie die durch Chruschtschows Ultimatum vom 27. November 1958 ausgelöste Berlin-Krise, der erste und zweite Fouchet-Plan 1961 bzw. 1962, die britische Politik bzw. Macmillans Zusammentreffen mit Kennedy im Dezember 1962 in Nassau auf den Bahamas mittelfristige Ursachen für das vertragliche französisch-deutsche Einvernehmen bildeten, müßte angesichts dieses Befundes genauer geklärt werden, um den keineswegs geradlinigen Weg vom »Mirakel von Colombey« zum Elysée-Vertrag differenziert nachzuzeichnen und de Gaulles präsidentielle Deutschlandpolitik in ihrem Wesen zu erfassen. Denn ähnlich wie Deutschland bereits 1945 nach Joseph Rovans Ansicht als »das wichtigste Terrain [diente], auf dem Frankreichs Bemühen um die Wiederaner-

---

12 R. Hudemann, De Gaulle und der Wiederaufbau in der französischen Besatzungszone nach 1945, in: Ebd. S. 165.

13 D. Hüser, Frankreichs »doppelte Deutschlandpolitik«. Dynamik aus der Defensive – Planen, Entscheiden, Umsetzen in gesellschaftlichen und wirtschaftlichen, innen- und außenpolitischen Krisenzeiten 1944–1950, Berlin 1996, S. 172.

14 Vgl. ebd. S. 174, 259.

15 Vgl. ebd. S. 716.

16 Vgl. H.-P. Schwarz, Präsident de Gaulle, Bundeskanzler Adenauer und die Entstehung des Elysée-Vertrages, in: W. Loth, R. Picht (Hg.), De Gaulle, S. 178 f.

kennung seiner Gleichberechtigung durch die großen Siegermächte durchgefochten«[17] wurde, also auch einen funktionalen Wert in de Gaulles Vision einer Renaissance französischer Großmachtpolitik besaß, wird dieser Vertrag in der neueren einschlägigen Forschung primär als eine funktionale Etappe auf dem in den sechziger Jahren letztlich gescheiterten Weg zu einem von den Blöcken unabhängigen und supranationalen Europa gedeutet, wie es de Gaulle laut Wilfried Loths revisionistischer und sicherlich bestreitbarer Interpretation angestrebt habe[18].

Genau entgegengesetzt hat 1963 René Mayer, der vormalige französische Ministerpräsident und Präsident der Hohen Behörde der Europäischen Gemeinschaft für Kohle und Stahl, den Zusammenhang zwischen der europäischen Integration und dem Elysée-Vertrag beschrieben, als er davon sprach, daß die französisch-deutsche »Versöhnung nur auf dem Wege über die europäische Integration möglich wurde«[19]. Das entspricht insofern der historischen Wahrheit, als die zwar von Irritationen nicht freie, jedoch insgesamt mindestens auf Kooperation und zum Teil sogar auf Integration ausgerichtete Deutschlandpolitik der wechselnden Regierungen der Vierten Französischen Republik eine konstitutive Voraussetzung der präsidentiellen Deutschlandpolitik des Generals ab 1959 darstellte[20]. Nicht nur für Konrad Adenauer, der den Elysée-Vertrag nach eigenem Bekunden nicht zuletzt »im Hinblick auf die Rolle Sowjetrußlands« abschloß [21], sondern auch für den französischen Staatspräsidenten stand die kodifizierte deutsch-französische Aussöhnung des Jahres 1963 in einer direkten Verbindung mit »seiner anspruchsvollen europäischen Politik, bei der er niemals aus dem Auge verlor, welche Zugkraft er in diesem gewaltigen Plan dem deutsch-französischen Gespann zuwies«[22].

---

17 J. ROVAN, Zwei Völker – eine Zukunft. Deutsche und Franzosen an der Schwelle des 21. Jahrhunderts, München 1986, S. 107.

18 Vgl. W. LOTH, De Gaulle und Europa. Eine Revision, in: HZ 253 (1991) S. 642f., 654–657 und 660. Loth sucht in diesem Aufsatz die These, de Gaulle sei ein kompromißloser Verfechter nationalstaatlicher Unabhängigkeit und nationaler »Grandeur« bzw. ein Gegner der europäischen Integration gewesen, zu revidieren. So habe de Gaulles Kritik an der Europäischen Verteidigungsgemeinschaft »nicht den Eingriffen in die nationale Souveränität, sondern dem Mangel an föderalistischer Durchgestaltung und wirklich europäischer Qualität« gegolten. W. Loth gesteht jedoch umgehend ein, daß der General im Hinblick auf dieses EVG-Projekt u. a. »die Auflösung nationaler Verbände ... und die weitgehende Unterordnung unter einen amerikanischen Oberbefehlshaber« ablehnte. Außerdem bezeichnet er die »Politik des leeren Stuhls« und den Austritt Frankreichs aus der militärischen Integration der NATO in den Jahren 1965/66 als »nationale[n] Alleingang de Gaulles« und erörtert am Ende seines Beitrages die »Konsequenz des nationalen Ansatzes der de Gaulleschen Politik«. Vgl. dazu den plausiblen Kommentar v. A. WILKENS, Das Jahrhundert des Generals, S. 190. Loths neue Deutung der gaullistischen Europapolitik beruht obendrein auf einer unzureichenden bzw. eigenwillig ausgewählten Quellenbasis.

19 Siehe René MAYERS Redebeitrag in: Deutschland und Frankreich im Spiegel des Vertrages. VII. Deutsch-Französische Konferenz in Bad Godesberg. 24.–26. Mai 1963, hg. v. Deutschen Rat der Europäischen Bewegung, Bonn o. J. [1963], S. 17.

20 Vgl. Ch. BLOCH, De Gaulle et l'Allemagne, in: E. BARNAVI, S. FRIEDLÄNDER (Hg.), La Politique étrangère du général de Gaulle, Paris 1985, S. 135.

21 Siehe Konrad ADENAUERS Redebeitrag in: Deutschland und Frankreich im Spiegel des Vertrages, S. 14.

22 P. MAILLARD, De Gaulle und Deutschland. Der unvollendete Traum, Bonn/Paris 1991, S. 365. Ebd. S. 381 spricht er sogar von de Gaulles »Traum von einer deutsch-französischen Union als Fundament des wiedererstehenden Europas«.

In diesem Zusammenhang erhebt sich die Frage, ob Deutschland in der politischen Prioritätensetzung de Gaulles gewissermaßen vor Europa rangierte oder Charles de Gaulle die deutsch-französischen Beziehungen stets in den Kontext der europäischen »situation d'ensemble«[23] einordnete, also einer politischen »Gesamtsituation«, von der er, in Anlehnung an eine berühmte Begriffsbildung Otto von Bismarcks, 1958 sprach.

Jacques Bariéty hat kürzlich sogar die globale Dimension der deutsch-französischen Beziehungen skizziert und eine Einordnung der Zusammenkunft de Gaulles mit Adenauer in Rambouillet Ende Juli 1960 und der Unterredungen der französischen Spitzendiplomaten Charles Lucet und Jacques de Beaumarchais in Bonn am 11. und 12. Januar 1963 in die Deutschlandpolitik des französischen Staatspräsidenten jenseits des bilateralen Maßstabs als Forschungsaufgabe entworfen[24].

Es ist also zu bedenken, daß »im Hintergrund der Gemeinsamkeit mit Deutschland de Gaulle auch stets Europa als Ziel vor Augen«[25] hatte, so daß sich sein Deutschlandbild und seine Deutschlandpolitik nicht isoliert, sondern zumindest nur im Rahmen der gesamteuropäischen politischen Konstellation verstehen lassen. Daneben besteht ein anderes Desiderat, das diese Spezialstudien und andere einschlägige Beiträge der jüngsten De-Gaulle-Forschung durchgehend zu erkennen geben. Jean Lacoutures einleitend genanntes Urteil über Deutschland als »inspiration centrale« und »thème majeur« Charles de Gaulles legt nämlich die Frage zu klären nahe, welche Bedeutung für Charles de Gaulle zeit seines Lebens und langen politischen Wirkens, unter welchem Aspekt auch immer, Deutschland überhaupt hatte. Erregte allein die geographische Nachbarschaft der beiden Länder sein besonderes Interesse? Da die »deutsche Frage« schon aus geopolitischem Grunde immer eine »europäische Frage« war und Frankreich ideell und real, zeitweise sogar existentiell, betraf, mußte jeder französische Staatsmann, der im 20. Jahrhundert außenpolitisches Terrain betrat, den vielbeklagten »incertitudes allemandes« in unterschiedlichem Ausmaß seine Aufmerksamkeit schenken. Darüber hinaus ist diese grundsätzliche Frage insofern eine besondere Untersuchung wert, als Deutschland in der Zeit von 1914 bis 1969 seine geographische, politische und geistig-kulturelle Gestalt wandelte.

Beinahe allen Historikern, die de Gaulles Deutschlandpolitik nach dem Untergang des Deutschen Reiches 1945 untersucht haben, ist die Diskrepanz zwischen seiner Deutschlandpolitik während der Jahre 1945/46 und jener nach 1958 aufgefallen[26]. Nach 1945 avancierte de Gaulle zunächst zu einem Gegner jeder Form eines deutschen Einheitsstaates. Sogar die Gründung der Bundesrepublik 1949 mißfiel ihm. Aber als Staatspräsident der Fünften Französischen Republik betrieb er scheinbar eine neue und eigenständige Deutschlandpolitik und bestritt nicht die Legitimität des

---

23 LNC VIII, S. 60, Antwortschreiben de Gaulles an Chruschtschow vom 31. Juli 1958; der deutsche Botschafter Herbert Blankenhorn hat diesen Begriff mit dem Bismarckschen Ausdruck »Gesamtsituation« übersetzt. Vgl. BA, NL Blankenhorn, Bd. 90, Bl. 300, Anhang II zum Nachrichtenspiegel I vom 1. August 1958.

24 Vgl. J. BARIÉTY, De Gaulle, Adenauer et la genèse du traité de l'Elysée du 22 janvier 1963, in: Institut Charles de Gaulle (Hg.), De Gaulle en son siècle. Bd. 5: L'Europe, S. 355–362.

25 P. MAILLARD, De Gaulle und Deutschland, S. 374f.

26 Vgl. jüngst Ph. H. GORDON, A Certain Idea of France. French Security Policy and the Gaullist Legacy, Princeton (New Jersey) 1993, S. 8, der diesen Wandel auf de Gaulles Pragmatismus zurückführt.

deutschen Wiedervereinigungsanspruches. Markierte dieser Wandel seiner Haltung gegenüber Deutschland einen Bruch oder lag ihm etwas Verbindendes zugrunde? Die Bundesrepublik unterschied sich in mehrfacher Hinsicht von früheren Formen deutscher Staatlichkeit, vom kaiserlichen Deutschland, gegen das de Gaulle im Ersten Weltkrieg zu Felde zog, und ebenso von der Weimarer Republik wie vom »Dritten Reich«. Nach dem Zweiten Weltkrieg war das »geordnete, tätige, aufbauende, europäische Deutschland Konrad Adenauers den Franzosen, die an das Ungeheuerliche aus Deutschland gewöhnt waren, beinahe zu geheuer«[27]. Da die meisten einschlägigen Beiträge, sieht man einmal von den Jahren des Zweiten Weltkrieges ab, zumeist die Deutschlandpolitik de Gaulles während seiner Provisorischen Regierungszeit nach der »Befreiung Frankreichs« 1944 und nach seiner Rückkehr an die Macht im Juni 1958 zum Thema haben, ist es sinnvoll, seine Haltung zu Deutschland in der Zeit seiner früheren Lebensabschnitte zu untersuchen und historischen Kontinuitätslinien nachzuspüren. Aufschlüsse gewährt diese Vorgehensweise nicht zuletzt darüber, welchen Stellenwert Deutschland in der politischen Gedankenbildung Charles de Gaulles vor 1940 besaß[28].

De Gaulle begrüßte, seitdem er während seiner eigenen Oppositionszeit in den fünfziger Jahren die ersten außenpolitischen Schritte Konrad Adenauers zu verfolgen begann, die Westorientierung und Westbindung der Bundesrepublik. Diese Option bot nach seiner Ansicht eine Gewähr dafür, daß sich Deutschland politisch, geographisch und geistig-kulturell von seiner preußischen Vergangenheit entfernte und seinen Schwerpunkt dauerhaft nach Westen verlagerte. Aber entwickelte Charles de Gaulle dann tatsächlich, wie ein Zeitgenosse urteilte, »eine fast romantische Liebe zu Deutschland«, die sich »freilich auch in Haß verwandeln« ließ[29]?

Aus der Perspektive eines zurückblickenden Beteiligten hat de Gaulles ehemaliger Außenminister Maurice Couve de Murville einmal eines der deutschlandpolitischen Verdienste des Generals zur Zeit der deutschen Teilung dahingehend beschrieben, daß Deutschland, zumindest der westdeutsche Teilstaat, in der Nachkriegszeit vor dem Hintergrund der politischen und vor allem moralischen Hypothek der nationalsozialistischen Vergangenheit, die eine politische und nicht zuletzt geistige Entwurzelung der meisten Deutschen bewirkt hatte, »durch Frankreich zu sich selbst«[30] zu finden vermochte. Ghita Ionescu zögert in dem Kontext nicht, die These zu vertreten, de Gaulles »concern about Franco-German relations in the future obviously lay behind all his interpretations of world politics. His eternal hope for France's ›grandeur‹ was the other side of the coin of his fear of Germany. France's domination of Ger-

27 F. BONDY, Zum deutsch-französischen Dialog, in: A. ARNDT u. a. (Hg.), Konkretionen politischer Theorie und Praxis. Festschrift für Carlo Schmid, Stuttgart 1972, S. 438.

28 Diese Frage hat J.-P. BLED, L'image de l'Allemagne, S. 59–68, passim, nicht behandelt. J. BINOCHE, La formation allemande, S. 34, urteilt in der Hinsicht folgendermaßen: »le 18 juin 1940 n'est plus un ›coup de poker‹, une ›inspiration heureuse‹, un ›saut dans l'inconnu‹, mais l'aboutissement d'un immense processus de réflexion sur l'Allemagne. Sans l'Allemagne, il n'y a pas de général de Gaulle«.

29 Siehe H. OSTERHELD, Außenpolitik unter Bundeskanzler Ludwig Erhard 1963–1966. Ein dokumentarischer Bericht aus dem Kanzleramt, Düsseldorf 1992, S. 125.

30 M. COUVE DE MURVILLE, Außenpolitik 1958–1969, (dt. Übersetzung) München 1973, S. 381.

many in the future was for him a sine qua non of her security and of peace in Europe; it was the basis of all his diplomatic designs as well as of his projects«[31].

Dies verweist auf das Faktum, daß der »Mann der Vergangenheit und der Zukunft« (André Malraux) über das Problem der deutschen Einheit in der bilateralen historischen Perspektive beinahe fortwährend nachdachte, nämlich sowohl in den dreißiger Jahren, als sich diese Frage keineswegs aktuell zu stellen schien oder gar absehbar war, daß Adolf Hitler die Einheit des Deutschen Reiches wenig später kriegerisch aufs Spiel setzen würde, als auch während der fünfziger und sechziger Jahre, als die »deutsche Frage« in unterschiedlicher Gewichtung, aber niemals in einem marginalen Ausmaß die Tagesordnung des Kalten Krieges mitbestimmte.

Im Jahre 1934 schrieb de Gaulle:

L'unité allemande, favorisée par nos illusions, scellée par nos désastres, confirmée par notre hâte à limiter la récente victoire, a mis le colosse à même de se ruer vers l'ouest d'un seul élan et sans délai[32].

Welchen qualitativen Wandlungen sein Deutschlandbild unter diesem Aspekt über die Jahrzehnte hinweg unterlag und wie beispielsweise der Elysée-Vertrag hinsichtlich der zusammenhängenden Deutschland- und Europapolitik de Gaulles anhand dieser Fragestellung historiographisch interpretiert werden kann, hat Charles Bloch 1985 in einer ersten, auf der Basis veröffentlichter französischer Quellen entstandenen Darstellung beschrieben. Dabei beschränkt er sich jedoch lediglich auf eine phänomenologische Darstellung, ohne die kontinuierlichen und diskontinuierlichen Elemente systematisch genauer zu skizzieren oder zum Beispiel zu untersuchen, ob die sicherlich zu Recht erkannte funktionalistische Perzeption Deutschlands 1945 auch nach 1958 in de Gaulles Perspektive vorherrschend oder von untergeordneter Bedeutung war[33].

Charles Bloch leitet seine Darstellung mit der These ein, »un calcul froid et rationnel de puissance« habe der Haltung Charles de Gaulles gegenüber Deutschland fortwährend zugrunde gelegen[34], verzichtet aber darauf, jenes zentrale, beinahe traditionelle Dilemma der französischen Deutschlandpolitik seit dem 19. Jahrhundert entsprechend seiner historischen Bedeutung für die Deutschlandpolitik des Generals zu untersuchen, an dem Napoleon III., der »sich auf das Nationalprinzip berief, aber gegen die deutsche Nationalstaatsbildung eintrat«[35], 1870 scheiterte. Daß sich Pierre Maillard jüngst in seinem einschlägigen Werk »De Gaulle und Deutschland. Der unvollendete Traum« nicht mit Charles Blochs im übrigen außerordentlich gehaltvollem Beitrag auseinandergesetzt hat, hängt wohl mit seinem im strengen Sinne nur begrenzt historiographischen Ansatz zusammen, der diesen französischen Chronisten mit manchen Beiträgen aus dem Bereich der zeitgenössischen Publizistik, auch vom Titel seines Werkes her gesehen, verbindet[36]. Pierre Maillards eher deskriptive als analytische Darstellung läßt nämlich mehrere Wünsche offen, die sich seitens der Geschichtswissenschaft an den Untersuchungsgegenstand richten. Seinem eigenen Be-

31 Gh. IONESCU, Leadership in an Interdependent World: The Statesmanship of Adenauer, De Gaulle, Thatcher, Reagan and Gorbachev, London 1991, S. 120.
32 Ch. DE GAULLE, Vers l'armée de métier, S. 29.
33 Vgl. Ch. BLOCH, De Gaulle, S. 116, 123–127, 135.
34 Siehe ebd. S. 112.
35 Th. NIPPERDEY, Deutsche Geschichte 1866–1918. Bd. 2: Machtstaat vor der Demokratie, München 1992, S. 57.
36 Beispielsweise mit H. O. STAUB, De Gaulle. Träumer oder Realist?, Luzern/Frankfurt a. M. 1966.

kenntnis zufolge »erhebt er nicht den Anspruch auf wirkliche Geschichtsschreibung im Sinne einer ... eingehenden ... Studie aller Elemente, die vor und nach dem Zweiten Weltkrieg und in den Zeiten, in denen de Gaulle das Ruder Frankreichs führte, auf das deutsch-französische Verhältnis eingewirkt haben«[37], sondern beruft sich auf seine zum Teil persönlichen Eindrücke von Charles de Gaulle als zeitweise beteiligter Zeitzeuge. Daher hat er in seinem Werk zentrale Gesichtspunkte der Geschichte Deutschlands kaum behandelt, z. B. die traditionelle Differenz zwischen Staat, Nation und Territorium oder bestimmte außenpolitische Optionsmöglichkeiten des Deutschen Reiches bzw. der Bundesrepublik, u. a. die Frage der Ost- oder Westoption oder des sogenannten »dritten Weges« zwischen Ost und West. Mit diesen historisch überlieferten Grundproblemen der deutschen Politik mußte sich hingegen Charles de Gaulle, der sich ideengeschichtlich der Größe des Nationalstaates verpflichtet fühlte, im Rahmen seiner intellektuellen Auseinandersetzung mit Deutschland und seiner tatsächlichen Deutschlandpolitik beschäftigen. Darin liegt nicht zuletzt für die Historiographie die Relevanz des Themas.

Pierre Maillard akzentuiert indessen Aspekte der Deutschlandpolitik des Generals unmittelbar nach dem Zweiten Weltkrieg wie beispielsweise dessen Bevorzugung einer Einheit Deutschlands »in Form einer Staatenkonföderation« gegenüber einer Zweiteilung, so sehr jener auch »damals auf möglichst vielen Garantien betreffend Deutschland« bestanden und »sich jeder Wiederherstellung eines Reiches«[38] widersetzt habe, die in neueren wissenschaftlichen Abhandlungen wie Reiner Marcowitz' Aufsatz über »Grundzüge der Deutschlandpolitik de Gaulles und Bidaults von Herbst 1944 bis Frühjahr 1947«[39] nahezu vollständig fehlen.

Das Ziel der Untersuchung besteht zum einen darin, das Thema »Charles de Gaulle und Deutschland 1914–1969« in Form einer zusammenhängenden geschichtswissenschaftlichen Darstellung[40] im Rahmen einer kritischen Auseinandersetzung mit den teils erwähnten oder angedeuteten bisherigen Resultaten und Kontroversen der einschlägigen Forschung zu erörtern, die sich um die Themenkomplexe des Erbfeindschaftsdenkens, der Kontinuität bzw. Diskontinuität, der deutschen Einheit etc. ranken. Im Mittelpunkt stehen zum anderen die folgenden Leitfragen, die die verschiedenen, in der Historiographie bislang zumeist getrennt voneinander behandelten Etappen der militärischen und politischen Karriere de Gaulles allesamt tangieren und die historischen Grundmuster und Grundprobleme der Beziehung de Gaulles zum östlichen Nachbarland zu analysieren gestatten. In welchem Maße waren Charles de Gaulles Deutschlandbild und seine Deutschlandpolitik von prinzipiellen oder

---

37 P. MAILLARD, De Gaulle und Deutschland, S. 5f.

38 Ebd. S. 104.

39 Vgl. R. MARCOWITZ, Grundzüge der Deutschlandpolitik de Gaulles, S. 133f. Allerdings tradiert R. Marcowitz in seiner Abhandlung, S. 122, mehrere Topoi wie z. B. den Erbfeindschaftsgedanken, die sich, wie in der vorliegenden Dissertation gezeigt wird, auf dem Stand der inzwischen verfügbaren Quellen nicht aufrechterhalten lassen können.

40 Eine monographische wissenschaftliche Abhandlung bildet insofern ein Desiderat, als Pierre Maillard bewußt auf empirische Ansprüche verzichtet hat und ansonsten eher Aufsätze zu diesem Thema oder einzelnen Aspekten vorliegen, die zum Teil erwähnt worden sind. Auch E. WEISENFELD, Charles de Gaulle. Der Magier im Elysée, München 1990, stellt eher kenntnisreich die heutige Relevanz der gaullistischen Europapolitik dar und wählt im strengen Sinne keine historiographische Perspektive.

jeweils kasuistisch bedingten Vorstellungen, Intentionen und Teloi her bestimmt? Lagen seinen jeweiligen Verlautbarungen und politischen Entscheidungen überwiegend macht- bzw. realpolitische und pragmatische Motive zugrunde, die einzig und allein dem jeweils aktuellen nationalen Interesse Frankreichs entsprachen, oder läßt sich angesichts jener auf eine gewisse Kooperation im Sinne des Elysée-Vertrages von 1963 antizipatorisch hindeutenden Äußerung von 1934 doch letztlich von einer so schwierig erkennbaren und möglicherweise gleichwohl vorhandenen langfristigen Kohärenz und Kontinuität sprechen?

Diese Kategorien erfordern freilich im Falle de Gaulles ähnlich wie bei zahlreichen anderen historisch bedeutenden Persönlichkeiten, Staatsmännern und Herrschergestalten, die eine folgenreiche Spur in der Geschichte hinterlassen haben, eine gesonderte Betrachtung. Denn berücksichtigt werden muß dabei das Axiom, daß eine komplexe staatsmännische Persönlichkeit ebenso wie eine politische Konzeption, der sich im Rückblick eine mehr als minimale historische Tragweite attestieren läßt, möglicherweise immer nur in begrenztem Maße von Widersprüchen frei sein können. Nicht zuletzt aus diesem Grunde wird das gewählte Thema auch mindestens en passant eine nähere Charakterisierung jenes so schwer faßbaren, aber nachweisbaren spezifisch gaullistischen Begriffs des Politischen ermöglichen.

De Gaulle wird also als ein Staatsmann porträtiert, der ebenso wie manch andere geschichtsmächtige Gestalt[41] mit seinen Widersprüchen lebte, der sich aber ihrer durchaus bewußt war, weil er über ein so außerordentlich hohes Maß an Geschichtskenntnis und -verständnis verfügte, daß er, wie kein Geringerer als Konrad Adenauer einmal befand, »die ganze politische Entwicklung in der Welt vom Standpunkt eines Historikers«[42] zu betrachten pflegte, zu verfolgen vermochte und zu formen suchte. Das Urteil gebietet de Gaulles Geschichtsbild besonders zu berücksichtigen, um »die menschlich-geistigen Hintergründe der Politik dieses der Welt und seinem eigenen Volk so seltsam, so groß und so problematisch erscheinenden Mannes«[43], der das historische Erbe seiner Vorgänger bzw. die deutschlandpolitische Tradition seines Landes kannte, näher zu beleuchten. De Gaulles tatsächliche Deutschlandpolitik wird in der vorliegenden Studie vor dem Hintergrund der Tradition französischen deutschlandpolitischen Denkens analysiert und in den historischen Kontext eingeordnet. Gleichzeitig wird der Eigenständigkeit seiner Vorstellungen über Deutschland und die deutsch-französischen Beziehungen nachgespürt[44]. Daß dieses Unterfangen von einer adäquaten Quellengrundlage abhängt, bedarf keiner weiteren Begründung.

Für die Jahre bis zum Beginn des Zweiten Weltkrieges ist die Historiographie im Hinblick auf de Gaulles politischen Standort noch wenig orientiert, solange der Nachlaß des Generals nicht frei zugänglich ist. Hinsichtlich der Zeit nach 1945 unterliegen

---

41 Vgl. zum biographischen Ansatz, der neuerdings eine Renaissance innerhalb der Historiographie erfährt, den wissenschaftsgeschichtlich bemerkenswerten Beitrag von J. Le Goff, Der Historiker als Menschenfresser, in: Freibeuter, Heft 41 (1989) S. 21f.

42 ACDP, CDU-Bundesvorstand VII-001–010/6, S. 14f., Konrad Adenauer am 11. Dezember 1961 im CDU-Bundesparteivorstand.

43 BA, NL Blankenhorn, Bd. 112, Bl. 172, A. Mertes, »Versuch eines politischen Portraits« vom 21. April 1961.

44 Neuerdings ordnet ihn H. A. Kissinger, Die Vernunft der Nationen. Über das Wesen der Außenpolitik, Berlin 1994, S. 626f., 661, in die jahrhundertealte Richelieu-Tradition ein.

die diplomatischen Quellen beiderseits des Rheins den gewöhnlichen Sperrfristen der Archive. Ungeachtet aller Beschränkungen steht nicht nur für Untersuchungen zur Zwischenkriegszeit, sondern auch für Darstellungen der Nachkriegszeit seit 1979, als Frankreich seine Archivgesetze reformierte[45], ein bislang noch nicht ausreichend benutzter Fundus zuvor unzugänglicher Quellen zur Verfügung.

Für die vorliegende Untersuchung wurden diplomatische Akten aus dem Archiv des Pariser Außenministeriums und dem Politischen Archiv des Bonner Auswärtigen Amtes, persönliche Nachlaßpapiere beteiligter Politiker, Diplomaten und anderer Zeitzeugen im Pariser Nationalarchiv, im Archiv der Fondation Nationale de Sciences Politiques, im Bundesarchiv Koblenz sowie Parteiakten im Archiv für Christlich-Demokratische Politik in St. Augustin bei Bonn und Presseartikel aus der Dokumentationsstelle der Pariser Fondation Charles-de-Gaulle ausgewertet. Sieht man von den ergiebigen, wenngleich selektierten Editionen der Nachlaßpapiere de Gaulles in den Reihen »Lettres, Notes et Carnets« sowie »Discours et Messages«[46] ab, die insbesondere für die Darstellung der Zwischenkriegszeit unverzichtbar sind, so haben sich mehrere präsidentielle Staatspapiere de Gaulles aus den Jahren 1958 bis 1963 aus dem Bestand 5 AG 1, die im französischen Nationalarchiv dank einer Sondererlaubnis eingesehen werden konnten, als wertvoll erwiesen. Für die sechziger Jahre standen die Nachlässe Maurice Couve de Murvilles und Wilfrid Baumgartners in der Fondation Nationale de Sciences Politiques teilweise zur Verfügung.

Betont sei an der Stelle, daß der Schwerpunkt der Studie, wie er im Titel anklingt, auf dem politischen Wirken Charles de Gaulles und seiner Haltung zu Deutschland liegt. Seine politische Umgebung, beispielsweise seine Mitstreiter im Rahmen der innerfranzösischen Verteidigungsdebatte in den dreißiger Jahren, seine RPF-Gefolgschaft während der Oppositionszeit in der Vierten Republik oder die Minister in den Jahren seiner Staatspräsidentschaft, wird ebenso in geringerem Maße in die Darstellung einbezogen, wie andere innen- und außenpolitische Themenfelder, beispielsweise der konstitutionelle Übergang von der Vierten zur Fünften Französischen Republik, der Algerienkrieg, de Gaulles Europapolitik in den sechziger Jahren etc., nur hinsichtlich ihrer deutschlandpolitischen Relevanz behandelt werden.

Die gewählte zeitliche Begrenzung – von der »Ur-Katastrophe des 20. Jahrhunderts« (George Kennan) bis zu de Gaulles Rücktritt vom Amt des Staatspräsidenten – erklärt sich mit dem Blick auf seine Biographie beinahe von selbst. Sie trägt darüber hinaus dem Umstand Rechnung, daß der Offizier bereits vor dem Zweiten Weltkrieg einen eigenständigen und mit dem östlichen Nachbarn aufs engste verbundenen »Beruf zur Politik« (Max Weber) besaß, der in der Historiographie bislang unzureichend untersucht worden ist. Jean Lacouture hat innerhalb der einschlägigen Forschungsgeschichte als erster die militärische Karriere Charles de Gaulles bis zum Un-

---

45 Vgl. S. MARTENS, Saisir l'avenir et garder le passé. Die Pariser Archive, ihre Bestände und deren Schicksal, in: HZ 247 (1988) S. 363; und DERS., Inventarisierte Vergangenheit. Frankreich zehn Jahre nach Öffnung der staatlichen Archive, in: Francia 17 (1990) S. 108f.

46 Vgl. Ch. DE GAULLE, Lettres, Notes et Carnets, 12 Bde., Paris 1980–1988 (künftig abgekürzt: LNC; die römische Ziffer meint die Bandzahl); DERS., Discours et Messages, 5 Bde., Paris 1970 (künftig abgekürzt: DM; die römische Ziffer meint die Bandzahl). Vgl. zum quellenkritischen Wert dieser verdienstvollen Ausgaben Ph. BELL, The Letters and Papers of General de Gaulle, in: European History Quarterly 16 (1986) S. 484–490, und Fr. BONDY, Gestern de Gaulle ..., in: Merkur 24 (1970) S. 1102.

tergang Frankreichs im Juni 1940 detailliert dargestellt, ihr jedoch kaum eine eigenständige politische Relevanz attestiert, sondern sie in erster Linie als reine Vorgeschichte seines Wirkens im Zweiten Weltkrieg interpretiert[47]. Erkennt man hingegen den verschiedenen Etappen der Vita de Gaulles ein jeweiliges Eigengewicht zu, so ermöglicht der zeitliche Rahmen von 1914 bis 1969, auf den sich die folgenden Ausführungen beziehen, jene erwähnten Leitfragen historiographisch zu behandeln, die im Kontinuitäts- und Diskontinuitätsproblem kulminieren.

Trennen sollte sich der Leser von der naheliegenden und verständlichen, aber beinahe jeder historischen Erfahrung widersprechenden Erwartung, ein durchgängig konsequentes Deutschlandbild de Gaulles am Ende vorzufinden. Bereits dazu berufenen und qualifizierten Zeitgenossen wie Herbert Blankenhorn, Adenauers Botschafter in Paris, fiel es »immer schwer, die Einstellung eines Staatsmannes wie de Gaulle zu den großen politischen Problemen auf einfache Formeln zu bringen«[48]. Schließlich wechselte Deutschland, dessen Geschichte im 20. Jahrhundert beinahe extrem windungsreich und zeitweise entlang einem existentiellen politischen und moralischen Abgrund verlief, mehrmals seine innen- wie außenpolitische Staatsräson, seine geographische Lage und seine geistig-kulturelle Orientierung, was für Frankreich mutatis mutandis, allerdings in einem anderen Ausmaß, unter anderen Bedingungen und in einem anderen zeitlichen Rahmen, ebenfalls galt.

Es dürfte daher unumgänglich sein, die spezifisch historische Janusköpfigkeit bzw. Vielfältigkeit des gaullistischen Deutschlandbildes, de Gaulles Gefühle der Anziehung und Abstoßung, der Bewunderung, Ernüchterung und Verachtung etc., die er Deutschland gegenüber in bestimmten Zeitabschnitten empfand, nebeneinander zu betrachten und für den konkreten Zeitabschnitt die jeweils dominierende Haltung zu benennen und zu erklären. Vorschnelle einseitige Urteile, die bisweilen auch auf der Ebene der Historiographie Charles de Gaulle entweder als Reaktionär, Visionär oder Utopisten auf Grund willkürlicher politischer Werturteile porträtieren, der angeblich die Realität seiner Zeit verfehlte[49], vermögen nicht den Diskussionsstand zu erreichen,

---

47 Dies indizieren die Untertitel der drei Bände seiner monumentalen und im übrigen äußerst instruktiven Biographie. Siehe J. LACOUTURE, De Gaulle. Bd. 1: Le Rebelle 1890–1944; Bd. 2: Le Politique 1944–1959; Bd. 3: Le Souverain 1959–1970, Paris 1984–1986. Mit der exzeptionellen Informationsfülle dieser gegenwärtig besten Biographie de Gaulles hängen manche ihrer insgesamt wenigen Nachteile unmittelbar zusammen. Beispielsweise erfährt der Leser im dritten Band, daß die großen innen- und außenpolitischen Erfolge, die de Gaulle nach seiner Rückkehr an die Regierung 1958 errang, überwiegend in die Jahre von 1958 bis 1964/65 fielen, aber de Gaulles präsidentielle Politik von 1965 bis 1969 eher von Mißerfolgen gekennzeichnet war. Eine systematische Erklärung für dieses Phänomen bleibt Jean Lacouture, der gerade die sechziger Jahre in allen Einzelheiten darstellt, leider ebenso schuldig wie D. COOK, Charles de Gaulle. Soldat und Staatsmann, München 1985, der Charles de Gaulle als puren Machtpolitiker ohne jeglichen Sinn für Moral interpretiert. Vgl. zu seinem Ansatz seine Einleitung, S. 10. Im Hinblick auf de Gaulles Deutschlandbild und Deutschlandpolitik werden beide Aspekte in der vorliegenden Darstellung behandelt und im Schlußkapitel systematisch untersucht. Um eine im engeren Sinne wissenschaftliche und auf dem neuesten Forschungsstand basierende Biographie handelt es sich bei A. SHENNAN, De Gaulle, London/New York 1993. Diesem Werk gebührt daher in der vorliegenden Abhandlung der Vorzug gegenüber R. KAPFERER, Charles de Gaulle. Umrisse einer politischen Biographie, Stuttgart 1985. Diese letztgenannte Biographie vermittelt einen zuverlässigen Überblick über die einzelnen Lebensstationen de Gaulles. Leider fehlen jedoch symptomatische Details wie z. B. die Soames-Affäre des Jahres 1969.

48 H. BLANKENHORN, Verständnis und Verständigung. Blätter eines politischen Tagebuchs 1949 bis 1979, Frankfurt a. M. 1980, S. 378.

den schon die Zeitgenossen überschritten haben. Raymond Millet umschrieb ihn 1963 folgendermaßen: »Il est peut-être plus facile de critiquer de Gaulle que de le comprendre«[50]. Angesichts der Kritik, der sich de Gaulle schon zu Lebzeiten ausgesetzt sah, die sich allerdings später innerhalb wie außerhalb der seriösen Geschichtsschreibung, auch im Angesicht des weiteren Verlaufs der europäischen Geschichte seit seinem Tod, nicht unwesentlich verfeinerte[51], wirkt daher Philip G. Cernys folgende Mahnung bedenkenswert: »Il arrive souvent qu'un portrait de De Gaulle décrive mieux l'observateur que le général lui-même«[52].

49 Vgl. dazu die Bemerkungen von A. SHENNAN, De Gaulle, S. 123ff., und W. LOTH, Einleitung, in: DERS., R. PICHT (Hg.), De Gaulle, S. 7–10.
50 R. MILLET, Scepticisme sur l'efficacité d'une alliance franco-allemande, in: Le Figaro vom 23. Januar 1963.
51 Vgl. Ph. H. GORDON, A Certain Idea of France, S. 18f.
52 Ph. G. CERNY, Une politique de grandeur. Aspects idéologiques de la politique extérieure de De Gaulle, Paris 1986, S. 26.

II. DIE BEDEUTUNG DES ERSTEN WELTKRIEGES FÜR CHARLES DE GAULLES DEUTSCHLANDBILD

1. »Les malaises qui précèdent les grandes guerres«: Erste Eindrücke vor 1914

Der junge Charles de Gaulle, dessen Ahnen teilweise aus Baden stammten[1], gewann seine ersten unmittelbaren Eindrücke vom deutschen Nachbarn dank eines Ferienaufenthaltes im Schwarzwald im Sommer 1908. Obwohl er in einer Atmosphäre verbreiteten Erbfeindschaftsdenkens aufwuchs[2], ohne ihm zu erliegen, und einer Generation angehörte, in deren Bewußtsein die militärische und politische Schmach ihres Landes im deutschen Reichseinigungskrieg 1870/71 sowie der Verlust des Elsaß und des deutschsprachigen Teils Lothringens einschließlich der Stadt Metz stets präsent waren, sprach er selbst weder damals noch später jemals von einer unausweichlichen Erbfeindschaft[3] und ließ sich von der Kenntnis der kriegerischen Vergangenheit nicht den Blick für die landschaftlichen und kulturellen Schönheiten seines Urlaubsquartiers in Riedern verstellen[4].

In einem gewissen Kontrast dazu stellte er frankophobe Tendenzen der Zeitungen fest, die ihm dort zur Verfügung standen, und nahm Anteil an der aktuellen politischen Lage in Europa. Sie war in der ersten Dekade nach der Jahrhundertwende von ständigen Spannungen an der südöstlichen Peripherie, d. h. auf dem Balkan, und in den afrikanischen Kolonien mit ihren Rückwirkungen auf den Kontinent geprägt, die sich kriegerisch zu entladen und die Alte Welt in eine bewaffnete Auseinandersetzung hineinzureißen drohten.

Der Krieg von 1870/71 bildete für de Gaulle einen maßgeblichen Erfahrungswert:

Evidemment, il y a quelque chose de changé en Europe depuis trois ans et, en le constatant, je pense aux malaises qui précèdent les grandes guerres, notamment celle de 70[5],

schrieb er in einem Brief an seinen Vater im Juni 1908, aus dem das Gefühl, in einer Übergangszeit zu leben, spricht, das ihn beinahe sein ganzes Leben lang nicht mehr verlassen sollte. Anders als die in der Mitte des 19. Jahrhunderts geborene Generation befaßte sich de Gaulle damals jedoch nicht näher mit den Gründen der französischen Niederlage im deutschen Reichseinigungskrieg[6].

In gewisser Hinsicht ähnlich, wenn auch aus anderen Motiven, wie manche Künstler und Schriftsteller, »die in den Jahren vor 1914 durchaus ein Gespür für die Brüchigkeit und Scheinheiligkeit der etablierten ... Ordnung entwickelten«, und anders als angesehene Historiker, die die Möglichkeit eines europäischen Krieges zeitgenössisch

---

1 Vgl. J. LACOUTURE, De Gaulle. Bd. 1, S. 16.
2 Vgl. P. MAILLARD, De Gaulle und Deutschland, S. 15.
3 Vgl. ebd. S. 33.
4 Vgl. LNC I, S. 29–32.
5 Ebd. S. 30.
6 Vgl. zu diesem verbreiteten Bedürfnis seiner Elterngeneration C. DIGEON, La Crise allemande de la pensée française (1870–1914), Paris 1959, S. 537.

eher unterschätzten[7], nahm der knapp achtzehnjährige de Gaulle vielmehr wahr, daß die Gefahr eines Waffenganges in Europa in der Zeit wuchs. De Gaulle sah im Krieg eine jederzeit denkbare und verfügbare Option der handelnden Staatsmänner, was ihn mit zahlreichen Angehörigen seiner Generation verband, deren bisweilen übermäßigen bellizistischen Nationalismus Jules Cambon, der französische Botschafter in Berlin, beklagte[8]. Blieb ihr deutschlandpolitisches Denken allerdings mehrheitlich dem Erbfeindschaftsdenken verpflichtet, wie es in den sechziger Jahren des vorhergehenden Jahrhunderts entstanden war, so neigte de Gaulle weder zu einer allgemeinen oder undifferenzierten Germanophobie, noch befleißigte er sich eines blinden Kriegsfatalismus. Vielmehr lernte er Deutsch in der Schule und beschäftigte sich intensiv mit der neuzeitlichen Geschichte Frankreichs und Europas insgesamt[9]. Sein Entschluß, die Offizierslaufbahn einzuschlagen und damit die familiäre Tradition teilweise zu verlassen, entsprang nicht der Überlegung, von Deutschland gehe eine Bedrohung aus, sondern beruhte in erster Linie auf einer persönlichen Entscheidung[10]. Er traf sie wohl vor allem im Hinblick auf den Zustand, in dem sich Frankreich befand. Aus keiner Quelle geht hervor, daß sich Charles de Gaulle bei seiner Berufswahl zu Beginn des 20. Jahrhunderts etwa von der deutschen Annexion Elsaß-Lothringens, die eine ganze Generation früher erfolgt war, und dem virulenten Revanchegedanken beeinflussen ließ[11].

Einerseits wuchs de Gaulle in der Zeit der »Belle Epoque« auf, die 1889 mit der glanzvollen Pariser Weltausstellung kulminierte und in deren Verlauf die Dritte Französische Republik eine kulturelle Blütezeit erlebte. Andererseits herrschte nicht nur wegen des verlorenen Krieges 1870/71, aus dem die Dritte Republik hervorging, ein »verbreitete[s] Gefühl der nationalen Schande«[12]. Es wurde ebenso von außen- bzw. kolonialpolitischen Verwicklungen wie von innenpolitischen Eklats genährt. Obwohl es Frankreich gelang, das zweitgrößte Kolonialreich der Welt zu errichten und die latente außenpolitische Isolation, in die es durch Bismarcks Diplomatie geraten war, mit der Unterzeichnung einer französisch-russischen Militärkonvention 1892 dauerhaft zu durchbrechen, verstärkten der Boulangismus, der Panamaskandal und die diffuse Bewegung des Anarchismus, der zu Beginn der neunziger Jahre vor Attentaten gegen Parlamentarier nicht zurückschreckte, das Krisenbewußtsein des Landes. Seit der Eröffnung des Suezkanals 1869 bestand auf kolonialpolitischem Gebiet eine franzö-

7 Vgl. F. STERN, Die Historiker und der Erste Weltkrieg. Privates Erleben und öffentliche Erklärung, in: Transit. Europäische Revue, Heft 8 (1994) S. 118.
8 Vgl. J. KEIGER, Patriotism, politics and policy in the Foreign Ministry, 1880–1914, in: R. TOMBS (Hg.), Nationhood and Nationalism in France. From Boulangism to the Great War, 1889–1918, London 1991, S. 263.
9 Vgl. LNC I, S. 27, Brief an seinen Vater, 30. November 1907.
10 Diese überzeugende Erklärung gibt J. LACOUTURE, De Gaulle. Bd. 1, S. 36.
11 Hinsichtlich dieses biographischen Details entbehren die entsprechenden Ausführungen von D. COOK, Charles de Gaulle, S. 31, und E. WEISENFELD, Charles de Gaulle, S. 12, die de Gaulles Berufswahl mit dem sogenannten Erbfeindschaftsdenken im Anschluß an den Verlust des Elsaß und Lothringens in Zusammenhang bringen, jeder Quellengrundlage!
12 D. COOK, ebd. S. 28.

sisch-englische Rivalität, die 1898 mit einer Demütigung Frankreichs im Zuge der Faschodakrise leidlich beigelegt wurde[13].

Als de Gaulle im Herbst 1908 das Pariser Collège Stanislas besuchte, um sich auf die Eingangsprüfung der elitären Offiziersschule Saint-Cyr vorzubereiten, verfaßte er mehrere Aufsätze zu historischen Themen, die ihn später vielfach beschäftigten und allesamt mit Kriegen zusammenhingen. So studierte er u. a. die Beziehungen Zar Alexanders I. zu Napoleon I. vor 1812, die Lage Frankreichs im Jahre 1802 bzw. den Frieden von Amiens und die Geschichte Polens vom Wiener Kongreß bis zum Ende des 19. Jahrhunderts. Diese frühen Studien, deren Bedeutung im Hinblick auf de Gaulles Biographie gewiß nicht überbewertet werden darf, veranlaßten ihn jeweils zu einer weitgehenden Identifikation mit der französischen Seite und ließen ihn prinzipielle nationalgeschichtliche Unterschiede der europäischen Völker ansatzweise erkennen.

Beispielsweise blieb de Gaulle damals nicht verborgen, daß im Falle Polens Staat und Nation als politische Größen nicht übereinstimmten. Als er beobachtete, daß eine polnische Nation existierte und einen vitalen Patriotismus bewies, aber eines eigenen nationalstaatlichen Gehäuses entbehrte[14], gab er zu erkennen, daß er den Nationalstaat, also die Kongruenz von Staat, Nation und Territorium, für eine politische Normalität hielt. In einem kurzen Essay über den Frankfurter Frieden und die europäischen Folgen des deutsch-französischen Krieges 1870/71 knüpfte er an diesen Gedanken mit dem flüchtigen Hinweis auf das Los der Elsässer und Lothringer im Deutschen Reich an. Das wesentliche Ergebnis des Friedensschlusses sah er in den Gewichtsverschiebungen innerhalb des europäischen Staatensystems[15].

De Gaulles politische Grundhaltung am Vorabend des Ersten Weltkrieges, soweit sie bereits klar konturiert war, bestand im wesentlichen in einem von der auch in der französischen Öffentlichkeit zunächst weitgehend überwundenen Dreyfus-Affäre unbeeinflußten Patriotismus konservativer Prägung, der sich in der zunächst historischen Auseinandersetzung mit dem Deutschen Reich verstärkte und vom aktuellen Gedanken, sich legitimerweise für den Verlust Elsaß-Lothringens eines Tages revanchieren zu müssen, nur unwesentlich bestimmt wurde[16].

Größere Bedeutung maß Charles de Gaulle, wohl nicht zuletzt auf Grund seines 1909 vollzogenen Eintritts in die Armee, dem Faktor des Krieges als einem nationalen, moralischen und beinahe anthropologischen Politikum zu. Dies geht aus mehreren Ansprachen hervor, die er 1913 vor Angehörigen seines Regiments hielt. Er verlieh seiner Überzeugung Ausdruck, daß der Krieg zwar ein Übel, aber ein notwendiges Übel sei: »La guerre est une de ces grandes lois des sociétés auxquelles elles ne peuvent se soustraire et qui les chargent de chaînes en les accablant de bienfaits«[17]. Zweifellos muß die Entstehungsbedingung dieser auf den ersten Blick martialisch klingenden Äußerung berücksichtigt werden. Sicherlich besaßen de Gaulles Worte,

---

13 Vgl. ebd. S. 28f., und F. Caron, Frankreich im Zeitalter des Imperialismus 1851–1918, Stuttgart 1991, S. 446–462.

14 Vgl. seine Ausführung von 1908 über Zar Alexander I. in: LNC XII, S. 194–223; siehe zu Polen ebd. S. 215.

15 Vgl. LNC I, S. 33ff.

16 Dies war in gewissem Maße repräsentativ. Vgl. S. Audoin-Rouzeau, The National Sentiment of Soldiers during the Great War, in: R. Tombs (Hg.), Nationhood, S. 97.

17 LNC I, S. 74.

zieht man die internationale Situation samt der sich anbahnenden bzw. entstandenen Bündniskonstellationen in Europa in Betracht, eine geringe, aber durchaus vorhandene potentielle politische Brisanz. Daß der Geist seines Auditoriums und seiner Vorgesetzten de Gaulles Ausführungen gewissermaßen inhaltlich »zensierte«, steht fest. Um so mehr verdienen jene Passagen Beachtung, die erkennen lassen, daß er bereits damals zunächst von einer prinzipiell offenen politischen Lage in Europa ausging, die ihm noch kaum von definitiven Bündniskonstellationen jenseits bzw. trotz geschlossener Verträge gekennzeichnet zu sein schien:

La France est une nation. Mais est-elle la seule nation? Non, il y en a d'autres: l'Allemagne, l'Angleterre, voilà d'autres nations. Eh bien! Toutes ces nations ne demanderaient pas mieux que de nous envahir pour nous conquérir[18].

Pierre Maillard läßt die Frage offen, ob de Gaulle mit dieser Einlassung, die gewiß auch anhand ihrer Adressatenbezogenheit zu interpretieren ist und als Appell an den Kampfgeist seiner Zuhörer gedeutet werden sollte, eher auf die Faschodakrise von 1898 anspielte oder die relative Gültigkeit politischer Allianzen zu betonen suchte[19]. Abgesehen davon, daß de Gaulle keineswegs nur an die lediglich zeitlich näherliegende Krise im französisch-englischen Verhältnis, die sich an einer fernen kolonialen Streitigkeit entzündet hatte, sondern ebensogut an die kriegerische Ära der Beziehungen zwischen Frankreich und Großbritannien in der Zeit Napoleons I. gedacht haben mag, was auf der derzeitigen Quellenbasis nicht eindeutig zu klären ist, liegt der Kern der Aussage in der von der verständlichen Exklusivität der französischen Nation lediglich graduell, aber nicht wesentlich verschiedenen gleichen Existenzberechtigung, die er den anderen europäischen Nationen, auch dem vergleichsweise jungen Deutschen Reich, zuerkannte.

So gewiß diese wie auch andere der Quellenbelege aus der Zeit vor 1914, die de Gaulles politische Gedankenbildung dokumentieren, wegen ihrer geringen Anzahl nur einen begrenzten Aussagewert besitzen und allenfalls bedingt als repräsentativ gelten dürfen, so verraten sie jedoch in mancher Hinsicht, daß Charles de Gaulles politischer bzw. ideengeschichtlicher Standort eindeutig in der europäischen Moderne zu lokalisieren ist, die einer vorherrschenden historiographischen Interpretation zufolge 1789 begann.

Die Historikerin Beate Gödde-Baumanns hat jüngst im Zusammenhang mit den Epochenmerkmalen der europäischen Geschichte die beiden Ideale verglichen, die seit 1789 im französischen politischen Denken miteinander konkurrierten, das Selbstverständnis Frankreichs bis ins 20. Jahrhundert hinein mitbestimmten und das deutschfranzösische Verhältnis entweder offenkundig oder untergründig, in jedem Falle dauerhaft beeinflußten. Nicht zuletzt gewannen sie hinsichtlich der Haltung Frankreichs zur »deutschen Frage« eine erhebliche Relevanz. Der Machtgedanke fand in der egoistischen Vorstellung der »grandeur de la France« seinen Ausdruck und setzte die Tradition hierarchischer Differenzierung zwischen kleinen, mittleren und großen Mächten im Staatensystem fort, wie sie sich in der Frühen Neuzeit entwickelt hatte. Dagegen erwuchs aus dem revolutionären Nationalitätsprinzip der keineswegs lediglich nominell verfochtene, eher altruistische Gedanke einer »France généreuse«, der

---

18 Ebd. S. 59.
19 Vgl. P. MAILLARD, De Gaulle und Deutschland, S. 32.

gleichsam naturgemäß mit jenem spezifisch egalitären Zug der europäischen Moderne im Einklang stand, der auf politischem Terrain den »Sinn für die Bedeutung anderer«[20] hervorbrachte und der die Legitimität der »späten« Nationalstaatsgründungen in Europa nicht zu bestreiten vermochte.

Unter diesem Aspekt beschrieb die Existenz anderer Nationen für de Gaulle damals eine historische Normalität, und gleichzeitig zählten Krieg, Machtkämpfe, Eroberungsdrang sowie legitimierte Selbstbehauptung in seiner Sichtweise zur normalen Signatur der Epoche und bildeten offenkundig konstitutive Elemente seines Geschichts- und Politikverständnisses. Krieg gehörte, wie beispielsweise in der zweiten Hälfte des 19. Jahrhunderts[21], für Charles de Gaulle zu den legitimen Mitteln der Politik. De Gaulle wählte bei weitem nicht nur die konkrete Entwicklung der vergangenen Jahrzehnte, die sich in dieser Perspektive in starkem Maße als »Vorkriegszeit« ausnehmen, sondern verstand die moderne Historie in toto, anknüpfend an ein Wort Jules Michelets, als »l'éternel témoin du Bien et du Mal«[22].

Angesichts der Quellenlage läßt sich hinsichtlich der Genese des Deutschlandbildes Charles de Gaulles in der Zeit vor 1914 Pierre Maillards folgendem Urteil nur teilweise beipflichten: »Deutschland ist der Erzfeind, aber diese Feststellung enthält keinerlei Haß, sondern drückt eher Achtung und unterschwellige Bewunderung aus. ... Sehr früh schon war de Gaulle wie viele Franzosen seiner Generation von Deutschland in einer Art Haßliebe fasziniert, in der oft genug irrationale Elemente die logischen Erwägungen aus dem Felde schlugen, und zudem unterlag er dem Einfluß der damaligen internationalen Zustände mit der ganzen Prägsamkeit der Jugend«[23]. Denn nicht übersehen werden darf, daß die überlieferten und ausgewerteten Briefe und Notizen aus de Gaulles Feder diese Schlußfolgerungen zu ziehen nur teilweise gestatten und Pierre Maillard auf Grund seiner gewählten spezifischen Thematik zu der Einschätzung gelangt. Tatsächlich läßt sich die damalige Bedeutung Deutschlands für die historische und politische Gedankenbildung Charles de Gaulles schwer ermessen. Trotz seines Bemühens, den vielfältigen geistigen bzw. geistesgeschichtlichen Hintergrund der Vorgeschichte des Ersten Weltkriegs in seine Betrachtung einzubeziehen, berücksichtigt Pierre Maillard de Gaulles konzentrisches, auf Frankreich fixiertes Weltbild eher unzureichend, das in den zu Recht berühmten Einleitungssätzen seiner Kriegsmemoiren zutage tritt, in denen der General auch seine Jugend Revue passieren läßt, und das ihn in gewisser Hinsicht mit dem französischen Revolutionshistoriker Jules Michelet verband. Denn auffallenderweise ist vom Deutschen Reich, gegen das de Gaulle, als er 1953 nach einem weiteren Weltkrieg den ersten Band seiner Erinnerungen verfaßte, noch unlängst unter ganz anderen, politisch exzeptionellen Bedingungen gekämpft hatte, im Zusammenhang mit der Vorgeschichte des Ersten Weltkrieges nicht die Rede. Vielmehr gibt de Gaulle mit seinem beredsamen Hin-

20 B. GÖDDE-BAUMANNS, Nationales Selbstverständnis, Europabewußtsein und deutsche Frage in Frankreich, in: M. SALEWSKI (Hg.), Nationale Identität und europäische Einigung, Göttingen/Zürich 1991, S. 51. Siehe ebd. zu den beiden außenpolitischen Grundmustern im Hinblick auf die deutsch-französischen Beziehungen.
21 Vgl. Th. NIPPERDEY, Deutsche Geschichte 1866–1918. Bd. 2, S. 426.
22 Siehe LNC I, S. 69, Ansprache vor Offizieren seines Regiments, 1913.
23 P. MAILLARD, De Gaulle und Deutschland, S. 16.

weis auf die spezifische Größe Frankreichs, die es von anderen Ländern und Nationen unterscheidet[24], zu erkennen, daß er zum einen jener 1789 beginnenden und in der Mitte des 19. Jahrhunderts charakteristisch fortentwickelten Tradition nationalistischen französischen Denkens nicht allzu fern stand, die Jules Michelet einmal so anspruchsvoll mit den Worten »Le Dieu des nations a parlé par la France«[25] umschrieben hat. Zum anderen war Frankreich in den Augen des jungen de Gaulle zwar zur Größe berufen, aber, im Unterschied zu Jules Michelets Urteil, nicht bzw. noch nicht dazu auserkoren, andere Nationen mit seinem Freiheits- und Humanitätsideal mehr oder minder zu »beglücken«. Jedenfalls deuten die einschlägigen Quellen nicht an, daß Charles de Gaulle damals Michelets politisches Urteil, Frankreich sei eine »mère, qui n'est pas seulement la nôtre et qui devez enfanter toute nation à la liberté«[26], geteilt hätte.

1914 begann dann ein Krieg, den Charles de Gaulle in einer anderen Form vorhergesehen hatte. Der Erste Weltkrieg bedeutete für den jungen Offizier nicht nur eine militärische bzw. existentielle Prüfung, sondern vermittelte ihm auch ein unerwartetes und folgenreiches historisches Bildungserlebnis, das sein späteres Deutschlandbild mitbestimmte.

2. Mehr Fragen als Antworten: Ein Bildungserlebnis in der Kriegsgefangenschaft des Ersten Weltkriegs

Bereits unmittelbar zu Beginn des Krieges wurden die in Frankreich traditionell relativ starken inneren Spannungen zwischen der sozialistischen Linken und der konservativen, überwiegend katholischen und teilweise royalistischen Rechten hinter das vom Staatspräsidenten Raymond Poincaré geprägte Wort der »union sacrée« zurückgestellt[27], das anfangs als »trêve des partis« verstanden wurde. Die Linke erwartete auf Grund ihrer prinzipiell pazifistischen Grundhaltung vom Krieg allenfalls einen Sieg über den deutschen »Militarismus« bzw. dessen Aufgehen in einer neuen Republik sowie, als Abschluß der internationalen Entwicklung, eine Stärkung des europäischen Sozialismus im Zeichen des revolutionären Ideals der »fraternité«. Dagegen hatte der Kriegsausbruch in der Sicht der Rechten gerade den idealistischen Glauben der Pazifisten und den Internationalismus als »Hirngespinste«[28] erwiesen. Für sie präsentierte sich die französisch-deutsche Auseinandersetzung keineswegs als Duell zwischen der fortschrittlichen Französischen Republik gegen das vermeintlich rückschrittliche deutsche Kaiserreich, sondern als Hegemonialkrieg.

Überwachtskrieg

24 Vgl. Ch. DE GAULLE, Memoiren. Der Ruf 1940–42, (dt. Übersetzung) Berlin/Frankfurt a. M. 1955, S. 7.
25 Zitiert nach M. WINOCK, Nationalisme, antisémitisme et fascisme en France, 2. Auflage Paris 1990, S. 14.
26 Zitiert nach R. GIRARDET, Présentation, in: DERS. (Hg.), Le nationalisme français. Anthologie 1871–1914, Paris 1983, S. 13.
27 Vgl. ebd. S. 26ff., und J.-J. BECKER, La France en guerre (1914–1918). La grande mutation, Bruxelles 1988, S. 19, 21.
28 DERS., S. BERSTEIN, Victoire et frustrations 1914–1929, Paris 1990, S. 28.

Die nationale Geschlossenheit und Resolutheit, die Frankreichs Kriegseintritt kennzeichneten und begleiteten[29], bestätigten die historische Erfahrung, daß kriegführende Nationen, insbesondere in der Moderne seit 1789, im allgemeinen eine innere Metamorphose erleiden[30]. Frankreich verdankte diese innere Entschiedenheit in erster Linie dem äußeren Druck, nachdem die Beschwörung der nationalen Einheit seitens der »Action française« das Land noch unlängst tief gespalten hatte[31]. De Gaulle hatte diese energische Haltung seiner Regierung und der Mehrheit des französischen Volkes ebensowenig erwartet[32] wie die neue kriegstechnische Qualität des Krieges, der 1914 begann. »Une guerre pareille qui dépasse en portée et en acharnement tout ce que l'Europe a jamais vu ne se fait pas sans des sacrifices formidables«, schrieb er am 7. Dezember 1914[33].

Da der Kriegsverlauf für das Ziel der Studie, Charles de Gaulles Deutschlandbild und spätere Deutschlandpolitik primär ideen- und geistesgeschichtlich darzustellen, im einzelnen eher von untergeordnetem Interesse ist, mag eine Skizze der Zeit von 1914 bis 1916 genügen. Sie läßt erkennen, welche Bedeutung die Gefangennahme des jungen Offiziers durch deutsche Truppen bei den Kämpfen um das Fort Douaumont besaß, die sich als tiefer biographischer Einschnitt verstehen läßt.

Nachdem de Gaulle am 1. August 1914, also unmittelbar vor Kriegsbeginn, als Leutnant zum Kommandeur der ersten Sektion des 1. Bataillons des 33. Infanterieregiments ernannt worden war, wurde er bereits am 15. August 1914 bei Dinant in Belgien erstmals schwer verwundet. Im Oktober nahm er sodann an den Kämpfen in der Champagne teil und avancierte zu Beginn des folgenden Jahres zum Hauptmann, bevor er in Argonne wiederum leichte Verletzungen erlitt. Schließlich wurde seine Kompanie im März 1916 in der »Hölle von Verdun«, wie die Beteiligten später sagten[34], im deutsch-französischen Zweikampf um das Fort Douaumont, der in mancher Hinsicht signifikant und exemplarisch für den ganzen Kriegsverlauf war, nahezu vollständig aufgerieben. Er selbst geriet am 2. März 1916 so schwer verletzt in Gefangenschaft, daß man ihn schon für tot erklärte. Tatsächlich begann für ihn eine 32 Monate währende, von fünf Fluchtversuchen unterbrochene Gefangenschaft, bis er am 3. Dezember 1918, drei Wochen nach der Unterzeichnung des Waffenstillstandes, nach Frankreich zurückkehrte[35].

Daß de Gaulle der Status eines Kriegsgefangenen, der völkerrechtlich eine korrekte Behandlung erfuhr, angesichts seiner zuvor verbal und aktiv bewiesenen Kampf-

29 Vgl. S. AUDOIN-ROUZEAU, Von den Kriegsursachen zur Kriegskultur. Neuere Forschungstendenzen zum Ersten Weltkrieg in Frankreich, in: Neue Politische Literatur 39 (1994) S. 207f.

30 Vgl. H. SCHULZE, Staat und Nation in der europäischen Geschichte, München 1994, S. 281–285.

31 Vgl. ebd. S. 251; Fr. CARON, Frankreich, S. 575. S. MILNER, August 1914: Nationalism, Internationalism and the French Working Class, in: M. SCRIVEN, P. WAGSTAFF (Hg.), War and Society in Twentieth-Century France, Oxford 1991, S. 29f., vertritt die These, daß die französische politische Linke erstmals im August 1914 ihre tiefverwurzelten Vorbehalte gegenüber der Armeeführung in der Zeit der Dritten Republik überwand.

32 Vgl. Ch. DE GAULLE, Memoiren. Der Ruf, S. 8; bei dem Quellenzeugnis muß allerdings beachtet werden, daß de Gaulle aus naheliegenden Gründen die nationale Geschlossenheit Frankreichs im Ersten Weltkrieg mit der spezifischen inneren Spaltung der III. Republik 1939/40 kontrastiert.

33 Siehe LNC I, S. 126, Brief an seine Mutter.

34 Vgl. Th. NIPPERDEY, Deutsche Geschichte 1866–1918. Bd. 2, S. 776.

35 Vgl. J. LACOUTURE, De Gaulle. Bd. 1, S. 57–74.

bereitschaft nicht behagte, lassen nicht nur die gescheiterten Fluchtversuche erkennen, die er aus verschiedenen Kriegsgefangenenlagern im ganzen Deutschen Reich, aus dem Fort IX in Ingolstadt, aus der Festung Rosenberg bei Kronach und von der Wülzburg bei Weißenburg, unternahm[36], sondern auch zahlreiche, mehrmals zwischen tiefer Niedergeschlagenheit und großer Siegeszuversicht changierende Briefe an seine Familie[37]. Diese schwankende Haltung beeinflußte im gleichen Maße sein Urteil über das deutsche Volk, das er in den Jahren »odieux ennemi« nannte. Im Zusammenhang mit dem militärischen Gegner sprach er auch vom »soldat valeureux et compétent«, aber nicht vom »Erbfeind«[38].

Im Hinblick auf Charles de Gaulles damaliges und zukünftiges Deutschlandbild war nicht nur seine Kriegsteilnahme bedeutsam, über die er sich später allerdings kaum noch äußerte. Vielmehr verband sich mit der erzwungenen äußeren Passivität ein ungewöhnliches und folgenreiches Bildungserlebnis. Es trug dazu bei, daß »sich seine Perspektiven in der Gefangenschaft beträchtlich mehr [erweiterten], als wenn er aktiv am Kampfgeschehen teilgenommen hätte«[39]. Generell spiegeln die Bücher und Werke abendländischer Dichter und Denker, über die er in der Zeit verfügte und über die die publizierten »Notes d'un carnet personnel«[40] Auskunft geben, die geistigen Interessen des gefangenen Offiziers wider. De Gaulle wußte als Bildungsbürger unabhängig von seiner damaligen Situation den Wert der humanistischen europäischen Kultur und des geistigen Lebens zu schätzen. Für ihn bildeten ungeachtet der stets den Verlauf der Geschichte dominierenden Macht- bzw. Militärpolitik die Kultur- und Geistesgeschichte eines Volkes zentrale Elemente seines nationalen Charakters. Daher ist es nicht ohne Bedeutung, wie er zumindest Deutschland, England und Frankreich selbst in seiner thematisch dem Patriotismus gewidmeten Ansprache von 1913, die bereits erwähnt worden ist[41], beschrieben hat. Die Namen Friedrich der Große, Leibniz, Goethe und Kant bildeten für ihn als Repräsentanten der deutschen Nation eine gewisse Einheit, ohne daß er den nicht nur für die preußisch-deutsche Geschichte traditionellen Konflikt zwischen Geist und Macht erwähnte.

1916 befaßte er sich aus bis heute unbekannten Gründen intensiv mit dem Buch »Deutschland und der nächste Krieg« aus der Feder des Generals a. D. der Kavallerie und Militärschriftstellers Friedrich von Bernhardi, dem das militärgeschichtliche Institut des deutschen Generalstabs vor dem Ersten Weltkrieg unterstanden hatte. Bei dieser kriegspolitischen Betrachtung, die bei ihrem ersten Erscheinen 1911 von manchen Zeitgenossen als Sensation empfunden worden war, handelte es sich ursprünglich nicht um eine vom sogenannten »offiziellen Deutschland« geteilte oder gar befürwortete Antwort auf die gemeinsame Frage »Weltmacht oder Niedergang«[42]. Denn

---

36 Siehe dazu die detaillierte, zahlreiche Archivalien auswertende Darstellung von G. Treffer, Der Hauptmann Charles de Gaulle in Ingolstädter Kriegsgefangenschaft, in: Sammelblatt des Historischen Vereins Ingolstadt 91 (1982) S. 193ff., 217.

37 Vgl. LNC I, S. 411; LNC III, S. 400; P. Maillard, De Gaulle und Deutschland, S. 38f. Laut Mitteilung des Bayerischen Hauptstaatsarchivs, Abteilung Kriegsarchiv, München, an den Verfasser vom 17. August 1995 sind die Archivalien über de Gaulles Gefangenschaft in bayerischen Gefangenenlagern nicht sehr aufschlußreich für das gewählte Thema.

38 Vgl. P. Maillard, De Gaulle und Deutschland, S. 34f.

39 Ebd. S. 33.

40 Abgedruckt in: LNC I, S. 321–398.

41 Siehe oben in diesem Kapitel, S. 23f.

42 F. von Bernhardi, Deutschland und der nächste Krieg, 6. Auflage Stuttgart/Berlin 1917, S. 92.

Friedrich von Bernhardi kritisierte die eher friedenserhaltende Außenpolitik des Reichskanzlers Bethmann Hollweg[43] und verstand den Krieg nicht mehr nur als politische »ultima ratio«, sondern sprach von einer regelrechten »Pflicht zum Kriege«[44].

Wie de Gaulle in den Besitz des Buches gelangte, ob er es möglicherweise aus Zufall las, läßt sich aus heutiger Sicht weniger leicht erklären als das Faktum, daß er es aufmerksam studierte. Davon zeugt eine eigenhändige, etwa zwanzig Seiten umfassende Zusammenfassung, die auch seine nicht geringen Sprachkenntnisse dokumentiert[45]. Allerdings verzichtete de Gaulle auf jeden zusätzlichen eigenen Kommentar. Daraus zu schließen, von Bernhardis Ausführungen seien von de Gaulle gebilligt oder verständnisvoll zur Kenntnis genommen worden, wie der Biograph Jean Lacouture annimmt[46], ist weder zwingend noch evident. Denn der deutsche Militärhistoriker hat theoretisch und anhand historischer Exempel zu demonstrieren versucht, wie »das Recht zum Kriege zu einer nationalen und staatsmännischen Pflicht, den Krieg zu führen«, werden könne, vorgeblich empirisch beobachtet, daß »der Krieg immer wieder waffenklirrend durch die Länder gezogen und ... seine zerstörende, aber auch seine schöpferische und reinigende Kraft bewährt« habe, und die Prognose gewagt, es müsse als »undenkbar ... betrachtet werden, daß ein Ausgleich zwischen Frankreich und Deutschland herbeigeführt werden könnte, bevor die Waffen noch einmal zwischen ihnen entschieden haben«[47]. Bündig resümierte Charles de Gaulle: »La France, dit-il [d. i. von Bernhardi], n'a qu'une idée: tomber sur l'Allemagne à la première occasion«[48].

Gutgeheißen haben dürfte de Gaulle gewiß nicht von Bernhardis Postulat, Frankreich als Machtfaktor bei einer sich eventuell günstig bietenden Gelegenheit niederzuwerfen und auszuschalten, wobei der gefangene französische Offizier vermutlich kaum wußte, daß von Bernhardis Ansicht nicht der Mehrheitsmeinung der politischen Führung des Deutschen Reiches vor dem Kriegsausbruch entsprochen hatte.

Vermutlich waren aber nicht alle der kriegstheoretischen Überlegungen von Bernhardis Charles de Gaulle fremd, beispielsweise dessen Vorschläge zum innenpolitischen Procedere bei der Kriegsvorbereitung und geistigen Mobilmachung einer Nation. Beide, Charles de Gaulle und Friedrich von Bernhardi, unterschieden sich auch nicht wesentlich in ihrer eher historisch deduzierten Einschätzung des Pazifismus[49]. Die entscheidende Differenz lag auf der ideengeschichtlichen Ebene mehr im Graduellen als im Substantiellen. Obwohl Friedrich von Bernhardi als Wilhelminist so manche seiner bisweilen exzessiv und undifferenziert anmutenden Sentenzen wie z. B. »Unser Volk muß einsehen lernen, daß die Erhaltung des Friedens niemals der

---

43 Vgl. H. Herzfeld, Der Erste Weltkrieg, 7. Auflage München 1985, S. 26; Th. Nipperdey, Deutsche Geschichte 1866–1918. Bd. 2, S. 237f.
44 Siehe F. von Bernhardi, Deutschland, S. 52. Vgl. zur Frage der Repräsentativität Friedrich von Bernhardis im wilhelminischen Deutschland J. Dülffer, Einleitung: Dispositionen zum Krieg im wilhelminischen Deutschland, in: Ders., K. Holl (Hg.), Kriegsmentalität im wilhelminischen Deutschland 1890–1914. Beiträge zur historischen Friedensforschung, Göttingen 1986, S. 17.
45 Vgl. LNC I, S. 354–366, 378–386 (jeweils mit Unterbrechungen).
46 Vgl. J. Lacouture, De Gaulle. Bd. 1, S. 78.
47 F. von Bernhardi, Deutschland, S. 9, 55, 100.
48 LNC I, S. 359; de Gaulle bezieht sich wohl auf F. von Bernhardi, Deutschland, S. 98, 102.
49 Vgl. F. von Bernhardi, Deutschland, S. 9, 41; LNC I, S. 74, Ansprache vor Offizieren seines Regiments, 1913.

Zweck der Politik sein kann und sein darf« oder sein Verdikt über jene politische, nicht zwangsweise pazifistische Einstellung, der zufolge »die Erhaltung des Friedens niemals der Zweck der Politik sein«[50] könne oder dürfe, umgehend selbst moderat abgemildert hat[51], spricht aus seinem Buch ein unverkennbarer Bellizismus. Dagegen war der junge de Gaulle, soweit die Quellenlage ein Urteil darüber gestattet, trotz seiner professionell bedingten Kriegsbereitschaft kein Kriegstreiber, wenngleich er im Rückblick eingestanden hat, er habe sich in seiner »frühen Jugend dieses unbekannte Abenteuer ohne Schrecken« vorgestellt und »im voraus bewundert«, bis er 1914 eines Besseren belehrt worden sei[52].

Irritiert haben dürfte ihn ferner von Bernhardis teilweise leichtfertiger Umgang mit deutschen Geistesgrößen, besonders mit Kant und Goethe[53], und ein Rätsel bildete für ihn sicherlich dessen beinahe »pangermanisch« klingende Beschreibung einer Ausweitung des Dreibundes in Mitteleuropa und in Übersee[54], so verständlich ihm die Beobachtung des Militärschriftstellers vermutlich war, derzufolge sich das europäische Staatensystem bereits zu einem »Weltstaatensystem«[55] auszuweiten im Begriff sei. Während jedoch Friedrich von Bernhardi nicht zuletzt an ein deutsches Kolonialreich gedacht und deshalb für den Flottenbau plädiert hatte, bezog de Gaulle bereits 1916 Japan und die Vereinigten Staaten in das politische Panorama eines künftigen globalen Mächtesystems ein[56].

Daß die Beschäftigung mit »Deutschland und der nächste Krieg« de Gaulle lediglich zu einer ausführlichen, aber unkommentierten Zusammenfassung zu veranlassen vermochte, werden die Historiker wohl bedauern, solange keine weiteren einschlägigen Quellen zur Verfügung stehen. Möglicherweise hieße es aber auch, den jungen Offizier ebenso zu überschätzen wie zu unterschätzen, wollte man diesen Sachverhalt mit einer gewissen Enttäuschung registrieren. Weiter hilft die Überlegung, daß de Gaulle offenbar nicht zuletzt auf unmittelbare Erläuterungen verzichtete, weil er sich noch keine definitive Meinung über Deutschland nach der Lektüre dieser ohnehin mehr oder minder bedeutsamen Schrift gebildet hatte und sich wahrscheinlich, wie später so häufig, noch mehr Fragen über das östliche Nachbarvolk stellte, als er Antworten zu geben wußte. Immerhin verhinderte seine Kenntnis der deutschen Geschichte und Kultur, den ohne Zweifel vorhandenen Militarismus des Reiches als Charakteristikum im Sinne eines »savagery and barbarous behaviour« mißzuverstehen, wozu manche französischen Kombattanten neigten[57], nachdem ihn selbst so mancher Deutsche bedenkenlos »als Potsdam und Weimar in höchster Vereinigung«[58] gepriesen hatte.

Gleichsam indirekt ließ es de Gaulle dagegen künftig an Stellungnahmen nicht fehlen, die sich, anknüpfend an Friedrich von Bernhardi, auf das Verhältnis der inneren

50 F. VON BERNHARDI, Deutschland, S. 36, ähnlich S. 41.
51 Vgl. ebd. S. 36f., 42
52 Ch. DE GAULLE, Memoiren. Der Ruf, S. 8.
53 Vgl. F. VON BERNHARDI, Deutschland, S. 9, 37, 57.
54 Vgl. ebd. S. 114, 118.
55 Ebd. S. 122.
56 Vgl. LNC I, S. 359.
57 Vgl. zur repräsentativen Mehrheitsmeinung französischer Weltkriegsteilnehmer S. AUDOIN-ROUZEAU, The national sentiment, S. 96.
58 So W. SOMBART, Händler und Helden. Patriotische Besinnungen, München/Leipzig 1915, S. 85.

zur äußeren Staatsräson Deutschlands bezogen. Gut ein Jahrzehnt später beispielsweise, unter gewandelten Umständen, diagnostizierte er im Zusammenhang mit dem deutschen Militarismus, nachdem der Imperialismus des Deutschen Reiches passé war, »la lutte éternelle entre l'esprit de la force et l'esprit tout court, entre Potsdam et Weimar«[59].

Zwei weitere Eigentümlichkeiten der deutschen Geschichte erfuhr er aus »Deutschland und der nächste Krieg«, die sein künftiges Deutschlandbild prägten und denen er teilweise Rechnung trug, als er seine spätere Deutschlandpolitik 1945 und nach 1958 konzipierte. Charles de Gaulle notierte in seinen Aufzeichnungen während der Gefangenschaft die Klagen Friedrich von Bernhardis über die zu engen Grenzen des Deutschen Reiches und die innere Heterogenität der deutschen Nation. Deutschlands legitime Weltmachtansprüche litten darunter, so referierte er die entsprechenden Ausführungen im dritten Kapitel von Bernhardis, daß die äußere Macht des Reiches von den ungünstigen Grenzen erstickt zu werden drohe und nicht zur Geltung gelangen könne. Außerdem sei das deutsche Volk nicht geeint. Zwischen Nord- und Süddeutschen wie zwischen Protestanten und Katholiken bestünde ein ewiges Spannungsverhältnis[60].

Blickt man einmal auf de Gaulles spätere Haltung gegenüber Deutschland in der Zwischenkriegszeit und in den Jahren nach dem Zweiten Weltkrieg voraus, so lassen sich beide Topoi als nachweisbare Stränge seiner deutschlandpolitischen Gedankenbildung durchgehend verfolgen, wenngleich sie sich gewiß weder allein noch vorwiegend auf diese Lektüre zurückführen lassen. Als er sich fast zwei Jahrzehnte später in seinem Buch »Vers l'armée de métier« mit der Frage beschäftigte, inwiefern sich die kleindeutsche Reichseinigung 1871 mit den französischen Großmachtinteressen der Zeit vertragen habe und ob Deutschland seitdem zwangsläufig saturiert sein könne oder müsse, verfiel er auf den Gedanken, daß eine gewisse äußere Dynamik aus der inneren Heterogenität der deutschen Nation, aus dem überlieferten Antagonismus zwischen Bayern und Preußen und der konfessionellen Spaltung, resultieren könne. De Gaulle befürchtete augenscheinlich eine »Flucht nach vorn«. Denn er sprach von

cette menace d'anarchie [qui] pousse l'empire aux entreprises. Son unité a pour conditions l'expansion au-dehors et les grands desseins, qui seuls justifient aux yeux des Allemands les sacrifices dont ils la paient[61].

Und hinsichtlich der Grenzfrage bzw. der territorialen Saturiertheit Deutschlands forderte er in den sechziger Jahren die Bundesregierungen permanent auf, die Oder-Neiße-Linie anzuerkennen. Neben mehreren anderen, teilweise wichtigeren Gründen bewog auch die Sorge vor einem neuerlichen deutschen »Drang nach Osten«, den es »nie wieder geben« dürfe[62], den präsidentiellen Deutschlandpolitiker de Gaulle, auf dieser territorialen Konzession der Deutschen zu insistieren.

---

59 LNC II, S. 288, persönliche Notiz von 1927. Vgl. zu de Gaulles Sicht des preußisch-deutschen Militarismus unten Kapitel III.1.b., passim.
60 Vgl. LNC I, S. 358f.
61 Ch. DE GAULLE, Vers l'armée de métier, S. 29f. Siehe zu dem Zitat auch unten Kapitel III.2.d, S. 83f.
62 So referiert der englische Premierminister H. MACMILLAN, Erinnerungen, (dt. Übersetzung) Frankfurt a. M./Berlin 1972, S. 368, eine wichtige Gesprächsäußerung de Gaulles. Siehe dazu unten Kapitel VI.3., S. 170, und Kapitel VI.7, S. 248f.

Insgesamt läßt die veröffentlichte Version der »Notes d'un carnet personnel« aus der Zeit des Ersten Weltkrieges ein überdurchschnittliches, jedoch gleichwohl relatives Interesse des Verfassers an deutscher Geschichte und Politik erahnen, keinesfalls ein exklusives. Seine Aufmerksamkeit galt nicht nur dem Hauptkriegsgegner, sondern der politischen Situation in ganz Europa, mithin jenen »haines séculaires«, die die Zwischenkriegszeit prägen sollten.

3. »Les haines séculaires«: Die unmittelbaren Folgen des Ersten Weltkriegs

Mehrere Vorträge[63] Charles de Gaulles aus dem Jahre 1918 beweisen, daß er am Ende des Ersten Weltkriegs das politische Verhältnis Frankreichs zu Deutschland keineswegs isoliert, sondern vor dem Hintergrund des europäischen Staatensystems betrachtete, wie es im letzten Drittel des 19. Jahrhunderts entstanden war:

Cet état d'instabilité universellement ressenti en Europe tenait à ce que plusieurs grands peuples: l'Allemagne, la Russie, l'Italie, et plusieurs petits, notamment la Serbie et la Bulgarie, récemment constitués, arrivés relativement tard sur la scène du monde, ... estimaient qu'ils n'avaient pas au soleil la place qui leur revenait. Aussitôt de se constituer un pangermanisme, panslavisme, un panserbisme, replis de l'aveugle conviction, ... employant la torture pour obliger l'Histoire à dire ce qui convenait[64].

Als er sodann weitere tiefere Ursachen des Weltkrieges aufgezählt hatte, ging er nicht nur mit dem Hauptkriegsgegner, sondern auch mit seinem eigenen Land ins Gericht. Das verbreitete Gefühl einer Genugtuung, das seine Landsleute am 11. November 1918 erfüllte, weil Frankreich die langersehnte Revanche für die Niederlage des Jahres 1871 geglückt war[65], mochte de Gaulle nicht ohne Einschränkung teilen. Im Rückblick relativierte er die Bedeutung der deutschen Annexion Elsaß-Lothringens im Hinblick auf die Entwicklung der deutsch-französischen Beziehungen. Statt dessen bezog er die Strukturfehler des europäischen Systems, die in einem nicht unbeträchtlichen Maße nach 1919 in gewandelter Form fortbestehen sollten, in seine Überlegungen mit ein, als er die folgende rhetorische Frage zu beantworten suchte:

Ces raisons profondes de la guerre ... auront-elles maintenant disparu, se seront-elles du moins atténuées?

Politiquement, il faut craindre qu'aucune des questions qui viennent de soulever les peuples les uns contre les autres ne soit effectivement résolue. Il est impossible encore à l'heure qu'il est de dire d'une manière approximative à qui restera l'Alsace-Lorraine. Si c'est à nous, qui peut se figurer que l'Allemagne nous l'abondonnera sans arrière-pensée, sans rancune? Et si nous ne parvenons point à recouvrer le morceau de France qu'un ennemi odieux nous a naguère arraché, allons-nous à tout jamais renoncer à le reconquérir?[66].

Abschließend äußerte er eine entsprechend skeptische Zukunftserwartung, aus der hervorgeht, daß er den Weltkrieg in seiner globalen Dimension sah und politisch nicht auf einen deutsch-französischen Krieg im Stil eines Duells der »Erbfeinde« reduzierte:

---

63 Sie sind abgedruckt in: LNC I, S. 530–541.
64 Ebd. S. 531f.
65 Vgl. R. RÉMOND, Frankreich im 20. Jahrhundert. Bd. 1: 1918–1958, Stuttgart 1994, S. 28.
66 LNC I, S. 535.

les haines séculaires, les fureurs nationales, formidables et aveugles courants qui sont à eux seuls une cause suffisante de conflits, cette guerre les aura-t-elle endiguées? La haine des Gaulois et des Germains, vieille comme le Rhin et la Meuse, se sera-t-elle atténuée? ... L'Allemagne pardonnera-t-elle à l'Angleterre? La Belgique à l'Allemagne, la Serbie à la Bulgarie, l'Italie à l'Autriche? Évidemment, pliant sous le poids des sacrifices, menacés d'une destruction totale les uns par les autres, guettés par la famine et tous les bouleversements sociaux qu'elle amènerait, les peuples de la Vieille Europe finiront par signer une paix que leurs hommes d'État appelleront paix d'entente! et qui sera de fait une paix d'épuisement. Mais chacun sait, chacun sent que cette paix n'est qu'une mauvaise couverture jetée sur des ambitions non satisfaites, des haines plus vivaces que jamais, des colères nationales non éteintes[67].

Diese undatierten und wegen ihres Gehalts ausführlicher zitierten Reflexionen stammen nach Auskunft des Herausgebers der Quellenedition aus der Zeit vor de Gaulles Rückkehr aus der Gefangenschaft. Sie können eventuell auch erst nach seiner Ankunft in Paris im Dezember 1918 niedergeschrieben worden sein[68], zumal in einem weiteren, zeitgleich verfaßten Vortragsentwurf über die »Conditions du conflits et du retour à la paix«[69] bereits von den neuen Staaten Mittel- und Südosteuropas die Rede ist, die ihre Existenz dem Ende des Krieges verdankten. Sofern diese Aufzeichnungen tatsächlich nicht nach 1918 entstanden, zeugen sie von de Gaulles später verschiedentlich unter Beweis gestellten prognostischen Fähigkeiten.

Zweifellos war es einfacher, die in Europa drängenden internationalen Probleme zu beschreiben und potentielle Lösungen von vornehein skeptisch zu beurteilen, als Verantwortung für einen konkreten Friedensvorschlag zu übernehmen. Unter dem Aspekt der späteren Deutschlandpolitik gesehen, die Frankreich in der folgenden Dekade betrieb, ist es weniger bemerkenswert, daß de Gaulle sich über die Größe der staatsmännischen Aufgabe, einen dauerhaften Frieden zu schließen, offenbar durchaus im klaren bzw. von skeptischen Ahnungen erfüllt war, sondern mehr von Interesse, daß er das künftige Verhältnis zwischen »Galliern und Germanen«[70] eher mit vorsichtigen Andeutungen skizzierte und darauf verzichtete, weitreichende Kriegsentschädigungen von der deutschen Seite zu fordern. Daß die deutsch-französischen Beziehungen schon allein durch die hohe Zahl an Gefallenen, die beide Seiten zu beklagen hatten, sowie den gegenseitigen kollektiven Haß auf absehbare Zeit belasten und gestört sein würden, war ihm nur zu geläufig. Aber dennoch bzw. deswegen konstatierte er diese Unvermeidlichkeit rational mit einem leisen Unterton des Bedauerns[71].

Ebenso bemerkenswert ist der Befund, daß er zwar im Reich den Hauptschuldigen für den Ausbruch des Ersten Weltkriegs erkannte, aber zum einen auch seinen Landsleuten so manchen politischen Vorwurf nicht ersparte und zum anderen impli-

67 Ebd. S. 536.
68 Vgl. ebd. S. 530. Da die übrigen Briefe und Aufzeichnungen chronologisch abgedruckt sind und der vorstehend, S. 529, publizierte Brief vom 23. Dezember 1918 datiert ist, liegt eine spätere Datierung der zitierten Quelle im Bereich des Möglichen.
69 Ebd. S. 537ff.
70 Ebd. S. 531, 536.
71 Anders sind die Passagen ebd. S. 531 »L'Allemagne la déclara à la France ... qui est irréalisable«, und S. 536: »Du moins les haines séculaires ... rien n'étaient?« nicht zu verstehen.

zit einen sich von der Vorkriegszeit und ihrer Diplomatie qualitativ abhebenden Neuanfang der Politik des europäischen Konzerts forderte[72].

Gewiß soll der Historiker angesichts einer relativ schmalen Quellenbasis der Versuchung widerstehen, zu viele und zu weitreichende Schlüsse aus einzelnen Aufzeichnungen zu ziehen, und sich davor hüten, die früheren Lebensabschnitte de Gaulles bewußt oder vorschnell als Antizipation seiner späteren präsidentiellen Deutschlandpolitik, der noch ein weiterer Weltkrieg vorausging, zu verstehen. Andererseits herrscht innerhalb der Historiographie Einigkeit darüber, daß längst nicht jedes historische Faktum schriftlich tradiert worden ist. Daher legt de Gaulles Klage über die verfahrene Lage in Europa, insbesondere den Zustand des deutsch-französischen Verhältnisses, allenfalls den Gedanken nahe, daß er sich unausgesprochen nur von einem tiefgreifenden Wandel der Außenpolitik der europäischen Mächte, hauptsächlich der Großmächte, die sodann auf die Kleinen oder Mittleren entsprechend einzuwirken hätten, eine tragfähige Lösung der politischen Probleme Frankreichs versprach. Daß dieses Ziel nur über eine – modern gesprochen – Bewußtseinsveränderung der Völker zugunsten der friedlichen Verständigung, die den erklärlichen, aber nicht durchweg rationalen Haß der Vergangenheit zu überwinden vermochte, zu erreichen sei, spürte er eventuell, ohne es seinem damaligen Auditorium gegenüber klar beim Namen nennen zu wollen oder sich selbst eingestehen zu können. Die Notwendigkeit eines politischen Neuanfangs schwebte ihm jedenfalls deutlich vor Augen.

De Gaulle hielt die Möglichkeit, die französische Außenpolitik aus der Zeit vor 1914 nach dem Kriegsende unverändert fortzusetzen, langfristig für wenig aussichtsreich. Der Weg auf dieses Ziel hin scheint ihm dagegen eher unklar gewesen zu sein. Auch läßt sich kaum eindeutig ermitteln, wie die europäische Diplomatie unter Einbezug militärischer Faktoren diesen Neuanfang nach Ansicht de Gaulles hätte inszenieren oder bewerkstelligen sollen, zumal dafür auch Deutschland und weitere Länder einen neuen politischen Kurs zu wählen bereit sein mußten.

Festzuhalten bleibt, daß das Ende des Großen Krieges, das Jahr 1918, für de Gaulle eine epochale Zäsur markierte. Die Aussicht, die französische Außenpolitik, auch und insbesondere dem Deutschen Reich gegenüber, so wie sie seit 1904 bzw. 1907[73] betrieben worden war und die 1914 in einen sich für ganz Europa als Desaster herausstellenden Waffengang gemündet hatte, ohne erhebliche Korrekturen fortsetzen zu können, beurteilte er äußerst skeptisch. Daß Deutschland ungeachtet seiner Niederlage im Weltkrieg eine Großmacht bleibe und nicht dauerhaft geschwächt werden könne, erkannte er recht deutlich[74]. Über die Dringlichkeit eines Neuansatzes besaß er in dem Maße Klarheit, wie ihm die nötige Vorgehensweise unklar war. Dennoch sind sein dumpf empfundenes und artikuliertes Unbehagen, das er angesichts des Vergangenen und Bestehenden empfand, ebensowenig zu bestreiten, wie der Wunsch nach einer prinzipiellen Veränderung und die Hoffnung auf Künftiges nicht zu leugnen sind.

---

72 P. MAILLARD, De Gaulle und Deutschland, S. 41, hat eine ähnliche, im Ansatz zutreffende und im weiteren Verlauf zu gewagte Interpretation vorgelegt.

73 Vgl. LNC I, S. 531, 535, 538.

74 Vgl. ebd. S. 540.

Das Ende des Ersten Weltkrieges markierte einen Zeitpunkt, an dem sich erstmals de Gaulles deutschlandpolitische Vorstellungen als schwankend erwiesen. Einerseits hatte er am Krieg teilgenommen, was aber augenscheinlich sein Deutschlandbild nur in einem geringen Maße veränderte, und während der Kriegsgefangenschaft einen klaren literarischen bzw. publizistischen Eindruck des übersteigerten außenpolitischen Wilhelminismus der Vorkriegszeit gewonnen. Andererseits demonstrierte er entgegen so mancher bis heute tradierten Forschungsmeinung[75] Flexibilität nicht nur im Bereich der taktischen politischen Mittel, sondern auch im Hinblick auf Ziele und Konzeptionen. Keine zeitgenössische Quelle deutet an, daß de Gaulle 1918/19 an eine langfristige Möglichkeit dachte, zu einer soliden deutsch-französischen Verständigung zu gelangen. Deshalb trifft auf diese Zeit Pierre Maillards suggestives Urteil nur bedingt zu, das er mit dem formelhaften Diktum des »unvollendeten Traums« im Untertitel seiner Darstellung umschreibt[76] und das sich auf eine von mehreren Seiten der deutschlandpolitischen Gedankenbildung de Gaulles bezieht.

Verglichen mit dem jeweiligen Deutschlandbild, das die verschiedenen Generationen französischer Politiker nach dem Weltkrieg besaßen, fällt eine erste historische Einordnung der noch keinesfalls klar konturierten deutschlandpolitischen Vorstellungen de Gaulles eher schwer. Die Niederlage Frankreichs im Krieg 1870/71, mit der die lange Tradition des romantischen Deutschlandbildes der Madame de Staël zu Ende ging[77], gewann offenkundig für das Deutschlandbild des jungen Offiziers bei weitem nicht jene entscheidende Bedeutung, die sie für den späteren französischen Außenminister Louis Barthou errang. Dieser wichtige Repräsentant der französischen Deutschlandpolitik in der folgenden Zwischenkriegszeit, der in der »Zähmung des deutschen Nachbarn« das hauptsächliche Ziel der französischen Außenpolitik erkannte, gehörte »einer durch die französische Niederlage gegen das sich neu formierende Bismarck-Reich im Jahre 1871 geprägten Generation [an], die sich an der Janusköpfigkeit der deutschen Kultur- und Militärtradition orientierte«[78].

Ferner deutet keine verfügbare Quelle Ähnlichkeiten zwischen Charles de Gaulles und Aristide Briands deutschlandpolitischen Konzeptionen an. Briand ließ sich weniger von der historischen Erfahrung des deutschen Reichseinigungskrieges, sondern mehr von jener des Ersten Weltkrieges leiten. Er favorisierte fortan die »Idee der Friedenssicherung durch die Organisation des Friedens, um seiner Sicherung Dauer zu verleihen, und schließlich zur Organisation Europas«[79]. Aus der Erfahrung des Ersten Weltkrieges zog er die Lehre, daß eine Politik der kollektiven Sicherheit, deren wichtigstes Resultat 1925 die Locarno-Verträge bildeten, bessere Möglichkeiten einer zukünftigen Friedenssicherung bot.

Mit beiden Positionen setzte sich de Gaulle in den folgenden Jahrzehnten auseinander. Unmittelbar nach dem Kriegsende stand sein eigenes Deutschlandbild noch keineswegs unverrückbar fest. 1918/19 besaß de Gaulle allenfalls ansatzweise die Vi-

---

75 Vgl. dazu A. SHENNAN, De Gaulle, S. 123.
76 Vgl. P. MAILLARD, De Gaulle und Deutschland. Der unvollendete Traum.
77 Vgl. C. DIGEON, La Crise allemande, S. 535.
78 Siehe R. W. MÜHLE, Louis Barthou und Deutschland (1862–1934), in: Francia 21/3 (1994) S. 73, 80.
79 P. KRÜGER, Briand, Stresemann und der Völkerbund. Männer, Mächte, Institutionen – und das Schicksal, in: F. KNIPPING, E. WEISENFELD (Hg.), Eine ungewöhnliche Geschichte. Deutschland – Frankreich seit 1870, Bonn 1988, S. 90.

sion einer moderat gewandelten französischen Deutschlandpolitik, ohne darüber die realistischen Möglichkeiten und Erfordernisse der unmittelbaren Zukunft aus dem Blickfeld zu verlieren, wie sich in der Zwischenkriegszeit erwies.

III. DIE ZWISCHENKRIEGSZEIT

1. Die zwanziger Jahre: Zwischen Geschichte und Gegenwart

a. Die Differenz zwischen Staat und Nation

Als Zeitgenosse durchlebte Charles de Gaulle nach dem Ersten Weltkrieg, »der damals im Bewußtsein der Franzosen an die Stelle des Krieges von 1870/71 rückte«[1], eine Dekade, in welcher der französischen Außenpolitik die Ziele zugrunde lagen, Deutschland zur möglichst exakten Erfüllung seiner Versailler Vertragspflichten, anfänglich sogar mit Gewalt, zu zwingen, auf der eigenen militärischen Überlegenheit zu bestehen und Sicherheit in Europa über bilaterale bzw. kollektive Abkommen zu gewinnen. Diese keineswegs immer mit gleicher Intensität betriebene »policy of limited concessions made from a position of strength«[2] konnte nicht darüber hinwegtäuschen, daß Frankreich nominell 1918/19 zu den Siegermächten zählte, Europa jedoch »als Ganzes den Krieg verloren hatte«, weil »seine bis 1914 unangefochtene Weltvormachtstellung in Frage gestellt war, nicht nur durch die nun endgültige Einbeziehung der Vereinigten Staaten von Amerika und Japans als Großmächte in das ... neue ... Weltstaatensystem, sondern auch durch die Erschütterung der imperialen Position der europäischen Mächte in Übersee«[3].

Für de Gaulle begann mit der Rückkehr aus der Kriegsgefangenschaft ein von zahlreichen Ortswechseln geprägter Lebensabschnitt, in dessen Verlauf er sich sowohl aus professionellen Gründen wie aus eigenem Interesse mit den deutsch-französischen Beziehungen, der Stellung der »alten« Nationalstaaten im Kontext »neuer« rivalisierender Ideologien und, damit zusammenhängend, mit Frankreichs Großmachtstatus beschäftigte. Beruf und Berufung, Pflicht und Neigung gewissermaßen, gingen eine Symbiose ein. Daß er sich nach dem Ersten Weltkrieg für außenpolitische Fragen rege interessierte, hing auch mit seiner Karriere zusammen, die ihn bis zum Beginn jener für sein Land so verhängnisvollen wie in mancher Hinsicht charakteristischen Phase der »Décadence«[4] mit historischen Ereignissen im Grunde weniger konfrontierte als vielmehr in Berührung brachte, die für die europäische Zwischenkriegszeit von erstrangiger Bedeutung waren. Gewisse globale Tendenzen, beispielsweise die kaschierte Entwicklung der USA zu einer Weltmacht oder allgemein der zunehmende Einfluß der angelsächsischen Politik auf die französische, die in den heftigen inner-

---

1 S. Martens, Einleitung, in: Ders. (Hg.), Documents diplomatiques français sur l'Allemagne 1920. Französische Diplomatenberichte aus Deutschland 1920. Bd. 1: 9. Januar–30. Juni, Bonn/Berlin 1992, S. 30.

2 A. Adamthwaite, France and the Coming of the Second World War 1936–1939, London 1977, S. 18.

3 A. Hillgruber, Der historische Ort des Ersten Weltkrieges, in: M. Funke u.a. (Hg.), Demokratie und Diktatur. Geist und Gestalt politischer Herrschaft in Deutschland und Europa. Festschrift für Karl Dietrich Bracher, Bonn 1987, S. 120.

4 So der sprechende Untertitel als Epochenbezeichnung bei J.-B. Duroselle, Politique étrangère de la France. La décadence 1932-1939, Paris 1979.

französischen Debatten über Vorzüge oder Nachteile des Pariser Friedenswerkes Ausdruck fanden[5], erregten dagegen weniger seine Aufmerksamkeit.

Im Unterschied zur überwiegenden Mehrzahl seiner Landsleute, die zu übersehen neigten, daß Frankreich zwar den Weltkrieg gewonnen, aber beinahe einen Pyrrhussieg errungen hatte[6], blieb de Gaulle 1919 und 1920 ein Realist, als er Frankreichs internationale Stellung überblickte: »La victoire nous est venue à point«[7]. Ohne Triumphgefühle oder Schadenfreude zu verspüren, hielt er die französische Deutschlandpolitik im Frühjahr 1919, wie sie Georges Clemenceau betrieb, für geboten:

En ce qui concerne l'Allemagne, il apparaît bien décidément que la politique de la France et de Clemenceau l'emporte parmi les Alliés, et que c'est un écrasement complet, politique, militaire et économique, que l'on va imposer à l'odieux vaincu[8].

Nachdem der Versailler Friedensvertrag im Juni 1919 unterzeichnet worden war, teilte er einige Monate später die heutzutage auch in der Historiographie[9] dominierende Auffassung, die Jacques Bainville 1919 als erster vertrat, daß der Vertrag einerseits relativ hart, andererseits zu milde sei, um die französischen Sicherheitsinteressen und materiellen Forderungen gegenüber dem Deutschen Reich auf lange Sicht befriedigend zur Geltung zu bringen. De Gaulle plädierte dafür, die Faustpfandpolitik fortzusetzen, die mit der Besetzung des linken Rheinufers begonnen worden war, trat aber nicht dafür ein, Frankreichs Ostgrenze dauerhaft an den Rhein zu verlegen und linksrheinische Gebiete zu annektieren. Mißtrauisch lehnte er Konzessionen zugunsten Deutschlands ab, weil er die deutsche Bereitschaft skeptisch beurteilte, die Versailler Vertragsbestimmungen einzuhalten, und im übrigen klar erkannte, daß das Deutsche Reich weiterhin über genügend Ressourcen, insbesondere in ökonomischer Hinsicht[10], verfügte, um seinen Revisionsansprüchen politisch Nachdruck zu verleihen.

Für Charles de Gaulle stand außer Frage, daß das Reich durch den Kriegsausgang und die Versailler Vertragsbedingungen temporär geschwächt bliebe und mittelfristig mächtig genug sei, Obstruktions- und Revisionspolitik zu betreiben. Jener erst in der Zeit nach dem Zweiten Weltkrieg auch wissenschaftlich festgestellten und strukturell bedingten Fragilität des europäischen Mächtesystems, also jener »Künstlichkeit« der Pariser Friedensordnung, die Frankreich nicht mehr als eine zeitweilige Stärke gegenüber dem nicht prinzipiell, sondern partiell geschwächten Deutschen Reich verhieß[11], wurde sich der junge Charles de Gaulle vergleichsweise ebenso früh bewußt wie der daraus resultierenden Relativität der französischen Sicherheit, die er noch am ehesten im Zuge nationaler Alleingänge, weniger auf dem Wege bilateraler Allianzen und auf keinen Fall im Rahmen eines kollektiven Sicherheitssystems gewährleistet sah. Die eigene nationale Sicherheit auf dem Altar des neuartigen, seitens des amerikanischen Präsidenten Woodrow Wilson vehement geforderten Prinzips kollektiver

---

5   Vgl. J.-J. BECKER, La France, S. 192f.
6   So S. MARTENS, Einleitung, S. 36.
7   LNC II, S. 21, Brief an seinen Vater, 12. März 1919.
8   Ebd.
9   Vgl. R. RÉMOND, Frankreich im 20. Jahrhundert. Bd. 1, S. 54; K. HILDEBRAND, Das vergangene Reich. Deutsche Außenpolitik von Bismarck bis Hitler 1871–1945, Stuttgart 1995, S. 401f.
10 Vgl. LNC II, S. 32, Brief an seine Mutter, 25. Juni 1919; ebd. S. 62, Ansprache vor Offizieren, Dezember 1919.
11 Vgl. zur »Künstlichkeit« der Pariser Friedensordnung R. ARON, Frieden und Krieg. Eine Theorie der Staatenwelt, Frankfurt a. M. 1963, S. 58.

Sicherheit zu opfern, lehnte er nicht aus aktuellen, sondern aus historischen Gründen als illusorisch ab[12].

Mit einer erwähnenswerten Ausnahme[13] trat de Gaulles buchstäblich existentiell bedingtes Interesse am östlichen Nachbarn, das der Erste Weltkrieg geweckt hatte, in der ersten Hälfte der Zwischenkriegszeit etwas zurück. Zunächst betrat er einen neuen Kriegsschauplatz. Vom April 1919 an gehörte er zur Delegation französischer Militärberater, die die polnische Armee im Krieg gegen Sowjetrußland unterstützten. Sich selbst sah er auf Grund seiner deutschen Sprachkenntnisse dafür qualifiziert, an dieser militärischen und politischen Aufgabe mitzuwirken[14]. Daß daneben auch eine gewisse Abenteuerlust und Neugierde als Motive mitspielten, was angesichts der langen Gefangenschaft nicht verwundert, geht aus einem privaten Brief vom 11. Februar 1919 hervor, in dem er sein Gesuch um eine freiwillige Teilnahme begründete und die Herausforderung als »pis-aller pour faire campagne«[15] bezeichnete.

In de Gaulles Sichtweise des von internen wie externen Problemen heimgesuchten, mit wirtschaftlichen Schwierigkeiten kämpfenden und russischen und deutschen territorialen Revisionsansprüchen ausgesetzten neuen polnischen Staates, dessen pure Existenz beinahe zwangsläufig seinen Blick auf die deutsche Ostpolitik und auf mehrere Konfliktfelder des osteuropäischen Staatensystems lenken mußte, mischten sich abstrakt erworbene historische Kenntnisse mit unmittelbar gewonnenen Eindrücken. Bereits im Januar 1919 hatte er einen Artikel in der feuilletonistischen Zeitschrift »Revue des Deux Mondes« gelesen[16], aus dem ihm die politischen, ethnischen und nationalen Hintergründe der »polnischen Frage« bekannt waren. In seinen »Notes d'un carnet personnel«, die er nach dem Ersten Weltkrieg fortsetzte, gibt er zu erkennen, daß er Osteuropa als eine exemplarische Herausforderung an die Staatskunst der Zeit verstand, indem er auf die Ansicht des Verfassers, René Pinon, verweist,

que le terrain sans relief de toute l'Europe orientale a amené les différentes races et nationalités à se mêler, à empiéter les uns sur les autres. D'où l'impossibilité de tracer de rigoureuses frontières ethniques[17].

Das französische Engagement auf polnischer Seite diente aber nach Charles de Gaulles Ansicht bei weitem nicht nur dem Ziel, die kleinen und mittleren osteuropäischen Staaten, die aus dem Untergang der Donaumonarchie und des Zarenreiches hervorgegangen waren, von gegenseitigen Streitigkeiten abzuhalten, politisch zu stabilisieren und ihre territoriale Integrität gegen sowjetrussische Ansprüche zu verteidigen, sondern ermöglichte Frankreich und seinen Verbündeten auch, nötigenfalls Druck auf die deutschen Grenzen auszuüben, und »à barrer définitivement aux Allemands le chemin de l'Orient«[18].

---

12 Vgl. dazu LNC II, S. 31f., Briefe an seine Mutter, 18. und 25. Juni 1919; ebd. S. 62, 67, Ansprache vor Offizieren, Dezember 1919.
13 Die Ausnahme bildet sein 1924 verfaßtes Buch »La Discorde chez l'ennemi«. Vgl. dazu unten in diesem Kapitel, Abschnitt 1.b.
14 Vgl. LNC II, S. 10, Entwurf eines offiziellen Antragschreibens, Anfang 1919.
15 Ebd. S. 16.
16 Siehe ebd. S. 10, Notiz, Januar 1919. Gemeint ist: R. Pinon, La Reconstruction de l'Europe orientale, in: Revue des Deux Mondes vom 15. Januar 1919, S. 377–405.
17 LNC II, S. 10.
18 Siehe ebd. S. 17.

Bei der von Polen begonnenen und nicht zuletzt dank der französischen Hilfe am Ende siegreich bestandenen Auseinandersetzung handelte es sich ferner ebenso um eine machtpolitisch motivierte geographische Revision der Nachkriegsordnung wie um den Kampf einer Nation gegen eine Ideologie[19]. Es lag daher nahe, daß de Gaulle den polnisch-sowjetrussischen Krieg zum Anlaß nahm, sich mit der Vergangenheit Polens und der aktuellen, so problematischen Form polnischer Staatlichkeit näher zu beschäftigen.

Zu den spezifischen Kennzeichen der polnischen Geschichte seit dem 18. Jahrhundert gehört die spannungsreiche Beziehung zwischen Staat und Nation, die nicht übereinstimmten. Bis zu einem gewissen Grade vergleichbar mit der Vorgeschichte des deutschen und italienischen Nationalstaates[20], die sich beide strukturell von Frankreich, Spanien und England und vom Sonderfall des russischen Vielvölkerreiches unterschieden, entwickelte sich im 19. Jahrhundert ein polnischer Nationalismus, der keine staatliche Gestalt anzunehmen vermochte, weil die Interessen der benachbarten drei »großen dynastischen Reichsgebilde«[21] dies verhinderten. Historisch verband Polen mit Italien und Deutschland die »Gefahr, ... ein geographischer Begriff zu werden«[22]. Erst in einem günstigen Moment, als das Zarenreich und die Donaumonarchie im bzw. nach dem Ersten Weltkrieg untergingen und das Deutsche Reich geschwächt war, entstand ein polnischer Nationalstaat via Sezession[23], wenn man von Ludendorffs Plan, einen polnischen Vasallenstaat mitten im Ersten Weltkrieg, im November 1916, zu gründen, absieht[24].

Mit diesem Grundproblem der polnischen Geschichte war de Gaulle seit 1908 vertraut. Denn in einem der erwähnten Essays, die er verfaßte, als er sich auf das Eingangsexamen der Offiziersschule Saint-Cyr vorbereitete, hatte er sich mit der Differenz zwischen polnischem Staat und polnischer Nation beschäftigt[25]. Als er zur Jahreswende 1919/20 einen militärgeschichtlichen Vortrag über die Geschichte und gegenwärtige Bedeutung der französisch-polnischen Allianz vor Offizieren der französischen Militärmission in Polen hielt, knüpfte er an seine früheren Überlegungen an. Angesichts des polnischen Patriotismus sine patria im Säkulum vor 1914, den zahlreiche, graduell jeweils unterschiedlich eruptive Aufstände zutage gefördert hatten[26], befand er über die langfristigen Erfolgsaussichten der Polenpolitik General Luden-

---

19 Daß de Gaulle den Zusammenhang erkannte, geht hervor aus: ebd. S. 70f., Brief an seine Mutter, 17. Februar 1920.

20 Vgl. M. BIDDISS, Nationalism and the Moulding of Modern Europe, in: History 79 (1994) S. 417–420; F. J. BAUER, Nation und Moderne im geeinten Italien (1861–1915), in: GWU 46 (1995) S. 18f.

21 T. SCHIEDER, Typologie und Erscheinungsformen des Nationalstaats in Europa, in: DERS., Nationalismus und Nationalstaat. Studien zum nationalen Problem im modernen Europa. Hg. v. O. DANN, H.-U. WEHLER, Göttingen 1991, S. 71.

22 So P. KRÜGER, Auf der Suche nach Deutschland – Ein historischer Streifzug ins Ungewisse, in: DERS. (Hg.), Deutschland, deutscher Staat, deutsche Nation. Historische Erkundungen eines Spannungsverhältnisses, Marburg 1993, S. 51, über die Gemeinsamkeit der drei Nationalstaaten.

23 Vgl. Th. SCHIEDER, Typologie, S. 71.

24 Vgl. dazu W. CONZE, Polnische Nation und deutsche Politik im Ersten Weltkrieg, Köln 1958, S. 194–225; Th. NIPPERDEY, Deutsche Geschichte 1866–1918. Bd. 2, S. 810f.

25 Vgl. LNC XII, S. 215, 223. Siehe dazu oben Kapitel II.1.

26 Vgl. LNC II, S. 56f. Insgesamt kehren in de Gaulles Redetext viele Gedanken, teils in Form direkter Zitate, aus R. PINONS Aufsatz von 1919 über Osteuropa wieder; siehe zu René PINON oben in diesem Kapitel, Anm. 16.

dorffs vom November 1916, »[que] l'entente de la Pologne et du germanisme était une chimère. L'Histoire et la géographie eussent suffi pour le démontrer«[27]. Nach de Gaulles Ansicht stellten der Marschall Pilsudski und der Musiker Paderewski, als sie im Januar 1919 die Gunst der Stunde dazu nutzten, im Gefolge freier Wahlen eine unabhängige Regierung zu bilden, die historische Gesetzmäßigkeit unter Beweis, »qu'un peuple ne meurt jamais, qui a su conserver coûte que coûte les éléments de sa nationalité«[28]. Umgehend wies er auf die mit dieser Gewichtsverschiebung verbundenen Gefahren hin, die für den neuen polnischen Staat von deutscher wie von russischer, ukrainischer und tschechischer Seite ausgingen. Bemerkenswerterweise begründete Charles de Gaulle entsprechend die Notwendigkeit einer französisch-polnischen Allianz im Stile der europäischen Gleichgewichtspolitik, wie sie im 18. und 19. Jahrhundert zwischen den Kabinetten vereinbart worden sei[29], obwohl gerade ihr frühere Formen polnischer Staatlichkeit zum Opfer gefallen waren. En passant enthält diese Rede beachtenswerte Hinweise auf sein damaliges Deutschlandbild, die auf mehrere Gedanken seines 1924 erschienenen Werkes »La Discorde chez l'ennemi« vorausdeuten.

Bereits im Zusammenhang mit seinen drei Vorträgen vom Jahresende 1918 ist deutlich geworden, daß de Gaulles Urteil über das Deutsche Reich zwischen Anziehung und Abstoßung, zwischen Bewunderung und Ablehnung schwankte[30]. Nun, ein Jahr später, orientierte er sich an der dauerhaften Kategorie des nationalen Interesses im machtpolitischen Sinne und erachtete es historisch in gleicher Weise für normal und politisch beinahe für legitim, daß sich Deutschland mit der Niederlage im Weltkrieg nicht abfinden werde, wie er den Abschluß der französisch-polnischen Allianz als nationale Interessenpolitik legitimiert sah. Charles de Gaulle erwartete, seitdem gewissermaßen die Tinte unter dem Friedensvertrag trocknete, revisionistische Schritte seitens des Reiches, die es im Zusammenwirken mit den Russen unternehmen werde, sobald beide dazu in der Lage seien[31]. Der komplizierten, von ethnischen Problemen und strittigen Grenzfragen geprägten Lage in Ost- und Ostmitteleuropa erkannte er folglich nicht mehr als einen vorläufigen Status zu:

les conséquences de la guerre vont amener tôt ou tard un bouleversement profond dans les groupements des États. Le bolchevisme ne durera pas éternellement en Russie. Un jour viendra, c'est fatal, où l'ordre s'y rétablira et où la Russie, reconstituant ses forces, regardera de nouveau autour d'elle. ... De quel côté la Russie recherchera-t-elle un concours pour reprendre l'œuvre de Pierre le Grand et de Catherine II? Ne le disons pas trop haut, mais sachons-le et pensons-y: c'est du côté de l'Allemagne que fatalement elle tournera ses espérances[32].

Daß eine vergleichsweise enge deutsch-russische Verbindung, wie sie in der Neuauflage einer gemeinsamen Polenpolitik am Horizont drohte, in beträchtlichem Maße eine historische Erbschaft der preußischen Geschichte bildete, bezog de Gaulle, der sich bisweilen fast mehr an historischen Traditionen als an aktuellen Tendenzen zu orien-

27 LNC II, S. 59.
28 Ebd. S. 62.
29 Vgl. ebd. S. 62f., 67f.
30 Siehe oben Kapitel II.3.
31 Vgl. LNC II, S. 68, und S. 42, Brief an seine Mutter, 30. August 1919.
32 Ebd. S. 67f. Daß sich das bolschewistische Rußland mit dem Deutschen Reich früher oder später verbünden würde, um die Pariser Ordnung zu revidieren, war in Frankreich schon 1920 eine verbreitete Sorge, wie R. BOURNAZEL, Rapallo. Ein französisches Trauma, Köln 1976, S. 116–119, zeigt.

tieren pflegte, in seine Überlegungen ein[33]. Bei der Gelegenheit wurde er, als er die Bedeutung der preußischen Geschichte im Hinblick auf die deutsche Politik in der Nachkriegszeit ermaß, auf die Inkongruenz zwischen deutschem Staat und deutscher Nation aufmerksam. Zudem differenzierte er, welches Gewicht er auch immer der vermeintlich konstanten nationalen Interessenlage fremder Staaten beimaß, zwischen den einzelnen Nationalcharakteren der europäischen Völker. Ihre ins Ethnische reichenden Unterschiede bildeten nach seiner Ansicht ein dynamisches Moment im Geschichtsverlauf. Hatte er die geplante Vereinigung der Polen mit dem »Germanentum« zwischen 1915 und 1917 als »Schimäre« bezeichnet[34], so wagte er nun, nicht ganz widerspruchsfrei, die Prognose, daß sich die deutschen Minderheiten im neuen polnischen Staat rasch assimilieren würden. Denn die Erfahrung habe gelehrt, »que l'Allemand à l'étranger perd sa nationalité avec une facilité déconcertante«[35]. Die Differenz zwischen Staat und Nation wirkte sich seiner Ansicht zufolge also im deutschen Falle anders aus als im polnischen. Sie warf in dem Zusammenhang die weitere Frage auf, ob ein innenpolitischer bzw. ideologischer Wandel die äußere Interessenlage eines Staates zu beeinflussen vermag, d. h. ob sich die deutsche Ost- bzw. Außenpolitik veränderte, seitdem sich das Reich im Inneren von einer konstitutionellen autoritären Monarchie zur parlamentarischen Weimarer Demokratie gewandelt hatte.

Hinsichtlich Sowjetrußlands erwartete er mittelfristig keinen außenpolitischen Neuanfang, wenngleich ihm der ideologische Bruch, den die bolschewistische Oktoberrevolution historisch bedeutete, in seiner innenpolitischen Tragweite durchaus bewußt war[36]. Daß sich das Deutsche Reich ebenfalls 1918/19 verfassungsgeschichtlich verändert hatte, ohne daß seine innere Entwicklung qualitativ von einer vergleichbar tiefen ideologischen Zäsur geprägt war, wie sie im Falle Rußlands die Epochen des autokratischen Zarentums von einer zunächst im Bürgerkrieg versinkenden Diktatur trennte, erwähnte de Gaulle nur am Rande. Immerhin sprach er 1919 von der mehrheitssozialdemokratischen deutschen Regierung als »des pseudo-socialistes allemands, actuellement au pouvoir chez l'ennemi«[37]. Grundsätzlich erwartete er zumindest auf ost- und ostmitteleuropäischem Terrain vom neuen republikanischen Deutschland eher eine unveränderte Fortführung der außenpolitischen Tradition des wilhelminischen Kaiserreiches, wobei er die innere Struktur nicht außer acht ließ, die ihn aber in der Auffassung eher bestärkte. Denn keine geringe politische Bedeutung maß er dem »Faktor Preußen«, dem geographischen, mentalitätsmäßigen und administrativen Schwerpunkt des Reiches bei, an welchem sich ungeachtet der territorialen Amputationen wenig änderte. Im Grunde führte er die außenpolitische Tradition

---

33 Diese Tradition hatte er bereits 1908 erwähnt; siehe zur Alvenslebenschen Konvention von 1863 LNC XII, S. 221, Ausführung von 1908. Vgl. auch LNC II, S. 49f., 59, Ansprache vor Offizieren, Dezember 1919.
34 Siehe dazu oben in diesem Kapitel, Anm. 27.
35 LNC II, S. 64, Ansprache vor Offizieren, Dezember 1919.
36 Vgl. ebd. S. 70f., Brief an seine Mutter, 17. Februar 1920. De Gaulle interessierte sich stets für die innere Struktur fremder Staaten und war sich beispielsweise über die innenpolitische und ökonomische Fragilität Polens im klaren; vgl. LNC XII, S. 226, 228, Briefe vom 24. August 1920 und 16. Januar 1921.
37 LNC II, S. 31, Brief an seine Mutter, 18. Juni 1919.

Deutschlands, die ihn eine Revisionspolitik befürchten ließ und die nach seiner Ansicht in der Weimarer Republik wirksam blieb, sogar wesentlich auf das Erbe Preußens zurück[38].

Als sich de Gaulle mit dem besiegten, aber weiterhin mächtigen Deutschen Reich während der Zwischenkriegszeit beschäftigte, stellte er sich die Fragen, in welcher Beziehung territoriale Verkleinerung und ungebrochenes Nationalinteresse zueinander standen und wie sich der weitgehend unangetastete preußische Schwerpunkt des Deutschen Reiches auf die deutsche Politik auswirkte. Eine erste Antwort gab er 1924 in seinem Buch »La Discorde chez l'ennemi«.

b. »La Discorde chez l'ennemi«

Charles de Gaulles erstes Buch, das im März 1924 unter dem Titel »La Discorde chez l'ennemi« erschien, steht mit seinen erwähnten politischen Überlegungen von 1918 und 1919 in einem engen Zusammenhang. Schon in der letzten Phase seiner Kriegsgefangenschaft und während seines Aufenthaltes in Polen, der am 1. Februar 1921 zu Ende ging, hatte er die ersten Kapitel zu schreiben begonnen. Obwohl die Schrift wirkungsgeschichtlich nicht ganz zu Unrecht von den späteren Werken »Vers l'armée de métier« und »Le fil de l'épée« oder seinen Memoiren übertroffen worden ist, vermittelt sie, wie der Titel bereits andeutet, sowohl über das Deutschlandbild wie über das allgemeine Verständnis historischer und politischer Fragen des Verfassers nicht zu unterschätzende Aufschlüsse. »Très peu de ses ouvrages en diront autant sur la personnalité, les idées et la conception de l'histoire de Charles de Gaulle que cette œuvre de jeunesse«, urteilt Jean Lacouture[39], ohne allerdings das Werk im Rahmen seiner Biographie gebührend auszuwerten. De Gaulle bereicherte nach Fritz Sterns Ansicht jene »Sammlung bedeutender Bücher ..., die in der Gefangenschaft geschrieben wurden«, und zu denen der deutsch-amerikanische Historiker neben anderen Henri Pirennes geistesgeschichtlich interessante »Souvenirs de captivité« zählt[40].

Oberflächlich betrachtet handelt es sich um eine militärgeschichtliche Abhandlung über den Ersten Weltkrieg und die politischen Gründe der deutschen Niederlage; sie endet mit den Lehren, die die französische Armee aus ihr zu ziehen aufgerufen sei. Wichtiger als das Porträt der rein militärischen Seite des deutschen Kaiserreiches, der kaiserlichen Armee, der de Gaulle unabhängig vom Kriegsausgang Respekt erwies[41], sind seine Überlegungen über das Verhältnis der zivilen zur militärischen Gewalt, das Problem der Koalitionskriegführung und den folgenreichen Zwiespalt zwischen kurzfristig erreichbaren und daher verlockenden militärischen Vorteilen und damit verbundenen mittelfristig verhängnisvollen politischen Konsequenzen. Exemplarisch erörterte de Gaulle diese Zusammenhänge anhand der innenpolitischen Stellung des Reichskanzlers Bethmann Hollweg gegenüber der Dritten Obersten Heeresleitung, des Zusammenhalts der Koalition der Mittelmächte und der Entscheidung über den

---

38 Vgl. ebd. S. 56f., Ansprache vor Offizieren, Dezember 1919; ähnlich auch LNC III, S. 408, Brief an einen Oberst, 27. August 1919.
39 Siehe J. LACOUTURE, Charles de Gaulle. Bd. 1, S. 123; siehe ebd. auch zur Entstehung.
40 So F. STERN, Die Historiker, S. 129f.
41 Vgl. Ch. DE GAULLE, La Discorde chez l'ennemi, Paris 1972 (Nachdruck der Ausgabe von 1924), S. 11, 13f.

uneingeschränkten U-Boot-Krieg. Ferner spürte er dem politischen Profil Preußens und Deutschlands bzw. den politischen Neigungen des deutschen Volkes vor dem Hintergrund ihrer Entwicklungen seit dem 19. Jahrhundert nach. Charakteristische strukturelle Unterschiede und manche Gemeinsamkeit zwischen der deutschen und der französischen Nationalgeschichte sind de Gaulle aus diesem Anlaß bewußt geworden.

Auf der einen Seite verbindet der neuzeitliche Demokratiegedanke die französische Geschichte mit der englischen und amerikanischen. Auf der anderen verweist die verfassungsgeschichtlich bedeutungsvolle Beziehung, in der sich die zivile und militärische Gewalt zueinander befinden, auf ein traditionelles spezifisches Grundproblem der modernen Geschichte Frankreichs, das sich außenpolitisch auswirkte und in manchen Epochen den Verlauf der europäischen Geschichte mitbestimmte. Entsprechend geschult war der Blick politisch aufmerksamer Franzosen für diese Problematik[42], die erstmals in der Person Napoleons I. grell zum Vorschein gekommen war, sodann, wenn man mehrere Marksteine dieser historischen Entwicklung nennen möchte, in der historischen Rolle des Verlierers der Sedan-Schlacht und mehrjährigen Präsidenten der jungen Dritten Republik, des Marschalls Mac-Mahon, der 1873 zeitweilig die Restauration der Monarchie erwog und den 1877 Gerüchte eines Staatsstreiches umgaben, und der Politik des Generals Boulanger 1886/87 jeweils zutage trat[43]. Der Kolonialist und spätere General Hubert Lyautey schrieb 1891 einen folgenreichen anonymen Artikel in der »Revue des Deux Mondes« über die Stellung des Offiziers in der französischen Gesellschaft. Jenseits der militärischen Aufgaben und Erfordernisse im engeren Sinne forderte er die Offiziere auf, die politische »Erziehung« ihrer Untergebenen zu forcieren. Des weiteren beklagte er einen Mangel an nationaler Einheit seines Landes bzw. nationaler Geschlossenheit der Franzosen als Konsequenz der Großen Revolution von 1789. Von der Restauration der Bourbonenmonarchie erwartete Hubert Lyautey eine stärkere außenpolitische Stellung Frankreichs in Europa und der Welt. Konkret unterbreitete er in seinem Zeitschriftenartikel den Vorschlag, das innere Gefüge der französischen Gesellschaft an äußeren machtpolitischen Erfordernissen und Zielen auszurichten. Er stellte nicht nur die republikanische Ordnung des Landes ausdrücklich in Frage, sondern forderte ohne Umschweife eine kaschierte Militarisierung Frankreichs[44]. Nach der Jahrhundertwende erlangte ein solches Unterfangen im Zuge der Dreyfus-Affäre eine besondere Brisanz[45].

42 Vgl. grundsätzlich R. GIRARDET, L'armée française et la République, in: P. ISOART, Ch. BIDEGARAY (Hg.), Des Républiques françaises, Paris 1988, S. 547f.; J.-Ch. JAUFFRET, The Army and the ›appel au soldat‹, 1874–89, in: R. TOMBS (Hg.), Nationhood, S. 238–247 passim. Daß sich de Gaulle für die abstrakte Frage interessierte, zeigt A. LARCAN, Charles de Gaulle. Itinéraires intellectuels et spirituels, Nancy 1993, S. 43. Von 1918 bis 1920 war der Militarismus sogar in Frankreich selbst ein durchaus aktuelles Phänomen. Vgl. dazu J.-J. BECKER, La France, S. 193f., der angesichts des französischen militärischen Engagements in Deutschland, Polen, Rußland, Türkei, Nordafrika, in der Levante, in Indochina etc. und der entsprechenden Rückwirkungen auf die französische Gesellschaft in seiner Schlußbetrachtung feststellt, »la France prend l'allure d'une puissance militariste qui montre sa force un peu partout en Europe et dans le monde«.
43 Vgl. zu Napoleon I. J. TULARD, Frankreich im Zeitalter der Revolutionen 1789–1851, Stuttgart 1989, S. 162f., 193; zu Maurice Mac-Mahon und Georges Boulanger F. CARON, Frankreich, S. 269, 283–286, 401–406.
44 Vgl. A. LE RÉVÉREND, Lyautey écrivain 1854–1934, Paris 1976, S. 135ff.
45 Vgl. F. CARON, Frankreich, S. 531, 548f.

Allerdings stellte sich diese grundsätzliche politische Frage des Kompetenzenstreites nicht immer in der gleichen Weise, seitdem sie in der napoleonischen Ära wie ein Erisapfel in den Ring geworfen worden war. Während die militärisch-politischen Erfolge und Mißerfolge Napoleons I. in Frankreich wie jenseits der französischen Grenzen ursächlich mit der Französischen Revolution verbunden gewesen waren und der Korse ebensogut von den revolutionären Ideen des Jahres 1789 zunächst profitierte, wie er ihnen am Ende zum Opfer fiel[46], drohte die Armeeführung nach 1871 den republikanischen Staat und seine Verfassung zur Disposition zu stellen, wodurch der seit der Französischen Revolution virulente Antagonismus zwischen der konservativen, überwiegend katholischen und monarchischen Rechten und der progressiven, laizistischen und republikanischen Linken von neuem belebt wurde. Sah die Linke mehrheitlich in der »Levée en masse« vom 23. August 1789 fortan ein bewahrenswertes Symbol und eine der kostbarsten Errungenschaften des revolutionären, propagandistisch überhöhten Sturms auf die Bastille[47], weil sie sich ideell auf die Werte der Französischen Revolution berief, so gerieten nicht selten Militärs, die an der politischen Macht und Verantwortung teilzuhaben begehrten, in den Verdacht, die demokratische Struktur und politische Fortschrittlichkeit der Dritten Republik beseitigen zu wollen und eine Rückkehr zum Bonapartismus oder gar zum vorrevolutionären Ancien Régime anzustreben. Der beinahe idealtypische nationalstaatliche Rahmen Frankreichs, in dessen Gehäuse Territorium, Staat und Nation, abgesehen von den Überseebesitzungen, kongruent waren und über dessen innere Legitimität kein Dissens bestand, verhinderte neben anderen Faktoren, daß dieses spannungsreiche Element der französischen Geschichte im 19. Jahrhundert, die sich mit ihren innenpolitischen Brüchen und revolutionären Zäsuren strukturell von der englischen und ihrem eher von evolutionärer, reformerischer Kontinuität geprägten Gang charakteristisch abhob, eine extreme Zuspitzung erreichte[48]. Zwar hätte Charles de Gaulle die eine oder andere militärgeschichtliche Beurteilung in seiner Betrachtung »La Discorde chez l'ennemi«, z. B. seinen Hinweis auf »les défauts communs« der deutschen Befehlshaber im Ersten Weltkrieg, die er in

le goût caractéristique des entreprises démesurées, la passion d'étendre, coûte que coûte, leur puissance personnelle, le mépris des limites tracées par l'expérience humaine, le bon sens et la loi[49]

erkannte, auch auf bestimmte Phasen der jüngeren Vergangenheit seines Landes münzen können, weil sie im Grunde nicht nur in der deutschen Entwicklung zu beob-

---

46 Vgl. J. TULARD, Frankreich, S. 163, 289f., 472, und R. DUFRAISSE, Die Deutschen und Napoleon im 20. Jahrhundert, Schriften des Historischen Kollegs, München 1991, S. 7f.
47 Vgl. zur strittigen ereignisgeschichtlichen Relevanz des Sturms auf die Bastille, dessen wirkungsgeschichtliche Bedeutung dagegen unbestreitbar ist, W. SCHMALE, Das Bicentenaire. Ein Forschungsbericht (Teil II), in: Historisches Jahrbuch 114 (1994) S. 136, der von der »relativen faktischen Bedeutungslosigkeit der Bastille« spricht.
48 Vgl. zu der Permanenz des Staates, die sich von der Diskontinuität der Regierungsformen stets abhob, R. RÉMOND, Die verweigerte Integration: Nationalstaatliche Autonomie als Prinzip der französischen Geschichte, in: R. PICHT (Hg.), Das Bündnis im Bündnis. Deutsch-französische Beziehungen im internationalen Spannungsfeld, Berlin 1982, S. 22f.
49 Ch. DE GAULLE, La Discorde, S. 13.

achten waren. Aber das von aller Heterogenität meistenteils ungetrübte etatistische Nationalbewußtsein der Franzosen milderte im französischen Falle das wichtige konstitutionelle Problem, das in dieser Beschreibung durchschimmert und das sich in Frankreich eher zu einer Auseinandersetzung zwischen den beiden großen Lagern, der Linken und der Rechten, entwickelte.

Im Rahmen der modernen deutschen Geschichte hingegen wurde dieses politische Problem in einer freilich abgewandelten Form von ausländischen Beobachtern und einheimischen Herrschern und Historikern häufig als eine Frage der borussischen Staatsräson und des von ihr nicht unwesentlich geprägten deutschen Nationalcharakters interpretiert, was mit spezifischen Umständen wie der geopolitischen Mittellage zusammenhing[50], die zum Teil unveränderlich waren. Leopold von Rankes These, der zufolge das Maß der inneren Freiheit in einem Staat vom Druck auf seine äußeren Grenzen abhängig sei, also die äußere Lage mit ihren Eigenheiten, Herausforderungen und Risiken darüber entscheide, in welcher Dosierung Freiheit im Inneren gewährt werden könne, die bis heute diskutiert wird, ist gewiß nicht der einzige Schlüssel zum Verständnis der deutschen Geschichte seit dem friderizianischen Zeitalter, zumal sich ihr Verlauf ohnehin nicht monokausal erklären läßt. Jedoch verdeutlichen jüngere geopolitische Forschungsansätze innerhalb der Historiographie und Politikwissenschaft, die sich mittelbar und unmittelbar mit Leopold von Rankes These auseinandersetzen, daß sich die Geschichte der Deutschen kaum verstehen läßt, ohne ihre Mittellage, d. h. den Konnex zwischen äußerer Politik und innenpolitischen Erfordernissen, genügend in Betracht zu ziehen[51].

Als Charles de Gaulle 1924 schilderte, wie die deutsche Reichsleitung 1916/17 ihre Entscheidung über den uneingeschränkten U-Boot-Krieg traf, worin er, ohne andere folgenreiche Begleitumstände des Kriegsausgangs zu vernachlässigen, »la cause directe de la défaite allemande« sah[52], behandelte er en passant nicht nur das Verhältnis der zivilen zur militärischen Entscheidungskompetenz, sondern auch generelle außenpolitische Optionen des Deutschen Reiches, die mit dieser wichtigen kriegspolitischen Streitfrage verknüpft waren und von den Hauptbeteiligten jeweils vertreten wurden:

Bethmann, juriste et démocrate, Tirpitz, essentiellement junker et ›vieille Prusse‹, malgré son ouverture d'esprit et sa culture, ne devaient point aisément s'entendre. Or, le grand-amiral avait été proprement le père de la flotte allemande, l'âme de la lutte d'armements navals livrée à l'Angleterre, tandis que le chancelier, désireux de réaliser le rapprochement avec Londres,

---

50 Vgl. neuerdings G. SCHÖLLGEN, Die Macht in der Mitte Europas. Stationen deutscher Außenpolitik von Friedrich dem Großen bis zur Gegenwart, München 1992.

51 Vgl. z. B. ebd. S. 12–16; Th. NIPPERDEY, Deutsche Geschichte 1866–1918. Bd. 2, S. 427; M. SALEWSKI, Deutschland. Eine politische Geschichte. Von den Anfängen bis zur Gegenwart. Bd. 1: 800–1815, München 1993, S. 8. Siehe dazu auch H.-P. SCHWARZ, Die Zentralmacht Europas. Deutschlands Rückkehr auf die Weltbühne, Berlin 1994, S. 203–207. Siehe auch allgemein zu der These Leopold von Rankes die Beiträge von R. L. BINDSCHEDLER, Zum Primat der Aussenpolitik, und L. TONCIC-SORINJ, Das unbefriedigende Primat der Innenpolitik über die Aussenpolitik, in: U. ALTERMATT, J. GARAMVÖLGYI (Hg.), Innen- und Aussenpolitik. Primat oder Interdependenz? Festschrift zum 60. Geburtstag von Walther Hofer, Bern/Stuttgart 1980, S. 27–33, 37–43.

52 Vgl. Ch. DE GAULLE, La Discorde, S. 44f.

avait favorisé la visite de lord Haldane à Berlin et accepté le principe d'une limitation des constructions navales[53].

Habe der Reichskanzler die Hoffnung gehegt, zu einer Verständigung mit Großbritannien zu gelangen, und im Zarenreich den Hauptgegner gesehen, so habe dagegen der Großadmiral »comme beaucoup de vieux Prussiens« von einem Zusammengehen mit Rußland und »l'écrasement des démocraties de l'ouest« geträumt[54]. Gleich einem Historiker, der, anders als so mancher Essayist oder Journalist, authentischen Zeugnissen den Vorrang gibt vor insinuierenden Unterstellungen, zitiert de Gaulle von Tirpitz' Worte »»Ce n'est point mon rôle de vous donner des conseils en la matière, mais la gravité de l'heure me contraint – (déjà) – à franchir les limites de mes attributions««, mit denen sich der Großadmiral, unterstützt vom jüngeren Moltke gegen Bethmann Hollweg, am 2. August 1914 beim Kaiser Gehör zu verschaffen suchte[55].

Der explizit umrissene Konflikt zwischen ziviler Reichsregierung und militärischer Führung betraf ferner nicht nur den konstitutionellen Rahmen des Kaiserreiches. De Gaulle wählte den Reichskanzler und den Staatssekretär des Reichsmarineamtes, um anhand ihrer unterschiedlichen Ansichten über die Fortsetzung der maritimen Kriegführung jenen spezifischen Aspekt der preußischen bzw. deutschen Geschichte zu erläutern, der im Verhältnis des Maßvollen zum Maßlosen, von Frieden und Krieg, Diplomatie und Kriegführung, »Staatskunst und Kriegshandwerk« (Gerhard Ritter) lag[56].

Bezog der sorgenvolle Kanzler nicht nur die Möglichkeit einer Kriegserklärung der USA an das Reich, sondern auch den Wert einer neutralen Friedensvermittlung zwischen den Mittelmächten und der Entente durch den amerikanischen Präsidenten in seine Überlegungen ein, so insistierte der Großadmiral, der die Kontroverse mit einem wachsenden und im Rückblick kaum begründbaren Fanatismus austrug, nach seinem Ausscheiden aus dem Amt im März 1916 auf der Entlassung Bethmann Hollwegs. Ebenso schleichend wie unwiderruflich sei die Regierungsgewalt im Verlauf des Jahres 1916 auf die Militärführung übergegangen, befand de Gaulle, als Hindenburg Ende August des Jahres an die Stelle des Generalstabschefs von Falkenhayn getreten sei. Denn trotz der anfänglichen Gegnerschaft der Dritten Obersten Heeresleitung

---

53 Ebd. S. 45. Über Bethmann Hollwegs demokratische Überzeugung besaß de Gaulle augenscheinlich eine ebenso falsche Vorstellung wie über Tirpitz' biographische Herkunft. Obgleich der Reichstag im Juli 1909 beim Sturz des Reichskanzlers Bülow mitgewirkt hatte, besaßen parlamentarische Reformbestrebungen kaum Chancen der Verwirklichung, zumal Bülows Nachfolger Bethmann keine Parlamentarisierung des Kaiserreiches 1909 favorisierte. Erst am 10. Juli 1917, unmittelbar vor seinem eigenen Sturz, sprach sich Bethmann in einem Vortrag über »Der Kaiser im Volksstaat« für das Ziel aus, »Deutschland zur parlamentarischen, auf einen Remisfrieden bedachten Monarchie um[zu]formen«. Siehe G. WOLLSTEIN, Theobald von Bethmann Hollweg. Letzter Erbe Bismarcks, erstes Opfer der Dolchstoßlegende, Göttingen/Zürich 1995, S. 47f., 148–152. Tirpitz war als Sohn eines Küstriner Gerichtsassessors bürgerlicher Herkunft, entstammte also »einer typischen preußischen Beamtenfamilie aus der Mark Brandenburg«, die keine Junker, sondern sogar Hugenotten als Ahnen aufwies. Vgl. M. SALEWSKI, Tirpitz. Aufstieg – Macht – Scheitern, Göttingen u. a. 1979, S. 9f.
54 Siehe Ch. DE GAULLE, La Discorde, S. 46.
55 Vgl. ebd.
56 Vgl. dazu H. HERZFELD, Der Erste Weltkrieg, S. 172f.

gegen den unbeschränkten U-Boot-Krieg entstand nach de Gaulles Interpretation »une dictature morale, vis-à-vis de laquelle tous les droits du pouvoir civil ne pèseraient guère«[57]. Als sich das Kriegsglück für das Reich im Herbst 1916 im Westen wie im Osten zu bessern begann, fand der Großadmiral, der bereits am 16. März 1916 entsprechend seinem Rücktrittsgesuch seines Amtes als Staatssekretär im Reichsmarineamt enthoben worden war, wieder mehr Gehör in der deutschen Öffentlichkeit und bei der Obersten Heeresleitung. Die Eröffnung des uneingeschränkten U-Boot-Krieges, an die sich die Kriegserklärung der USA im April 1917 anschloß, beurteilte de Gaulle als eine verhängnisvolle Konsequenz des innenpolitischen Profils des Kaiserreiches:

Au lieu d'un médiateur commode, l'Allemagne, rangée aux avis de Tirpitz, n'avait plus, dans la personne du Président Wilson, qu'un ennemi déterminé. C'est au moment précis où l'Empire allemand allait pouvoir, sans doute, saisir une paix avantageuse, qu'il se condamnait lui-même à l'écrasement[58].

An die Stelle der vormals überlegten und womöglich grundsätzlich überlegeneren »Staatskunst« trat das mißliche »Kriegshandwerk« und verlieh der deutschen Politik fanatische Züge. De Gaulle beendet seine Analyse des Sturzes Bethmann Hollwegs mit einem Fazit, das über die konkreten Weltkriegsereignisse hinausweist und sein Deutschlandbild in nuce künftig prägen sollte: »L'effondrement soudain d'un peuple fort et vaillant allait servir de témoignage à la vengeance des Principes outragés«[59].

Der Ausgang des Ersten Weltkrieges brachte nach dem Verständnis des Militärhistorikers Charles de Gaulle langfristig angelegte Tendenzen der preußisch-deutschen Geschichte zum Vorschein, die unter den Bedingungen der Kriegführung, also in einem spezifischen historischen Moment, das politische Profil des Reiches konzentriert prägten und ihm zum Verhängnis wurden. Objektiv gesehen, war die innere Veränderung, die das Kaiserreich im Weltkrieg erlebte, bis zu einem gewissen Grade nicht außergewöhnlich, sondern historisch normal. Staaten tendierten spätestens seit dem Beginn der geistesgeschichtlichen Moderne 1789 dazu, sich strukturell zu wandeln, wenn sie gewollt oder ungewollt einen Krieg führten[60]. Ferner war das Reich nicht der einzige Kriegsteilnehmer, dessen zivile Regierung Kompetenzstreitigkeiten mit der militärischen Führung auszutragen hatte. Im Vergleich mit der entsprechenden französischen Entwicklung, die im Ersten Weltkrieg von einer massiven Kompetenzverlagerung zugunsten der Armee am Rande einer Diktatur gekennzeichnet war[61], und angesichts der Neigung zur totalen Kriegführung, die beinahe alle vormals

57 Ch. DE GAULLE, La Discorde, S. 79.
58 Ebd. S. 87.
59 Ebd. S. 215.
60 Vgl. H. SCHULZE, Staat und Nation, S. 278–283.
61 J.-M. MAYEUR, La vie politique sous la troisième République 1870–1940, Paris 1984, S. 236f., spricht von den ersten vier Monaten nach Kriegsbeginn, in denen die Exekutive ohne parlamentarische Beteiligung autonom regierte und der Notstand herrschte, der die Präfekten zugunsten der lokalen Militärbefehlshaber entmachtete, von einer »quasi-dictature« bzw. einem »régime draconien«. Am 23. Dezember 1914 beschloß die Deputiertenkammer, sämtliche Wahlen auf allen Ebenen bis zum Ende der Kampfhandlungen auszusetzen. Die Pressezensur wurde, auch in Erinnerung an den Verlauf des deutsch-französischen Krieges 1870, mehrmals verschärft. Ein Wandel vollzog sich, als die Armee im Juli 1916 parlamentarischer Kontrolle unterworfen wurde. Als der auch als Journalist hervorgetre-

rechtsstaatlichen europäischen Belligeranten befiel, nahm sich das deutsche Beispiel sogar relativ moderat aus. Kennzeichnend war in Deutschland neben der Militarisierung des zivilen Lebens, d. h. dem Machtgewinn der Obersten Heeresleitung, der erheblich gesteigerte Einfluß des Staates in das Wirtschaftsleben. Als der Krieg am 1. bzw. 3. August 1914 begann, übernahmen die Stellvertretenden Kommandierenden Generale der 24 Armeekorpsbereiche die vollziehende Gewalt. Wenngleich Hindenburg und Ludendorff, als sie am 29. August 1916 die Heeresleitung von Falkenhayn übernahmen, das Ziel verfolgten, »Politik, Wirtschaft und Gesellschaft ganz den militärischen Interessen unterzuordnen«, und sich das Machtgefälle nach der Entlassung Bethmann Hollwegs im Sommer 1917 zu ihren Gunsten verstärkte, »kam es nicht zu einer Diktatur der [3.] Obersten Heeresleitung«[62].

Daß de Gaulle am Ende seiner Darstellung dennoch von den Deutschen als einem »peuple en déroute«[63] sprach, entsprang seiner Einsicht, daß das Reich mit der Kompetenzverlagerung zugunsten der Heeresführung, die einem konstitutionellen Militarismus gleichkam, den Preis entrichtete, den die historisch bedingte politische und geistige Vormachtstellung Preußens in Deutschland forderte. Sein vergleichendes Porträt Bethmann Hollwegs deutet an, wo er den historischen Kern des entstandenen Konflikts zwischen ziviler Reichsleitung und militärischer Führung über den uneingeschränkten U-Boot-Krieg vermutete:

Bethmann, modéré sans mollesse, laborieux sans ostentation, respectueux sans servilité, était le type même du bon serviteur. ... Bethmann n'avait pas, d'ailleurs, ces manières raides et insolentes que les Prussiens, parvenus à l'autorité, affectaient volontiers, même vis-à-vis de l'Empereur, et qui exaspéraient celui-ci chez les Tirpitz, les Ludendorff, les Helfferich[64].

Bismarcks kleindeutsche Reichsgründung habe nicht nur zu den Schwierigkeiten der Koalitionskriegführung, zu der die Mittelmächte gezwungen waren, indirekt beigetragen, wie de Gaulle leicht monokausal urteilte, weil die Donaumonarchie aus dem Deutschen Reich ausgeschlossen blieb[65]. Der zunächst territorial bedingte preußische Schwerpunkt des Reiches wirkte sich verhängnisvoll vor allem auf die deutsche Politik selbst aus. Zwar beging de Gaulle nicht den Fehler, das Deutsche Reich mit seinem mächtigsten Bundesstaat politisch zu identifizieren. Vielmehr betrachtete er die deutsche Nation und ihren Staat differenziert und erblickte anders als so manche seiner Landsleute[66], die »Preußens deutschen Beruf« (Johann Gustav Droysen) nicht oh-

tene autoritäre »Jakobiner« und ehemalige Ministerpräsident Georges Clemenceau im November 1917 wieder an die Regierung gelangte, forderte er keine »pleins pouvoirs«. Vgl. ebd. S. 236–250. Siehe auch J.-J. BECKER, S. BERSTEIN, Victoire, S. 60–69; F. CARON, Frankreich, S. 605; jüngst zu den weiteren wissenschaftlichen Perspektiven P. FRIDENSON, Introduction: A New View of France at War, in: DERS. (Hg.), The French Home Front 1914–1918, Providence/Oxford 1992, S. 1–13. Vgl. zur deutschen Entscheidung, den uneingeschränkten U-Boot-Krieg zu eröffnen, unter dem konstitutionellen Aspekt Th. NIPPERDEY, Deutsche Geschichte 1866–1918. Bd. 2, S. 823.

62 So neuerdings H.-P. ULLMANN, Das Deutsche Kaiserreich 1871–1918, Frankfurt a. M. 1995, S. 255, 258.

63 Ch. DE GAULLE, La Discorde, S. 271.

64 Ebd. S. 164f.

65 Vgl. ebd. S. 94, 98f.; siehe zu dem Komplex J.-Ch. ALLMAYER-BECK, Le problème de la guerre de coalition dans l'une des premières œuvres de Charles de Gaulle, in: Etudes gaulliennes 3 (1975) S. 50.

66 Z. B. der Historiker Ernest Lavisse; siehe zu ihm P. NORA, Ernest Lavisse: son rôle dans la formation du sentiment national, in: Revue historique 86, Heft 228 (1962) S. 83f.

ne Anlaß und in einer aus dem frühen 19. Jahrhundert stammenden Tradition bisweilen mißverstanden[67], im geistigen und politischen Profil Preußens kein Pars pro toto des ganzen Deutschland. Gerade die föderalistische Struktur und disparate Regionalität waren konstitutive Elemente seines Deutschlandbildes, die ihn aber an die charakteristische Differenz zwischen Staat und Nation im deutschen Falle denken und eine gewisse »Unruhe« befürchten ließen: »Le vieux levain de discorde entre les différents peuples germaniques, notamment entre le nord et le sud, excitait les malveillances«[68].

So zutreffend seine Ansicht war, daß das Deutsche Reich, wie es im Terminus »Preußen-Deutschland« historiographischen Ausdruck gefunden hat, zumindest innenpolitisch von Preußen dominiert wurde und dieses Kräfteverhältnis die deutsche Außenpolitik nicht unbeeinflußt ließ, so fragwürdig und letztlich unvollkommen erweist sich bei näherem Hinsehen de Gaulles Bild von Preußen im Zeichen des Militarismus, wie er ihn in der Dritten Obersten Heeresleitung verkörpert sah und auf den er die deutsche Kriegspolitik zurückführte. Von Hindenburg und Ludendorff sprach er als »Prussiens de fer«, deren »dictature signifierait la guerre à outrance et le recul du pouvoir civil devant l'autorité militaire«. Beide seien wegen ihres

puritanisme guerrier, cette religion de l'effort, ce mépris sans limite de tout ce qui n'était pas prussien, luthérien et soldat, cette confiance inflexible dans la force et la ruse de la patrie, qui avait marqué, dans la légende plus encore que dans la réalité, le caractère des ancêtres[69],

von Teilen der deutschen Öffentlichkeit respektiert und hochgeschätzt worden. Daß die radikale Art der Kriegführung innerhalb des politischen Spektrums nicht unumstritten gewesen war und insbesondere im Reichstag zunehmend kritischer gesehen worden war, je länger der Krieg angedauert hatte, versäumte de Gaulle nicht zu erwähnen[70]. Aber in einem radikalen Militarismus preußischer Provenienz erblickte er das bestimmende Merkmal der inneren Staatsräson des Reiches, das seine äußere mitgeprägt hatte, vielleicht sogar mit einer gewissen Zwangsläufigkeit die deutsche Außenpolitik im Krieg prägen mußte. Denn der Erste Weltkrieg war, wie de Gaulle betonte, nicht mehr eine militärische Auseinandersetzung traditionellen Stils, sondern ein qualitativ neuartiges Ringen mehrerer, nur begrenzt miteinander harmonierender Ideologien. Geistesgeschichtlich mittelbar anknüpfend an Werner Sombarts Werk »Händler und Helden« von 1915, hatte Kaiser Wilhelm II. anläßlich seines dreißigjährigen Thronjubiläums der ideengeschichtlichen Seite des Krieges mit seiner Botschaft vom 15. Juni 1918 Ausdruck verliehen, im andauernden Konflikt solle entweder »die preußisch-deutsche-germanische Weltanschauung – Recht, Freiheit, Ehre,

67 Laut R. ARON, Schicksal zweier Völker: der deutsche Nachbar, in: P. COULMAS (Hg.), Frankreich deutet sich selbst. 12 prominente Franzosen über Politik, Wirtschaft und Kultur, Hamburg 1961, S. 77, war in Frankreich vor 1870 »die Gleichsetzung Preußens mit Deutschland noch umstritten«, nach 1871 dagegen eine verbreitete Ansicht. Vgl. dazu auch W. LEINER, 1870/71 – Wandel des Deutschlandbilds im Spiegel der französischen Literatur, in: F. KNIPPING, E. WEISENFELD (Hg.), Eine ungewöhnliche Geschichte, S. 34, 38, und K. R. WENGER, Preußen in der öffentlichen Meinung Frankreichs 1815–1870. Politische Aspekte des französischen Preußensbildes; ein Beitrag zur historischen Analyse nationaler Urteilsklischees, Göttingen u. a. 1979, S. 241.
68 Ch. DE GAULLE, La Discorde, S. 254.
69 Ebd. S. 145ff.
70 Vgl. ebd. S. 179.

Sitte – in Ehren bleiben oder die angelsächsische – das bedeutet: dem Götzendienste des Geldes verfallen«[71].

Diese wilhelminische Botschaft, die de Gaulle kannte und für repräsentativ hielt[72], erklärt bis zu einem gewissen Grade, warum er den Militarismus als dominierendes Element der deutschen Politik und des preußisch-deutschen Nationalcharakters verstand und andere Züge Preußen-Deutschlands wie z. B. den Toleranz- oder Rechtsstaatsgedanken und die Reformpolitik im Geiste der Aufklärung, die historisch die Kehrseite der militaristischen Außenpolitik bildeten, kaum erwähnte. Die Frage, wie jene ebenso erstaunlich wie verständlich wirkende spezifische politische Janusköpfigkeit Preußen-Deutschlands historisch zustande kam, die Friedrich Meinecke nach dem Zweiten Weltkrieg mit den Begriffen der »kulturfähigen und kulturwidrigen Seelen« umschrieben und in einem »merkwürdig penetranten Militarismus« verkörpert gesehen hat[73], scheint de Gaulle zu keiner Zeit bewegt zu haben. Jedenfalls liegt dafür kein schriftliches Zeugnis vor. Freilich gilt es zu bedenken, daß auch innerhalb der Historiographie hauptsächlich erst nach dem Untergang des Deutschen Reiches 1945 über das politische Wesen Preußens und die Auswirkung seiner inneren Vormachtstellung in Deutschland unter dem Aspekt dieses »Dualismus«[74] reflektiert wurde.

Aufgeklärte Vernunft, formale Rechtsstaatlichkeit, begrenzte Toleranz, zeitgemäße Reformfreudigkeit und militaristische Außenpolitik hingen bereits im Zeitalter Friedrichs des Großen »auf geheimnisvolle Weise zusammen«[75]. So heftig bisweilen bis zur Gegenwart der schon im vorigen Jahrhundert ausgetragene »Streit um das ›wahre‹ Preußen und um seine ›Mission‹« andauert, der seinerseits »geradezu ein konstitutiver Bestandteil der preußischen Geschichte«[76] ist, so einig sind sich inzwischen die meisten Historiker darüber, daß der Militarismus nur in Verbindung mit den übrigen erwähnten Elementen preußischer Politik und ihren allgemeinen äußeren Rahmenbedingungen, beispielsweise der Mittellage, verstanden werden kann[77], jedenfalls nicht zu hoch gewichtet werden darf und als historisches Strukturmerkmal Preußen

71 Siehe zu der signifikanten Botschaft Kaiser Wilhelms II. M. BALFOUR, Kaiser Wilhelm II. und seine Zeit. Mit einem einleitenden Essay von Walter BUSSMANN, Frankfurt a. M. u. a. 1979, S. 425. Vgl. W. SOMBART, Händler und Helden. Patriotische Besinnungen, München/Leipzig 1915.

72 Dies geht hervor aus Ch. DE GAULLE, La Discorde, S. 237.

73 Siehe F. MEINECKE, Die deutsche Katastrophe, in: DERS., Werke. Bd. 8, Stuttgart 1969, S. 334f.: »Im preußischen Staate lebten seit Friedrich Wilhelm I. und Friedrich dem Großen zwei Seelen, eine kulturfähige und eine kulturwidrige. Das preußische Heer, wie es Friedrich Wilhelm I. schuf, brachte gleich einen merkwürdig penetranten Militarismus hervor, der auf das ganze bürgerliche Leben einwirkte und in keinem Nachbarstaate seinesgleichen fand«.

74 G. RITTER, Geschichte als Bildungsmacht. Ein Beitrag zur historisch-politischen Neubesinnung, 2. Auflage Stuttgart 1947, S. 37; vgl. zur gewandelten Sicht Preußens nach 1945 W. SCHULZE, Deutsche Geschichtswissenschaft nach 1945, 2. Auflage München 1993, S. 49–63.

75 G. RITTER, Geschichte, S. 37. Vgl. zu den genannten Elementen der preußischen Staatsräson z. B. den abgewogenen Beitrag von G. HEINRICH, Religionstoleranz in Brandenburg-Preußen. Idee und Wirklichkeit, in: M. SCHLENKE (Hg.), Preußen. Politik, Kultur, Gesellschaft. Bd. 1, Reinbek 1986, S. 101.

76 L. GALL, Bismarcks Preußen, das Reich und Europa, in: Preußen. Seine Wirkung auf die deutsche Geschichte. Vorlesungen v. K. D. ERDMANN u. a., Stuttgart 1985, S. 88.

77 Vgl. T. NIPPERDEY, Preußens Janusgesicht und Preußens Erbe, in: Ebd. S. 338–343. Geistesgeschichtlich hat H. MÖLLER, Vernunft und Kritik. Deutsche Aufklärung im 17. und 18. Jahrhundert, 2. Auflage Frankfurt a. M. 1994, insbesondere S. 300f., 306f., die Aufklärung als konstitutiven Bestandteil der inneren Staatsräson Preußens und anderer Territorien in Deutschland dargestellt.

im übrigen mit anderen Staaten, mit Spanien, Schweden und Dänemark im 17. und 18. Jahrhundert beispielsweise, verband.

Sieht man in der »Ausrichtung der Verwaltung auf die Erfordernisse des militärischen Apparates« und der »Orientierung [eines] Landes an den Bedürfnissen des militärischen Sektors« Charakteristika dieser frühneuzeitlichen Militärmonarchien, die mit ihrer inneren Struktur der »Verstrickung in die europäischen Händel« Rechnung trugen, weil sie »im Verhältnis zu den klassischen Vormächten Frankreich, England und Habsburg über ein zu geringes Machtpotential verfügte[n]«[78], so spiegelt sich in de Gaulles Neigung, im Militarismus das vorwaltende traditionelle Merkmal preußischer und preußisch-deutscher Geschichte zu erkennen, eine nicht selten anzutreffende »Wechselwirkung von Geschichte und Gegenwartsbewußtsein«[79] wider. Denn de Gaulles Urteil über Deutschland bestätigt bis zu einem gewissen Grade die empirisch kaum erklärbare und doch über die Jahrhunderte seit 1789 hinweg feststellbare Tendenz, daß sich Kriege unabhängig von ihrer Dauer im kollektiven Gedächtnis der Nationen meistens stärker einprägen als Friedenszeiten. Selbst an kurze Kriege pflegen sich betroffene Völker mehr zu erinnern als an lange Friedensperioden, zumindest auf der Ebene ihrer wechselseitigen politischen und auch ethnischen Perzeption. Obwohl es Gerhard Ritters Forschungen zufolge »zu einer förmlichen Umkehrung des natürlichen Verhältnisses von Staatskunst und Kriegshandwerk ... erst in der nachbismarckischen Epoche«[80] kam, mag vor diesem Hintergrund verständlich erscheinen, daß die kriegerischen bzw. militaristischen Konturen in de Gaulles Deutschlandbild 1924 die Erinnerung an die über vier Jahrzehnte lang während Friedensepoche nach der Reichseinigung, die er zum Teil als Zeitgenosse miterlebt hatte, über-

78 So P.-M. HAHN, Aristokratisierung und Professionalisierung. Der Aufstieg der Obristen zu einer militärischen und höfischen Elite in Brandenburg-Preußen von 1650–1725, in: Forschungen zur Brandenburgischen und Preußischen Geschichte. Neue Folge 1 (1991) S. 161f., der den gegenwärtigen Forschungsstand überzeugend resümiert, ebd. von Schweden in der Zeit Gustavs II. Adolf als einem »Kriegsstaat« spricht und es mit Brandenburg-Preußen, Dänemark und Spanien vergleicht. Daß ein gewisser, jeweils unterschiedlich ausgeprägter Militarismus in der Epoche eine Normalität beschrieb und Militärmonarchien als durchaus zeitgemäße Staaten in dieser Phase der Frühen Neuzeit betrachtet werden können, ist in der Historiographie lange, beispielsweise v. G. A. CRAIG, Die preußisch-deutsche Armee 1640–1945. Staat im Staate, (Nachdruck) Düsseldorf 1980, S. 20ff., übersehen und erst in jüngster Zeit erkannt worden, was eine neue Sicht auf die preußische Entwicklung eröffnet. Vgl. zur Königin Christine von Schweden A. OSCHMANN, Der Nürnberger Exekutionstag 1649–1650. Das Ende des Dreißigjährigen Krieges in Deutschland, Münster 1991, S. 481–484, die zeigt, wie der immense Finanzbedarf des Stockholmer Hofes den schwedischen Abrüstungswillen nach dem Westfälischen Frieden 1648 begrenzte bzw. lähmte. Vgl. auch J.-P. FINDEISEN, Karl XII. von Schweden – gekrönter Soldat oder Feldherr? Zum Bild Karls XII. in der deutschen Historiographie, in: Zeitschrift für Geschichtswissenschaft 42 (1994) S. 983, 991, 998; J. CORNETTE, La Révolution militaire et l'état moderne, in: Revue d'Histoire moderne et contemporaine 41 (1994) S. 703ff. Siehe DERS., Le roi de guerre. Essai sur la souveraineté dans la France du Grand Siècle, Paris 1993, passim (insbesondere S. 317–320), der den Zusammenhang zwischen Kriegführung, Staatsgeschichte und königlicher Herrschaftsgewalt im 17. Jahrhundert am französischen Beispiel darstellt.
79 O. BÜSCH, Aspekte des Preußenbildes und ihre Rezeption, in: DERS. (Hg.), Das Preußenbild in der Geschichte. Protokoll eines Symposions, Berlin/New York 1980, S. 9.
80 G. RITTER, Staatskunst und Kriegshandwerk. Das Problem des Militarismus in Deutschland. Bd. 1, 2. Auflage München 1959, S. 399; J. MONCURE, Forging the King's Sword. Military Education between Tradition and Modernization: The Case of the Royal Prussian Cadet Corps, 1871–1918, New York u. a. 1993, S. 399, ist jüngst zum gleichen Ergebnis gelangt und hat Gerhard Ritters These bestätigt.

lagerten und sich auf Grund der Vormachtstellung, die Preußen ungeachtet der engen Verflochtenheit zwischen preußischer und reichsdeutscher Politik in innenpolitischer und außenpolitischer Hinsicht im Deutschen Reich besaß[81] und die er erkannte[82], der Eindruck des über andere Ideale und Prinzipien anscheinend triumphierenden preußischen Militarismus auf Deutschland generell übertrug. Die ideelle Seite des Deutschlandbildes, das Charles de Gaulle nach dem Ersten Weltkrieg besaß, kontrastierte unverkennbar mit Deutschlands realem Profil.

De Gaulles Sicht stimmte im übrigen mit der zeitgenössischen Historiographie seines Landes sogar beträchtlich überein, als er 1924 das politische Profil Preußen-Deutschlands historisch zu beschreiben suchte. Denn in den ersten zwei Jahrzehnten des 20. Jahrhunderts wurde Preußen in der französischen Geschichtsschreibung »einhellig als böse Macht und permanenter Störenfried Europas verteufelt«[83]. Da Krieg und Eroberungsdrang bereits bei der Gründung Preußens Pate gestanden hätten, sei es kein Wunder, befand Ernest Lavisse bereits im Jahre 1915, daß das preußische Deutschland nun so »eindrucksvoll« seine Fähigkeiten unter Beweis gestellt habe[84]. Der preußisch-deutsche Militarismus war ebenso für die meisten Historiker wie »für die Franzosen jener Jahre der Inbegriff allen Übels«[85]. Daß diese Einschätzung nicht nur aus der Erfahrung des Ersten Weltkrieges resultierte, sondern 1914 lediglich eine Bestätigung erfuhr, beweist ein Blick auf das mehrfach gespaltene Deutschlandbild französischer Historiker im 19. Jahrhundert.

Während es in dessen erster Hälfte und teilweise sogar bis in die sechziger Jahre hinein eine nicht zu übersehende Germanophilie aufwies, die ihrerseits auf einer Affinität des französischen mit dem deutschen Liberalismus und mit Teilen der deutschen Einheitsbewegung beruhte[86], vollzog sich ein Wandel, als sich Preußen anschickte, die deutsche Einheit zu verwirklichen. Diese Wende hing weniger mit der schließlich enttäuschten Hoffnung auf die in einem entsprechenden Maße erwartete innere Freiheit im neuen deutschen Nationalstaat zusammen[87], sondern ist hauptsächlich auf die duellartigen Kriege Preußens im Jahrzehnt vor der Reichsgründung zurückzuführen. Hinter den »propreußischen Sympathien des [französischen] Libe-

---

81 Vgl. dazu R. DIETRICH, Preußen und Deutschland im 19. Jahrhundert, in: DERS. (Hg.), Preußen. Epochen und Probleme seiner Geschichte, Berlin 1964, S. 130f.

82 Vgl. seine Rede in der École Supérieure de Guerre von 1927, in: LNC II, S. 311f.

83 B. GÖDDE-BAUMANNS, Deutsche Geschichte in französischer Sicht. Die französische Historiographie von 1871 bis 1918 über die Geschichte Deutschlands und der deutsch-französischen Beziehungen in der Neuzeit, Wiesbaden 1971, S. 370. Vgl. zur repräsentativen französischen Beurteilung neuerdings J. BARIÉTY, Das Deutsche Reich im französischen Urteil, 1871–1945, in: K. HILDEBRAND (Hg.), Das Deutsche Reich im Urteil der Großen Mächte und europäischen Nachbarn (1871–1945), München 1995, S. 206–209, der als zentrale Themen die vermeintliche »Illegitimität des neuen [Deutschen] Reiches«, die mit der Reichsgründung verbundene »›Verpreußung‹ Deutschlands« und den Militarismus konstatiert. Daß de Gaulle die vorwaltenden historiographischen Urteile seiner Zeit rezipierte, läßt sich aus den verfügbaren Quellen nicht nachweisen.

84 Vgl. B. GÖDDE-BAUMANNS, Deutsche Geschichte, S. 370.

85 Ebd. S. 371.

86 Vgl. DIES., Nationales Selbstverständnis, S. 51; H.-O. SIEBURG, Deutschland und Frankreich in der Geschichtsschreibung des 19. Jahrhunderts (1848–1871), Wiesbaden 1958, S. 121.

87 Vgl. ebd.

ralismus«[88] verbarg sich massive Kritik an der Regierung Napoleons III. Der deutsch-französische Krieg 1870/71 und in Ansätzen bereits der preußisch-österreichische Waffengang 1866 bewirkten den Umschwung im Deutschlandbild französischer Historiker. Der Erste Weltkrieg führte geistesgeschichtlich zu einer Renaissance der kriegerischen Vorstellung des deutschen Nationalcharakters, die die vorherige, immerhin gut vier Dezennien umfassende Friedenszeit, so fragil der Friedenszustand auch phasenweise gewesen sein mochte, als Ausnahme erscheinen ließ. Der vergleichsweise kurze bilaterale europäische Konflikt an ihrem Beginn und der globale Krieg, der sie beendete, prägten sich im kollektiven Gedächtnis der Franzosen als entscheidende Ereignisse im gleichen Maße ein, wie sie das Urteil der meisten Historiker mitbestimmten.

Charles de Gaulle verfaßte »La Discorde chez l'ennemi« nicht unbeeinflußt von seinem beruflichen Werdegang als Offizier, zumal es sich bei dem Werk primär um eine militärgeschichtliche Darstellung handelt. Indessen überschritt er die engen Grenzen des Genres und beschrieb Deutschland, darin übereinstimmend mit den repräsentativen Eindrücken seiner Landsleute, im Zeichen des Militarismus, wobei er seinerseits darauf verzichtete, Frankreich bewußt von der politischen Entwicklung Deutschlands vorteilhaft abzusetzen, wozu nicht wenige der zeitgenössischen französischen Historiker trotz ihrer eigenen kritischen Haltung gegenüber dem Bonapartismus oder der Dritten Französischen Republik im Bewußtsein einer suggerierten ideellen französischen Überlegenheit neigten. Im Jahre 1924 enthielt er sich jeder Betonung des »französischen Sendungsbewußtseins«[89], sondern konzentrierte sich ausschließlich auf die »Zwietracht beim Feind«. Angesichts der deskriptiven Grundtendenz dieser Geschichtsbetrachtung, die sich vom normativen oder appellativen Zug seiner deutschlandpolitischen Ausführungen von 1918 naturgemäß unterscheidet, besitzt das Werk als Zeugnis gaullistischen Geschichtsdenkens ungeachtet der genannten objektiven Unvollkommenheiten einen vergleichsweise hohen Quellenwert und demonstriert die geistige Vielseitigkeit des jungen Offiziers, der bei weitem nicht nur im Militärischen seine Destination fand, sondern sich auch auf Klios Pfaden zu bewegen verstand.

Nachdem de Gaulles Aufmerksamkeit in der ersten Hälfte der zwanziger Jahre der Vergangenheit Deutschlands, Polens und Osteuropas gegolten hatte, ohne daß er, insbesondere während seines Aufenthaltes in Warschau, die aktuelle politische Situation in Europa ignorierte, boten ihm die Jahre von 1925 bis 1930 Gelegenheit, sich wieder einen eigenen unmittelbaren Eindruck des Deutschen Reiches zu verschaffen.

c. Flüchtige Impressionen in einer Übergangszeit

1925 nahm Charles de Gaulle mehrere Wochen an einem Lehrgang beim Stab der französischen Rheinarmee in Mainz teil. Nachdem er anschließend im wesentlichen dank der Protektion Marschall Pétains an der Ecole Supérieure de Guerre Militärgeschichte unterrichtet hatte, wurde er im September 1927 zum Kommandeur des 19. Jägerba-

---

88 Ebd. S. 81. Vgl. zum gespaltenen französischen Liberalismus und seiner unterschiedlichen Haltung zur deutschen Einheitsbewegung zwischen 1840 und 1870 auch J. Becker, Der Krieg 1870/71 als Problem der deutsch-französischen Beziehungen, in: F. Knipping, E. Weisenfeld (Hg.), Eine ungewöhnliche Geschichte, S. 21f.
89 K. Epting, Das französische Sendungsbewußtsein im 19. und 20. Jahrhundert, Heidelberg 1952.

taillons in Trier ernannt, bevor er im Oktober 1929 zur französischen Levante-Armee nach Beirut kommandiert wurde.

Angesichts seines bewiesenen Interesses, das er der Geschichte, Kultur und Politik des deutschen Nachbarn entgegenbrachte, fällt auf, daß ihn offenbar weder der Lehrgang in Trier noch der Dienst als Offizier der Besatzungstruppe jenseits des Militärischen zu einer tieferen intellektuellen Auseinandersetzung mit der Weimarer Republik zu animieren vermochten, die sich in grundlegender Hinsicht vom Kaiserreich unterschied und eine charakteristische Besonderheit besaß. Ihre innere Staatsräson stimmte nicht mit ihrer äußeren überein[90]. Gerade zwischen 1925 und 1929, als die Ära Stresemann diesen Zwiespalt zwischen deutscher Innen- und Außenpolitik sichtbar aufscheinen ließ[91], der allerdings schon seit 1919 bestand und die deutsche Politik eher belastete als begünstigte, verzichtete de Gaulle auf entsprechende schriftliche Kommentare zur Politik des Deutschen Reiches, sondern sorgte sich darum, ob Deutschland den Versailler Vertrag einhielt.

Innenpolitisch, d. h. verfassungspolitisch und ökonomisch, war die Weimarer Republik eindeutig westlich orientiert. Ihre nur selten stabile, aber immerhin existierende liberal-demokratische Verfassungsordnung, ihr Rechtsstaat und mehrere Tendenzen ihres Geisteslebens verbanden sie mit den westlichen Demokratien, den angelsächsischen und der französischen. Außenpolitisch beschritt sie dagegen im Zeichen des Revisionismus einen Mittelweg zwischen Ost und West, so unterschiedlich im einzelnen auch die wesentlichen Entscheidungen ausfielen, und verzichtete auf Krieg als Mittel der Politik. Statt dessen versuchte sie, den Versailler Vertrag mit Hilfe ihres Wirtschaftspotentials bzw. ökonomischen Einflusses zu revidieren.

De Gaulle hielt diese Zusammenhänge und Grundtendenzen während der zweiten Hälfte der zwanziger Jahre, soweit er sie überhaupt überblicken mochte, nicht für erwähnenswert. Jedenfalls deuten seine tradierten Aufzeichnungen nicht an, daß er diese Fragen erörterte. Vielmehr lassen sie eine intensive Beschäftigung mit neuen Waffenentwicklungen, taktischen Überlegungen und der innenpolitischen Entwicklung seines Landes erkennen. Ferner beschlich ihn von neuem das Gefühl, die Dritte Französische Republik befände sich in einer Übergangsphase, die auch ihn zwang, nach verbindlichen politischen Maßstäben Ausschau zu halten, um der scheinbaren Vorläufigkeit der Epoche etwas historisch Dauerhaftes entgegenzusetzen.

Peut-être en effet, sans doute même, sommes-nous plongés dans la nuit qui précède l'aurore d'un monde nouveau, à la fin en tout cas de celui que nous avons connu. Cependant, il faut croire, et il est bien probable que pour vivre il faudra quelque jour combattre, c'est-à-dire affronter en troupe les armes de l'ennemi et lui faire sentir la vigueur des nôtres. Pour ma part, je ne renonce pas à m'y préparer,

gestand er in einem Brief vom 23. März 1925 ein[92].

Geistesgeschichtlich hatte der Erste Weltkrieg einen tiefen Einschnitt in der Geschichte der Dritten Französischen Republik bedeutet, deren »belle époque« fortan fast nur noch in der Erinnerung weiterlebte. Die Erfahrung des zeitweise total ge-

---

90 Vgl. K. Hildebrand, Das vergangene Reich, S. 890.
91 Vgl. M.-O. Maxelon, Stresemann und Frankreich 1914–1929. Deutsche Politik der Ost-West-Balance, Düsseldorf 1972, S. 281f., 289.
92 LNC XII, S. 231, Schreiben an den Oberstleutnant É. Mayer.

führten Weltkrieges überschattete die folgenden beiden Jahrzehnte. Neue kulturelle Strömungen und ein zeitweise zu Übermut und Exzentrik neigendes Lebensgefühl fanden Ausdruck in der Kunst und Musik des Surrealismus und bildeten die eine Seite der »années folles«, die ansonsten von der Erwartung geprägt waren, einen »nouvel cauchemar« der gleichen Art zu verhindern[93]. Politisch entsprach dieser Friedenssehnsucht u. a. ein umfangreiches Vertragssystem der französischen Diplomatie, dessen Höhepunkte der Locarno-Vertrag 1925 und der Briand-Kellogg-Pakt 1928 waren[94].

Als Antwort auf die politischen und geistigen Herausforderungen dieses Zeitabschnitts der Moderne entstanden in Frankreich ähnlich wie im übrigen Europa neue soziale Bewegungen, die sogar teilweise, über ein ephemeres Stadium hinausgehend, eine Massenbasis zu mobilisieren vermochten. Wenngleich in der Historiographie noch umstritten ist, wie »modern« die Dritte Französische Republik war, sprechen nicht wenige Indizien dafür, daß sie während der zwanziger Jahre einen bedeutenden industriellen und ökonomischen Fortschritt auf bestimmten Gebieten erlebte[95], insbesondere im Automobilsektor, und sich jener 1930 von José Ortega y Gasset vorhergesagte »Aufstand der Massen« am Horizont anzukündigen schien. Ein verbreitetes Bedürfnis nach geistiger und politischer »Führung« charakterisierte nicht nur in Frankreich den »esprit des années vingt«, weil die »mechanisierte Welt der Massen«[96] zuweilen für den einzelnen »Mann ohne Eigenschaften« (Robert Musil) mit Orientierungsschwierigkeiten verbunden war.

Der Eindruck, eine geistesgeschichtliche und politische Umbruchzeit zu erleben, spricht skizzenhaft auch aus einem Brief vom 18. Januar 1928, in dem de Gaulle die Geburt seiner Tochter annoncierte und die Gelegenheit zum Anlaß nahm, einen Blick in die weite Zukunft zu werfen, ohne zu übermäßiger Ernsthaftigkeit gezwungen zu sein:

Elle verra peut-être l'an 2000 et la grande peur qui se déchaînera sans doute sur le monde à ce moment-là. Elle verra les nouveaux riches devenir pauvres et les anciens riches recouvrer leur fortune à la faveur des bouleversements. Elle verra les socialistes passer doucement à l'état de réactionnaires. Elle verra la France victorieuse une fois de plus manquer la rive gauche du Rhin et, peut-être, son petit-fils tiendra-t-il garnison dans Trèves[97].

---

93 Vgl. J.-J.Becker, S. Berstein, Victoire, S. 379f., 417ff. Die noch heutzutage spürbare historische Bedeutung des Surrealismus wurde erst kürzlich in einer Pariser Ausstellung sichtbar. Vgl. P. Schneiders Artikel »Le surréalisme est-il soluble au musée?«, in: »L'Express« vom 31. Mai 1991, S. 54–57.

94 Vgl. J.-J. Becker, S. Berstein, Victoire, S. 284, die die geistesgeschichtliche Dimension dieser Politik hervorheben.

95 Vgl. dazu den zum Teil arg feuilletonistischen Aufsatz v. I. Kolboom, Wie modern war die Dritte Republik? Von der »Zerstörung der republikanischen Synthese« zur Revision der »blockierten Gesellschaft«, in: H. Elsenhans u. a. (Hg.), Frankreich, Europa, Weltpolitik. Festschrift für Gilbert Ziebura, Opladen 1989, S. 66ff., der das Phänomen der Modernisierung zu einseitig anhand der Strukturen beschreibt und zu wenig politisch erklärt.

96 Siehe J. Ortega y Gasset, Der Aufstand der Massen, in: Ders., Gesammelte Werke. Bd. III, Stuttgart 1956, S. 7 (erstmals 1930 erschienen); vgl. auch J.-J. Becker, S. Berstein, Victoire, S. 414. P. Krüger, Auf der Suche, S. 61, zitiert ein Wort des deutschen Dichters Bruno Frank von 1928, aus dem, vielleicht etwas literarisch überhöht, hervorgeht, welchen Erwartungen der »Massendemokratie« die traditionelle Außenpolitik in Deutschland zu genügen gezwungen war: »Man ist den Massen so lange mit mystischem Geschwätz in den Ohren gelegen, bis sie ein erreichbares und nahes Ziel für verächtlich zu halten anfingen.«

97 LNC III, S. 412.

Dieses Zeugnis, das sein Gespür für die heterogene Signatur des Zeitalters ansatzweise zeigt, steht relativ vereinzelt inmitten anderer Quellenbelege, die seine politische Haltung dokumentieren. Solange er keinen entsprechenden offiziellen Auftrag empfing, äußerte er sich nur sporadisch zur politischen Lage in Europa, die bis zum Ausbruch der Weltwirtschaftskrise 1929 und dem Beginn der japanischen Expansion auf dem asiatischen Festland 1931, welche auf Europa zurückwirkte, vergleichsweise friedlich blieb. De Gaulle mißbilligte die begrenzte, innenpolitisch umstrittene Politik der Verständigung Aristide Briands gegenüber dem Deutschen Reich, weil er gewissermaßen die nationale Zuverlässigkeit des Friedensnobelpreisträgers aus Nantes in Zweifel zog und ausschließlich in einer kompromißlosen Politik territorialer Faustpfänder und militärischer Stärke ein Mittel sah, um Deutschland schwach zu halten[98]. Anfang November 1929 begrüßte er die Regierungsübernahme André Tardieus, den er zutreffend als »Schüler Clemenceaus« und Repräsentanten jener französischen Deutschlandpolitik sah, wie sie im Versailler Vertrag ursprünglich Gestalt angenommen hatte[99]. Im Juli 1930 kritisierte er die vorzeitige Räumung des Rheinlandes, weil er eine ebenso gleitende wie endgültige Aushöhlung der Versailler Vertragsbestimmungen befürchtete[100]. Zu der Zeit befand er sich bereits in Syrien, wohin er im Vorjahr auf Grund einer Intrige mehr oder minder »strafversetzt« worden war[101].

Die Erfahrungen, die de Gaulle zwischen 1929 und 1931 in Beirut erwarb, waren für seine spätere politische Gedankenbildung wahrscheinlich relevanter, als seine beiden Aufenthalte in Deutschland 1925 und 1927 bis 1929 sein Deutschlandbild zu prägen vermochten. Erst knapp zwei Jahrzehnte später, am 11. Mai 1947, als er fundamental gegen die neue IV. Republik opponierte, verglich er Vincent Auriol und Paul Ramadier mit Gustav Stresemann und Heinrich Brüning[102]. Die Jahre, die er in der Levante verbrachte, veranlaßten ihn, zukünftige Möglichkeiten französischer Kolonialpolitik zu ermessen, nachdem sie wenige Jahre zuvor an ihre Grenzen gestoßen war.

d. Charles de Gaulle als Europazentriker

In Syrien und im Libanon übte Frankreich eine Mandatsherrschaft im Auftrag des Völkerbundes aus, die eine Aufstandsbewegung größeren Stils von 1925 bis 1927 schwer erschütterte. Der sogenannte Große Syrische Aufstand richtete sich nicht nur gegen die französische Herrschaft in Syrien, das rechtlich weder eine Kolonie wie Algerien noch ein Protektorat wie Marokko war, sondern forderte die Dritte Republik

---

98 Vgl. LNC XII, S. 245f., Brief an den Oberstleutnant É. Mayer, 21. Dezember 1928.
99 Vgl. LNC II, S. 354, Brief an seinen Vater, 2. November 1929. Welche über die Deutschlandpolitik hinausgehenden verfassungspolitischen Parallelen zwischen André Tardieu und Charles de Gaulles jeweiligem Etatismus und Nationalismus bestanden, untersucht F. MONNET, Refaire la République. André Tardieu: Une dérive réactionnaire (1876–1945), Paris 1993, S. 542–549, allerdings vorzugsweise am Beispiel Michel Debrés bzw. der von ihm maßgeblich entworfenen Verfassung der Fünften Republik.
100 Vgl. LNC II, S. 359, Brief an seinen Vater, 7. Juli 1930.
101 So der ehemalige General André Laffargue in: J. LACOUTURE, R. MEHL (Hg.), De Gaulle, S. 15.
102 Vgl. C. MAURIAC, Un autre de Gaulle. Journal 1944–1954, Paris 1971, S. 283. Auf die Bedeutung der Aufenthalte de Gaulles 1919 in Polen und 1929 bis 1931 in Syrien für die außenpolitische Gedankenbildung des späteren Staatspräsidenten hat jüngst P.-L. BLANC, Charles de Gaulle au soir de sa vie, Paris 1990, S. 105f., hingewiesen.

auf einem Terrain heraus, auf das sie mit einer gewissen Berechtigung einen historisch überlieferten Anspruch erhob. Der Unabhängigkeitskampf stellte die »mission civilisatrice« Frankreichs in Frage[103], was de Gaulle bemerkte[104]. Ähnlich, wenn auch aus anderen Motiven und gewiß nicht bruchlos, wie in den Jahren zwischen 1958 und 1962, als er Algerien in die Unabhängigkeit entließ, erwies er sich 1930 als Europazentriker.

Von seiner Rede, die er anläßlich einer akademischen Preisverleihung am 3. Juli 1930 an der Universität Saint-Joseph in Beirut hielt und in der er die kulturelle Distanz zwischen dem Libanon und dem französischen Mutterland betonte[105], verläuft eine in der Geschichtsschreibung bislang eher ungenügend verfolgte historische Linie bis hin zur Unabhängigkeit Algeriens 1962[106]. Dies gilt ungeachtet jener Querelen, die sich zwischen dem Freien Frankreich und Großbritannien während des Zweiten Weltkrieges im Nahen Osten an der Frage entzündeten, ob die französische Mandatsherrschaft in Syrien und im Libanon generell über den 22. Juni 1940 weiterbestand und ob die freifranzösischen Streitkräfte des Generals Catroux befugt seien, die entsprechende Herrschaft anstelle Vichy-Frankreichs dort auszuüben[107]. Äußerte de Gaulle 1930 die Befürchtung, »que nous n'y ›pénétrons‹ guère, et que les gens nous sont aussi étrangers et réciproquement qu'ils le furent jamais«[108], so knüpfte er daran im Februar 1958, noch vor seiner Rückkehr an die Macht, mit der Beobachtung an, Algerier seien keine Provençalen oder Bewohner des Languedoc, sondern Araber, die sich niemals integrieren ließen[109]. Im Unterschied zu den französischen Siedlern in Algerien und den meisten Offizieren, die dort stationiert waren und ganz wesentlich seine Regierungsübernahme 1958 favorisierten, bezweifelte de Gaulle die Möglichkeit einer Assimilation der Algerier, seitdem der Algerienkrieg 1954 mit einer Attentats-

---

103 Vgl. B. SCHÄBLER, Das Prinzip der ›Vermeidung‹: der Große Syrische Aufstand 1925–1927 gegen das französische Mandat in der französischen und syrischen Geschichtsschreibung, in: Saeculum 45 (1994) S. 196–201.

104 Vgl. LNC II, S. 361, Rede an der Universität St. Joseph in Beirut, 3. Juli 1930.

105 Vgl. ebd. S. 360ff.

106 In der Historiographie haben Geoffroy DE COURCEL, in: J. LACOUTURE, R. MEHL (Hg.), De Gaulle, S. 53, und D. JOHNSON, The Political Principles of General de Gaulle, in: International Affairs 41 (1965) S. 655, diese Kontinuität vermutet. Siehe auch J. FRÉMEAUX, La guerre d'Algérie, in: A. MARTEL (Hg.), Histoire militaire de la France. Bd. 4: De 1940 à nos jours, Paris 1994, S. 337, und H. ELSENHANS, Die schwierige Anpassung an das Ende des Großmachtstatus: Die Schmerzen der Entkolonisierung während des Algerienkrieges, in: Th. HÖPEL, D. TIEMANN (Hg.), 1945 – 50 Jahre danach. Aspekte und Perspektiven im deutsch-französischen Beziehungsfeld, Leipzig 1996, S. 119, 123, der auf die 1960 geäußerte Einsicht de Gaulles verweist, wonach »Frankreich nicht in jeder Generation einen Krieg in Algerien führen [könne], weil das algerische Volk inzwischen ein Bewußtsein seiner Eigenständigkeit erreicht hat, das seine Eingliederung in das französische Volk nicht mehr erlaubt«. Außerdem habe de Gaulle »in viel stärkerem Maße als irgendein anderer Politiker die moralische Berechtigung des Kampfs der Algerier anerkannt«.

107 Siehe dazu, insbesondere zu der Vereinbarung vom 25. Juli 1941 zwischen de Gaulle und dem englischen Staatsminister Oliver Lyttelton, J. LACOUTURE, Charles de Gaulle. Bd. 1, S. 476–488. Die eingeschränkte Erklärung der Unabhängigkeit Syriens und des Libanon im September 1941 diente hauptsächlich dazu, die Truppenstärke der freifranzösischen Streitkräfte im Nahen Osten zu Lasten Großbritanniens zu erhöhen.

108 LNC XII, S. 250, Brief an É. Mayer, 30. Juni 1930. Er äußerte sich auch skeptisch gegenüber allen Versuchen, auf die Levante liberal-demokratische Prinzipien nach westlichem Vorbild zu übertragen; vgl. ebd. S. 251, Brief an É. Mayer, 2. Januar 1931.

109 Siehe A. SHENNAN, De Gaulle, S. 94.

serie begonnen hatte[110]. Ordnete er sodann als Staatspräsident die Algerienfrage der internationalen Machtposition und dem Prestige Frankreichs unter, so daß Algerien ohne zusätzliche Prestigeeinbußen leichter in die Unabhängigkeit überführt werden konnte[111], setzte er damit zum Teil Überlegungen in die Tat um, die ihren Ursprung in der Zeit hatten, in der er in Beirut stationiert gewesen war. Ebenso wie im Jahre 1962 dominierten auch 1930 die Kategorie der nach staatlicher Selbständigkeit strebende Nation und vor allem »la France métropolitaine« in seiner politischen Gedankenbildung.

Sein Wunsch, dorthin zurückzukehren[112], ging 1931 in Erfüllung, als ihn seine Regierung mit der Aufgabe betraute, die Entwicklung der deutschen Außen- und Militärpolitik zu verfolgen. Charles de Gaulles Kassandrarufe ließen nicht lange auf sich warten.

2. Die dreißiger Jahre: Kassandrarufe zwischen Vergangenheit und Zukunft

a. Die Signatur der Epoche

Im November 1931 wurde de Gaulle als Major ins Generalsekretariat des Conseil Supérieur de la Défense Nationale berufen und innerhalb der Spezialabteilung des Kriegsministeriums mit der Aufgabe betraut, Pläne zur Vorbereitung des französischen Heeres auf den Kriegsfall zu entwerfen. Im Rückblick kann die Bedeutung, die dieser biographische Einschnitt besaß, kaum überschätzt werden, mag er auch einer zufälligen Koinzidenz zwischen individuellem Schicksal und Großer Politik gleichen. Gemessen an gängigen Karrieremustern, hatte sein beruflicher Weg bis zu dem Zeitpunkt mehr oder minder einen üblichen Verlauf genommen. Zur aktuellen Politik hatte er nur sporadisch öffentlich Stellung bezogen und zu keiner Zeit mit seinen publizistischen Aktivitäten die institutionellen Grenzen des französischen Militärwesens überschritten. Obwohl kaum Anhaltspunkte dafür vorliegen, daß er sich schon damals zu einer politischen oder staatsmännischen Karriere berufen fühlte, galt er jedoch bald nicht nur unter seinesgleichen, sondern auch in politischen Kreisen als »hérétique«[113], weil er normative Elemente der genuinen französischen Staatsräson in Zweifel zu ziehen und mit dem ihm eigenen Blick auf Vergangenheit und Zukunft eine grundsätzliche Korrektur der französischen Außenpolitik in Europa und der militärischen Doktrin der Dritten Republik zu fordern begann.

Seine Schritte in der politischen Arena hingen zunächst relativ wenig mit der deutschen Politik zusammen. Erst ab einem bestimmten Zeitpunkt avancierte Hitler-Deutschland zu einem Impetus, der ihn bewog, auf die französische Politik Einfluß zu nehmen zu versuchen. In mancher Hinsicht traf auf den Beginn seiner Tätigkeit im Conseil Supérieur ein Wort Leo Tolstois zu, das sich auf den Rußlandfeldzug Napoleons I. 1812 bezieht: »Und doch sind in Wirklichkeit alle jene persönlichen Sorgen der jeweiligen Gegenwart so wichtig, daß man sich ihretwegen der allgemeinen

---

110 Vgl. M. Winock, De Gaulle and the Algerian Crisis 1958–1962, in: H. Gough, J. Horne (Hg.), De Gaulle and Twentieth-Century France, London 1994, S. 73.
111 Vgl. A. Shennan, De Gaulle, S. 104.
112 Vgl. LNC XII, S. 248.
113 So nennt ihn J.-B. Duroselle, Politique étrangère, S. 263.

gar nicht bewußt wird, die fast nicht zu bemerken sind. Die meisten Leute schenkten damals dem allgemeinen Gang der Dinge gar keine Aufmerksamkeit, sondern widmeten sich nur den persönlichen Interessen der Gegenwart«[114].

Zunächst koinzidierte de Gaulles Berufung in das Pariser Kriegsministerium mit einer weltgeschichtlichen Zäsur. Im internationalen Rahmen endete nämlich zur gleichen Zeit der für Europa vergleichsweise friedliche und stabile Abschnitt der Zwischenkriegszeit, weil sich den sogenannten »Have-Not-Mächten«[115] im Zuge der Weltwirtschaftskrise, die 1929 in den USA ausgebrochen war, deren erste Anzeichen sich in Frankreich im zweiten Halbjahr 1931 zeigten und die in Deutschland 1932 ihren Höhepunkt erreichen sollte, die Gelegenheit zur Revision der Pariser bzw. Washingtoner Friedensordnungen bot. Japans kriegerisches Vorgehen in der Mandschurei am 18. September 1931 veranlaßte den Völkerbund zu diplomatischen Protesten, aber dessen Garantiemächte nicht zur militärischen Intervention. Der Präzedenzfall wirkte auf Europa zurück[116]. Unverkennbar kam die spezifische »Künstlichkeit« der europäischen Ordnung von 1919, die die »natürlichen« Gewichte der einzelnen Mächte, besonders Frankreichs und Deutschlands, gewissermaßen verzerrt widerspiegelte und den Siegern nur das Gefühl relativer Sicherheit vor einer Revanche vermittelte, vor dem Hintergrund dynamischer Machtverschiebungen zugunsten der Besiegten zum Vorschein[117].

Zum zentralen Thema der europäischen Staatenwelt avancierten während der dreißiger Jahre, in denen einige der beschriebenen politischen Tendenzen der vorangegangenen Dekade ein abruptes Ende, andere erst ihren Höhepunkt fanden, die Auseinandersetzung zwischen Demokratie und Diktatur, der Wettstreit zwischen Freiheit und Gewalt, das Verhältnis der einzelnen Staaten zum Frieden und Krieg; letzteren gedachten »die einen zu vermeiden und die anderen zu führen«[118]. Obwohl die extreme ideologische Heterogenität dieser Staatenwelt, die sich in der gleichzeitigen Existenz autoritärer Diktaturen, totalitärer Regime und demokratischer Staatsformen zeigte, einen wie immer gearteten Modus vivendi nur bedingt und potentiell gestattete, wurde er von den liberalen Demokratien zum Teil ernsthaft angestrebt, von den totalitären Herausforderern aber mehr verbal als real in Aussicht gestellt, sodann phasenweise auch akkordiert und schließlich mit Hilfe einer »Strategie der grandiosen Selbstverharmlosung« (Hans-Adolf Jacobsen) konterkariert.

---

114 Leo N. Tolstoi, Krieg und Frieden, 5. Auflage München 1989, S. 1281.
115 So grenzt A. Hillgruber, Der historische Ort, S. 117, Japan, Italien und Deutschland terminologisch von den saturierten, am Status quo interessierten »Haves«, den USA, Großbritannien und Frankreich, ab.
116 Vgl. C. J. Bartlett, The Global Conflict 1880–1970, 4. Auflage London/New York 1986, S. 154–159, 166ff.
117 Vgl. R. Aron, Frieden, S. 58.
118 K. Hildebrand, Die Entfesselung des Zweiten Weltkrieges und das internationale System. Probleme und Perspektiven der Forschung, in: HZ 251 (1990) S. 623. Vgl. zur epochalen Auseinandersetzung zwischen Demokratien und modernen Diktaturen K. D. Bracher, Das 20. Jahrhundert als Zeitalter der ideologischen Auseinandersetzungen zwischen demokratischen und totalitären Systemen, in: K. W. Hempfer, A. Schwan (Hg.), Grundlagen der politischen Kultur des Westens, Berlin/New York 1987, S. 220–225.

Frankreich sah im Bewußtsein seiner gefährdeten Großmachtstellung und in der lebendigen Erinnerung an das »Massacre du printemps«[119] der nationalsozialistischen »Machtergreifung« nicht nur ebenso tatenlos zu, wie es keine Initiative auf den übrigen Schauplätzen der Weltpolitik ergriff. Auch auf Hitlers außenpolitische Schritte, die zunächst kaum spürbar und später immer rascher über die Qualität der von den letzten, autoritären Kabinetten der Weimarer Republik betriebenen Revisionspolitik hinausgingen und auf eine friedliche bzw. kriegerische Revolutionierung des europäischen und globalen Mächtesystems im Zeichen der Rasse abzielten, reagierte es überwiegend mit einer Politik der Nachgiebigkeit, die bis zur Münchener Konferenz Ende September 1938 dauerte[120]. Hinter der Appeasementpolitik, die weniger auf strukturelle Ursachen als auf die Überzeugung ihrer Protagonisten zurückzuführen ist[121], verbarg sich eine ebenso zeitgemäße wie unzeitgemäße, ebenso attraktive wie gefährliche Staatsräson, in der sich das gleichzeitig rückständige wie fortschrittliche, spezifisch janusköpfige Profil des Landes ausdrückte: »Generäle und Zivilisten waren gleichermaßen stolz darauf (und das zu Recht!), daß das zivilisierte und friedliche Frankreich niemals daran dachte, ein anderes Land anzugreifen. Das Land bedürfe keiner Angriffswaffen. Es gehe nur um die Verteidigung des vorhandenen Besitzstandes«[122].

Dem militärisch rückständigen und politisch riskanten »Maginotlinien-Komplex«[123] entsprach eine wegweisende zivilisatorische und innenpolitische Modernität, die zur außergewöhnlichen Attraktivität des Landes beitrug. Während der dreißiger Jahre erfreute sich die französische Kulturnation nahezu ungeteilter weltweiter Anerkennung und Wertschätzung[124]. Dieser Befund, der zur Signatur der Epoche gehörte, wurde im nachhinein bisweilen ebenso übersehen wie die Tatsache, daß sich nicht wenige Repräsentanten des Appeasement unbestreitbarer Popularität in der franzö-

---

119 So wurde der Erste Weltkrieg zeitweise in Anlehnung an Igor Strawinskys bedeutende Komposition »Le sacre du printemps« aus dem Jahre 1913 in Frankreich genannt. Vgl. M. EKSTEINS, Tanz über Gräben, Die Geburt der Moderne und der Erste Weltkrieg, Reinbek 1990, S. 89, 323.

120 Vgl. M. VAÏSSE, Frankreich und die Machtergreifung, in: W. MICHALKA (Hg.), Die nationalsozialistische Machtergreifung, Paderborn 1984, S. 263; J.-P. AZÉMA, Die französische Politik am Vorabend des Krieges, in: W. BENZ, H. GRAML (Hg.), Sommer 1939. Die Großmächte und der europäische Krieg, Stuttgart 1979, S. 283–288. Siehe zu den zeitgenössischen Alternativmöglichkeiten der französischen Deutschlandpolitik R. W. MÜHLE, Frankreich und Hitler. Die französische Deutschland- und Außenpolitik 1933–1935, Paderborn u. a. 1995, S. 338 und passim, der die »Politik der Ambivalenz Daladiers, die Politik der Stärke Barthous wie die Politik des beginnenden ›Apaisement‹ Pierre Lavals« detailliert unterscheidet, sowie H. F. BELLSTEDT, »Apaisement« oder Krieg. Frankreichs Außenminister Georges Bonnet und die deutsch-französische Erklärung vom 6. Dezember 1938, Bonn 1993, S. 50–54, 123f.

121 Diese Interpretaion vertritt durchgängig J.-B. DUROSELLE, Politique étrangère, wie er in seiner Einleitung, S. 18f., erklärt. Vgl. zu den unterschiedlichen Abstufungen und Nuancen der Appeasementpolitik A. ADAMTHWAITE, France and the Coming of War, in: W. J. MOMMSEN, L. KETTENACKER (Hg.), The Fascist Challenge and the Policy of Appeasement, London 1983, S. 247, und R. FRANKENSTEIN, The Decline of France and French Appeasement Policies, 1936–9, im selben Sammelband, S. 238–243.

122 W. SHIRER, Der Zusammenbruch Frankreichs, München/Zürich 1970, S. 191.

123 Ebd. S. 189.

124 Vgl. D. BORNE, H. DUBIEF, La crise des années 30 (1929–1938), 2. Auflage Paris 1989, S. 273, 279ff., 283.

sischen Öffentlichkeit sicher sein konnten[125], während dagegen oppositionelle Stimmen in Politik und Militär, z. B. der Radikalsozialist Paul Reynaud oder Charles de Gaulle, den Unmut ihrer Umgebung auf sich zogen.

Frankreich blieb in den dreißiger Jahren trotz bzw. wegen der zunehmenden äußeren Bedrohung und damit spezifisch verbundenen inneren Zerrüttung eine vergleichsweise attraktive und letztlich verhängnisvoll vitale Demokratie und wurde keine Diktatur. Dazu trugen neben anderen Faktoren auch die bis in die Mitte des 19. Jahrhunderts zurückreichenden, mehrmals unterbrochenen und gleichwohl dauerhaften demokratischen Traditionen bei, die einer Beobachtung René Rémonds zufolge »den Franzosen im Verlauf der Geschichte zur zweiten Natur geworden waren«[126]. Daß eine Mehrzahl der Franzosen »jene[n] Zustände[n], die man herkömmlicherweise das Glück nennt«[127], mehr Aufmerksamkeit schenkte als den jenseits der Grenze nahenden politischen, ideologischen und militärischen Gefahren, mußte Charles de Gaulle in der Zeit, die ihn am Ende vom Unterstaatssekretär zum »Rebellen«[128] avancieren ließ, peinvoll erfahren.

In dreifacher Hinsicht beschäftigte er sich mit dem Deutschen Reich. Im Zusammenhang mit der innerfranzösischen Verteidigungsdebatte galt der Aufrüstung der Wehrmacht seine Aufmerksamkeit. In außenpolitischer Hinsicht unterwarf er die Appeasementpolitik einer Prüfung, und auf der innenpolitischen Ebene verglich er die Profile beider Länder. Daß er ferner grundsätzliche Überlegungen über außenpolitische Zusammenhänge anzustellen begann, geht aus seinen Betrachtungen hervor, die er unter dem martialischen Titel »Die Schneide des Schwertes« veröffentlichte.

b. »Die Schneide des Schwertes«: Macht und Moral

Aus der Erinnerung an den Großen Krieg, dessen demographische[129] und damit teilweise verbundene geistig-mentale Folgen die Dritte Republik während der gesamten Zwischenkriegszeit in unterschiedlicher Intensität zu spüren bekam, resultierte in weiten Teilen der französischen Öffentlichkeit eine pazifistische Grundhaltung. In entscheidenden Momenten, z. B. nach Adolf Hitlers Fait accompli am 7. März 1936, der Rheinlandbesetzung, vermochten sich die verantwortlichen Akteure auf der politischen Bühne ihr nicht zu entziehen, obwohl sich die französische Vormachtstel-

---

125 Vgl. J.-P. Azéma, Die französische Politik, S. 284. Symptomatisch wirkt Daladiers Rückkehr von der Unterzeichnung des »Münchener Abkommens«, dargestellt von H. Bartel, Frankreich und die Sowjetunion 1938–1940, Stuttgart 1986, S. 13.

126 R. Rémond, Frankreich im 20. Jahrhundert. Bd. 1, S. 205f.

127 Ch. de Gaulle, Die Schneide des Schwertes. Aus dem Französischen von Carlo Schmid, Frankfurt a. M. 1981 (erstmals 1932 erschienen), S. 100.

128 So der Untertitel des ersten Bandes der Biographie von J. Lacouture, De Gaulle. Bd. 1: Le Rebelle 1890–1944.

129 Vgl. D. Borne, H. Dubief, La crise, S. 197ff., die darauf hinweisen, daß die Dritte Republik demographisch eine Stagnation von 1911 bis 1936 zu verzeichnen hatte, die in der Öffentlichkeit als Krisensymptom beklagt wurde und den Eindruck der »Décadence« verstärkte. Frankreich hatte 1939 42 Mio. Einwohner gegenüber 80 Mio. Deutschen einschließlich Österreichern. Vgl. H. Michel, Le procès de Riom, Paris 1979, S. 399f. Vgl. zur Demographie als Motiv des Pazifismus in Frankreich J. Joll, Das Bild eines zukünftigen Krieges 1919–1939, in: H. Löwe (Hg.), Geschichte und Zukunft, Berlin 1978, S. 77.

lung gegenüber Deutschland im Verlauf der Weltwirtschaftskrise zunehmend zu relativieren begann[130].

Der französischen Außenpolitik, wie sie im zeitgenössisch nicht unumstrittenen, aber dominierenden Zeichen der kollektiven Sicherheit betrieben wurde, lag bis zum Herbst 1938 und in mancher Hinsicht noch länger das Ziel zugrunde, den europäischen Frieden um fast jeden Preis zu erhalten. Denn ein Krieg verhieß unabhängig von seinem Ausgang kaum Aussicht auf realen Gewinn, sondern schien grundsätzlich nur mit Nachteilen sowie »Angst und Schrecken« verbunden zu sein[131]. Analog zum Urteil ausländischer Generalstäbe schätzte sich die Dritte Republik, die sich von jener, die den Ersten Weltkrieg überstanden hatte, vielfältig unterschied[132], selbst als stärkste kontinentaleuropäische Militärmacht ein und vertraute daneben auf die Überzeugungskraft ihrer ideellen Werte. Dennoch verbargen sich unter dem äußerlichen Schein, diesem konstitutiven Symptom der »Décadence«, die sie in den dreißiger Jahren erlitt, die Furcht vor einem machtpolitischen Niedergang und das sich zur Gewißheit steigernde Gefühl, in mehrerer Hinsicht eine Krisenzeit zu durchleben.

Frankreich befand sich zum Teil erheblich früher als andere Nationen auf jenem so spezifisch »modernen« Weg vom »Individualismus zur Massendemokratie« und unterschied sich später grundlegend sowohl von der bolschewistischen Sowjetunion wie vom nationalsozialistischen Deutschland, die beide das Phänomen der Massenbewegungen ihrer Façon gemäß, d. h. totalitär und monokratisch, kannten[133]. Dadurch entglitt jedoch phasenweise die politische Macht den demokratisch legitimierten französischen Regierungen, wie dies bereits die englischen Premierminister Gladstone und Salisbury im letzten Drittel des 19. Jahrhunderts bewußt akzeptiert oder resigniert in Kauf genommen hatten[134]. Und auch bei außenpolitischen Entscheidungen dominierten in einer unverkennbaren Parallele zu diesem Epochenphänomen immer häufiger ideologische Aspekte über machtpolitische Strategien, die den deutsch-französischen Beziehungen in den zwanziger Jahren ihr Gepräge gegeben hatten[135]. Die dreißiger Jahre bildeten einen ersten Höhepunkt des »Zeitalters der Ideologien« (Karl Dietrich Bracher). Charles de Gaulle gewann frühzeitig den Eindruck, daß der Pazifismus seit der Zäsur der internationalen Politik 1930/31 mittelfristig Risiken in sich barg. Noch vor dem Beginn des »Dritten Reiches« wies er auf Präzedenzfälle in der modernen europäischen Geschichte in seiner Schrift »Die Schneide des Schwertes« hin.

Für seine Vorstellungen über das deutsch-französische Verhältnis sind seine Ausführungen über sein Herrschaftsideal[136] weniger interessant. Auch seine Überlegun-

---

130 Wie die pazifistische öffentliche bzw. veröffentlichte Meinung die Handlungsfreiheit der Regierenden begrenzte, stellt J.-B. DUROSELLE, Politique étrangère, S. 170f, dar.

131 Vgl. A. ADAMTHWAITE, France and the Coming of War, S. 247f.; siehe zu den erheblichen Differenzen zwischen Bonnets bedingungslosem Pazifismus und Daladiers charakteristischem Kriegsfatalismus vor der deutsch-französischen Erklärung vom 6. Dezember 1938 H. F. BELLSTEDT, »Apaisement«, S. 135f.

132 Vgl. dazu J.-J. BECKER, La France, S. 19, 199, 204.

133 Vgl. zu dem Epochenmerkmal G. BARRACLOUGH, Tendenzen der Geschichte im 20. Jahrhundert, München 1967, S. 135. Dabei darf allerdings nicht übersehen werden, daß auch die Weimarer Republik wie England bereits eine »Massendemokratie« war.

134 Vgl. ebd. S. 155.

135 Vgl. R. RÉMOND, Frankreich im 20. Jahrhundert. Bd. 1, S. 207.

136 Vgl. Ch. DE GAULLE, Die Schneide, S. 59–69.

gen über die Beziehung zwischen den zivilen und militärischen Kompetenzen in Kriegs- und Friedenszeiten enthalten nicht viel Neues, vergleicht man sie mit »La Discorde chez l'ennemi«. Diesmal übt er Kritik am »Zeitgeist«[137] seiner Landsleute, die der gouvernementalen Autorität ihre Gefolgschaft verweigerten, und an den Regierungen, denen es an Entschlossenheit fehlte, sich ihrer zu versichern[138], und wählt die Bismarckzeit und das Wilhelminische Zeitalter als historische Analogien. Als Vorbild eines erfolgreichen Staatsmannes nennt er in diesem Kontext Otto von Bismarck, dessen Regierungskunst im Frieden und im Krieg er beiläufig preist, weil es dem preußischen Ministerpräsidenten gelungen sei, parlamentarischen Widerstand gegen die geplante Heeresreform zu überwinden und die Unterstützung der süddeutschen Staaten vertraglich für den Fall eines Krieges gegen Frankreich zu erlangen[139].

Von höherem Interesse sind seine Warnungen vor falschen Schlüssen aus dem friedlichen Jahrzehnt nach 1919 und einem pazifistischen Sicherheitsdenken »aufgebrachter Massen«[140]. Allenthalben sah er »eine Art von Mystik ausgebreitet, die sich nicht damit begnügt, den Krieg zu verfluchen, sondern darüber hinaus geneigt ist, den Krieg für eine verjährte Sache anzusehen«[141]. De Gaulle erblickte das Motiv der pazifistischen Grundstimmung im »Selbsterhaltungstrieb eines Europa, das seine Schwäche fühlt und alle Risiken eines neuen Konfliktes im Gespür hat«. In anthropologischer Hinsicht mutete dagegen nach seiner Überzeugung der Pazifismus geradezu illusionär an, weil es jegliche historische Erfahrung utopisch erscheinen ließe, »daß die Menschen aufhören, Menschen zu sein«[142]. Bevor sich klar andeutete, daß seine Landsleute mehrheitlich der politischen und militärischen Defensive den Vorzug gaben anstelle der traditionellen und auch in ihrer offensiven Ausrichtung kontrollierbaren Machtpolitik, die sie noch unlängst, im »Ruhrkampf« 1923, eindrucksvoll, aber ergebnislos praktiziert hatten, beschäftigte sich de Gaulle mit dem Verhältnis von Macht und Moral, indem er die folgende politische Kernfrage stellte:

Glaubt man denn, das heutige Gleichgewicht der Mächte würde bleiben, wie es ist, solange dem Kleinen daran liegt, groß zu werden, dem Starken, Herr der anderen zu sein, und die Alten den Willen haben, zu überdauern? Wie will man es anstellen, die Grenzen zu stabilisieren und das Gleiche mit der Macht zu tun, wenn die Entwicklung weitergeht? Angenommen, die Völker würden bereit sein, für eine bestimmte Zeit ihre Beziehungen nach den Vorschriften eines Weltgesetzbuches zu ordnen, wird es dann ausreichen festzustellen, was rechtens ist, wenn man den Spruch nicht durchzusetzen vermag? ... Waffenlos werden die Gesetze des Völkerrechts nichts wert sein. Welche Richtung auch die Welt einschlägt, auf die Waffen wird sie nicht verzichten[143].

Gewiß verfolgte er, als er seine Landsleute zu mehr Wohlwollen gegenüber der Armee aufforderte und das Prestige des Waffenrocks hervorhob, durchaus eigennützige Interessen. Denn er warf nun seiner Generation vor, was Madame de Staël mit Verwunderung am Ende des napoleonischen Zeitalters, 1813, über das östliche Nachbarvolk festgestellt hatte: »Die aufgeklärten Männer Deutschlands machen sich mit

137 Ebd. S. 101.
138 Vgl. ebd.
139 Vgl. ebd. S. 185, 191.
140 Ebd. S. 8.
141 Ebd.
142 Ebd. S. 9f.
143 Ebd. S. 10.

Lebhaftigkeit das Gebiet der Theorien streitig und dulden auf diesem Gebiet keine Fessel; aber sie überlassen den Mächtigen der Erde ziemlich willig die ganze Wirklichkeit des Lebens«[144].

Ohne einen konkreten Unruheherd nennen zu können, der die Sicherheit Frankreichs ernsthaft gefährdete, oder auf ein Ziel hinzudeuten, das eine entsprechende Herausforderung hätte darstellen können, verwies er als historische Parallele auf das Jahr 1870, als die französische Nation nach der langen Friedenszeit seit dem Wiener Kongreß – er verschweigt die kriegerischen Implikationen im Krimkrieg, im italienischen Einigungskrieg und 1863 in Mexiko – Preußen und seinen Verbündeten unterlag, weil sie vorgeblich ihre politischen Prioritäten jenseits des Militärischen gewählt habe und die

Generation, die Männer wie Thiers, wie Lamennais, wie Auguste Comte, Pasteur verzeichnete, ... in den gefahrenträchtigen Tagen des Jahres 1870 nur Generale mittelmäßiger Fähigkeiten zur Verfügung

zu stellen vermochte[145]. Einen ähnlich folgenreichen Wertewandel, der einen mehr eudämonistischen Zug besaß, stellte er nun zu Beginn der dreißiger Jahre fest:

Heute wenden sich die Ehrgeizigen dem Geschäftsleben zu, ist doch das Geld das Zeichen, an dem man den Mächtigen erkennt, und die Franzosen gefallen sich darin, die Überzeugung zu nähren, Gesetzen und internationalen Verträgen werde es gelingen, den Krieg zu verhindern[146].

Wichtiger als die kulturkritische Diagnose der politischen Befindlichkeit seines Landes, die entfernt an den von konservativen Philosophen geprägten, abschätzig gemeinten Humanitarismusbegriff[147] erinnert, ist seine machiavellistische Annahme, daß Macht und Moral idealiter in einer bestimmten Beziehung zueinander stehen müssen, wenn beide zu ihrem Recht kommen sollen, sofern der Sinn der internationalen Politik darin liegt, eine legitime Gleichgewichtsordnung auf Dauer friedlich zu gestalten und zu erhalten. Ob er die historisch bestätigte Ansicht teilte, daß Macht ohne Moral keinen Bestand hat, Moral ohne Macht aber keinen Wert besitzt[148], läßt sich auf Grund der Quelle kaum belegen. Gesichert jedoch dürfte sein, daß ihm jene aus der Antike bekannte Maxime nicht unvertraut war, deren Mißachtung in der Politik mancher Intellektuelle mit seinem individuellen Scheitern und mancher Staat mit seinem Untergang bezahlen mußte: »In der Politik genügt leider Einsicht nicht, wenn sie der Macht entbehrt«[149]. Daher verwundert es nicht, daß de Gaulle wie eine »Kas-

---

144 G. DE STAËL, Über Deutschland. Ausgewählt und mit einer Einleitung versehen v. P. FRIEDRICH, (dt. Übersetzung) Weimar 1913, S. 92.

145 Vgl. Ch. DE GAULLE, Die Schneide, S. 44.

146 Ebd. S. 45. De Gaulle bezog offenkundig eine Gegenposition zur zeitgenössischen ökonomischen, in politischer Hinsicht eher am Ideal einer Technokratie orientierten Fortschrittsvision nach amerikanischem Muster, wie sie von 1925 an der einflußreiche Stromfabrikant Ernest Mercier, der Gründer der halbpolitischen Organisation «Redressement français«, in Frankreich propagierte. Vgl. zu Mercier J.-J. BECKER, S. BERSTEIN, Victoire, S. 318, 397, 412, und K.-J. MÜLLER, Protest – Modernisierung – Integration. Bemerkungen zum Problem faschistischer Phänomene in Frankreich 1924–1934, in: Francia 8 (1980) S. 501–504.

147 Vgl. A. GEHLEN, Moral und Hypermoral. Eine pluralistische Ethik, Frankfurt a. M. 1969, S. 79–93.

148 Vgl. K. HILDEBRAND, Das vergangene Reich, S. 666.

149 So kommentiert M. GELZER, Cicero. Ein biographischer Versuch, Wiesbaden 1969, S. 177, das katastrophale politische und persönliche Scheitern Ciceros im Jahre 44/43 v. Chr.

sandra«[150] die französische Appeasementpolitik gegenüber dem »Dritten Reich« kritisierte.

Sein damaliges Deutschlandbild wies ebenso abstrakte konstante Züge auf, die er weniger aus der aktuellen politischen Konstellation als aus der Geschichte ableitete, wie es von der zeitgenössischen innerfranzösischen Verteidigungsdebatte, bei der Archaismus und Modernität miteinander wetteiferten, nicht unbeeinflußt blieb, an der er sich über seine beruflichen Pflichten hinaus beteiligte.

c. »Zank zwischen Theologen«: Die innerfranzösische Verteidigungsdebatte

Frankreich veränderte sich zwischen 1931 und 1933 im wesentlichen in dreierlei Hinsicht. Was im abgelaufenen Jahrzehnt zu seiner ökonomischen, diplomatischen und innenpolitischen Stärke beigetragen hatte, verwandelte sich ins Gegenteil. Personell fand teilweise ein Generationenwechsel statt. An die Stelle des Marschalls Ferdinand Foch und der vormals einflußreichen Gestalten Georges Clemenceau, Joseph Joffre, Aristide Briand und Raymond Poincaré, die kurz nacheinander das politische Terrain verließen bzw. starben oder selbst dann, wenn sie seit Beginn der zwanziger Jahre nicht mehr aktiv die Geschicke des Landes bestimmten, allein durch ihre pure Präsenz und dank ihrer historischen Meriten einen gewissen Einfluß ausgeübt hatten, traten André Tardieu, Pierre Laval, Léon Blum, Edouard Daladier und die Generäle Maxime Weygand und Maurice Gamelin[151]. Komplementär zur politisch, moralisch und auch ökonomisch motivierten Appeasementpolitik entwarf der französische Generalstab eine nahezu vollständig defensiv ausgerichtete militärische Strategie, deren Vorarbeiten bis ins Jahr 1929 zurückreichten und die die politischen, finanziellen und auch demographischen Faktoren berücksichtigte. Charakteristischerweise herrschte während der dreißiger Jahre zudem weitgehend Einigkeit zwischen Politikern, Diplomaten, Militärs und der Bevölkerung über die außenpolitische und militärische Defensive. Im Kontrast zur inneren Polarisierung der Nation, die mehrmals in der Zeit zutage trat, stand dieser Konsens im großen und ganzen bis zum Herbst 1938 nicht zur Disposition, weswegen sich die Suche nach den »Schuldigen« oder Verantwortlichen für das Desaster des Jahres 1940 hinterher als schwierig erwies[152].

Frankreichs defensive Verteidigungsdoktrin beruhte ursprünglich auf einer Denkschrift Marschall Pétains vom 6. Oktober 1921, in der die Gallionsfigur des Großen Krieges unter dem Titel »Instruction provisoire sur l'emploi des grandes unités« dem Schutz der eigenen Truppen oberste Priorität zuerkannt hatte, weil die zahlenmäßig

---

150 J. LACOUTURE, De Gaulle. Bd. 1, S. 288.

151 Vgl. R. RÉMOND, Frankreich im 20. Jahrhundert. Bd. 1, S. 152f.; J.-L. LOUBET DEL BAYLE, Les Non-Conformistes des années 30. Une tentative de renouvellement de la pensée politique française, Paris 1969, S. 20, 27f.

152 Vgl. zu den Anklagen gegen Léon Blum und Edouard Daladier im Prozeß von Riom, der am 19. Februar 1942 eröffnet und nach zwei Monaten suspendiert wurde, und zur Untersuchungskommission der Nationalversammlung nach der »Befreiung« H. MICHEL, Le procès de Riom, S. 107–121, 162-165, und J.-B. DUROSELLE, Politique étrangère, S. 242. K.-H. FRIESER, Blitzkrieg-Legende. Der Westfeldzug 1940, München 1995, S. 403f., weist nach, daß die französische Generalität und nicht die vermeintlich »dekadente« Gesellschaft an der Niederlage im Juni 1940 schuld war. Nicht die Maginot-Linie, sondern das »Maginot-Denken« sei Frankreich zum Verhängnis geworden.

enormen Verluste aus dem Weltkrieg nach seinem Ermessen selbst mit Hilfe einer ver-
längerten allgemeinen Wehrpflicht während des nächsten Jahrzehnts nicht egalisiert
werden könnten und daher ein offensives Ausgreifen erst nach dem abgeschlossenen
Aufbau einer soliden Verteidigungsstellung in Betracht käme. »L'offensive est donc
remise à une date ultérieure«, so lapidar resümiert Jean-Baptiste Duroselle die »Instruction«, an deren Redaktion Pétain nicht allein, aber maßgeblich beteiligt war[153].

Das zentrale, äußerlich sichtbare Ergebnis dieser Doktrin war die Maginotlinie, die
von 1930 an, also nicht zufällig ein Jahr nach der vorzeitigen Räumung des Rheinlandes[154], konstruiert wurde und einen Strukturfehler besaß. Sie verlief entlang der
deutsch-französischen Grenze über einen Abschnitt von ca. 120 Kilometern und endete an der Grenze zu Belgien, weil ein Durchmarsch durch die Ardennen auf Grund
der Erfahrungen des Stellungskrieges von 1915 für unmöglich gehalten wurde und
Belgien seit 1920 mit Frankreich militärisch verbündet war[155]. Konkretisiert wurde
diese Strategie am 15. April 1935 im sogenannten »Plan D«, einem taktischen Ein-
satzplan für die Infanterie, bei dem die scheinbar risikolose Defensive wiederum den
Vorzug vor der als zu gefährlich und sogar selbstmörderisch eingeschätzten Offensive erhielt[156].

Die französischen Kriegsminister und höchsten Offiziere der Armee, insbesondere die Generäle Weygand und Gamelin, die sich im Amt des Vice-Président du Conseil Supérieur de la Guerre, also des Generalstabschefs, ablösten und bis 1937 Charles de Gaulles unmittelbare Vorgesetzten waren[157], zeigten sich von der Wirksamkeit
der Defensivtaktik überzeugt. Nur zählbar wenige »Häretiker« zogen aus der Erfahrung des Weltkrieges genau entgegengesetzte Schlußfolgerungen und kritisierten teils
öffentlich, teils kaschiert den »Maginotlinien-Komplex«[158] sowie die ihrer Ansicht zufolge illusionäre Selbstzufriedenheit, die das allgemeine Sicherheitsgefühl auch außer-

---

153 Vgl. J.-B. DUROSELLE, Politique étrangère, S. 245.
154 Vgl. R. BRUGE, Histoire de la ligne Maginot. Bd. 1: Faites sauter la ligne Maginot, 2. Auflage Paris
     1990, S. 9. Briands im April 1929 getroffene Entscheidung, die französischen Kontingente aus dem
     Rheinland zurückzuziehen, verschaffte den Befürwortern unter den Deputierten ein zusätzliches
     Argument in der Parlamentsdebatte am 28. Dezember 1929, in welcher der von Paul Painlevé noch
     als Kriegsminister am 29. Dezember 1927 beschlossene Bauplan beraten wurde.
155 Vgl. zur Maginotlinie und dem sich 1939 bzw. 1940 verhängnisvoll auswirkenden Strukturfehler
     H. UMBREIT, Der Kampf um die Vormachtstellung in Westeuropa, in: K. A. MAIER u. a., Die Er-
     richtung der Hegemonie auf dem europäischen Kontinent. Bd. 2 der Reihe »Das Deutsche Reich
     und der Zweite Weltkrieg«, hg. v. Militärgeschichtlichen Forschungsamt, Stuttgart 1979, S. 273ff.,
     und R. BRUGE, Histoire, S. 28–35; außer dem Grenzabschnitt bei Sedan blieb die gesamte belgische
     Grenze bis Dünkirchen ungesichert. Daher nennt K.-H. FRIESER, Blitzkrieg-Legende, S. 165, den
     Mittelteil der Ardennen eine »widerstandsfreie Zone«. Vgl. ebd. S. 166f. zu den Ardennen.
156 Vgl. J.-B. DUROSELLE, Politique étrangère, S. 246f.
157 Vgl. ebd. S. 254, 264f. Der Kriegsminister war jeweils Präsident des Conseil Supérieur. Vgl. zur
     Struktur des Militärwesens in den europäischen Ländern den Überblick von J. S. CORUM, The Roots
     of Blitzkrieg. Hans von Seeckt and German Military Reform, Lawrence (Kansas) 1992, S. 203ff.;
     J.-B. DUROSELLE, Politique étrangère, S. 258–261, sieht sogar in den höchsten Offizieren und den
     Kriegsministern, z. B. Edouard Daladier während der »Volksfront«-Regierung, die Hauptschuldi-
     gen für Frankreichs »dekadentes« Militärwesen. Siehe auch A. ADAMTHWAITE, War Origins Again,
     in: Journal of Modern History 56 (1984) S. 103, der die zentrale Bedeutung des personalen Faktors
     bestätigt. Charles de Gaulle sprach in einem Brief an P. Reynaud vom 26. August 1936, abgedruckt
     in: LNC II, S. 409, verächtlich von »des sexagénaires pleins d'humour qui forment le Conseil
     Supérieur de la Guerre«.
158 Siehe dazu oben in diesem Kapitel Abschnitt 2.a, S. 61.

halb der Armee noch steigerte. Damit widersetzten sie sich jener verführerischen Grundtendenz der französischen Politik in der Zwischenkriegszeit, die der Militärhistoriker Philip Bankwitz als »Konservatismus des Sieges« bezeichnet hat[159].

Den Ausgangspunkt ihrer Argumentation bildete die dynamische Entwicklung der militärisch nutzbaren Technik, die den Verlauf des Krieges ab 1917 mitentschieden hatte und Experten in mehreren Ländern zu vergleichbaren taktischen Überlegungen anregte. Für ihren jeweiligen Erfolg oder Mißerfolg waren jedoch nicht immer nur rein sachlich fundierte Gründe im militärischen Sinne ausschlaggebend. Im Unterschied beispielsweise zum jungen Hauptmann Dwight D. Eisenhower, der bei seinen Vorgesetzten 1920 in Ungnade fiel und von Beförderungen vorübergehend ausgeschlossen wurde, weil er in einer amerikanischen Militärzeitschrift taktische Vorschläge zum Panzereinsatz in einem modernen Gefecht unterbreitet und damit die geltende Taktik der amerikanischen Armee in Zweifel gezogen hatte[160], konnten diejenigen, die in Frankreich während der dreißiger Jahre gegen Pétains Verteidigungsdoktrin opponierten und Modifikationen verlangten, rasch auch politisch ins Abseits geraten. Dieses Schicksal widerfuhr zwar nicht mit den gleichen, aber tendenziell ähnlichen Konsequenzen auf der politischen bzw. diplomatischen Ebene dem Parlamentarier Paul Reynaud und dem Botschafter André François-Poncet, in der Armee dem General Pierre Hering, dem Admiral Raoul Castex sowie dem Oberstleutnant Charles de Gaulle[161].

Letztgenannter ging von einer geopolitischen Prämisse aus und forderte gewissermaßen abhängig wie unabhängig von der aktuellen internationalen Mächtekonstellation seine ihm gefährdet erscheinende Nation auf, nicht nur generell ihrer militärischen Stärke gebührende Aufmerksamkeit zu schenken, sondern sich paradoxerweise permanent auf den Ausnahmefall einer kriegerischen Konflagration vorzubereiten. Er bekannte sich implizit zum Primat der Außenpolitik und erhob den Kriegsfall zum obersten Maßstab und Impetus politischen Handelns. In dem Sinne existierte für ihn das Zeitalter der modernen Technik in erster Linie unter waffentechnischen Gesichtspunkten[162]. Sein »Bild eines zukünftigen Krieges« unterschied sich prinzipiell von Pétains Modell eines modernen Stellungskrieges[163]. In seinem 1934 erschienenen Buch »Vers l'armée de métier«, dem womöglich wichtigsten seiner Werke aus der Zwischenkriegszeit, verknüpfte er seine taktischen Vorschläge mit Grundgedanken zur außenpolitischen Lage Frankreichs und widmete nicht zufällig en passant dem Deutschen Reich längere Ausführungen. Seine zunächst zwischen Verständnis und Verwunderung schwankende und allmählich mehr von Sorge erfüllte Sicht auf Deutschland in jenen Jahren läßt sich zureichend nur vor dem zeitgenössischen politischen Hintergrund verstehen.

159 Vgl. Ph. Ch. F. Bankwitz, Maxime Weygand and Civil-Military Relations in Modern France, Cambridge (Massachusetts) 1967, S. 127.

160 Vgl. S. E. Ambrose, Eisenhower. Bd. 1: 1890–1952, New York 1983, S. 71f.

161 Vgl. J.-B. Duroselle, Politique étrangère, S. 263, 265. Siehe zum Außenseitertum de Gaulles im Vergleich mit Liddell Hart und dem General Fuller in England B. Bond, M. Alexander, Liddell Hart and De Gaulle: The Doctrines of Limited Liability and Mobile Defense, in: P. Paret (Hg.), Makers of Modern Strategy from Machiavelli to the Nuclear Age, Oxford 1986, S. 600, 611f., 622.

162 Vgl. Ch. de Gaulle, Vers l'armée de métier, S. 16, 45f., 69.

163 Vgl. J. Joll, Das Bild, S. 85.

Hitlers unorthodoxer Regierungsstil, Goebbels' virtuose Propaganda und die damit zusammenhängende interne und externe Erscheinungsform des »Dritten Reiches« erschwerten es bis in die Nachkriegszeit hinein, das eigentümliche Wesen des Nationalsozialismus klar zu erkennen, zu dessen Kennzeichen die Gleichzeitigkeit des Ungleichzeitigen, eine Symbiose traditioneller und revolutionärer Elemente gehörten. Von 1933 an bewegte sich die deutsche Politik zwischen Ausnahmezustand und Normalität. Ihre rassenideologische Substanz trat erst ab einem bestimmten Stadium als unzweideutig exzeptionelles Phänomen hervor und erlangte schließlich Dominanz[164]. So wie »das Verhältnis der Deutschen zu Hitler weithin auf Täuschung, auf bewußter Täuschung von seiner und auf Selbsttäuschung von ihrer Seite«[165], beruhte, verkannten und unterschätzten auch nicht wenige ausländischen Beobachter bis zum 1. September 1939 und zum Teil noch länger die ideologischen Motive und damit verbundenen machtpolitischen Ziele und Folgen der Außenpolitik des deutschen Diktators. Dies galt auf unterschiedliche Weise und mit gewissen zeitlichen Verzögerungen sowohl für den sowjetischen Diktator Stalin als auch für die westlichen Appeasementpolitiker, denen es aus verschiedenen Gründen verhältnismäßig spät gelang, die Gefahr, die ihnen von deutscher Seite drohte, in ihrem vollen Ausmaß zu perzipieren. Gegenläufige Stimmen in ihren Ländern, die rechtzeitig zu warnen versuchten, z. B. Sir Robert Vansittart im August 1933 oder der sowjetische Marschall Tuchatschewsky 1935, fanden nicht bzw. zu spät Gehör[166]. In Frankreich ereilte neben Politikern wie Georges Mandel oder Paul Reynaud[167] auch Charles de Gaulle dieses Schicksal.

1934 schlug er zunächst vor, sechs Panzerdivisionen aufzustellen, die nicht, wie in der Schlußphase des »Großen Krieges« geschehen, im Verbund mit traditionellen Infanterieeinheiten, sondern selbständig zum Einsatz gebracht werden sollten. Im Gegensatz zu den Verfechtern der taktischen Defensive und der festen Verteidigungslinie, deren Vorstellungen er für zu statisch und archaisch hielt, favorisierte er das Modell eines modernen Bewegungskrieges, nachdem er ein Jahrzehnt zuvor auf Grund militärgeschichtlicher Erfahrungen für starke Fortifikationen, wie sie im Bau der Maginot-Linie Realität wurden, plädiert hatte[168]. Nach seinem Urteil kam mobilen »unités blindées«, den ausschließlich mit Panzern bestückten und autonom agierenden Einheiten, eine zukunftsweisende taktische Bedeutung zu. Erst in der Offensive seien sie in der Lage, führte de Gaulle aus, ihre volle Schlagkraft zur Geltung zu brin-

164 Vgl. zu dem Komplex K. D. BRACHER, Tradition und Revolution im Nationalsozialismus, in: DERS., Zeitgeschichtliche Kontroversen. Um Faschismus, Totalitarismus, Demokratie, 5. Auflage München 1984, S. 68, 74, 76f.

165 E. JÄCKEL, Hitler und die Deutschen, in: K. D. BRACHER, M. FUNKE, H.-A. JACOBSEN (Hg.), Nationalsozialistische Diktatur 1933–1945. Eine Bilanz, Bonn 1983, S. 708.

166 Vgl. M. MESSERSCHMIDT, Außenpolitik und Kriegsvorbereitung, in: W. DEIST u. a., Ursachen und Voraussetzungen des Zweiten Weltkrieges. Bd. 1 der Reihe »Das Deutsche Reich und der Zweite Weltkrieg«, hg. v. Militärgeschichtlichen Forschungsamt, 2. Auflage Frankfurt a. M. 1989, S. 673f., 723f. mit der dortigen Anm. 26.

167 Vgl. D. BORNE, H. DUBIEF, La crise, S. 291. Vgl. zum politischen Scheitern Georges Mandels in der Zwischenkriegszeit J. M. SHERWOOD, Georges Mandel and the Third Republic, Stanford 1970, S. 298ff.

168 Vgl. Ch. DE GAULLE, Rôle historique des places françaises, erstmals erschienen in: Revue militaire française vom 1. Dezember 1925, No. 54, abgedruckt in: DERS., Trois Etudes. Précédées du mémorandum du 26 janvier 1940, Paris 1971, S. 104.

gen[169]. Im Zusammenhang mit der auf Qualität statt Quantität abgestimmten Taktik forderte er außerdem, die allgemeine Wehrpflicht zugunsten einer aus 100 000 Mann bestehenden Berufsarmee abzuschaffen, weil er bezweifelte, daß die moderne Waffentechnik von maximal ein Jahr ausgebildeten Rekruten adäquat und effektiv gehandhabt werden könne[170].

Obwohl de Gaulles Ansicht, bei den Panzern handele es sich zu Lande um die entscheidende Waffe der Zukunft, keineswegs neu war, sondern von zeitgenössischen Spezialisten wie den französischen Generälen Estienne und Doumenc oder dem englischen Veteranen Liddell Hart lebhaft erörtert worden war[171], stieß er mit seiner taktischen Variante zunächst auf Widerstand in den eigenen Reihen, da er auf der Autonomie der Panzerverbände als conditio sine qua non insistierte. So befürwortete General Weygand, der genauso wie General Gamelin einer mobilen Kriegführung den Vorzug gab vor der statischen Defensive, ebenfalls »une grande unité mécanisée«, jedoch »toujours en liaison avec l'infanterie«. Einer taktischen Modifikation bedurfte es nach seiner Meinung nicht, die Marschall Pétain, der Kriegsminister des Jahres 1934, teilte. Auch dieser hielt das Kriterium des selbständigen Einsatzes für irrelevant: »Nous avons déjà une réserve mécanisée, motorisée, organisée. Rien n'est à créer, tout existe«[172].

De facto rüstete Frankreich seine Armee bis zum 1. September 1939 respektive 10. Mai 1940 mit modernsten Panzern und gepanzerten Fahrzeugen aus, so daß die deutsche Wehrmacht zahlenmäßig auf dem Gebiet keineswegs überlegen war. 3254 französischen Panzern standen 2439 Panzer auf deutscher Seite gegenüber[173]. Vielmehr trug die operative Differenz bei deren Einsatz neben zahlreichen anderen Faktoren wie dem Überraschungsmoment und der überaus modernen deutschen Luftwaffe zum militärischen Sieg des »Dritten Reiches« über die Dritte Republik bei[174].

---

169 Vgl. DERS., Vers l'armée de métier, S. 53, 58f., 149ff., 183. Eine gute Zusammenfassung seiner Thesen bietet L. MYSYROWICZ, Anatomie d'une défaite, Lausanne 1973, S. 201–213, der auch die einschlägigen Beiträge ausgewertet hat, die de Gaulle damals in Fachzeitschriften veröffentlichte. Mit der bis heute strittigen geistigen Urheberschaft der »six divisions cuirassées«, wie de Gaulles Projekt in der einschlägigen Forschung genannt wird, beschäftigen sich P. BOURGET, Un Précurseur de De Gaulle?, in: Revue d'Histoire de la Deuxième Guerre mondiale et des Conflits contemporains 36 (1986) S. 105, 107, und B. BOND, M. ALEXANDER, Liddell Hart, S. 615, die den Ursprung der Ideen des Oberstleutnants de Gaulle in den taktischen Überlegungen der Generäle Estienne, Doumenc und Velpry sehen.
170 Vgl. Ch. DE GAULLE, Vers l'armée de métier, S. 109f., 149. Auch die Demographie bildete ein Motiv.
171 Vgl. J.-B. DUROSELLE, Politique étrangère, S. 263.
172 Zitiert nach R. GRIFFITHS, Pétain et les Français 1914–1951, Paris 1974, S. 177.
173 Vgl. K.-H. FRIESER, Blitzkrieg-Legende, S. 44f.
174 Siehe H. UMBREIT, Der Kampf, S. 282f., zum Rüstungsvergleich. Vgl. auch J.-B. DUROSELLE, L'Abîme 1939–1945, Paris 1982, S. 136; M. MESSERSCHMIDT, La Stratégie Allemande (1939–1945), in: Revue d'Histoire de la Deuxième Guerre mondiale 25 (1975) S. 12, der den Erfolg der deutschen Offensive vom 10. Mai 1940 folgendermaßen erklärt: »La suprématie allemande n'était pas due à la supériorité absolue en nombre des forces engagées, mais à la combinaison des facteurs surprise, rapidité de mouvement des unités blindées et supériorité de l'aviation, de sorte que l'issue fut pratiquement décidée avant que n'intervienne la masse des forces armées«. Vgl. zu den operativen Unterschieden zwischen der deutschen und französischen Kriegführung K.-H. FRIESER, Blitzkrieg-Legende, S. 407, 413–420, 424, 435.

Die französische Öffentlichkeit konnte die mehrjährige Verteidigungsdebatte anhand der Meinungsvielfalt verfolgen, die sich in der Presse widerspiegelte. Marschall Pétain setzte sich in der »Revue des Deux Mondes« vom 1. März 1935 mit der These auseinander, ein künftiger Krieg müsse dynamisch und offensiv geführt werden, und entgegnete, Frankreich sei bereits »saturiert«. Daher ließe sich lediglich die Defensivtaktik trotz des unbestreitbaren, ab 1936 potentiell gefährlichen militärischen Ungleichgewichts zwischen Deutschland und Frankreich mit den eigenen politischen Interessen vereinbaren[175]. Charles de Gaulle traf mit seinem weniger politisch gemeinten als vielmehr sachlich und realistisch begründeten Offensivkonzept auf eine gewissermaßen ideologisch bedingte Prädisposition seiner Landsleute, die für das Selbstverständnis der Dritten Republik in der Mitte der dreißiger Jahre prägend und für die französische Staatsräson fast schon konstitutiv war. »Die Deutschen, ... die von Natur aus offensiv veranlagt sind«, schrieb er rückblickend, »müssen naturgemäß Panzerdivisionen haben. Aber das friedlich und defensiv gesinnte Frankreich muß gegen die Motorisierung sein«[176].

Bereits diese Worte, mit denen er die Argumente seiner Gegner später referierte, lassen die Gründe seines Scheiterns in den dreißiger Jahren erahnen. Sie deuten an, daß seine »six divisions cuirassées« nicht nur eine Spezialfrage für Experten aufwarf, sondern zu einem Politikum wider Willen avancierte. Denn zum Widerspruch auf der politischen Ebene forderten zwei Elemente seines Konzepts heraus, mit denen er anfangs keine politische Absicht verbunden hatte. Der Gedanke, Frankreich müsse sich zwar nicht mit einem Präventivschlag, nötigenfalls aber wirkungsvoll, d. h. offensiv verteidigen können, und der Vorschlag, eine Berufsarmee zu bilden, wurden von führenden Politikern mit Argwohn aufgenommen. Ihre Vorbehalte, so befremdlich sie sich aus heutiger Sicht ausnehmen mögen, waren angesichts des außen- und innenpolitischen Hintergrundes nicht unverständlich.

In der entscheidenden Parlamentsdebatte am 15. März 1935, in der die zweijährige Dienstzeit beschlossen wurde, trug Paul Reynaud, der eine Politik der militärischen Stärke favorisierte, ohne generell eine deutsch-französische Annäherung abzuleh-

---

175 P. Pétain, La Sécurité de la France. Au cours des années creuses, in: Revue des Deux Mondes vom 1. März 1935, S. V, VII. Aus der Fülle einschlägiger Aufsätze in dieser Zeitschrift seien die folgenden genannt: M. Weygand, L'Etat militaire de la France, 15. Oktober 1936, S. 724ff., der sich kritisch mit »Vers l'armée de métier« auseinandergesetzt und in Anbetracht der Erfahrungen von 1914 keinen Grund für eine Berufsarmee als Elitestreitmacht gesehen hat. Er hat in seinem Beitrag »L'Armée d'aujourd'hui«, 15. Mai 1938, S. 334, die internationalen Spannungen auf »la surexcitation des nationalismes« in traditioneller Manier zurückgeführt, für die Aufrüstung zwar, aber gegen die Modernisierung der Armee im Sinne de Gaulles plädiert. Der Oberst A. Grasset hat in seinem Aufsatz über »La Défense nationale et l'effort nécessaire«, 15. Juni 1938, S. 824–829, 843ff., de Gaulle angesichts der europäischen Frontenbildung unterstützt, weil sich Frankreich notfalls auch allein, also ohne fremde Hilfe im Rahmen einer Allianz, verteidigen können müsse. Obwohl diese Zeitschrift im Grunde geistesgeschichtlich orientiert war, übte sie, wie G. de Broglie, Histoire politique de la ›Revue des Deux Mondes‹ de 1829 à 1979, Paris 1979, S. 16, 372ff., behauptet, einen politischen Einfluß auf die Öffentlichkeit aus und stellte ein Beispiel der sogenannten »veröffentlichten Meinung« dar. Für den Politikbegriff bzw. das Selbstverständnis der Dritten Republik ist bezeichnend, daß sich eine geistesgeschichtliche Revue mit derartigen Fragen beschäftigte.

176 Ch. de Gaulle, Memoiren. Der Ruf, S. 21.

nen[177], de Gaulles Konzept vor[178]. Vorher hatte Léon Blum, der Vorsitzende der sozialistischen Fraktion, Bedenken geäußert, »fondés sur la crainte d'une armée permanente«[179]. Allen Bestrebungen, die auf ein Ende der allgemeinen Wehrpflicht abzielten, hatte er aus ideologischen Gründen eine abschlägige Antwort erteilt[180] und, weit über die einzelne Sachfrage hinausreichend, auf den epochalen Hintergrund der Verteidigungsdebatte, die Auseinandersetzung zwischen Demokratie und Diktatur, verwiesen, der die Handlungsfreiheit Frankreichs nicht nur außenpolitisch begrenzte, sondern auch auf die Innenpolitik einzuwirken begann und zu einem nicht unbeträchtlichen Hindernis für jene Zeitgenossen wurde, denen ideologische Aspekte in der Politik fremd waren. Léon Blum wandte

sich gegen das Spezialkorps nicht im Namen der Interessen der Landesverteidigung, sondern in dem einer Ideologie, die er als demokratisch und republikanisch bezeichnete und die in allem, was militärisch war, eine Bedrohung des Regimes erblicken wollte[181].

Es grenzte an historische Tragik, daß Paul Reynauds Intervention zugunsten der Vorschläge de Gaulles das Gegenteil des Beabsichtigten bewirkte. Sein nachdrückliches Eintreten erregte doktrinäre Befürchtungen auf Seiten des politischen Gegners[182]. Mehrere überzeugte »Republikaner« und beinahe die gesamte Linke sahen in einem Buchtitel wie »Vers l'armée de métier« eine latente Gefahr für die demokratische Verfaßtheit des Landes, das sich ideell auf die Werte von 1789 berief und zu dessen revolutionärem Erbe die »Levée en masse«, die Einführung der allgemeinen Wehrpflicht vom 23. August 1793, gehörte[183]. Sie verdächtigten de Gaulle, die demokratische Struktur und politische Fortschrittlichkeit der Dritten Republik zur Disposition stellen zu wollen, obgleich dies nicht seiner Absicht entsprach. Charles de Gaulle erfuhr plötzlich, daß das Verhältnis zwischen ziviler und militärischer Gewalt, mit dem er sich anhand der deutschen Geschichte beschäftigt hatte, auf einer anderen Ebene von neuem Aktualität im eigenen Land gewann und der Kontroverse den Charakter »eines Zanks zwischen Theologen«[184] verlieh. Reminiszenzen an vergangene Zeiten, vom Ursprung der Dritten Republik über die Episode der kurzen Regierungszeit General Boulangers bis zur Dreyfus-Affäre, wurden geweckt[185], die zusammen mit den

177 Vgl. Y. LACAZE, La France et Munich. Etude d'un processus décisionnel en matière de relations internationales, Bern u. a. 1992, S. 446.

178 Vgl. DE GAULLES Briefe an P. Reynaud vom 14. und 16. März 1935, in: LNC II, S. 381. Vgl. zu der Debatte A. SCHUMACHER, Frankreichs Sicherheits- und Deutschlandpolitik 1931–1935 im Widerstreit der öffentlichen Diskussion, Diss. phil. Frankfurt a. M. 1970, S. 236ff.

179 R. GRIFFITHS, Pétain, S. 178.

180 Vgl. H. DUTAILLY, Les Problèmes de l'armée de terre française (1935–1939), Paris 1980, S. 213–217, 276. Auch der Kriegsminister des Jahres 1936, Edouard Daladier, insistierte auf einer »armée démocratique« als »une armée qui fait appel à toutes les forces de la nation«. Siehe auch Documents Diplomatiques Français 1932–1939. 1e Série (1932–1935). Bd. IX, Paris 1980, Dok. 391, S. 580.

181 Ch. DE GAULLE, Memoiren. Der Ruf, S. 21.

182 So M. S. ALEXANDER, The Republic in Danger. General Maurice Gamelin and the politics of French defense, 1933–1940, Cambridge 1992, S. 38.

183 Vgl. R. GRIFFITHS, Pétain, S. 178. Siehe zur Verknüpfung der »Levée en masse« mit der republikanischen Verfaßtheit Frankreichs E. SCHULIN, Die Französische Revolution, 2. Auflage München 1989, S. 211, 218f.

184 So Ch. DE GAULLE, Memoiren. Der Ruf, S. 20.

185 Vgl. M. S. ALEXANDER, The Republic, S. 42.

aktuellen außenpolitischen Herausforderungen besonders den Ministerpräsidenten der Jahre 1936 und 1937, Léon Blum, vor folgenschwere Entscheidungen stellte.

Seine erste Regierungszeit spiegelte wie in einem Brennglas zahlreiche Strömungen der modernen Staatengeschichte konzentriert wider, denen Charles de Gaulle später nahezu permanent begegnete und die das deutsch-französische Verhältnis in hohem Maße beeinflußten. Kaum ein anderer französischer Politiker wurde in der letzen Dekade der Dritten Republik in vergleichbarer Form glühend bewundert oder heftig bekämpft[186] wie dieser Repräsentant fortschrittlicher Humanität und Moral, dessen Erbe sich rückblickend sehr ambivalent ausnimmt.

Innen- und außenpolitisch übernahm der Sozialist, der bereits 1934 und 1935 mehrmals versucht hatte, »vorübergehend die Macht zu ergreifen, um zu verhindern, daß der Faschismus sie in Frankreich in Besitz nimmt«[187], am 5. Juni 1936 die Regierungsverantwortung zu einem kritischen Zeitpunkt. Der Ministerpräsident und Außenminister Pierre Laval hatte nach dem ersten Zwischenfall in Äthiopien am 5. Dezember 1934 eine Vermittlung zwischen dem Negus und Mussolini abgelehnt, weil ihm französische Interessen nicht direkt tangiert zu sein schienen, er die Beziehungen zu Italien nicht verschlechtern wollte und zunächst auch die britische Regierung Zurückhaltung empfahl. Durch den offenen Ausbruch des Abessinien-Krieges und die Wiedereinführung der allgemeinen Wehrpflicht in Deutschland im folgenden Jahr verschärfte sich die Situation. Im ersten Halbjahr 1936 standen drei wichtige außenpolitische Entscheidungen an. Trotz schwerer Bedenken sprach sich die neue, am 22. Januar 1936 ins Amt gelangte Regierung des Radikalsozialisten Albert Sarrault für Sanktionen gegen das faschistische Italien im Rahmen des Völkerbundembargos aus und ließ in der Kammer den »stumpfen« französisch-sowjetischen Beistandspakt ratifizieren. Diesen Schritt nahm Adolf Hitler nach eigenem Bekunden zum Anlaß, unter Mißachtung des Versailler Vertrages und der Locarno-Verträge der Wehrmacht den Einmarsch ins entmilitarisierte Rheinland am 7. März 1936 zu befehlen[188]. Ökonomisch entging die Dritte Republik in der Mitte der dreißiger Jahren nicht den Folgen der »großen Depression«. Diese erreichte in Frankreich sogar erst 1935, als die Arbeitslosenrate auf ca. 5 Prozent stieg und die Steuereinnahmen auf den niedrigsten Stand in den dreißiger Jahren fielen, ihren Höhepunkt[189]. Zudem war die Nation seit dem antiparlamentarischen Aufstand rechtsgerichteter »Ligen« vom 6. Februar 1934 im Gefolge der Stavisky-Affäre tief gespalten über den innenpolitischen Kurs. Nach dem triumphalen Wahlsieg des aus mehreren Parteien bestehenden »Front populaire« am 5. Mai 1936 kulminierten die innere Zerrüttung und Polarisierung. Das sozia-

186 Vgl. J. BARIÉTY, Léon Blum et l'Allemagne 1930–1938, in: Les Relations franco-allemandes 1933–1939, hg. v. Centre National de la Recherche Scientifique, Paris 1976, S. 35.

187 J. DROZ, Die Linksparteien in Frankreich und die Weltlage zwischen 1933 und 1935, in: O. HAUSER (Hg.), Weltpolitik 1933–1939. Bd. 1, Göttingen 1973, S. 27.

188 Vgl. zur französischen Außenpolitik vom Jahresende 1934 bis 1936, die an dieser Stelle nur panoramaartig dargestellt werden kann, J.-B. DUROSELLE, Politique étrangère, S. 145–149, 153–157. Der französisch-sowjetische Beistandspakt wurde in der Deputiertenkammer vor der Rheinlandbesetzung, im Senat fünf Tage danach ratifiziert, weswegen selbst Hitlers verbale Begründung nur bedingt als stichhaltig gelten kann.

189 Vgl. R. RÉMOND, Frankreich im 20. Jahrhundert. Bd. 1, S. 174–178. Nachdem die französischen Exporte seit 1931 zurückgegangen waren und die Eisenproduktion zu sinken begonnen hatte, traf die Wirtschaftskrise 1935 am härtesten die französische Landwirtschaft.

le Klima war durch einen exzessiven Massenstreik in einem bis dato unbekannten Ausmaß gespannt. Es schien ein »Aufstand der Massen« im Sinne Ortega y Gassets bzw. ein Bürgerkrieg bevorzustehen[190], dessen Ursachen jedoch keineswegs auf wirtschaftlichem Gebiet lagen. Nach René Rémonds einschlägigen Forschungen hatte sich jener spezifische »Geist der dreißiger Jahre«, der alle vereinigte, die den Liberalismus bekämpften und gegen Wirtschaftsliberalismus, Individualismus und Kapitalismus zu Felde zogen, schon vor dem Beginn der »großen Depression« in Frankreich herausgebildet[191].

Daher lag es nahe und entsprach auch Léon Blums Neigung, daß sich seine Regierung verstärkt der Innenpolitik widmete und Reformen im Bereich des Arbeitslebens, der Sozialpolitik und des Bildungswesens einleitete, die ein zwiespältiges Urteil in der Historiographie gefunden haben. Angesichts des vormals Bestehenden sprechen die einen von Reformismus, angesichts des Möglichen die anderen von einer »révolution manquée«[192]. Als Beispiele der insgesamt wohl moderaten und zukunftsweisenden Innenpolitik seien die »accords Matignon« vom 7. Juni 1936, die Einführung der 40-Stunden-Woche am 12. Juni 1936 in der zivilen Industrie sowie die Verlängerung der Schulpflicht bis zum 14. Lebensjahr am 2. Juli 1936 erwähnt[193].

Ungewollt und überraschend schnell mußte der neue Ministerpräsident auf außenpolitischem Terrain »Farbe bekennen«, als er am 20. Juli 1936 einen Hilferuf der republikanischen Regierung Spaniens zur Niederschlagung der falangistischen Revolte erhielt. Letztlich verzichtete Frankreich auf eine Intervention in den Spanischen Bürgerkrieg aus Furcht vor einer möglicherweise daraus resultierenden Erschütterung der sozialen Ordnung im eigenen Land und vor einer Konflagration im europäischen Maßstab, obwohl diese Haltung seinem nominell reklamierten Großmachtstatus nicht entsprach. In der Außenpolitik regierte zum Teil der Primat der Innenpolitik, dominierten soziale Motive über machtpolitische Interessen[194].

Seinem Selbstverständnis zufolge war Léon Blum ein Philanthrop »avec ce souci de ne blesser personne, qui constitue un trait essentiel de son caractère«[195]. Auf Grund seiner seriösen Arbeitsweise und intellektuellen Begabung ragte er aus der Phalanx der übrigen französischen Ministerpräsidenten und Politiker hervor, die während der dreißiger Jahre nicht immer über jeden Zweifel an ihrer persönlichen Eignung für höchste Staatsämter erhaben waren[196]. Daß in der Öffentlichkeit nach dem Wahlsieg der »Volksfront« der Eindruck einer revolutionären Atmosphäre im Sinne eines neu-

---

190 Vgl. P. GUIRAL, Frankreich zwischen 1936 und 1939, in: O. HAUSER (Hg.), Weltpolitik, S. 29, 31f.; J.-M. MAYEUR, La vie politique, S. 337ff., 341, 349, 351f.
191 Vgl. R. RÉMOND, Frankreich im 20. Jahrhundert. Bd. 1, S. 165ff., 173.
192 Vgl. zu der älteren Kontroverse DERS., Réflexions sur un Colloque, in: J. BOURDIN (Hg.), Léon Blum. Chef de Gouvernement 1936–1937, Paris 1967, S. 437.
193 Vgl. D. BORNE, H. DUBIEF, La crise, S. 154ff., 299.
194 Vgl. G. WARNER, France and the Non-Intervention in Spain, July–August 1936, in: W. SCHIEDER, Ch. DIPPER (Hg.), Der Spanische Bürgerkrieg in der internationalen Politik (1936–1939), München 1976, S. 321f.; vgl. auch R. FRANKENSTEIN, The Decline, S. 243, und R. GIRAULT, The Impact of the Economic Situation in the Foreign Policy of France, 1936–9, in: W. J. MOMMSEN, L. KETTENACKER (Hg.), The Fascist Challenge, S. 219. Ob Léon Blums Sorge vor einem Bürgerkrieg in Frankreich begründet war, vermag J.-B. DUROSELLE, Politique étrangère, S. 305, nicht zu bestätigen, dürfte auch kaum geklärt werden können.
195 E. LABROUSSE, Conclusion du Colloque, in: J. BOURDIN (Hg.), Léon Blum, S. 413.
196 Vgl. R. RÉMOND, Frankreich im 20. Jahrhundert. Bd. 1, S. 224.

en »1789« herrschte, war um so weniger erstaunlich, als sich Léon Blum ideologisch erklärtermaßen auf jenen 1914 bei einem Attentat ums Leben gekommenen Pazifisten und Sozialisten Jean Jaurès berief, der als Philosoph und Parlamentarier die kriegerischen und wirtschaftlichen Folgen der Französischen Revolution studiert und sein kosmopolitisches und sozialistisches Verständnis der revolutionären Errungenschaften in einer dreizehnbändigen »Histoire socialiste 1789–1900« von 1901 bis 1908 historiographisch veröffentlicht hatte[197]. »Staat« meinte für Léon Blum, der an die Tradition der jakobinischen Linken anknüpfte und sich als »Humanist« verstand[198], zunächst einmal »Sozialstaat«. Dem »inneren Glück« und »Wohlergehen« des französischen Volkes galt politisch seine erste Sorge. Und in der Tat trugen seine sozialen Maßnahmen zusammen mit den philanthropischen und pazifistischen Akzenten seiner Politik dazu bei, daß Frankreich weltweit als Inbegriff des Friedens und der modernen Zivilisation, des politischen, technischen und kulturellen Fortschritts gepriesen wurde, was zahlreiche Künstler und Dichter bewog, sich im »Hexagon« niederzulassen, nachdem sie vor faschistischen oder totalitären Machthabern in Europa die Flucht ergriffen hatten. Die Dritte Republik galt zeitgenössisch als attraktiv[199]!

In Raymond Arons Diktum, eine solche Politik des Fortschritts sei nur auf einer Insel möglich und legitim gewesen[200], schimmert bei aller verständnisvollen Nachsicht und kritischen Wertschätzung für diesen Pazifisten, der den Verzicht auf äußere Gewaltanwendung, auf Krieg als Mittel der Politik, als einen fast säkularen moralischen Fortschritt in der Menschheitsgeschichte verstand, die riskante Unterschätzung und Mißachtung der Gefahren durch, die jenseits der eigenen Grenze lauerten. Für Léon

---

197 Jean Jaurès war als Bewunderer der deutschen idealistischen Philosophie im übrigen germanophil. Zu den unumstößlichen Grundüberzeugungen des »praxisfernen Buchgelehrten«, wie ihn Georges Clemenceau einmal nannte, gehörte die Einheit von Volk und Armee in der Tradition der Ersten Republik, wie er sie in seinem Buch »Die neue Armee« von 1910 beschrieben hat. Vgl. zu Jean Jaurès in diesem Zusammenhang E. SCHULIN, Die Französische Revolution, S. 36; A. KIMMEL, Die Dritte Republik, in: Neue Politische Literatur 17 (1982) S. 273f.; J. VIARD, Les Origines du Socialisme républicain, in: Revue d'Histoire moderne et contemporaine 33 (1986) S. 142f.; A. WILD, Jean Jaurès (1859–1914). Der sozialistische Internationalismus gegen den Krieg, in: Ch. RAJEWSKY, D. RIESEN-BERGER (Hg.), Große Pazifisten von Immanuel Kant bis Heinrich Böll, München 1987, S. 70, 75.
198 Vgl. R. RÉMOND, Frankreich im 20. Jahrhundert. Bd. 1, S. 225.
199 Vgl. zu der Attraktivität D. BORNE, H. DUBIEF, La crise, S. 264–268, 276–285. Zu den nach Frankreich Emigrierten zählten auch Dichter, die in den zwanziger Jahren wenig frankophil gewesen waren. Vgl. G. BADIA, Das Frankreichbild der Weimarer Zeit. Faszination und Ablehnung in der deutschen Literatur, in: Fr. KNIPPING, E. WEISENFELD (Hg.), Eine ungewöhnliche Geschichte, S. 112, 117. Siehe zu der gegenwärtig noch andauernden Diskussion über das Phänomen der »Modernisierung« in der Zwischenkriegszeit J. DÜLFFER, Ein angemessener Begriff? Nationalsozialismus und Modernisierung, in: »Frankfurter Allgemeine Zeitung« vom 10. Juni 1991, S. 11, der mit Einschränkungen Kriterien nennt wie »wirtschaftliche Modernisierung zur Industriegesellschaft, politische zur Partizipation oder Demokratisierung, die Ausbildung sozialstaatlicher Elemente und schließlich eine noch schwerer zu fassende kulturelle Moderne«, die sich in der Geschichte der Dritten Republik 1936/1937 finden ließen. Vgl. auch R. COLLINS, German-Bashing and the Theory of Democratic Modernization, in: Zeitschrift für Soziologie 24 (1995) S. 3–21, der ergänzend auf die Säkularisation im modernen Bildungswesen verweist und den Modernisierungsgrad Deutschlands bzw. Preußens mit jenem vergleicht, den Frankreich und England seit dem 18. Jahrhundert aufwiesen.
200 R. ARON, Der engagierte Beobachter. Gespräche, Stuttgart 1983, S. 57.

Blum spielte die Außenpolitik nur eine sekundäre Rolle[201]. Repräsentierte er zahlreiche allgemeine Grundtendenzen der politischen Geschichte Frankreichs, die seit der »Großen Revolution« vorwalteten, so verweist seine Politik unter dem Aspekt sehr konkret auf den »größten Fehler der Franzosen – und nicht nur ihrer Regierungen – in jener Zeit«[202]. Frankreich handelte, als ob es »allein auf der Welt gewesen« wäre[203].

Beispielsweise nahm Léon Blum am 25. Juli 1936 das wenige Tage vorher der spanischen Regierung gegebene Versprechen, sie mit Waffenlieferungen zu unterstützen, wieder zurück, weil er anderenfalls neben dem Spanischen auch den Ausbruch eines Bürgerkrieges in Frankreich befürchtete, und lehnte in Übereinstimmung mit dem französischen Generalstab eine den französisch-sowjetischen Beistandspakt ergänzende Militärkonvention mit der stalinistischen Sowjetunion zu vereinbaren weiterhin ab. Gleichgültig sah er einer fortschreitenden Abkühlung der Beziehungen zu Italien zu. Als Ideologe lehnte er im Geiste Jean Jaurès' die »six divisions cuirassées« ab, wie de Gaulle klar erkannte[204], und ließ sich auch nicht zu einer Meinungsänderung bewegen, als er den energischen Verfechter dieser Militärreform persönlich am 14. Oktober 1936 im Hôtel Matignon zu einer kurzen Unterredung empfing[205]. Frankreichs nationale Interessen sah er in der praktizierten Humanität seiner sozialistisch-pazifistischen Ideologie optimal aufgehoben. Auf seine Weise verkörperte er in mancher Hinsicht beinahe den idealtypischen Protagonisten eines Zeitalters der Massen, wie ihn Robert Musil literarisch porträtiert hat: »Die Masse braucht eine starke Hand, sie braucht Führer, die mit ihr energisch umgehn und nicht bloß reden, also mit einem Wort, sie braucht über sich den Geist der Tat; die menschliche Gemeinschaft besteht eben sozusagen nur aus einer kleinen Anzahl von Freiwilligen, die dann auch die nötige Vorbildung haben, und aus Millionen ohne höheren Ehrgeiz, die nur zwangsweise dienen«[206].

Während Léon Blums Regierungszeit hingen Frankreichs innere ideelle Stärke und äußere reelle Schwäche wechselseitig voneinander ab, ohne daß diese Ambivalenz von allen Zeitgenossen hinreichend beachtet wurde. Die verantwortlichen Akteure auf der »Volksfront-Bühne« vertrauten vielmehr optimistisch auf die werbende Anzie-

---

201 Vgl. Ch. BLOCH, Wechselwirkungen zwischen Innen- und Außenpolitik in Frankreich 1870–1970, in: U. ALTERMATT, J. GARAMVÖLGYI (Hg.), Innen- und Aussenpolitik, S. 159. Die 1936 bei der Wahl zur »Volksfront« zusammengeschlossenen Parteien hatten bezeichnenderweise »kein klares außenpolitisches Programm festgelegt«, wie R. POIDEVIN, J. BARIÉTY, Frankreich und Deutschland. Die Geschichte ihrer Beziehungen 1815–1972, München 1982, S. 391, betonen.

202 R. RÉMOND, Frankreich im 20. Jahrhundert. Bd. 1, S. 161.

203 Siehe ebd. S. 160.

204 Vgl. DE GAULLES aufschlußreichen Brief an É. Mayer vom 23. August 1938 in: LNC XII, S. 266. Siehe auch ebd. S. 262f., seinen Brief vom 27. Oktober 1936 an den Journalisten A. Lecomte zur französischen Spanienpolitik. Léon Blum wunderte sich darüber, daß de Gaulle seine taktischen Vorschläge mit der Forderung, eine Berufsarmee zu gründen. Da er den zweiten Teil des Reformprojektes ablehnte, obwohl er gegen den ersten keine Einwände hatte, sprach er sich insgesamt gegen »les six divisions cuirassées« aus. Siehe Léon BLUM, L'œuvre. Bd. 4/2 (1937–1940), Paris 1965, S. 385.

205 Vgl. zu der interessanten Beziehung zwischen dem weithin noch unbekannten de Gaulle und Léon Blum, die sich an jenem Tag begegneten, als der belgische König Leopold III. die Neutralität seines Staates verkündete, die Allianz mit Frankreich aufkündigte und damit die Maginotlinie erheblich entwertete, den eventuell zu vertiefenden Studien anregenden Beitrag von E. BRANCA, De Gaulle et les forces politiques traditionnelles avant le 18 Juin 1940, in: Espoir, Heft 42 (1983) S. 16.

206 R. MUSIL, Der Mann ohne Eigenschaften. Roman, Hamburg 1988, S. 1010.

hungskraft ihrer Werte und übersahen, daß der Zug der Zeit in den totalitären Diktaturen in eine ganz andere Richtung wies und sich Gefahren anbahnten, die das Ende aller idealistisch auf das »innere Glück« bezogenen Politik bedeuteten. Der Ministerpräsident erkannte dies erst, als es zu spät dafür war. »A mon avis, il existait un moyen peut-être unique de prévenir la guerre de 1939. Ce moyen consistait à pratiquer, dès la prise du pouvoir par Hitler, une opération préventive«, erklärte er am 18. Juni 1946, genau sechs Jahre nach de Gaulles erstem Londoner »Appell«, vor der »Commission parlementaire d'enquête sur les événements survenus en France de 1933 à 1945«. »Nous ne l'avons pas fait parce que nous éprouvions l'horreur religieuse de la guerre«[207].

Nach dem Urteil der meisten repräsentativen Politiker forderte das »Dritte Reich« die Dritte Republik im gleichen Maße ideologisch wie militärisch heraus. Der ehemalige Staatspräsident Alexandre Millerand deutete den Aspekt in der Parlamentsdebatte am 20. Februar 1935 an: »Ce ne sont pas seulement des puissances matérielles qui s'affrontent; ce sont deux civilisations, deux conceptions spirituelles. L'une affirme que le droit prime la force. L'autre proclame que la force crée le droit. Suivant que l'une ou l'autre aura prévalu, le destin du monde aura changé«[208].

Obwohl kein Dissens über die politischen Werte bestand, die im Ernstfall zu verteidigen seien, vertrauten die Gegner der »six divisions cuirassées«, bei denen es sich zumeist um überzeugte »Appeaser« handelte, in dem Maße auf die werbende, wenn auch nicht unmittelbar greifbare und politisch nicht leicht zur Geltung zu bringende ideelle Stärke der liberalen Demokratie, wie die Befürworter auf den notwendigen machtpolitischen bzw. militärischen Rückhalt nicht verzichten zu können meinten. Aus naheliegenden Gründen hing die Diskussion über die Taktik der französischen Armee mit diesem Kardinalproblem der westlichen Appeasementpolitik zusammen.

Letztlich blieb de Gaulle bis zur »Entfesselung des Zweiten Weltkrieges« (Walther Hofer) eine größere Resonanz auf seinen Beitrag zur französischen Verteidigungsdebatte im eigenen Land verwehrt. Mehrere Gründe, die mit dem eigenwilligen Procedere des noch weithin unbekannten Oberstleutnants zusammenhingen, trugen zu diesem Mißerfolg bei. Objektiv gesehen, bestand beispielsweise keine sachliche Notwendigkeit, die beiden Teile seines Reformvorschlages bedingungslos miteinander zu verknüpfen, d. h. die Aufstellung selbständig agierender Panzereinheiten mit dem Gedanken einer Berufsarmee zu verbinden[209]. Charles de Gaulle scheiterte jedoch in erster Linie aus politischen Gründen. Sein Konzept der »six divisions cuirassées« enthielt, wie sich aus der Rückschau hinzufügen läßt, eine teilweise hellsichtige Analyse der zukunftsweisenden Bedeutung der Panzerwaffe, die aber dem herrschenden Zeitgeist diametral zuwiderlief. Weder mit den Zielen der Appeasementpolitik und der komplementär dazu, zeitlich bereits früher beschlossenen defensiven Taktik, wie sie in der Maginot-Linie Ausdruck fand, noch mit dem innenpolitischen und geistig-moralischen Selbstverständnis der Dritten Republik war »Vers l'armée de métier« vereinbar. Nicht mit dem strukturellen, sondern mit dem politischen Hintergrund hingen die »Unvollkommenheiten der französischen Rüstungsprogramme der Jahre

207 Zitiert nach J. BARIÉTY, Léon Blum, S. 33.
208 A. MILLERAND, La Politique extérieure, Rede vom 20. Februar 1935, abgedruckt in: Revue des Deux Mondes vom 1. April 1935, S. 534.
209 Vgl. B. BOND, M. ALEXANDER, Liddell Hart, S. 615.

1935/36 und ... das Fehlen einer überzeugenden, eindeutigen Definition der strategischen Ziele« der französischen Armee zusammen[210]. Beides wirkte sich, ohne daß sich die Verantwortlichen in der Mitte der Dekade darüber im klaren sein konnten oder wollten, am 3. September 1939 fatal aus, als der Ministerpräsident Edouard Daladier die Entscheidung über die Kriegserklärung an das Deutsche Reich traf[211].

Die innerfranzösische Verteidigungsdebatte vermittelt, so begrenzt sie an der Stelle umrissen worden ist, einen Eindruck jener charakteristischen Mixtur archaischer und moderner Züge, die das janusköpfige Profil Frankreichs während der dreißiger Jahre auszeichnete. Daß der Oberstleutnant Charles de Gaulle mit seiner prima vista anachronistisch wirkenden und vehement vertretenen Behauptung, »l'âme et le sort du pays se reflètent constamment au miroir de son armée«, Politikern wie Léon Blum oder Edouard Daladier, die über Frankreichs »raison d'être« und »destin« ganz anders dachten, suspekt erschien, lag am verschieden definierten Begriff des Politischen, der den Disput über »les six divisions cuirassées« mitentschied und nicht nur innerhalb der europäischen Staatengemeinschaft zwischen »Haves«, »Have-Nots« und dem »Out-Cast«, also international seine Verbindlichkeit zu verlieren begann. Innerhalb Frankreichs existierte qualitativ zwar kein unüberbrückbarer, jedoch ein gravierender Dissens über die eigenen politischen Interessen, der weder das normale Maß in einer »gesunden« Demokratie überstieg noch sich im gleichen Maße bedrohlich für ihr inneres Gefüge wie beispielsweise die sozialen Probleme ausnahm, sondern vielmehr ursächlich sowohl für die Ausgangsposition Frankreichs zu Beginn des Zweiten Weltkrieges[212] als auch für das spätere staatsmännische Wirken de Gaulles bedeutsam wurde. Ähnliches gilt auch für de Gaulles Deutschlandbild jener Jahre, das ebensowenig losgelöst von der innerfranzösischen Verteidigungsdebatte analysiert werden kann, wie es nicht nur aus der aktuellen Situation heraus zu verstehen ist.

d. »Germanen und Gallier«

Im ersten Teil seines Buches »Vers l'armée de métier« läßt de Gaulle wieder aus einer eurozentrischen Perspektive mehrere geopolitische Faktoren Revue passieren, die er im Hinblick auf die äußere Sicherheit seines Landes, historisch teilweise zutreffend[213], als nachteilig bewertete. Seien England, Amerika und Japan durch Ozeane und Meere, Italien und Spanien durch Gebirge geschützt und sei Rußland allein auf Grund der Entfernung unzugänglich und unerreichbar[214], so habe die Natur auch Deutschland trotz der zentraleuropäischen Lage geographisch begünstigt, Frankreich aber be-

---

210 So urteilt W. DEIST, Einführung zum Beitrag ›Heeresrüstung und Aggression 1936–1939‹, in: K. HILDEBRAND, K. F. WERNER (Hg.), Deutschland und Frankreich 1936–1939, München/Zürich 1981, S. 641.

211 Vgl. H. DUTAILLY, Programmes d'armement et structures modernes dans l'Armée de terre (1935–1939), in: Ebd. S. 126f.

212 Vgl. R. GIRAULT, Der Kriegseintritt einer uneinigen Nation: Frankreich, in: H. ALTRICHTER, J. BECKER (Hg.), Kriegsausbruch 1939. Beteiligte, Betroffene, Neutrale, München 1989, S. 128ff.

213 R. RÉMOND, Die verweigerte Integration, S. 22, tritt im Zusammenhang mit der Übereinstimmung von Staat und Nation in der französischen Geschichte »der Theorie von den natürlichen Grenzen« zu Recht entgegen. Frankreich sei über Jahrhunderte hinweg »durch die geographische Lage vielfältigen Gefährdungen ... ausgesetzt« gewesen. Im Vergleich zur Mittellage Deutschlands ist Frankreich hingegen eindeutig privilegiert.

214 Ch. DE GAULLE, Vers l'armée de métier, S. 19f.

nachteiligt, wodurch sogar die Nationalcharaktere beider Völker vorgeprägt worden seien:

En cinq heures de vol par l'avion Berlin-Paris, le voyageur voit marquées au sol les sûretés allemandes et les faiblesses françaises. Quittés les bords de la Sprée, il peut ... compter cent vingt-cinq lieues, discerner les fossés: Elbe, ... Rhin, qui couvrent de près et de loin la capitale de l'Empire, contempler les forteresses: Harz, ... dont la nature fait hommage aux Germains. Soudain, le sol s'aplanit, s'adoucit, s'humanise. Plus de montagnes, de gorges, d'escarpements. C'est la France[215].

Charles de Gaulle porträtierte in seinem Werk nicht das »Dritte Reich«, sondern ein imaginäres Land der »Germanen«, das seit seiner Entstehung gleichgeblieben sei. Selten sprach der junge de Gaulle so klar aus, was Hans-Peter Schwarz 1990, angelehnt an die berühmte wie bezeichnende Ouvertüre der Kriegsmemoiren de Gaulles, als »toute ma vie je me suis fait une certaine idée de l'Allemagne« paraphrasiert hat[216].

Sodann beschreibt de Gaulle die geopolitische Lage Italiens, Spaniens sowie die traditionelle englische Politik der »splendid isolation« und des kontinentaleuropäischen Gleichgewichts der Kräfte. Am Ende seiner Tour d'horizon, nachdem er die nur selten völlig friedliche Vergangenheit dieser Länder dargestellt hat, leitet er zum eigentlichen Gefahrenherd der französischen Politik in Europa über, den er im Deutschen Reich erkennt[217]. Zu der Einschätzung gelangte er allerdings nicht, weil er die Projektion eines ernsthaften Gegners dafür benötigt hätte, seine ohnehin nicht sehr zahlreichen Leser[218] von den Vorteilen einer Militärreform zu überzeugen. Denn er beschrieb Deutschland so ungewöhnlich differenziert und geradezu literarisch, daß sein Porträt eher von seiner eigenen durchgehend janusköpfigen Einstellung zum östlichen Nachbarvolk zeugt als aktuellen publizistischen Zwecken zu dienen vermochte. Zu Beginn stellt er nämlich fest, daß das politische Verhältnis »zwischen Galliern und Germanen« letzten Endes noch ungelöst und offen sei. Es herrsche keine »Erbfeindschaft«, aber es fehle auch jeder Ansatz einer dauerhaften Klärung. Denn »les victoires alternatives n'ont rien tranché ni rien assouvi«[219]. Zwischen beiden Völkern bestünde eine historisch bedingte traditionelle Feindschaft, die nicht durch temporäre Lösungen im Sinne eines Modus vivendi überwunden werden könne. Die gemeinsame Grenze sei »la lèvre d'une blessure«[220].

Dann folgen jene Worte, mit denen de Gaulle 1934 in einer visionär anmutenden Weise die zeitgenössisch utopische Möglichkeit einer politischen Eintracht und Zusammenarbeit zwischen Deutschen und Franzosen, ihres schiedlich-friedlichen Zusammenwirkens, beschwor, deren Ernsthaftigkeit er allerdings umgehend wieder einschränkte:

L'opposition des tempéraments avive cette amertume. Ce n'est point que chacun méconnaisse la valeur de l'autre et ne se prenne à rêver, parfois, aux grandes choses qu'on pourrait faire en-

---

215 Ebd. S. 21.
216 Siehe Exposé de Hans-Peter SCHWARZ, in: Institut Charles de Gaulle (Hg.), De Gaulle en son siècle. Bd. 5: L'Europe, Paris 1992, S. 408.
217 Vgl. Ch. DE GAULLE, Vers l'armée de métier, S. 24ff.
218 Vgl. J. LACOUTURE, De Gaulle. Bd. 1, S. 238.
219 Ch. DE GAULLE, Vers l'armée de métier, S. 25.
220 Ebd. S. 26.

semble. Mais les réactions sont si différentes qu'elles tiennent les deux peuples en état constant de méfiance[221].

Diese zentrale, knappe und allgemein gehaltene Äußerung de Gaulles über die Chancen einer deutsch-französischen Annäherung, die aus seiner »ENA«-Zeit stammt, d. h. aus den Jahren, die er im Generalsekretariat des Conseil Supérieur de la Défense Nationale verbrachte[222], haben der Forschung Anlaß zu der Frage gegeben, ob sich hinter ihr einen historischen Moment lang der erste Anklang an den Gedanken einer Verständigung oder gar Aussöhnung avant la lettre verbirgt, wie er fast drei Jahrzehnte später Realität wurde. Der Romanist Peter Schunck beispielsweise vergleicht den Wortlaut des Zitats mit jener Instruktion, die François Seydoux Anfang September 1958 zum Auftakt seiner Botschaftermission in Bonn von de Gaulle erhielt und in der es mit Blick auf den deutschen Kanzler, also nicht generell, heißt:

Bien entendu, beaucoup dépendra du chancelier Adenauer, mais si je trouve en ce grand homme des dispositions qui correspondent aux miennes, nous pourrons ensemble faire de grandes choses[223].

Methodisch ist Peter Schuncks Verweis auf die Kontinuität legitim, zumal erwiesenermaßen mehrere der öffentlichen Reden, die de Gaulle in den fünfziger und sechziger Jahren hielt, mit manchen seiner Äußerungen aus der Zwischenkriegszeit übereinstimmen. De Gaulle änderte wichtige Grundüberzeugungen zeit seines Lebens nicht[224]. Daß er 1958, als er seinen künftigen Botschafter instruierte, an seinen »Traum« von 1934 anknüpfte, ist möglich, bleibt aber ungewiß, solange keine weiteren Quellen die Kontinuität eindeutig belegen. Das Verbindende liegt weniger in der vielleicht ohnehin zu prätentiösen Idee einer endgültigen Aussöhnung, sondern mehr im prinzipiell realistischen Gedanken einer »Ergänzung beider Völker«[225].

Denn de Gaulle erkannte vergleichsweise früh den historischen Strukturfehler der europäischen Konstellation, den der traditionelle deutsch-französische Antagonismus bildete, insbesondere wenn er kriegerisch ausgetragen wurde. Der gemäßigte »Appeaser« Edouard Daladier z. B. gelangte erst nach einer weiteren, in nationaler und persönlicher Hinsicht traumatischen Erfahrung zu der gleichen Einsicht, wie aus seinem Tagebucheintrag vom 10. Juli 1941 hervorgeht: »En tout cas, même si Hitler est finalement vaincue, il faut résoudre le problème franco-allemand«[226]. Plädierte der Machiavellist à court terme für die Konfrontation und à la longue für die Annäherung, weil er in einer Politik der Stärke eine Voraussetzung dafür sah, mittelfristig konstruktiv zusammenzuwirken, so verfolgte der Appeaser im Grunde weder das eine noch das andere Ziel.

221 Ebd.
222 J. LACOUTURE, De Gaulle. Bd. 1, S. 206, nennt den Conseil Supérieur de Gaulles »ENA«.
223 Diese bislang nicht amtlich veröffentlichte, offenkundig mündlich erteilte Instruktion zitiert DERS., ebd. Bd. 2, S. 636. Vgl. zur Interpretation P. SCHUNCK, De Gaulle, S. 27 mit der dortigen Anm. 62.
224 Vgl. dazu H. MÖLLER, Charles de Gaulle und die deutsche Frage: Bemerkungen zu Tradition und Wandlung geostrategischen Denkens, in: G. JENAL (Hg.), Gegenwart in Vergangenheit. Beiträge zur Kultur und Geschichte der Neueren und Neuesten Geschichte. Festgabe für Friedrich Prinz zu seinem 65. Geburtstag, München 1993, S. 338.
225 So P. MAILLARD in einem Interview über »Der große Entwurf der deutsch-französischen Verständigung«, abgedruckt in: Ibykus. Zeitschrift für Poesie, Wissenschaft und Staatskunst 12 (1993) S. 22.
226 E. DALADIER, Journal de captivité 1940–1945, Paris 1991, S. 96.

Allerdings verzichtete auch de Gaulle auf eine nähere Erläuterung der »grandes choses qu'on pourrait faire ensemble«. Welchem konkreten Ziel die erwünschte deutsch-französische Kooperation 1934 dienen konnte, bleibt aus späterer Sicht ebenso ungewiß, wie die Frage schwer zu klären ist, ob de Gaulle eine bilaterale Annäherung als essentiellen politischen Schritt verstand oder ihr einen funktionalen Wert beimaß, d. h. ob er auf diesem Wege in erster Linie weitere Zwecke zu verfolgen gedachte. Die Annahme liegt nahe, daß de Gaulle 1934 nicht mehr oder weniger als jenen Zustand im Verhältnis zwischen »Galliern und Germanen« herzustellen für realistisch und wünschenswert hielt, den die Beziehungen der »Gallier« zu den »Angelsachsen« nach leidvollen vergangenen Erfahrungen zum beiderseitigen Vorteil nunmehr erreicht hatten und dessen politisches Fundament er nüchtern in der beiderseitigen Interessenlage gegeben sah:

Sans doute, des invasions de l'Anglais, la dernière remonte à plus d'un siècle. Après tant de rencontres, Londres et Paris ont tacitement réglé leurs rapports. Moyennant la suprématie maritime reconnue aux Britanniques, au prix d'immenses sacrifices coloniaux, à la condition de ne pas parler point de certaines îles normandes et pourvu que nous acceptions une sorte de contrôle, il nous est permis de compter sur la neutralité anglaise, jalouse dans nos jours prospères, mais bienveillante dans nos malheurs et qui peut même faire place à l'alliance des intérêts[227].

Die visionäre Zielsetzung einer deutsch-französischen Zusammenarbeit, die den Interessen beider Seiten entsprechen und beiden zum Vorteil gereichen mochte, setzte zwangsläufig eine realpolitische Basis voraus, an der es, wie de Gaulle hinzuzufügen nicht versäumte, in den dreißiger Jahren fehlte. In beiden Ländern vermochte er weder die Bereitschaft noch die Möglichkeit einer derartigen Verbesserung der Beziehungen zu erkennen. Statt dessen sah er sowohl bei seinen Landsleuten, mit denen er bei der Gelegenheit wieder kritisch ins Gericht ging, als auch den »Germanen«, von denen kaum zu erwarten sei, daß sie das unbeständige, wankelmütige und widersprüchliche Volk der »Gallier« verstünden[228], beinahe ethnisch überlieferte und politisch vorläufig unüberwindliche Elemente vorwalten, die einem deutsch-französischen Dialog abträglich seien:

Inversement, nous inquiète l'Allemagne, force de la nature à laquelle elle tient au plus près, faisceau d'instincts puissants mais troubles, artiste-nés qui n'ont point de goût, techniciens restés féodaux, pères de famille belliqueux, restaurants qui sont des temples, usines dans les forêts, palais gothiques pour les nécessités, oppresseurs qui veulent être aimés, séparatistes obéissant au doigt et à l'œil, chevaliers du myosotis qui se font vomir leur bière, route que Siegfried le Limousin voit épique le matin, romantique vers midi, guerrière le soir, océan sublime et glauque d'où le filet retire pêle-mêle des monstres et des trésors, cathédrale dont la nef polychrome, assemblant de nobles arceaux, amplie de sens nuancés, organise en symphonie, pour le sens,

---

227 Ch. DE GAULLE, Vers l'armée de métier, S. 24.

228 Vgl. ebd. S. 26f.; siehe auch ebd. S. 41f. De Gaulles äußerst kritisches Verhältnis zum eigenen Volk verband ihn später mit Adenauer, der sich nicht zuletzt wegen seines Mißtrauens gegen die Deutschen nach dem Zweiten Weltkrieg von neuem politische Verantwortung zu übernehmen berufen fühlte. Beide hielten ihre Völker für gefährdet »vor allem durch sich selbst«, wie A. BARING, Im Anfang war Adenauer. Die Entstehung der Kanzlerdemokratie, 2. Auflage München 1982, S. 101, hinsichtlich des deutschen Kanzlers schreibt, was für den Franzosen in bezug auf seine Kompatrioten gleichermaßen zutrifft.

pour la pensée, pour l'âme, l'émotion, la lumière et la religion du monde, mais dans le transept obscur, retentissant d'une rumeur barbare, heurte les yeux, l'esprit et le cœur[229].

Wer diese »plastische Schilderung deutsch-französischer Wesensunterschiede«[230] zureichend interpretieren möchte, muß berücksichtigen, daß sie aus dem Jahre 1934 stammt. Augenscheinlich orientierte sich Charles de Gaulle nicht an der zeitgenössischen Form deutscher Staatlichkeit, am »Dritten Reich«, als er sein Hauptanliegen, die »six divisions cuirassées« und die Gründung einer Berufsarmee, plausibel zu begründen suchte, sondern an seinen persönlichen Eindrücken, die er in Deutschland zuvor selbst gewonnen hatte, an Stereotypen und Mythen, die er mit dem Volk der »Germanen« verband, und an tradierten Geschichtsbildern, die er durch eigene historische Kenntnisse ergänzte. Daß er nicht zuletzt die deutsche Geschichte vor 1866 überblickte und sich an ihr orientierte, gab er im folgenden mit dem Hinweis auf den prinzipiellen, beinahe epochalen Wandel zu erkennen, den die deutsche Reichsgründung 1871 für die französische Deutschlandpolitik bedeutete. Die über Mittel-, Nord- und Osteuropa zerstreuten und zersplitterten Territorien hätten nämlich keine Gefahr für Frankreich geboten, solange sie keine staatliche Einheit bildeten. Seitdem Deutschland aber durch Fehler der französischen Politik 1871 geeinigt und die Reichseinheit 1918/19 von neuem bestätigt worden sei, weil die Wirkung des eigenen militärischen Sieges, den die Regierung hastig und überstürzt zu sichern suchte, politisch begrenzt worden sei, fordere der deutsche »Koloß« permanent Frankreich heraus. Denn seither sei er nicht zuletzt aus inneren Gründen bestrebt, »de se ruer vers l'ouest d'un seul élan et sans délai«[231].

Unverkennbar kritisierte de Gaulle nachträglich die französische Politik am Ende des Ersten Weltkrieges, insbesondere die Entscheidung, rasch einen Waffenstillstand mit dem hernach territorial vergleichsweise erträglich geschmälerten Deutschen Reich abzuschließen, anstatt die deutsche Bereitschaft, den Krieg zu beenden, dahingehend auszunutzen, die Reichseinheit als Preis für den Friedensschluß zu fordern, wie dies 1919 der Marschall Foch für den Fall erwogen hatte, daß das Deutsche Reich den Versailler Vertrag zu unterzeichnen ablehnen würde[232]. Diese Alternative französischer Deutschlandpolitik und deutscher Geschichte, die weder 1919 noch 1920 oder 1923, als Ergebnis der Pariser Friedensordnung oder im Zuge separatistischer Aufstände im Reich bzw. des Ruhrkampfes Gestalt gewann, zog de Gaulle 1934, als sich die Frage der deutschen Einheit konkret nicht stellte[233], retrospektiv in Betracht, weil er sich an der französischen Interessenlage in der Tradition der »grandeur de la France« orientierte. Daß es – abgesehen vom Druck der Angelsachsen, auf den ausschlaggebend die Erhaltung der deutschen Reichseinheit nach dem Ersten Weltkrieg zurückzuführen ist – nicht zuletzt auch ihr in gewissem Sinne entsprach, das Reich 1919 territorial zu

229 Ch. DE GAULLE, Vers l'armée de métier, S. 27f.
230 So R. MARCOWITZ, Charles de Gaulle und die Westdeutschen in der Berlin-Krise 1958–1963. Über die Wirkmächtigkeit eines nationalen Stereotyps auf die operative Außenpolitik, in: H. KLUETING (Hg.), Nation, Nationalismus, Postnation. Beiträge zur Identitätsfindung der Deutschen im 19. und 20. Jahrhundert, Weimar/Wien 1992, S. 204, über das Zitat.
231 Ch. DE GAULLE, Vers l'armée de métier, S. 29; vgl. zum ganzen Gedankengang ebd. S. 28f.
232 Vgl. P. MIQUEL, Poincaré, Paris 1984, S. 401, und J.-B. DUROSELLE, Clemenceau, Paris 1988, S. 727, 746f.
233 Aus keiner Quelle geht hervor, daß er eventuell an die noch nicht endgültig gelöste Saarfrage gedacht haben könnte.

reduzieren und als politisches Gegengewicht zum revolutionären Rußland zu erhalten, verschwieg er, falls er sich dieser historischen Implikation bewußt war.

Allerdings erwies er sich auch nicht als bedingungsloser Gegner der deutschen Einheit, zumal die Möglichkeit einer nachträglichen Aufteilung des Reiches im Erscheinungsjahr seines Buches ohnehin realistischerweise nicht bestand. Im Grunde beschrieb er lediglich den faktischen Verlauf der Geschichte, ohne allerdings das Gegebene und Bestehende für selbstverständlich, unveränderlich oder zwingend zu halten. Ohnehin verstand er, der nach dem Zeugnis eines Mitgefangenen bereits im Sommer 1918 während der Kriegsgefangenschaft auf der Wülzburg auf erste »Anzeichen eines bayerischen Separatismus gelauert« haben soll[234], die deutsche Einigung auch als spezifisches innenpolitisches Problem des Reiches, das sich auf die deutsch-französischen Beziehungen auswirken könnte.

Ähnlich wie zehn Jahre zuvor, als er die Differenz zwischen deutschem Staat und deutscher Nation anhand des Föderalismus im Kaiserreich thematisiert hatte, verwies er nun auf die eigentümlich heterogene innere Struktur des Deutschen Reiches, die ihn in der Annahme bestärkte, eine gewisse Gefährlichkeit seitens der »verspäteten Nation« im Sinne Helmuth Plessners zu erwarten. Die innere Anfälligkeit bzw. Schwäche, wie ihm als einem im zutiefst traditionellen zentralistischen französischen Etatismus[235] lebenden Franzosen der deutsche Föderalismus erschien, und die äußere Stärke hingen aus seiner Sicht zusammen. Seiner Sorge vor den politischen Auswirkungen der föderalen Gliederung des Reiches, die angesichts der Zeitumstände befremdlich wirkt[236], lag die Befürchtung zugrunde, daß sich innere Spannungen nach außen zu entladen vermögen. Einer heutigen historiographischen Position zufolge besaß das Deutsche Reich zeitweise, nicht zuletzt wegen seiner spezifischen inneren Prägung, seiner amorphen Gestalt und seines nicht rundum organisch gewachsenen Zuschnitts, eine Neigung zum Unbegrenzten, einen »schweifenden Zug ... ins über sich Hinausweisende, zum sich selbst nicht Genügenden«[237]. Der Drang nach Westen, den Charles de Gaulle den »Germanen« als traditionelles Ziel unterstellte, sei nicht zu verstehen, führte er 1934 aus,

certes, sans beaucoup d'épreuves intérieures. Il est pénible à un Bavarois d'accepter la prééminence prussienne, à un Rhenan catholique de vivre sous la coupe de fonctionnaires protestants, à un marchand de Hambourg de subir le même régime qu'un hobereau de Poméranie. En dépit des apparences, régions, partis, pouvoirs, associations, demeurent travaillés par mille tendances divergentes. Mais, justement, cette menace d'anarchie pousse l'empire aux entreprises. Son unité a pour conditions l'expansion au-dehors et les grands desseins, qui seuls justifient aux yeux des Allemands les sacrifices dont ils la paient. Bismarck l'avait compris, d'abord; dès qu'il parut l'oublier, un jeune empereur, approuvé par tous, le mit à la porte. Le Reich

---

234 Vgl. G. Treffer, Der Hauptmann Charles de Gaulle, S. 215.
235 Vgl. R. Rémond, Die verweigerte Integration, S. 22f.
236 1934 war der überlieferte deutsche Föderalismus bereits der nationalsozialistischen »Gleichschaltung« der Länder, die formal fortbestanden und in denen Staatskommissare amtierten, politisch zum Opfer gefallen.
237 Vgl. K. Hildebrand, Reich – Großmacht – Nation. Betrachtungen zur Geschichte der deutschen Außenpolitik 1871–1945 (Schriften des Historischen Kollegs: Vorträge, 42), München 1995, S. 5.

d'aujourd'hui suit la même pente. Qui peut douter qu'une crise nouvelle attirerait une fois de plus, les Allemands vers Paris?[238]

Charles de Gaulle verlieh nun keineswegs der Überzeugung Ausdruck, daß Deutschland ein höheres Maß an Zentralismus aus französischer Sicht zu wünschen sei. Vielmehr orientierte er sich, als er das Deutsche Reich porträtierte, am überlieferten Partikularismus, verstand den historisch daraus erwachsenen Föderalismus des Reiches aber ebensowenig als Gewähr einer dauerhaften Schwächung Deutschlands wie den Kriegsausgang 1918 oder die in der Reichseinigung künstlich verordnete Saturiertheit, sondern fühlte sich wegen der untergründig verborgenen und eruptiv zum Vorschein gekommenen Energien, die er den »Germanen« prinzipiell attestierte, zur Skepsis genötigt. Sein maßvoller Respekt, den er Otto von Bismarcks politischer Leistung nach der Reichsgründung zollte, bezeugt die Einsicht de Gaulles, daß die deutsche Nationalstaatsbildung auf Grund der spezifischen historischen Tradition gleichsam zwangsläufig eine außergewöhnliche staatsmännische Herausforderung darstellte, weil das Reich ab initio eine kaum friedfertige Tendenz zum Unbegrenzten in sich barg. Geläufig war ihm also ein fundamentaler Unterschied zwischen Deutschland und anderen europäischen Nationalstaaten, über deren äußere Grenzen bereits die Geschichte dahingehend entschieden hatte, daß Staat, Territorium und Nation nahezu übereinstimmten, und deren politischer Weg in keinem geringen Maß durch diese vorteilhafte Homogenität, die sie einer glücklichen historischen Fügung verdankten, für sie selbst und für ihre Nachbarn erleichtert wurde.

Daß diese historische Eigentümlichkeit des deutschen Nationalstaates auch eine Herausforderung an die französische Staatskunst darstellte, rief er seinen Kompatrioten implizit ins Gedächtnis, als er »Vers l'armée de métier« veröffentlichte. Die historischen, weit über die Militärgeschichte im engeren Sinne hinausgehenden Betrachtungen sowie der erwähnte, lediglich einen historischen Moment lang erwogene Gedanke einer deutsch-französischen Zusammenarbeit mögen den Eindruck erwecken, daß de Gaulle der Versuchung zu erliegen drohte, die politische, militärische und ideologische Herausforderung der europäischen Ordnung zu unterschätzen, die Hitlers »Drittes Reich« in ihrer Aktualität bildete. Seine prinzipiell auf die historische Größe des französischen Nationalstaates und dessen machtpolitische Interessenlage bezogene Gedankenwelt wie sein Beitrag zur innerfranzösischen Verteidigungsdebatte unter dem Schlagwort der »six divisions cuirassées« lassen indes erahnen, daß der eigenwillige Oberstleutnant nicht nur ein »Mann der Vergangenheit und der Zukunft« (André Malraux) war, sondern die Gegenwart im Blick behielt. Wie seine zahlreichen Kommentare zur internationalen Politik in den dreißiger Jahren zu erkennen geben, verlor er das Risiko einer Neuauflage der kriegerischen deutsch-französischen Vergangenheit nicht aus den Augen.

---

238 Ch. DE GAULLE, Vers l'armée de métier, S. 29f. Da diese Äußerung eine vergleichsweise große Relevanz besitzt, ist der zitierte Auszug länger gewählt. Offenkundig knüpfte de Gaulle an eine toposartige Beobachtung der Madame de Staël von 1813 an. Siehe G. DE STAËL, Über Deutschland, S. 84: »Die Deutschen sind Sachsen, Preußen, Bayern, Österreicher; aber der germanische Charakter, auf den die Kraft aller sich gründen sollte, ist zerstückelt wie das Land selber, das so viel verschiedene Herren hat.« Daneben rekurrierte er auf F. VON BERNHARDIS »Deutschland und der nächste Krieg«. Siehe dazu oben Kapitel II.2, S. 31.

Besaß Charles de Gaulle also in den dreißiger Jahren einerseits die Vision eines Einvernehmens mit den Deutschen, mithin also ein ideelles Deutschlandbild, so trat andererseits im Kontrast dazu Deutschlands reales Profil um so stärker hervor, je länger Adolf Hitler regierte.

e. »Nous allons rapidement à la guerre contre l'Allemagne«

In mehrfacher Hinsicht bedeutete das Buch »Vers l'armée de métier« den ersten Schritt de Gaulles in die Politik. Hatte er sich zuvor nur in militärischen Fachblättern zu strategischen und taktischen Fragen geäußert, die für die äußere Sicherheit des Landes zum Teil von marginaler Bedeutung waren, avancierte sein Werk von 1934 zu einem Politikum. Zunächst mußte Charles de Gaulle erfahren, daß seine taktischen Vorschläge weder innerhalb des Conseil Supérieur oder der militärpolitischen Publizistik[239] noch auf der parlamentarischen Ebene mehrheitlich akzeptiert wurden. Seine erste politische Initiative war zugleich der Beginn seines politischen Mißerfolgs in der Zwischenkriegszeit, der seine hauptsächliche Ursache im dominierenden Begriff des Politischen in Frankreich besaß. Daß er scheiterte, lag nicht an Deutschland. Aber daß er scheitern konnte, hing mit der deutschen Politik zusammen. In gewisser Weise trug Adolf Hitler schon vor dem 18. Juni 1940 dazu bei, daß Charles de Gaulle die traditionellen Pfade einer Offizierskarriere verließ und schrittweise politisches Terrain im engeren Sinne betrat. Andrew Shennans Urteil, »that in 1933–34 de Gaulle made a conscious decision to enter the public arena«[240], trifft zu.

De Gaulle gelangte zu einer Einschätzung der internationalen Lage, die sich vom vorherrschenden Urteil seiner Landsleute abhob. Während heutzutage kaum noch Zweifel darüber bestehen, daß die größte, wenn auch nicht die einzige akute Gefahr für die Dritte Republik vom »Dritten Reich« ausging, wozu Hitlers »verbohrte Fixierung auf Begriff und Idee des Krieges«[241] maßgeblich beitrug, und sich im Verhältnis dazu die primär ideologische Bedrohung seitens der Sowjetunion und der politische Druck von Mussolinis Italien harmloser, wenn auch nicht unbedeutend ausnahmen, war dieser Sachverhalt zeitgenössisch keineswegs unumstritten. Dies beschreibt eine der Schwierigkeiten, die oftmals und gewiß nicht unbegründet so einseitig verurteilte Appeasementpolitik aus ihrer Zeit heraus zu verstehen und zu erklären[242]. Denn die wechselnden französischen Regierungen schenkten den Ereignissen außerhalb bzw. an der Peripherie Europas zwischen 1934 und 1936 phasenweise

239 Vgl. J. S. Corum, The Roots, S. 204.
240 A. Shennan, De Gaulle, S. 7. Ähnlich Ph. H. Bell, The Letters, S. 486.
241 H. Schulze, Staat und Nation, S. 310.
242 Vgl. A. Adamthwaite, War Origins, S. 106, und J. Bariéty, Léon Blum, S. 34, die beide die Erstrangigkeit der »deutschen Gefahr« betonen. Vgl. zu den Kontroversen zur Appeasementpolitik A. Adamthwaite, ebd. S. 100–105, 114f. Im Grunde besaß Frankreich keine erstrangige politische Bedeutung in Adolf Hitlers Gedankenwelt, sondern bildete, wie E. Jäckel, Frankreich in Hitlers Europa. Die deutsche Frankreichpolitik im Zweiten Weltkrieg, Stuttgart 1966, S. 20, nicht zuletzt auf Grund einschlägiger Passagen aus »Mein Kampf« darlegt, nur eine von mehreren Etappen auf dem geplanten Weg Deutschlands zur europäischen und globalen Hegemonie. Frankreich war »kein Kriegsziel an sich, sondern ... ein Hindernis auf dem Weg der deutschen Ostexpansion«. Dagegen stellte Hitler-Deutschland aus politischen und geographischen Gründen die wichtigste Herausforderung der Dritten Republik dar, auch wenn sie nicht als solche wahrgenommen wurde. Vgl. auch R. W. Mühle, Frankreich, S. 117f. mit der dortigen Anm. 135.

mehr Aufmerksamkeit als dem im Zentrum liegenden und sich nach Adolf Hitlers Worten vom 21. Mai 1935 scheinbar friedlich gerierenden Reich, das erst mit seinem doppelten Vertragsbruch vom 7. März 1936 für größeres Aufsehen sorgte[243]. In einem entscheidenden Maße wandelte sich die Perzeption erst nach dem »Münchener Abkommen« vom 30. September 1938. Vorher fanden der Spanische Bürgerkrieg und Stalins »Große Säuberungen« sowie Mussolinis Politik in Abessinien größere Beachtung. Lediglich einzelne Zeitzeugen wie der französische Botschafter in Berlin, André François-Poncet, warnten frühzeitig davor, die deutsche Aufrüstung und Außenpolitik zu unterschätzen; für sie war bereits die Wiedereinführung der allgemeinen Wehrpflicht am 16. März 1935 ein erstes »Alarmsignal« gewesen[244].

Auch Charles de Gaulle richtete seinen Blick erheblich früher als andere Zeitgenossen auf den in mehrfachem Sinne nächstliegenden »Unruheherd«, das »Dritte Reich«, ohne die restlichen Schauplätze der europäischen Politik zu ignorieren, die für ihn jedoch von zweitrangigem Interesse waren. Betrachtete er »Germanien« generell als einen möglicherweise geeigneten und eines Tages wünschenswerten außenpolitischen Partner »Galliens«, so sah er in Hitler-Deutschland ebenso wie im faschistischen Italien zunächst einen aktuell gefährlichen Gegner. Das Risiko eines erneuten Kriegsausbruchs, bedingt durch die allgemeinen Revisionsforderungen der »Have-Nots«, gehörte für ihn zur Signatur der Epoche, der er wiederum einen Übergangscharakter zuerkannte. Verschärft aber wurden die Spannungen in Europa durch ein vertrautes Spezifikum der deutschen Geschichte. Die Inkongruenz von Territorium, Staat und Nation der Deutschen, von der die Existenz deutscher Minderheiten außerhalb der Reichsgrenzen zeugte und die die Frage der Saturiertheit Deutschlands aufwarf, konnte territoriale Forderungen zu erheben begünstigen.

Je veux parler des fureurs et des ambitions allemandes qui ne peuvent être niées,

äußerte er am 15. Oktober 1934,

des agitations des nationalités (qu'il est vraiment trop commode d'attribuer au nationalisme), des appetits italiens, bref du trouble profond et général d'un monde en pleine rupture d'équilibre. La politique est l'art des possibilités[245].

Am Ende des turbulenten Jahres 1936, als Frankreichs außenpolitische Passivität und Defensive nach der Besetzung der entmilitarisierten Zone auf dem linken Rheinufer durch die Wehrmacht und dem Ausbruch des Spanischen Bürgerkrieges in einer bei-

---

243 Siehe Hitlers Rede, in der er sich unter bestimmten Bedingungen zur Respektierung des Locarno-Vertrages bekannte, in: Akten zur deutschen auswärtigen Politik. Serie C: 1933–1937. Bd. IV/1, Göttingen 1975, S. 170–177. Vgl. zur zeitgenössischen französischen Interpretation die Stellungnahme André François-Poncets in: Documents Diplomatiques Français 1932–1939. 1e Série (1932–1935). Bd. X, Paris 1981, Dok. 434, S. 652ff. Der Botschafter nahm die außenpolitische Lagebeschreibung des Reichskanzlers mit gemischten Gefühlen auf und stellte ebd. S. 653 die über sich hinausweisende, die internationale Atmospäre charakterisierende Frage: »Etait-il nécessaire de parler de la Russie et de la Lithuanie, en des termes qui paraissent indiquer le point de l'horizon d'où risquait de venir la prochaine guerre?«

244 Vgl. J.-B. DUROSELLE, Politique étrangère, S. 130. Vgl. zu François-Poncet auch die einleitenden Ausführungen von H. M. BOCK, Zur Perzeption der frühen Bundesrepublik Deutschland in der französischen Diplomatie: Die Bonner Monatsberichte des Hochkommissars André François-Poncet 1949 bis 1955, in: Francia 15 (1987) S. 594f., und A. FRANÇOIS-PONCET, Als Botschafter im ›Dritten Reich‹, (dt. Übersetzung) Neuauflage Mainz 1980, S. 279–292.

245 LNC II, S. 374, Schreiben an J. Auburtin.

nahe verlockenden Weise offenkundig geworden waren, erwartete de Gaulle einen deutsch-französischen Krieg für die allernächste Zukunft und sah ihm obendrein illusionslos und pragmatisch entgegen:

Nous allons rapidement à la guerre contre l'Allemagne et, pour peu que les choses tournent mal pour nous, l'Italie ne manquera pas d'en profiter et de nous donner le coup de pied de l'âne. Il s'agit de survivre, tout le reste est littérature. ... Il faut avoir le courage de regarder les choses en face[246].

Den deutsch-französischen Gegensatz verstand er primär als Kampf um die Hegemonie in Europa, als traditionellen und unter gewandelten Bedingungen von neuem aufkommenden Antagonismus der beiden Mächte, dessen Ursachen er fast ausschließlich in den divergierenden nationalen Interessen begründet zu sein vermutete. Dem ideologischen Kontext, der den außenpolitischen Bewegungsspielraum der Französischen Republik sowohl Hitlers Deutschland als auch der stalinistischen Sowjetunion gegenüber begrenzte, maß er eine geringere Bedeutung bei, ohne ihn freilich als marginal zu bewerten.

Im Gegenteil wußte de Gaulle zwischen Demokratien und Diktaturen genau zu differenzieren. Die militärische Schwäche seines Landes und dessen mangelnde Bereitschaft, einen bestimmten »esprit qui s'en va et dont une armée ne se passe pas«[247] hervorzubringen, führte er weniger und gewiß nicht allein auf sein »régime libéral«[248] zurück. 1936 konstatierte er unter diesem Aspekt, daß sich die autarken totalitären Regime, zu denen er neben der Sowjetunion und Deutschland auch Italien zählte[249], bereits systematisch auf einen Krieg vorbereiteten und politisch zur Offensive übergingen. Die Regierungen der drei Länder seien dazu imstande, »puisque, dès le temps de paix, la subordination totale de l'individu aux intérêts de la collectivité est à la base même de leur constitution«[250]. Der Versuchung, für die Übernahme ihrer Herrschaftsformen zu plädieren, um einen gangbaren Ausweg aus der äußeren Bedrängnis zu finden, widerstand er, weil er nicht in der demokratischen Ordnung, sondern in der betriebenen Politik, im unzureichend wahrgenommenen Handlungsspielraum und in einzelnen Entscheidungen der Regierungen, die Ursache der französischen »Décadence« und Defensive erblickte[251]. Er kritisierte die Appeasementpolitik weniger als Ausdruck der ideologischen Verfaßtheit Frankreichs, sondern mehr als Verstoß gegen die traditionellen und legitimen Großmachtinteressen des Landes. Die deutsch-französische Rivalität als Teil einer militärisch labilen Konstellation und

---

246 Ebd. S. 442, Brief an seine Mutter, 20. Dezember 1936.
247 LNC III, S. 418, Brief an den General É. Boud'hors, 8. Oktober 1934.
248 LNC II, S. 437, Rede de Gaulles im Collège des Hautes Études de Défense Nationale, 22. Oktober 1936.
249 Siehe ebd. S. 436.
250 Ebd.
251 Nachdrücklich sei unterstrichen, daß sämtliche Versuche, de Gaulle eine Affinität zur vielfältigen zeitgenössischen Bewegung des Faschismus bzw. des Nationalsozialismus oder gar zur »Action française«, die im übrigen differenziert werden müssen, und zu Charles Maurras zu unterstellen, an seinen prinzipiellen Vorbehalten gegenüber Ideologien scheitern. Vgl. dazu C. ANDRIEU, Charles de Gaulle, héritier de la Révolution française, in: Institut Charles de Gaulle (Hg.), De Gaulle en son siècle. Bd. 2: La République, Paris 1992, S. 49–55, die nicht unbegründet sein Verständnis der Französischen Revolution auf die suggestiven Formeln »1789 accepté« und »1793 admiré« reduziert. Vgl. zu der häufig vermuteten, aber kaum schlüssig belegbaren geistigen Filiation de Gaulles zum na-

ideologisch heterogenen Wertegemeinschaft in Europa forderte seiner Ansicht nach Frankreich auf, einen Zweikampf zwischen Diktatur und Demokratie auszufechten, der über Gleichgewicht oder Hegemonie entschied. Im Hinblick darauf beurteilte er einen der wichtigsten außenpolitischen Beschlüsse, die die Regierungen der Dritten Republik in den dreißiger Jahren trafen. Die Qualität der Beziehungen Frankreichs zur Sowjetunion warf die ihm vertraute und brisante Frage auf, in welchem Verhältnis Macht und Moral zueinander standen.

Der französische Außenminister Pierre Laval, der in der Zeit des Ersten Weltkrieges als Sozialist hervorgetreten war[252], lehnte Stalins Vorschlag, den französisch-sowjetischen Beistandspakt vom 2. Mai 1935 um eine bilaterale Militärkonvention mit automatischer Bündnisverpflichtung zu ergänzen, auf Grund seiner ideologischen Vorbehalte gegenüber dem Bolschewismus im Einklang mit der veröffentlichten Meinung seines Landes ab, obwohl der Spiritus rector der Allianz, sein 1934 bei einem Attentat getöteter Vorgänger Louis Barthou, der einer anderen Generation französischer Deutschlandpolitiker angehörte, ein Militärbündnis geplant hatte, dessen Stoßrichtung eindeutig gegen das Deutsche Reich zielen sollte. Laval gedachte die gegenseitige Beistandsverpflichtung von einer Entscheidung des Völkerbundsrates abhängig zu machen, was Litwinow, sein sowjetischer Amtskollege, widerwillig akzeptierte. Lagen Lavals Entscheidung moralisch verständliche Vorbehalte gegenüber dem Stalinismus zugrunde, so verlor der Pakt machtpolitisch auf diese Weise zweifellos an Wert, weil seine abschreckende Wirkung vermindert wurde.

De Gaulle verfolgte aufmerksam die öffentliche Diskussion, bei der die ideologischen Argumente, gegründet auf das Selbstverständnis Frankreichs als freiheitlicher Demokratie, überwogen und die sich auch an den möglichen innenpolitischen Folgen des Vertrages, insbesondere im Hinblick auf den künftigen Kurs der kommunistischen Partei, entzündete[253], und bedauerte die schließlich gewählte Form des defensiven bzw. »stumpfen« Paktes, weil er nicht nur die Politik der kollektiven Sicherheit pessimistisch beurteilte, sondern die französischen Interessen am besten in einer bilateralen machtpolitischen Allianzbildung nach dem Muster vergangener Jahrhunderte aufgehoben sah.

tionalistischen und sozialistischen Dichter Charles Péguy, den M. WINOCK, Nationalisme, S. 335–339, als schillernde Figur vorstellt, M. CLAGUE, Conceptions of Leadership. Charles de Gaulle and Max Weber, in: Political Theory 3 (1975) S. 427. Angesichts seiner eigenständigen politischen Gedankenwelt wirkt das Urteil, demzufolge de Gaulle »extrem rechten politischen Kreisen entstammte«, wie W. LOTH, Sozialismus und Internationalismus. Die französischen Sozialisten und die Nachkriegsordnung Europas 1940–1950, Stuttgart 1977, S. 41, angenommen hat, fragwürdig.

252 Vgl. J.-M. MAYEUR, La vie politique, S. 238.
253 Vgl. zu dem Pakt J.-B. DUROSELLE, Politique étrangère, S. 139–142, 152, 156, und zu den lange umstrittenen und in der Historiographie mittlerweile ausgiebig und überzeugend erörterten Alternativen A. ADAMTHWAITE, France and the Coming of the Second World War, S. 354f., 358, der lakonisch behauptet: »The Franco-Soviet pact was said to have died a natural death and the Soviet government was kept at arm's length.« Vgl. zur Formation einer »Grand Alliance«, die in Großbritannien Winston Churchill nach dem »Anschluß« Österreichs 1938 zu bilden erfolglos forderte, C. J. BARTLETT, The Global Conflict, S. 196. Das dabei gemeinte Bündnis zwischen Frankreich, der Sowjetunion und Großbritannien kam auch deshalb nicht zustande, weil in England eine Ursache des Ersten Weltkriegs im Bündnissystem gesehen wurde, das sich im Jahre 1914 herausgebildet hatte. Vgl. L. W. FUCHSER, Neville Chamberlain and Appeasement, New York/London 1982, S. 114f.

La Pologne n'est rien, et d'ailleurs elle joue le double jeu. L'Angleterre a sa flotte, mais pas d'armée et une aviation actuellement très en retard,

bilanzierte er am Ende des Jahres 1936 und favorisierte eine ebenso traditionelle wie wagemutige Option:

Nous n'avons pas les moyens de refuser le concours des Russes, quelque horreur que nous ayons pour leur régime[254].

Anknüpfend an eine jahrhundertelang wirksame französische Denktradition, die während der gesamten Zwischenkriegszeit ihren Anhängern als unumstrittener zeitgemäßer Maßstab außenpolitischer Entscheidungen diente, ihren Gegnern aber als fragwürdiger und verwerflicher Machiavellismus erschien, den es zu überwinden gelte, verwies de Gaulle auf einen historischen Präzedenzfall:

C'est l'histoire de François Ier allié aux Musulmans contre Charles Quint. Je sais bien que la propagande acharnée et très habile de Hitler a réussi à faire croire à beaucoup de braves gens en France qu'il suffisait, pour lui acheter la paix, de le laisser faire la conquête de l'Europe Centrale et de l'Ukraine. Mais personnellement, je suis convaincu qu'il n'y a là qu'hypocrisie et qu'il a pour principal but d'écraser la France après l'avoir isolée: comme il le dit dans ce ›Mein Kampf‹. Dès lors tout ce qui peut nous aider contre l'Allemagne est bon à prendre, même les forces militaires russes[255].

Mochte de Gaulle noch so sehr den Eindruck gewinnen, in einer politischen Übergangszeit zu leben, so stand für ihn seit 1936 außer Frage, daß Adolf Hitler in kleinen irreversiblen Schritten, vorzugsweise mit überraschenden Coups und notfalls mit kriegerischen Mitteln, die ohnedies bereits erheblich veränderte Pariser Ordnung von 1919 auf Kosten Frankreichs offensiv zu revidieren versuchen würde, obwohl er über den Stand der deutschen Aufrüstung informiert war und genau wußte, daß das nationalsozialistische Deutschland faktisch noch nicht kriegsbereit war[256]. Zwar endete im September 1937, als er das Kommando über das 507. Panzerregiment in Metz übernahm und drei Monate später zum Oberst befördert wurde, seine Tätigkeit im Conseil Supérieur de la Défense Nationale[257], aber sein Interesse an den deutsch-französischen Beziehungen erlosch keineswegs, sondern verstärkte sich. Zunehmend befaßte er sich mit möglichen Bündniskonstellationen für den Kriegsfall, weil er keinen Zweifel mehr darüber besaß, »qu'à l'heure actuelle, ... la politique des États n'est déjà plus qu'une politique préparatoire à la guerre«[258]. Da der Wert einer erfolgverspre-

254 LNC II, S. 442, Brief an seine Mutter, 20. Dezember 1936.
255 Ebd. Bereits 1919 hatte R. PINON in seinem oben in diesem Kapitel, Anm. 16, erwähnten Aufsatz über die politische Lage in Osteuropa nach dem Weltkrieg, den de Gaulle gelesen hatte, auf das Bündnis des Allerchristlichen Königs Franz I. mit dem türkischen Sultan Suleiman des Prächtigen von 1534/35 verwiesen, das sich seit 1530 anbahnte und historisch das Zeitalter der Glaubenskämpfe in der Frühen Neuzeit auch als Epoche hegemonialer Kämpfe erscheinen ließ. Es richtete sich gegen die Hegemonie Kaiser Karls V. im politisch zersplitterten und von der Reformation umgestalteten Mitteleuropa. Vgl. R. J. KNECHT, Renaissance Warrior and Patron: The Reign of Francis I^st, Cambridge 1994, S. 296; J. JACQUART, François Ier, Paris 1981, S. 234f. Toposartig wiederholte Edouard Herriot das Argument im Mai 1933 anläßlich der Ratifikation des französisch-sowjetischen Nichtangriffsvertrages vom 29. November 1932 in der Deputiertenkammer André Tardieu gegenüber. Vgl. Fr. MONNET, Refaire la République, S. 487.
256 Vgl. LNC II, S. 438f., Brief an P. Reynaud, 20. November 1936.
257 Vgl. J. LACOUTURE, De Gaulle. Bd. 1, S. 261.
258 LNC II, S. 464, Schreiben an P. Reynaud, 12. Januar 1938.

chenden Bündnispolitik prinzipiell von der Verläßlichkeit und Solidarität der Verbündeten abhängt, sparte er nach der Münchener Konferenz Ende September 1938, die er als »effroyable effondrement de la France grande puissance« bewertete, nicht mit Vorwürfen an die Regierung Daladier. Ohne Not habe Frankreich nicht nur seinen tschechischen Verbündeten verraten, dessen Grenzen es zudem garantiert habe, sondern Hitler und Mussolini entgegen den eigenen Absichten und Interessen zu weiteren Annexionsforderungen ermuntert[259].

Den deutschen Anlauf zur Hegemonie in Europa, den de Gaulle verfolgte und vor dessen unabsehbaren Folgen er als »Kassandra« im Hinblick auf den französischen Großmachtstatus warnte, führte er nicht auf die Weltanschauung des Diktators zurück, deren zentrale Elemente, den Rassegedanken und den spezifischen Antisemitismus, er im einzelnen offenbar noch nicht kannte[260]. Selbst zum Totalitarismus als Herrschaftstechnik, der zu den Signaturen der Epoche gehörte und den er in Italien, Deutschland und der Sowjetunion beobachtete, äußerte er sich nur sporadisch. Sympathie- oder Antipathiegefühle, die er den inneren Ordnungen anderer Staaten gegenüber empfand, avancierten nicht zu ausschlaggebenden politischen Bewertungsmaßstäben, sieht man davon ab, daß er den tieferen Grund des angenommenen deutschen Expansionsstrebens in der eigentümlichen und strukturell bedingten mangelnden Saturiertheit des Deutschen Reiches sah. Statt dessen zog er aus Hitlers Politik systematischer Vertragsverletzungen und der massiven Aufrüstung des Reiches die Schlußfolgerung, daß die Qualität der europäischen Ordnung einzig und allein eine Machtfrage sei. »La paix n'est plus qu'une question de force«, lautete sein prononciertes Urteil im Juli 1939[261].

Daß Adolf Hitler im Grunde nur zum Teil an die überlieferte Tradition europäischer Hegemonialversuche anknüpfte und mittelfristig Kontinentaleuropa auf eine neuartige und ruchlose Weise im Zeichen der Rasse umzugestalten suchte, ging über seine Vorstellungswelt hinaus. Vielmehr gelangte de Gaulle nach der Lektüre von »Mein Kampf« zu der Einsicht, Hitler beabsichtige, Frankreich diplomatisch zu isolieren und anschließend zu »zermalmen«. Dies sei sein hauptsächliches Ziel[262]. Daher beschrieb »de remettre la France à son rang dans tous les domaines«[263] nach seinem Urteil die Hauptaufgabe französischer Staatskunst seit der Münchener Konferenz und die Größe der politischen Herausforderung, die der Zweite Weltkrieg nach dem militärischen Untergang Frankreichs im Juni 1940 für den »Rebellen« bereithielt. Diese politische Aufgabe hing untrennbar mit der Kriegspolitik des deutschen Diktators zusammen. Ihre Lösung ging indessen über den Rahmen der deutsch-französischen Beziehungen hinaus.

Die dreißiger Jahre bildeten eine relevante Etappe des windungsreichen langen politischen Weges Charles de Gaulles bis an die Spitze Frankreichs, die historisch gewiß weder überbewertet noch als marginal verstanden werden darf. Dies gilt jedoch nicht nur für seine deutschlandpolitische Gedankenbildung, sondern allgemein für sein außenpolitisches Urteilsvermögen. Der Offizier war im Unterschied zu manch an-

---

259 Siehe LNC III, S. 427, Schreiben an den General É. Boud'hors, 13. November 1938.
260 Siehe dazu unten Kapitel IV. 1.b., passim.
261 LNC III, S. 436, »Note sur les idées militaires de Paul Reynaud«.
262 Vgl. LNC II, S. 442, Brief an seine Mutter, 20. Dezember 1936.
263 Ebd. S. 480, Schreiben an P. Reynaud, 24. November 1938.

derem Angehörigen seines Standes »alles andere als ein zufällig in die Politik gerate-
ner Militär«[264]. Vor dem Hintergrund der politischen Erfahrungen, die Charles de
Gaulle in den dreißiger Jahren erwarb, und der Geschichtskenntnisse, die er sich an-
eignete, läßt sich mit einer gewissen Berechtigung der historische Moment des 18. Juni 1940, als er seine Landsleute in Form eines »appel au peuple« zur Fortsetzung des
Krieges, d. h. zum Widerstand gegen die bevorstehende deutsche Okkupation, aufrief und ein »Komitee Freies Frankreich« gründete, als »l'aboutissement d'un immense processus de réflexion sur l'Allemagne«[265] bezeichnen. Jedoch mußte sich
Charles de Gaulle zukünftig mit weiteren Gegnern auseinandersetzen.

264 P. HAUNGS, Überparteiliches Staatsoberhaupt und parlamentarische Parteiregierung. Hindenburg
   und de Gaulle, in: C.-J. FRIEDRICH, B. REIFENBERG (Hg.), Sprache und Politik. Festgabe für Dolf
   Sternberger, Heidelberg 1968, S. 355.
265 J. BINOCHE, La formation allemande, S. 34.

IV. DER ZWEITE WELTKRIEG UND DIE PROVISORISCHE REGIERUNG: DEUTSCHLAND ALS EIN GEGNER DE GAULLES UND ALS TERRAIN GAULLISTISCHER AUSSENPOLITIK

1. Der »zweite Akt unseres dreißigjährigen Krieges«: Der Zweite Weltkrieg

a. De Gaulles Kampf gegen Deutschland und sein Ringen mit zwei weiteren Gegnern

Als der Brigadegeneral auf Zeit Charles de Gaulle am 18. Juni 1940 seine Landsleute aufforderte, den Krieg gegen Hitlers Wehrmacht fortzusetzen, begann für ihn selbst ein Kampf gegen drei sehr unterschiedliche Gegner und keineswegs lediglich gegen die deutsche Siegermacht. Daß er Marschall Pétains Kollaborationspolitik kompromißlos ablehnen mußte, war evident. Jedoch geriet er räumlich und vor allem politisch in eine unverkennbare Distanz zur Résistance in der besetzten Zone, die ihrerseits anfangs kaum den verbreiteten Attentismus der Franzosen zu durchbrechen vermochte. De Gaulle widersetzte sich wie die innerfranzösische Résistance dem deutsch-französischen Waffenstillstand. Aber er gründete nicht den obendrein aus unterschiedlichen Motiven geleisteten Widerstand gegen die deutsche Besatzung in Frankreich selbst. Daher unterwarf sich die Résistance nicht vorbehaltlos seinen Weisungen. Ursprünglich hatte de Gaulle nicht an einen Untergrundkampf gegen die deutsche Eroberungs- und Besatzungsmacht gedacht[1]. Gegenüber den Angelsachsen, wie er Briten und Amerikaner einheitlich zu nennen pflegte, verfolgte er bis zum Ende des Zweiten Weltkriegs, teilweise sogar noch länger, eine »Strategie des begrenzten Konflikts«[2], die er 1941 in die Worte faßte:

Unsere Größe und unsere Kraft besteht ausschließlich in der Unnachgiebigkeit in allem, was mit den Rechten Frankreichs zu tun hat. Wir werden diese Unnachgiebigkeit bis zum Rhein einschließlich nötig haben[3].

Den Hauptfeind sah de Gaulle im nationalsozialistischen Deutschland, das seit dem 10. Mai 1940 seine Kassandrarufe aus der Zwischenkriegszeit in Westeuropa bestätigte.

Allerdings verstellten ihm Hitlers militärische Erfolge und die damalige deutsche Politik, die ihn nicht zuletzt wegen ihrer scheinbar vorübergehenden Natur zum Handeln am 18. Juni 1940 bewogen hatten, nicht den Blick für jene andere, historisch womöglich beständigere Seite »germanischen Wesens«, über die er in seinen regelmäßigen Radioansprachen während seines Londoner Exils sprach.

Wenngleich die eigentümliche gegnerische Konstellation de Gaulle bei weitem keinen Mehrfrontenkrieg auszutragen zwang, sondern die Auseinandersetzung mit den

---

1 Vgl. J.-P. Azéma, Les débuts de la Résistance dans la France occupée, in: C. Carlier, S. Martens (Hg.), La France et l'Allemagne en guerre. Septembre 1939–Novembre 1942, Paris 1990, S. 357 (dt. Resümee); F. Bédarida, De Gaulle and the Resistance 1940–1944, in: H. Gough, J. Horne (Hg.), De Gaulle, S. 21f., 27. Siehe auch A. Shennan, De Gaulle, S. 159.

2 Th. A. Mirow, Die europapolitischen Konzeptionen de Gaulles und ihre Bedeutung für die Haltung Frankreichs in der Fünften Republik, Diss. phil. Bonn 1977, S. 31.

3 Ch. de Gaulle, Memoiren. Der Ruf, S. 184f.

übrigen genannten Gegnern voraussetzte, den Kampf gegen Hitler-Deutschland fort-
zuführen[4], läßt sich seine Kriegspolitik gegenüber dem »Dritten Reich« nur vor dem
Hintergrund seiner Beziehungen zu den sonstigen, teilweise später am Krieg beteiligten Großmächten, Großbritannien, den USA und der Sowjetunion, und seiner Stellung gegenüber der Résistance erklären. Erst Mitte 1942 erkämpften freifranzösische
Streitkräfte ihren ersten Sieg gegen deutsche Truppen in der libyschen Wüste in Bir-
Hakeim, nachdem sie zuvor in Afrika und im Nahen Osten zumeist gegen die eigenen Landsleute zu Felde gezogen waren.

Als de Gaulle die Initiative zur »Rebellion«[5] gegen die eigene Regierung ergriff, sich
weigerte, die französische Niederlage anzuerkennen, und den als unbegründet und
unehrenhaft empfundenen Waffenstillstand ignorierte, ließ er sich zwar auch von
ideologischen, fast humanistischen Motiven leiten, d.h. als Demokrat von seiner
Aversion gegenüber dem undemokratischen Totalitarismus und der Inhumanität des
Nationalsozialismus[6]. Den Ausschlag aber gab sein Verständnis nationaler Interessen.
Frankreichs nationale Integrität und Souveränität, seine Unabhängigkeit und sein
nationales Prestige, sogar den legitimerweise erworbenen Weltmachtstatus der
»Grande Nation«, hielt de Gaulle für akut und substantiell gefährdet. Sie schienen ihm
bereits vorübergehend, aber nicht endgültig verloren zu sein. Während Pétain ebenfalls im nationalen Interesse einen Waffenstillstand abzuschließen für geboten hielt,
gelangte de Gaulle, der die Topoi der »grandeur de la France« und der »France
généreuse« miteinander verband[7], nicht nur vordergründig aus dem gleichen Grund
zu der gegenteiligen Überzeugung.

Pétain und de Gaulle verkörperten schon seit dem Jahrzehnt vor dem Kriegsbeginn
zwei grundverschiedene Sichtweisen des nationalen französischen Selbstverständnisses, die historisch mit dem Kontrast zusammenhingen, der zwischen der territorial
klar abgegrenzten vorteilhaften Gestalt des französischen Nationalstaates und seinen
über die Grenzen hinaus Gültigkeit beanspruchenden politischen Idealen traditionell
bestand. »The fact is that pétainisme and gaullisme did not refer to the same idea of
France, nor did they imply the same definition of the nation«, erklärt René Rémond
diese folgenreiche Divergenz, die die gaullistische Deutschlandpolitik nach 1944
ebensowenig unbeeinflußt lassen sollte, wie sie zum Teil die Kollaborationspolitik des
»État Français« und seine Leitideen »Travail, Patrie, Famille« bestimmte. »For Pétain,
France was enclosed in a well-defined area, linked by a special bond to the earth and
to its landscapes. ... For de Gaulle and for the Free French, France was wherever
French people were fighting for honour and freedom. France was identified with moral and spiritual values and defined by a mission which transcended the circumstances
of time or place«[8].

---

4 Vgl. dazu E. ASHCROFT, De Gaulle, Wien/Hamburg 1963, S. 338f.; D. COOK, Charles de Gaulle, S. 167.
5 J.-B. DUROSELLE, L'Abîme, S. 518.
6 Siehe zu de Gaulles ideologisch-moralischer Sicht des Nationalsozialismus unten in diesem Kapitel,
   Abschnitt b., passim.
7 Siehe zu den Termini B. GÖDDE-BAUMANNS, Nationales Selbstverständnis, S. 51.
8 R. RÉMOND, Two Destinies: Pétain and de Gaulle, in: H. GOUGH, J. HORNE (Hg.), De Gaulle, S. 16.
   Vgl. dazu auch F. BÉDARIDA, Vichy et la crise de la conscience française, in: J.-P. AZÉMA, F. BÉDARIDA
   (Hg.), Le Régime de Vichy et les Français, Paris 1992, S. 89.

Mochte der Krieg ereignisgeschichtlich im Juni 1940 auf Europa beschränkt sein, so forderte er in de Gaulles Perspektive Frankreich militärisch und ideengeschichtlich als Weltmacht heraus. »Cette guerre n'est pas limitée au territoire malheureux de notre pays. Cette guerre n'est pas tranchée par la bataille de France. Cette guerre est une guerre mondiale«, hieß es am 18. Juni 1940 so vermessen wie anspruchsvoll in seiner ersten BBC-Ansprache, die in Frankreich zunächst kaum ein nennenswertes Echo fand[9]. So klar heutzutage in der Historiographie der politische Zusammenhang zwischen den kriegerischen Konflagrationen in den asiatisch-pazifischen und europäisch-atlantischen Teilsystemen der Weltpolitik, zwischen der japanischen Expansion auf dem chinesischen Festland und der deutschen auf dem europäischen Kontinent, aufgezeigt werden kann[10], so wenig war 1940, als weder die Sowjetunion noch die USA in den westeuropäischen Konflikt unmittelbar involviert waren, eine Ausweitung oder Vereinigung der lokal getrennten Kriege zu einem Weltkrieg abzusehen.

Allerdings setzte de Gaulle »cette guerre mondiale«[11] nicht nur fort, weil er die ideengeschichtliche Dimension des europäischen Krieges in einen globalen Rahmen einordnete oder die gleichzeitige japanische Expansionspolitik in Betracht zog, sondern weil er an die noch unangetasteten französischen Überseebesitzungen und die intakten amerikanischen industriellen Ressourcen dachte. Früher oder später erwartete er den Eintritt der vordergründig unbeteiligten Vereinigten Staaten von Amerika und der Sowjetunion gleichsam notwendigerweise auf Grund ihrer globalen Interessenlage[12]. Ferner verstand er den erneuten und fortgeführten Kampf gegen das Deutsche Reich als eine Neuaufnahme des Ersten Weltkrieges, ohne die qualitativen Unterschiede zwischen beiden Konflikten zu verkennen. Da er in der Zwischenkriegszeit im historischen Ausnahmefall des Krieges den beinahe ständig drohenden Hintergrund des Friedens gesehen hatte, sprach er konsequenterweise schon bald vom »zweiten Akt unseres dreißigjährigen Krieges«[13].

Dieser »zweite Akt« entwickelte sich zu keinem Zeitpunkt zu einer duellartigen Auseinandersetzung zwischen de Gaulle und Hitler. Abgesehen davon, daß auf seiten Hitlers alle Voraussetzungen für einen Kampf im Stile der Duelle fehlten, die der Diktator gegen Winston Churchill und Josef Stalin in bestimmten Phasen des Zweiten Weltkrieges austrug und die zeitweise die Züge eines individuellen Zwei- bzw. Dreikampfes annahmen, und auch die mit anfangs ca. 7000 Mann geringe Stärke der

9 DM I, S. 4. Vgl. zu der geringen Resonanz seines ersten Appells S. MARTENS, ›Drôle de Guerre‹ – Occupation – Épuration: Frankreich im Zweiten Weltkrieg, in: Neue Politische Literatur 39 (1994) S. 187.

10 Vgl. G. L. WEINBERG, Globaler Krieg. Die Beziehungen zwischen dem europäischen und pazifischen Kampfraum während des Zweiten Weltkrieges, in: K. D. BRACHER, M. FUNKE, H.-P. SCHWARZ (Hg.), Deutschland zwischen Krieg und Frieden. Beiträge zur Politik und Kultur im 20. Jahrhundert. Festschrift für Hans-Adolf Jacobsen, Bonn 1990, S. 89. Siehe nun auch DERS., Eine Welt in Waffen. Die globale Geschichte des Zweiten Weltkriegs, Stuttgart 1995.

11 LNC III, S. 135, Rede in Kamerun, Oktober 1940.

12 Vgl. DM I, S. 3f., Ansprache vom 18. Juni 1940, und L. HAMON, Les rapports franco-soviétiques dans la conception du général de Gaulle, in: Espoir, Heft 8 (1974) S. 47.

13 Siehe DM I, S. 139, Rede an der Universität Oxford, 25. November 1941.

freifranzösischen Streitkräfte[14] die Vorstellung einer solchen Korrelation geradezu grotesk erscheinen läßt, legten auch de Gaulles Kriegsziele diese Bilateralisierung nicht eben nahe, weil sie über Deutschland hinausgingen. De Gaulle kämpfte für die französische Unabhängigkeit, als er den Krieg gegen die deutsche Wehrmacht fortsetzte. Gleichermaßen abhängig von der deutschen Herausforderung wie autonom an der französischen Interessenlage orientiert, bildete »l'intérêt supérieur de la Patrie« de Gaulles Maßstab.

Car cette guerre n'est pas une guerre franco-allemande qu'une bataille puisse décider. Cette guerre est une guerre mondiale. ... Si les forces de la liberté triomphaient finalement de celles de la servitude, quel serait le destin d'une France qui se serait soumise à l'ennemi?[15],

gab er weitsichtig am 22. Juni 1940 zu bedenken und deutete die in begrenztem Maße autonome Qualität seiner Kriegsziele frühzeitig an. Seitdem er den Kampf von London aus bestritt, verstand er die Befreiung Frankreichs »comme étape intermédiaire et non comme aboutissement«[16].

Der englische Angriff auf die vor Mers-el-Kébir vor Anker liegende französische Flotte am 3. Juli 1940 belehrte ihn ferner darüber, daß Frankreichs nationale Integrität und Souveränität, denen Deutschland und sein »Erntehelfer«[17] Italien ein Ende bereitet hatten, machtpolitisch noch von einer anderen Seite her bedroht waren. Für de Gaulle begann spätestens seit diesem blutigen englisch-französischen Zwischenfall »un drame où chaque peuple joue sa vie«[18]. Obwohl er politisch nahezu vollständig von Großbritannien und später von den USA abhing und militärisch bzw. logistisch auf Winston Churchills unmittelbare Unterstützung auf Gedeih und Verderb angewiesen war, weil die extreme Diskrepanz zwischen seinen ambitiösen Zielen und eingeschränkten Mitteln keine Alternative bot, ließ er keinen Zweifel daran, daß er an einer Koalitionskriegführung durchaus interessiert war, aber den Krieg gegen Deutschland ausschließlich im französischen Interesse zu führen gedachte. Was manchen Angelsachsen erst nach dem Ende des Krieges zu dämmern begann, stand für den Rebellen seit 1940 außer Frage: »The two nations emerged from the war as allies; yet they had not fought the same war. Their experiences diverged from the start of the conflict«[19].

---

14 Die Zahl nennt A. SHENNAN, De Gaulle, S. 13. Numerisch wuchs das Freie Frankreich bis zum Dezember 1940 auf fast 30 000 Mitglieder an. Vgl. Fr. BÉDARIDA, De Gaulle, S. 23. Die zahlenmäßig verschwindend geringe Stärke des»Komitees Freies Frankreich« bot andererseits de Gaulle den Vorteil, daß ihm anfangs kein ernsthafter Konkurrent aus den eigenen Reihen erwuchs.
15 DM I, S. 6, BBC-Ansprache. Daß diese Ausgangssituation die Haltung, die de Gaulle gegenüber Deutschland während des Zweiten Weltkrieges einnahm, erheblich beeinflußte, hat Ch. BLOCH, De Gaulle, S. 117, unzureichend berücksichtigt.
16 So resümiert A. MARTEL in seinem Beitrag»La stratégie française en 1945«, in: M. VAÏSSE (Hg.), 8 mai 1945: la Victoire en Europe. Actes du colloque international de Reims, 1985, Lyon 1985, S. 48, de Gaulles Ziel für das Jahr 1943. Es läßt sich aber bereits von 1940 an nachweisen.
17 H.-A. JACOBSEN, Der Zweite Weltkrieg – Eine historische Bilanz, in: Aus Politik und Zeitgeschichte B 7–8 (1995) S. 7.
18 DM I, S. 13, BBC-Ansprache vom 8. Juli 1940.
19 F. COSTIGLIOLA, France and the United States. The Cold Alliance Since World War II, New York u. a. 1992, S. 8.

Charles de Gaulle versäumte während seines Londoner Exils kaum eine Gelegenheit, auf die politische Bedeutung der Vereinigten Staaten von Amerika hinzuweisen[20], die bis zum 7. Dezember 1941 nur indirekt, wenn auch nicht gänzlich marginal am Krieg beteiligt waren. Als sie sich jedoch anschickten, nachdem ihnen am 11. Dezember 1941 förmlich der Krieg erklärt worden war, auf dem europäischen Schauplatz die militärische und politische Initiative zu gewinnen und zu übernehmen, erwiesen sich die Folgen des zuvor Herbeigesehnten als ambivalent. Die amerikanische Politik ignorierte zum einen den zwar schon verlorenen, aber weiterhin reklamierten französischen Großmachtstatus, den der Führer des Freien Frankreich zu restaurieren suchte. Zum anderen mißachtete sie alsbald auch dort die französische Souveränität, wo sie nominell noch bestand. Und schließlich bestritten die USA seine persönliche Legitimität[21]. Das Dilemma, in dem sich de Gaulle in dieser Hinsicht befand, blieb nicht ohne Einfluß auf seine vom Krieg bestimmte Haltung gegenüber Deutschland. Das amerikanische Potential hieß er willkommen, aber Franklin D. Roosevelts politischen Motiven und Intentionen, soweit sie über den unmittelbaren Kampf gegen Hitler-Deutschland, Italien und Japan hinausgingen, mißtraute er.

De Gaulles und Roosevelts Begriffe des Politischen erwiesen sich nur bedingt als vereinbar und gestatteten allenfalls ein temporäres Arrangement. Denn im Unterschied zum ebenso kaltblütigen Realisten wie frankophilen Sentimentalisten Winston Churchill verhehlte der amerikanische Präsident seit dem katastrophalen Untergang der Dritten Französischen Republik im Juni 1940 nicht, »daß die Vereinigten Staaten kein Gewicht mehr auf Frankreich legten«[22]. Mag de Gaulles nachträglicher Eindruck auch Roosevelts Politik nicht vollkommen gerecht werden, so zog der amerikanische Präsident darüber hinaus auch den ideellen französischen Großmachtanspruch in Zweifel. «France figured in his calculations as the mistress of territories that it had not governed fairly in the past«, urteilt der Historiker Frank Costigliola, »that it could not defend in the present war, and that had become vital for America's worldwide position in the future«[23]. Die erste sichtbare Kollision zwischen freifranzösischen und amerikanischen Interessen ließ nicht lange auf sich warten.

20 Siehe für die Zeit vor ihrem Kriegseintritt z. B. LNC III, S. 128, Brief an seine Gemahlin, 28. September 1940, und ebd. S. 289f., Rede in Kairo, 5. April 1941.
21 Der amerikanische Präsident Roosevelt unterhielt diplomatische Beziehungen zu Pétains »État Français«, weil er über seinen Botschafter, den Admiral Leahy, einen geringen Einfluß auf dessen Politik gegenüber dem »Dritten Reich« auszuüben, »Vichy« von einer noch engeren militärischen Kooperation abzuhalten und die Neutralität der französischen Mittelmeerflotte zu sichern suchte. Da er einerseits ein Ende des Kolonialzeitalters herbeizuführen gedachte und andererseits die französischen Überseestützpunkte in Indochina und Dakar für seine geplante globale Nachkriegspolitik benötigte, waren Differenzen zwischen ihm und de Gaulles Freiem Frankreich nahezu unausweichlich. Vgl. dazu R. DALLEK, Roosevelt et de Gaulle, in: Espoir, Heft 79 (1992) S. 80; R. FRANK, Vichy et le monde, le monde et Vichy: perceptions géopolitiques et idéologiques, in: J.-P. AZÉMA, F. BÉDARIDA (Hg.), Le Régime de Vichy, S. 115.
22 Ch. DE GAULLE, Memoiren. Der Ruf, S. 56. Zwei Jahrzehnte später bekannte de Gaulle zu John F. Kennedy,»that he quarreled violently and bitterly with Churchill but always got on with him. He never quarreled with Roosevelt but never got on with him«. Siehe Protokoll der Unterredung de Gaulle–Kennedy vom 2. Juni 1961 in Paris, in: Kennedy Library Boston. Papers of Arthur M. Schlesinger, Jr., Writings, Box w-3, E.O. 12356, Sec. 3.4.
23 F. COSTIGLIOLA, France, S. 10.

Als de Gaulle in der Weihnachtszeit 1941 den Admiral Muselier anwies, die vor Neufundland gelegene französische Inselgruppe Saint-Pierre-et-Miquelon handstreichartig zu besetzen, schuf er bewußt ein »fait accompli«[24], um mit Hilfe des strategisch unbedeutenden Eilandes seinen freifranzösischen Kombattanten, Vichy-Frankreich und den Angelsachsen seine begrenzte, aber immerhin vorhandene Macht zu demonstrieren[25]. Er rechtfertigte diese Politik der »Stärke«, die sich gegen die Vereinigten Staaten richtete, einen Monat später mit dem Hinweis auf die Münchener Konferenz von 1938 und den verhängnisvollen Folgen der Appeasementpolitik Neville Chamberlains und Edouard Daladiers[26]. Mag ein solcher historischer Verweis befremdlich wirken, so darf nicht außer acht gelassen werden, daß de Gaulle auch seine Politik gegenüber der heterogenen und kaum kontrollierbaren Résistance im besetzten Frankreich legitimieren mußte, zu der er erstmals zu Beginn des Jahres 1942, als er den vormaligen Präfekten von Chartres, Jean Moulin, mit Instruktionen zurück nach Frankreich entsandte, unmittelbaren Kontakt aufnahm. Er durfte weder einen diplomatischen Bruch mit den Angelsachsen riskieren noch in eine zu große Abhängigkeit von ihnen geraten, sofern er seine ohnehin gefährdete Legitimität als Oberhaupt des Widerstandes gegen Pétains Kollaborationspolitik und Hitlers Besatzungsherrschaft bewahren wollte[27].

Nützlich und zugleich gefährlich konnte in dem Zusammenhang die Sowjetunion sein. Einerseits befürchtete de Gaulle, die Sympathien der ohnehin beträchtlich von Kommunisten geprägten Résistance erhielten zusätzlichen Nährboden, falls die Beziehungen des Freien Frankreich zu den westlichen Alliierten auf Dauer ähnlich konfliktreich gestaltet sein würden. Andererseits bedeutete die seit dem deutschen Angriff vom 22. Juni 1941 nunmehr klare Frontstellung der Sowjetunion, die zur Zeit des Hitler-Stalin-Paktes kaum Interesse an de Gaulles Komitee bekundet hatte, ein politisches Druckmittel »pour donner un coup de main à nos amis«[28]. Denn bis zu einem gewissen Grade vergleichbar mit seiner genannten Stellungnahme zum gescheiterten Projekt eines französisch-englisch-sowjetischen Dreierpakts gegen das »Dritte Reich« aus der Mitte der dreißiger Jahre, erachtete de Gaulle engere Beziehungen zur Sowjetunion zu unterhalten unter zwei Gesichtspunkten für notwendig. Sie schienen ihm aus militärischen Gründen eine unverzichtbare Garantie für den Sieg über Hitler-Deutschland zu bedeuten und vermochten zukünftige Lösungen der »deutschen Frage« im französischen Interesse zu erleichtern. Daneben balancierten sie das anglo-amerikanische Übergewicht zu seinen Gunsten teilweise aus[29].

Nachdem de Gaulle am 19. Januar 1942 ein freifranzösisches Expeditionskorps in die Sowjetunion entsandt hatte, stellte er wenige Monate befriedigt fest, daß die »rus-

24 LNC IV, S. 152, Telegramm an den Vizeadmiral É. Muselier, 27. Dezember 1941.
25 Vgl. D. G. ANGLIN, The St. Pierre and Miquelon Affaire of 1941. A Study in Diplomacy in the North Atlantic Quadrangle, Toronto 1966, S. 76–81, 157.
26 Vgl. LNC IV, S. 192, Schreiben an H. de Kérillis, 31. Januar 1942.
27 Vgl. H. MICHEL, Bibliographie critique de la Résistance, Paris 1964, S. 57; LNC XII, S. 353, Protokoll der Unterredung de Gaulles mit Churchill, 29. September 1942. Siehe grundsätzlich A. SHENNAN, De Gaulle, S. 29.
28 LNC IV, S. 193, Schreiben an H. de Kérillis, 31. Januar 1942. Vgl. auch ebd. S. 195, Telegramm an den General G. Catroux, 1. Februar 1942; DM I, S. 169f., BBC-Ansprache vom 20. Januar 1942.
29 Vgl. G.-H. SOUTOU, Le général de Gaulle et l'URSS, 1943–1945: idéologie ou l'équilibre européen, in: Revue d'Histoire diplomatique, Heft 4 (1994) S. 308.

sische« Diplomatie seine Interessen in London und Washington begünstigte[30]. Daher war er auch dazu bereit, je nach Kriegsverlauf Stalin weiter taktisch entgegenzukommen[31], solange er nahezu überall, in Nordafrika wie im Nahen Osten, in Syrien und im Libanon, »l'impérialisme des États-Unis, qui grandit avec leur esprit de guerre«[32], witterte und gegen den ihm wie weiland 1936, als er den Beistand der Roten Armee gegen die deutsche Vormacht in Europa für akzeptabel hielt, jedes Mittel zu ergreifen gerechtfertigt erschien. Im Sommer 1942, als de Gaulle von den Vorbereitungen für die alliierte Landung in Nordafrika ausgeschlossen wurde, erkundigte er sich beiläufig bei Sergei Bogomolov, den Stalin als Vertreter sowjetischer Interessen zum Nationalkomitee entsandt hatte, ob die Sowjetunion gegebenenfalls bereit sei, das »Freie Frankreich« mit ihm an der Spitze aufzunehmen. Und nach der geglückten Landung hoffte de Gaulle am Ende des Jahres 1942 sogar, daß die Russen vor den Amerikanern in Berlin eintreffen würden[33].

Unter den gegebenen Bedingungen vergaß er sämtliche Zweifel an der Legitimität des französischen Kolonialreiches, die ihn 1930 angesichts der fragilen französischen Herrschaft über die Levante befallen hatten.

Les Américains sont engagés dans une politique qui, pour nous, est désastreuse. Elle tend à la rupture de l'unité et de l'intégrité de l'Empire. Et, quant à la métropole, l'appui donné à Vichy par Washington ne peut avoir qu'un aboutissement: la révolution en France. Dans ces conditions, la perspective de voir les Américains s'installer, par exemple, à Dakar ou à Alger nous remplit d'une extrême méfiance[34],

beklagte er sich beim englischen Außenminister Anthony Eden am 13. April 1942 über Roosevelts Kriegspolitik und stellte fortan die angelsächsischen Demokratien vor die Alternative, entweder »nachzugeben oder Gewalt anzuwenden«[35].

Obwohl sich de Gaulles politische Stellung seit der alliierten Landung in Nordafrika im November 1942 sichtbar verbesserte, blieb die »France Libre« bzw. »France Combattante« letzten Endes bis zur Befreiung Frankreichs allenfalls ein zweitrangiger Faktor auf der machtpolitischen Ebene des europäischen Kriegsgeschehens, was ein gut Teil der Spannungen zwischen de Gaulle und den Alliierten erklärt. Gerade wegen seines geringen machtpolitischen Rückhalts und um seiner desto anspruchsvoller anmutenden Ziele willen suchte der eigenwillige und einsame Franzose seine Interessen »avec intransigeance«[36] gegenüber den Verbündeten zu vertreten. Je mehr er sich der beschränkten militärischen Bedeutung der Streitkräfte bewußt wurde, über die er verfügte, desto vehementer suchte er durchgängig seine politische Eigenständigkeit zu demonstrieren, zumal er sich dem historisch legitimierten Großmachtan-

---

30 Siehe zum Geschwader Normandie-Niémen LNC IV, S. 180, Schreiben an den General P. Legentilhomme, 19. Januar 1942; ebd. S. 271, Telegramm an G. Catroux, 16. Mai 1942.

31 Vgl. ebd. S. 278, Telegramm an G. Catroux, 27. Mai 1942.

32 Ebd. S. 276, Telegramm an G. Catroux, 26. Mai 1942. Vgl. auch ebd. S. 286, Telegramm an A. Tixier, 6. Juni 1942.

33 Siehe E. KRAUTKRÄMER, Frankreichs Kriegswende 1942. Die Rückwirkungen der alliierten Landung in Nordafrika – Darlan, de Gaulle, Giraud und die royalistische Utopie, Bern u. a. 1989, S. 116ff., 275, 406f.

34 LNC IV, S. 293, Protokoll der Unterredung.

35 R. ARON, Frieden, S. 89.

36 LNC XII, S. 353, Protokoll der Unterredung de Gaulles mit Churchill, 29. September 1942.

spruch seines Landes weiterhin verpflichtet fühlte. Denn »certains procédés qui sont peut-être applicables au Pérou ne le sont certainement pas à la France«, beschied er 1942 Winston Churchill[37].

Als sich die in Asien und Europa lokal getrennt voneinander geführten und politisch zusammenhängenden Kriege 1941 zu einem Weltkrieg steigerten, bildete die weltpolitische Konstellation, die Frontstellung zwischen der sogenannten »Achse« und der »Anti-Hitler-Koalition«, die Grundvoraussetzung der gaullistischen Taktik. Seitdem sich im August 1940 der Tschad, Kamerun und der Kongo de Gaulles Komitee anschlossen und solange sich freifranzösische Truppen in den anfangs kaum in den Krieg einbezogenen Kolonien und Protektoraten befanden, deren Parteinahme zugunsten Vichy-Frankreichs ungewiß blieb, bestand insbesondere auf englischer Seite kein Interesse, die Freien Franzosen sich gewissermaßen selbst zu überlassen.

Ferner verbanden de Gaulle und die angelsächsischen Demokratien jenseits aller Differenzen über ihre politischen Ziele, ihr jeweiliges Prestige etc. ein solides ideologisches Fundament, d. h. das Bekenntnis zu gemeinsamen politischen Werten, die im Krieg auf dem Spiel standen. Schon vor den Wendungen des Kriegsverlaufs im Juni und Dezember 1941 sympathisierten weite Teile der anglo-amerikanischen Öffentlichkeit mit den Zielen de Gaulles, insbesondere mit seiner Weigerung, den Untergang Frankreichs als »l'avant-garde occidentale du parti de la liberté«[38] tatenlos zu akzeptieren. So häufig ihn auch die amerikanische Regierung in gezielten Pressekampagnen wegen seiner Obstruktionspolitik oder seiner taktischen Alleingänge als Gegner der Demokratie, sogar bisweilen wegen seiner eigenmächtigen Stellung an der Spitze des freifranzösischen Komitees als Sympathisanten des Faschismus zu diskreditieren suchte[39], so wenig ließ sich der starke ideelle Rückhalt erschüttern, den de Gaulle in der öffentlichen Meinung der angelsächsischen Länder besaß. Gelegentlich mußte Franklin D. Roosevelt, der aus Gründen der Staatsräson diplomatische Beziehungen zum »État Français« unterhielt, sogar Gaston Henry-Haye, dem Botschafter Vichy-Frankreichs in Washington, zu bedenken geben, je weniger jeder von ihnen über die Beziehungen zwischen ihren Regierungen rede, desto günstiger sei es für beide[40].

Selbst die unerwünschte wie überraschende Affäre um die Saint-Pierre-et-Miquelon-Inseln, die beinahe zu einem politischen Bruch oder gar zu einem bewaffneten Zusammenstoß zwischen Belligeranten geführt hätte, die sich beide der Demokratie verpflichtet fühlten, vermochte diese öffentliche Reputation in den USA nicht zu beeinträchtigen[41]. Bereits mit der klangvollen Namengebung des »Freien Frankreich«, die manchen Amerikanern in Erinnerung rief, wer ihrem Land einstmals die New Yorker Freiheitsstatue geschenkt hatte[42], signalisierte Charles de Gaulle, daß der Krieg gegen Deutschland »eine moralische Angelegenheit«[43] sei. Daneben eröffnete die innere demokratische Verfaßtheit der angelsächsischen Demokratien politische Chancen, die er nicht ungenutzt verstreichen ließ. Unverhohlen beschied der Machia-

---

37 LNC IV, S. 435, Protokoll der Unterredung de Gaulles mit Churchill, 16. November 1942.
38 LNC III, S. 244, Brief an A. Labarthe, 1. Februar 1941.
39 Vgl. F. COSTIGLIOLA, France, S. 16f.
40 Siehe M. VIORST, Hostile Allies. FDR and Charles de Gaulle, New York 1965, S. 39.
41 Vgl. F. COSTIGLIOLA, France, S. 18.
42 Vgl. die Einleitung ebd. S. 2f., 7, 18.
43 Ch. DE GAULLE, Memoiren. Der Ruf, S. 197.

vellist den Außenminister Anthony Eden, der ihm den historisch ebenso geringfügigen wie signifikanten Affront der Jahreswende 1941/42 vorhielt und mit einer Revanche der amerikanischen Marine drohte, er »vertraue auf die Demokratien«, denen nichts »als Ja zu sagen«[44] übrigbleibe.

Angesichts dieser prima vista extrem machiavellistisch klingenden Entgegnung, deren Schärfe sich vor dem skizzierten Hintergrund seiner so vielfach fragilen Stellung im internationalen Konzert relativiert und die eher das fast überlebenswichtige instinkthafte Gespür des Generals für die Bedeutung der Macht in der Politik dokumentiert, liegt die Frage nahe, wie sich de Gaulles kompromißlos und nicht vergeblich in der Auseinandersetzung mit den Verbündeten verfolgte »Strategie des begrenzten Konflikts« zu seinem Kampf gegen Hitler-Deutschland verhielt, den er nicht zuletzt als einen »conflit moral«[45] führte.

Da ihm seine begrenzten politischen und militärischen Mittel »den Luxus ideologischer Überlegungen«[46] offenkundig ebensowenig gestatteten, wie er erklärtermaßen selbst auf dergleichen zu verzichten vorzog, aber er sich zugleich mit einer gewissen Berechtigung als Repräsentant der westlichen Freiheit gerierte, ohne zu versäumen, die freiheitlich-demokratische Verfaßtheit der Angelsachsen kaltblütig zu instrumentalisieren, verdient seine Haltung zu Deutschland unter den Bedingungen des Zweiten Weltkrieges nicht nur unter militärischem Aspekt besondere Aufmerksamkeit, sondern wirft eine prinzipielle Frage auf. Lagen seinem entschlossenen Kampf gegen Hitler-Deutschland ein über den Tag hinaus gültiger politischer und moralischer Impetus, eine zukunftsträchtige Konzeption der deutsch-französischen Beziehungen, ein womöglich nicht nur aus der katastrophalen Erfahrung des Juni 1940 gewonnener Entwurf einer neuen europäischen Ordnung zugrunde, oder zählte Charles de Gaulle im Zweiten Weltkrieg zu jenen Heroen, deren effektive, zeitgemäße Handlungsweise und ihre begrenzte Bedeutung Leo Tolstoi im Rahmen seiner eigenen Geschichtsphilosophie einmal biblisch umschrieben hat: »Einleuchtender als sonstwo erscheint bei weltgeschichtlichen Ereignissen das Verbot, vom Baum der Erkenntnis zu essen. Nur das unbewußte Wirken trägt hier Früchte, und ein Mensch, der in weltgeschichtlichen Ereignissen eine Rolle spielt, wird nie deren Bedeutung verstehen. Sobald er sich Mühe gibt, sie zu begreifen, verdammt er sich zur Unfruchtbarkeit«[47].

b. Die Krise der Moderne: Charles de Gaulles Verständnis des Nationalsozialismus 1940–1942

Seit dem 18. Juni 1940 betonte Charles de Gaulle, daß der Krieg, den Adolf Hitler 1939 begonnen hatte, in machtpolitischer und geistesgeschichtlicher Hinsicht in einer direkten Kontinuität zum Ersten Weltkrieg stünde. So gewiß zahlreiche seiner öffentlichen Reden, Erklärungen und Verlautbarungen rhetorisch in einer Weise von den

---

44 Ebd.
45 DM I, S. 180, Rede in London, 1. April 1942.
46 R. Aron, Frieden, S. 122. Vgl. zu diesem Grundproblem der Geschichte des 20. Jahrhunderts, das sich de Gaulle bereits in den dreißiger Jahren im Zusammenhang mit der innerfranzösischen Debatte über eine Allianz mit der Sowjetunion gestellt hatte, R. Löwenthal, Internationale Konstellation und innerstaatlicher Systemwandel, in: HZ 212 (1971) S. 41–58.
47 L. Tolstoi, Krieg und Frieden, S. 1282.

Adressaten abhingen, die phasenweise an Propaganda heranreichte, ohne das unter modernen Kriegsbedingungen normale, vielleicht sogar erforderliche Maß zu überschreiten, so wenig kann bezweifelt werden, daß diese epochale Perspektive seiner wahren Überzeugung entsprach. Sowohl im September 1941, als der Erfolg seiner freifranzösischen Aventiure alles andere als gesichert erschien, als auch im Oktober 1944, nach seiner triumphalen Rückkehr nach Paris, als seine Autorität und Legitimität kaum noch bestritten wurden[48], vertrat er die Ansicht, »[que] le monde fait la Guerre de trente ans, pour ou contre la domination universelle du germanisme«[49]. Der Krieg gegen Deutschland hatte in der gaullistischen Sichtweise 1914 begonnen, war durch den Versailler Vertrag 1919/20 mehr schlecht als recht unterbrochen und im März 1936 beim Einmarsch der Wehrmacht ins entmilitarisierte Rheinland fortgesetzt worden[50]. Deutschlands hauptsächliche Verantwortung für den »dreißigjährigen Hegemonialkrieg«, was immer in der Zwischenkriegszeit über die Schuld am Ersten Weltkrieg gedacht worden sein mag, stand für de Gaulle nun außer Frage[51].

Obwohl Adolf Hitler im Zweiten Weltkrieg bei weitem nicht nur die Ergebnisse des Ersten Weltkrieges zu revidieren suchte und es ihm »nicht um Vorherrschaft im klassischen Sinne europäischer Außenpolitik, nicht um die Eroberung von Wirtschaftsräumen, nicht um die Entladung innerer Spannungen in kriegerische Aktivitäten, sondern um die ›Einleitung des Endkampfes gegen den jüdisch-bolschewistischen Todfeind‹ in einem nationalsozialistisch beherrschten Großraum«[52] ging und obgleich de Gaulle die verschiedenen Ziele, die den deutschen Anläufen zur Hegemonie seit dem Zeitalter des Wilhelminismus zugrunde lagen, recht genau kannte, verzichtete er zunächst auf nähere Differenzierungen, wenn er die Eroberungsneigung der »Germanen« erklärte. Der unmittelbare Verlauf des Zweiten Weltkrieges, der de Gaulle von neuem veranlaßte, Grundtendenzen ihrer Geschichte zu betrachten, wirkte sich auf sein Urteil über das Deutsche Reich, wie es scheinen mochte, kaum aus. Als er am 11. November 1942 in der Londoner Albert Hall des Waffenstillstandes von 1918 gedachte, ließ er sich nicht vom Genius loci inspirieren, sondern sprach von Deutschland als einem Land, »qui, par nature ne cesse pas de secréter des Bismarck, des Guillaume II ou des Hitler«[53]. Und genau ein Jahr später betonte er in Algier:

Oui! qu'il ait prétendu, en 1863, 1866, 1870, sceller son unité par le fer et par le feu dans le sang de ses voisins, puis, de 1914 à 1918, se tailler ce qu'il appelait ›sa place au soleil‹, enfin, comme il cherche à le faire depuis le 2 septembre 1939, conquérir un soi-disant ›espace vital‹ en écrasant l'Europe entière, bref, qu'il se soit rué à la domination sous l'impulsion de Bismarck, de Guillaume II ou d'Hitler, c'est le peuple allemand qui, toujours, a allumé l'incendie[54].

48 Vgl. A. SHENNAN, Rethinking France. Plans for Renewal 1940–1946, Oxford 1989, S. 71.
49 Siehe DM I, S. 102f., Rede vom 18. September 1941, und S. 455, Rundfunkansprache vom 14. Oktober 1944. Ähnlich auch ebd. S. 136, Rede in der Londoner Albert Hall, 15. November 1941, und S. 149, BBC-Ansprache, 24. Dezember 1941.
50 Siehe ebd. S. 102, BBC-Ansprache, 18. September 1941, und ebd. S. 108, Rede vor der internationalen Presse in London, 2. Oktober 1941.
51 Vgl. ebd. S. 136, Rede in der Londoner Albert Hall, 15. November 1941; ebd. S. 149f., Ansprache am 24. Dezember 1941, und S. 342, Rundfunkansprache, 11. November 1943.
52 Anhand dieser qualitativen Differenz ordnet Hagen SCHULZE, Staat und Nation, S. 315f., beide Weltkriege im Rahmen seines Themas in die Kontinuität europäischer Geschichte ein.
53 DM I, S. 239.
54 Ebd. S. 342, Rundfunkansprache.

Weniger auf Grund des historischen Gedenktages, sondern mehr anknüpfend an seine Gedanken von 1934, an sein Buch »Vers l'Armée de métier«, erblickte er wiederum in der Gründung des kleindeutschen Nationalstaates den Beginn einer kontinuierlichen Expansion, weil es dem Deutschen Reich an Selbstgenügsamkeit gemangelt habe. Dessen pure Existenz barg latent ein Moment des Unfertigen, einen Zug der äußeren Dynamik, die beide Otto von Bismarck noch maßvoll zu kanalisieren verstanden habe. Seit der wilhelminischen Epoche dagegen sei die keimhaft angelegte Neigung, das Bestehende als unzureichend zu empfinden, ins beinahe grenzenlos Offensive umgeschlagen[55].

Adolf Hitler erscheint unter dem Aspekt zum einen als Vollstrecker eines von der Vergangenheit vorgegebenen und daher, wie der jedem Fragenden erteilte Lossspruch des delphischen Orakels in der antiken Dichtung, fast unausweichlichen Schicksals, der mit dem Griff zum Schwert eine charakteristische Tradition der preußisch-deutschen Politik fortsetzte und im europäischen Rahmen dem »dreißigjährigen Krieg« ein weiteres Gefecht hinzufügte. Daß der Reichskanzler im Zuge seiner hegemonialen Machtpolitik zum anderen ideengeschichtliche Ziele verfolgte, die über die Tradition wilhelminischer Außenpolitik hinausgingen, bezog de Gaulle in seine Deutung des Nationalsozialismus ein. Ihrer politischen Bedeutung wurde er sich aber offenkundig erst während des Krieges bewußt. Denn er verwies auf den Antagonismus zwischen »Freiheit und Tyrannis«[56], welcher der Epoche des Zweiten Weltkrieges mindestens im gleichen Maße ihr Gepräge gab, wie sie sich als eine globale Auseinandersetzung über »Gleichgewicht oder Hegemonie« darstellte.

Bereits während der »Drôle de Guerre« hatte der Oberst Charles de Gaulle in einer Denkschrift der politischen und militärischen Führung seines Landes, u. a. Edouard Daladier, Paul Reynaud und den Generälen Gamelin, Weygand und Georges, den qualitativen Unterschied zwischen traditionellen Hegemonialkämpfen und dem formal bereits andauernden Ringen um die Vorherrschaft in Europa zu erklären versucht, ohne Gehör zu finden.

Ne nous y trompons pas! Le conflit qui est commencé pourrait bien être le plus étendu, le plus complexe, le plus violent, de tous ceux qui ravagèrent la terre. La crise, politique, économique, sociale, morale, dont il est issu, revêt une telle profondeur et présente un tel caractère d'ubiquité,

sah er am 26. Januar 1940 voraus,

qu'elle aboutira fatalement à un bouleversement complet de la situation des peuples et de la structure des États[57].

In einer unverkennbaren Parallele zum Diktum des »dreißigjährigen Krieges« nannte er am 18. Juni 1942, am zweiten Jahrestag seines ersten Londoner Appels, den Waffenstillstand von 1940 und die Entstehung Vichy-Frankreichs »péripéties … dans la

---

55 Vgl. ebd. S. 111, Rede vor der internationalen Presse in London, 2. Oktober 1941.
56 Siehe ebd. S. 110 und 95, Rede an der Universität von Damas, 29. Juli 1941. Charles de Gaulle beschäftigte sich erst während des Zweiten Weltkrieges näher mit Adolf Hitlers Weltanschauung und ihren politischen Folgen und zählte nicht unmittelbar zu jenen »theoretisch interessierte[n] und sprachbegabte[n] Menschen«, die »in den zwanziger und dreißiger Jahren … auf Kommunismus, Faschismus und Nationalsozialismus reagierten«. Siehe H. MAIER, ›Totalitarismus‹ und ›politische Religionen‹. Konzepte des Diktaturvergleichs, in: VfZG 43 (1995) S. 388.
57 Mémorandum du 26 janvier 1940, abgedruckt in: Ch. de Gaulle, Trois études, S. 96f.

lutte que la France mène, depuis bientôt trente années, à l'avant-garde des démocraties«[58]. Hatte Charles de Gaulle in der voraufgegangenen Dekade die politische Ambivalenz eines zwischen »liberté« und »libertinage« changierenden Freiheitsbegriffs aus außenpolitischen Gründen beklagt, ohne den Lockrufen der neuen extremen politischen Bewegungen zu folgen oder gar zu akzeptieren, »que l'équilibre social se paie par la mort de la liberté«[59], so bewertete er im Rückblick, im Jahre 1942, die in der Münchener Konferenz 1938 kulminierende Appeasementpolitik nicht nur unter dem Aspekt der europäischen Gleichgewichtsordnung als verhängnisvoll, weil sie den Aufstieg Hitler-Deutschlands zur Hegemonialmacht auf dem Kontinent ermöglicht und damit der »grandeur de la France« Schaden zugefügt habe. Sie galt ihm auch in ideeller Hinsicht als verwerflich, da Frankreich seinem Selbstverständnis, gleichsam der »France généreuse«, nicht gerecht geworden sei und die Idee der Freiheit verraten habe[60]. Seitdem er sich dem Untergang Frankreichs widersetzte, kämpfte der Machiavellist auch weltanschaulich »contre le mal«[61], wie er den Nationalsozialismus, nicht Deutschland selbst, bündig bezeichnete.

Aus »Mein Kampf« hatte de Gaulle erfahren, daß das »Dritte Reich« real und ideell, als Hegemonialmacht und als ideologischer Faktor, die europäische Ordnung anders herausforderte und zu verändern trachtete als das kaiserliche Deutschland im Ersten Weltkrieg. »Nous n'avons pas affaire à un adversaire quelconque, mais à un adversaire qui est le champion d'un ordre nouveau«[62], belehrte er am 6. April 1941 seine freifranzösischen Gefolgsleute in Alexandria, als die Wehrmacht den Balkan eroberte. Nach dem Beginn des »Unternehmens Barbarossa« schloß er die Sowjetunion in die Reihe jener Länder ein, deren Bürgern von deutscher Seite die Freiheit geraubt werde, obgleich im Kreml ein »tyran« herrschte, auf den de Gaulles Urteil über Hitlers Krieg,

il ne s'agit pas d'une force militaire triomphant d'une autre pour la conquête d'une province ou le paiement d'une indemnité, mais il s'agit d'un système intégral d'esclavage imposé aux vaincus[63],

noch unlängst zugetroffen hatte. Daß er die politische Herausforderung Europas seitens des »Dritten Reiches« als kompromißlosen Kampf zwischen Freiheit und Tyrannei, »du mensonge contre la vérité, de l'ombre contre la lumière, du mal contre le bien«[64] verstand, entsprang zum einen dem Kalkül, ein gewisses Mißtrauen seiner Gegner zu zerstreuen, das seinen über die Befreiung Frankreichs hinausgehenden Absichten galt, und weitere Mitstreiter für sein Komitee zu gewinnen. Daher zögerte er bisweilen nicht, generelle Verdikte und pauschale Urteile über das deutsche Volk zu fällen[65]. Zum anderen deutete die Wahl des Namens »La France libre« aber an, daß er

58 Siehe DM I, S. 198f., Rede in der Albert Hall.
59 LNC II, S. 457, Brief an J. Auburtin, 13. November 1937.
60 Siehe DM I, S. 180, Rede in London, 1. April 1942.
61 Ebd. S. 181.
62 LNC III, S. 293, öffentliche Rede; ebd. beruft er sich auf Hitlers erstes Buch.
63 DM I, S. 93, Rundfunkansprache, 14. Juli 1941.
64 Ebd. S. 182, Rundfunkansprache, 18. April 1942.
65 So sprach er z. B. am 2. Oktober 1941 von »une loi de nature du germanisme qu'il produise, indéfiniment, des équipes de tyrans capables d'entraîner leur peuple à l'asservissement des autres«; vgl. ebd. S. 110, Rede vor der internationalen Presse in London, 2. Oktober 1941.

sich nicht ohne Bedacht zur überlieferten und nicht nur nominell verfochtenen Berufung Frankreichs zur Freiheit bekannte[66].

De Gaulles Freiheitsbegriff wies zwei unauflöslich miteinander verbundene Seiten auf, die mit dem Topos des epochalen »dreißigjährigen Krieges« zusammenhingen. Sowohl den rechtsstaatlichen Demokratiegedanken, orientiert an einer ins Anthropologische reichenden christlichen Humanität, die die Freiheit der Franzosen nach innen meinte, als auch die nationalstaatliche Unabhängigkeit, die ihre Freiheit nach außen dokumentierte, subsumierte er unter »Liberté«[67]. Trotz seines permanenten Insistierens auf der Größe der Nation als Ursprung und Träger historischer Entwicklungen verlor sich für Charles de Gaulle, den einsamen Offizier im Exil, die Verantwortung politischer Entscheidungen nicht im unverbindlich Kollektiven. Nicht zuletzt sein eigenmächtiges Handeln im Juni 1940 war jener Überzeugung entsprungen, der er am 8. Juli 1942 Ausdruck verlieh:

…ce sont les idées qui mènent le monde. Et puisque cette guerre n'est plus une guerre des États, non plus même une guerre des peuples, mais bien une guerre des hommes, les idées qui inspireront la paix doivent être à l'échelle de l'humanité[68].

In den dreißiger Jahren war er bei weitem nicht blind, aber vergleichsweise unempfänglich für die gravierenden ideologischen Implikationen der europäischen Mächtekonstellation und der französischen Innenpolitik gewesen, weil sie ihm der Vergänglichkeit zu unterliegen schienen. Nun aber, als er zu Beginn der vierziger Jahre unter gewandelten Umständen das geistesgeschichtliche und politische Profil der Epoche, die Signatur des »dreißigjährigen Krieges«, jenseits der einzelnen Ereignisse beschrieb, gelangte er zu ähnlichen Einsichten wie etwa fünf Jahre zuvor André Malraux, Georges Bernanos und andere Intellektuelle, die der Spanische Bürgerkrieg jene Gefahren hatte erkennen lassen, die einem freien Individuum in der Moderne drohen konnten. Das Kriegserlebnis auf der Iberischen Halbinsel hatte ihnen die Augen für das historische Phänomen des Totalitarismus geöffnet[69]. Die eigentümlich moderne Mixtur aus Krieg und Terror, die sie als das Wesen des lokal begrenzten kriegerischen Geschehens erkannten, diagnostizierte Charles de Gaulle nunmehr als Cha-

---

66 Vgl. ebd. S. 73, Rede in London, 1. März 1941, und S. 165, Londoner Rede vom 13. Januar 1942.
67 Vgl. dazu E. JOUVE, De Gaulle et sa philosophie de l'homme, in: Espoir, Heft 56 (1986) S. 19–24; D. COLARD, Politique étrangère et politique de défense dans la pensée et l'action du général de Gaulle, in: ebd. Heft 62 (1988) S. 41.
68 DM I, S. 212, Rundfunkansprache.
69 Vgl. P. WYDEN, The Passionate War: The Narrative History of the Spanish Civil War, 1936–1939, New York 1983, S. 19f.; R. WOHLFEIL, Der Spanische Bürgerkrieg 1936–1939. Zur Deutung und Nachwirkung, in: W. SCHIEDER, Ch. DIPPER (Hg.), Der Spanische Bürgerkrieg, S. 59. Siehe auch G. BERNANOS, Die großen Friedhöfe unter dem Mond, Köln 1959, S. 175–191; G. ORWELL, Mein Katalonien. Bericht über den Spanischen Bürgerkrieg, Zürich 1975, passim; DERS., Review ›Spanish Testament‹ by Arthur Koestler, in: DERS., The collected Essays, Journalism and Letters. Bd. 1: An Age Like This, 1920–1940, London 1968, S. 295f. Daß sich de Gaulle für Arthur Koestlers politischen Meinungswandel interessierte, den die Erfahrung des Spanischen Bürgerkrieges bewirkte, geht hervor aus seiner Notiz von 1946, in: LNC XII, S. 173. Für den Dichter André Malraux beschrieb der Spanische Bürgerkrieg eine einschneidende Wende hinsichtlich seiner poetischen Entwicklung und politischen Gedankenbildung. Er fand fortan im Nationalen eine Ausflucht aus den ideologischen Zerwürfnissen der Zeit, was ihn während der Okkupation in die Résistance führte und 1945 auf de Gaulles Bitte hin in die Provisorische Regierung einzutreten bewog. Vgl. J. MOSSUZ, André Malraux et le gaullisme, Paris 1970, S. 282–287.

rakteristik des globalen Ringens der »Achsen-Mächte« mit der Anti-Hitler-Koalition. Seine Feststellung, ganz Europa, von Minsk bis Bordeaux, von Narvik bis Athen, sei seit 1941 einer »totalen Tyrannei« unterworfen[70], mag angesichts des heutigen Kenntnisstandes einseitig anmuten. Denn im Zuge jüngster Forschungen beispielsweise zur deutschen Okkupation in Frankreich hat sich ergeben, daß die französische Polizei »weder williges Werkzeug der Okkupanten noch nationale Widerstandsbewegung, vielmehr eine durchaus eigenständige, spezifisch französische Ordnungsstreitmacht mit unbezweifelbar patriotischen Idealen war«[71].

Dennoch hatte er nicht unrecht, als er am 8. Juli 1942 über die ideologische Radikalisierung und Totalisierung als Kennzeichen moderner Kriegführung befand:

Quand cette guerre a commencé, beaucoup d'hommes dans le monde ont cru qu'elle n'était qu'un conflit d'ambitions politiques et qu'elle se réglerait comme jadis par des déplacements de frontières et des indemnités. Aujourd'hui, le monde entier voit qu'elle oppose des idéals et qu'il s'agit d'une crise profonde de l'humanité[72].

Damit ist der epochale Rahmen angedeutet, in den de Gaulle den Nationalsozialismus politisch und ideengeschichtlich einordnete und der sein Wort des »dreißigjährigen Krieges« zu deuten hilft.

Hinter de Gaulles zur Genüge bekanntem Machiavellismus verbarg sich eine geistesgeschichtliche Diagnose des »dreißigjährigen Krieges zwischen Freiheit und Tyrannis«. Seine politischen Entscheidungen und seine Einsicht in die Hintergründe der Epoche gehörten wie Revers und Avers zu einer Medaille, hingen nicht unwesentlich mit Hitlers »Drittem Reich« zusammen und gaben bei weitem nicht nur eine reale und ideelle Antwort auf die deutsche Politik. Stellte Hitler-Deutschland seit dem 18. Juni 1940 zwar den wichtigsten, aber nicht den einzigen Gegner dar, dem fortan de Gaulles Sinnen und Trachten galt, so war der Nationalsozialismus keineswegs der einzige Gegenstand seines politischen Philosophierens und nicht einmal die einzige Ideologie außer der bolschewistischen, die er ablehnte. Er fügte den Deutungen des Nationalsozialismus, an denen es schon unter zeitgenössischen Beobachtern und Chronisten kaum mangelte, eine weitere, gewissermaßen »gaullistische« hinzu, als er in seiner bedeutenden Oxforder Rede vom 25. November 1941 als »Historiker unseres dreißigjährigen Krieges« Adolf Hitler kurzerhand einen Schöpfer des »mal« und Exponenten des »zweiten Akts des Dramas« nannte[73]. De Gaulle betonte eindeutig die Verantwortung des deutschen Diktators für den Ausbruch und Verlauf des Zweiten Weltkrieges, sprach wiederum über die traditionelle Neigung der »Germanen«, einer verführerischen Eroberungssucht zu verfallen, und erkannte gleichwohl weder in Hitlers Politik noch im »éternel appétit de domination du peuple allemand«[74] hintergründige Ursachen des Krieges. Beide seien vielmehr Symptome einer in Deutschland äußerst manifest ausgebrochenen europäischen Zivilisationskrise. Charles de Gaulle stellte nämlich die wichtige, im zeitgenössischen und späteren deutschen Geistesleben so häufig erörterte Frage,

---

70 Vgl. DM I, S. 93, Rundfunksprache, 14. Juli 1941.
71 So B. Kasten, »Gute Franzosen«. Die französische Polizei und die deutsche Besatzungsmacht im besetzten Frankreich 1940–1944, Sigmaringen 1993, S. 241.
72 DM I, S. 211, Rundfunksprache.
73 Vgl. ebd. S. 138–146.
74 Ebd. S. 143.

si, dans la conjugaison du système nazi et du dynamisme allemand, il n'y a eu qu'un hasard, ou si cette rencontre même ne fut pas comme l'aboutissement d'un mal plus général, tranchons le mot, d'une crise de la civilisation[75].

De Gaulle differenzierte augenscheinlich während des Zweiten Weltkrieges zwischen dem deutschen Staat und seiner nationalsozialistischen Ideologie und befand, daß die Deutschen in der Zeit des »Dritten Reiches« gemäß ihrer Façon auf eine Strömung der Moderne reagierten, die manche seiner eigenen Landsleute in der Zwischenkriegszeit früher ergriffen hatte. Im Jahre 1932 hatte er, gleich einem antiken Stoiker, den Ersten Weltkrieg als politische Zäsur bezeichnet, weil er einen gesellschaftlichen Wertewandel in der Dritten Französischen Republik bewirkt und eine politische Übergangszeit eingeleitet habe, und seinen Landsleuten zügellosen Epikureismus vorgeworfen. Seitdem sich die »Ehrgeizigen dem Geschäftsleben« zuwandten, anstatt »die Armee mit der Pleiade erlauchter Feldherren« zu bedenken[76], also Frankreich als moderne Massendemokratie seine äußere Stärke zu vernachlässigen begann, einem selbstgenügsamen hedonistischen Ideal scheinbar glücklichen Wohlbefindens huldigte und die äußere Sicherheit sträflich vernachlässigte, drohten sich nach seinem Urteil noch unlängst klare politische Orientierungsmuster und gesellschaftliche Strukturen zu verschieben oder gänzlich ins Nebulöse zu verflüchtigen[77].

Ähnlich wie de Gaulle dann, als er den mehrheitlich gewählten politischen Weg seiner Landsleute nach dem Waffenstillstand 1940 verfolgte, »die angeborene Neigung der Franzosen zur Verzettelung ihrer Kräfte«[78] beklagte, so zweifelte er 1941 einerseits nicht daran, »que l'Allemand est l'Allemand«, und sprach andererseits von den Deutschen als einem »peuple déséquilibré«[79], dessen sich Hitler als »diabolique génie«[80] nicht zuletzt bemächtigen konnte, weil die Deutschen den bereits in einem anderen Zusammenhang erwähnten eigentümlichen Zug zum Über-sich-Hinausweisenden besäßen, der aus der historischen Divergenz zwischen Staat und Nation resultierte, jenen Hang zum Unbegrenzten, der mit den unklaren Grenzen ihres einer partikularistischen historischen Erbschaft abgewonnenen Reiches zusammenhing, mithin die Tendenz zum Unfertigen und Nicht-Saturierten, die auf Dauer zu kalmieren mißlungen sei[81]. In ihrer im Zweiten Weltkrieg in beinahe jeder Hinsicht radikalisierten expansiven Versuchung, »sich selbst zu übertreffen« und in einen blinden Aktionismus zu verfallen, lag nach de Gaulles Ansicht die wesentliche Ursache dafür, daß der Nationalsozialismus in Deutschland Akzeptanz gefunden hatte und die Deutschen zu einem neuerlichen Hegemonialanlauf in Europa zu verlocken vermochte[82].

---

75 Ebd. Vgl. zu den in der Nachkriegszeit vielbeachteten Deutungen des Nationalsozialismus anhand der gleichen Fragestellung W. SCHULZE, Deutsche Geschichtswissenschaft, S. 46–76.

76 Vgl. Ch. DE GAULLE, Die Schneide, S. 44.

77 Siehe dazu oben Kapitel III.2.b, S. 65.

78 Ch. DE GAULLE, Memoiren. Der Ruf, S. 238.

79 DM I, S. 122, Rundfunkansprache vom 23. Oktober 1941.

80 Ebd. S. 108, Rede vor der internationalen Presse in London, 2. Oktober 1941.

81 Siehe dazu oben Kapitel III.2.d, S. 83f.

82 Den Kontext meinte de Gaulle, als er über»ce paroxysme d'enthousiasme qui lui [gemeint: das deutsche Volk] permettrait, peut-être, de se surpasser lui-même« am 7. November 1941 in London vor der ausländischen Presse sprach. Siehe DM I, S. 127.

Darüber hinaus warf der Krieg, den sie begonnen hatten, ideengeschichtlich eine weitere, fundamentale Frage auf. Was nämlich in diesem Stadium des »dreißigjährigen Krieges«, im Zweiten Weltkrieg, auf dem Spiel stünde und bei jeder künftigen Friedensregelung bedacht werden müsse, führte de Gaulle am 25. November 1941 aus, sei nichts anderes als »le salut de notre civilisation«, deren Grundlage die individuelle Freiheit westeuropäischer Prägung sei[83]. Die historische Koinzidenz der »deutschen Dynamik« mit dem Nationalsozialismus sei, epochal gesehen, eine »Zivilisationskrise«, die sich weder allein dadurch lösen ließe, daß der deutsche Diktator »beseitigt« würde, noch dauerhaft überwunden werden könne, indem gegen die deutsche Nation militärische oder politische »Vorsichtsmaßnahmen«, beispielsweise in Form von Grenzgarantien oder Rüstungsbegrenzungen, getroffen würden. Begünstigt von einer »mécanisation générale«, fuhr de Gaulle sodann am 25. November 1941 fort, also unter den Bedingungen eines Massenzeitalters, dessen Kollektivismus ohnehin alles Individuelle und zur Freiheit Drängende regelrecht zu zermalmen drohe, forderten Hitler und Mussolini die Wertegemeinschaft der »alten« westlichen Demokratien, deren Grundlage die »individuelle Freiheit« sei, neuartig, nämlich totalitär bzw. kompromißlos heraus. Denn die Moderne gestatte auf Grund der politischen Bedeutung massenwirksamer Ideologien keine traditionellen militärischen Konflikte um Gleichgewicht oder Hegemonie mehr auszutragen, sondern ermögliche es, »Glaubenskriege« zu führen. Was als Kampf um die Vorherrschaft in Europa begann, avancierte demzufolge zu einem »totalen Kampf um Leben oder Tod«[84], den der deutsche und der italienische Diktator im Zeichen eines rassenideologischen und nationalistischen Ideals gegen die westliche Wertegemeinschaft führten. Eine neue zivilisatorische und moralische Ordnung in Europa zu errichten, sei ihr frevelhaftes Ziel. Im Grunde handelte es sich jedoch um einen »un-zivilisatorischen« und »un-moralischen« Ordungsentwurf.

Der deutsche Diktator wirkt in dieser Perspektive zum einen als eigenmächtig handelnder und bestimmender Akteur, der bewußt gegen die politischen, zivilisatorischen und moralischen Traditionen Europas verstieß, und zum anderen als Vollstrecker einer auf einen Gipfel angelangten historischen Entwicklung bzw. eines Urteils über die europäische Moderne, der sich nur bedingt in die Tradition deutscher Großmachtpolitik einfügte. Mit seiner Einschätzung gab de Gaulle zu erkennen, daß er die von Gerhard Ritter 1946 prononciert vertretene Position, der Nationalsozialismus sei »kein preußisches Originalgewächs, sondern österreichisch-bayrischer Import«[85], nicht vorbehaltlos zu teilen bereit war. Dagegen hätte er wahrscheinlich dem Berliner Historiker Otto Hintze nicht allzu stark widersprochen, der einmal über Adolf Hitler befunden haben soll: »Dieser Mensch gehört eigentlich gar nicht zu unserer Rasse. Da ist etwas ganz Fremdes an ihm, etwas wie eine sonst ausgestorbene Urrasse, die völlig amoralisch noch geartet ist«[86].

Zum Teil verweist die gaullistische Deutung des kriegerischen Nationalsozialismus auf die Phalanx jener modernen Philosophen, die wie z. B. José Ortega y Gasset und

---

83 Vgl. ebd. S. 142f., Rede an der Universität Oxford.
84 Siehe ebd. S. 142ff. Siehe auch G. Brière de l'Isle, Le général de Gaulle et la crise de la civilisation, in: Etudes gaulliennes 2, No. 7/8 (1974) S. 73ff.
85 G. Ritter, Geschichte, S. 38; ähnlich auch ebd. S. 76.
86 Zitiert nach F. Meinecke, Die deutsche Katastrophe, S. 383.

Hannah Arendt von sehr unterschiedlichen Ansätzen her das Phänomen des Massenmenschentums eine Gefahr für die europäische Kultur und eine Voraussetzung des Totalitarismus nannten und das spezifische Gewaltpotential der Moderne, den »Zauber des kollektiv-gewalttätigen Handelns«[87], analysierten. Der konservativ-aristokratische Spanier Ortega y Gasset hatte bereits 1930 von einer »mechanisierten Welt der Massen« gesprochen, die er bei weitem nicht nur oder in erster Linie in seinem eigenen Land, sondern in den meisten europäischen industrialisierten Ländern beobachtete. Deren Wesen sei in einer »hindernislos ungehemmten Ausdehnung ihrer Lebenswünsche«, einem »tödlichen Haß auf alles, was nicht zu ihr gehört« und einer »bloßen Verneinung der alten Zivilisation« zum Vorschein gekommen[88]. Hannah Arendt deutete den Nationalsozialismus nicht als spezifisch deutschen Weg in der Neuzeit, sondern als Teil einer allgemeinen totalitären Entwicklung der Moderne. Totalitäre Bewegungen identifizierte sie gleichfalls als »Massenbewegungen«. Sie lehnte den Kollektivschuldvorwurf an die Deutschen ab, zumal eine militärische Niederlage des »Dritten Reiches« nicht gleichbedeutend mit dem Ende totalitärer Herrschaft in Europa sei[89]. Und auch in der deutschen Historiographie der Nachkriegszeit wurde auf das Phänomen der »Vermassung«, des »Massenmenschen«, als einer Signatur des 20. Jahrhunderts verwiesen, um die »politische Verführbarkeit einer Kulturnation« zu erklären[90]. Damit ist ein Unterschied zwischen der eher philosophischen Sicht des Nationalsozialismus als deutscher Variante des zeitgenössischen Totalitarismus und der gaullistischen Auseinandersetzung mit Adolf Hitlers und Benito Mussolinis Expansionspolitik angedeutet. Charles de Gaulle verfolgte französische Interessen und wurde von den Umständen gezwungen, sich mit der nationalsozialistischen Ideologie auseinanderzusetzen. Vorrangig sorgte er sich um die französische Interessenlage im Hinblick auf die zukünftige Entwicklung der internationalen Konstellation.

Einerseits war sich de Gaulle der rassenideologischen Substanz der nationalsozialistischen Ideologie bewußt, vermochte sie aber letzten Endes nicht recht in die ihm vertraute Tradition der deutschen Geschichte einzuordnen[91]; auch in seinem Falle bestand offenkundig jener »Mangel an Vorstellungsvermögen«, den Martin Gilbert im Zuge seiner einschlägigen Untersuchungen zum Thema »Auschwitz und die Alliier-

87 H. ARENDT, Macht und Gewalt, München 1970, S. 68. Vgl. dazu auch ebd. S. 56. Siehe zu dem Gewaltpotential im Zusammenhang mit unterschiedlichen modernen Diktaturen H. Maier, ›Totalitarismus‹, S. 390.

88 Siehe J. ORTEGA Y GASSET, Der Aufstand der Massen, S. 45, 61ff., 155. Er hat ebd. S. 73–76 Bolschewismus und Faschismus als gleiches epochales Pänomen gedeutet.

89 Vgl. H. ARENDT, Elemente und Ursprünge totaler Herrschaft, Frankfurt a. M. 1958, S. 459, und B. HALPERN, The Context of Hannah Arendt's Concept of Totalitarianism, in: The Israel Academy of Sciences and Humanities (Hg.), Totalitarian Democracy and After. International Colloquium in Memory of Jacob L. Talmon, Jerusalem 1984, S. 389.

90 Vgl. W. SCHULZE, Deutsche Geschichtswissenschaft, S. 77ff.

91 Vgl. z. B. DM I, S. 167, Rundfunkansprache, 18. Januar 1942. Charles de Gaulle unterzeichnete auch die gemeinsame Erklärung, mit der die Londoner»interalliierte Konferenz über Kriegsverbrechen«, zu der sich Exilregierungen und Repräsentanten aus neun besetzten europäischen Staaten zusammenfanden, am 13. Januar 1942 in einer Reaktion auf die sogenannte Molotow-Note vom 6. Januar 1942 den Krieg der Wehrmacht gegen die Zivilbevölkerung anprangerte. Erst vier Monate später erklärten die Unterzeichner, daß jüdische Opfer dieser Kriegsverbrechen mitgemeint seien. Vgl. M.GILBERT, Auschwitz und die Alliierten, München 1982, S. 20f.

ten« später diagnostiziert hat[92]. Andererseits zog de Gaulle aus der kriegerischen und ideologischen Zerrüttung der europäischen Ordnung eine politische Schlußfolgerung, die über das militärische Nahziel hinausging, Hitlers Wehrmacht zu besiegen und Pétains Kollaborationspolitik zu beenden. Orientiert an seinem traditionellen und bis zu einem gewissen Grade autonomen Telos des »intérêt supérieur de la Patrie«, dachte er langfristig bereits 1941 an das noch so ferne Kriegsende und befürchtete nicht zuletzt als Verbündeter Englands,

rien n'empêchera la menace de renaître plus redoutable que jamais, rien ne garantira la paix, rien ne sauvera l'ordre du monde, si le parti de la libération, au milieu de l'évolution imposée aux sociétés par le progrès mécanique moderne, ne parvient pas à construire un ordre tel que la liberté, la sécurité, la dignité de chacun y soient exaltées et garanties, au point de lui paraître plus désirables que n'importe quels avantages offerts par son effacement.

Er erblickte nämlich

pas d'autre moyen d'assurer en définitive le triomphe de l'esprit sur la matière. Car, en dernier ressort, c'est bien de cela qu'il s'agit[93].

Ohne das politische bzw. moralische Ausmaß der Verantwortung Hitlers und der Deutschen für die Entstehung des Zweiten Weltkrieges zu schmälern, ordnete Charles de Gaulle, wie Pierre Maillard zutreffend geurteilt hat, gleichsam phänomenologisch den Nationalsozialismus in einen epochalen geistes- und zivilisationsgeschichtlichen Zusammenhang ein und führte ihn »auf ein allgemeineres Faktum« zurück, »das gewiß das deutsche Volk, aber auch alle anderen Völker betrifft«[94]. Kurz nach seiner Oxforder Rede vom 25. November 1941 hielt er deswegen angesichts der fortdauernden deutschen Besetzung Frankreichs eine »réconciliation réelle« zwischen beiden Völkern, dem deutschen und dem französischen, bemerkenswerterweise »pour le moment« ebenso für undenkbar, wie er sie à la longue, unter erheblich gewandelten Umständen, offenkundig bewußt nicht ausschließen mochte[95].

c. Der Weg zur Befreiung Frankreichs

De Gaulles machiavellistische und ideologische Perzeption des nationalsozialistischen Deutschlands trug zusammen mit der genuinen französischen Interessenlage dazu bei, daß die gaullistischen Kriegsziele nicht nur eine in militärischer Hinsicht symmetrische Antwort auf die deutsche Besetzung Frankreichs 1940 bildeten, sondern eine von Deutschland zum Teil unabhängige und zugleich mit dem Deutschen Reich indirekt verbundene autonome Qualität erlangten. Charles de Gaulle war zu keiner Zeit seines Lebens ein säbelrasselnder Bellizist! Dennoch entgingen seinem politischen Gespür für die außenpolitischen Interessen Frankreichs nicht die Chancen, die eine Fortsetzung des Krieges nach der angestrebten Befreiung Frankreichs bzw. die eine verlängerte Beteiligung freifranzösischer Verbände boten. Sie waren für die französischen Interessen nach seinem Verständnis von ebenso vitaler Bedeutung, wie

---

92 Vgl. ebd. S. 400.
93 DM I, Oxforder Rede de Gaulles von 25. November 1941, S. 145. Siehe dazu auch Ch. DE GAULLE, Memoiren 1942–1946. Die Einheit – Das Heil, (dt. Übersetzung) Düsseldorf 1961, S. 385f.
94 P. MAILLARD, De Gaulle und Deutschland, S. 92.
95 Siehe DM I, S. 164, Londoner Rede vom 13. Januar 1942.

sie der traditionell reklamierten ideellen Berufung Frankreichs als einer der westlichen Freiheit verpflichteten Großmacht entsprachen.

Je nach Kriegsverlauf wandelte sich daher bis zum August 1944 und darüber hinaus seine Kriegspolitik gegenüber dem »Dritten Reich« und den eigenen Verbündeten und paßte sich elastisch und verbissen dem weltpolitischen Fortgang der Ereignisse an. So sehr er die ideelle Seite des Krieges betonte, so wenig versäumte er jener Maxime staatsmännischen Handelns Tribut zu zollen, deren ungenügende Berücksichtigung er in der Zwischenkriegszeit sowohl Georges Clemenceau als auch – und sogar noch stärker – Aristide Briand vorgeworfen hatte[96] und die Raymond Aron einmal als Aphorismus formuliert hat: »Die Vorteile eines gemeinsamen Sieges werden niemals ganz gerecht verteilt werden: das Gewicht eines Staates hängt mehr von der Kraft ab, die er im Zeitpunkt der Verhandlungen, als von den Verdiensten, die er sich während der Kriegshandlungen erworben hat«[97]. Aus einem undatiert überlieferten Memorandum, das er wahrscheinlich zur Jahreswende 1941/42 an die amerikanische Regierung übersandte, geht hervor, welche Bedeutung er dieser Sentenz beimaß:

Pour que la France occupe à la Conférence de la paix la place qu'elle mérite par son histoire et le rôle qu'inévitablement elle doit jouer dans le monde, il faut qu'elle participe à la guerre aussi complètement que possible[98].

Eine charakteristische Mixtur aus purem Machiavellismus und einer nicht minder rigorosen politischen Ethik bestimmte seine Entscheidungen. Zielstrebig suchte er Frankreich von der deutschen Besatzung zu befreien. Aber die Möglichkeit einer zukünftigen »réconciliation réelle« mit den Deutschen zog er erklärtermaßen kaum minder in Betracht[99]. Seine erstaunlich anmutende Haltung, mit der er Kompromißlosigkeit gegenüber Hitler und Offenheit, vielleicht sogar Verständigungsbereitschaft gegenüber Deutschland dokumentierte und die er mutatis mutandis auch Mussolinis Italien gegenüber bezog, seitdem Korsika wenige Monate nach dem Ausscheiden Italiens aus der Koalition der »Achsenmächte« 1943 freifranzösischer Souveränität unterstand[100], entsprang einem politischen Kalkül, hinter dem sich eine gewisse historische Tragik verbarg, die de Gaulle selbst empfand und zu stilisieren wußte.

Um sein Land zu befreien und dessen Souveränität und Integrität wiederherzustellen, bedurfte de Gaulle in erster Linie amerikanischer Unterstützung. Die willkommene Hilfe empfand er jedoch zunehmend als eine politische Herausforderung der französischen Eigeninteressen. Denn mit den ab Ende 1942 so sichtbaren Demonstrationen amerikanischer Stärke in Nordafrika verband sich »eine Art Messianismus ..., hinter de[m] sich die Herrschsucht verbarg«[101]. Je stärker sich der ameri-

---

96 Siehe oben Kapitel III.1.a., c., und 2.d., S. 38, 57, 82.

97 R. ARON, Frieden, S. 167. Auch auf Grund dieser Überlegung setzte de Gaulle 1944/45 nach der Befreiung Frankreichs den Krieg gegen Deutschland bis zu dessen Niederlage fort. Vgl. C. MAURIAC, Un autre de Gaulle, S. 88, Eintragung vom 25. Januar 1945: »Il est évident en effet que les occupations militaires de fait au moment de la cessation des hostilités détermineront, après la guerre, les positions politiques en Europe des Alliés«.

98 LNC IV, S. 161. Siehe zur strittigen exakten Datierung ebd. S. 156.

99 Vgl. oben in diesem Kapitel die Schlußpassage im vorstehenden Abschnitt b. Vgl. dazu auch P. MAILLARD, DE GAULLE und Deutschland, S. 92, der von einer »Vorwegnahme der Zukunft« spricht.

100 Vgl. Ch. DE GAULLE, Memoiren 1942–1946, S. 140.

101 Ebd. S. 80.

kanische Präsident Franklin D. Roosevelt gegen Hitler-Deutschland engagierte, desto vernehmlicher prangerte de Gaulle den amerikanischen »Imperialismus« an[102]. Seit der alliierten Landung in Nordafrika am 7. November 1942 bereiteten sich die Vereinigten Staaten nach de Gaulles Ansicht darauf vor, »à traiter les états européens en clients, non en égaux«[103]. Entsprechend dieser Einschätzung mäßigte er sein vormals harsches Urteil über Deutschland, zumal er dessen Niederlage in Anbetracht der schier unerschöpflichen amerikanischen Ressourcen und der Erfolge der Roten Armee von 1943 an zunehmend mehr für eine Frage der Zeit hielt.

Im Herbst 1943 begann das »Comité français de libération nationale«, das in Algier residierte, konkrete Überlegungen über die Zukunft Deutschlands anzustellen. Dabei besaß die Sicherheitsfrage oberste Priorität. René Mayer, der für den Handel und das Verkehrswesen zuständige Kommissar, löste mit seinem Entwurf einer französischen Deutschlandpolitik für die Nachkriegszeit vom 30. September 1943, in dem von einem rheinischen Separatstaat einschließlich des Ruhrgebietes als Teil einer westeuropäischen Föderation die Rede war, eine Debatte innerhalb des Komitees aus. Für die eine Seite zerstoben alle Befürchtungen hinsichtlich der zukünftigen französischen Sicherheitslage, solange Frankreich mit den Vereinigten Staaten von Amerika und der Sowjetunion verbündet blieb. Dagegen traten für die andere, beispielsweise für René Massigli, der innerhalb des Komitees für die äußeren Beziehungen die Verantwortung trug, die Gesichtspunkte in den Vordergrund, daß die Kriegsallianz nur auf Zeit geschlossen worden war und das Rheinland sich kaum ohne gravierende ökonomische Folgen aus dem deutschen Staatsverband lösen ließe. Charles de Gaulle entschied sich in den Direktiven des Komitees vom 30. Oktober 1943 gegen eine formelle Annexion des Rheinlandes durch Frankreich, jedoch für dessen rechtliche und politische Selbständigkeit sowie für die mindestens ökonomische Angliederung des rheinisch-westfälischen Industriegebietes an eine künftig mögliche westeuropäische Föderation[104].

Die entscheidende Kehrtwendung seiner kriegerischen Deutschlandpolitik bewirkte unter dem Aspekt der Abhängigkeit der französischen Politik von den amerikanischen und sowjetischen Interessen die alliierte Invasion am 6. Juni 1944 in der Normandie. Sah er noch zuvor, am 18. März 1944, das primäre Kriegsziel im Sieg über »l'Allemagne éternelle, devenue en notre temps pour les besoins de sa cause celle d'Hitler«[105], so erklärte er hernach, als er bereits in Paris amtierte und das Deutsche Reich noch nicht kapituliert hatte, daß Frankreich von neuem seinen traditionellen Part im Konzert der großen Mächte zu spielen gedenke, sein Kolonialreich keineswegs als verloren betrachte und seinen genuinen Idealen der Freiheit und der Demokratie zu ihrer weltweiten Gültigkeit verhelfen werde. Unmittelbar vor seiner Rückkehr aus Algier hatte er am 12. August 1944 zusätzlich eine unbegrenzte französische

---

102 Vgl. LNC IV, S. 276, Telegramm an G. Catroux, 26. Mai 1942, und ebd. S. 286, Telegramm an A. Tixier, 6. Juni 1942. Siehe auch G.-H. SOUTOU, Le général de Gaulle et l'URSS, S. 306.

103 AMAE, AP 217, NL Massigli, Bd. 41, Elements d'une politique étrangère de la France combattante, Aufzeichnung vom 9. März 1943.

104 Vgl. zu der Aufzeichnung René Mayers R. POIDEVIN, La politique allemande de la France en 1945, in: M. VAÏSSE (Hg.), 8 mai 1945, S. 221f.; DERS., René Mayer et la politique extérieure de la France (1943–1953), in: Revue d'Histoire de la Deuxième Guerre mondiale 34 (1984) S. 73f.

105 DM I, S. 387. In dieser aus mehreren Gründen bedeutenden Rede vor der Provisorischen Konsultativversammlung in Algier differenzierte er wiederum zwischen dem Diktator und den Deutschen.

Besatzungsherrschaft für das Rheinland anvisiert[106]. Die Prestigefrage, welchen Rang Frankreich künftig beanspruchen könne, trat in das Zentrum seiner Gedankenbildung[107].

Er ließ also 1944 teilweise wieder Töne erklingen, wie man sie in den zwanziger Jahren von seiner Seite hatte vernehmen können. Ein »ewiges Deutschland« gehörte in seiner Sicht ebenso zur europäischen Ordnung wie das »ewige Frankreich« oder Rußland. Dennoch stellt sich vor dem Hintergrund seiner profunden Kenntnis der deutschen Geschichte, von den aktuell gegebenen Umständen ganz abgesehen, die Frage, was er mit dem Terminus des »Ewigen« im Zusammenhang mit dem Deutschen Reich damals meinte. Offenbar enthielt die überlegt formulierte Wendung, mit der er jedem Kollektivschuldurteil großmütig entgegentrat, eine eingeschränkte Bestandsgarantie. Denn de Gaulle verzichtete, je näher der Tag der »Libération« für sein Land heranrückte, desto deutlicher auf unnötiges Pathos. Statt dessen analysierte er die europäische »Gesamtsituation«, die sich im Vergleich zum Jahre 1940 auf Grund der angelsächsischen Suprematie und der kaum abschätzbaren Stärke der Sowjetunion so grundlegend gewandelt hatte, kühl kalkulierend, durch und durch realistisch und doch nicht ohne einen Hauch des Nostalgischen. Europa werde künftig wieder seine traditionelle Stellung in der Welt zurückgewinnen und sein materielles, intellektuelles und moralisches Gewicht zur Geltung bringen, zögerte er am 18. März 1944 nicht zu prognostizieren, sobald nur erst die Hauptursache seines Unglücks und seiner Spaltungen beseitigt sei, nämlich »la puissance frénétique du germanisme prussianisé«[108].

Unverkennbar wies sein Deutschlandbild, wiederum bis zu einem gewissen Grade mit seinen aus intensiver Lektüre erwachsenen Eindrücken des Deutschen Reiches in den zwanziger Jahren vergleichbar, zwei grundverschiedene Seiten auf. Im Falle des »Dritten Reiches« traten dessen ideelle Wesenszüge, von deren Existenz de Gaulle weiterhin ausging, und dessen reelles Profil noch stärker auseinander, als de Gaulles Vorstellungen über das Kaiserreich und die Weimarer Republik und deren tatsächliches Erscheinungsbild divergiert hatten[109]. Obgleich de Gaulle Hitler-Deutschland in erster Linie als eine machtpolitische Herausforderung und nur in zweiter Linie als ideologischen Gegner seit Kriegsbeginn verstand, verzichtete er nicht selten auf nähere Differenzierungen, wenn er die ideologische Konstellation toposartig als »dreißigjährigen Wettstreit zwischen Freiheit und Tyrannis« beschrieb. Weder entsprach die Annahme, im Ersten Weltkrieg habe hauptsächlich ein Kampf um moralische Werte stattgefunden, ungeachtet der auf allen Seiten suggestiven Propaganda der historischen Wirklichkeit, noch konnte von einer einheitlichen ideologischen Zielsetzung der Anti-Hitler-Koalition auch nur entfernt die Rede sein. Die Dichotomie von Freiheit und Tyrannis bedarf gerade unter diesem Aspekt erheblicher Spezifizierung. Die Überlegung, die »frenetische Macht des preußisch geprägten Germanentums« statt

---

106 Vgl. J. W. YOUNG, France, the Cold War and the Western Alliance, 1944–49: French foreign policy and post-war Europe, London 1990, S. 9.
107 Vgl. z. B. DM I, S. 422, Pressekonferenz in Washington, 10. Juli 1944. Wenngleich er bereits seit Ende 1943 öffentlich diese weiten Ziele verfolgte, erlangten sie erst seit der Invasion Dominanz. Siehe ebd. S. 339f., 349f. Siehe zu der Rangfrage R. POIDEVIN, La politique allemande, S. 223.
108 DM I, S. 388, Rede vor der Provisorischen Konsultativversammlung in Algier.
109 Siehe dazu oben Kapitel III.1.b. und 2.d. , passim.

die nationalsozialistische Ideologie oder »die verbohrte Fixierung auf Begriff und Idee des Krieges«, die den deutschen Diktator kennzeichnete[110], für die Kriegspolitik des »Dritten Reiches« verantwortlich zu machen, entsprach offenbar de Gaulles wahrer Überzeugung, zumal sie mit seinem Preußenbild aus früheren Zeiten[111] übereinstimmte. Der rassenideologischen Substanz des Nationalsozialismus maß er dagegen eine geringere historische Bedeutung bei und erkannte in ihr im Grunde fast ebenso ein »zutiefst wesensfremd[es]«[112] Ingrediens der deutschen Staatsräson, wie er das Ephemerische der Politik Hitlers hervorhob. Wohl nicht zuletzt dadurch, daß de Gaulle trotz aller verbalen Härten, gemessen an anderen zeitgenössischen Stimmen, zu einem relativ moderaten Urteil über die Deutschen gelangte, die er, wie Peter Schunck richtigerweise betont, »im wahrsten Sinne als verführt« ansah[113], blieben Möglichkeiten für eine künftige deutsch-französische Verständigung offen. Mindestens bis zum August 1944 harrte im übrigen auch das Verhältnis des gaullistischen Frankreichs zu den westlichen Verbündeten einer Klärung.

Hatte sich Winston Churchill bereits 1942 einmal Charles de Gaulle vorzuwerfen veranlaßt gesehen, er kämpfe gegen England, anstatt Deutschland zu bekämpfen[114], so nahmen die Spannungen zu, als sich seit der Invasion in der Normandie der alliierte Sieg über Hitler-Deutschland andeutete und gleichzeitig de Gaulle immer unverhohlener »hegemoniale« Züge der amerikanischen Politik anprangerte[115]. Seitdem das absehbare Ende der deutschen Vorherrschaft in Europa eine neue legitime europäische Ordnung zu schaffen zwang, suchte er eine neue, qualitativ so grundlegend unterschiedliche amerikanische Hegemonie zu verhindern. Das anspruchsvolle Unterfangen bildete den internationalen Hintergrund der kriegerischen und friedlichen Deutschlandpolitik Frankreichs in der Zeit, in der de Gaulle der Provisorischen Regierung des Landes nach der »Libération« im Sommer 1944 vorstand.

2. Die Provisorische Regierungszeit 1944–1946

Als Charles de Gaulle am 25. August 1944 ins befreite Paris zurückkehrte und eine Provisorische Regierung bildete, erinnerte seine Situation entfernt an den Kampf des Herakles gegen die Hydra in der griechischen Mythologie. Immer dann, wenn der Heros der Schlange einen ihrer neun Köpfe abschlug, wuchs ein neuer nach. Der Umstand, daß der Zweite Weltkrieg fortdauerte, als in den meisten Teilen Frankreichs nach weiteren sechs Wochen wieder äußerlicher Frieden herrschte, beschrieb die Rahmenbedingung jeder künftigen französischen Politik und erwies sich als folgenreich im Hinblick auf die späteren deutsch-französischen Beziehungen. »Libération« und Kriegsende fielen im Falle Frankreichs nicht zusammen!

Der Fortgang des Krieges barg Chancen und Gefahren für eine Renaissance französischer Großmachtpolitik, soweit sie von den Franzosen selbst weiterhin oder von

110 So H. SCHULZE, Staat und Nation, S. 310.
111 Siehe oben Kapitel III.1.b., passim.
112 Siehe P. SCHUNCK, De Gaulle, S. 31.
113 Ebd.
114 Vgl. zu diesem Zusammenhang ebd. S. 29f., und LNC XII, S. 353, Unterredung vom 29. September 1942.
115 Vgl. LNC V, S. 242, Telegramm an H. Queuille, R. Massigli, R. Pleven, 11. Juni 1944.

neuem anvisiert wurde. Denn auch für die äußere Politik galt, was André Philip 1944 noch vor der Invasion über das Procedere der inneren Neuordnung Frankreichs prophezeit hatte: »Everything can be done in the first year following the Liberation. ... What is not done in the first year will never be done, because by then all the old habits will have been resumed«[116]. Und de Gaulle besaß im Gedenken an den Untergang des Jahres 1940 und die Erfahrungen während des Exils illusionslos »den bitteren Wirklichkeitssinn der Besiegten, die sich keine Irrtümer leisten konnten«[117]. Daher gewannen zeitgenössische Beobachter alsbald den Eindruck, als ließe sich die »ritterliche Gestalt aus einer anderen Epoche«[118] von der Devise »Jetzt oder nie« leiten[119].

Läßt man die unterschiedlichen, teilweise während der Okkupationszeit entworfenen französischen Pläne für die innere politische Gestaltung Frankreichs nach der Befreiung Revue passieren, so tritt unter diesem Aspekt eine markante Differenz zwischen den großen politischen Parteien auf der einen Seite und dem ehemaligen Führer des Freien bzw. Kämpfenden Frankreichs auf der anderen hervor. Sie bestand einem formelhaften Diktum Andrew Shennans zufolge darin, daß dieser Frankreich zu erneuern trachtete, während hingegen jene in gewisser Weise die Franzosen zu erneuern suchten[120]. Daher herrschte in Paris alles andere als Einigkeit über Sinn und Zweck eines im Zeichen des Primats der Außenpolitik zu unternehmenden Versuchs, den im Zweiten Weltkrieg so sichtbaren machtpolitischen Abstieg des Landes aufzuhalten und einen neuen ambitiösen Anlauf zur Weltgeltung zu unternehmen.

Verständlicherweise verloren die Franzosen en gros keineswegs ihre Empfänglichkeit für rhetorischen Patriotismus und lauschten bereitwillig zeitgenössischen Schalmeienklängen, die von der Stellung Frankreichs in der Welt kündeten. Aber den akuten inneren Herausforderungen, besonders der ökonomischen Situation und dem Umgang mit Kollaborateuren, galt ihr vorrangiges Interesse. Darüber herrschte im übrigen ungeachtet aller Meinungsverschiedenheiten zwischen den drei großen Parteien der Kommunisten, Sozialisten und Konservativen Einigkeit. Die Parteien und die Mehrheit der Wähler unterschieden sich mit dieser Einschätzung, anfangs kaum sichtbar und vom März 1945 an um so klarer, von de Gaulle. Dieser verzichtete zudem seinerseits bis zum Ende seiner Provisorischen Regierungszeit darauf, eine der großen Parteien für sich zu gewinnen oder eine eigene vergleichbare Formation zu gründen. Auf seinen Rücktritt im Januar 1946, der unter »schon damals hart ans

---

116 Zitiert nach A. SHENNAN, Rethinking France, S. 292.
117 Was F. J. STRAUSS, Die Erinnerungen, Berlin 1989, S. 132, auf Konrad Adenauers Realismus gemünzt hat, galt auch für Charles de Gaulles Politik. Vgl. zu de Gaulle in den Jahren 1944/45 R. GIRAULT, La France est-elle une grande puissance en 1945?, in: M. VAÏSSE (Hg.), 8 mai 1945, S. 213.
118 R. GARY, Charles de Gaulle – Der Mann und der Staatsmann, in: P. COULMAS (Hg.), Frankreich, S. 217.
119 So E. BURIN DES ROZIERS in: Les relations franco-américaines au temps du général de Gaulle. Entretiens du 25 juin 1976 avec H. ALPHAND, E. BURIN DES ROZIERS, E. JOUVE, S. HOFFMANN, G. PILLEUL, abgedruckt in: Espoir, Heft 26 (1979) S. 58.
120 Vgl. A. SHENNAN, Rethinking France, S. 74. Diese grundsätzliche Differenz verweist auf die bereits von den Zeitgenossen gestellte Frage, ob sich das Vichy-Regime als historisches Interludium oder als Höhepunkt einer historischen Entwicklung interpretieren läßt, die 1914 begann. Siehe dazu S. MARTENS, ›Drôle de Guerre‹, S. 197ff., 205. Vgl. zu der politischen Divergenz zwischen de Gaulles nationaler Interessenpolitik, die auf eine gewisse ökonomische Autarkie hinauslief, und der von Hervé Alphand und Jean Monnet geteilten Einsicht in die Notwendigkeit internationaler bzw. amerikanischer Wirtschaftshilfe zum Wiederaufbau Frankreichs J. W. YOUNG, France, S. 225.

Lächerliche streifend[en]« Umständen erfolgte[121], reagierten seine Kompatrioten dann vorwiegend mehr mit Überraschung als mit Bedauern[122].

Die maßgeblichen Repräsentanten der politischen Parteien, die mehrheitlich aus der heterogenen Résistance hervorgegangen waren, hatten aus dem Zusammenbruch des Jahres 1940 jeweils unterschiedliche Lehren gezogen, deren Ursprünge in die Zeit der »Décadence« zurückreichten und die sie nun innenpolitisch zur Geltung brachten. Der neue bürgerliche MRP, der im November 1944 gegründet wurde, forderte nach der Befreiung des Landes explizit »die Befreiung des Menschen«[123]. Dagegen verlangten die Sozialisten umfangreiche Wirtschaftsreformen, deren Ausmaß der mächtige PCF für unzureichend hielt[124].

Charles de Gaulle verkannte keineswegs den politischen Nexus zwischen Frankreichs innerem Zustand und seiner äußeren Stellung. Geläufig war ihm, daß ein verbesserter internationaler Status ohne ökonomische Modernisierungsmaßnahmen illusorisch bleiben mußte. Aber die politischen Prioritäten setzte er anders, weil er sich, einer nationalen und internationalen Zeittendenz graduell entgegenwirkend, im Unterschied zur Mehrzahl seiner Landsleute und zur britischen Labour-Regierung nach der Wahl im Juli 1945, »von der Vorstellung eines ›Primats der Außenpolitik‹ leiten ließ«[125]. Obendrein befürchtete er aus Erfahrung auf innenpolitischem Gebiet ein Übergewicht partikularer Interessen zu Lasten der nationalen dieses »wankelmütig-

121 Vgl. M. SALEWSKI, Deutschland. Eine politische Geschichte. Von den Anfängen bis zur Gegenwart. Bd. 2: 1815–1990, München 1993, S. 286. Die seit 1945 wieder ausbrechenden innenpolitischen bzw. parlamentarischen Querelen kontrastierten auf eine bizarre Weise mit den außenpolitischen Erfolgen, die die neue Vierte Französische Republik dem General verdankte. Vgl. de Gaulles nicht in der Serie »Lettres, Notes et Carnets« enthaltenes Demissionsschreiben vom 21. Januar 1946 an Félix Gouin, den Präsidenten der Nationalversammlung, abgedruckt in: L. PHILIP, Les sources et l'élaboration de la Constitution du 27 octobre 1946, in: P. ISOART, Ch. BIDEGARAY (Hg.), Des Républiques françaises, S. 459. Siehe zum konkreten außenpolitischen Grund der Demission, der Kontroverse zwischen de Gaulle und dem dem MRP angehörenden Außenminister Georges Bidault über die Vorbereitungskonferenz zur Aushandlung von Friedensverträgen mit Italien, Finnland, Ungarn, Bulgarien und Rumänien, G. IONESCU, Leadership, S. 116f. Seitdem de Gaulle eine Einladung des Präsidenten Roosevelt vom 12. Februar 1945 zu einem Meinungsaustausch im Anschluß an die Konferenz von Jalta in Algier abgelehnt hatte, was ihm auch massive Kritik seitens der öffentlichen Mehrheitsmeinung seines Landes eintrug, bestand ein latenter Gegensatz in außenpolitischen Fragen zwischen ihm und Georges Bidault, der in der Kabinettssitzung vom 28. Dezember 1945, in der über die außenpolitische Streitfrage einer Pariser Friedenskonferenz debattiert wurde, offen ausbrach. Vgl. Cl. MAURIAC, Un autre de Gaulle, S. 105, Eintragung vom 20. Februar 1945; J. CHARLOT, Le Gaullisme d'Opposition 1946–1958. Histoire politique du gaullisme, Paris 1983, S. 28ff.; J. DALLOZ, Georges Bidault. Biographie politique, Paris 1993, S. 107, 119f.
122 Vgl. A. SHENNAN, De Gaulle, S. 50f., und R. GIRAULT, La France, S. 208.
123 Zitiert nach DERS., Rethinking France, S. 82.
124 Vgl. G. DUPEUX, La France de 1945 à 1969, 3. Auflage Paris 1972, S. 60; A. SHENNAN, Rethinking France, S. 77–100.
125 A. HILLGRUBER, Europa in der Weltpolitik der Nachkriegszeit 1945–1963, 4. Auflage München 1993, S. 31. Diese These, welche D. HÜSER, Frankreichs »doppelte Deutschlandpolitik«, S. 219, auf Grund seines methodischen Ansatzes neuerdings bezweifelt, ohne sich mit anderslautenden Quellenbelegen gesondert auseinanderzusetzen, hat der Wirtschaftshistoriker G. BOSSUAT, La France, l'aide américaine et la construction européenne 1944–1954, Bd. 1, Paris 1992, S. 61, hinsichtlich der Jahre 1944/45 bestätigt:»car de Gaulle à Monnet, Mendès France, Blum, Bidault et Thorez, tous voulaient développer en priorité les forces productives à des fins nationales pour atteindre l'indépendance et retrouver la puissance d'une grande nation«. Allerdings gelangt auch D. Hüser, a.a.O.

ste[n] und widerspenstigste[n] Volkes der Erde«[126], wie er seine Landsleute später einmal nannte. Nach seiner Ansicht hing der Impuls zur inneren Renovation vom äußeren Prestige Frankreichs ab, das sodann auf das Land zurückstrahlen und die zerrissene Nation einigen und zur ökonomischen Modernisierung befähigen würde[127]. Entsprechend wichtig für sein Handeln und folgenreich für seine künftige Deutschlandpolitik war seine Sorge, Frankreichs machtpolitischer Niedergang, der in der Zwischenkriegszeit begonnen und seit 1940 einen dramatischen Verlauf genommen hatte, könnte sich nach der »Libération« fortsetzen. Die ersten Monate entschieden darüber, ob sich der Prozeß korrigieren ließe. Alle übrigen politischen Aufgaben traten zugunsten dieser Herausforderung zurück.

Die historische Chance, die der noch unabsehbare zeitliche Abstand zwischen Befreiung und Kriegsende bot, ließ er nicht ungenutzt verstreichen, welche Bürden er seinem Land dabei auch immer zu tragen zumuten mußte. Den Krieg gegen Deutschland an der Seite der Alliierten fortzusetzen, ohne sich ihnen bedingungslos unterzuordnen, hielt er aus grundsätzlichen politischen Überlegungen ebenso für legitim wie für geboten. In seinen Memoiren ging er auf diesen historischen Kontext, in dem der Krieg bzw. die Teilnahme an seiner Fortführung keinen Selbstzweck bildeten, sondern einen Wert als Mittel der Politik gewannen, folgendermaßen ein:

Daß der Krieg fortdauern sollte, war gewiß schmerzlich, wenn man bedachte, welche Verluste, Schäden und Kosten wir, die Franzosen, noch zu tragen haben würden. Aber im höheren Interesse Frankreichs – was etwas ganz anderes ist als der direkte Vorteil der Franzosen – bedauerte ich es nicht. Denn bei Fortdauer der Kämpfe würde unsere Hilfe in der Schlacht um Rhein und Donau ebenso notwendig wie im Falle Afrikas und Italiens sein. Unsere Stellung in der Welt hing wesentlich davon ab, und zwar für Generationen. Darüber hinaus würde uns eine verzögerte Beendigung der Feindseligkeiten erlauben, die Zeit in unserem Sinne auszunutzen[128].

Wertvollen Bewegungsspielraum und politische Gestaltungsmöglichkeiten offerierte überdies nicht nur die Fortdauer des Krieges, sondern verschafften ihm auch die Spannungen zwischen den Alliierten, die durch Gewichtsverschiebungen innerhalb der Anti-Hitler-Koalition gewachsen waren und die er seit 1941 bereits zu seinen Gunsten auszunutzen versucht hatte. Als er im Juli 1944 Franklin D. Roosevelt einen von seiner Seite seit langem gewünschten Besuch abstattete, gewahrte er in Washington »une grande incertitude quant à la solution à donner aux problèmes d'aprèsguerre«[129], die ihn in der Überzeugung bestärkte,

daß in den zwischenstaatlichen Angelegenheiten Logik und Zuneigung nicht so schwer wiegen wie die Realität der Macht, daß es nur darauf ankommt, zuzupacken und, was man ergreift, festzuhalten, daß Frankreich, wenn es seinen Platz wiederhaben will, nur auf sich selbst bauen muß[130].

S. 718, zu der Schlußfolgerung, daß erst de Gaulles Rücktritt am 20. Januar 1944 die »faktische Implementierung eines ... ›Primats der Ökonomie‹« gestattete. De Gaulles Primat der äußeren Politik wird auch von C. MAURIAC, Un autre de Gaulle, S. 77, 106, 171, Eintragungen vom 13. Januar und 6. März 1945, 4. März 1946, bezeugt.

126 Ch. DE GAULLE, Memoiren 1942–1946, S. 338.
127 Vgl. A. SHENNAN, Rethinking France, S. 73f.
128 Ch. DE GAULLE, Memoiren 1942–1946, S. 324f.; siehe auch ebd. S. 340.
129 LNC V, S. 262, Telegramm an H. Queuille, R. Massigli, R. Pleven, 7. Juli 1944.
130 Ch. DE GAULLE, Memoiren 1942–1946, S. 225.

Daher erhob er am letzten Tag seiner Visite in den Vereinigten Staaten von Amerika einen grundsätzlichen Anspruch auf territorialen Gewinn und erwähnte bei der Gelegenheit das Rheinland. Von einer regelrechten »Annexion« mochte er ausdrücklich zwar nicht sprechen. Aber daß Deutschland nach dem Krieg zumindest eine geraume Zeit lang besetzt bliebe, stand für de Gaulle damals außer Frage[131]. Eine gewisse Komplexität der künftigen gaullistischen Deutschlandpolitik, bei der sich intentionale Aspekte mit funktionalen berührten und die sich nicht auf suggestive eingängige Formeln nachträglich reduzieren läßt, kündigten sich an. Deutschland bildete gleichsam nicht nur ein politisches Ziel »an sich«, sondern avancierte auch zum »wichtigste[n] Terrain, auf dem Frankreichs Bemühen um die Wiederanerkennung seiner Gleichberechtigung durch die großen Siegermächte durchgefochten«[132] werden mußte.

De Gaulle gedachte im Zuge seiner Deutschlandpolitik Ziele zu verfolgen, die über das Deutschlandproblem im engeren Sinne weit hinausgingen. Frankreich vermochte nur dann seine traditionelle Großmachtstellung zurückzugewinnen, wenn es sich am weiteren Krieg der Alliierten gegen das Deutsche Reich beteiligte. Die Regierung de Gaulle mußte sich entscheiden, »ou utiliser les divisions dont il disposait pour rétablir l'ordre à l'intérieur, ou les faire participer au combat et conquérir ainsi le droit de la présence française autour de la table où se discutera et se signera le traité de paix«[133].

In jenen Passagen seiner mehrere Jahre später verfaßten Memoiren, die diesem Zusammenhang gewidmet sind, schimmert der sowohl aus der Zwischenkriegszeit wie aus dem Zweiten Weltkrieg bekannte janusköpfige Wesenszug seines Deutschlandbildes unverkennbar durch. Zunächst »mußten dem Germanentum die Voraussetzungen zur Aggression genommen werden«[134], um äußere Sicherheit zu gewinnen, die ihrerseits eine conditio sine qua non jedweden französischen Aufstiegs im Konzert der Großmächte bedeutete. Zugleich stellte sich, nicht zuletzt in Erinnerung an das Jahr 1919, die historisch und geographisch vorgegebene Frage, ob Frankreich »dem großen deutschen Volk die Möglichkeit zu leben, sich zu entwickeln, mit [ihm] und der Welt zusammen[zu]arbeiten lassen wollte«.

Wiederum konkurrierten jene beiden Konzeptionen französischen deutschlandpolitischen Denkens miteinander, die Beate Gödde-Baumanns mit den Termini »la Grandeur de la France« und »la France généreuse« voneinander abgegrenzt hat[135]. Solange eine künftige Lösung der europäischen Sicherheitslage bzw. der »deutschen Frage« noch ausstand, beabsichtigte er so zu »handeln, als sei das Germanentum eine bleibende Gefahr«[136]. Um zu verhindern, daß das Deutsche Reich, wie nach dem Ersten Weltkrieg geschehen, nur temporär, aber nicht dauerhaft geschwächt würde[137], ziel-

131 Vgl. DM I, S. 420, Pressekonferenz in Washington, 10. Juli 1944. Während auf amerikanischer Seite die französische Forderung, das linke Rheinufer regelrecht zu annektieren, erwartet wurde, verlangte de Gaulle dies nach allen bislang vorliegenden Quellen zu keinem Zeitpunkt. Vgl. R. POIDEVIN, La politique allemande, S. 227.
132 J. ROVAN, Zwei Völker, S. 107.
133 C. MAURIAC, Un autre de Gaulle, S. 46, Eintragung vom 30. September 1944.
134 Ch. DE GAULLE, Memoiren 1942–1946, S. 341.
135 Vgl. B. GÖDDE-BAUMANNS, Nationales Selbstverständnis, S. 51.
136 Ebd.; vgl. auch seine Pariser Rede vom 12. September 1944 in: DM I, S. 444.
137 Vgl. AMAE, AP 217, NL Massigli, Bd. 59, Protokoll der Unterredung Harry S. Trumans mit Charles de Gaulle vom 22. August 1945.

ten seine politischen Forderungen auf das Ruhrgebiet, das Rheinland und das Saargebiet, d. h. auf die Reichseinheit selbst.

Das martialische Postulat »Kein zentralisiertes Reich mehr!«[138] demonstriert de Gaulles von nachweisbar zutreffenden Einsichten wie fragwürdigen Halbwahrheiten durchsetztes Verständnis der deutschen Nationalgeschichte. Die Auflösung der Reichseinheit, die er nicht als »finis Germaniae« verstand, war seiner Ansicht zufolge

die erste Bedingung, um zu verhindern, daß Deutschland in seine bösen Neigungen zurückfiel. Jedesmal, wenn ein herrschsüchtiger, ehrgeiziger Staat die deutschen Länder zusammenfaßte, indem er ihrer Mannigfaltigkeit Zwang antat, gedieh der Imperialismus. Man hatte es nur zu sehr unter Wilhelm II. und Hitler gesehen. Wenn dagegen die einzelnen deutschen Länder ihr Eigenleben führen, sich nach ihrer Art regieren und ihre eigenen Interessen verfolgen konnten, war die Möglichkeit geringer, den Staatenbund dazu zu bewegen, die Nachbarländer zu unterjochen[139].

Ausgehend von der traditionellen Differenz zwischen deutscher Nation und deutschem Staat, orientierte sich de Gaulle an der Größe der nationalen Einheit, die sich nach seinem Ermessen in der begrenzten Eigenständigkeit der deutschen Territorien manifestieren konnte und das historische Gegenstück zum Nationalstaat bedeutete. Sein Gedanke eines »dissoziativen Föderalismus«[140] knüpfte an die staatenbundliche Tradition der deutschen Nationalgeschichte vor 1866 an[141], wie er sie im Jahre 1934 einen historischen Moment lang erwogen hatte, als er nicht die Existenz deutscher Länder, deren Eigenständigkeit der nationalsozialistischen »Gleichschaltung« faktisch bereits zum Opfer gefallen war, sondern ihre staatliche Verbindung in Gestalt des Reiches prinzipiell als eine latente Gefahr der französischen Sicherheitsinteressen beschrieben hatte[142]. Daher zog er, bevor der Zweite Weltkrieg zu Ende ging, in Betracht, daß die Deutschen nach der erwarteten totalen militärischen Niederlage langfristig wieder ein Subjekt der Geschichte im europäischen Rahmen werden könnten, freilich nur als Nation ohne ein eigenes nationalstaatliches Gehäuse[143].

Sehr nachdrücklich hob er am 22. November 1944 vor der Provisorischen Konsultativversammlung in Paris hervor, daß das Schicksal Deutschlands nicht nur »le problème central de l'univers« sei, sondern für Frankreich »une question de vie ou de mort«[144]. Zweifellos besaß die Deutschlandfrage für Frankreich eine andere Relevanz als für die »Großen Drei«. Dabei wirkte sich das seit der Katastrophe im Juni 1940 gewachsene bzw. gänzlich neue Sicherheitsbedürfnis Frankreichs aus. Nicht ohne eine gewisse Berechtigung entgegnete de Gaulle auf Vorhaltungen des amerikanischen Botschafters Jefferson Caffery, der sich über seine zur Genüge bekannte Intransigenz

138 Ch. DE GAULLE, Memoiren 1942–1946, S. 341.
139 Ebd.
140 F. R. PFETSCH, Die Verfassungspolitik in Deutschland nach 1945, in: J. JURT (Hg.), Von der Besatzungszeit zur deutsch-französischen Kooperation, Freiburg 1993, S. 100.
141 Vgl. H. MÖLLER, Charles de Gaulle, S. 343.
142 Siehe oben Kapitel III.2.d.
143 Vgl. DM I, S. 444, Pariser Rede vom 12. September 1944; Ch. DE GAULLE, Memoiren 1942–1946, S. 342.
144 DM I, S. 483.

beklagte, die Deutschlandfrage sei für Frankreich eine Lebensfrage, hingegen für die Vereinigten Staaten eines von mehreren wichtigen Problemen[145].

Wie in der zweiten Hälfte des 19. Jahrhunderts von beinahe allen Mächten die Vereinigten Staaten von Amerika aus mannigfachen, nicht zuletzt geopolitischen Gründen mit den geringsten Bedenken die Entwicklung der deutschen Nationalbewegung und des kleindeutschen Nationalstaates verfolgt hatten[146], hatte dieser historische Vorgang damals den unmittelbaren französischen Nachbarn ebenso elementar betroffen, wie der militärisch-machtpolitische Niedergang des »Dritten Reiches« nun nicht nur seine künftigen Sicherheitsinteressen, sondern ebenso seinen nominell erhobenen Großmachtanspruch tangierte. Solange das Deutsche Reich noch nicht kapituliert hatte bzw. besetzt war, konnte auch eine Neuauflage der klassischen Allianzpolitik Frankreich diesem Ziel näherbringen.

Charles de Gaulle bezweckte, als er Ende 1944 nach Moskau reiste, um »auf irgendeine Weise die französisch-russische Solidarität zu erneuern«[147], erheblich mehr als das deutsche Problem zu lösen. Nominell waren zwar vier der acht Artikel des französisch-sowjetischen Beistandspaktes, der in seinem und Josef Stalins Beisein am 10. Dezember 1944 unterzeichnet wurde, eindeutig gegen Deutschland gerichtet[148]. Aber lag dem »Requisit aus der Vergangenheit des letzten halben Jahrhunderts«, wie der Bündnis- und Beistandspakt einmal genannt worden ist[149], bei dessen Abschluß de Gaulle als erster westlicher Staatsmann die Oder-Neiße-Linie als polnische Westgrenze anerkannte, tatsächlich primär die Überlegung zugrunde, Sicherheit vor Deutschland zu gewinnen, wie Geneviève Humbert jüngst angenommen hat[150]?

Immerhin sicherte sich Frankreich auf der Basis des Paktes ein weitreichendes Interventionsrecht in Mitteleuropa bzw. in Deutschland, dessen zukünftigen politischen Wert de Gaulle noch nach der Konferenz von Jalta nicht gering veranschlagen sollte[151]. Vergegenwärtigt man sich, in welcher militärischen und politischen Lage sich das Deutsche Reich zu diesem Zeitpunkt befand und welche Interessen Frankreich verfolgte, wirkt Anton DePortes Urteil plausibler, daß die Essenz des spektakulären Paktes aus französischer Sicht nicht in der gegenseitigen bilateralen Beistandsverpflichtung für den Fall einer künftig drohenden deutschen Aggression lag oder in einer Neuauflage der traditionellen bilateralen Allianz, die ein politisches Eigengewicht

145 Zitiert nach J. L. GADDIS, The United States and the Origins of the Cold War, 1941–1947, New York 1972, S. 326.
146 Vgl. den instruktiven Beitrag von D. JUNKER, Die manichäische Falle: Das Deutsche Reich im Urteil der USA, 1871–1945, in: K. HILDEBRAND (Hg.), Das Deutsche Reich im Urteil der Großen Mächte, S. 142ff.
147 Ch. DE GAULLE, Memoiren 1942–1946, S. 349.
148 Vgl. W. LIPGENS, Bedingungen und Etappen der Außenpolitik de Gaulles 1944–1946, in: VfZG 21 (1973) S. 87; R. POIDEVIN, Robert Schumans Deutschland- und Europapolitik zwischen Tradition und Neuorientierung, München 1976, S. 6.
149 M. SALEWSKI, Deutschland. Bd. 2, S. 287.
150 Vgl. G. HUMBERT, Charles de Gaulle et la »Ligne Oder-Neiße«, in: Revue d'Allemagne 22 (1990) S. 575.
151 Vgl. seine Instruktion an die französische Delegation bei der Konferenz von San Francisco vom 25. April 1945, abgedruckt in: LNC V, S. 419.

hätte gewinnen können[152]. Vielmehr hegte de Gaulle die Erwartung, die Anerkennung der gleichberechtigten französischen Großmachtansprüche seitens der Angelsachsen zu erlangen. Die Verständigung mit Stalin über Deutschland »represented the restoration of France to the rank of a Great Power«[153]. Mit dem Bündnisvertrag gab de Gaulle klar zu verstehen, »daß Frankreich Herr seiner Allianzen zu bleiben« gedachte. Der Pakt »sollte mithelfen, seinen Anspruch auf Mitgestaltung an der europäischen Nachkriegsordnung zu sichern«[154]. Mit der vertraglich vereinbarten Unterstützung der Sowjetunion wähnte sich de Gaulle seinem Ziel, das Deutsche Reich zu parzellieren und dessen Nachfolgestaaten zu kontrollieren, einen Schritt näher.

Darüber hinaus plante er das gewachsene Gewicht der Sowjetunion in Europa durch eine französischer Vorherrschaft unterstehende westeuropäische Staatengemeinschaft, einen »bloc occidental«, auszugleichen, deren Entstehung die Aufteilung Deutschlands voraussetzte[155]. Ihm sollten außer Frankreich Belgien, die Niederlande, Italien, möglicherweise auch Großbritannien und vor allem »toutes les provinces occidentales allemandes – puisque aussi bien elles se voient séparées de la Prusse russifiée, le Palatinat, la Saxe, la Thuringe, la Bavière, le Wurtemberg – et bien sûr, l'Autriche« angehören[156]. Aber der Versuch, im Zuge einer »angestrebten Schaukelpolitik ... sowohl gegen eine wie immer geartete Wiederaufrichtung des Deutschen Reiches als auch gegen die angelsächsische Präponderanz das vermeintlich ausschlaggebende Gewicht Frankreichs in die Waagschale von Ost oder West werfen zu können«[157], scheiterte. Weder ebnete der Pakt Frankreich den Weg zur Gleichberechtigung im Kreis der »Großen Drei«, noch ließ sich Stalin, entgegen de Gaulles Kalkül, dazu bewegen, die deutschlandpolitischen Ziele Frankreichs diplomatisch zu unterstützen. Die unmittelbare historische Wirkung der Allianz war gering. Dagegen umgab sie mittelbar noch mehr als ein Jahrzehnt später, als sich die Weltlage und die deutsch-französischen Beziehungen tiefgreifend gewandelt hatten, eine Aura, die in kaum einem gerechtfertigten Verhältnis zu ihrem realen Gehalt stand und die sich an jenen

---

152 Obwohl de Gaulle über das amerikanische Atombombenprojekt vergleichsweise gut unterrichtet war, verlor er darüber in Moskau kein Wort. Dieses Detail zeigt zusätzlich, daß er in dieser Situation keine endgültige bündnispolitische Annäherung an die Sowjetunion plante. Vgl. G. SKOGMAR, Nuclear Triangle. Relations between the United States, Great Britain and France in the Atomic Energy Field, 1939–1950, Copenhagen 1993, S. 89.

153 A. W. DePORTE, De Gaulle's Foreign Policy, 1944–1946, Cambridge (Mass.) 1968, S. 79; siehe auch: F. LEVEQUE, De Gaulle à Moscou, in: Espoir, Heft 99 (1994) S. 61, der den Vertrag in dem Zusammenhang als Etappe interpretiert. Vgl. zu den Einzelheiten des Vertragstextes, der völkerrechtlich gerade die französische Seite im Vergleich mit dem entsprechenden Beistandspakt von 1935 oder mit dem britisch-sowjetischen Vertrag von 1942 erheblich benachteiligte, und zu Stalins Motiven, welche die verbreitete These G. Humberts wenig überzeugend erscheinen lassen, P. GERBET, Le Relèvement 1944–1949, Paris 1991, S. 35, 38.

154 E. WEISENFELD, Frankreichs Geschichte seit dem Krieg. Von de Gaulle bis Mitterrand. 2. Auflage München 1982, S. 22.

155 Vgl. G.-H. SOUTOU, Le général de Gaulle et l'URSS, S. 318, 323, 331, 336; A. SHENNAN, De Gaulle, S. 44.

156 Vgl. Cl. MAURIAC, Un autre de Gaulle, S. 211, Eintragung vom 3. Juli 1946; ähnlich, hinsichtlich Großbritanniens allerdings nuancierter ebd. S. 179, 251, Eintragungen vom 20. März 1946, 2. Februar 1947.

157 A. HILLGRUBER, Der Zweite Weltkrieg 1939–1945. Kriegsziele und Strategie der großen Mächte, 5. Auflage Stuttgart u. a. 1989, S. 158. Vgl. zu der geplanten Strategie de Gaulles, eine französische Schaukelpolitik zu beginnen, A. W. DePORTE, De Gaulle's Foreign Policy, S. 282, 286.

120

»esprit de la coopération franco-soviétique instituée par le pacte en vue de réduire l'Allemagne à l'impuissance« knüpfte, dessen Flüchtigkeit Georges Catroux, de Gaulles Moskauer Vertreter, bereits am 7. März 1945 beklagte[158]. Charles de Gaulles Politik litt unter einem charakteristischen »Mißverhältnis zwischen Wollen und Können«[159], als er die »Fiktion einer Großmachtstellung Frankreichs«[160] mittels der Verständigung mit Stalin aufrechtzuerhalten suchte, von der der amerikanische Admiral Leahy, Roosevelts Stabschef, einmal verächtlich kurz nach der Konferenz von Jalta sprach.

Daß Frankreich an dem Treffen der »Großen Drei« teilzunehmen verwehrt wurde, was weniger an Ressentiments auf sowjetischer Seite, sondern hauptsächlich an Präsident Franklin D. Roosevelts ablehnender Haltung lag[161], empfand de Gaulle als Schmach, obwohl die Konferenzergebnisse dank Churchills Drängen seinen deutschlandpolitischen Interessen entsprachen[162]. Denn Frankreich erhielt »auf dem Krämermarkt von Jalta«[163] eine Besatzungszone in Deutschland und einen gleichberechtigten Sitz im geplanten Alliierten Kontrollrat zugestanden. Aber Charles de Gaulle trug wesentlich zur im Wort von der »Teilung der Welt« gipfelnden Legendenbildung um das Treffen auf der Krim bei, das eigentlich »eher ein retardierendes Zwischenglied« innerhalb der Ereigniskette darstellte, die den Zeitraum von der Anti-Hitler-Koalition zur Spaltung Europas und zum offenen Ausbruch des Kalten Krieges umfaßte[164]. Er schien es sogar fast zu genießen, daß ihm die vorenthaltene Beteiligung an der Konferenz von Jalta gestattete, die Resultate und Folgen »als englisch-amerikanischen Ausverkauf europäischer Interessen an die Russen zu verurteilen, an dem Frankreich erfreulicherweise keinerlei Mitschuld treffe, und im übrigen anzudeuten, daß Jalta völlig anders verlaufen wäre, wenn er mit am Konferenztisch gesessen hätte«[165]. Konsequenterweise verhärtete sich nach diesem Vorkommnis de Gaulles Haltung gegenüber den westlichen Alliierten, was wiederum einen graduellen Wandel seiner Deutschlandpolitik bewirkte.

In seiner Pressekonferenz vom 25. Januar 1945 und seiner Rede vom 5. Februar 1945 ließ er keinen Zweifel aufkommen, welche territorialen Ziele er weiterhin verfolgte. Er schien sich sogar ermutigt zu fühlen, noch massiver als früher auf der Rheingrenze zu insistieren, die er seit 1941 für Frankreich reklamierte[166]. Jedoch gerierte er sich von nun an gleichermaßen als Verteidiger genuiner französischer Nationalinter-

---

158 AN, AP 457, NL Bidault, Carton 1, Telegramm von G. Catroux, 7. März 1945. Daher nennt auch J.-P. RIOUX, La France de la IVᵉ République. Bd. 1: L'ardeur et la nécessité, 1944–1952, 2. Auflage Paris 1980, S. 122, die diplomatische Bilanz »mager«. Siehe zu der langfristigen Aura unten Kapitel VI.1, S. 147f.

159 A. HILLGRUBER, Der Zweite Weltkrieg, S. 158.

160 Zitiert nach W. LIPGENS, Bedingungen, S. 58.

161 Dies zeigt, eine verbreitete gegenteilige Position korrigierend, die erst jüngst A. SHENNAN, De Gaulle, S. 49f., vertreten hat, eindeutig die Quelle in den AN, AP 457, NL Bidault, Carton 1, Note vom 24. Februar 1945:»Renseignements reçus sur la conférence de Yalta depuis le communiqué«.

162 Vgl. W. LIPGENS, Bedingungen, S. 55, 89.

163 Ch. DE GAULLE, Memoiren 1942–1946, S. 466.

164 So A. HILLGRUBER, ›Jalta‹ und die Spaltung Europas, in: DERS., Die Zerstörung Europas, Berlin 1988, S. 355ff., 363.

165 D. COOK, Charles de Gaulle, S. 372.

166 Vgl. seine Pressekonferenz vom 25. Januar 1945 und seine Rundfunkansprache vom 5. Februar 1945, in: DM I, S. 504, 510, 518.

essen wie als »Retter Europas«. Verbarg er am 25. Januar 1945 eher mühsam die Beweggründe, die ihn die Rheingrenze fordern ließen, hinter dem Verweis auf das Sicherheitsbedürfnis Westeuropas, klang am 5. Februar 1945, als er vier Tage vor der Eröffnung der Konferenz von Jalta die französischen Sicherheitsinteressen begründete, ein Gedanke an, den er bereits 1941 in einer wichtigen Rede erwogen hatte und der nach 1959 in keinem geringen Maße seine präsidentielle Deutschlandpolitik bestimmen sollte. Als er vehement den Standpunkt vertrat, Frankreich erwarte von den »Großen Drei«, dafür Sorge zu tragen, »qu'aucune agression de l'Allemagne ne sera possible dans l'avenir, soit contre elle-même soit contre tout État auquel elle se trouve ou se trouverait liée«[167], stellte er damit an jede künftige Sicherheitsordnung in Europa den Anspruch, daß Deutschland nicht zuletzt gewissermaßen »vor sich selbst«, seinen eigenen »expansiven« Neigungen, geschützt werden müsse, weil es in der Vergangenheit der Versuchung, »sich selbst zu übertreffen«, erlegen sei und dadurch Sicherheitsprobleme für die Nachbarn heraufbeschworen habe[168].

Je näher allerdings die Kapitulation des Reiches heranrückte, desto weniger beging de Gaulle den Fehler, Frankreich gegen eine Gefahr der Vergangenheit schützen zu wollen, die nicht mehr bestand, und darüber neue Herausforderungen zu übersehen, die die Gegenwart bot. Bezeichnend für seinen gemäßigten Sinneswandel, der seit der Enttäuschung über die verhinderte Teilnahme an der Konferenz von Jalta nachweisbar ist, wirkt sein Urteil vom 25. April 1945, dem Eröffnungstag der Konferenz von San Francisco:

Philosophen und Historiker werden sich späterhin über die Motive der Verbissenheit streiten, die ein großes Volk zum vollständigen Untergang führt, ein Volk, das zwar schuldig ist und Bestrafung verdient, dessen Vernichtung aber die höhere Vernunft Europas beklagen würde[169].

Mit diesen Worten verwies de Gaulle auf einen historischen Präzedenzfall, der nach dem Ersten Weltkrieg die Differenz zwischen deutschem Staat und deutscher Nation verdeutlicht hatte. Der Ministerpräsident Georges Clemenceau vergaß im September 1919 in der Tradition Victor Hugos bzw. des liberal-republikanischen Frankreichs hinter der »grandeur de la France« auch »la France généreuse« nicht und bewies nominell jenen Sensus »für die Bedeutung anderer«, d. h. anderer Nationen, aber keineswegs anderer Staaten, der Frankreichs politisches Selbstverständnis zum Ausdruck brachte. Er sprach vom »großen deutschen Volk«[170], ohne es mit der existierenden staatlichen Ordnung, mit dem Deutschen Reich, zu identifizieren. Ähnlich dachte de Gaulle, noch bevor das »Dritte Reich« unterging und Deutschland ein Objekt der Sieger wurde, an »le patrimoine européen«. Dazu zählte er außer den Benelux-Staaten, Griechenland, der Tschechoslowakei auch Deutschland, deren Interessen er allesamt mehr der Sowjetunion gegenüber zu vertreten gedachte und weniger seitens der Vereinigten Staaten von Amerika bedroht sah[171]. Gemeint war damit al-

---

167 Ebd.
168 Siehe oben in diesem Kapitel Abschnitt 1.b, S. 106. Vgl. zu de Gaulles Position im Jahre 1959 unten Kapitel VI.4, S. 187.
169 Die Rundfunksprache ist abgedruckt in: Ch. DE GAULLE, Memoiren 1942–1946, S. 440.
170 Vgl. B. GÖDDE-BAUMANNS, Nationales Selbstverständnis, S. 51f.
171 Vgl. de Gaulles Instruktion an die französische Delegation bei der Konferenz von San Francisco vom 25. April 1945, in: LNC V, S. 418.

lerdings im Unterschied zum »Tiger«, wie Georges Clemenceau von den Zeitgenossen spöttisch genannt wurde, das bereits im Zusammenhang mit dem Beistandspakt vom 10. Dezember 1944 erwähnte gaullistische Projekt eines »Bloc occidental«[172]. Es bedeutete konzeptionell das Ende eines deutschen Einheitsstaates. Gegenüber den Vereinigten Staaten von Amerika ließ sich Charles de Gaulle während der Untergangsphase Hitler-Deutschlands von manchen Erfahrungen aus der Zwischenkriegszeit leiten.

Hatte er seit der alliierten Landung in Nordafrika im November 1942 der amerikanischen Europapolitik latente Hegemonialabsichten unterstellt und sie 1944 offen angeprangert, so hielt er vom April 1945 an die weitere militärische Präsenz der USA in Europa über das Kriegsende hinaus im Interesse eines sich neu formierenden Gleichgewichts der Kräfte für unabdingbar. Denn ihre militärische Abwesenheit habe, wie er betonte, zum Scheitern des Völkerbundes und des kollektiven Sicherheitssystems in Europa nach dem Ersten Weltkrieg beigetragen. Er rief Georges Bidault, seinen Außenminister und Leiter der französischen Delegation auf der Konferenz von San Francisco, explizit dazu auf, in den Verhandlungen dieses französische Anliegen taktisch so klug vorzutragen, daß sich ihm der amerikanische Senat anders als 1919/1920, als der amerikanische Kongreß die entsprechenden Pläne des Präsidenten Wilson abgelehnt hatte, nicht widersetzen werde[173].

Was sich in seinen Äußerungen vom April 1945 abzeichnete, erwies sich nach dem Ende der offenen Feindseligkeiten in Europa als neue Leitlinie der Deutschlandpolitik des Generals, der im Mai des Jahres zu der Überzeugung gelangte,

daß der Zusammenbruch Deutschlands, die Zerrissenheit Europas und der russisch-amerikanische Antagonismus dem wie durch ein Wunder geretteten Frankreich außergewöhnliche Chancen zum Handeln[174]

boten. Phänomenologisch eröffnete der katastrophale Untergang des »Dritten Reiches« Charles de Gaulle erstmals die Möglichkeit, politische Konsequenzen aus seiner jahrzehntelangen Beschäftigung mit der deutschen Geschichte zu ziehen. Gleichzeitig unterlag er in jenem historischen Moment, den die sich rückblickend eher als Intermezzo ausnehmende Provisorische Regierungszeit darstellte, vielfältigen, nur zum Teil mit der »deutschen Frage« verknüpften außenpolitischen Zwängen. Außerdem verfolgte er Pläne, die weit über die deutschen Grenzen hinausreichten und auf Grund ihrer anspruchsvollen Dimensionen auf den Widerstand der übrigen Alliierten trafen. Umstritten war beispielsweise nach dem Kriegsende zwischen Frankreich und Großbritannien auf der einen Seite und den USA sowie den von de Gaulle teilweise während des Krieges aufgestachelten Unabhängigkeitsbewegungen in den Überseegebieten auf der anderen das Kolonialproblem. Andreas Hillgruber hat pointiert darauf hingewiesen, daß Frankreichs Versuch, von neuem Weltpolitik mit Hilfe seiner Kolonien, vor allem Indochinas, zu betreiben, »seine Haltung zu den Problemen Europas unvermeidlich in der ersten Nachkriegszeit in einem ambivalenten Schwebezustand verharren« ließ und ansatzweise, als Folge seiner Abwesenheit bei

---

172 Siehe dazu oben und unten in diesem Unterkapitel, S. 120, 126.
173 Vgl. LNC V, S. 420; vgl. zur Bedeutung dieser Instruktion J. DALLOZ, Georges Bidault, S. 102.
174 Ch. DE GAULLE, Memoiren 1942–1946, S. 460.

den Konferenzen in Jalta und Potsdam,»zum Versuch einer Schaukel-Politik zwischen Ost und West« verleitete[175].

Über die Schwere der deutschen Niederlage, ihr politisch-militärisches, nationales und moralisch katastrophales Ausmaß, empfand de Gaulle alles andere als Genugtuung[176], sondern favorisierte nun, auch in Erinnerung an das kaum minder katastrophale Scheitern der Friedensordnung von 1919, eine Deutschlandpolitik, die in mehrerer Hinsicht, d. h. auf der politischen, ökonomischen, geographischen und kulturellen Ebene, jener Einsicht entsprach, die der französische Generalstabschef Alphonse Juin am Ende des Zweiten Weltkrieges gewann:»La seule manière de vaincre tout à fait un ennemi, c'est de l'assimiler«[177]. Als de Gaulle zu erkennen begann, daß die politische Konfrontation zwischen den neuen Weltmächten, den USA und der Sowjetunion, an die Stelle der ohnehin in der letzten Kriegsphase brüchigen Anti-Hitler-Koalition trat, vollzog er keinen radikalen Umschwung in seiner Deutschlandpolitik. Aber die»deutsche Frage« erschien in einem neuen Licht. Sie blieb zwar zunächst»das Hauptproblem der europäischen Nachkriegsordnung«[178], wie auch die französische Deutschlandpolitik bis zur Zäsur, die die gescheiterte Moskauer Außenministerkonferenz im März/April 1947 markierte, vergleichsweise unverändert im Zeichen der Dezentralisierung fortgesetzt wurde[179]. Aber weder eine extreme Stärke noch Schwäche Deutschlands eröffnete Frankreichs Interessenlage mittelfristig vorteilhafte Aussichten. In der daraus resultierenden Gratwanderung, von der der Bewegungsspielraum einer eigenständigen französischen Großmachtposition im internationalen Rahmen elementar abhing, bestand die eigentliche staatsmännische Herausforderung der damaligen gaullistischen Deutschlandpolitik. Die Kernfrage, die de Gaulle 1945 nach dem Kriegsende beantworten mußte, lautete, ob Frankreich sich seine künftige äußere Sicherheit eigenmächtig auf Kosten Deutschlands verschaffen sollte oder sie eher in der Anlehnung an eine fremde Macht zu finden vermochte, also vorzugsweise einer»Juniorpartnerschaft« mit den Vereinigten Staaten von Amerika anvertrauen sollte[180].

Der amerikanische Präsident Truman belehrte de Gaulle am 22. August 1945 freimütig darüber,»que la France a une première garantie de sécurité dans l'amitié des Etats-Unis qui veulent qu'elle redevienne forte et prospère«[181]. Anstatt diese Offerte anzunehmen, bevorzugte der General eine Politik der vollendeten Tatsachen. Unmittelbar vor der Eröffnung der Londoner Außenministerkonferenz forderte er am

175 Siehe A. HILLGRUBER, Europa, S. 31.
176 Vgl. Ch. DE GAULLE, Memoiren 1942–1946, S. 484.
177 Zitiert nach M. KESSEL,»L'empêcheur de la danse en ronde«: Französische Deutschlandpolitik 1945–1947, in: St. MARTENS (Hg.), Vom»Erbfeind« zum»Erneuerer«. Aspekte und Motive der französischen Deutschlandpolitik nach dem Zweiten Weltkrieg, Sigmaringen 1993, S. 67.
178 DIES., Westeuropa und die deutsche Teilung. Englische und französische Deutschlandpolitik auf den Außenministerkonferenzen von 1945 bis 1947, München 1989, S. 3.
179 Vgl. ebd. S. 6.
180 De Gaulle gründete zwar am 18. Oktober 1945 das Commissariat à l'Energie Atomique mit der Verfügung, wissenschaftliche, industrielle und militärische Anwendungsmöglichkeiten der Atomenergie zu erforschen, aber der außenpolitische Wert dieser Option, die er seit 1944 insgeheim vorbereitete, war vorläufig kaum absehbar und eher gering. Vgl. dazu G. SKOGMAR, Nuclear Triangle, S. 81f., 87, 94, und W. L. KOHL, French Nuclear Diplomacy, Princeton (New Jersey) 1971, S. 16f.
181 AMAE, AP 217, NL Massigli, Bd. 59, Protokoll der Unterredung Harry S. Trumans mit Charles de Gaulle vom 22. August 1945.

10. September 1945, »une fois pour toutes«, d. h. endgültig, das Rheinland und das Ruhrgebiet französischer, belgischer, niederländischer und britischer Kontrolle zu unterstellen und beide Regionen, in einer gewissen Symmetrie zu den auf Stalins Geheiß vorgenommenen territorialen Veränderungen im Osten des Reiches, auf eine Weise vom übrigen Deutschland zu separieren, daß »die Bewohner wissen, daß ihre Zukunft nicht mehr in Deutschland liegt«[182]. Die französische Besatzungszone wurde »von de Gaulle als eine Art strategisches Faustpfand angesehen ... und ... von den übrigen Teilen Deutschlands fast hermetisch abgekapselt«[183]. Eingedenk der vorzeitigen Räumung des Rheinlands seitens der französischen Besatzungsarmee 1930 und des vertragswidrigen Einmarsches der Wehrmacht 1936 in die entmilitarisierte linksrheinische Zone, verstand er die Präsenz Frankreichs am Rhein als eine dauerhafte Sicherheitsgarantie. Die Verdächtigung, das Rheinland regelrecht annektieren zu wollen, wies er hingegen weit von sich[184]. Unausgesprochen orientierte er sich erneut an der historisch überlieferten und spezifisch deutschen Trennung von Territorium, Staat und Nation und bedachte, daß »Deutschland« unabhängig von seiner momentanen Schwäche und den bereits erfolgten territorialen Amputationen demographisch und ökonomisch Frankreich mindestens ebenbürtig sein würde, womöglich sogar überlegen bleiben könnte[185].

Außerdem zeichnete die französische Besatzungspolitik ein mindestens verbal erhobener umfassender Demokratisierungsanspruch aus, der die territorialen Ziele jedoch tatsächlich allenfalls flankierte und dem überwiegend sicherheitspolitische und weniger moralische Motive zugrunde lagen. Bei der Ausgestaltung der Entnazifizierung, die als Teil der Demokratisierungs- und der Dezentralisierungspolitik in hohem Maße auf eine »Entpreußung« hinauslief, stand der Gedanke im Vordergrund, daß ein »dezentral aufgebautes, demokratisches Deutschland ... Sicherheit vor einer erneuten deutschen Aggression« bot[186].

Dabei kamen stereotype, ins Ethnische verweisende Vorstellungen über die unterschiedlichen »germanischen Stämme« zum Vorschein. Anläßlich einer Rundreise, die de Gaulle Anfang Oktober 1945 durch die französische Zone unternahm, gab er zu erkennen, daß er letzten Endes nicht wesentlich mehr als den Grundansatz der sogenannten »doppelten Deutschlandpolitik«, wie die spezifische Kombination des Dominanzkonzepts mit der Integrationsidee einmal genannt worden ist[187], vertrat. Da er sich zum Primat der Außenpolitik bekannte und weniger für die inneren Entwicklungen des besetzten Gebietes interessierte[188], nahm er unmittelbar nach der für

182 DM I, S. 617, Presseerklärung.
183 A. HILLGRUBER, Europa, S. 37.
184 Vgl. seine Pressekonferenz in Washington am 24. August 1945 in: DM I, S. 607.
185 Vgl. AMAE, AP 217, NL Massigli, Bd. 59, Protokoll der Unterredung Harry S. Trumans mit Charles de Gaulle vom 22. August 1945, und H. BUNGERT, A New Perspective on French-American Relations during the Occupation of Germany, 1945–1948: Behind-the-Scenes Diplomatic Bargaining and the Zonal Merger, in: Diplomatic History 18 (1994) S. 336.
186 So R. MÖHLER, Entnazifizierung, Demokratisierung, Dezentralisierung – Französische Säuberungspolitik im Saarland und in Rheinland-Pfalz, in: S. MARTENS (Hg.), Vom»Erbfeind«, S. 162–168.
187 Vgl. D. HÜSER, Frankreichs»doppelte Deutschlandpolitik«, S. 716.
188 Vgl. R. HUDEMANN, Französische Besatzungszone 1945–1952, in: C. SCHARF, H.-J. SCHRÖDER (Hg.), Die Deutschlandpolitik Frankreichs und die französische Zone 1945–1949, Wiesbaden 1983, S. 208.

Frankreich enttäuschend verlaufenen Londoner Außenministerkonferenz die Gelegenheit wahr, in Trier, Koblenz, Freiburg i. Br. und Baden-Baden, also in Orten, die ihm aus der Zwischenkriegszeit vertraut waren, erstmals unmittelbar der deutschen Öffentlichkeit und der französischen Militärverwaltung seine gesamteuropäische Perspektive zu verdeutlichen. An den Beschluß des innerministeriellen französischen Ausschusses für die besetzten Länder vom 19. Juli 1945, der vorsah, »de ne pas décourager les Allemands qui, sincèrement, chercheraient des voies nouvelles«[189], knüpfte er an, als er ebensoweit in die ferne Zukunft sah, wie er über die jüngste, nationalsozialistische Vergangenheit hinausblickte[190]. Er bekannte sich zur zivilisatorischen Einheit Westeuropas, sprach unverhohlen von Gebieten, die dazu geeignet seien, »faire corps avec la France«, und unterschied wiederum Nation und Staat der Deutschen. Einerseits erwartete er, daß sich das zum reinen politischen »Objekt« degradierte Deutschland »naturgemäß« jenem Land politisch und zivilisatorisch zuwenden werde, das ihm einen neuen Platz in Europa einzunehmen in Aussicht stellte. Andererseits verband er die so verlockend wie die Klänge der Sirenen anmutende Offerte mit der Ankündigung, er habe nicht die Absicht, »d'agir au détriment des habitants«.

Von welcher Idealvorstellung eines künftigen Deutschlands, auf dessen staatliche Einheit er damals ebensowenig Wert legte, wie er von der nationalen Einheit der Deutschen überzeugt blieb, sich de Gaulle leiten ließ, gab er selten klarer zu erkennen als in seiner Ansprache vom 5. Oktober 1945 im Baden-Badener Kurhaus:

Si ces Etats de l'Allemagne rhénane viennent à participer vraiment à l'esprit occidental, je crois qu'ils abandonneront l'idée d'une Allemagne groupée autour de la Prusse maintenant écroulée pour se retourner vers l'horizon qui leur apportera le plus d'espoir, vers l'Europe occidentale et avant tout vers la France[191].

Diese so nebulöse wie dezidierte politische Konzeption, die in Deutschland eine günstigere Aufnahme fand als in Frankreich[192], vereinigte die ersten eigenständigen gaullistischen »Träume« einer Eintracht der »Germanen« mit den »Galliern« aus der Zwischenkriegszeit mit eindeutig aktuell motivierten und äußerst kühl kalkulierten französischen Interessen. Die Vorschläge, das Ruhrgebiet internationaler Kontrolle zu unterstellen und das Rheinland von französischen Truppen besetzen zu lassen, bildeten im Grunde die Rückseite seines Plans, ein zukünftiges dezentrales Deutschland in einen »westeuropäischen Block zu integrieren«, von dem er nach der Kapitulation des Deutschen Reiches sprach[193]. Beinahe traditionellerweise hatte de Gaulle die wesentliche Gefahr, die er vom »Germanentum« auszugehen wähnte, im angriffslustigen Militarismus vermeintlich preußischer Provenienz lauern gesehen. Im Herbst 1945, nach dem Untergang des Deutschen Reiches, gebot die offene »deutsche Fra-

189 Zitiert nach DERS., Wirkungen französischer Besatzungspolitik: Forschungsprobleme und Ansätze zu einer Bilanz, in: L. HERBST (Hg.), Westdeutschland 1945–1955. Unterwerfung, Kontrolle, Integration, München 1986, S. 169.
190 Vgl. seine nachfolgend interpretierten Reden vom 3., 4. und 5. Oktober 1945, abgedruckt in: LNC VI, S. 91–98, die auch unter dem Aspekt gelesen werden müssen, daß dem französischen Vorschlag, eine Föderation deutscher Staaten zu gründen, auf der Londoner Konferenz kein Erfolg beschieden war. Vgl. R. POIDEVIN, La politique allemande, S. 226.
191 LNC VI, S. 97. Vgl. zu de Gaulles Rundreise D. HÜSER, Frankreichs »doppelte Deutschlandpolitik«, S. 437ff., 718.
192 Vgl. ebd. S. 439–443.
193 Vgl. A. SHENNAN, De Gaulle, S. 44.

ge«, eine Entscheidung über den weiteren preußischen Einfluß auf die künftige Entwicklung Deutschlands zu treffen. Der bereits als gesichert angesehene Verlust der preußisch-deutschen Ostgebiete[194] warf nicht nur präjudizierend die allgemeine Frage der deutschen Einheit auf, wie Rolf Steininger annimmt[195], sondern legte in der Perspektive de Gaulles nahe, das preußische »Kernelement«[196], das das Bismarck-Reich seit seiner Gründung besaß und das es, mit freilich nachlassender Tendenz, politisch und mentalitätsmäßig bis zum katastrophalen Ende geprägt hatte, endgültig zu beseitigen.

In einem gewissen Kontrast zu seiner Phobie vor dem preußischen Staat stand de Gaulles von etatistischen Zweckmäßigkeitserwägungen bestimmte Bereitschaft, deutsche Flüchtlinge aus östlichen preußischen Reichsteilen und Vertriebene aus Ostmitteleuropa im französischen Mutterland selbst aufzunehmen, denen er indes den Zutritt zur französischen Zone verweigerte. Diese Entscheidung führte zu entsprechenden Zusammenballungen in den anderen westlichen Zonen[197]. Als Arbeitskräfte hieß er vertriebene »Preußen und Sudetendeutsche«, die er rundweg des Pangermanismus verdächtigte, in Frankreich ausdrücklich willkommen[198]. Vor diesem Hintergrund besitzt seine Bemerkung aus dem Jahre 1945, »qu'on ne fera pas l'Europe sans l'Allemagne«[199], mehrere Bedeutungen.

Nachweislich befleißigte er sich nach der deutschen Kapitulation weder einer allgemeinen Germanophobie, wie sie beispielsweise in Teilen der französischen und englischen Öffentlichkeit und in offiziellen Stellungnahmen zur Deutschlandplanung vorherrschte[200], noch übernahm er die Kollektivschuldthese. So gewiß seine Haltung zu Deutschland, zur »deutschen Frage« und zum deutschen Volk, »in der unmittelbaren Nachkriegszeit nie von Rachegefühlen« bestimmt war[201], so deuten die zwischen Annexion und Assoziation schwankenden Regelungen, die er für das Rhein-

---

194 Siehe dazu Ch. DE GAULLE, Memoiren 1942–1946, S. 484.

195 Vgl. R. STEININGER, Ein neues Land an Rhein und Ruhr. Die Ruhrfrage 1945/46 und die Entstehung Nordrhein-Westfalens, Köln u. a. 1990, S. 81.

196 Th. NIPPERDEY, Deutsche Geschichte 1866–1918. Bd. 2, S. 97. Ebd. S. 488 ist unter konstitutionellem Aspekt auch von Preußens »hegemoniale[r] Barrierefunktion« die Rede.

197 Vgl. A. HILLGRUBER, Europa, S. 37.

198 Vgl. LNC VI, S. 113, Anweisung de Gaulles für Marcel Berthelot, 12. November 1945. René Mayer entwarf am 15. Januar 1946 als neuernannter Generalkommissar für die deutschen und österreichischen Angelegenheiten u. a. ein Auswanderungsprojekt für die Deutschen, um das demographische Gefälle zwischen ihnen und den Franzosen zu reduzieren. R. POIDEVIN, René Mayer, S. 76f., läßt die Frage offen, ob de Gaulle vor seinem unmittelbar folgenden Rücktritt auf diesen Vorschlag reagierte. René Mayer plante, »überzählige« Deutsche in den englischen Dominions, auf dem amerikanischen Kontinent, in französischen Kolonien oder in Frankreich selbst anzusiedeln.

199 So überliefert von C. HETTIER DE BOISLAMBERT, Les Fers d'Espoir, Paris 1978, S. 465. Siehe auch ebd. S. 503: »Sans l'Allemagne rien ne se fera en Europe après la paix.«

200 Vgl. den aus mentalitätsgeschichtlicher Sicht verfaßten Aufsatz v. V. NÜNNING, A. NÜNNING, Autoritätshörig, unpolitisch und opportunistisch. Englische Vorstellungen vom deutschen Nationalcharakter am Ende des Zweiten Weltkriegs, in: GWU 45 (1994) S. 225, 227, 234, aus dem hervorgeht, daß nicht wenige Engländer den Deutschen einen allgemeinen »Hang zum Militarismus« unterstellten und daher ihre »völlige Umerziehung« für nötig hielten, während de Gaulle darin eine Erbschaft der preußischen Geschichte, aber keine Charakteristik aller Deutschen sah und daher eine andere politische Lösung favorisierte, die auf das berüchtigte Kontrollratsgesetz Nr. 46 vom 22. Februar 1947 über die Auflösung Preußens vorausdeutete.

201 So zutreffend P. SCHUNCK, De Gaulle, S. 35.

land, das Saargebiet und die südwestdeutschen Territorien ursprünglich zu treffen gedacht hatte, und das Los, das er geflüchteten »Preußen und Sudetendeutschen« zuerkannte, gleichsam unausgesprochen an, daß er ohne die Deutschen nicht nur Europa, sondern in erster Linie Frankreich wiederaufzubauen für unmöglich hielt. Das ansatzweise erkennbare sogenannte »Integrationskonzept« stieß in der ungleich nachdrücklicher von de Gaulle verfochtenen »Dominanzstrategie«[202] an seine Grenze. Mithin stand de Gaulle in jener Gefahr, der auch Leopold von Ranke im November 1870 im Gespräch mit Adolphe Thiers nicht entgangen war, nämlich »gegenwärtigem Geschehen durch den Hinweis auf historische Kontinuitäten geschichtlichen Sinn«[203] beizulegen. Sein Appell an die »Seele [der] gallischen und fränkischen Vorfahren«[204], den er an die Bewohner der Pfalz bei seiner Rundreise richtete, bedeutete die Kehrseite seiner in nicht geringem Maße »an Ausplünderung grenzenden«[205] Reparationspolitik, die eine Form der Revanche für die deutsche Okkupation Frankreichs war. Die französische Besatzungspolitik forderte unter diesem Aspekt das gaullistische Frankreich auf einem Terrain heraus, auf das sich stillschweigend auch die zitierte Sentenz Alphonse Juins[206] bezog.

De Gaulle stand gezwungenermaßen vor der Entscheidung, ob er sich der Deutschen entweder in einer »an der deutschen Besatzungspolitik während des Krieges orientierten Weise für die Zwecke des französischen Wiederaufbaues«[207] zu bedienen oder sie auch bzw. vordringlich zu entnazifizieren, zu demokratisieren und bis zu einem gewissen Grade zukunftsweisend zu assimilieren gedachte. Denn aus de Gaulles Preußenphobie erwuchs im Zuge der Entnazifizierung das Postulat einer »création d'une nouvelle mentalité allemande«[208]. Mochte dieses Unterfangen ebenso utopisch anmuten, wie de Gaulles deutschlandpolitischen Maximalforderungen auf Dauer kaum Erfolg beschieden war, so blieb seine Provisorische Regierungszeit dennoch nicht ohne zukunftsweisende Folgen für das spätere deutsch-französische Verhältnis.

Dietmar Hüser nennt die gaullistische Deutschlandkonzeption Ende 1945 nicht grundlos »inkohärent«, ohne ihr allerdings nur »destruktive« bzw. »rückwärtsgewandte« Züge zu attestieren[209]. Denn der General bezog geistesgeschichtlich, so unbestreitbar er sich noch der aus der Französischen Revolutionszeit stammenden Tradition der »France généreuse« partiell bewußt blieb, eindeutig die Gegenposition zu jener humanistischen Haltung, die das Erlebnis des Zweiten Weltkrieges Albert Camus einzunehmen bewog und die der Erzähler und Philosoph einmal mit der Wendung »j'aime trop mon pays pour être nationaliste« umschrieben hat[210]. Nicht in er-

202 Vgl. zu den Termini W. Loth, Die Franzosen und die deutsche Frage 1945–1949, in: C. Scharf, H.-J. Schröder (Hg.), Die Deutschlandpolitik Frankreichs, S. 28f.
203 Siehe R. Vierhaus, Historische Entwicklungslinien deutscher Identität, in: Bundeszentrale für politische Bildung (Hg.), Die Frage nach der deutschen Identität. Ergebnisse einer Fachtagung, Bonn 1985, S. 17. Leopold von Ranke wies Adolphe Thiers damals darauf hin, daß Preußen keinen aktuellen Krieg gegen das Frankreich Napoleons III., sondern einen nachträglichen gegen die Politik Ludwigs XIV. führe.
204 Ch. de Gaulle, Memoiren 1942–1946, S. 494.
205 R. Hudemann, Wirkungen, S. 168.
206 Vgl. oben in diesem Kapitel, S. 124.
207 R. Hudemann, Wirkungen, S. 168.
208 Siehe R. Möhler, Entnazifizierung, S. 163.
209 Siehe D. Hüser, Frankreichs »doppelte Deutschlandpolitik«, S. 191–194.
210 A. Camus, Lettres à un ami allemand, Nachdruck Paris 1984, S. 15.

ster Linie gegründet auf das zivilisatorische und ideengeschichtliche Erbe Westeuropas, sondern orientiert an der traditionellen nationalen Interessenlage Frankreichs, »reichte er den Deutschen die Hand«[211].

Daß er gleichwohl schon 1945 auf Konrad Adenauer aufmerksam wurde und von ihm Unterstützung für seinen Plan einer westeuropäischen Föderation, der untrennbar seinen Ursprung im Ende Preußens und der Reichseinheit hatte, zu erlangen erwartete[212], deutete ebenso auf eine künftige Epoche der deutsch-französischen Beziehungen voraus, in der die von de Gaulle 1934 einmal flüchtig beschworene »gallisch-germanische Verständigung« Wirklichkeit werden sollte, wie die Kenntnis der weiteren Ziele des Rheinländers dem General damals verborgen bleiben mußte.

211 So R. ARON, Der engagierte Beobachter, S. 106.
212 Vgl. LNC VI, S. 106, Schreiben an den General P. Kœnig, 29. Oktober 1945.

V. FÜR DIE ENTENTE MIT DEN DEUTSCHEN, GEGEN DEN DEUTSCHEN NATIONALSTAAT: DIE ZEIT DER WIDERSPRÜCHE 1946–1958

Charles de Gaulle hinterließ der Vierten Französischen Republik ein unvollständiges deutschlandpolitisches Erbe, als er sich am 21. Januar 1946 ins »innere Exil«[1] begab. Fast im Übermaß hatte er den Erfahrungen der beiden Weltkriege Rechnung getragen, ohne dabei die neuen Herausforderungen der ersten Nachkriegsmonate zu verdrängen oder etwa alle gangbaren Wege in die Zukunft zu verbauen. Auf deutschlandpolitischem wie buchstäblich deutschem Terrain hatte er nicht ohne Erfolg seine unumstößliche, über den Zweiten Weltkrieg hinweggerettete Überzeugung verfochten, Frankreichs Großmachtanspruch sei berechtigt. Frankreich hatte nicht nur seine nationale Unabhängigkeit, territoriale Integrität und innere Freiheit zurückgewonnen, sondern verfügte als offizielles Gründungsmitglied der Vereinten Nationen über einen Ständigen Sitz im UNO-Sicherheitsrat. Ihm waren zwar die kleinste, aber immerhin eine Besatzungszone in Deutschland und in Österreich und die Mitgliedschaft im Alliierten Kontrollrat zuerkannt worden. Gemessen an der Zeit nach dem Ersten Weltkrieg, bedeutete dies allerdings Gewinn und Verlust zugleich. Denn die prestigeträchtigen und in mehrfacher Hinsicht durchaus wertvollen Erfolge vermochten unzulänglich über den hohen Preis hinwegzutrösten, geschweige denn, ihn aufzuwiegen, den Frankreich trotz seines nominellen Sieges im Zweiten Weltkrieg machtpolitisch bereits 1940 entrichtet hatte. Die »grande nation« sank mit dem Kriegsende definitiv auf den Status einer mittleren Macht in der Weltpolitik[2], hatte sogar, wie ein zeitgenössischer Beobachter nüchtern befand, in gewisser Weise, jedoch ganz anders als Deutschland, den Krieg »verloren«[3], was de Gaulle spürte, aber keinesfalls hinzunehmen bereit war.

Der General hatte zum Zeitpunkt seines Rücktritts im Januar 1946 keine auf Dauer tragfähige Antwort auf eine zentrale Frage der französischen Deutschlandpolitik nach dem Kriegsende 1945 gefunden, die die europäische Geschichte zumindest bis in die fünfziger Jahre hinein mitbestimmen sollte. Wie konnte Deutschland befähigt werden, zum Wiederaufbau Frankreichs bzw. Europas ökonomisch beizutragen, ohne daß der östliche Nachbar dabei zu seiner alten politischen oder gar militärischen Stärke zurückfand[4]?

Da die Deutschen 1945 unbezweifelbar eine totale Niederlage, eine militärische, nationale und moralische Katastrophe, erlitten hatten, deren politisches Ausmaß jede erneute Kriegsschulddiskussion unter dem Signum des Revisionismus nach dem Vorbild der Zwischenkriegszeit verhinderte, fiel es ihnen in mancher Hinsicht leichter als anderen Völkern, ihren Ort im neu sich formierenden bipolaren Staatensystem des schon bald offen ausbrechenden Kalten Krieges zu finden und zu akzeptieren. Dagegen versperrten die Trümmer des Deutschen Reiches nicht wenigen Franzosen noch

---

1 A. Hillgruber, Europa, S. 31, spricht von »eine[r] Art ›innere[r] Emigration‹«.
2 Vgl. Ders., Der Zweite Weltkrieg, S. 159.
3 So J. Rovan, Zwei Völker, S. 104.
4 Vgl. J. W. Young, France, S. 229.

mindestens bis 1947/48 den Blick auf die sowjetische politische Herausforderung, die an die Stelle der gescheiterten deutschen Hegemonie trat. Mehrheitlich nahmen de Gaulles Landsleute und ihre politischen Repräsentanten bis zur scheiternden Moskauer Außenministerkonferenz und zu den Londoner Empfehlungen im Juni 1948 an, »daß die deutsche Gefahr letztlich größer als die sowjetische sei«[5].

Die Oppositionszeit, die für de Gaulle 1946 begann und ebenso unerwartet lange dauerte, wie sie 1958 überraschend plötzlich zu Ende ging, bot dem Heros des Zweiten Weltkriegs die Möglichkeit, deutschlandpolitische Ziele und Visionen zu artikulieren, ohne jenem verpflichtenden Zwang zum Verbindlichen zu unterliegen, der Regierungsverantwortung tragende Demokraten im Normalfall auszeichnet. Gewiß galt für ihn wie für jeden Oppositionspolitiker, daß er »sich seismographisch stärker Stimmungen in der Bevölkerung zunutze machen [konnte], ohne sogleich ihre Konsequenzen tragen zu müssen«[6]. Andererseits hatte de Gaulle in der Zwischenkriegszeit bewiesen, daß er sich kaum zum Seismographen in dieser Weise eignete und sich nur selten an vorherrschenden öffentlichen Meinungen zu orientieren pflegte. Und seine auf den ersten Anschein kaum einheitlichen, selten konventionellen und sehr eigenständigen deutschlandpolitischen Äußerungen aus der Zeit vor seinem Rücktritt bzw. der Zwischenkriegszeit, die nur zu einem geringen Teil öffentlich bekannt geworden waren, beschrieben lediglich bedingt eine Grenze der Verbindlichkeit, die er nicht überschreiten durfte, sofern er sich nicht in allzu große Widersprüche verwickeln wollte.

In mancher Hinsicht entsprachen die territorialen und politischen Veränderungen, die 1945 in Mitteleuropa eingetreten waren, durchaus seinen insgeheim gehegten Gedanken über Deutschland und über das deutsch-französische Verhältnis aus den dreißiger Jahren. Damals hatte er zwar nicht grundsätzlich die Existenzberechtigung eines deutschen Nationalstaates bestritten, aber die Verträglichkeit seiner existierenden Form mit den französischen Sicherheitsinteressen angesichts des preußischen Übergewichts im Deutschen Reich bezweifelt und zugleich visionär eine Politik der Eintracht und Zusammenarbeit zwischen beiden Völkern, nicht zwischen ihren Nationalstaaten, grundsätzlich für möglich und politisch für wünschenswert gehalten[7]. Mochte das Bismarck-Reich 1945 rechtlich keineswegs untergegangen sein, so war es aber politisch mitsamt seinem Kernland Preußen, dessen offizielle Auflösung 1947 unkonventionell erfolgte, zerschlagen. Das faktische Ende deutscher Staatlichkeit, über dessen vorläufigen oder endgültigen Charakter nur gemutmaßt werden konnte, bedeutete aber in jedem Falle nicht das Ende der deutschen Nation.

Charles de Gaulle wurde wieder auf die nun unter ganz spezifischen Umständen wirksame, allerdings auf eine neuartige Weise extreme bzw. absolute Divergenz zwischen dem Staat und der Nation der Deutschen verwiesen. Seine Rede vom 28. Juli 1946 im lothringischen Bar-le-Duc, am Geburtsort des früheren Präsidenten Raymond Poincaré, der dort als Ministerpräsident am 22. Februar 1922 über die Politik der »produktiven Pfänder« gesprochen hatte, gibt Aufschluß über seinen damaligen

5 M. SALEWSKI, Deutschland. Bd. 2, S. 292. Vgl. zu der historischen Zäsur 1947/48 U. LAPPENKÜPER, Der Schuman-Plan. Mühsamer Durchbruch zur deutsch-französischen Verständigung, in: VfZG 42 (1994) S. 405f.; Th. A. MIROW, Die europapolitischen Konzeptionen, S. 73.

6 Vgl. H. MÖLLER, Charles de Gaulle, S. 341.

7 Siehe oben Kapitel III.2.d.

politischen Standpunkt. De Gaulle nannte eine Lösung des »deutschen Problems« die wichtigste Frage der Zeit. Sie entscheide darüber, ob Frankreich seinen Frieden fände. Die Schwäche Deutschlands, über deren Ausmaß er im Bilde war, schien ihm künftig noch keine ausreichende Sicherheit vor dem östlichen Nachbarn zu verheißen, der so häufig »von sich selbst verführt« worden sei, denn »l'Allemagne demeure l'Allemagne, c'est-à-dire un grand peuple, massivement installé au cœur de l'Europe«. Frankreich müsse dafür sorgen, »quelle ne puisse être ni tentatrice, ni tentée«[8]. Angesichts der Chancen, die sich aus der Besetzung Deutschlands für den französischen Großmachtstatus in Europa und auch in der Welt ergaben, hielt er die »deutsche Frage« im französischen Sinne zu lösen zunächst für wichtiger als auf die Ansätze der sowjetischen Hegemonialpolitik politisch entsprechend zu reagieren. Jedwede Politik, die auf einen deutschen Einheitsstaat hinauslief, lehnte er ab[9]. Als er am 31. Dezember 1946 wieder seiner Neigung frönte, ein abgelaufenes Jahr zu bilanzieren, warf er der angelsächsischen Politik vor, die russische Macht zugunsten Deutschlands weit zu überschätzen und damit den gleichen Fehler wie 1919 zum Nachteil Frankreichs zu begehen. In jedem Falle werde Deutschland 1947 »cruellement« zugrundegerichtet bleiben[10].

In das Jahr 1947 fiel ein erster nuancierter Wandel seiner deutschlandpolitischen Vorstellungen. Wie zu Beginn seines Londoner Exils im Juni 1940, als er nicht nur Frankreich von der deutschen Herrschaft zu befreien trachtete, sondern weitere, nicht direkt naheliegende eigenständige Kriegsziele verfolgte[11], sah de Gaulle nach dem Ende seiner Regierungszeit nicht im zügigen Wiederaufbau seines Landes das vordringliche politische Gebot der Stunde, sondern blieb seiner vom außenpolitischen Primat geprägten Sichtweise treu. Frankreichs internationalem Gewicht galt seine Hauptsorge, das von der sich verhärtenden Ost-West-Konfrontation geschmälert zu werden drohte. Eine graduelle Akzentverlagerung innerhalb seiner deutschlandpolitischen Vorstellung, die sich von der offiziellen, zunächst von Georges Bidault fortgesetzten französischen Außen- und Deutschlandpolitik konzeptionell unterschied[12], war die Folge. Ein ins Globale ausgeweitetes Gleichgewichtsdenken beherrschte de Gaulles Gedankenbildung, seitdem er 1947 nüchtern erkannt hatte, daß die Vereinigten Staaten von Amerika und Sowjetrußland zwar nicht zur Feindschaft, aber als Weltmächte automatisch zur Rivalität gezwungen seien[13]. Daneben verstand er die Konfrontation zwischen den beiden neuen Mächten, wie weiland die Konstellation des Zweiten Weltkrieges zwischen der »Achse« und der »Anti-Hitler-Koalition«, als Kampf zwischen Freiheit und Tyrannis. Die sowjetische Herrschaft über Osteuropa und Teile Mitteleuropas sei an die Stelle der Hegemonie Hitler-Deutschlands getreten, bedeute für die betroffenen Nationen, in einem »régime de dictature totalitaire« nach bolschewistischem Muster zu leben, und bedrohe po-

8 Siehe DM II, S. 13.
9 Vgl. ebd. S. 13.
10 Vgl. LNC VI, S. 214, Schreiben an J. Jeanneney, 31. Dezember 1946.
11 Siehe oben Kapitel IV.1.a, S. 95.
12 Georges Bidaults Politik zielte 1947 in erster Linie auf eine Annäherung an England. Vgl. zum französisch-britischen Beistandspakt, den Ernest Bevin und Georges Bidault am 4. März 1947 in Dünkirchen unterzeichneten, J. DALLOZ, Georges Bidault, S. 177, und generell zu Bidaults Konzeption ebd. S. 174–179.
13 Vgl. seine Straßburger Rede vom 7. April 1947, in: DM II, S. 53.

litisch, militärisch und ideologisch den Rest des ohnehin geschwächten Europas, nicht zuletzt die Unabhängigkeit und Freiheit Frankreichs[14]. Am 9. Juli 1947 zog er in Betracht, daß zu einem organisierten und zu neuer Stärke findenden Europa unter bestimmten Bedingungen ebenso die »Nachfolgestaaten des Deutschen Reiches«, in deren Grenzen die deutsche Nation existierte, wie Ungarn, Rumänien und Bulgarien außer Italien und Großbritannien gehören sollten[15].

Hatten ihn die dreißiger Jahre nicht zu pauschalen germanophoben Tiraden, sondern zu gezielten Warnungen vor einer drohenden Hegemonie Hitler-Deutschlands veranlaßt, so sah er seit 1947 Gefahren für Frankreich bzw. Europa voraus, die aus den »in Abwesenheit Europas« gefaßten Beschlüssen von Jalta und der durch sie teilweise legitimierten sowjetischen Expansion erwuchsen. Die französischen Kommunisten nannte er in dem Zusammenhang bezeichnenderweise »complices au mal«[16]. Angesichts der gravierenden ökonomischen Schwäche seines Landes hielt er engere Wirtschaftsbeziehungen zwischen Frankreich und den westdeutschen Zonen als Voraussetzung eines beiderseitigen ökonomischen und politischen Wiederaufstiegs ebenso für geboten wie die Hilfe der Vereinigten Staaten von Amerika[17]. Im Unterschied zur sowjetischen Position hatte er keine Einwände dagegen, Westdeutschland in die Hilfe des Marshall-Plans einzubeziehen, solange auf dem Wege keine neue nationalstaatliche Reichseinheit präjudiziert würde. Sie lehnte er im Interesse der französischen Sicherheit kategorisch ab.

Pour que l'Allemagne ne redevienne pas une menace,

führte er den Zuhörern seiner Pressekonferenz am 12. November 1947 vor Augen,

la France propose un moyen pratique, éprouvé par l'Histoire et répondant à la nature des choses: l'Allemagne ne doit pas redevenir le Reich, c'est-à-dire une puissance unifiée, centralisée autour d'une force et nécessairement amenée à l'expansion par tous les moyens. Nous ne voulons pas de Reich[18].

1948 fügte er dieser Argumentation, wiederum als Reaktion auf die sowjetische Politik, einen weiteren Gesichtspunkt hinzu. Im Zuge der Blockade Berlins, die im Sommer 1948 begann, favorisierte de Gaulle vorbehaltlos eine westliche Politik der Stärke gegenüber diesem wie jedem anderen Versuch sowjetischer Expansion, zumal er eine Verständigung der Deutschen »mit den Russen« über ihre nationalstaatliche Einheit nach dem Vorbild des Hitler-Stalin-Pakts vom 23. August 1939 befürchtete. Zum Schutz Westeuropas und insbesondere Frankreichs schienen ihm eine gemeinsame Haltung der drei Westmächte im Zeichen der Solidarität und ihre weitere Präsenz in Berlin unverzichtbar zu sein. De Gaulle verlangte die Anwesenheit amerikanischer Truppen in Berlin und Paris[19]!

14 Vgl. seine Pressekonferenz vom 24. April 1947, seine Reden in Rennes und Algier am 27. Juli und 12. Oktober 1947, ebd. S. 58, 102, 129f.
15 Vgl. ebd. S. 91f., Pressekonferenz. Daß Frankreich eine Vormachtstellung in dieser wie auch immer im einzelnen organisierten europäischen Gruppierung erhielte, stand für de Gaulle außer Frage. Vgl. seine Rede in Bayonne vom 7. September 1947, ebd. S. 113, 115.
16 Ebd. S. 103, Rede vom 27. Juli 1947 in Rennes. Vgl. auch ebd. S. 99.
17 Vgl. ebd. S. 125, Rede in Vincennes, 5. Oktober 1947, und ebd. S. 150, Pressekonferenz vom 12. November 1947.
18 Ebd. S. 149.
19 Vgl. seine Rede in Verdun am 20. Juni 1948 und seine Pressekonferenzen vom 1. Oktober und 17. November 1948, ebd. S. 200, 211f., 228f., 240f.

Zugleich sparte er nicht mit Kritik an den »Londoner Empfehlungen« vom Juni 1948, in denen neben der Teilnahme der drei Westzonen am Marshall-Plan und der Bildung einer Kontrollbehörde für das Ruhrgebiet eine westdeutsche Regierungsbildung vorgeschlagen wurde. Denn er argwöhnte, »ein Reich« im Westen und ein anderes im Osten zu gründen sei geplant, was eo ipso eine Gefährdung des europäischen Friedens bedeute. Ein über kurz oder lang vereinigtes, wieder »um Preußen« gruppiertes Deutschland werde aus beiden Teilstaatsgründungen hervorgehen und nicht zögern, sich in der russophilen Tradition Otto von Bismarcks, Alfred von Tirpitz' und sogar Adolf Hitlers – in diesem Falle bezog sich de Gaulle erneut auf den deutsch-sowjetischen Nichtangriffsvertrag vom 23. August 1939 – mit Rußland zu verbünden[20].

Der sowjetische Druck, der während der Berlin-Blockade auf Westeuropa lastete, verstärkte de Gaulles Ablehnung einer westdeutschen Teilstaatsgründung. Zu der Zeit hieß er grundsätzlich keine Form deutscher Staatlichkeit jenseits der Einzelterritorien willkommen:

Ce Reich, toute la question est de savoir de quel côté il évoluera, mais une chose est certaine, il n'évoluera pas vers la tranquillité, vers la modération. Il ne pourra pas. Il évoluera vers le mouvement et vraisemblablement, comme toujours, vers l'aventure,

gab er am 17. November 1948 zu bedenken[21]. Dagegen traute er einer mit Frankreich eng verbündeten »deutschen Föderation«, wie er westdeutsche Einzelstaaten umschrieb, einen wertvollen Beitrag zur Verteidigung des Westens zu leisten zu[22]. Was sich in gewisser Weise an innerer Widersprüchlichkeit in seiner außenpolitischen Perspektive[23] in nuce andeutete, trat deutlicher hervor, als er gegen die 1949 vollzogene Gründung der Bundesrepublik, gegen die NATO und die später projektierte Europäische Verteidigungsgemeinschaft verbal zu Felde zog und gleichzeitig eine deutsch-französische Annäherung als eine grundsätzliche außenpolitische Option Frankreichs erwog.

In einer bedeutenden Rede, die er am 22. Mai 1949 zum Abschluß einer Session des »Rassemblement du Peuple Français« in Vincennes hielt und deren außenpolitischer Teil fast ausschließlich der »deutschen Frage« und den deutsch-französischen Beziehungen galt, rief er seinem Auditorium lapidar ins Gedächtnis, daß das Zeitalter Ludwigs XIV. passé sei, Frankreich sich an die Veränderungen einer neuen Epoche, die Realitäten der Blockbildung, aber nicht der Dekolonisation, anpassen und seinen Großmachtanspruch legitimerweise weiterhin vertreten müsse[24]. Ob sich Deutsch-

---

20 Vgl. ebd. seine öffentlichen Erklärungen vom 9. Juni und 17. November 1948 und vom 1. Mai 1949, S. 189, 228f., 286.
21 Vgl. ebd. S. 229, Pressekonferenz.
22 Vgl. seine Rede in Verdun am 20. Juni 1948, ebd. S. 200f.
23 Wie in der Zwischenkriegszeit äußerte sich de Gaulle in der Zeit der IV. Französischen Republik mehr zu Fragen der Außenpolitik als zur Innenpolitik. Vgl. dazu G. DE CARMOY, Les politiques étrangères de la France 1944–1966, Paris 1967, S. 233. De Gaulles Oppositionszeit von 1946 bis 1958 war auf mehreren Ebenen eine Zeit der Widersprüche. Im Hinblick auf die Deutschlandpolitik werden sie in diesem Kapitel genannt. Die strukturellen Widersprüche des RPF, welche die parteiähnliche Bewegung seit ihrer Gründung auszeichneten und zu ihrem Untergang beitrugen, hat J.-P. RIOUX, De Gaulle in Waiting 1946–1958, in: H. GOUGH, J. HORNE (Hg.), De Gaulle, S. 45f., detailliert analysiert.
24 Vgl. DM II, S. 289f., 293.

land nach seiner nationalen, politischen und moralischen Katastrophe des Jahres 1945 historisch gewandelt habe, bezweifelte er. Mit Gewißheit sprach er über die weltpolitische Bedeutung des »Deutschlandproblems«:

Car, qui ne voit que du destin de ce grand peuple d'Europe, avec tous ses prolongements, dépendent probablement celui du monde, la balance de la paix ou de la guerre, la sécurité ou le drame. L'Allemagne, prenons-la comme elle est et comme l'Histoire l'a faite, énorme et, par certains côtés, admirable de dynamisme, d'ardeur, de capacité, mais sollicitée toujours, quand elle se trouve dans certaines conditions, par les démons de la domination et de la conquête.

Est-ce que les événements effrayants que l'Allemagne vient de traverser et dont elle subit les conséquences l'ont transformée dans sa nature? Nous verrons! Mais nous n'avons aucune raison pour en être assurés[25].

Im Hinblick auf die bevorstehende Gründung der Bonner Bundesrepublik sprach er von »la reconstitution du Reich«[26], dessen Gefährlichkeit kaum durch die Teilung gemildert werde. Charles de Gaulle verdächtigte den Bonner »Embryo«[27], wie er die Bundesrepublik nannte, sich der traditionellen »deutschen Dynamik« befleißigen zu wollen. Der westdeutsche Teilstaat werde nicht saturiert sein, sondern außenpolitisch am wenige Jahre zuvor untergegangenen Bismarck-Reich anknüpfen, »car l'essence même du Reich et du dynamisme allemands, c'est de ne pas accepter le statu quo, surtout quand il résulte d'une défaite«[28]. Um revisionistischen Schritten und einer Schaukelpolitik des westdeutschen Teilstaates zwischen Ost und West vorzubeugen, erneuerte er seinen Vorschlag, die Besatzungspolitik sowie die bestehenden alliierten Kontrollen unverändert fortzusetzen. Gleichzeitig verstand er beide Optionen als aussichtsreiche Wege, um seine stets mit Zweifeln und Zaudern begleitete, aber schon lange ernsthaft erwogene Vision einer »entente réelle entre le peuple français et le peuple allemand«[29] ernsthaft in die Tat umzusetzen.

Das deutsche Volk sollte demnach, solange es einer nationalstaatlichen Existenz entbehrte, die sich de Gaulle naheliegenderweise nur in der Form des Bismarck-Reiches vorzustellen vermochte, einen willkommen integralen Bestandteil des europäischen Sicherheitssystems gaullistischer Prägung bilden. So sehr dem General die deutsche Nation vertraut war und er sich davon überzeugt zeigte, Frankreich könne sie dauerhaft zur außenpolitischen Mäßigung bewegen und kontrollieren, so wenig war ihm die Vorstellung einer Renaissance deutscher Nationalstaatlichkeit damals geheuer. In dem Maße, in dem die ureigenen nationalen Interessen Frankreichs, d. h. »la grandeur de la France«, eine politische und wirtschaftliche Entente mit dem deutschen Nachbarvolk geboten erscheinen ließen, verwehrten sie diesem in de Gaulles Sichtweise den legitimen Anspruch auf einen Nationalstaat[30]. Da sich de Gaulle in der Situation des Jahres 1949 allein an den machtpolitischen Interessen seines Landes orientierte und »la France généreuse« gewissermaßen hintanstellte, favorisierte er als Lö-

---

25 Ebd. S. 290f.
26 Ebd. S. 292.
27 Ebd.
28 Ebd.; vgl. dazu auch ebd. S. 275 seine Pressekonferenz vom 29. März 1949. De Gaulle befürchtete, die bevorstehende Gründung des westdeutschen Staates werde zu einer »résurrection de l'impérialisme germanique au détriment de l'Allemagne elle-même, et de l'Europe dans tous les cas« führen.
29 Ebd. S. 293. Engeren bilateralen Wirtschaftsbeziehungen wies er ebd. eine auxiliare Bedeutung zu.
30 Vgl. dazu H. MÖLLER, Charles de Gaulle, S. 343.

sung der deutschen Frage ein Grundmuster der Geschichte deutscher Staatlichkeit aus der Epoche zwischen 1815 und 1866, als Staat und Nation nicht übereingestimmt hatten. Mit einer gewissen Berechtigung vermochte er daher seinen unverkennbar der Gegenwart entsprungenen Vorschlag »éprouvé par l'Histoire«[31] nennen. Ein Staatenbund sei Deutschlands »forme traditionelle«[32]. Aus seiner Grundüberzeugung, Frankreich müsse sich ausschließlich an seinen nationalen Interessen orientieren, selbst wenn sie mit denen anderer verbündeter Staaten kollidieren mochten, resultierte konsequenterweise seine Haltung zur geplanten Europäischen Verteidigungsgemeinschaft und zum formalen Prinzip der Integration.

Der General nannte schon kurz nach der Gründung der Bundesrepublik nicht mehr nur die Wirtschaft und Kultur, sondern auch die Politik im engeren Sinne und die militärische Verteidigung Felder einer künftig wünschenswerten deutsch-französischen Zusammenarbeit und bekundete Sympathie für die frankophile Erklärung, die Konrad Adenauer am 15. November 1949 vor dem Bundestag über die politische Bedeutung der deutsch-französischen Beziehungen abgab[33]. Während sich die Franzosen in ihrer Mehrzahl nur mühsam an den Gedanken zu gewöhnen vermochten, daß eine politische und militärische Beteiligung der Deutschen an der westeuropäischen Verteidigung notwendig sei, zog de Gaulle von 1950 an, als in der Bundesrepublik über einen »Wehrbeitrag« bzw. die Aufstellung eigener Streitkräfte äußerst kontrovers diskutiert wurde, einen westdeutschen Verteidigungsbeitrag in Betracht, knüpfte ihn allerdings an gewisse Bedingungen. Zwei Wochen nach dem Beginn des Koreakrieges führte er aus,

pour que les Allemands de l'Ouest puissent préparer leur propre défense sans alarmer l'Europe libre, il faut d'abord que soit conclu un accord pratique entre eux-mêmes et le peuple français. Il faut ensuite que, sur la base de cet accord, soit organisée la Fédération Européenne encadrant l'Allemagne nouvelle[34].

Dagegen lehnte er das sowohl im Nordatlantikpakt 1949 beschlossene wie im Rahmen der EVG vorgesehene Strukturprinzip der Integration militärischer Einheiten, welches Frankreich nicht nur Sicherheit gegenüber der Sowjetunion verhieß, sondern auch Schutz vor Deutschland bot, im wesentlichen aus zwei Gründen ab. Beide hingen lediglich zu einem geringen Teil mit der Bundesrepublik zusammen. Das Integrationsprinzip verstieß gegen die nationale Unabhängigkeit bzw. Souveränität Frankreichs, für die er im Zweiten Weltkrieg gekämpft hatte und die er in der Nachkriegszeit unangetastet lassen wollte. Denn in der nationalen Gliederung, der Existenz nebeneinander siedelnder, sich – nicht unbedingt in feindseliger Absicht – voneinander bewußt unterscheidender Nationen, erblickte er aus französischer Sicht einen historischen Wesenszug Europas und die Quelle seines Kräftereservoirs für die nötige Verteidigungsfähigkeit gegenüber der aktuellen sowjetischen Herausforderung.

31 DM II, S. 149, Pressekonferenz vom 12. November 1947.
32 Ebd. S. 230, Pressekonferenz vom 17. November 1948.
33 Vgl. ebd. S. 329, 371, 442, 449, de Gaulles Pressekonferenzen vom November 1949 und 22. Juni 1951 sowie seine Rede vom 25. Juni 1950. Laut M. VAÏSSE, De Gaulle et les relations internationales avant 1958, in: Espoir, Heft 61 (1987) S. 15f., akzeptierte de Gaulle die Gründung der Bundesrepublik aus pragmatischen Überlegungen sehr schnell, ohne dies äußerlich zu erkennen zu geben.
34 DM II, S. 377, Interview vom 10. Juli 1950. Vgl. auch ebd. S. 487, Pressekonferenz vom 21. Dezember 1951.

Pour organiser l'Europe, qu'on la prenne donc comme elle est, c'est-à-dire comme un ensemble formé de peuples très distincts dont chacun a, bien à lui, son corps, son âme, son génie et, par suite, doit avoir ses forces,

erklärte er am 7. Januar 1951 in einer Rede in Nîmes[35].

Dieser Aspekt verweist auf de Gaulles zweiten Einwand, der die entscheidende historische Differenz zwischen ihm und seinem vormaligen Weggefährten, dem Technokraten Jean Monnet, mithin zwischen den alten Kategorien »war and independence« und den neuen Idealen »peace and interdependence« markierte[36]. De Gaulle befürchtete, einem integrierten Verteidigungsbündnis werde es an der erforderlichen Kampfmoral fehlen, weil sich keine beteiligte Nation mit ihm identifizieren könne. Grundsätzlich veranschlagte er die militärische Stärke, die Schlagkraft und Leistungsfähigkeit einer nicht-integrierten Militärallianz traditionellen Stils höher als jene einer gleichgroßen integrierten »machinerie apatride«[37], die den Kampfgeist zu betäuben drohe. Der militärisch-politische Wert einer Koalition hing nach seinem Ermessen nicht zuletzt vom Kampfeswillen der Verbündeten ab, d. h. von ihrer »Betroffenheit«. Ob diese Ansicht in militärischer Hinsicht zutrifft, mag an der Stelle unerörtert bleiben[38].

Wenngleich seine Opposition gegen die Europäische Verteidigungsgemeinschaft also »nicht auf einem anti-deutschen Affekt«[39] beruhte, barg seine Begründung für die

---

35 Ebd. S. 405. In dieser Rede forderte er u. a. die Vereinigten Staaten von Amerika zu einem stärkeren militärischen Engagement in Europa auf und mahnte zugleich eine weitere militärische Aufrüstung seitens der westeuropäischen Staaten an. Vgl. dazu L. RUEHL, Machtpolitik und Friedensstrategie, Hamburg 1974, S. 111f. Siehe auch seine Presseerklärungen vom 6. Juni 1952, 25. Februar und 12. November 1953, in: Ebd. S. 525, 573, 587. Den erwähnten grundlegenden Aspekt des gaullistischen Europaverständnisses, der auch sehr klar aus de Gaulles Brief vom 30. Dezember 1951 an den Dichter Paul Claudel, in: LNC XII, S. 401, hervorgeht, hat W. LOTH, De Gaulle und Europa, S. 642f., bei seiner Interpretation der genannten Äußerung de Gaulles vom 10. Juli 1950 unzureichend berücksichtigt. Siehe dazu auch W. B. COHEN, De Gaulle et l'Europe d'avant 1958, in: De Gaulle en son siècle, Bd. 5, S. 57f.

36 Vgl. Gh. IONESCU, Leadership, S. 85.

37 DM II, S. 377, Interview, 10. Juli 1950; vgl. dazu auch ebd. S. 387f., 395ff., Reden vom 21. Oktober und 11. Dezember 1950.

38 Diese Sachfrage en détail abzuhandeln, überschreitet die Grenzen des Themas. Der auch als Militärhistoriker hervorgetretene A. HILLGRUBER, Europa, S. 94, hat die militärische Stärke eines integrierten Bündnisses grundsätzlich höher bewertet als jene eines nicht-integrierten gleicher Größe. Ob de Gaulle auch an die deutsch-österreichische Koalitionskriegführung in dem Zusammenhang dachte, der er 1924 eine historische Betrachtung gewidmet hatte, läßt sich quellenmäßig bislang nicht belegen, wie J.-Ch. ALLMAYER-BECK, Le problème de la guerre de coalition, S. 50, bemerkt. Siehe dazu oben Kapitel III.1.b, S. 49. In jedem Falle lag de Gaulles Argumentation eine ernsthafte Überlegung zugrunde, an die er in einem Brief vom 6. Oktober 1959 anknüpfte, als er den ehemaligen General und amerikanischen Präsidenten Dwight D. Eisenhower beschied, »le sentiment donné à un grand peuple, à son gouvernement ... qu'ils n'ont pas la responsabilité directe de la défense de leur propre pays me parait, à la longue, fâcheux pour ce qui concerne l'effort national et, en fin de compte, la valeur de l'alliance«. Siehe LNC VIII, S. 264. Immerhin zogen auch prominente kritische Zeitgenossen de Gaulles gleichermaßen rationale wie irrationale Gesichtspunkte in Betracht, als sie den militärischen und damit verbundenen politischen Wert der geplanten technischen Integration der Europäischen Verteidigungsgemeinschaft bezifferten. Vgl. z. B. R. ARON, Französische Gedanken über die deutsche Einheit, in: Außenpolitik 3 (1952) S. 582, der in dem Falle eher de Gaulles Ansicht beipflichtete.

39 A. WILKENS, Das Jahrhundert des Generals, S. 187. Ob de Gaulle die Anfang 1953 vom Energieingenieur Pierre Guillaumat im Kabinett angedeutete Unvereinbarkeit des EVG-Vertrages mit der Ent-

Gegnerschaft, die er am 2. Januar 1953 in einem Interview des Reuter-Korrespon-denten Harold King wiederholte[40], im Hinblick auf ihre deutschlandpolitischen Implikationen ein Dilemma. Sie warf die Frage auf, ob die deutsche Wiederbewaffnung einen deutschen Nationalstaat voraussetzte[41]. Hätte sich de Gaulle von der Zielsetzung leiten lassen wollen, eine militärisch möglichst starke europäische Streitmacht zu gründen, hätte er konsequenterweise für die deutsche Wiedervereinigung als Voraussetzung einer deutschen Beteiligung am Bündnis plädieren müssen. Je solider eine deutsche Armee nationalstaatlich fundiert gewesen wäre, desto höher wäre in dieser Perspektive ihr militärischer Wert gestiegen. Daß de Gaulle in der Nachkriegszeit den Deutschen keinen Nationalstaat zu konzedieren bereit war und dennoch eine bilaterale deutsch-französische Entente favorisierte, zeigt Größe und Grenze seiner gemäßigten, von einem tiefen Mißtrauen nicht freien Germanophilie[42].

Die Teilung Deutschlands nährte seinen Argwohn noch in einer weiteren Hinsicht. Seine Kenntnis der mangelnden demokratischen Legitimation der DDR-Regierung, die er schon bald die außenpolitische Tradition Preußens aus der Reichsgründungszeit im Zeichen des Bellizismus fortsetzen sah, ließ ihn deren innere Stellung als labil einschätzen. Gleichzeitig erwartete er zu Beginn der fünfziger Jahre von den Deutschen, mehr an der nationalstaatlichen Einheit als an der inneren Freiheit interessiert zu sein. Die bereits vergleichsweise weitreichende Integration, wie sie im Rahmen der Europäischen Verteidigungsgemeinschaft konzipiert bzw. zuvor im NATO-Vertrag und im Brüsseler Pakt vom 17. März 1948 ohne deutsche Beteiligung vereinbart worden war, bot nach seiner Ansicht 1953 keine hinlängliche Garantie dafür, daß die Westdeutschen politisch, vor allem im Kriegsfall, verläßlich an den Westen gebunden blieben[43]. Mit seinem zu keinem Zeitpunkt detailliert konzipierten Vorschlag eines deutsch-französischen »accord pratique«, einer bilateralen Entente zwischen beiden Völkern, der auch seine übertriebenen und im Grunde unrealistischen Vorstellungen über das ökonomische Potential und die demographische Größe Deutschlands zum Ausdruck brachte[44], verband de Gaulle nicht nur die Absicht, eine politische französische Vormacht im Verhältnis zu den Deutschen mittelfristig zu erlangen bzw. zu bewahren, sondern gedachte er die »westlichen Germanen« auf Dauer an den Westen

wicklung der französischen Atomwaffe ebenfalls erkannte und deswegen auch gegen die EVG opponierte, erörtert J. Bariéty, La décision de réarmer l'Allemagne, l'échec de la Communauté Européenne de Défense et les accords de Paris du 23 octobre 1954 vus du côté français, in: Revue belge de philologie et d'histoire 71 (1993) S. 367. Vgl. dazu auch W. L. Kohl, French Nuclear Diplomacy, S. 62; P. Jankowitsch, Die Politik des Generals de Gaulle gegenüber den Ländern Osteuropas in der europäischen Nachkriegsordnung, in: Österreichische Gesellschaft für Zeitgeschichte (Hg.), De Gaulles europäische Größe. Jahrbuch für Zeitgeschichte 1990/91, Wien/Salzburg 1990/91, S. 50.

40 Siehe dazu K. A. Maier, Die internationalen Auseinandersetzungen um die Westintegration der Bundesrepublik Deutschland und um ihre Bewaffnung im Rahmen der Europäischen Verteidigungsgemeinschaft, in: L. Köllner u. a., Die EVG-Phase. Bd. 2 der Reihe »Anfänge westdeutscher Sicherheitspolitik 1945–1956«, hg. v. Militärgeschichtlichen Forschungsamt, München 1990, S. 140.

41 Aus seiner Pressekonferenz vom 25. Februar 1953, in der er die EVG als illusorisch und utopisch verurteilte, ist ersichtlich, daß er an die nationalstaatlich scheinbar problematischen Folgen einer deutschen Wiederbewaffnung, die er prinzipiell bejahte, damals auch dachte. Vgl. DM II, S. 565, und den Bericht Wilhelm Hausensteins vom 4. März 1953, in: PA AA/Abt. 3/EVG-Akten, Bd. 4.

42 Vgl. dazu auch DM II, S. 572, Pressekonferenz vom 25. Februar 1953.

43 Vgl. ebd. S. 377, Interview, 10. Juli 1950, und ebd. S. 571f., Pressekonferenz vom 25. Februar 1953.

44 Vgl. ebd. S. 571. Siehe zum Entwurf einer Entente zwischen beiden Völkern – nicht zwischen ihren Staaten – oben Anm. 34 in diesem Kapitel.

zu schmieden und von jedem Versuch abzuhalten, die staatliche Einheit unter preußischem Vorzeichen wiederherzustellen[45]. Wenngleich der General gegen die offizielle Außenpolitik der französischen Regierung opponierte, sind gerade unter diesem Aspekt verwandte Grundzüge nicht zu übersehen, die sein alternatives Konzept einer »entente directe entre la France et l'Allemagne«[46] mit der tatsächlichen Deutschlandpolitik der Vierten Französischen Republik verbanden, der ohnehin nationale Interessen des Landes zugrunde lagen und die in erster Linie dem originären französischen Sicherheitsbedürfnis diente[47].

Im Mittelpunkt des gaullistischen europapolitischen Denkens, das sich spätestens seit 1950 auf ein »Europa bis zum Ural« bezog[48], stand erklärtermaßen die Deutschland-Frage[49], die ebenfalls das »bestimmende Element der Europapolitik in der Vierten Republik« bildete[50]. Dagegen zeigt de Gaulles Opposition gegen die Europäische Verteidigungsgemeinschaft, die ihrerseits eine zukunftsweisende Form der deutsch-französischen Beziehungen im westeuropäischen Rahmen vorsah, die ausschlaggebende Bedeutung, die genuin historische Überlegungen für sein Deutschlandbild besaßen. Seine der geistigen Auseinandersetzung mit dem Vergangenen abgewonnene wie vergangenen kriegerischen Auseinandersetzungen entsprungene Perzeption der bundesrepublikanischen Außenpolitik, wie sie deutlich im Reichsbegriff zum Ausdruck gelangte, mit dem er das Bonner Provisorium belegte, hinderte ihn daran, das spezifisch Neue der bundesdeutschen Nachkriegspolitik zu erkennen und die zukunftsweisende fundamentale Verbesserung der deutsch-französischen Beziehungen adäquat zu würdigen. Letztlich konkurrierten innerhalb seines nicht immer kohärenten Deutschlandbildes zwei Geschichtsbilder, die sich wechselseitig überlagerten. Daß er keinen unmittelbaren Einfluß auf die französische Außenpolitik auszuüben vermochte, bewahrte ihn vor dem Zwang, einem der beiden den Vorzug geben zu müssen. In welcher Weise sie sich gegenseitig behinderten, verdeutlicht sein Urteil über den alten Kanzler der jungen Bundesrepublik.

Konrad Adenauer und Charles de Gaulle verstanden übereinstimmend die Nachkriegszeit als historische Chance, die überlieferten bilateralen Konflikte, die unter dem Signum der »Erbfeindschaft« ausgetragen worden waren und zu den Kardinalfehlern der europäischen Ordnung gehörten, endgültig zu beenden und das Verhältnis der beiden Völker grundsätzlich zu wandeln. Der General zögerte nicht, den ersten öffentlichen Erklärungen des Bundeskanzlers beizupflichten, die die Vision einer soliden, über die aktuellen politischen Fragen wie z. B. das Saargebiet weit hinausgehenden deutsch-französischen Annäherung erkennen ließen.

Si l'on ne se contraignait pas à voir les choses froidement,

---

45 Vgl. ebd. S. 377, 572. Vgl. dazu auch das gespaltene Meinungsbild innerhalb der RPF in der Darstellung von Ph. MANIN, Le Rassemblement du peuple français (R.P.F.) et les problèmes européens, Paris 1966, S. 98ff.
46 LNC VII, S. 255, Brief an den Grafen R. Coudenhove-Kalergi, 13. Oktober 1955.
47 Vgl. dazu R. POIDEVIN, Robert Schuman. Homme d'État 1886–1963, Paris 1986, S. 418, 423.
48 Siehe DM II, S. 354, Pressekonferenz, 16. März 1950. Vgl. dazu H.-D. LUCAS, Europa vom Atlantik bis zum Ural? Europapolitik und Europadenken im Frankreich der Ära de Gaulle (1958–1969), Bonn/Berlin 1992, S. 52.
49 Vgl. DM II, S. 354, 405, Rede in Nîmes, 7. Januar 1951.
50 So G. LATTE, Die französische Europapolitik im Spiegel der Parlamentsdebatten (1950–1965), Berlin 1979, S. 223.

bekannte de Gaulle in seiner berühmten Pressekonferenz am 16. März 1950, in der er Konrad Adenauers Vorschlag einer regelrechten »deutsch-französischen Union« aufgriff,

on serait impressionné par la perspective de ce que pourraient donner ensemble la valeur allemande et la valeur française, celle-ci prolongée par l'Afrique[51].

Gleichwohl darf nicht außer acht gelassen werden, daß de Gaulle weniger zu einem germanophilen Sentimentalisten avancierte, sondern ihn hauptsächlich die drohende sowjetische Vormacht in Europa veranlaßte, das deutsch-französische Verhältnis einer Neubewertung zu unterziehen[52]. Eine solide deutsch-französische Entente setzte in seinen Augen vor allem anderen ein starkes Frankreich voraus[53]. Als er sich an der innerfranzösischen Debatte über die Europäische Verteidigungsgemeinschaft beteiligte, unterstellte er dem »Chancelier du Reich«[54], dessen außenpolitisches, an den eigenen nationalen Interessen orientiertes Procedere er für legitim erachtete, mittels einer europäischen Armee eine deutsche militärische bzw. politische Hegemonie auf dem Kontinent anzustreben und anschließend die verlorene Reichseinheit wiederherstellen zu wollen[55]. Die formelle Auflösung Preußens als eines eigenständigen Bundesstaates, die 1947 erfolgt war und bei den Deutschen selber im Zuge der epochalen politischen und territorialen Umwälzungen der Nachkriegszeit »die geringste öffentliche Beachtung« fand[56], genügte neben den ethnischen und demographischen Veränderungen, die auf den verlorenen Krieg folgten und sich aus den Bevölkerungsverschiebungen bzw. Vertreibungen ergaben, nach de Gaulles Ermessen nicht, um Gewißheit über eine allgemeine Friedfertigkeit der Deutschen oder gar über ihren Verzicht auf Revision zu erlangen. So klar er die weltpolitischen Veränderungen nach dem Kriegsende, die Teilung Europas zwischen Ost und West, den Aufstieg der Sowjetunion und der Vereinigten Staaten von Amerika zu einzig unangefochtenen Weltmächten und den Gewichtsverlust Frankreichs erkannte und in seinem Kampf gegen die »Ordnung von Jalta« zur Sprache brachte, so unterschätzte er möglicherweise die epochale, wahrlich nur als tiefen Einschnitt begreifliche Qualität der Zäsur, die die bedingungslose Kapitulation des Deutschen Reiches 1945 bedeutete und die einen »Umbruch im Denken der Deutschen«[57], zumindest in ihrer großen Mehrzahl, bewirkte.

Trotz seiner streckenweise präzedenzlosen Sympathien für bestimmte Grundansätze der Außenpolitik Konrad Adenauers, mit dem ihn fast eine Art »Wahlverwandtschaft« verband[58], blieb er gegenüber dem östlichen Nachbarvolk von Mißtrauen erfüllt. Daß die Bundesrepublik seit ihrer Gründung die vertrauten Pfade der deutschen Geschichte, insbesondere der vorherrschenden Tradition des Deutschen Reiches Bismarckscher Prägung, verließ und im Zuge der Westpolitik des ersten

---

51 DM II, S. 350.

52 Vgl. H.-P. SCHWARZ, Adenauer. Bd. 1: Der Aufstieg. 1876–1952, 2. Auflage München 1994, S. 700.

53 Vgl. J.-P. BLED, Le général de Gaulle et l'Allemagne pendant la traversée du désert (1946–1958), in: Revue d'Allemagne 22 (1990) S. 519, 523, und DM II, S. 451, Pressekonferenz, 22. Juni 1951.

54 DM II, S. 571, Pressekonferenz, 25. Februar 1953.

55 Vgl. ebd. S. 571f.

56 So M. SALEWSKI, Deutschland. Eine politische Geschichte, Bd. 2, S. 308.

57 P. ALTER, Der eilige Abschied von der Nation. Zur Bewußtseinslage der Deutschen nach 1945, in: H. KLUETING (Hg.), Nation, S. 185.

58 Vgl. DM II, S. 329, 451, Pressekonferenzen vom November 1949 und 22. Juni 1951.

Kanzlers ihr außenpolitisches Bewegungsgesetz allmählich in der unauflöslichen Verbindung sich gegenseitig bedingender Souveränität, Westintegration und Sicherheit fand[59], begrüßte er in dem Maße, wie sich der Schwerpunkt des geteilten Deutschlands geographisch, politisch und symbolisch von Preußen als früherem Kernstaat des Deutschen Reiches entfernte und nach Westen an den Rhein verlagerte.

Allerdings scheint sich de Gaulle damals ebensowenig wie das Gros der Deutschen die Frage gestellt zu haben, welche Konsequenzen aus Konrad Adenauers Westpolitik im Hinblick auf die in ihr bewußt enthaltene Lösung der »deutschen Frage« resultierten, also ob eine künftige, noch unvorhersehbare Einheit Deutschlands politisch entsprechend präjudiziert würde. Ähnlich wie spätere Historiker den »Alten« als außenpolitischen »Neuerer«[60] zu verstehen begannen, war das »geordnete, tätige, aufbauende, europäische Deutschland Konrad Adenauers den Franzosen, die an das Ungeheuerliche aus Deutschland gewöhnt waren, beinahe zu geheuer«, wie ein aufmerksamer Beobachter der deutsch-französischen Beziehungen in der Nachkriegszeit frühzeitig bemerkte[61]. Daß Charles de Gaulle keineswegs rasch Vertrauen in die Verläßlichkeit und Stetigkeit der bundesrepublikanischen Außenpolitik zu gewinnen vermochte, verwundert vor dem Hintergrund seiner Kenntnis der deutschen Geschichte wenig, zumal auch der erste Bundeskanzler den politischen Qualitäten seines Volkes mißtraute[62]. Wie vergleichsweise leicht zumindest die überwiegende Mehrheit der Westdeutschen, die sich zu einem zuverlässigen Partner des Westens entwickelten, den bislang unwiderruflichen Untergang Preußens verschmerzten, vermochte de Gaulle kaum zu begreifen[63]. Ein hohes Maß an historisch begründeter Skepsis verminderte de Gaulles unerwartete Bereitschaft zur Entente mit den Deutschen, deren Ernsthaftigkeit auf die Unterschiede verweist: Sie hoben seinen »zweiten Zug durch die Wüste« von früheren Etappen seines politischen Weges ab.

De Gaulle begann nach dem Scheitern seines Rassemblement du Peuple Français 1953 und der Europäischen Verteidigungsgemeinschaft 1954 darauf zu warten, an die Macht zurückgerufen zu werden, und unternahm keine eigenen Schritte mehr auf dieses Ziel hin. Zur Politik bezog er seitdem nur noch selten öffentlich Stellung, wenngleich er aufmerksam die »politische und finanzielle Schlammschlacht« auf der politischen Bühne verfolgte, wie er den in hohem Maße vom Parlamentarismus geprägten innenpolitischen Stil der labilen Vierten Französischen Republik polemisch nannte[64]. Die Deutschlandpolitik seines Landes kommentierte er fortan kaum mehr als sporadisch, indem er bekannte Positionen wiederholte[65]. Auch äußerlich beschrieb die Debatte über die geplante EVG, die immerhin entscheidende Fragen der Landesverteidigung und des französischen Selbstverständnisses in der Nachkriegszeit zum

59 Vgl. dazu K. HILDEBRAND, Integration und Souveränität. Die Außenpolitik der Bundesrepublik Deutschland 1949–1982, Bonn 1991, S. 25.
60 H.-P. SCHWARZ, Adenauer als politischer Neuerer, in: G. LANGGUTH (Hg.), ›Macht bedeutet Verantwortung‹. Adenauers Weichenstellungen für die heutige Politik, Köln 1994, S. 13.
61 F. BONDY, Zum deutsch-französischen Dialog, S. 438.
62 Siehe oben Anm. 228 im Kapitel III.
63 Vgl. z. B. DM II, S. 644, Pressekonferenz, 30. Juni 1955.
64 Siehe LNC VII, S. 334, Brief an seinen Schwiegersohn, 11. November 1957.
65 Vgl. ebd. S. 255, Brief an R. Coudenhove-Kalergi, 13. Oktober 1955; DM II, 642ff., Pressekonferenz, 30. Juni 1955.

Gegenstand hatte, eine Zäsur seiner Oppositionszeit[66]. Denn nach ihrem Abschluß, zwischen 1955 und 1958, verzichtete Charles de Gaulle, zu dessen wirkungsvollsten politischen Mitteln stets die Rhetorik zählte, auf Pressekonferenzen[67]. Waren also die Jahre bis 1958, denen der Makel der äußeren Erfolglosigkeit anhaftet, hinsichtlich der deutschlandpolitischen Gedankenbildung Charles de Gaulles regelrecht »verloren«? Lag ihre historische Bedeutung lediglich auf dem Niveau eines »laboratoire où se préparent les grandes décisions qui rythmeront l'histoire de la République gaullienne à partir de 1958«, wie sie der Straßburger Historiker Jean-Paul Bled[68] kürzlich gedeutet hat?

Charles de Gaulle gehörte während seiner Oppositionszeit weder der Nationalversammlung an, noch besaß er ein anderes politisches Amt oder Mandat, wenn man von der Präsidentschaft des RPF-Exekutivkomitees bzw. des Direktionsrates dieser Sammlungsbewegung seit dem 24. Juni 1949 absieht. Er unterhielt keinerlei Kontakte zu Deutschen. Ein unmittelbarer Gedankenaustausch mit deutschen Politikern fand in diesen Jahren nicht statt. Da er jeden Anschein vermied, als zweiter »General Boulanger« die Regierungspolitik bestimmen zu wollen, vielmehr die entstandene parlamentarisch-republikanische Verfaßtheit respektierte, ohne sie vorbehaltlos zu akzeptieren[69], und nicht wußte, ob ihm eines Tages wieder die Geschicke Frankreichs anvertraut würden, verdient seine ernsthafter als jemals zuvor gehegte Vision einer deutsch-französischen »entente directe« keineswegs nur als eine Vorstufe seiner späteren präsidentiellen Deutschlandpolitik, sondern als ein eigenständiger und originärer Beitrag zur europäischen Nachkriegsgeschichte erörtert zu werden.

Im Unterschied zu den dreißiger Jahren, als er erstmals ähnliche Gedanken flüchtig erwogen hatte, schienen es de Gaulle zwei Jahrzehnte später ebenso die abstrakten Rahmenbedingungen wie die konkrete aktuelle Interessenlage beider Länder zu gebieten, daß Frankreich enge Beziehungen zu Deutschland unterhielt. 1934 hatte er in einer vergleichsweise allgemein gehaltenen Form festgestellt, daß die zeitbedingten deutsch-französischen Spannungen in erster Linie einer engen politischen Kooperation entgegenstünden. Gleichwohl hatte er sich von deren prinzipieller Wünschbarkeit und zukünftiger Erreichbarkeit bei allem Argwohn, mit dem er den Verlauf der internationalen Politik verfolgte, überzeugt gezeigt, ohne allerdings ein klares Telos, weder ein machtpolitisches Ziel noch eine bestimmte Absicht, zu benennen, das nach seiner Ansicht einer »gallisch-germanischen Entente« hätte zugrunde liegen sollen. Abgesehen von der Frage der kleindeutschen Reichseinheit, die in dem Zusammenhang eine gesonderte Betrachtung erfordert[70], begünstigten seiner Beschreibung der beiden Völker zufolge die geographischen, zivilisatorischen, geistig-kulturellen Rahmenbedingungen eine Annäherung, die von den politischen Interessengegensätzen der Zeit, der französischen Status-quo-Politik und dem damit verknüpften Großmachtanspruch auf der einen Seite und dem deutschen Streben nach Revision der Pariser Friedensordnung von 1919 auf der anderen, verhindert wurde.

---

66 Vgl. J.-P. Bled, Le général de Gaulle, S. 523.
67 Vgl. G. Kraus, De Gaulle und Adenauer im Spiegel sechs deutscher Wochenzeitungen. Die Beurteilung ihrer gemeinsamen Politik, Diss. phil. Erlangen-Nürnberg 1970, S. 8.
68 Vgl. J.-P. Bled, Le général de Gaulle, S. 523.
69 Vgl. J. Charlot, Le Gaullisme, S. 90, 138.
70 Siehe dazu oben Kapitel III.2.d., und unten Kapitel VI.4., passim.

Als Charles de Gaulle seit 1949 wieder an eine deutsch-französische Entente dachte, verlor diese Vision aus mehreren Gründen ihr utopisches Element, das ihr 1934 zweifellos innegewohnt hatte. Die gegenüber der multipolaren Staatenordnung in der Zwischenkriegszeit so grundsätzlich gewandelte Interessenlage Frankreichs und der Bundesrepublik im bipolaren System des Kalten Krieges trug ebenso dazu bei wie die historische Tatsache, daß sich beide Länder – Deutschland noch erheblich mehr als Frankreich – in einem beträchtlichen, teilweise sogar epochalen Ausmaß politisch und strukturell gewandelt hatten.

Die Bonner Bundesrepublik erfüllte zwar genausowenig wie die Vierte Französische Republik, deren außenpolitischen Weg und verfassungsmäßige Ordnung der General nicht müde wurde zu kritisieren[71], sämtliche politischen Wünsche de Gaulles, aber kam ihnen von allen Formen deutscher Staatlichkeit, die er seit der Zeit des kaiserlichen Deutschlands erlebt hatte, relativ nahe. Dies hing in hohem Maße mit der betont frankophilen Außenpolitik zusammen, die Konrad Adenauer im Rahmen der von den westlichen Siegermächten gezogenen politischen Grenzen des westdeutschen Provisoriums betrieb.

Im Unterschied zu den Jahrzehnten vor dem Zweiten Weltkrieg, in denen de Gaulles Deutschlandbild nahezu durchgängig von erheblichen Vorbehalten gegenüber den verschiedenen deutschen Regierungen und einer davon eigentümlich abgehobenen grundsätzlichen Zuneigung zu den Regierten, einer Sympathie für das »große deutsche Volk«, geprägt gewesen war, signalisierte er nun erstmals, wenn man seine schillernde Beurteilung der historischen Größe Otto von Bismarcks aus dem Jahre 1934[72] außer acht läßt, eine begrenzte Affinität zur politischen Gedankenwelt eines führenden deutschen Staatsmannes. Sein Urteil über Konrad Adenauer unterschied ihn von manchen seiner loyalsten Gefolgsleute, z. B. von Michel Debré, der bis 1957 fast krampfhaft am »tutelle«-Konzept der französischen Deutschlandpolitik aus der unmittelbaren Nachkriegszeit festhielt, im Zuge seines fanatisch propagierten Nationalismus ein bemerkenswert spätes traditionelles Erbfeindschaftsdenken verkörperte und die deutsch-französische Annäherung in der Zeit der Vierten Republik politisch nicht zu würdigen wußte[73].

Wenngleich die nationalstaatlichen Erwartungen und Hoffnungen der Deutschen überwiegend am historischen Vorbild des Bismarck-Reiches als Maßstab orientiert

71 Vgl. z. B. DM II, S. 555f., Pariser Rede vom 11. November 1952.
72 Siehe dazu oben Kapitel III.2.d, S. 83f. Mit Otto von Bismarcks Politik scheint sich de Gaulle schon vor dem Ersten Weltkrieg beschäftigt zu haben, zumal er dessen Memoiren kannte. Der Übersetzer der ersten französischen Teilausgabe von 1899, Ernest Jaeglé, erteilte ein Jahrzehnt später Deutschunterricht an der Offiziersschule Saint-Cyr, wo de Gaulle zu seinen Schülern zählte. Vgl. dazu J. ROVAN, Préface, zu: Otto von Bismarck, Pensées et Souvenirs, (französische Übersetzung) Paris 1984, S. 11.
73 Für Michel Debrés Haltung zu Deutschland in der Nachkriegszeit erlangte das »Dritte Reich« als ideologische Erfahrung eine größere Bedeutung als für Charles de Gaulles, was auch auf der Biographie Debrés, seiner familiären Herkunft, beruhte. Während de Gaulle nach dem Zweiten Weltkrieg weiterhin die Ansicht vertrat, daß die Deutschen im »Dritten Reich« nicht kollektiv zu Nationalsozialisten geworden seien, sondern sich, wie er am 7. März 1948 bezeichnenderweise in einer Rede in Compiègne erklärte, die nationalsozialistische Ideologie eher umgekehrt ihrer bemächtigt habe, verfolgte Michel Debré während der Vierten Republik als Senator die Außen- und Deutschlandpolitik Konrad Adenauers in jener Weise, wie die französischen Liberalen des 19. Jahrhunderts die deutsche Nationalbewegung bewertet hatten, als sie nach der Verträglichkeit der inneren Freiheit mit der äußeren Einheit fragten. Vgl. dazu den eventuell noch einer Vertiefung harrenden Aufsatz von F. L'HUIL-

blieben und auch Konrad Adenauer rechtlich nicht den Boden des verpflichtenden Erbes verließ, das der untergegangene deutsche Nationalstaat 1945 der folgenden Generation anvertraute, so vollzog der erste Bundeskanzler im Zuge seiner Westpolitik eine einschneidende Wende in der Geschichte deutscher Außenpolitik. Adenauer brach mit der Tradition[74], schuf etwas Neues und kam zur selben Zeit ebenso gewollt wie ungewollt, absichtlich wie unbewußt, de Gaulles Idealvorstellung über Deutschland entgegen[75], freilich ohne ihr vollständig zu entsprechen. Denn was Charles de Gaulles deutschlandpolitischer Präferenz substantiell entgegenkam, lief ihr gleichzeitig zuwider. Konrad Adenauer gab den Anspruch einer nationalstaatlichen Wiedervereinigung nicht auf, hielt ihn vielmehr aufrecht und präjudizierte mit seinem »Anliegen, Integration Europas und Wiedervereinigung Deutschlands als einheitliche Option zu betrachten«[76], wesentlich den äußeren politischen Rahmen eines wiedervereinigten Deutschlands. Als er Souveränität und Integration dahingehend kombinierte, daß die Bundesrepublik in dem Maße souverän wurde, in dem sie sich mit dem Westen zu integrieren bereit war, und sich im Gegenzug so weitgehend integrierte, wie ihr Souveränität gewährt wurde, wählte er zum einen jenen außenpolitischen Kurs der Einbindung, den de Gaulle für Frankreich ablehnte. Zum anderen bewirkte er, nachdem das Bismarck-Reich kriegerisch zerschlagen worden war, politisch gezielt jene »annulation de l'œuvre bismarckienne«[77], die Charles de Gaulle seit den dreißiger Jahren als zentrale Voraussetzung einer deutsch-französischen Entente ansah.

Mindestens ebenso wichtig wie die Frage einer potentiellen deutschen Einheit war in dem Zusammenhang Konrad Adenauers charakteristische »antipreußische Überzeugung«[78]. Sie setzte der Rheinländer in die Tat um, indem er den politischen Schwerpunkt des westdeutschen Staates bzw. Teilstaates dauerhaft nach Westen verlagerte. Die politischen, geistig-kulturellen und ökonomischen Interessen der Bundesrepublik geboten nach seiner Ansicht die Westorientierung bzw. -bindung, womit er die »Wahlverwandtschaft« fundierte, die ihn später »seine exzeptionelle Stellung gegenüber de Gaulle«[79] gewinnen ließ. Allerdings lassen sich gegen Pierre Maillards sicherlich nicht ungerechtfertigte, aber womöglich zu weitgehende Einschätzung, daß

LIER, Le problème allemand vu par Michel Debré entre 1948 et 1968, in: Etudes gaulliennes 6 (1978) S. 63f., 66, 68f. Charles de Gaulles Rede vom 7. März 1948 ist enthalten in: DM II, S. 173. Vgl. zum französischen Liberalismus W. J. ORR, jr., La France et la révolution allemande de 1848–1849, in: Revue d'Histoire diplomatique 93 (1979) S. 327–330; P. GUIRAL, Der Liberalismus in Frankreich (1815–1870). Grundlagen, Erfolge, Schwächen, in: L. GALL (Hg.), Liberalismus, Köln 1976, S. 285f., 289ff.

74 Vgl. K. HILDEBRAND, Integration, S. 25.
75 Vgl. grundsätzlich zu der Affinität P. MAILLARD, De Gaulle und Deutschland, S. 190. Am 12. November 1953 gab de Gaulle in einer Pressekonferenz zu erkennen, worin die begrenzte Gemeinsamkeit seiner deutschlandpolitischen Konzeption mit Adenauers bestand und daß er weiterhin zwischen deutschem Staat und deutscher Nation differenzierte: »Il faut que l'Allemagne fasse partie de l'Occident, ce qui implique que l'Occident lui apporte des conditions d'existence nationale et internationale compatibles avec ce qu'elle vaut.« Siehe DM II, S. 590.
76 W. WEIDENFELD, Konrad Adenauer und Europa. Die geistigen Grundlagen der westeuropäischen Integrationspolitik des ersten Bonner Bundeskanzlers, Bonn 1976, S. 108. Siehe dazu auch ebd. S. 210.
77 So J.-P. BLED, Le général de Gaulle, S. 515.
78 W. WEIDENFELD, Konrad Adenauer und Europa, S. 44. Siehe zu der »Preußen-kritischsten Phase« Adenauers nach dem Zweiten Weltkrieg H.-P. SCHWARZ, Adenauer. Bd. 1, S. 449.
79 BA, NL von und zu Guttenberg, Bd. 68, Bl. 233: Schreiben von Alois Mertes an den Freiherrn von und zu Guttenberg vom 10. Juni 1963.

sich der deutsche Kanzler und der französische General politisch »fast komplizenhaft näherkamen«[80], zwei Einwände erheben. Konrad Adenauer blieb bis 1958 trotz der Resonanz, die sein weitreichender Vorschlag einer deutsch-französischen Union auf seiten de Gaulles 1950 hervorgerufen hatte, von erheblichem Mißtrauen gegenüber dem General erfüllt und fürchtete dessen Rückkehr an die Macht[81]. Und de Gaulle übersah einen Aspekt der Frankreichpolitik des deutschen Kanzlers, der einen der qualitativen Unterschiede zwischen der europäischen Nachkriegszeit und der europäischen Geschichte in der Zeit vor dem Zweiten Weltkrieg beschrieb.

Das Prinzip der politischen, ökonomischen und militärischen Integration, das Konrad Adenauers Außenpolitik zugrunde lag, war politisch unvereinbar mit den Grundsätzen einer bilateralen Allianzbildung traditionellen Stils, die im zwischenstaatlichen Verkehr der europäischen Diplomatie bis 1944, wenn man den französisch-sowjetischen Beistandspakt als eines der letzten Beispiele wertet, überwiegend praktiziert worden waren. Es verhalf dem westdeutschen Provisorium zur Souveränität und äußeren Handlungsfreiheit, enthielt eine neue Form der Sicherheitsgarantie für die außenpolitischen Partner der Bundesrepublik in Westeuropa und begrenzte die politischen Optionsmöglichkeiten der Deutschen.

Charles de Gaulles Opposition gegen die Europäische Verteidigungsgemeinschaft kündigte in einer doppelten Weise bereits an, was zu erwarten war, falls sich eines Tages bewahrheiten sollte, was Oliver Harvey, der britische Botschafter in Frankreich, 1948 hellsichtig prophezeit hatte: »De Gaulle ist ein Mann der Krise, er wird nur an die Macht kommen, wenn es zu einer äußeren oder inneren Krise ... kommt«[82]. De Gaulle kehrte auf dem Wege einer Staatskrise an die Macht zurück, sorgte indessen nicht nur für neuartige und unerwartete Krisen im deutsch-französischen Verhältnis.

80 P. MAILLARD, De Gaulle und Deutschland, S. 158.
81 Vgl. G. BUCHSTAB, Zwischen ›Zauber und Donner‹. Die CDU/CSU und de Gaulle, in: W. LOTH, R. PICHT (Hg.), De Gaulle, S. 96f.; siehe auch H.-P. SCHWARZ, Adenauer. Bd. 2: Der Staatsmann. 1952–1967, 2. Auflage München 1994, S. 440f.
82 Zitiert nach C. L. SULZBERGER, Auf schmalen Straßen durch die dunkle Nacht. Erinnerungen eines Augenzeugen der Weltgeschichte 1934–1954, (dt. Übersetzung) Wien u. a. 1969, S. 61.

VI. »DE GAULLE UND DER FREUNDSCHAFTSVERTRAG – DAS WAR ZU VIEL AUF EINMAL«: CHARLES DE GAULLE UND EIN NEUES DEUTSCHLAND (1958–1969)

1. Die Situation bei de Gaulles Rückkehr an die Regierung

Am 1. Juni 1958 kehrte Charles de Gaulle gleichsam wie ein »Deus ex machina«[1] auf die politische Bühne zurück und übernahm, wie sich später erwies, als letzter Ministerpräsident der Vierten Französischen Republik die Macht. Hatte er sich gleichsam wie ein »Eremit«[2] seit 1955 nahezu jeglicher konkreten politischen Initiativen und öffentlichen Reden enthalten, so bestätigte sich nun eine Erkenntnis, die der deutsche Sozialdemokrat Julius Leber in einer unvergleichbar anderen Situation gewonnen hatte: »Große Führer kommen fast immer aus dem Chaos, aus der richtigen Ordnung kommen sie selten, aus der Ochsentour nie«[3]. Darüber, daß der »Rebell« einstmals zur Genüge historische Größe bewiesen hatte, waren sich die meisten zeitgenössischen Beobachter einig. Aber wer war er während seines »Zuges durch die Wüste« geworden? Wie würde der General, der selbst geschichtsbewußte Engländer an »un Hindenburg en puissance« denken ließ[4], die deutsch-französischen Beziehungen fortsetzen, die sich in den fünfziger Jahren gewiß nicht störungsfrei entwickelt, aber insgesamt so grundlegend im Vergleich mit der Zwischenkriegszeit gewandelt hatten?

Über den neuen Ministerpräsidenten, den die verfahrene Lage, in die Frankreich durch den Verlauf des Algerienkrieges geraten war, von der Notwendigkeit befreite, seine politischen Absichten offenzulegen[5], überwogen in beinahe allen inoffiziellen ausländischen Kommentaren statt verbindlicher Urteile nur Mutmaßungen, die sich jeweils auf verschiedene Entscheidungen und Einlassungen de Gaulles aus den vergangenen zwei Jahrzehnten bezogen. Auf angelsächsischer Seite setzte sich vergleichsweise rasch die Überzeugung durch, daß ein im Inneren konsolidiertes, äußerlich von der Bürde Algeriens entlastetes Frankreich mehr im eigenen Interesse lag als eine Verlängerung der innen- und außenpolitischen Agonie, die die Vierte Republik heimgesucht und die sich für die Position des Westens im Kalten Krieg als gefährlich erwiesen hatte. Beide Ziele zu erreichen, trauten die englische und die amerikanische Regierung de Gaulle zu, obwohl beide wegen der »delphischen Rätselhaftigkeit«[6] de

1 PA AA, Referat 204, Bd. 268, Bericht von Josef Jansen, 17. Juli 1957 über Gerüchte über de Gaulles Rückkehr an die Regierung. Die USA hatten im Rahmen ihrer Europapolitik eine Regierungsübernahme de Gaulles bereits früher erwartet. Obwohl amerikanischen Diplomaten in Paris jeder Kontakt zu Charles de Gaulle bis 1956 untersagt gewesen war, hatte der CIA die Sammlungsbewegung RPF finanziell unterstützt. Vgl. dazu D. COOK, Charles de Gaulle, S. 450; I. M. WALL, The United States, Algeria, and the Fall of the Fourth French Republic, in: Diplomatic History 18 (1994) S. 501f., und DERS., Harry S. Truman et Charles de Gaulle, in: Espoir, Heft 79 (1992) S. 93ff.
2 J. CHARLOT, Le Gaullisme, S. 322.
3 Überliefert bei W. BRANDT, Erinnerungen, Frankfurt a. M. 1989, S. 94.
4 Documents Diplomatiques Français 1959. Bd. I (1er janvier–30 juin) S. 84, Telegramm des französischen Botschafters Jean Chauvel, London, 21. Januar 1959.
5 J.-P. RIOUX, La France de la IVe République. Bd. 2: L'Expansion et l'impuissance (1952–1958), 2. Auflage Paris 1983, S. 161.
6 H. MACMILLAN, Erinnerungen, (dt. Übersetzung) Frankfurt a. M./Berlin 1972, S. 414.

Gaulles dessen Haltung in der Algerienfrage nicht kannten. Der amerikanische Präsident Dwight D. Eisenhower und der englische Premierminister Harold Macmillan waren sich nicht zuletzt aus den Erfahrungen, die sie im Zweiten Weltkrieg bei ihren persönlichen Begegnungen mit dem Führer des Freien Frankreich erworben hatten, »im klaren darüber, daß ein an die Macht zurückgekehrter de Gaulle nicht gerade der bequemste Partner sein würde, aber ein starkes Frankreich war einem schwachen Frankreich auf jeden Fall vorzuziehen, welche Schwierigkeiten sich mit de Gaulle auch ergeben mochten«[7].

Vor dem Hintergrund des Schwächezustandes, der Frankreich nach dem mißglückten »Suezabenteuer« 1956 befallen hatte und der in der Lage in Algerien und den häufigen Regierungswechseln zum Ausdruck kam, wurde die Regierungsübernahme des Generals mit unverkennbarer Erleichterung als »une rupture historique«[8] aufgenommen. Denn die Vierte Republik galt damals als »l'homme malade de l'Europe«[9]. Der amerikanische Außenminister Dulles glich beinahe Goethes Zauberlehrling, als er Anfang Juli 1958 in Paris weilte. Denn der Repräsentant der westlichen Weltmacht verlieh de Gaulle gegenüber seiner Erwartung Ausdruck, »que la France saura reprendre la très haute place à laquelle elle a droit«[10].

Ähnlich reagierten die Völker in Frankreichs traditionellen ostmitteleuropäischen Partnerländern, in Polen und der Tschechoslowakei, die sich in ihrem Urteil charakteristischerweise von ihren Regierungen zum Teil unterschieden, soweit sie sich frei äußern konnten. In Polen war bereits Ende Juni 1958 spontan von einem »renouveau de la puissance et du prestige français«[11] die Rede.

Dagegen verbanden sich die Erwartungen in Bonn und Moskau mit einem ereignisgeschichtlich eher marginalen Vorkommnis aus der Schlußphase des Zweiten Weltkrieges, dessen historische Wirkung über seine ursprüngliche Bedeutung hinausging. Der erwähnte, offiziell gegen Deutschland gerichtete und von de Gaulle als diplomatischer Schritt gegen die Angelsachsen verstandene Pakt, den der General am 10. Dezember 1944 mit einer Laufzeit von 20 Jahren mit der stalinistischen Sowjetunion geschlossen hatte[12], trug dazu bei, dem neuen Ministerpräsidenten die Absicht zu unterstellen, sich Moskau außenpolitisch annähern zu wollen. Die Sowjetunion erwartete, ähnlich wie die Angelsachsen, »que sa présence à la tête du Gouvernement se traduira par un accroissement de l'autorité de la France et de son influence en Europe et dans les Conseils internationaux«[13], und gedachte darüber hinaus mit Hilfe des gaullistischen Nationalismus einen Keil in das westliche Lager zu treiben[14]. Einerseits stand de Gaulle im Ruf, eine »antigermanische Politik«[15] zu favorisieren. Andererseits

7 D. COOK, Charles de Gaulle, S. 450.
8 F. BOZO, P. MÉLANDRI, La France devant l'opinion américaine: le retour de de Gaulle début 1958–printemps 1959, in: Relations internationales, Nr. 58 (1989) S. 205.
9 Ebd. S. 199. Vgl. auch I. M. WALL, The United States, S. 495f.
10 Documents Diplomatiques Français 1958. Bd. II (1er juillet–31 décembre), Paris 1993, S. 30.
11 AMAE, Europe 1944–1960, Pologne, Bd. 246, Bl. 191, Bericht des französischen Geschäftsträgers Débroise, 25. Juni 1958. Vgl. zur Tschechoslowakei ebd. Tchécoslovaquie, Bd. 216, Bl. 88, Telegramm des französischen Botschafters Claude Bréart de Boisanger, 4. Juni 1958.
12 Siehe dazu oben Kapitel IV.2, S. 119f.
13 AMAE, Europe 1944–1960, URSS, Bd. 267, Bl. 216, Telegramm des französischen Botschafters Maurice Dejean, 8. Juni 1958.
14 Vgl. ebd. Bl. 223, Aufzeichnung vom 21. Juli 1958.
15 Ebd.

zog die sowjetische Regierung erstaunlicherweise eine weitere oder neue deutsch-französische Annäherung in Betracht und fühlte sich bei diesem Gedanken an die Münchener Konferenz von 1938 erinnert[16]. Daß sie politisch an den Pakt von 1944 anzuknüpfen beabsichtigte, grenzte an Hypokrisie, weil der Vertrag am 7. Mai 1955 offiziell per Dekret des Obersten Sowjets, d. h. als Antwort auf die französische Zustimmung zu den Pariser Verträgen, gekündigt worden war[17]. Der Bundesregierung unter Konrad Adenauer war die Kündigung des Vertrages seitens der Sowjetunion bekannt, aber sie wußte nicht, daß der Pakt inzwischen in Frankreich selbst »comme lettre morte«[18] galt.

Allerorten geriet auch nahezu vollkommen in Vergessenheit, daß de Gaulle dank seiner autokratischen Politik nach der Befreiung Frankreichs 1944 eine drohende Machtübernahme der Kommunistischen Partei, die gestärkt aus der Résistance hervorgegangen war, womöglich verhindert hatte[19]. Obwohl de Gaulles Vorbehalte gegenüber dem Integrationsprinzip bekannt waren und von Konrad Adenauer nicht gebilligt wurden, teilte der deutsche Kanzler die Ansicht, daß die »Schwächung Frankreichs ... auch die Schwächung Europas«[20] bedeutete. Wegen der empfindlichen Sicherheitslage der Bundesrepublik, die mit der Stabilität und der Außenpolitik der Vierten Französischen Republik eng verknüpft war, lief die Haltung Adenauers auf eine Art politischer Güterabwägung hinaus, über die der französische Diplomat François Leduc am 2. Juni 1958 aus Bonn berichtete: »Le sentiment prévaut que tant que l'Europe est la zone stratégique la plus exposée, l'avenir de l'Allemagne dépendra de la France et de son armée, et que, par conséquent, il faut faire preuve de compréhension à l'égard de celle-ci et, si besoin est, de patience. Mieux vaut un processus qui aura pour effet de renforcer la situation politique, économique et militaire de la France au prix d'un certain décalage dans le fonctionnement du mécanisme atlantique et européen, que la prolongation d'une situation sans issue et dangereuse pour l'avenir de l'Alliance«[21]. In einem Runderlaß an alle bundesdeutschen diplomatischen Auslandsvertretungen wies daher Karl Carstens, der Leiter der Politischen Abteilung des Auswärtigen Amtes, am 16. Juni 1958 einsichtig und nüchtern darauf hin, daß die Verbündeten Frankreichs »das Experiment de Gaulle ganz einfach deshalb unterstützen« müßten, weil niemand zu sagen vermochte, was bei einem Scheitern de Gaulles passieren werde. »Dieses Mal war de Gaulle die Rettung«, lautete seine momentane Einschätzung[22].

Entscheidend war die Frage, wie der neue Ministerpräsident das gestiegene Gewicht, das Frankreich allenthalben als Folge seiner Machtübernahme konzediert wur-

16 Vgl. ebd. Allemagne 1956–1960, Bd. 43, Bl. 138, Telegramm von M. Dejean, 13. Oktober 1958.
17 Vgl. ebd. URSS, Bd. 270, Bl. 203f., Aufzeichnung über ›Conversations franco-soviétiques mars 1960‹, o.D.; im übrigen hatte sich auch de Gaulle bereits in einer Pressekonferenz 1951 von der früheren Allianz mit Moskau distanziert. Vgl. DM II, S. 451.
18 AMAE, Europe 1944–1960, URSS, Bd. 270, Bl. 204. Vgl. auch ebd. Allemagne 1956–1960, Bd. 26, Bl. 105 recto, Telegramm des französischen Geschäftsträgers in Bonn Leduc, 2. Juni 1958.
19 Vgl. dazu A. W. DePorte, De Gaulle's Foreign Policy, S. 279.
20 CDU-Bundesvorstandssitzung vom 11. Juli 1958. Siehe Adenauer, »... um den Frieden zu gewinnen«. Protokolle des CDU-Bundesvorstands 1957–1961, bearbeitet von G. Buchstab, Düsseldorf 1994, S. 181. Vgl. auch AMAE, Europe 1944–1960, Allemagne 1956–1960, Bd. 27, Bl. 17ff.
21 Ebd. Bd. 26, Bl. 104 verso, Telegramm von F. Leduc, 2. Juni 1958. Vgl. zur politischen Bedeutung des Algerienproblems für die bundesdeutsche Außenpolitik ebd. Bl. 134.
22 Siehe PA AA, Referat 204, Bd. 269.

de, zur Geltung brächte. Der deutsche Diplomat Josef Jansen befürchtete, künftig »in einem von de Gaulle dirigierten europäischen Orchester mitspielen zu müssen, das zudem noch für unsere Ohren nicht sehr angenehme russische Weisen anstimmen dürfte«[23]. Sowohl die Bundesrepublik wie die Sowjetunion bewiesen mit den auf der bloßen Aura beruhenden, keineswegs unbegründeten Fehleinschätzungen, in welchem Maße das politische Denken in den bipolaren Kategorien der Zeit andere geschichtswirksame Konzeptionen »großer europäischer Architektur«[24] überlagerte, die sich aus der modernen europäischen Geschichte herleiten ließen. Unverkennbar schimmerte in der Haltung der Bundesregierung trotz aller Erfolge, die der Außenpolitik Konrad Adenauers hinsichtlich der politischen Souveränität, der europäischen Integration und der äußeren Gleichberechtigung beschieden waren, eine charakteristische Diskrepanz zwischen der Bonner Republik und der Vierten Republik durch.

Als de Gaulle mehr als zwölf Jahre nach seinem Rücktritt des Jahres 1946 Frankreich wieder zu regieren begann, bestand formal mindestens ein vierfacher Statusunterschied zwischen beiden Ländern, den er sich in einem nicht geringen Maße als Verdienst anrechnen lassen konnte. Frankreich war ein Ständiges Mitglied im UNO-Sicherheitsrat und eine Schutzmacht Berlins. Es zählte nominell zu den Siegermächten des Zweiten Weltkrieges und berief sich ungeachtet bzw. gerade wegen der bekannten und deswegen teilweise totgeschwiegenen Okkupations- und Kollaborationszeit auf ein ungebrochenes Nationalethos[25]. Es verfügte ungeachtet aller Unbill, die ihm auf kolonialpolitischem Terrain in der Nachkriegszeit widerfahren war, über ein solides historisches Selbstbewußtsein, das freilich durch seinen »schrecklichen Abstieg« getrübt worden war, den es »seit über 100 Jahren« in de Gaulles Sicht erlitten hatte[26]. Erwähnt sei in dem Zusammenhang nicht zuletzt die Aussicht, eigene Atomwaffen zu besitzen, deren politische Bedeutung, welche Ungewißheit über der seit der Suez-Krise 1956 forcierten technischen Entwicklung auch lag, de Gaulle nicht entging[27].

Diese Statusunterschiede gehörten zur Charakteristik der deutsch-französischen Beziehungen, die seit der Gründung der Vierten Französischen Republik und der

23 Ebd. Bericht von J. Jansen aus Paris, 19. Juni 1958.
24 F. J. STRAUSS, Die Erinnerungen, S. 317.
25 Vgl. dazu I. KOLBOOM, Im Westen nichts Neues? Frankreichs Sicherheitspolitik, das deutsch-französische Verhältnis und die deutsche Frage, in: K. KAISER, P. LELLOUCHE (Hg.), Deutsch-Französische Sicherheitspolitik. Auf dem Wege zur Gemeinsamkeit?, Bonn 1986, S. 71.
26 So Ch. DE GAULLE, Memoiren der Hoffnung. Die Wiedergeburt 1958–1962, (dt. Übersetzung) Wien/München/Zürich 1971, S. 41. Verglichen mit der Zwischenkriegszeit mochte Frankreich zwar tatsächlich auf den Rang einer »international cipher« gesunken sein, wie der Historiker M. R. ZAHNISER, Uncertain Friendship: American-French Diplomatic Relations Through the Cold War, New York u. a. 1975, S. 263, prononciert befindet, aber es war für die Bundesrepublik doch das wichtigste Land in Europa, wenn man vom Sonderfall der hemisphärischen Sowjetunion absieht.
27 Vgl. L. SCHEINMAN, Atomic Energy Policy in France under the Fourth Republic, Princeton (New Jersey) 1965, S. 220; W. L. KOHL, French Nuclear Diplomacy, S. 35ff. Vgl. auch Ch. DE GAULLE, Memoiren der Hoffnung, S. 121. Siehe zu den französischen Motiven bei der ursprünglich bilateralen Nuklearkooperation E. CONZE, La coopération franco-germano-italienne dans le domaine nucléaire dans les années 1957–1958: un point de vue allemand, in: Revue d'Histoire diplomatique 104 (1990) S. 118–121. Vgl. zu den deutschen Motiven bei dieser Nuklearkooperation DERS., Die gaullistische Herausforderung. Die deutsch-französischen Beziehungen in der amerikanischen Europapolitik 1958–1963, München 1995, S. 38f.

Bundesrepublik Deutschland historisch eine »revolutionäre Wendung«[28] genommen hatten, nachdem die Franzosen zunächst »mit Bangen die politische Entwicklung Deutschlands nach dem Nazismus«[29] abgewartet hatten. Am 30. September 1957 erklärte der frühere Innenminister François Mitterrand in der Nationalversammlung, »que la Méditerranée, et non plus le Rhin, est l'axe même de notre sécurité, donc de notre politique étrangère«[30].

Allerdings wurden die Differenzen, die auf der Ebene des Ranges, der weltpolitischen Stellung und des moralischen Ansehens bestanden, dadurch gemildert, daß die Bundesrepublik mittels ihres zäh durchgehaltenen äußeren Bewegungsgesetzes, der Verbindung von Integration und Souveränität, nicht die faktische Gleichberechtigung mit Frankreich erworben, aber ein teilweise vergleichbares Gewicht erlangt hatte. Sie nahm fast die Stellung einer Mittelmacht ein, zumal es im Zeitalter des Kalten Krieges, den die beiden weltpolitischen Giganten im wesentlichen bestritten bzw. dessen Verlauf sie bestimmten, nach dem bitteren Eingeständnis eines späteren Gaullisten im »zerteilten Europa keine einzige Großmacht im traditionellen Sinne mehr«[31] gab. Der neue Außenminister Maurice Couve de Murville erfuhr am 17. Juli 1958, in Bonn werde befürchtet, daß die neue französische Regierung die mühsam errungene und kostbare »Égalité« im bilateralen Verhältnis beseitigen könne, falls die von der Bundesregierung und der sozialdemokratischen Opposition gewünschte Stabilisierung und Stärkung Frankreichs ein gewisses Maß übersteige[32]. Auf deutscher und französischer Seite ergänzte das Panorama jeweils eine spezifische nationale Herausforderung, wodurch sich die machtpolitischen Abstufungen 1958 eher nivellierten, bevor sie sich wegen der verschiedenen Lösungsmöglichkeiten und der eigenständigen Ziele, die Charles de Gaulle verfolgte, alsbald verschärften.

Wenngleich die deutsche Teilung in keiner unmittelbaren Beziehung zur ungelösten Algerienfrage stand, die »überall ... als ein drohender Schatten« die französische Politik begleitete[33], so ließ doch das nationale Hauptproblem der Franzosen die deutsch-französischen Beziehungen nicht unberührt. Konrad Adenauer nannte es zu Recht eine »europäische Frage«[34]. Dies galt nicht nur vordergründig im Hinblick auf die Stabilität der Französischen Republik, der daraus eine solche Gefahr erwuchs, daß Ben Bella, der Anführer und Unterhändler der algerischen Unabhängigkeitsbewegung, einmal übermütig und frivol bemerkte, »in Algerien sei die öffentliche Ordnung besser gesichert als in Frankreich«[35]. Vielmehr lauerte im Hintergrund der Beziehungen zwischen Bonn und Paris eine andere Gefahr, die auf die Frage verweist, »wie sich die Zielsetzungen des ›neuen‹ Frankreich und die Sorgen des geteilten Deutschlands

28 M. COUVE DE MURVILLE, Deutschland und Frankreich seit 1945. Ein Ludwigsburger Vortrag, in: Deutsche Rundschau 84 (1958) S. 526.
29 Ebd. S. 524.
30 Journal officiel de la République Française, 1. Oktober 1957, S. 4443.
31 M. COUVE DE MURVILLE, Deutschland, S. 523.
32 Vgl. AMAE, Europe 1944–1960, Allemagne 1956–1960, Bd. 26, Bl. 137f., Depesche von F. Leduc.
33 H. BLANKENHORN, Verständnis, S. 312.
34 CDU-Bundesvorstandssitzung vom 29. Januar 1960. Siehe Adenauer, »... um den Frieden zu gewinnen«. Protokolle des CDU-Bundesvorstands 1957–1961, S. 580.
35 Zitiert nach E. ASHCROFT, De Gaulle, S. 332.

vereinbaren«[36] ließen. Denn die »stillschweigende Gleichsetzung des Algerienproblems mit der Wiedervereinigungsfrage ... beinhaltet[e] im Grunde eine Drohung. Diese lautet[e]: Wenn ihr Deutschen Euch in der Algerienfrage nicht eindeutig auf unsere Seite stellt, so könnten wir eventuell unsere Einstellung in bezug auf die Wiedervereinigung oder in bezug auf das Verhältnis zur Sowjetzone einer Prüfung unterziehen«[37].

Beide nationalen Herausforderungen unterschieden sich in qualitativer Hinsicht. Während die Frage der nationalen Einheit von den Deutschen nicht im Alleingang gelöst werden konnte, sondern Frankreich die Möglichkeit bot, die Bundesrepublik für bestimmte Ziele der französischen Außenpolitik in Europa zu instrumentalisieren, konnte und mußte die Französische Republik »aus eigener Kraft« eine Lösung des Algerienproblems finden[38]. Frankreich hieß die westdeutsche Unterstützung bei diesem Unterfangen willkommen, aber die Abhängigkeit der Bundesrepublik von Frankreich war höher, als dies umgekehrt der Fall war. Daher dominierte in Bonn die Ansicht, ein unbequemer, leidlich stabiler Bundesgenosse sei vorteilhafter als ein gutwilliger, aber machtloser Freund[39].

Obwohl in Bonn die Sorgen vor einer französisch-russischen Annäherung schnell zerstoben waren[40] und Konrad Adenauer aufrichtige Zufriedenheit über »die Sanierung Frankreichs«[41] bekundete, folgte der Kanzler mit gemischten Gefühlen und Erwartungen de Gaulles Einladung nach Colombey-les-Deux-Eglises im September 1958. Für beide galt, daß diese erste unmittelbare Begegnung bis zu einem gewissen Grade »entscheidend«[42] den Fortgang der deutsch-französischen Beziehungen gestalten würde. Adenauer lernte im Verlauf des zweitägigen, keinem konkreten Thema, sondern allgemeinen historisch-politischen Betrachtungen gewidmeten Meinungsaustausches de Gaulle als »homme de certitudes«[43] kennen, mit dessen Grundanschauungen er beträchtlich übereinstimmte. Als die Begegnung so unerwartet

---

36 PA AA, Referat 204, Bd. 286, Aufzeichnung über die deutsch-französischen Beziehungen von Paul Frank, 15. Dezember 1958. Vgl. auch den Bericht von F. Seydoux vom 28. August 1958, in: AMAE, Europe 1944–1960, Allemagne 1956–1960, Bd. 27, Bl. 17: »L'importance de l'Afrique du Nord pour la sécurité et la défense de l'Occident est telle que l'Allemagne fédérale, malgré la discrétion que s'impose à son sujet le gouvernement du Chancelier, ne peut se désintéresser du sort de l'Algérie«.

37 BA, NL Blankenhorn, Bd. 90, Zusatzmappe Bl. 35, o.D. Zwischen de Gaulle und Adenauer herrschte darüber eine stillschweigende Übereinstimmung. Vgl. LNC IX, S. 221f., Schreiben an Adenauer, 24. März 1962. Das von A. GROSSER, Frankreich und seine Außenpolitik 1944 bis heute, München/Wien 1986, S. 182, beschriebene Bild einer »Rücken-an-Rücken-Position« ist falsch gewählt. Vgl. zur Bonner »Politik des Spagats« gegenüber der Algerienfrage K.-J. MÜLLER, Die Bundesrepublik Deutschland und der Algerienkrieg, in: VfZG 38 (1990) S. 629, 641.

38 Siehe PA AA, Referat 204, Bd. 175, Bericht des Heeresattachés Oberst von Rosenthal vom 2. Juni 1958. Vgl. auch BA, NL Blankenhorn, Bd. 92A, Bl. 16, Aufzeichnung über die deutsch-französischen Beziehungen von Paul Frank, 30. Dezember 1958.

39 So das Urteil in: PA AA, Referat 204, Bd. 175, Bericht des Heeresattachés Oberst von Rosenthal vom 2. Juni 1958.

40 Vgl. AMAE, Europe 1944–1960, Allemagne 1956–1960, Bd. 27, Bl. 18, Bericht von F. Seydoux, 28. August 1958.

41 ACDP, NL von Merkatz, Bd. I-148–116/1, Brief Adenauers an von Merkatz, 25. Juli 1958.

42 So J. BARIÉTY, La perception de la puissance française par le chancelier K. Adenauer de 1958 à 1963, in: Relations internationales, Nr. 58 (1989) S. 221.

43 Ebd. Siehe zu der Begegnung in Colombey-les-Deux-Eglises H.-P. SCHWARZ, Adenauer. Bd. 2, S. 452–457.

harmonisch verlief, sprachen Beobachter wie der französische Diplomat Jean Laloy oder Karl Carstens von einem »Mirakel«[44], was angesichts der Haltung, die der General während seiner Oppositionszeit gegenüber Deutschland eingenommen hatte, verständlich wirkt.

Daß über der Harmonie ein gewisser »Hauch von Unwirklichkeit«[45] lag und der Erfolg der Begegnung in Colombey-les-Deux-Eglises bei Freund und Feind auch Mißmut hervorrief, wurde umgehend sichtbar. Die Sowjetunion fühlte sich in ihrer traditionellen Einkreisungsphobie bestätigt und warf de Gaulle vor, die französisch-russische Allianz von 1944 zu verraten und den »deutschen Militarismus« zu unterschätzen. Sie befürchtete, der Bundesrepublik werde es dank der Hilfe Frankreichs in absehbarer Zeit gelingen, den westeuropäischen integrierten Block ökonomisch und militärisch als »Seniorpartner« zu dominieren[46]. Aber auch die Benelux-Länder sahen »sich auf einmal einer Intimität der deutsch-französischen Zusammenarbeit gegenüber, wie man sie nie für möglich gehalten hätte.« So sehr in den Hauptstädten der kleineren westeuropäischen Länder nach 1945 die Auffassung vorherrschte, daß »eine deutsch-französische Versöhnung, zum mindesten ein erhebliches Maß deutsch-französischer Wiederannäherung, Voraussetzung und Grundlage einer europäischen Politik des Zusammenschlusses sein müsse«, so erwarteten sie, »daß diese Wiederannäherung nie einen bestimmten Wärmegrad überschreiten und ... immer genügend deutsch-französische Spannung bleiben würde. ... Die Manövrierfähigkeit der kleinen Mächte schrumpfte für den niederländischen Geschmack empfindlich zusammen«[47].

In seinen Memoiren hat Charles de Gaulle später durchblicken lassen, daß die Reaktion der Benelux-Staaten begründet war. Er begnügte sich 1958 nicht mit der Aufgabe, lediglich das Algerienproblem zu lösen, sondern deutete an, als er Konrad Adenauer auf seinen lothringischen Landsitz einlud und überraschenderweise drei Tage später in einem Memorandum der amerikanischen und der britischen Regierung die NATO zu reformieren vorschlug, welche wahren Absichten er hegte. Der General vergaß nicht die Verpflichtungen, die seinem Land aus der Tradition der »France généreuse« erwuchsen, und suchte jeden Zweifel an seiner »grandeur« zu zerstreuen. Denn er gedachte sich aus dem »grundlosen Morast« in Algerien zurückzuziehen, um »unbelastet nach außen tätig zu werden«[48].

Im Hinblick auf die französische Deutschlandpolitik bewies de Gaulle in den folgenden rund zehn Jahren, daß er sich einerseits beinahe aller Höhen und Tiefen der europäischen Geschichte seit dem mittelalterlichen Frankenreich bewußt war und organisch an ausgewählte Elemente eines langen historischen Erbes anzuknüpfen beabsichtigte. »L'Histoire se compose de jugements établis sur les faits«[49], hatte er in diesem Sinne am 27. November 1947 dem Präsidenten der Untersuchungskommission geantwortet, der ihn im Namen der Nationalversammlung um Auskünfte über den Zweiten Weltkrieg und die Kollaborationszeit gebeten hatte. Andererseits zeigten die

---

44 Siehe die Erinnerungen von Zeitzeugen in: J. LACOUTURE, R. MEHL (Hg.), De Gaulle, S. 359f.

45 A. HILLGRUBER, Europa, S. 88.

46 Vgl. R. C. MONTICONE, Charles de Gaulle, Boston 1975, S. 77f., und Documents Diplomatiques Français 1958. Bd. II (1er juillet–31 décembre) S. 404.

47 PA AA, Referat 204, Bd. 313, Bericht der deutschen Botschaft in Den Haag vom 6. August 1959.

48 Ch. DE GAULLE, Memoiren der Hoffnung, S. 54.

49 LNC VI, S. 240.

Begegnung in Colombey und die drei Tage später ergriffene Initiative zu einer NATO-Reform, daß der General in mehreren Bereichen der Politik einen Bruch mit der Vergangenheit zu vollziehen für geboten hielt. In der Perspektive traf die Ansicht, de Gaulle habe sich »in die Rolle eines philosophischen Betrachters und Historikers zurückgezogen ..., der die Ereignisse betrachtet, aber nicht selbst die Aktion anstrebt«[50], wie der deutsche Botschafter Vollrath Freiherr von Maltzan noch im Mai 1958 urteilte, nur zur Hälfte zu.

2. Charles de Gaulles politische Absichten

Charles de Gaulle übernahm die Regierungsverantwortung in der erklärten Absicht, sich keinesfalls nur als »Chirurg der algerischen Operation«[51] zu betätigen, wenngleich er die politische, ökonomische und moralische Bedeutung des Konflikts ermaß, die den Bewegungsspielraum jeder künftigen Außen- und Innenpolitik empfindlich einengte. Entsprechend soll er sich auch seinem Kulturminister André Malraux gegenüber geäußert haben: »Wenn es nur ums Liquidieren gegangen wäre, wozu hätte man mich dann gebraucht? Bloß ein großes Buch der Geschichte zuklappen hätte auch die Vierte Republik können [sic!]«[52]. Maßgebliche Repräsentanten der Vierten Republik tolerierten de Gaulles Ernennung zum Ministerpräsidenten und die Übertragung außergewöhnlicher Vollmachten an den General, weil sie sich von der Hoffnung leiten ließen, ihm werde im Hinblick auf Algerien gelingen, was ihnen selbst versagt geblieben war. Anschließend werde ihnen, so lautete ihr Kalkül, »dieser Mohr« wieder die politische Bühne überlassen[53].

Im Grunde implizierte der algerische Aufstand, der am 1. November 1954 ausgebrochen war und sich seitdem ausweitete, latent auch ein konstitutionelles Problem, das dem neuen Ministerpräsident nicht zuletzt aus seiner mehr als drei Jahrzehnte zurückliegenden Beschäftigung mit der deutschen Geschichte vertraut war. Seitdem der Ministerpräsident Guy Mollet vor den Aufständischen bzw. der Reaktion der französischen Siedler in Algier am 6. Februar 1956 zurückgewichen war, bestand in der Vierten Französischen Republik ein neuer Konflikt zwischen der zivilen und der militärischen Gewalt. Die Autorität der Regierung beruhte in Algier auf der Einsatzbereitschaft der Armee in Gestalt der Fallschirmjäger des Generals Jacques Massu. Jede Regierung mußte sich seither um ihrer äußeren Handlungsfähigkeit willen in verteidigungs- und außenpolitischen Fragen der Gefolgschaft der Armee versichern. Der

50 PA AA, Referat 204, Bd. 270, Bericht vom 7. Mai 1958.
51 ACDP, NL Krone, Bd. I-028–005/5, Bericht von J. Jansen vom 7. August 1959, S. 5. De Gaulle zog seit 1956 die Autonomie Algeriens als politische Option in Betracht. Vgl. I. M. WALL, The United States, S. 501.
52 Den Ausspruch zitiert M. COUVE DE MURVILLE, Außenpolitik, S. 371. Mehrere Generäle und Politiker, die maßgeblich de Gaulles Ernennung zum Ministerpräsidenten favorisiert hatten, bemerkten erst später, daß de Gaulles Absichten über eine Lösung des Algerienkonflikts weit hinausgingen. Vgl. General Dulacs Äußerungen in: J. LACOUTURE, R. MEHL (Hg.), De Gaulle, S. 247, 260.
53 Siehe BA, NL von und zu Guttenberg, Bd. 68, Bl. 232, Mertes an von und zu Guttenberg, 10. Juni 1963: »Von 1958 bis 1961 hatten Guy Mollet und seine Freunde de Gaulles Autorität für notwendig erachtet und gestützt, um den Algerienkrieg und das Gespenst der Militärdiktatur loszuwerden. Ihre grosse Enttäuschung: ›Der Mohr hat seine Schuldigkeit getan, der Mohr geht nicht‹.« Vgl. dazu auch R. RÉMOND, Frankreich im 20. Jahrhundert. Bd. 2, Stuttgart 1995, S. 76.

Primat der Politik geriet zugunsten der Macht des Militärs ins Hintertreffen. Diese »dangereuse dérive de l'armée vers la politique«[54] änderte sich, als der Staatspräsident René Coty General de Gaulle, den »Rebellen« von 1940, mit der Regierungsverantwortung betraute.

Daß de Gaulle daneben eine moralische Hypothek übernahm, die sich aus so manchem Eklat ergab, der der Weltöffentlichkeit als Folge des militärischen Vorgehens in Nordafrika bekanntgeworden war, erfuhr er wenige Wochen nach seinem Einzug ins Hôtel Matignon aus dem Munde eines prominenten dezidierten Moralisten. Als die französische Luftwaffe am 8. Februar 1958 die tunesische Stadt Sakhiet-Sidi-Youssef bombardierte, rief dieser Rechtsverstoß, der 75 Todesopfer auf seiten der arabischen Zivilbevölkerung forderte, insbesondere jenseits des Atlantiks Empörung und Enttäuschung über das politische Procedere sowie Verachtung für die französische Armee hervor. Entrüstet befand der amerikanische Senator Mansfield, die Operation sei generell Frankreichs »unwürdig« und könne kein »acte des Français« gewesen sein, sondern »un acte de folie commis par une poignée d'irresponsables«[55]. Nicht ohne Bedacht wies John Foster Dulles, der den Kalten Krieg in hohem Maße als einen moralischen Konflikt verstand, de Gaulle am 5. Juli 1958 auf die traditionelle freiheitliche Reputation Frankreichs und ihren verpflichtenden Charakter hin[56].

De Gaulle begann die Algerienfrage in erster Linie im Hinblick auf den französischen Großmachtanspruch zu lösen, was ihn gleichermaßen von seinen gescheiterten Vorgängern Guy Mollet, Félix Gaillard und Pierre Pflimlin unterschied, wie es ihn mit ihnen wiederum verband. Bereits 1953/54 hatte die heftige öffentliche Debatte zwischen Befürwortern und Gegnern der Europäischen Verteidigungsgemeinschaft »die elementare Auseinandersetzung des nationalen Bewußtseins der Franzosen mit den Gefahren, die dem nationalen Bestand Frankreichs im XX. Jahrhundert erwachsen

---

54 P. MESSMER, Après tant de batailles. Mémoires, Paris 1992, S. 270. Vgl. zum Aufruhr des 6. Februar 1956 und zu seiner Bedeutung J. CHARLOT, Le Gaullisme, S. 324; R. GARY, Charles de Gaulle, S. 210. Siehe zur der Parallele zu seinem Werk »La Discorde chez l'ennemi« von 1924 oben Kapitel III.1.b, S. 44–49. R. RÉMOND, Frankreich im 20. Jahrhundert. Bd. 2, S. 50, sieht das »Sonderkapitel«, das nach seiner Ansicht die Bildung des »Wohlfahrtsausschusses« am 13. Mai 1958 »im Verhältnis der bewaffneten Macht zur zivilen Gewalt aufgeschlagen hatte«, erst für den 25. April 1961, als der Putsch der vier Generäle Salan, Challe, Jouhaud und Zeller scheiterte, als »abgeschlossen« an. Vgl. zu den »Büros für psychologische Verteidigung«, welche die französische Armee als Teil der zivilen Verwaltung in Algerien unterhielt, H. ELSENHANS, Die schwierige Anpassung, S. 112, 118.
55 Siehe F. BOZO, P. MÉLANDRI, La France, S. 197. Vgl. zu dem Eklat und der amerikanischen Reaktion auf die französische Gewaltanwendung gegen unschuldige Zivilisten ebd. S. 195ff., 213; I. M. WALL, The United States, S. 494, 503.
56 Vgl. Documents Diplomatiques Français 1958. Bd. II (1er juillet–31 décembre) S. 22. Siehe zum dezidierten Moralismus des amerikanischen Außenministers Dulles D. FELKEN, Dulles und Deutschland. Die amerikanische Deutschlandpolitik 1953–1959, Bonn/Berlin 1993, S. 507. Der moralischen Dimension der algerischen Frage, die Frankreich als freiheitliche Demokratie und als Rechtsstaat herausforderte, war sich de Gaulle ohnehin bewußt. Vgl. LNC VIII, S. 77f., Schreiben an den General R. Salan, 13. September 1958. Siehe zur unterschwelligen Wirksamkeit der historischen Tradition der französischen Menschenrechtsdeklaration von 1789 während des Algerienkrieges H. ELSENHANS, Die schwierige Anpassung, S. 114, 123, 125f. Fragwürdig erscheint allerdings H. Elsenhans' ebd. S. 126 verfochtene These, daß sich die reformbereite Mehrheit der Franzosen in der Nachfolge der Résistance im Zweiten Weltkrieg an den Idealen von 1789 orientiert hätte. Denn nur Teile der uneinheitlichen Résistance knüpften an 1789 an.

sind«[57], zutage gefördert. Während die einen die militärische Integration befürworteten, »um Frankreich zu modernisieren, zu stärken und zu neuer Größe zu führen«, lehnten die anderen sie ab, weil sie ihnen »die endgültige Abdankung Frankreichs« zu besiegeln drohte. »Beiden ... war eines gemeinsam: der Wunsch nach ›Größe Frankreichs‹«[58]. Er kontrastierte ebenso wie die »nationale Eigenliebe« eines Antoine Pinay im Jahre 1952[59] mit dem egalitären Zug der europäischen Integrationspolitik, die sich unter dem militärischen Schutz der Vereinigten Staaten von Amerika entwickelte, mit dem Prinzip der formalen Gleichberechtigung aller Beteiligten, auf das zumal die Bundesrepublik Wert legte[60]. Insofern war das Neue an de Gaulles Politik weniger der »Rang«, den er für Frankreich beanspruchte. Unter diesem Aspekt knüpfte er an die Politik seiner recht unterschiedlichen, aber in dieser Hinsicht ähnlichen Vorgänger bis zu einem gewissen Grade an, die durchgängig das »Großmachtprestige Frankreichs« betont hatten[61]. Das Neue des gaullistischen Zeitalters bestand darin, daß dieses Telos zum ausschließlichen Bezugspunkt der französischen Politik avancierte und gleichsam ihr Fundament bildete. Die Frage, ob europäischer oder französischer Größe Vorrang eingeräumt werden solle, wurde von de Gaulle in dem Sinne beantwortet, wie James E. Dougherty das prioritäre Verhältnis beider einmal umschrieben hat: »Europa könne nur dann wirklich wieder groß werden, wenn Frankreich seine frühere Größe wiedererlange. Indem es selbst zu erneuertem Selbstbewußtsein finde, würde Frankreich auch Europa Selbstvertrauen einflößen«[62].

Eine Charakteristik der neuen nationalen Unabhängigkeits- und Großmachtpolitik zeigte sich in der forcierten Entwicklung eigener französischer Atomwaffen, die nach Raymond Arons realistischer Einschätzung kein einziges militärisches Problem zu lösen versprachen[63], auf deren politischer Funktion hingegen de Gaulle seit seinem Amtsantritt insistierte[64]. Gewiß waren bereits seit der Gründung des Commissariat à l'Energie Atomique 1945 Forschungen zu militärischen wie wissenschaftlichen und industriellen Zwecken begonnen worden. Die verteidigungspolitische Dimension erlangte sogar schon zu Beginn der fünfziger Jahre eindeutige Dominanz. Seit der Amtsübernahme des Generals veränderte sich hingegen die politische Bedeutung des zunächst lediglich potentiellen französischen Atomwaffenbesitzes. Für de Gaulle bildete diese Waffe nicht mehr nur ein wirksames militärisches Instrument, das dem Primat der Politik unterliegen sollte, sondern ein Symbol und Instrument der französischen Unabhängigkeit, Größe und Weltmachtposition. Im Rückblick vermag sich sogar der spätere langjährige Verteidigungsminister Pierre Messmer des Eindrucks nicht

---

57 BA, NL Blankenhorn, Bd. 92A, Bl. 4, Aufzeichnung über die deutsch-französischen Beziehungen von Paul Frank, 30. Dezember 1958.
58 Ebd. Bl. 5.
59 Vgl. R. RÉMOND, Frankreich im 20. Jahrhundert. Bd. 1, S. 519.
60 Vgl. E. WEISENFELD, Frankreichs Geschichte, S. 162.
61 Vgl. A. HILLGRUBER, Deutsche Geschichte 1945–1982. Die ›deutsche Frage‹ in der Weltpolitik, 5. Auflage Stuttgart u. a. 1984, S. 153. Vgl. auch BA, NL Blankenhorn, Bd. 92A, Bl. 13, Aufzeichnung über die deutsch-französischen Beziehungen von Paul Frank, 30. Dezember 1958; Ph. H. GORDON, A Certain Idea of France, S. 32.
62 J. E. DOUGHERTY, Das psychologische Umfeld, in: W. F. HAHN, R. L. PFALTZGRAFF, jr. (Hg.), Die atlantische Gemeinschaft in der Krise. Eine Neudefinition der transatlantischen Beziehungen, Stuttgart 1982, S. 89. Vgl. dazu auch A. HILLGRUBER, Deutsche Geschichte, S. 153.
63 Siehe R. ARON, Quelle sera la politique atomique française?, in: »Le Figaro« vom 8. März 1960.
64 Vgl. z. B. Documents Diplomatiques Français 1958. Bd. II (1er juillet–31 décembre) S. 26.

zu erwehren, daß de Gaulle im Falle der atomaren Waffen seine Außenpolitik in den Dienst der militärischen Strategie gestellt habe[65].

Mag der Juni 1958 unter dem Aspekt mehr wie eine Übergangsphase als eine Zäsur anmuten, so daß Wolf Mendls Frage, ob die Gründungsphase der Fünften Französischen Republik eine »völlige politische Umorientierung« der französischen Nuklearforschung zur Folge hatte[66], auf der gegenwärtigen Quellenbasis noch nicht abschließend beantwortet werden kann, so vollzog de Gaulle zwei Wochen nach seiner Regierungsübernahme eine sichtbare Kurskorrektur, als er die beträchtlich weit gediehenen Gespräche, die Italien, Frankreich und die Bundesrepublik über eine nukleare Rüstungskooperation führten und die auf eine französische Initiative zurückgingen, einseitig suspendierte und wenig später der geheimen zivilen französisch-israelischen Atomforschung aus Furcht vor militärischen Anwendungsmöglichkeiten ein Ende bereitete[67]. De Gaulle traf diese politische Grundentscheidung, die sich keineswegs einseitig gegen die Bundesrepublik richtete, weil er die eigenständige französische Nuklearforschung fortzusetzen »zur Wahrung der Großmachtstellung Frankreichs für unerläßlich« hielt[68]. En passant deutete er damit ebenso wesentliche Elemente seines Deutschlandbildes und seiner künftigen Deutschlandpolitik wie seine Perzeption der sowjetischen Herausforderung an, die er in die »situation d'ensemble«[69] einbezog.

Harold Macmillan und Charles de Gaulle nannten in ihrer Unterredung am 29. Juni 1958 in Paris die sowjetische Bedrohung »notre problème le plus important«. Der General zeigte sich komplementär dazu von der Fortexistenz des »alten Rußlands«

---

65 Vgl. P. MESSMER, Après tant de batailles, S. 345. Siehe zum CEA oben Kapitel IV, Anm. 180. Vgl. zur Atomwaffenpolitik der IV. Republik und de Gaulles Kurswechsel W. L. KOHL, French Nuclear Diplomacy, S. 47, 356, 361ff.; J. DOISE, M. VAÏSSE, Diplomatie et outil militaire 1871–1969, Paris 1987, S. 473, 478. Als sich die Planung der Force de frappe 1955/56 konkretisierte, war nie von einem Austritt des Landes aus der NATO-Integration die Rede gewesen. Vgl. H. de Nanteuil, Die Entwicklung der französischen Sicherheitspolitik, in: Europäische Wehrkunde 26 (1977) S. 396–399.

66 Vgl. W. MENDL, The Background of French Nuclear Policy, in: International Affairs 41 (1965) S. 35. Siehe dazu auch den Ausblick von G. SKOGMAR, Nuclear Triangle, S. 212.

67 Vgl. P. MESSMER, Après tant de batailles, S. 326.

68 Siehe PA AA, Referat 204, Bd. 269, Bericht von Herbert Blankenhorn vom 28. November 1958. De Gaulle handelte eigenmächtig und reagierte nicht auf die amerikanische Politik. Dulles versuchte ihn bei seinem Besuch Anfang Juli 1958 in Paris vergeblich von der Entwicklung einer nationalen französischen Atomwaffe abzuhalten. Couve de Murville teilte der deutschen Seite am 15. Juni 1958 die Kündigung des geheimen Abkommens vom März 1958 mit. Am 3. Juli 1958 verweigerte der amerikanische Kongreß allen europäischen Staaten außer Großbritannien die Beteiligung an amerikanischen Atomwaffen. Vgl. dazu F. COSTIGLIOLA, France, S. 122, und E. CONZE, La coopération, S. 130f. Als de Gaulle die französisch-deutsch-italienische Nuklearkooperation am 17. Juni 1958 abbrach, die im gemeinsamen Ministerprotokoll vom 28. November 1957 vereinbart worden war, bestätigte er allerdings strenggenommen lediglich die politische Haltung, welche die Regierung Gaillard spätestens im April 1958 eingenommen hatte. Félix Gaillard fühlte sich nämlich hinsichtlich atomarer Waffen nicht mehr an dieses Protokoll gebunden. Vgl. G.-H. SOUTOU, L'alliance incertaine. Les rapports politico-stratégiques franco-allemands, 1954–1996, Paris 1996, S. 109, 112, 137, 139, der die These vertritt, daß für Frankreich seit dieser Entscheidung de Gaulles eine Militärkooperation mit Deutschland auf dem Gebiet der Nuklearwaffen ausgeschlossen sei.

69 LNC VIII, S. 60, Antwortschreiben de Gaulles an Chruschtschow vom 31. Juli 1958; Herbert Blankenhorn hat diesen Begriff mit dem Bismarckschen Ausdruck »Gesamtsituation« übersetzt. Vgl. BA, NL Blankenhorn, Bd. 90, Bl. 300, Anhang II zum Nachrichtenspiegel I vom 1. August 1958.

überzeugt, »qui enterrera le régime actuel«[70]. Die Begründung, mit der er knapp ein Jahrzehnt später seine anfangs taktisch motivierte Vorgehensweise in der Algerienfrage[71] erläuterte, läßt das ausschlaggebende Gewicht erkennen, das er dem nationalen Element in der zwischen- und innerstaatlichen Politik beimaß. Auf Kurt Georg Kiesingers beredte Anerkennung der erfolgreichen, historisch nicht bruchlosen Politik, die 1962 in die Unabhängigkeit Algeriens mündete, entgegnete de Gaulle, »er habe diese Entscheidung nur treffen können, weil die französische Nation sie schon selbst innerlich getroffen gehabt habe«[72]. Die exklusive Orientierung am nationalen Interesse als leitender Kategorie politischen Handelns eröffnete zum einen einen zukunftsträchtigen Weg, der die außenpolitische Handlungsfreiheit erweitern konnte, bedeutete zum anderen eine eingrenzende, obendrein selbstgewählte Verpflichtung, die Zäsuren gegenüber der Vergangenheit im Zeichen eines alten, Kontinuität suggerierenden Ideals ausdrücklich gebieten konnte. Kontinuität und Wandel gingen in de Gaulles Begriff des Politischen, in seiner Grundüberzeugung, der zufolge der scheinbar »ewige« Nationalstaat eine langfristig wirksame und beständige Größe und das einzig legitime Subjekt internationaler Politik sei, eine gleichermaßen rückwärtsgewandte und zukunftsorientierte Symbiose ein.

De Gaulle bekannte sich ebenso klar zur Wertegemeinschaft des Westens und zu den Prinzipien des westlichen Verteidigungsbündnisses, wie er keinen Zweifel daran ließ, daß er die Blockbildung als temporäre Formation und nicht als eine endgültige Ordnung ansah. Sein spezifischer Revisionismus, den diese Perspektive in nuce enthielt, fand in seiner wohlüberlegten Formel »le monde occidental auquel nous appartenons, sans devoir nous y confiner«[73] Ausdruck, die er am 13. Juni 1958 prägte, als er die aktuellen Herausforderungen seines Landes benannte. De Gaulle stellte sicherlich nicht »die bisherige französische Außenpolitik in Frage«, wie der Diplomat Josef Jansen daraufhin annahm[74], sondern verstand nationale Unabhängigkeit und politische Zugehörigkeit zum Westen in einem gewissen Maße als komplementäre Grundmuster. Das gaullistische Frankreich avancierte zu einer graduell revisionistischen Macht im internationalen Kräftegleichgewicht. »Ce qui intéresse la France, c'est, au contraire, la non-reconnaissance du statu quo«[75], teilte Couve de Murville sei-

---

70 Vgl. Documents Diplomatiques Français 1958. Bd. I (1er janvier–30 juin), Paris 1993, S. 862.
71 Vgl. M. WINOCK, De Gaulle, S. 74, und D. JOHNSON, Les conditions politiques de la transition entre la IVe République et la Ve République, in: P. ISOART, Ch. BIDEGARAY (Hg.), Des Républiques françaises, S. 710.
72 ACDP, NL Kiesinger, Bd. I-226-A-312, Interview von Kurt Georg Kiesinger am 19. September 1971. Die Entgegnung de Gaulles indiziert sein dynamisches Verständnis der französischen Staatsräson, auf das im Zusammenhang mit den französischen Überseebesitzungen D. JOHNSON, De Gaulle and France's Role in the World, in: H. GOUGH, J. HORNE (Hg.), De Gaulle, S. 87, hinweist. Als de Gaulle die französischen Kolonien während des Zweiten Weltkriegs politisch als Reservoir und strategischen Raum benötigte, bediente er sich ihrer. Nach dem Krieg bzw. nach 1958 bildeten Algerien bzw. die Union Française »keine Trümpfe mehr, die es unter allen Umständen zu bewahren galt, sondern eine lästige Bürde, von der man sich befreien mußte«. So hat Jacques SOUSTELLE, ein prominenter späterer Gegner der Algerienpolitik de Gaulles, in seiner Streitschrift »Der Traum von Frankreichs Größe. 28 Jahre Gaullismus«, Velbert 1969, S. 321, über de Gaulles Algerienpolitik geurteilt.
73 DM III, S. 18, Rundfunkansprache.
74 Vgl. seinen Bericht vom 19. Juni 1958 aus Paris, in: PA AA, Referat 204, Bd. 269. Siehe dazu auch das Urteil von M. VAÏSSE, Aux origines du mémorandum de septembre 1958, in: Relations internationales, Nr. 58 (1989) S. 253: »des éléments de continuité et de rupture coexistent«.
75 Documents Diplomatiques Français 1958. Bd. II (1er juillet–31 décembre) S. 349.

nem deutschen Amtskollegen Heinrich von Brentano unumwunden am 14. September 1958 mit.

De Gaulle war entschlossen, diese Überzeugung à la longue in die Tat umzusetzen. »Ein im Atlantismus versteinertes Westeuropa«[76] unverändert fortzuentwickeln, entsprach ebensowenig seinen Intentionen, wie er nicht die Existenz der NATO schlechthin in Frage stellte. Vielmehr suchte er das westliche Bündnis in einer freilich entschiedeneren Weise als die französischen Regierungen seit 1956 zu reformieren, deren Vorschläge er aufnahm[77]. Das Streben nach nationaler Unabhängigkeit, das de Gaulle sich angelegen sein ließ, schloß Solidarität mit den Verbündeten und Verläßlichkeit im Bündnis nicht aus. Im Gegenteil setzte nach Charles de Gaulles Ansicht die Möglichkeit, wirksamen militärischen und politischen Beistand leisten zu wollen und zu können, die mit dem Freiheitsgedanken ideell verbundene nationale Unabhängigkeit geradezu voraus.

Der amerikanische Historiker John Newhouse hat in dem Zusammenhang einmal auf das gaullistische Bonmot verwiesen, es sei für jeden am besten, aus seinem eigenen Glas zu trinken und mit allen anderen reihum anzustoßen[78]. Nur auf Grund der Stärke, die Frankreich aus seiner über das bestehende Maß hinaus angestrebten Unabhängigkeit und »Größe« erwuchs, vermochte es demzufolge solidarisch zu handeln, was insbesondere für die Beziehungen zu Deutschland galt. Das »ewige Frankreich« unterstützte das »Bonner Provisorium«[79] im Zeichen der nationalen Stärke. »La France ne se séparera pas de ceux avec lesquels elle est liée. ... L'important est d'être d'accord pour se concerter et prendre des dispositions communes«[80], versicherte de Gaulle

76 M. Couve de Murville, Außenpolitik, S. 289. Vgl. auch die beiden Schreiben an Eisenhower vom 6. Oktober und 24. November 1959, in: LNC VIII, S. 264, S. 283.

77 Vgl. M. Vaïsse, Aux origines, S. 267, und AMAE, Europe 1944–1960, Allemagne 1956–1960, Bd. 29, Bl. 113 recto, Telegramm des französischen Außenministeriums an die Botschaften, 9. Dezember 1959. Wie bei seiner Kritik an der EVG, der unter anderem die Überlegung zugrunde gelegen hatte, daß ein nicht-integriertes Bündnis militärisch stärker und daher politisch wertvoller sei als eine integrierte Allianz gleicher Größe, verbarg sich das Motiv, den »Wehrwillen« des französischen Volkes zu steigern, neben anderen, wichtigeren Beweggründen hinter de Gaulles NATO-Memorandum vom 17. September 1958. Vgl. BA, NL Blankenhorn, Bd. 92B, Bl. 37. De Gaulle knüpfte einerseits an einen Gründungsgedanken der NATO von 1949 an. Denn die NATO war, wie M. Salewski, Deutschland. Eine politische Geschichte. Bd. 2, S. 344, ausführt, »von Anbeginn keine allein militärische, sondern eine eminent politische Allianz, eine Wertegemeinschaft als ›Antwort‹ auf die kommunistische Ideologie. Das Prinzip der Solidarität und der Subsidiarität verlieh der NATO Kräfte, die größer waren als die bloße Summe der militärischen Potenzen, die ihr assigniert wurden«. Vgl. dazu Ch. Greiner, Die militärische Eingliederung der Bundesrepublik Deutschland in die WEU und die NATO 1954 bis 1957, in: H. Ehlert u. a., Anfänge westdeutscher Sicherheitspolitik 1945–1956. Bd. 3: Die NATO-Option, hg. v. Militärgeschichtlichen Forschungamt, München 1993, S. 564–568. Andererseits vertrat de Gaulle die »Auffassung«, so faßte Konrad Adenauer den Gedankengang einmal zusammen, »daß man keine Armee ... haben könnte, wenn über dem Ganzen nichts stünde, weil er sagt, wenn die Leute glauben, das wird alles von NATO gemacht, dann können sie sich darunter nichts vorstellen und sind nicht geneigt zu kämpfen«. Siehe Adenauer. Teegespräche 1959–1961. Bearbeitet v. H. J. Küsters, Berlin 1988, S. 361.

78 Vgl. J. Newhouse, Krieg und Frieden im Atomzeitalter. Von Los Alamos bis SALT, München 1990, S. 191.

79 Vgl. zur Terminologie K. Hildebrand, Der provisorische Staat und das ewige Frankreich. Die deutsch-französischen Beziehungen 1963–1969, in: HZ 240 (1985) S. 283f.

80 Documents Diplomatiques Français 1958. Bd. II (1er juillet–31 décembre) S. 758. Tatsächlich reichte de Gaulles Zusage unmittelbar vor Chruschtschows Berlin-Ultimatum noch erheblich weiter. Siehe das Originalprotokoll in AMAE, Europe 1944–1960, Allemagne 1956–1960, Bd. 27, Bl. 166.

Konrad Adenauer am 26. November 1958 in Bad Kreuznach. Damit ist eine historische Anomalie genannt, welche die deutsch-französischen Beziehungen während der ganzen folgenden Regierungszeit des Generals mitbestimmte.

Den Westdeutschen fehlte jener »Identifikationsfaktor, der bei allen historisch gewachsenen Staaten, vor allem für die großen Nationalstaaten in West und Ost konstitutiv« war[81]. Die Frage stellte sich, ob de Gaulle der Bundesrepublik den historisch legitimierten Anspruch zu konzedieren bereit war, eine nationalstaatlich fundierte Interessenpolitik zu betreiben. Verfolgte er, der als »Geschichtsphilosoph« Raymond Aron zufolge genau wußte, »daß Algerien unabhängig sein« werde[82], weil im 20. Jahrhundert keine Macht der Welt mehr einer Nation ihren fremden Willen aufzwingen könne, die »erwacht« sei und deren »sozialrevolutionäre Energien sich entfaltet« hätten[83], im Rahmen der deutsch-französischen Beziehungen das Ziel, den Deutschen zu ihrer nationalen Einheit und einer entsprechenden nationalstaatlichen Identität zu verhelfen? Oder lehnte er diese in seiner »Geschichtsphilosophie« substantiell enthaltenen Konsequenzen zu ziehen in ähnlicher Weise ab, wie er auf der Ebene der Beziehungen zur Sowjetunion bis 1962 ausdrücklich nicht »die tagespolitische Wirksamkeit historisch bedingter Empfindungen überbewerten«[84] mochte?

Als der Botschaftsrat Alois Mertes 1961 »die menschlich-geistigen Hintergründe der Politik dieses der Welt und seinem eigenen Volk so seltsam, so groß und so problematisch erscheinenden Mannes«[85] beleuchtete, ging er von den vielfach zusammenhängenden Grundwerten »Nation Française und Liberté Humaine« als Substanz der gaullistischen Gedankenbildung aus. De Gaulle hatte sie in seiner aufschlußreichen Ansprache vor dem amerikanischen Kongreß am 25. April 1960 historisch hergeleitet und zum politischen Programm erhoben:

Mais si, matériellement parlant, la balance peut sembler égale entre les deux camps qui divisent l'univers, moralement elle ne l'est pas. La France, pour sa part, a choisi. Elle a choisi d'être du côté des peuples libres; elle a choisi d'y être avec vous. ... Mais, ce qui a conduit et maintient la France à vos côtés, c'est, avant tout, son âme millénaire, sa tradition qui fait d'elle un champion de la liberté, son idéal qui a pour nom les Droits de l'Homme, sa conviction qu'en fin de compte l'ordre du monde exige la démocratie dans le domaine national et le droit des peuples à disposer d'eux-mêmes sur le plan international[86].

Bewußt bekannte sich der General zur Tradition jener universalen moralischen Werte, die die »grande nation« seit 1789 repräsentierte und die er im Zweiten Weltkrieg gegen Hitler-Deutschland nicht nur nominell verfochten hatte. Da »Geist, Gefühl und Genius, mit einem Wort: die Seele unseres Landes, aufs Universelle gerichtet« waren[87], lag dem französischen Weltmachtanspruch, den de Gaulle seit seinem Regierungsantritt überraschend freimütig erhob und, anders als die meisten Ministerpräsidenten

---

81 So A. HILLGRUBER, Deutsche Geschichte, S. 158.
82 Vgl. R. ARON, Der engagierte Beobachter, S. 165.
83 Siehe W. BRANDT, Erinnerungen, S. 397f.
84 So Ch. DE GAULLE, Memoiren der Hoffnung, S. 392.
85 BA, NL Blankenhorn, Bd. 112, Bl. 172, »Versuch eines politischen Portraits« von A. MERTES, 21. April 1961.
86 DM III, S. 198. De Gaulles Erklärung stand in einer gewissen Kontinuität zu seinen Betrachtungen aus den dreißiger Jahren über die Beziehung von Macht und Moral in der internationalen Politik; siehe dazu oben Kapitel III.2.b. und e, S. 64f., 88f.
87 So suggestiv formuliert M. COUVE DE MURVILLE, Außenpolitik, S. 360.

zuvor, offensiv vertrat, das Ziel zugrunde, die innere und äußere Staatsräson Frankreichs in eine harmonische Übereinstimmung zu bringen.

Der nachteiligen Tatsache, daß dem Land die Mittel zur raschen Verwirklichung dieser anspruchsvollen Zielsetzung vorläufig, vielleicht sogar für eine geraume Zeit, fehlten, war sich de Gaulle ebenso bewußt, wie er der Frage kaum ausweichen konnte, »wie lange Frankreich noch von dem großen moralischen Kredit werde zehren können, den es sich in dem langen Zeitraum zwischen dem amerikanischen Unabhängigkeitskrieg bis zum Ende des Ersten Weltkriegs angesammelt hatte, den es aber in der Zeit danach doch recht erheblich in Anspruch genommen hat«[88].

Ungeachtet dieser Umstände bewies er mit seinem zutiefst historisch deduzierten Begriff des Politischen ein oftmals von seinen Kritikern unzureichend gewürdigtes Maß an ideeller Stärke, dessen Wirksamkeit und Wert nicht nur auf der Ebene politischer Ethik spürbar blieben. Das Geschichtsbild des Generals bedeutete ein Politikum. Seine Bedeutung durfte im Zeitalter der Konfrontation zwischen Ost und West nicht gering eingeschätzt werden, wie aus Josef Jansens zeitgenössischer Beurteilung zu ersehen ist: »1. De Gaulle betont ... das ganze Gewicht des ideologischen Gegensatzes, ohne an dessen ›Ewigkeit‹ zu glauben ... 2. Er anerkennt das ›Geschichtsnotwendige‹ eines wirtschaftlich-sozialen Fortschritts, ohne die geschichtlichen Zwangsläufigkeitsvorstellungen des Marxismus zu übernehmen. 3. Er stellt diesem geschichtlichen Prozeß eine den totalitären Kommunismus beunruhigende andere ›Geschichtsnotwendigkeit‹ entgegen, an die er selbst tief glaubt: die nach echter Freiheit verlangende Natur des Menschen ... 4. ... Eine Persönlichkeit, die so denkt und spricht, die dem Kommunismus eine positive, in die Politik hineinwirkende philosophisch-geschichtliche Gegenposition entgegenhält und die gleichzeitig einen so ausgesprochenen Sinn für das Gewicht konkreter politischer Dinge hat ..., wird für die Sowjets ein schwerer Partner bleiben, besonders auch in der Deutschlandfrage. Gerade ein die Bedeutung der ›Nation‹ so hervorhebender, gleichzeitig vom europäisch-christlichen Persönlichkeits- und Freiheitsbegriff tief geprägter Politiker wie de Gaulle erkennt ..., daß man ein so legitimes Verlangen wie unsere Forderungen nach dem individuellen Selbstbestimmungsrecht aller Deutschen nicht um das Linsengericht einer kurzfristigen sowjetisch-französischen Annäherung verkaufen kann«[89].

Bis 1958 zumindest vergaß de Gaulle jedoch nicht, daß er der Gründung der Bundesrepublik als neuer Form deutscher Staatlichkeit etwa zehn Jahre früher sein Einverständnis versagt hatte, weil er eine konföderative Lösung der deutschen Frage vorgezogen hatte. Die Deutschen der Adenauer-Ära blieben für ihn ein »peuple multiple, douloureux, si mal saisissable«, dessen nationale Ambitionen ihm wenig geheuer erschienen[90]. Dennoch bzw. daher akzeptierte er nicht nur unvermeidlicherweise die während seiner Oppositionszeit geschaffenen Tatsachen im deutsch-französischen Verhältnis, die sich aus der provisorischen Staatlichkeit der Bundesrepublik ergaben. In einem gewissen Kontrast zu seiner latent revisionistischen Haltung, die er gegenüber der Aufteilung Europas und Spaltung der Alten Welt in zwei Blöcke ein-

---

88 PA AA, Referat 204, Bd. 380, Bericht vom deutschen Generalkonsul Federer/New York vom 28. April 1960.
89 Ebd. Bericht von Josef Jansen, Paris, 13. April 1960.
90 Siehe LNC VIII, S. 66, Brief an R. D'HARCOURT, 6. August 1958, und Documents Diplomatiques Français 1958. Bd. II (1er juillet–31 décembre) S. 27.

nahm, ließ er eine unverkennbare Zufriedenheit und sogar eine gewisse Genugtuung über den Status erkennen, den die Bundesrepublik in Europa gewonnen hatte. Mit John Foster Dulles' wußte er sich darin einig,

qu'il faut faciliter à l'Allemagne occidentale son entrée dans l'Occident, il n'y a pas de rivalité entre elle et nous, la situation actuelle peut donc durer longtemps. Elle ne nous gêne pas et, à notre avis, n'est pas défavorable à l'équilibre de l'Europe[91].

Hatte er schon während des Zweiten Weltkrieges hinter der aktuellen deutschen Politik das vermeintlich historisch Beständige »germanischen« Wesens nicht übersehen, so hegte er auch nach 1958 konsequenterweise keine möglichen Vorbehalte gegen die Deutschen en gros, die aus ihrer nationalsozialistischen Vergangenheit resultierten. Er vergaß die moralische Hypothek, die auf dem deutsch-französischen Verhältnis lastete, freilich genausowenig wie Konrad Adenauer, aber überwand sie auf eine sehr individuelle, spezifisch gaullistische Weise. Der Verlauf des Algerienkrieges ließ es möglicherweise nicht übermäßig geboten erscheinen, auf den moralischen Verfehlungen anderer Nationen zu beharren, selbst wenn sie mit dem Ereignis im Grunde gar nicht zu vergleichen waren[92]. Erheblich schwerer wog im Hinblick auf de Gaulles Deutschlandbild die Erinnerung an die deutsche Okkupation, an der manche seiner Landsleute in einer mehr als kompromittierenden Weise beteiligt gewesen waren. Eingedenk der nicht unfreiwilligen Mitwirkung mehrerer Elsässer an dem Kriegsverbrechen, das eine Kompanie der SS-Division »Das Reich« in Oradour-sur-Glane im Juni 1944 als »Vergeltungstat« verübt hatte, war auf sein Geheiß im März 1945 der verwaiste Ort zu einer nationalen Gedenkstätte bestimmt worden, die er als Staatspräsident am 19. Mai 1962 erneut besuchte. Er verzichtete bei dieser Gelegenheit auf jede Betonung der moralischen Verantwortung der Deutschen, die ohnehin keiner Erwähnung bedurfte, sondern wiederholte seine aus dem Zweiten Weltkrieg bekannte Deutung des Nationalsozialismus, den er als spezifische Krise der modernen europäischen Zivilisationsgeschichte verstanden hatte, als er eröffnete, »daß das verwüstete Dorf für ihn kein die Beziehungen des heutigen Frankreich zur Bundesrepublik belastendes Mahnmal ist, daß dem schrecklichen Geschehen vielmehr eine allgemein menschliche Bedeutung zukommt«[93].

Seine Haltung zu Deutschland spiegelte ferner eine Erfahrung wider, die die Kontinentaleuropäer miteinander teilten und die sie von den Bewohnern der britischen

---

91 Ebd.
92 Vgl. F. Bozo, P. Mélandri, La France, S. 197. In der unmittelbaren Zeit nach der Befreiung Frankreichs 1944/45 hatte der Umgang mit Kollaborateuren die rechtsstaatlichen Ansprüche des Landes auf eine harte Probe gestellt und nicht wenige Opfer gefordert. Ob allerdings die These zutrifft, daß der sozialistische Innenminister Adrien Tixier mehr oder minder fassungslos und tatenlos einem »Bürgerkrieg« zusah, zu der J.-P. Rioux, L'épuration en France (1944–1945), in: L'Histoire, Nr. 5 (1978) S. 24f., gelangt ist, mag wohl bezweifelt werden können. Im Zuge der sogenannten »Epuration« wurden nämlich die meisten der registrierten 126 000 Internierten, die unter Kollaborationsverdacht standen, auf diese Weise vor der willkürlichen Selbstjustiz vormaliger Résistance-Mitglieder geschützt. Vgl. dazu Ph. Buton, L'État restauré, in: J.-P. Azéma, F. Bédarida (Hg.), La France des années noires. Bd. 2: De l'Occupation à la Libération, Paris 1993, S. 405f., 422, 424f.
93 PA AA, Referat 204, Bd. 339, Aufzeichnung von VLR I Weinhold vom 25. Mai 1962 über de Gaulles Besuch in Oradour-sur-Glane. De Gaulles vielsagende Rede, die er am 19. Mai 1962 dort hielt, ist leider nicht in der Serie seiner »Discours et Messages« ediert. Daß er über die Beteiligung der wenigen Elsässer an der Tat Kenntnis besaß, dokumentiert seine Rede vom 16. Februar 1953, die er bei einem ersten Besuch der Stätte gehalten hatte. Siehe DM II, S. 563f. Th. von Münchhausens Artikel

Inseln unterschied. Die Anfänge der westeuropäischen Einigung entsprangen nach dem Zweiten Weltkrieg nicht zuletzt der Einsicht, daß »alle einmal besiegt waren, ... alle gezwungen waren, eine Bilanz ihrer moralischen und materiellen Verluste zu ziehen, dann aufs neue wieder anzufangen und eine neue Rolle zu suchen«[94]. Waren Großbritannien und Frankreich auch als nominelle Sieger aus dem Zweiten Weltkrieg hervorgegangen, so beantworteten sie seitdem die ihnen von der Nachkriegszeit gestellte Frage, wie sich Weltmachtpolitik betreiben ließe, ohne eine Weltmacht zu sein, sehr unterschiedlich. Während Großbritannien den Weg einer engen Anlehnung an die Vereinigten Staaten von Amerika wählte, um seinen globalen Einfluß nicht völlig zu verlieren, und die verschiedenen Formen kontinentaleuropäischer Zusammenschlüsse tolerierte bzw. akzeptierte, ohne sich selbst als Vollmitglied zu beteiligen, so konzentrierte sich die Vierte Französische Republik, sieht man von der gescheiterten Europäischen Verteidigungsgemeinschaft ab, unter diesem Aspekt eindeutig auf ihre europäische Destination, freilich ohne jemals eine hegemoniale Europapolitik zu betreiben[95]. Die so prinzipiell von der Zwischenkriegszeit verschiedene Entwicklung, die das deutsch-französische Verhältnis in den fünfziger Jahren nahm, brachte nach der Katastrophe des Zweiten Weltkriegs »den bitteren Wirklichkeitssinn der Besiegten« zum Ausdruck, »die sich keine Irrtümer leisten konnten«[96]. Denn »1945 waren alle Völker des Kontinents geschlagen«[97] gewesen, Großbritannien aber nicht. De Gaulle stand als Ministerpräsident und ab dem Januar 1959 als Staatspräsident an der Spitze eines Frankreich, das viele einschneidende Zäsuren, besonders der Zweite Weltkrieg, von jenen Zeitabschnitten trennte, in denen es mit Fug und Recht eine Großmacht- und teilweise eine Weltmachtstellung beansprucht hatte. Je vehementer er den Großmachtstatus seines Landes verteidigte, desto sichtbarer trat diese epochale Differenz im Grunde hervor. Frankreich hätte zur Zeit der »Großen Armee« Napoleons I., bekannte Maurice Couve de Murville einmal später mit unvermuteter Offenheit, »ganz sicher für die Integration« als politisches und militärisches Strukturprinzip plädiert[98], das Charles de Gaulle aus mehreren Gründen verwarf.

Das Gewicht Deutschlands bzw. der Bundesrepublik in de Gaulles außenpolitischer Konzeption hing zunächst von der internationalen Blockbildung in Europa ab.

über »Staub, Schmerzensschreie, Pulvergeruch. Der Untergang von Oradour-sur-Glane im Juni 1944. Ein Kriegsverbrechen deutscher Soldaten«, in: »Frankfurter Allgemeine Zeitung« vom 10. Juni 1994, S. 7, und der Beitrag von J. COMBASTEIL, Arbeit an der Zukunft. Bürgermeister gegen das Vergessen, in: M. GRAF, F. HERVÉ (Hg.), Oradour. Regards au-delà de l'oubli. Blicke gegen das Vergessen, Essen 1995, S. 44, bezeugen den Stellenwert dieses Ereignisses im gegenwärtigen nationalen Gedächtnis des französischen Volkes und demonstrieren, daß de Gaulles reflektierte eigenwillige Deutung in Frankreich ein Echo fand.

94 J. MONNET, Erinnerungen eines Europäers, (dt. Übersetzung) München 1978, S. 573. Vgl. jüngst dazu W. WALLACE, Walter Hallstein aus britischer Sicht, in: W. LOTH, W. WALLACE, W. WESSELS (Hg.), Walter Hallstein–Der vergessene Europäer?, Bonn 1995, S. 225.

95 Vgl. dazu A. GROSSER, La politique européenne du général de Gaulle, in: Espoir, Heft 62 (1988) S. 25; Ph. BELL, Les attitudes de la Grande-Bretagne envers l'Europe et l'intégration européenne, 1940–1957, in: Revue d'Histoire diplomatique 108 (1994) S. 113, 122, 124f.; K. BEYERSDORF-ZIMERAY, L'impact de la réunification allemande sur les relations franco-britanniques, ebd. S. 223, 240, 251.

96 F. J. STRAUSS, Die Erinnerungen, S. 132. Siehe zur historischen Bedeutung des Kriegsendes 1945 für das politische Denken der Franzosen im ersten Nachkriegsjahrzehnt den instruktiven Beitrag von R. GIRAULT, La France, S. 212f.

97 R. ARON, Schicksal, S. 78.

98 Siehe M. COUVE DE MURVILLE, Außenpolitik, S. 64.

Einerseits ermaß der General die militärische und politische Harmlosigkeit des west-deutschen Staates, die sich von der Machtfülle und den Ambitionen des untergegan-genen »Dritten Reiches« vorteilhaft unterschied, befürchtete jedoch andererseits, daß das europäische Gleichgewicht verloren ginge und ein neuer Krieg bevorstünde, falls dieser das westliche Lager verließe, um der nationalen Wiedervereinigung näherzu-kommen[99]. Die Kanzlerschaft Konrad Adenauers verstand er als einen verpflichten-den Kairos, den es zu nutzen galt[100], entwickelte hingegen seine deutschlandpolitische Strategie zugleich unabhängig von der historischen Chance, welche die Regierungs-zeit des »Alten« bot, zumal deren Ende in jedem Falle einkalkuliert werden mußte[101]. Ausschlaggebend waren mindestens im gleichen Maße die originären französischen Ziele und de Gaulles ins Anthropologische verweisender Freiheitsbegriff[102]. Daneben erlangte die offene »deutsche Frage« insofern eine instrumentelle Bedeutung, als sie die Position Frankreichs in Europa zwangsläufig aufzuwerten half[103]. De Gaulle ver-mochte die Bundesrepublik maßvoll für seine politischen Zielsetzungen zu instru-mentalisieren, solange er die Gewißheit besaß, daß die Westdeutschen um ihrer eige-nen Sicherheit willen solide im westlichen Bündnis verankert blieben. Ein Abdriften der Bundesrepublik in Richtung eines neutralen Kurses zwischen Ost und West, be-fürchtete er, könnte sie »in die Arme der Russen« treiben[104]. Jedoch ließ sich von Kon-rad Adenauers Deutschland nur unter der Bedingung weitere und über das beste-hende Maß hinausgehende Unterstützung für die angestrebte französische Groß-machtpolitik erwarten, solange ihm nicht der Weg zur Wiedervereinigung, z. B. über ein »Rapallo franco-russe«[105], versperrt oder ihm gar der Eindruck vermittelt würde, das gaullistische Frankreich wolle das legitime nationale Anliegen der Deutschen den eigenen Interessen opfern.

Während der ersten Jahre der Staatspräsidentschaft Charles de Gaulles, in denen die deutsch-französischen Beziehungen jener Belastungsprobe ausgesetzt waren, die in Chruschtschows Berlin-Ultimatum Gestalt annahm, erwies sich die deutsche Tei-lung als Ansatzpunkt, die Gefolgschaft der Bundesrepublik für französische Hege-monialpläne in Europa zu erlangen, sofern der General die Westdeutschen seiner po-litischen Solidarität bei der Abwehr der sowjetischen Bedrohung versicherte.

---

99 Vgl. Ch. DE GAULLE, Memoiren der Hoffnung, S. 272, 276.
100 Über die Bewertung stimmten de Gaulle und Dulles am 5. Juli 1958 überein. Vgl. Documents Di-plomatiques Français 1958. Bd. II (1er juillet–31 décembre) S. 24f., 27.
101 Vgl. dazu R. MARCOWITZ, Charles de Gaulle und die Westdeutschen, S. 209.
102 Vgl. PA AA, Referat 204, Bd. 380, Bericht von Josef Jansen, Paris, 13. April 1960: »De Gaulles über-zeugter Glaube an ›die Berufung des Menschen zur Freiheit‹ ist eine Gewähr dafür, daß er den lang-fristigen Plänen der Sowjets eine eigene langfristige Gegenkonzeption entgegensetzt. Sein Appell an die europäischen Traditionen Rußlands darf sicherlich nicht als Chimäre eines hoffnungslosen Illusionisten, sondern muß auch in diesen grundsätzlichen Zusammenhang gesehen werden. Be-merkenswert an der Denkweise de Gaulles ist, daß er bei diesen Zukunftsüberlegungen die unmit-telbaren Gefahren der Stunde in erstaunlicher Klarsichtigkeit erkennt.«
103 Vgl. J. SCHWARZ, Grundzüge der Ostpolitik de Gaulles insbesondere in den Jahren 1958 bis 1963, in: R. MORSEY, K. REPGEN (Hg.), Adenauer-Studien. Bd. 3, Mainz 1974, S. 101.
104 Vgl. Documents Diplomatiques Français 1958. Bd. I (1er janvier–30 juin) S. 867.
105 AMAE, Europe 1944–1960, Allemagne 1956–1960, Bd. 26, Bl. 118, Telegramm von F. Leduc, 7. Juni 1958.

3. Ein schwieriger, aber verläßlicher Verbündeter:
Charles de Gaulles deutschlandpolitischer Beginn

Am 1. Juni 1958 übernahm de Gaulle mit dem Algerienproblem eine enorme politische, nationale und moralische Hypothek. Wenige Monate später barg eine zusätzliche außenpolitische Herausforderung gleichfalls moralische und politische Implikationen, die eine erstrangige Bedeutung für das deutsch-französische Verhältnis besaßen. Das Berlin-Ultimatum, das der sowjetische Ministerpräsident Chruschtschow am 27. November 1958 den westlichen Schutzmächten übermittelte, stellte die weitere Präsenz westalliierter Truppen in Berlin in Frage, deren Rechte Frankreich »comme une obligation politique et morale essentielle«[106] betrachtete. Sowohl die moralische als auch die genuin politische Dimension verband die Berlin-Frage, in der sich die Ost-West-Konfrontation verdichtete, mit dem regional so weit entfernten Konflikt in Nordafrika. Denn nur vordergründig schien es in erster Linie eine interne Prestigefrage der französischen Großmachtstellung zu sein, daß Frankreich »das algerische Krebsgeschwür wegoperieren« müsse, wenn es »sich als große Nation politisch-wirtschaftlich weiterentwickeln« wolle[107]. In hohem Maße stand zugleich seine internationale Glaubhaftigkeit auf dem Spiel. Denn Frankreich setzte sich im Maghreb kriegerisch mit dem Selbstbestimmungsrecht der Algerier auseinander, als die Sowjetunion in Berlin den Versuch unternahm, die westliche Freiheit, d. h. die Freiheit der West-Berliner, zur Disposition zu stellen. Dieser innere Zusammenhang begleitete de Gaulles außenpolitische Schritte im ersten Jahrfünft seiner Staatspräsidentschaft, nachdem er die Vierte Republik konstitutionell liquidiert hatte. Der General sah »deutlich die moralische Hypothek, die durch die Fortführung des Algerienkrieges mit all seinen unmenschlichen Folgen auf Frankreich, auf der Glaubwürdigkeit seines hohen, gerade von ihm so betonten moralischen Anspruchs, auf der zivilisierten Welt insgesamt, lastet«[108].

In mehrfacher Hinsicht bedeutete daher der Algerienkrieg »eine kapitale Schwächung der französischen Position«[109]. Nach Josef Jansens zeitgenössischer Ansicht berücksichtigte de Gaulle, als er ihn politisch zu lösen begann, »daß Frankreichs nationale Mission mit seiner humanen Mission identisch ist, ja daß Frankreichs Größe ihre eigentlichen Kräfte nur aus dieser ›immerwährenden noblen Tradition‹ schöpfen kann«[110]. Auch unter diesem Aspekt bewirkte de Gaulles Gedankenaustausch mit Konrad Adenauer im September 1958 auf seiten des Kanzlers einen entscheidenden Stimmungsumschwung. Dieser gewann den Eindruck, einem »homme de certitudes« begegnet zu sein, auf dessen Verläßlichkeit die Bundesrepublik außen- und sicherheitspolitisch zählen könne[111].

---

106 ACDP, CDU/CSU-Bundestagsfraktion, Bd. VIII-001–052/2, undatierter Entwurf einer französischen Note über Deutschland und Berlin, der erst am 6. Juli 1961 via Washington an das Auswärtige Amt und an die Fraktion gelangte.
107 Siehe ebd. NL Krone, Bd. I-028–006/4, Bericht von J. Jansen vom 5. Februar 1960.
108 Ebd. NL Mertes, Bd. I-403–017/1, Bericht von J. Jansen vom 20. August 1959, S. 5. De Gaulles Gespür für diese Seite des Konflikts verdeutlicht sein Schreiben vom 13. September 1958 an R. Salan, den Oberkommandierenden der französischen Armee in Algerien; siehe LNC VIII, S. 77f. Vgl. dazu auch M. WINOCK, De Gaulle, S. 71.
109 ACDP, NL Mertes, Bd. I-403–017/1, Bericht von J. Jansen vom 20. August 1959, S. 5.
110 Ebd. Bericht vom 8. Oktober 1958, S. 3.
111 J. BARIÉTY, La perception, S. 221.

Bevor der deutsche Staatsmann ihn im Zusammenhang mit dem sowjetischen Berlin-Ultimatum auf das legitime Selbstbestimmungsrecht und die Freiheit der West-Berliner Bevölkerung in einem ausführlichen Schreiben vom 11. Dezember 1958 hinwies, nahm die französische Regierung eine unerwartet feste Haltung gegenüber der östlichen Drohung ein, die wesentlich de Gaulles eigener Überzeugung entsprang. Sein Außenminister Maurice Couve de Murville zog in einer Konferenz mit seinem englischen und amerikanischen Kollegen am 14. Dezember 1958 konkret in Erwägung, im Falle einer Blockade West-Berlins eine Luftbrücke nach dem Vorbild des Jahres 1948 zu bilden[112]. De Gaulle lehnte dagegen jede derartige Überlegung ab und bewahrte zunächst Ruhe. Je entschiedener die Westmächte Festigkeit demonstrierten und je geschlossener sie reagierten, führte er bei der schon erwähnten Begegnung am 26. November 1958 in Bad Kreuznach aus, desto weniger sei zu befürchten, »daß die Russen bis zum Äußersten gingen«[113]. Berichte seines Moskauer Botschafters Maurice Dejean über die internen Hintergründe der sowjetischen Politik und dessen pronnonciertes Urteil über die intellektuellen Fähigkeiten Nikita Chruschtschows[114] bestärkten ihn in der Einstellung. Auch aus einer noch in einem weiteren Kontext aufschlußreichen Unterredung mit dem sowjetischen Botschafter Sergei Winogradow, in der er den Moskauer Vertreter unverblümt auf die ernste Kriegsgefahr hinwies, die aus einer erneuten Blockade der Zufahrtswege nach Berlin resultieren werde, gewann er den Eindruck, daß »den russischen Drohungen« der letzte Ernst fehlte[115]. De Gaulles außenpolitischer Kurs während der sich zunächst bis 1961 hinziehenden Berlin-Krise verdient mehr Beachtung im Hinblick auf seine Deutschlandpolitik als unter dem Aspekt der französisch-sowjetischen Beziehungen.

Wenn er von Beginn an Chruschtschows Entschlossenheit bezweifelte, die Berlin-Frage nötigenfalls mit Gewalt im sowjetischen Sinne zu lösen, konnte seine von einem aufmerksamen zeitgenössischen Beobachter als »knallhart« beschriebene Antwort auf das Ultimatum[116] weder hauptsächlich für die sowjetische Seite noch für die Weltöffentlichkeit bestimmt gewesen sein. Sie zielte in zweierlei Hinsicht vorrangig auf den westdeutschen Verbündeten. Aus naheliegenden Gründen wollte de Gaulle »Moskau nicht am Rhein haben«[117]. In dem damit angedeuteten Interesse Frankreichs am »glacis germanique«, d. h. an der westdeutschen Freiheit einschließlich der Freiheit West-Berlins, erkannte Herbert Blankenhorn, der deutsche Botschafter in Paris, »eine bessere Garantie für die Dauerhaftigkeit des deutsch-französischen Bündnisses ... als bloße Freundschaftserklärungen, die nicht durch ein reales eigenes Interesse bedingt«[118] seien. Außerdem befürchtete de Gaulle, daß die Deutschen aus jedem An-

---

112 Vgl. Documents Diplomatiques Français 1958. Bd. II (1er juillet–31 décembre) S. 869.
113 Vgl. ebd. S. 779f. Vgl. zu den Gründen der gaullistischen Reaktion R. MARCOWITZ, Charles de Gaulle und die Westdeutschen, S. 211ff.; C. BUFFET, De Gaulle et Berlin. Une certaine idée de l'Allemagne, in: Revue d'Allemagne 22 (1990) S. 531.
114 Vgl. AMAE, Europe 1944–1960, URSS, Bd. 243, Bl. 271, 9. September 1958.
115 Siehe ebd. URSS, Bd. 268, Bl. 39, 42. Siehe auch ebd. Bd. 245, Bl. 5, Aufzeichnung der Europaabteilung, 12. Januar 1960; Bd. 244, Bl. 296, französische Interpretation der Rede Chruschtschows vom 31. Oktober 1959. Vgl. zu de Gaulles Unterredung mit Winogradow auch unten in diesem Kapitel den Abschnitt 4, S. 191f.
116 So V. A. WALTERS, In vertraulicher Mission, (dt. Übersetzung) München 1990, S. 192.
117 C. BUFFET, De Gaulle, S. 532.
118 PA AA, Referat 204, Bd. 270, Bericht von H. Blankenhorn, 20. 4. 1959.

zeichen westlicher Nachgiebigkeit gegenüber der Sowjetunion die Schlußfolgerung ziehen könnten, sich hinsichtlich ihres nationalen »Hauptanliegens«[119], der Wiedervereinigung, entweder direkt mit »den Russen« zu verständigen oder einen Weg der Neutralität zwischen den Blöcken zu wählen. Insofern gebot »notre entente avec la République Fédérale«[120] diese Härte. Anderenfalls stünde nach seiner Ansicht die gesamte westliche Allianz, deren Zusammenhalt er für unerläßlich hielt, zur Disposition[121].

In nuce bewirkte die Berlin-Krise, daß das enge deutsch-französische Verhältnis ein gewisses Eigengewicht innerhalb des westlichen Verteidigungsbündnisses erlangte. Die Möglichkeit einer deutsch-französischen Zweierallianz jenseits des von der NATO vorgegebenen politischen Rahmens deutete de Gaulle am 4. März 1959 an, als er mit Konrad Adenauer in Marly-Le-Roi zusammentraf.

De toute manière, que l'Alliance Atlantique continue ou qu'elle doive être interrompue, il y a un intérêt majeur pour nos deux pays, soit dans l'Alliance, soit en dehors de l'Alliance, à rester d'accord. Ni vous, ni nous n'avons la puissance au même titre que d'autres,

so nahm der Präsident einen Gedanken auf, der in der schon genannten Instruktion für François Seydoux flüchtig angeklungen war und in vager Form weite Perspektiven zu eröffnen versprach:

Mais vous remontez et nous, nous montons: l'avenir nous appartient donc. Même s'il devait arriver quelque chose de grave pour l'Allemagne, que la France ressentirait directement, l'avenir demeurerait entre nos mains[122].

Vorläufig standen sich indessen, so willkommen die französische Reaktion auf Chruschtschows Drohgebärden den Westdeutschen war, de Gaulles und Adenauers Einschätzung der sowjetischen Macht konträr gegenüber. Während der Kanzler Michel Debré, dem französischen Premierminister, am 6. Mai 1959 in Bonn zu bedenken gab, daß eine dermaßen »brutale Diktatur« wie die sowjetische vom russischen Volk Opfer fordern könne, wie dies keiner demokratischen Regierung möglich sei[123], nahm de Gaulle wenige Monate später »quelques indices de détente« wahr, die er auf den »natürlichen Drang der Menschen zur Freiheit und ihren Wunsch nach einem besseren Leben« zurückführte, die er auch bei den Russen beobachtete[124]. Entsprechend unterschieden sich die politischen Bewertungen des ungestümen Chruschtschow in Bonn und Paris. Als im Quai d'Orsay dieser »Schauspieler« intern porträtiert wurde, der sich, gleich einem jungen Bären, mehr von Instinkten als von kühler Logik leiten ließe und gleichwohl eine unerschütterliche »orthodoxe kommunistische Grundüberzeugung« bewahrt habe, gelangte der Verfasser zu dem Er-

119 ACDP, NL Mertes, Bd. I-403–124/4 (a), Drahtbericht vom 20. November 1963.
120 Protokoll der Unterredung in Marly-Le-Roi vom 4. März 1959, in: Documents Diplomatiques Français 1959. Bd. I (1er janvier–30 juin), Paris 1994, S. 277, Beitrag de Gaulle.
121 Vgl. C. BUFFET, De Gaulle, S. 532; R. MARCOWITZ, Charles de Gaulle und die Westdeutschen, S. 213; W. WEIDENFELD, Der Einfluß der Ostpolitik de Gaulles auf die Ostpolitik Adenauers, in: R. MORSEY, K. REPGEN (Hg.), Adenauer-Studien. Bd. 3, S. 121f.
122 Protokoll der Unterredung in Marly-Le-Roi vom 4. März 1959, in: Documents Diplomatiques Français 1959. Bd. I (1er janvier–30 juin) S. 279. Die Instruktion, die François Seydoux überliefert hat, wird oben, Kapitel I, S. 10, zitiert.
123 Vgl. Documents Diplomatiques Français 1959. Bd. I (1er janvier–30 juin) S. 614.
124 Vgl. DM III, S. 129f., Pressekonferenz, 10. November 1959.

gebnis, Chruschtschows Herrschaft sei »une période de transition, période de grands risques, mais qui laisse une place à l'espoir«[125]. Mit seiner Entschiedenheit, mit der de Gaulle der sowjetischen Herausforderung in der Berlin-Krise entgegentrat, enttäuschte der General wesentlich Chruschtschows Erwartung, einen Sieg ohne Gewalt über den Westen zu erringen, und verhinderte, daß sich die westliche Staatengemeinschaft »sous la forme d'un vieux cheval fourbu approchant de sa fin« präsentierte[126]. Er leitete eine Wende der Ost-West-Konfrontation und der deutsch-französischen Beziehungen ein, die 1960 das internationale Prestige Frankreichs erheblich steigerte.

Obwohl seiner Ankündigung, den bestehenden Berlin-Status notfalls mit Waffengewalt zu verteidigen, nach Reiner Marcowitz Forschungen lediglich »die mehr oder minder glaubwürdige Bekundung der Bereitschaft Frankreichs zum Untergang«[127] zugrunde lag, wurde er nicht nur in den Vereinigten Staaten von Amerika, denen er im April 1960 einen Staatsbesuch abstattete, »le chef et le porte-parole de l'alliance occidentale« genannt[128]. Als Chruschtschow erkannte, daß er seine Ziele in Berlin nicht zu erreichen vermochte und ungewollt zur Geschlossenheit des Westens beigetragen hatte, nahm er im Mai 1960 den U-2-Zwischenfall zum Anlaß, die von ihm seit langem geforderte Pariser Gipfelkonferenz scheitern zu lassen[129]. In seiner Fernsehansprache vom 31. Mai 1960 unterstrich de Gaulle, daß die Möglichkeit einer internationalen Détente weiterhin bestünde, weil das französisch-russische Verhältnis durch kein »litige direct« belastet werde. Schwerer wog seine Versicherung an die Bonner Adresse, daß die Sowjetunion keine Chance habe, einen Keil in die westliche Allianz zu treiben oder Frankreich gegen Deutschland auszuspielen[130]. Stärker interessierten ihn, der die politische Bedeutung eines »appui moral« als Unterpfand der internationalen Politik, d. h. der popularen Bündnissolidarität als Kehrseite der gouvernementalen Kabinettspolitik zu ermessen wußte[131], bereits zu dem Zeitpunkt, als sich die Ost-West-Spannung einem neuen Höhepunkt näherte, andere »Fragen wie die, ob das deutsche Volk in seinen geistigen Grundlagen zuverlässig und dauerhaft auf der Seite des Westens steht, in welchem Maße die Mehrheit der SBZ-Deutschen gegenüber dem Kommunismus moralisch-geistig widerstandsfähig bleibt, ob es begründete

---

125 Vgl. AMAE, Europe 1944–1960, URSS, Bd. 270, Bl. 24 verso, 25. Siehe auch ebd. Bd. 249, Bl. 149 recto, Telegramm von Hervé Alphand, des Botschafters in Washington, vom 22. September 1959; Bl. 212, Aufzeichnung der Europaabteilung des französischen Außenministeriums, 1. Oktober 1959; LNC VIII, S. 217f.. Schreiben an Macmillan, 25. April 1959.

126 Vgl. AMAE, Europe 1944–1960, URSS, Bd. 270, Bl. 24 verso, politisches Porträt Chruschtschows.

127 R. MARCOWITZ, Charles de Gaulle und die Westdeutschen, S. 216f. Allerdings unterschätzt Reiner Marcowitz die Ernsthaftigkeit der gaullistischen Strategie während der Krise. Vgl. dagegen V. A. WALTERS, In vertraulicher Mission, S. 192; Documents Diplomatiques Français 1959. Bd. I (1er janvier–30 juin) S. 293, Protokoll der Audienz Winogradows vom 6. März 1959, Beitrag de Gaulle: »Dans ce cas, a répété le Général, nous mourrons tous, mais vous aussi«. Siehe auch das Protokoll der Unterredung de Gaulle–Kennedy vom 2. Juni 1961 in Paris, Papers of Arthur M. Schlesinger, Jr., Writings, Box w-3, E.O. 12356, Sec. 3.4, Kennedy Library Boston.

128 AMAE, Europe 1944–1960, URSS, Bd. 251, Bl. 6, H. Alphand, Aufzeichnung vom 6. Mai 1960.

129 Vgl. J. BARIÉTY, La perception, S. 223; A. DALMA, Hintergründe der Berlin-Krise, Karlsruhe 1962, S. 13, 70ff.

130 Vgl. DM III, S. 217–221.

131 Siehe dazu LNC VIII, S. 69f., Schreiben an Macmillan, 8. August 1958.

Hoffnungen auf eine langsame innere ›Liberalisierung‹ und ›Europäisierung‹ Rußlands sowie seiner Satelliten gibt«[132].

Obwohl er wußte, daß die sowjetische Interpretation einer »coexistence pacifique« zwischen Ost und West deren Realisierungsmöglichkeiten erheblich verminderte[133] und die Explosion der ersten französischen Atombombe am 13. Februar 1960 in Reggane in der Sahara an der aktuellen europäischen Sicherheitslage wenig änderte[134], signalisierte er, daß er die Rückkehr Frankreichs in den Kreis der Großmächte nicht als Abschluß einer Strategie, sondern als Etappenziel verstand und seine weiteren »großen außenpolitischen Ziele im engsten Zusammenwirken mit der Bundesrepublik« zu erreichen gedachte[135].

Nicht nur im Hinblick auf die legitimen Rechte der Westalliierten in Berlin, sondern auch in Anbetracht der äußeren Sicherheit, derer die Bundesrepublik bedurfte, erwies sich die Behandlung, die de Gaulle Nikita Chruschtschow angedeihen ließ, als »masterly«[136]. Nicht ohne jede Berechtigung durfte der »Sprecher der Bundesrepublik«, wie de Gaulle zu der Zeit einmal genannt wurde[137], eine adäquate Gegenleistung auf deutscher Seite erwarten. Indem der französische Präsident die Entente mit den Westdeutschen in der Krise »zementierte«[138], verschaffte er sich eine günstige Ausgangsposition, um die Bundesrepublik für seine mittelbar auf eine ebenso klar umrissene wie informelle Vorherrschaft Frankreichs abzielende Europakonzeption einzunehmen, der die Vorstellung eines »Greater France«[139] zugrunde lag und die sich nicht geringfügig vom Europaverständnis Konrad Adenauers unterschied.

Im Grunde betrachtete de Gaulle seit 1959 die solide deutsch-französische Entente bei weitem nicht nur als »le plus sérieux obstacle à l'expansion communiste en Europe«[140]. Die Bedeutung der Bundesrepublik drohte sich, als de Gaulle das Eigengewicht, das das deutsch-französische Verhältnis besaß, im Rahmen seiner größeren europapolitischen Strategie ermaß, ebenso zu vermindern, wie sie sich umgehend erhöhte. Sehr aufmerksam registrierten manche Zeitgenossen insbesondere jenseits des Atlantiks, daß die prinzipiell willkommene Zunahme an innerer Stabilität und äußerer Macht, die de Gaulle sukzessive für Frankreich erwirkte, indem er verfassungs-, außen- und kolonialpolitische Entscheidungen traf, die seine Vorgänger lange aufgeschoben hatten, ab einem bestimmten Stadium die westliche Position im Kalten Krieg nicht nur verbesserte, sondern daß sie neue Probleme schuf.

132 PA AA, Referat 204, B 24/Bd. 356, Bericht von Josef Jansen vom 9. März 1960 über einen Besuch des ehemaligen Bundespräsidenten Theodor Heuss bei de Gaulle.

133 Siehe dazu AMAE, Europe 1944–1960, URSS, Bd. 245, Bl. 8–14, Aufzeichnung der Europaabteilung über »La coexistence pacifique« vom 13. Januar 1960, und Bl. 269 verso, Aufzeichnung der Europaabteilung vom 28. Oktober 1960 über die sowjetische Außenpolitik.

134 Vgl. H. CARRÈRE D'ENCAUSSE, La politique du général de Gaulle à l'Est, in: Espoir, Heft 62 (1988) S. 31, und R. ARON, Quelle sera la politique atomique française?.

135 PA AA, Referat 204, B 24/Bd. 355, Aufzeichnung von Karl Carstens vom 7. August 1962.

136 So Lord GLADWYN, Europe after de Gaulle, New York 1969, S. 61.

137 Vgl. F. SEYDOUX, Beiderseits des Rheins. Erinnerungen eines französischen Diplomaten, (dt. Übersetzung) Frankfurt a.M. 1975, S. 231.

138 C. BUFFET, De Gaulle, S. 533.

139 So Lord GLADWYN, Europe, S. 57.

140 AMAE, Europe 1944–1960, URSS, Bd. 268, Bl. 16, Aufzeichnung der Europaabteilung für den Premierminister vom 24. März 1959.

Bereits nach der Großen Revolution von 1789 hatten mehrere der europäischen Mächte irrtümlicherweise angenommen, Frankreich sei infolge der inneren revolutionären Erschütterung für eine geraume Zeit außenpolitisch gelähmt[141]. Ähnlich galt das Land, das de Gaulle 1958 zu regieren begann, angesichts der internen Zerwürfnisse, die aus dem Algerienkrieg resultierten, als morbide »femme fragile«[142]. So angenehm überrascht sich die westlichen Verbündeten zeigten, als es de Gaulle gelang, »Frankreich wieder auf die Füße zu stellen«[143], so wenig mangelte es schon bald an Kritik, die sich an de Gaulles eigenwilligem Umgang mit dem europapolitischen Erbe der Vierten Französischen Republik entzündete. Manche Zeitgenossen und spätere Historiographen neigten dazu, wenn sie zum Teil berechtigte Einwände gegen die gaullistische Beurteilung des Integrationsprinzips oder gegen die Haltung erhoben, die de Gaulle gegenüber dem geplanten Beitritt Großbritanniens zur Sechsergemeinschaft 1962/63 einnahm[144], eine seiner historischen Leistungen zu unterschätzen, die eine unverzichtbare Voraussetzung jener »außerordentlich fruchtbare[n] Phase«[145] der Europäischen Gemeinschaften in den Jahren 1959 bis 1962 bildete. Thomas Alexander Mirows Urteil, daß deren »so verdienstvolle Arbeit« in jener Zeit »ohne die von de Gaulle erwirkte innenpolitische Stabilisierung Frankreichs nicht möglich gewesen« wäre[146], fand sein zeitgenössisches Korrelat in Konrad Adenauers hypothetischem Wort, daß Frankreich »ohne de Gaulle ... im Bürgerkrieg« hätte versinken können[147].

Charles de Gaulle zögerte 1958/59 nicht, die Verpflichtungen zu erfüllen, welche die Vierte Republik bei der Unterzeichnung der Römischen Verträge 1957 übernommen hatte. Entgegen der früheren Ankündigung des Ministerpräsidenten Pierre Pflimlin, Frankreich sei außerstande, die Bestimmungen des Gemeinsamen Marktes in Kraft zu setzen, senkte de Gaulle zum 1. Januar 1959 die vorgesehenen Zolltarife. Der General erkannte der Sechsergemeinschaft jedoch allenfalls »einen weitgehend instrumentalen Charakter«[148] zu und weigerte sich, das Integrationsprinzip auf die politische Kooperation zu übertragen. Ohnehin hielt er zeit seines Lebens ökonomische Fragen für eine »Sache des Quartiermeisters«[149], wie sie die Intendanten des frühneuzeitlichen Frankreichs zu lösen hatten, deren politischer Gestaltungsfreiheit der zentralistische Etatismus enge Grenzen gesetzt hatte, die in einem eigenartigen Kon-

---

141 Vgl. zu der historischen Fehleinschätzung, die sich später wiederholte, G. A. CRAIG, A. L. GEORGE, Zwischen Krieg und Frieden. Konfliktlösung in Geschichte und Gegenwart, München 1984, S. 40.
142 Vgl. dazu F. COSTIGLIOLA, France, S. 121, und H. A. KISSINGER, Memoiren 1968–1973, (dt. Übersetzung) München 1979, S. 118.
143 AMAE, Europe 1944–1960, Allemagne 1956–1960, Bd. 29, Bl. 2, H. Alphand, Bericht vom 1. Juli 1959.
144 Siehe dazu M. BIDDISS, Nationalism, S. 425; D. BRINKLEY, Dean Acheson. The Cold War Years, 1953–71, New Haven/London 1992, S. 187, 190, 196; Gh. IONESCU, Leadership, S. 130. Ein bemerkenswertes Beispiel ist P. REYNAUD, Ehrgeiz und Illusion. Die Außenpolitik de Gaulles, München/Zürich 1964, S. 54, 59, 96, 149.
145 Th. A. MIROW, Die europapolitischen Konzeptionen, S. 745.
146 Vgl. ebd.
147 CDU-Bundesvorstandssitzung vom 16. September 1959. Siehe Adenauer, »... um den Frieden zu gewinnen«. Protokolle des CDU-Bundesvorstands 1957–1961, S. 390. Vgl. zu der durchaus realistischen Bürgerkriegsgefahr D. JOHNSON, Les condition, S. 712.
148 Th. A. MIROW, Die europapolitischen Konzeptionen, S. 121.
149 H. WILSON, Die Staatsmaschine. Erinnerungen des britischen Premiers 1964–1970, (dt. Übersetzung) Wien/München/Zürich 1972, S. 83f.

trast zur Bedeutung ihrer Aufgaben standen[150]. Scheinbar schritt de Gaulle formal auf jenem von seinen Vorgängern gewiesenen »Weg einer ›funktionellen‹, die Souveränität der einzelnen Staaten langfristig obsolet machenden Integration Westeuropas«[151] voran, den er und seine Anhänger zuvor mißbilligt hatten. Manche ökonomischen Vorteile, die diese Entscheidung für die französischen Agrarinteressen bot, und die Einsicht in den Wert außenpolitischer Verläßlichkeit bzw. internationaler Vertragstreue hatten ihn zu dem Entschluß bewogen[152]. Ausschlaggebend war ein anderes Motiv. Rückblickend gestand er am 21. Dezember 1959 dem englischen Premierminister Macmillan, er habe den Gemeinsamen Markt, wie ihn die Römischen Verträge vorsahen, nur akzeptiert, weil er die Westdeutschen ökonomisch an Frankreich binden wollte. Anderenfalls befürchtete de Gaulle, sie könnten zu einem neuen »wirtschaftlichen Drang nach Osten« aufbrechen, den es nie wieder geben dürfe[153].

Gerade mit der Sorge vor neuen »incertitudes allemandes« hingen die in mehrfacher Hinsicht, geographisch, historisch und institutionell, weit über das »Europa der Sechs«, über den Gemeinsamen Markt oder den EURATOM-Vertrag, hinausreichenden europapolitischen Ziele zusammen, die de Gaulle jenseits der Algerienfrage oder der Berlin-Krise, die Frankreichs politische Energien bereits über Gebühr beanspruchten, verfolgte. Sie enthielten eine gesamteuropäische Dimension, die das deutsch-französische Verhältnis ebenso wie die Beziehungen zwischen Ost- und Westeuropa konzeptionell miteinander verband, was insbesondere in Ost- und Ostmitteleuropa nicht unbemerkt blieb und de Gaulle bereits am 10. März 1959 eine offen ausgesprochene Einladung zu einem Staatsbesuch in Polen eintrug[154].

Hans-Dieter Lucas hat de Gaulles europäische Konzeption[155] als »Zwei-Stufen-Plan« analysiert, der zunächst für Frankreich die Übernahme einer Führungsrolle innerhalb der Gemeinschaft der Sechs »auf der Grundlage einer engen Zusammenarbeit mit der Bundesrepublik Deutschland« vorsah. In einem zweiten Schritt plante de Gaulle, »eine gesamteuropäische Gleichgewichtsordnung« auf der Basis des Selbstbestimmungsrechts der Völker und der Unabhängigkeit der Nationalstaaten in Ost und West zu errichten, »in der Frankreich seine Rolle als ›grande nation au premier rang‹ spielen würde«. De Gaulle bestritt die Legitimität der existierenden bipolaren Weltordnung des Kalten Krieges, weil sie den nationalen Eigeninteressen der europäischen Staaten, insbesondere dem französischen Großmachtanspruch, nicht ge-

150 Vgl. H. Schulze, Staat und Nation, S. 71.

151 H.-D. Lucas, Europa, S. 93.

152 Vgl. ebd. S. 93ff., 129, und R. F. Kuisel, De Gaulle's Dilemma: The American Challenge and Europe, in: French Politics & Society 8 (1990) S. 14.

153 Vgl. H. Macmillan, Erinnerungen, S. 368. Siehe auch de Gaulles aufschlußreiche Marginalie vom 27. Februar 1961 zu einer Notiz Michel Debrés über die französische Europapolitik, abgedruckt in LNC IX, S. 48f.: »Dans la coopération politique des Six, je vois avant tout la pratique d'une coopération France–Allemagne, qui peut et doit devenir une ›réalité‹ ne fût-ce qu'en liant l'Allemagne à l'Occident.«

154 Vgl. Documents Diplomatiques Français 1959. Bd. I (1er janvier–30 juin) S.49, Telegramm von Etienne Burin des Roziers, des Botschafters in Warschau, vom 13. Januar 1959; AMAE, Europe 1944–1960, Pologne, Bd. 246, Bl. 215 recto, Bericht von E. Burin des Roziers, 17. Oktober 1958; ebd. Bd. 241, Bl. 255, Europaabteilung, Aufzeichnung über die deutsch-polnischen Beziehungen, 22. August 1958. Siehe auch ACDP, NL Birrenbach, Bd. I-433–145/2, Protokoll der Pariser Konferenz der Staats- und Regierungschefs der EWG-Mitgliedsländer vom 10. Februar 1961.

155 Vgl. zu den folgenden Ausführungen H.-D. Lucas, Europa, S. 405ff.

recht werde, und bezweifelte im übrigen, daß sie die Gefahr eines Kriegsausbruchs bannen könne. Statt dessen forderte er die politische Gleichberechtigung bzw. Gleichrangigkeit seines Landes innerhalb der westlichen Allianz mit den Vereinigten Staaten von Amerika und Großbritannien, was in seinem Vorschlag zum Ausdruck kam, ein sogenanntes Dreierdirektorium dieser »westlichen Weltmächte« zu gründen. Die westeuropäische Sechser-Gemeinschaft gedachte er »zu einem von den USA unabhängigeren ›Pfeiler‹ eines künftigen gesamteuropäischen Staatensystems auszubauen«. Deutschland erhielt die Funktion eines Juniorpartners zugewiesen, der die Ambitionen Frankreichs politisch und ökonomisch flankieren bzw. absichern würde und dessen eigenes Sicherheitsbedürfnis in der Bindung an Frankreich Befriedigung fände, während de Gaulle »am liebsten Paris als Drehscheibe und Mittelpunkt eines Bündnissystems sehen« mochte, »in dem er den Standpunkt Kontinental-Europas gegenüber den angelsächsischen Mächten vertreten würde«[156].

Bereits drei Tage nach seinem informellen Zusammentreffen mit Konrad Adenauer in Colombey-les-Deux-Eglises, als er dem amerikanischen Präsidenten Eisenhower und dem englischen Premierminister Macmillan in einem geheimen Memorandum eine Reform der NATO vorschlug, ohne den Bundeskanzler im vorhinein entsprechend zu informieren, hatte de Gaulle signalisiert, daß »die Bundesrepublik Deutschland ... nur einen, wenn auch gewiß wichtigen Faktor unter anderen Faktoren in seiner nationalen Interessenpolitik ohne Rücksicht auf westeuropäische Solidarität darstellte«[157]. Eine exklusive Beziehung Frankreichs, das globale Interessen besaß, zur Bundesrepublik, die sich vordringlich an Europa interessiert zeigte, strebte er zu dem Zeitpunkt nicht an. Die harmonische Begegnung mit Adenauer markierte einen Schritt der gaullistischen Diplomatie auf der europäischen Ebene, aber das NATO-Memorandum indizierte die Weltmachtambitionen des gaullistischen Frankreichs[158].

Als Erfolg vermochte der General gerade angesichts dieses subjektiv so stark empfundenen und äußerlich so nachdrücklich demonstrierten Rangunterschiedes zu verbuchen, daß er fortan auf die Bundesrepublik als einen Verbündeten zählen konnte, dessen spezifischen Vorzug der englische Diplomat Bernard Ledwidge mit den Worten »powerful but subordinated« umschrieben hat[159]. Das diplomatische Procedere des neuen gaullistischen Frankreichs erinnert teilweise an die Überraschungen, die de Gaulle 1944/45 den angelsächsischen Regierungen bereitet hatte. Als er Winston Churchill am 11. November 1944 in Paris empfing, um des Waffenstillstandes von 1919 zu gedenken, verschwieg er seinem Gast wohlweislich, daß er wenige Wochen später auf eigenen Wunsch nach Moskau zu reisen beabsichtigte[160]. Welche weitreichenden Konsequenzen sich für das deutsch-französische Verhältnis aus diesem gaul-

156 PA AA, Referat 204, Bd. 270, Bericht von Herbert Blankenhorn vom 20. April 1959. Vgl. auch E. A. KOLODZIEJ, De Gaulle, Germany, and the Superpowers: German Unification and the End of the Cold War, in: French Politics & Society 8 (1990) S. 48, 51.
157 A. HILLGRUBER, Europa, S. 88.
158 Vgl. G.-H. SOUTOU, Les problèmes de sécurité dans les rapports franco-allemands de 1956 à 1963, in: Relations internationales, Nr. 58 (1989) S. 234, und DERS., L'alliance, S. 129f. Siehe dazu auch K. CARSTENS, Erinnerungen und Erfahrungen. Hg. v. K. von JENA, R. SCHMOECKEL, Boppard am Rhein 1993, S. 245.
159 B. LEDWIDGE, De Gaulle, New York 1982, S. 263.
160 Vgl. J. W. YOUNG, France, S. 29.

listischen Verständnis der nationalen Interessen Frankreichs ergaben, das einen eher egalitären Zug mit einem sehr elitären verband, das den allgemeingültigen Gedanken der prinzipiellen Unabhängigkeit und Souveränität des Nationalstaates mit der Vorstellung französischer »grandeur«, einer unverkennbaren Auserwähltheit Frankreichs, verwob, das der »France généreuse« nur soviel Bedeutung beimaß, wie sie »la grandeur de la France« gestattete[161], wurde in dem politischen und militärischen Gefälle sichtbar, das zwischen Frankreich als einer Macht, die eine eigene Atomstreitmacht aufbaute, und der Bundesrepublik, die in dieser Hinsicht Enthaltsamkeit übte, bestand.

In einer für sein am Begriff des Nationalstaates orientiertes politisches Denken aufschlußreichen Rede, die er am 3. November 1959 vor Absolventen der Pariser Militärakademie hielt, bezog sich de Gaulle nicht nur auf das militärische Integrationsprinzip in der NATO, als er betonte, daß sich nicht das Wesen, sondern die pure Existenz eines Nationalstaates in der Verteidigungspolitik manifestiere[162]. Die militärische Substanz der französischen Verteidigungsfähigkeit bildete bis in die sechziger Jahre hinein tatsächlich die konventionelle Bewaffnung. Ihre politische Bedeutung reduzierte sich indes sukzessive zugunsten der Nuklearwaffe, der Force de frappe. Daß die französischen Atomwaffen bzw. die Aussicht auf ihren Besitz das deutsch-französische Verhältnis unmittelbar betrafen, geht aus Michel Debrés nüchterner Erklärung vom 23. Juli 1960 hervor, die er vor dem Finanzausschuß der Nationalversammlung abgab. Die internationale Staatenwelt sei fortan in zwei Gruppierungen politischer Mächte aufgeteilt, befand er, nämlich in jene, die Nuklearwaffen besäßen, und jene, die ihrer entbehrten, gleichsam von neuem wie in der Zwischenkriegszeit in »Haves« und »Have-Nots«: »Et, à partir du moment où une nation ne fait pas partie de ce premier clan, elle n'a plus le droit à la parole. Cela commence. La conférence sur l'arrêt des expériences nucléaires est l'image de ce que sera le monde de demain, c'est-à-dire que ce seront les grandes puissances qui feront le monde«[163].

Die französische Atomwaffenentwicklung brachte während der Epoche, in der de Gaulle die Geschicke Frankreichs bestimmte, das ausschlaggebende Gewicht des Gedankens nationaler Unabhängigkeit auf dem Gebiet der Verteidigungspolitik zum Ausdruck, der die Kehrseite des Großmachtanspruchs beschrieb. So gewiß, objektiv gesehen, die NATO in ihrer existierenden Form, d. h. mitsamt der politischen und militärischen Integration und dem amerikanischen Führungsanspruch, in ausreichendem Maße Frankreichs äußere Sicherheit gewährleistete[164], so wenig vermochte

---

161 H.-D. Lucas prägt in seinem Werk »Europa vom Atlantik bis zum Ural?«, S. 403, den Begriff des »doppelten‹ Nationalismus«, der in der Gedankenbildung de Gaulles im Nationalstaatsinteresse als Strukturprinzip der Staatenwelt und im Primat der Außenpolitik Gestalt annahm. Auf der Ebene der gaullistischen Deutschlandpolitik und des Deutschlandbildes gewann daneben der Kontrast, der zwischen dem exklusiven Anspruch, französische Interessen wie eine Großmacht global zu vertreten, und dem potentiell gleichen Anspruch auf einen Nationalstaat, den der General unausgesprochen allen Nationen zuerkannte, eine besondere Brisanz.

162 Vgl. DM III, S. 126f.

163 FNSP, Fonds Baumgartner, Bd. 3 BA 5/Dr 4: Problèmes militaires, Redetext.

164 Daher kritisierte er auch die zahlenmäßige Erhöhung der amerikanischen Streitkräfte, die auf französischem Boden stationiert waren, als Herrschaft der Vereinigten Staaten von Amerika, obgleich sie die äußere Sicherheit des Landes gewiß nicht gefährdeten, solange die französische Armee in

das Bündnis de Gaulles exklusives Bedürfnis nach nationaler Unabhängigkeit zu erfüllen. Da er die nationalstaatliche Unabhängigkeit als letzten Endes nicht mehr hinterfragbares Telos der Politik betrachtete, lagen seiner Entscheidung, in den Besitz einer eigenen Atomwaffe zu gelangen und Frankreich schrittweise aus der NATO-Integration zu lösen, politische Motive zugrunde, aber keine militärtechnischen oder sicherheitspolitischen Überlegungen im engeren Sinne. Er verzichtete darauf, die Sicherheit, die Frankreich als Vollmitglied der NATO genoß, gegen jene abzuwägen, welche die Force de frappe günstigenfalls in späteren Jahren zu bieten vermochte. Und unter ökonomischen Aspekten hätte sogar die erste Option in jedem Falle nähergelegen.

Der Besitz eigener Atomwaffen avancierte als »apanage des nations de premier rang«[165] zum »eigentlichen Souveränitätsausweis Frankreichs«[166], der seiner inneren und äußeren Staatsräson entsprach[167], wenngleich diese Souveränität nicht zuletzt auf dem Schutz beruhte, den die NATO und die solide Verankerung der Bundesrepublik im atlantischen Bündnis boten. Frankreich »konnte im Schutz der NATO und hinter dem starken Wall der deutschen Bundeswehr konventionell sündigen«, so hat Franz Josef Strauß den Sachverhalt rückblickend umschrieben[168]. Dagegen beruhte die Souveränität der Bundesrepublik nicht zuletzt auf dem Verzicht auf diese spezifische »Souveränität des späten 20. Jahrhunderts«[169]. Erblickte Konrad Adenauer in der NATO gerade »keine allein militärische, sondern eine eminent politische Allianz, eine Wertegemeinschaft als ›Antwort‹ auf die kommunistische Ideologie«[170], so bildete sie für de Gaulle »eine technische Notwendigkeit, die man angesichts der sowjetischen Gefahr und angesichts der Tatsache, daß man in Westeuropa militärisch noch nicht stark genug [war], hinnehmen« mußte[171]. Ihre politische Struktur enthielt aber eine

Nordafrika engagiert war. Vgl. Documents Diplomatiques Français 1958. Bd. II (1er juillet–31 décembre) S. 762; ACDP, CDU/CSU-Bundestagsfraktion, Bd. VIII-001–052/2, Aufzeichnung vom 2. Juni 1961; LNC IX, S. 157, Schreiben an Kennedy, 21. Oktober 1961; ebd. S. 159, Aufzeichnung für Debré, 26. Oktober 1961, und ebd. S. 205, Aufzeichnung über die Stärke der in Frankreich stationierten amerikanischen Streitkräfte, 7. Februar 1962. Siehe dazu auch A. KASPI, Les relations franco-américaines (1958–1969), in: Espoir, Heft 61 (1987) S. 20, der den rein militärischen Wert der französischen »bombinette«, d. h. der Atombombe, die am 13. Februar 1960 explodierte, nicht als sehr hoch beziffert. De Gaulle differenzierte zwischen der atlantischen Allianz, die er fortzuentwickeln gedachte, und der NATO-Integration, gegen die er prinzipielle Einwände erhob. Siehe Protokoll der Unterredung de Gaulle–Kennedy vom 1. Juni 1961 in Paris, Papers of Arthur M. Schlesinger, Jr., Writings, Box w-3, E.O. 12356, Sec. 3.4, Kennedy Library Boston, S. 2.

165 So A. FRANÇOIS-PONCET, Frappe mais écoute ..., in: »Le Figaro« vom 16. Juli 1962.
166 F. J. STRAUSS, Die Erinnerungen, S. 317.
167 PA AA, Referat 204, Bd. 358, Aufzeichnung, 26. September 1960.
168 Siehe F. J. STRAUSS, Die Erinnerungen, S. 319.
169 M. SALEWSKI, Deutschland. Eine politische Geschichte. Bd. 2, S. 370. Vgl. dazu den instruktiven Beitrag von H. J. KÜSTERS, Souveränität und ABC-Waffen-Verzicht. Deutsche Diplomatie auf der Londoner Neunmächte-Konferenz 1954, in: VfZG 42 (1994) S. 514f., 517, 535f. Er differenziert zwischen dem doktrinären französischen Verständnis absoluter Souveränität und dem pragmatischen angelsächsischen der relativen Souveränität.
170 M. SALEWSKI, Deutschland. Eine politische Geschichte. Bd. 2, S. 344.
171 So Herbert Blankenhorn in einer resümierenden Aufzeichnung vom 29. Mai 1962, in: BA, NL Blankenhorn, Bd. 132 a, Bl. 9. Vgl. dazu auch Protokoll der Unterredung de Gaulle–Kennedy vom 1. Juni 1961 in Paris, Papers of Arthur M. Schlesinger, Jr., Writings, Box w-3, E.O. 12356, Sec. 3.4, Kennedy Library Boston, S. 2.

substantielle Gefahr für den Bestand des »ewigen Frankreichs«, nämlich »que la France cesse d'être la France«[172]. An der atlantischen Allianz hielt de Gaulle fest, aber nicht an der NATO in ihrer bestehenden Form!

Ob de Gaulles Anspruch, globale Interessen zu vertreten und daher eines adäquaten militärischen Verteidigungsinstrumentariums zu bedürfen, mit der nationalen Machtbasis, über die er verfügte, in Einklang gebracht werden konnte, oder der General, wie Herbert Blankenhorn zeitgenössisch befand, einer Illusion nachjagte[173], sei an der Stelle dahingestellt. Hinsichtlich seines Deutschlandbildes und der Politik, die er gegenüber der Bundesrepublik betrieb, verwies seine Kritik an der NATO-Integration nicht nur auf den Rangunterschied bzw. das machtpolitische Gefälle, das Michel Debré so unumwunden artikulierte, sondern warf wiederum die Frage auf, »wie sich die Zielsetzungen des ›neuen‹ Frankreich und die Sorgen des geteilten Deutschlands vereinbaren«[174] ließen.

Hatte sich der kluge Ratschlag, den »militärischen und politischen Sumpf« in Vietnam zu verlassen, den de Gaulle dem jungen amerikanischen Präsidenten John F. Kennedy erteilte[175], primär auf das beginnende amerikanische Engagement in Ostasien bezogen, so knüpfte der General damit zugleich an seine prinzipiellen militärpolitischen Vorbehalte an, die er gegenüber der Integration hegte.

Großer Nachdruck müsse auf den nationalen Charakter der Verteidigungskräfte gelegt werden,

beschied er Kennedy bei der gleichen Gelegenheit,

denn nur auf diese Weise sei auch der nötige Abwehrwille in den europäischen Völkern zu entwickeln[176].

Daß sich diese Auffassung unüberbrückbar von der bundesdeutschen unterschied, war evident. Sowohl über die politische wie militärische Stärke des Westens hegten Konrad Adenauer und das Auswärtige Amt andere Vorstellungen. «Die politische Stärke unserer heutigen westlichen Allianz beruht auf der Achtung vor der Gleichberechtigung jedes Mitgliedes«, hieß es bereits am 23. November 1958 in Bonn über de Gaulles Vorschlag, ein Dreier-Direktorium zu bilden, »wobei diese Mitglieder wiederum freiwillig die Führungsstellung der Vereinigten Staaten anerkennen«[177]. Und der Kanzler witterte nicht nur politische Risiken, sondern hielt de Gaulles Standpunkt auch in militärischer Hinsicht für »unrichtig, denn wenn ein neuer Krieg kommt, dann wird das blitzschnell alles gehen, und wenn man dann noch erst anfängt, sich untereinander darüber zu unterhalten, was man nun zu tun hat, der eine dies, der andere jenes, dann hat die ganze Sache überhaupt keinen Zweck mehr«[178].

172 DM III, S. 383, Fernsehansprache, 5. Februar 1962.
173 Vgl. ACDP, CDU/CSU-Bundestagsfraktion, Bd. VIII-001–052/2, Aufzeichnung vom 2. Juni 1961.
174 PA AA, Referat 204, Bd. 286, Aufzeichnung über die deutsch-französischen Beziehungen von Paul Frank, 15. Dezember 1958.
175 Siehe W. BRANDT, Erinnerungen, S. 397f.
176 So hat Herbert Blankenhorn in einem Fernschreiben vom 5. Juni 1961 de Gaulles Standpunkt übermittelt. Siehe ACDP, NL Birrenbach, Bd. I-433–145/2. Vgl. dazu auch D. D. EISENHOWER, Wagnis für den Frieden, (dt. Übersetzung) Düsseldorf/Wien 1966, S. 351.
177 BA, NL Blankenhorn, Bd. 92B, Bl. 38 verso, Aufzeichnung vom 23. November 1958 über »Vorschläge de Gaulles über die Organisation der westlichen Allianz«.
178 So Konrad Adenauer am 3. November 1960 beim »Kanzler-Tee«, ACDP, Parteigremien, Bd. VII-002–003/1, S. 7.

Eine eher wohlwollendere Beurteilung spricht dagegen aus einer Lagebeurteilung des Auswärtigen Amtes vom 26. Oktober 1959. Gewarnt wurde vor der Schlußfolgerung, daß die gaullistischen Vorschläge zur Umgestaltung des westlichen Bündnisses »ausschließlich eine Schwächung der Nato und damit der Verteidigungskräfte des Westens zur Folge haben«. Nach Ansicht des Verfassers konnte hingegen »nicht geleugnet werden, daß de Gaulle – zumindest subjektiv – durch die Stärkung Frankreichs letztlich auch eine Stärkung des Westens anstrebt. Seit Jahren wurde von allen Freunden Frankreichs dessen Schwäche bedauert; nun, da de Gaulle diese Schwäche zu überwinden sucht, sollte man eine Kritik zumindest solange zurückstellen, als den Bemühungen de Gaulles durchaus Erfolge beschieden sind. Die gegenwärtigen Schwierigkeiten in der NATO müssen daher in Kauf genommen werden, weil man hoffen kann, daß am Ende des Weges ein starkes Frankreich und ein befriedetes Nordafrika dazu beitragen werden, den Bemühungen des Westens um die Wahrung der Freiheit und des Friedens verstärktes Gewicht zu geben«[179].

Die Folgen der gaullistischen Neuorientierung der französischen Politik im Zeichen eines »alten«, manchen Beobachter atavistisch anmutenden Ideals erwiesen sich für die Bundesrepublik zunächst als ambivalent. Denn einerseits lag es in ihrem Interesse, daß de Gaulle Algerien in die Unabhängigkeit überführte und die politischen, militärischen und finanziellen Lasten abschüttelte, die diese »letzte koloniale Hypothek« bedeutete[180]. Sogar der Botschafter Herbert Blankenhorn, der gegenüber dem Gründer der Fünften Republik kritisch eingestellt war, versagte nicht seinen Respekt, als de Gaulle aus der politisch riskanten Erkenntnis, daß die Unabhängigkeit Algeriens »kein Akt negativen Verzichtens [sei], sondern die unumgängliche Voraussetzung für eine völlige Erneuerung Frankreichs, die dieses Land zu einem auf allen Gebieten modernen, handlungsfähigen und einflußreichen Staat machen« werde[181], entsprechende Schlüsse zog. Adenauers Pariser Vertreter schätzte sich glücklich, im Falle einer neuen Ost-West-Krise auf de Gaulle als »unabhängigen Fürsprecher« der Bundesrepublik auf der Ebene der vier Großmächte zählen zu können, »um die Sowjets zu mäßigen«, und stellte die rhetorische Frage, wo »denn heute außer diesem General in der westlichen Welt noch eine Persönlichkeit [sei], die über gleichen politischen Kredit in Ost und West verfügt«[182].

Andererseits gab sich de Gaulle nicht damit zufrieden, die wiedergewonnene politische Stärke Frankreichs, die in militärischer Hinsicht kaum zu Buche schlug, solan-

---

179 PA AA, Referat 204, Bd. 323. Dieses zeitgenössische Urteil, das auf angelsächsischer Seite früh dominierte, wird inzwischen auch in der zeitgeschichtlichen Forschung geteilt. Vgl. z. B. D. THOMSON, General de Gaulle and the Anglo-Saxons, in: International Affairs 41 (1965) S. 11; W. WEIDENFELD, Der Einfluß der Ostpolitik, S. 118; F. COSTIGLIOLA, France, S. 121; F. BOZO, P. MÉLANDRI, La France, S. 213ff.

180 Siehe ACDP, NL Krone, Bd. I-028–005/5, Bericht von Herbert Blankenhorn vom 4. Mai 1961 über den gescheiterten Militärputsch in Algerien. Charles de Gaulle erhob bezeichnenderweise gegenüber den Generälen Maurice Challe, Raoul Salan, André Zeller und Edmond Jouhaud, die am 22. April 1961 in Algier putschten und den Primat der Politik über das Militär in Frage stellten, nicht zuletzt den Vorwurf, seine seit dem 18. Juni 1940 unternommenen erfolgreichen Anstrengungen erheblich zu gefährden, eine Renaissance französischer Großmachtpolitik einzuleiten. Vgl. DM III, S. 307, Fernsehansprache, 23. April 1961.

181 Vgl. BA, NL Blankenhorn, Bd. 145, Bl. 25f., Bericht vom 16. November 1962.

182 Ebd. Bd. 102, Bl. 93, Tagebucheintragung vom 14. Juli 1960. Diese Passage fehlt in der unter dem Titel »Verständnis« veröffentlichten Version seines Diariums.

ge der Zustand seines konventionellen Verteidigungspotentials »besorgniserregend schlecht«[183] blieb, lediglich im Rahmen des Status quo in Europa zugunsten der Bundesrepublik in die Waagschale zu werfen. Was de Gaulle langfristig plante, konnte für die Bundesrepublik Perspektiven eröffnen, die Herbert Blankenhorn »erschauern«[184] ließen. Bereits am 10. November 1959 verlieh der Präsident in einer Pressekonferenz im Elysée-Palast seiner zwischen Hoffnung und Gewißheit changierenden Überzeugung Ausdruck, Rußland werde »eines Tages wieder den Weg nach Europa zurückfinden«, sobald es bemerkt habe, daß es als »weiße Nation« zu Europa gehöre und dem wachsenden Machtpotential Chinas allein ausgesetzt sei. Die russische Interessenlage gebot nach seiner Einschätzung, »sich mit dem Westen gegen die gewaltige gelbe Gefahr zu verbünden«[185]. Nur temporäre historische und damit politische Relevanz maß er der bolschewistischen Ideologie bei und hielt den mit der ideologischen Rivalität der beiden Weltmächte zusammenhängenden Kalten Krieg für einen vorübergehenden Zeitabschnitt[186]. Sein machtbewußtes Vorgehen in der Berlin-Krise wie auch in der Kuba-Krise 1962[187] kontrastierte oberflächlich auf eine charakteristische Weise mit seinem nationalpolitischen Denken. Beide Konflikte ließen ihn keineswegs vergessen, »daß Rußland ein irregeleiteter europäischer Bruder sei, dem man die Rückkehr offenhalten müsse«[188].

De Gaulles andeutungsweise in einem Gespräch mit Konrad Adenauer Ende Juli 1960 in Rambouillet erörterte und 1961/62 im ersten und zweiten Fouchet-Plan konkretisierte europäische Konzeption zielte auf ein französisch geführtes und nicht-integriertes Kontinentaleuropa, das »einmal stark genug sein soll, um die Entspannung und schließlich den Ausgleich mit Sowjetrußland herbeizuführen«[189]. Daß dies möglich sei, bezweifelte de Gaulle aus historischer Erfahrung kaum. Aufschlußreich ist in

---

183 BA, NL Blankenhorn, Bd. 103, Bl. 277, Tagebucheintrag vom 15. August 1960.
184 Ebd. Bl. 278, Tagebucheintrag vom 15. August 1960.
185 Siehe DM III, S. 130, und PA AA, Referat 204, Bd. 270, Bericht von Josef Jansen vom 12. November 1959.
186 Vgl. ebd. Bd. 380, Bericht von Josef Jansen vom 13. April 1960.
187 Vgl. dazu M. R. ZAHNISER, Uncertain Friendship, S. 287f.; J. N. GIGLIO, The Presidency of John F. Kennedy, Lawrence (Kansas) 1991, S. 205; und zur historischen Bedeutung der Kuba-Krise J. A. NATHAN, The Heyday of the New Strategy: The Cuban Missile Crisis and the Confirmation of Coercive Diplomacy, in: DERS. (Hg.), The Cuban Missile Crisis Revisited, New York 1992, S. 12f. Als Chruschtschow die internationale Staatengemeinschaft in der Kuba-Krise an den Rand eines neuen Weltkrieges führte und die Interessen der europäischen Verbündeten in der amerikanischen Politik einen historischen Moment lang nahezu vollständig unberücksichtigt blieben, erfuhr die in der atlantischen Allianz prinzipiell vorgesehene Bündnissolidarität von französischer Seite eine maßgebliche Bekräftigung, der sich Kennedys Sondergesandte Dean Acheson wenige Jahre später nicht mehr zu entsinnen vermochte. Vgl. D. BRINKLEY, Dean Acheson, S. 167f., 190. Daß sich dahinter ein häufig anzutreffendes europäisch-amerikanisches Mißverständnis verbarg, zeigt der amerikanische Zeithistoriker und Frankreichspezialist S. HOFFMANN, Perceptions et Politiques. Le conflit franco-américain sous le général de Gaulle, in: Espoir, Heft 6 (1974) S. 56f. Informationen auszutauschen und sich gegenseitig vor wichtigen außenpolitischen Entscheidungen zu konsultieren, erschien den Amerikanern als Generosität, beschrieb hingegen für die Europäer eine Normalität. Umgekehrt witterte de Gaulle hinter jeder kasuistischen Entscheidung der USA eine langfristige Strategie.
188 ACDP, CDU-Bundesvorstand, Bd. VII-001–011/1, Protokoll vom 7. Februar 1962, S. 20.
189 BA, NL Blankenhorn, Bd. 144 b, Bl. 212, H. Blankenhorn, Aufzeichnung vom 5. Oktober 1962; siehe auch ebd. Bd. 148, Bl. 38, H. Blankenhorn an Gerhard Schröder, 2. August 1962, und PA AA, Referat 204, Bd. 339, Aufzeichnung von VLR I Weinhold vom 21. Mai 1962. De Gaulle übermit-

dem Kontext eine Aufzeichnung, die Herbert Blankenhorn über eine Unterredung mit dem französischen Präsidenten am 12. November 1962 anfertigte. Sie läßt erkennen, daß de Gaulle den tagespolitischen Herausforderungen des Kalten Krieges ebenso gewachsen war, wie er langfristige Strategien zu entwickeln vermochte. Er bewies in den kritischen Situationen extremer internationaler Spannung Solidarität mit dem Westen und insbesondere mit der Bundesrepublik, indem er Kennedys Reaktion während der kubanischen Raketenkrise guthieß, obgleich er bereits im Juli 1961, also mehr als ein Jahr vorher, nicht erwartete, daß die amerikanische Regierung im Falle einer vergleichbar ernsten Krise in Europa zu einem ähnlich energischen Handeln, geschweige denn zu Konsultationen der europäischen Verbündeten, bereit sein werde[190]. Die Audienz, die er Herbert Blankenhorn im Herbst 1962 gewährte, veranlaßte ihn darüber hinaus,

einmal einen Blick in die Geschichte [zu] werfen. Das deutsche Volk habe in den Jahren, die zur Krise von 1939 und zum Ausbruch des 2. Weltkrieges geführt haben, eine ganz andere Haltung zutage gelegt. Denn es habe sich damals in vielen Schichten von dem Wunsch leiten lassen, die unverdiente Niederlage von 1918 auszuwetzen und als Folge des immer wieder betonten Anspruchs auf größeren Lebensraum die deutsche territoriale Einflußsphäre nach Osten, wie nach Westen auszudehnen. Ähnliche Strömungen seien im russischen Volk nicht vorhanden. Denn es habe weder eine Niederlage innerlich zu überwinden – sei es doch im letzten Weltkrieg Sieger gewesen –, noch aber sei das geringste Interesse ... zu spüren, seinen Lebensraum nach Westeuropa hin auszudehnen. Hiergegen sprächen auch nicht etwa die kommunistischen, weltrevolutionären Absichten und Ziele, denn in all diesen Fragen sei die sowjetische Politik im wesentlichen von rein nationalen Interessen und Überlegungen bestimmt[191].

Als de Gaulle seit 1960 den deutsch-französischen Beziehungen besondere Pflege angedeihen ließ, sie qualitativ zur bilateralen Entente erhob und seine Deutschlandpolitik in starkem Maße auf die Westbindung der Bundesrepublik und ihre solide Verbundenheit mit Frankreich ausrichtete, folgte er einem »Gebot der Staatsklugheit nach Jahrhunderten einer von Konflikten verdorbenen Geschichte«[192]. Gleichzeitig avancierte die Entente zu einem »Mittel zum Zweck im Rahmen einer kraftvollen Bewegungspolitik«[193], deren künftiger Verlauf zwar nicht eindeutig vorhersehbar war, deren Grundansatz hingegen in letzter Konsequenz womöglich die atlantische Bindung der Bundesrepublik zu lockern drohte, obwohl gerade das militärische, ökonomische und politische Potential des Bonner Provisoriums »den Nachbarn (auch der Sowjetunion) nur erträglich [waren] bei gleichzeitiger Integration, die die Möglich-

telte Adenauer am 30. Juli 1960 in Rambouillet die politische Konzeption eines nicht-integrierten Europas als eines eigenständigen Machtfaktors zwischen den USA und der UdSSR. Vgl. LNC VIII, S. 382f. Diese Quelle hat W. LOTH, De Gaulle und Europa, S. 651, unzureichend ausgewertet. Vgl. zu ihrer Relevanz die schlüssige Analyse von G.-H. SOUTOU, L'alliance, S. 160–163.

190 Vgl. LNC IX, S. 107, »Notes au sujet de l'Europe«, 17. Juli 1961. Vgl. auch B. BERNSTEIN, Reconsiderung die Missile Crisis: Dealing with the Problems of the American Jupiters in Turkey, in: J. A. NATHAN (Hg.), The Cuban Missile Crisis, S. 80f.
191 BA, NL Blankenhorn, Bd. 145, Bl. 98f., Tagebucheintrag vom 12. November 1962 über die Audienz bei de Gaulle; diese wichtige Äußerung des Präsidenten hat er nicht in seinem veröffentlichten Tagebuch »Verständnis« übermittelt.
192 H.-P. SCHWARZ, Eine Entente élémentaire. Das deutsch-französische Verhältnis im 25. Jahr des Elysée-Vertrages, Bonn 1990, S. 10.
193 Ebd.

keiten eines Alleingangs Deutschlands, eines Übergangs zu Neutralismus oder gar eines engeren Zusammengehens mit der Sowjetunion« ausschlossen[194]. Bestand zwischen dem gaullistischen Frankreich und Adenauers Bundesrepublik »in der gemeinsamen Abwehr der Bedrohung aus dem Osten völlige Interessengleichheit«[195], so bemerkte de Gaulle nach der Zusammenkunft mit dem deutschen Kanzler in Rambouillet, dessen ersten Schritte auf dem Terrain der deutsch-französischen Beziehungen er während seiner Oppositionszeit zu Beginn der fünfziger Jahre wohlwollend verfolgt hatte und dessen mit dem Prinzip der Westintegration verknüpften europapolitischen Neuansatz er unterschätzt bzw. hinsichtlich seiner historischen Tragweite kaum zureichend ermessen hatte, daß Adenauer seine kontinentaleuropäischen Pläne nicht zu unterstützen bereit war[196]. De Gaulle gehörte zur nicht gerade großen Phalanx »unsere[r] verläßlichsten Verbündeten«, wie der deutsche Botschafter im Februar 1962 betonte[197], und sorgte gleichzeitig »immer wieder für Wechselbäder seines deutschen Verbündeten«[198].

Abstrahiert man von den Details der gleichermaßen visionäre wie realistische Elemente verknüpfenden Europakonzeption de Gaulles, so verbarg sich hinter den einzelnen deutschlandpolitischen Schritten, die der General seit 1958 unternahm, hinter dem spannungsreichen Zusammenhang zwischen seiner Härte in der konkreten Ost-West-Auseinandersetzung um Berlin und seinem Plädoyer für ein »Europa vom Atlantik bis zum Ural«, in das er mindestens den europäischen Teil Rußlands organisch einzugliedern gedachte, eine Frage, die den Kern seines Deutschlandbildes berührte. Hatte Herbert Blankenhorn recht, als er am 13. Februar 1962 davon ausging, daß sich für de Gaulle auch die Frage der deutschen Wiedervereinigung in »das gemeinsame Interesse an der gemeinsamen Abwehr der Bedrohung durch den Osten« einfügte und es ihm nicht gleichgültig sei, »ob die Ostzone die kommunistische Provinz Mitteleuropas und damit das Glacis weiterer sowjetischen Expansionsversuche« bliebe? Hieß »Wiedervereinigung« tatsächlich »für ihn, wie für alle Franzosen, ein Zurückdämmen der sowjetischen Gefahr und damit eine ganz erhebliche Sicherung der eigenen Position«[199], oder bestand ein weitergehenderer innerer Zusammenhang zwischen seiner Reaktion auf Chruschtschows Politik gegenüber dem Westen und seiner Favorisierung des Nationalstaates als unabhängigen Akteurs und bestimmenden Elements internationaler Politik?

In jedem Falle bestand ein originäres französisches Interesse an der militärischen Sicherung des »glacis germanique«. Mehr oder minder zwangsläufig leistete de Gaul-

---

194 Siehe BA, NL Blankenhorn, Bd. 103, Bl. 278, Tagebucheintrag vom 15. August 1960.

195 Ebd. Bd. 128 a, Bl. 141, Vortrag H. BLANKENHORNs im Deutsch-Französischen Institut in Ludwigsburg vom 13. Februar 1962.

196 De Gaulle schrieb am 30. September 1960 an Michel Debré: »Je regrette, pour ma part, d'en avoir parlé naguère aussi franchement que je l'ai fait au chancelier Adenauer. Je le croyais plus vraiment européen que, sans doute, il n'est en réalité.« Vgl. LNC VIII, S. 399.

197 Siehe BA, NL Blankenhorn, Bd. 128 a, Bl. 141, Vortrag H. BLANKENHORNs im Deutsch-Französischen Institut in Ludwigsburg vom 13. Februar 1962.

198 PA AA, Referat 204, Bd. 287, Brief von Paul Frank vom 19. August 1959.

199 BA, NL Blankenhorn, Bd. 128 a, Bl. 141, Vortrag H. BLANKENHORNs im Deutsch-Französischen Institut in Ludwigsburg vom 13. Februar 1962. Umgekehrt hatte die Teilung Deutschlands die grundsätzliche Verbesserung der deutsch-französischen Beziehungen in den fünfziger Jahren, gelinde gesagt, nicht erschwert. Vgl. dazu M. COUVE DE MURVILLE, Principes d'une politique étrangère, in: Espoir, Heft 61 (1987) S. 6.

le auf dem Wege auch einen Beitrag dazu, daß die »deutsche Frage« offen blieb und westliche Rechtspositionen Bestand hatten. Darüber hinaus vergaß er zu keiner Zeit, daß die westeuropäische Orientierung und die Integration in der atlantischen Allianz keinesfalls den nationalstaatlichen Mangel des Bonner Staates dauerhaft zu egalisieren vermochten, wie dies Jean Monnet in einer gewissen illusionären Euphorie erwartet hatte[200], so daß der frankophile Freiherr von und zu Guttenberg in dem Kontext nicht grundlos einige Jahre später einmal bemerkte, de Gaulle schiene »deutscher zu denken und zu handeln, als wir dies tun«[201]. In welchem Maße der General das ungelöste nationale Problem der Deutschen in Betracht ziehen mußte, das aus historischen Gründen ideelle wie reelle politische Fragen für Frankreich, im Hinblick auf seine »générosité« und seine »grandeur«, aufwarf, erhellt eine Depesche, die François Seydoux am 27. November 1959 an sein Außenministerium übermittelte: »L'Allemagne ne paraît guère disposée à ce que la France se fasse son porte-parole. D'une façon générale, l'une des difficultés qui s'attachent à toute coopération avec l'Allemagne est que l'Allemagne est encore aujourd'hui et plus que jamais le pays du ›devenir‹. Elle est quelque chose de mal défini et d'incertain. ... Dans la mesure où la réunification, aujourd'hui mythe glorieux ou thème de propagande, devrait acquérir des chances de quitter un jour ce domaine de l'irréel, ce ne pourrait être que par un rapprochement avec l'U.R.S.S. ... le passé historique lui-même de l'Allemagne montre une tendance persistante à regarder vers l'Est dont il serait tout à fait imprudent de négliger la force«[202].

Als der französische Präsident den nationalen Charakter seiner Verteidigungs- und Außenpolitik verstärkte, ohne die wertvolle Solidarität im westlichen Bündnis zu schmälern, indem er die genannten Initiativen zu einer Reform der NATO und der Europäischen Gemeinschaften ergriff und darüber hinaus die französische Mittelmeerflotte und die aus Algerien abgezogenen Truppen dem NATO-Oberkommando entzog, unterwarf er die französische Staatsräson seinem Geschichtsverständnis. Wie definierte dieses bzw. Charles de Gaulle die Staatsräson im Hinblick auf die deutsche Einheit? Trat de Gaulle nur für die Wiedervereinigung Deutschlands ein, »weil er nicht [wollte], daß die Russen eines Tages am Rhein auftauchten«[203]? Widersetzte er sich primär aus einer aktuellen sicherheitspolitischen Überlegung einer möglichen Änderung des bestehenden Rechtsstatus Berlins?

---

200 Vgl. dazu W. BRANDT, Erinnerungen, S. 489, und grundsätzlich D. LANGEWIESCHE, Reich, Nation und Staat in der jüngeren deutschen Geschichte, in: HZ 254 (1992) S. 341.
201 BA, NL von und zu Guttenberg, Bd. 69, Bl. 69, Brief von und zu Guttenbergs an den Legationsrat Dr. Paul Verbeek vom 14. August 1963. Von und zu Guttenberg befürwortete die deutsch-amerikanische Partnerschaft als eine unerläßliche außenpolitische Option, mißtraute indessen der Entspannungspolitik des amerikanischen Präsidenten Kennedy, weil diese nicht vom Osten honoriert werde.
202 AMAE, Europe 1944–1960, Allemagne 1956–1960, Bd. 29, Bl. 23 verso, 24 verso, F. Seydoux, Telegramm, 23. September 1959.
203 So benannte Konrad Adenauer eines der Motive in der CDU-Bundesvorstandssitzung vom 29. Januar 1960. Siehe Adenauer, »... um den Frieden zu gewinnen«. Protokolle des CDU-Bundesvorstands 1957–1961, S. 582.

4. Kein Nahziel, sondern eine immanente Folge: Die deutsche Einheit

Da sich Charles de Gaulle dem jahrhundertelang scheinbar konstanten Nationalbegriff im gleichen Maße verpflichtet fühlte wie dem ins Anthropologische reichenden bürgerlichen Freiheitsbegriff, wie ihn die französischen Revolutionäre 1789 ursprünglich geprägt hatten, lag die Vermutung nahe, welche die meisten Zeitgenossen hegten[204], daß für ihn die prinzipielle Legitimität und historische Folgerichtigkeit der deutschen Einheit in freier Selbstbestimmung außer Frage standen. Bis in die Nachkriegszeit des 20. Jahrhunderts setzte die »Idee der Nation«, von der sich de Gaulle, anknüpfend an diese ideengeschichtliche Wende des Zeitalters der Französischen Revolution, im Hinblick auf die französischen Interessen leiten ließ, nach Pierre Maillards Urteil »die Achtung der Rechte der anderen Nationen voraus«[205]. In der Tat bedeutete für den General, der bewußt im Unterschied zu so manchen anderen Nationalisten in der jüngeren europäischen Geschichte seit dem Beginn des 19. Jahrhunderts auf jenes probate wie letztlich wenig tragfähige Mittel »erfolgreicher nationaler Propaganda« verzichtete, das Hagen Schulze als »Selbstdefinition durch Feindmarkierung« beschrieben hat[206], »der Nationalstaat das Zentrum aller Dinge«[207]. Daher erachtete er das Recht der Deutschen, die nationale Einheit auf friedlichem Wege zu erlangen, prinzipiell für legitim, wie er Konrad Adenauer im September 1958 versicherte[208]. Nicht zuletzt wegen dieser verbindlichen wie begrenzt nützlichen Zusicherung vertraute der Kanzler wenig später auf de Gaulles Zuverlässigkeit in der Auseinandersetzung um Berlin[209].

De Gaulles Grundüberzeugung, der zufolge Ideologien und Regime vergänglich seien und Nationalstaaten ewig bestehen blieben, enthielt zunächst implizit ein klares Bekenntnis zur deutschen Einheit und gewann vor dem Hintergrund der deutschen Teilung einen politischen Eigenwert. Im Interesse seiner eigenen Glaubhaftigkeit war de Gaulle, der von einer singulären Geschichtswirksamkeit nationalen Denkens à la longue überzeugt war, der sich stets uneingeschränkt zu den überlieferten Werten der Freiheit und der Demokratie bekannte und sogar manchem Beobachter einen »westliche[n], christliche[n] Humanismus« zu vertreten schien[210], die Legiti-

204 Siehe z. B. das interessante Zeugnis des Industriellen Otto A. Friedrich, der sich am 17. November 1961 Konrad Adenauer gegenüber dazu äußerte, in: ACDP, NL Friedrich, Bd. I-093–012/1. Vgl. zu seiner Repräsentativität V. R. Berghahn, P. J. Friedrich, Otto A. Friedrich, ein politischer Unternehmer: Sein Leben und seine Zeit, 1902–1975. Frankfurt a. M./New York 1993, S. 382.

205 P. Maillard, La politique du Général de Gaulle à l'égard de l'Allemagne (1945–1969) – Continuité et discontinuité, in: J. Jurt (Hg.), Von der Besatzungszeit, S. 59.

206 Siehe H. Schulze, Staat und Nation, S. 193.

207 So Herbert Blankenhorn am 15. August 1960 in seinem Tagebuch, siehe BA, NL Blankenhorn, Bd. 103, Bl. 277. Vgl. auch Ph. Devillers, Le Président et la Russie, in: Espoir, Heft 8 (1974) S. 39.

208 Vgl. Documents Diplomatiques Français 1958. Bd. II (1er juillet–31 décembre) S. 365.

209 Vgl. ebd. S. 847.

210 Siehe BA, NL Blankenhorn, Bd. 112, Bl. 172, »Versuch eines politischen Portraits« aus der Feder von A. Mertes. Siehe dazu auch ebd. Bl. 176 und 178; ACDP, Parteigremien, Bd. VII-002–003/1, Übersetzung einer Rede, die de Gaulle im Oktober 1960 in Isère über die »Eigenart unseres Landes« hielt und die nicht in der Sammlung »Discours et Messages« enthalten ist. Vgl. zu der Frage, inwiefern sich de Gaulle auch von genuin christlichen Motiven als Politiker leiten ließ, die gewiß nicht in jeder Hinsicht überzeugenden Ausführungen von J.-M. Mayeur, De Gaulle as Politician and Christian, in: H. Gough, J. Horne (Hg.), De Gaulle, S. 107.

mität einer nationalstaatlichen Existenz der Deutschen zu bestreiten verwehrt. Das tendenziell eher egalitäre Recht auf nationale Unabhängigkeit, auf das sich die Fünfte Französische Republik außenpolitisch berief, vermochte das gaullistische Frankreich kaum einer anderen Nation willkürlich vorzuenthalten. Der abstrakten formalen Gleichberechtigung stand jedoch ein elitärer Grundzug gegenüber, der in konkreten außenpolitischen Situationen zutage trat. De Gaulle insistierte auf der herausgehobenen Stellung Frankreichs im Konzert der Mächte, auf seiner »grandeur«, die es insbesondere von der Bonner Bundesrepublik unterschied[211]. Gleichberechtigung und Rangunterschiede, ideelle Kollektivität und reelle Individualität der Nationen, bedingten sich in der Perspektive des Generals.

In gewissem Sinne bestand kein geringes Interesse seitens der Bundesrepublik an dem Rangunterschied. Denn er erleichterte es de Gaulle, den Deutschen nicht nur rhetorisch einen allgemeinen Wiedervereinigungsanspruch zu akkordieren, sondern ihn aktiv zu unterstützen. Hatte die »deutsche Frage« bis 1955 in Frankreich so erhebliche Bedrohungsängste geweckt, daß eine Mehrheit der Nationalversammlung freimütig äußerte, »daß uns Deutschland, solange es geteilt bleibt, in Ruhe läßt«[212], und die deutsche Teilung eo ipso die Annäherung in der Nachkriegszeit begünstigt, weil »ein amputiertes Deutschland ... ein viel größeres Gleichgewicht zwischen beiden Ländern erlaubte«[213], so hatte sich für de Gaulle seit seiner Rückkehr an die Regierung nicht nur vordergründig die Lage gewandelt. 1945 beschrieb die Aufteilung des Deutschen Reiches einen der Wege, die zu einer neuen französischen Großmachtpolitik in Europa führen konnten. Daher genossen beide, in territorialer und machtpolitischer Hinsicht miteinander zusammenhängenden Ziele oberste Priorität. Dagegen ordnete de Gaulle 1958 die Frage, welchen Rang Frankreich beanspruchen könne, und die Teilung Deutschlands in den Zusammenhang der globalen Blockbildung und der Vorherrschaft ein, die die beiden Supermächte, die Sowjetunion und die Vereinigten Staaten von Amerika, in der Alten Welt ausübten[214]. Ergänzend entschärfte die Aussicht, über eine eigene Atomwaffenstreitmacht in absehbarer Zeit zu gebieten, die Sicherheitsfrage, soweit sie im bilateralen Verhältnis zur Bundesrepublik eine unmittelbare Relevanz besaß. De Gaulle zögerte nicht, mehrmals öffentlich oder im Rahmen offizieller Gespräche zu erklären, Frankreich fühle sich in keiner Weise von Deutschland bedroht[215]. Die sensible Rangfrage verlagerte sich einer Beobachtung Wilhelm Grewes zufolge, seitdem der Algerienkrieg die äußere Überbürdung und innere Fragilität Frankreichs zum Vorschein brachte: »Keine Nation vom historischen Range der Franzosen kann sich leicht damit abfinden, von einem stärkeren Verbündeten überflügelt zu werden. Wir können daher nur wünschen, daß einem sei-

211 Vgl. z. B. LNC IX, S. 131, Aufzeichnung für Debré und Couve de Murville, 28. August 1961.
212 PA AA, Referat 204, Bd. 3, Bericht von Wilhelm Hausenstein vom 30. März 1955. Vgl. zu dem Zeitabschnitt die neue Studie von E. LOHSE, Östliche Lockungen und westliche Zwänge. Paris und die deutsche Teilung 1949 bis 1955, München 1995, insbesondere S. 171–189.
213 So P. MAILLARD am 15. März 1993 in einem Interview zum Thema »Der große Entwurf«, S. 27.
214 Vgl. zu dem Wandel E. A. KOLODZIEJ, De Gaulle, S. 41f., 46.
215 Vgl. z. B. seine Pressekonferenz vom 25. März 1959, in: DM III, S. 83; PA AA, Referat 204, Bd. 356, Bericht von Josef Jansen vom 9. März 1960 über einen Besuch des ehemaligen Bundespräsidenten Theodor Heuss bei de Gaulle; K. ADENAUER, Erinnerungen 1955–1959, 3. Auflage Stuttgart 1982, S. 429; AMAE, Europe 1944–1960, URSS, Bd. 268, Bl. 39.

ne Einheit fordernden Deutschland ein möglichst starkes und selbstbewußtes Frankreich gegenübersteht«[216].

Wenngleich de Gaulles eigenwillige politischen Schritte, die er auf das Ziel neuer »grandeur« hin unternahm, manchen Zeitgenossen reichlich exzessiv erschienen und ihnen gestatteten, je mehr der General der Versuchung des Übermäßigen verfiel, das tatsächlich sehr begrenzte reale machtpolitische Gewicht Frankreichs desto klarer zu ermessen[217], gelang es ihm in jedem Falle, für Frankreich mehr als »den Rang einer Großmacht honoris causa«[218] zu erwirken. Herbert Blankenhorn gelangte immerhin am französischen Nationalfeiertag des Jahres 1960, der die Stellung des gaullistischen Frankreichs im internationalen System zu analysieren einlud, zu dem Ergebnis, »daß Frankreich in den zwei Jahren der de Gaulle'schen Außenpolitik wieder zu einer echten Großmacht aufgestiegen ist«[219]. Und als sich der Botschafter am 17. Januar 1962 mit dem gleichen Thema beschäftigte, stand für ihn fest, »daß Frankreich unter der Regierung de Gaulles ein zwar nicht entscheidender, aber doch außerordentlich wichtiger Faktor der Weltpolitik geworden ist«[220]. War das »rapprochement« mit der Bundesrepublik vielleicht tatsächlich »nur möglich unter einer Regierung, die nicht in den Verdacht kommen konnte, in nationalen Fragen schwach zu sein«[221], so durfte das legitime deutsche Verlangen, eine nationalstaatliche Existenz zu gewinnen, nur bis zu einem bestimmten Grade die informelle Suprematie Frankreichs im bilateralen Verhältnis gefährden, wenn es von einer Mehrheit der Franzosen politisch akzeptiert werden sollte. Das gaullistische Geschichtsdenken, das den deutschen Wiedervereinigungsanspruch vorbehaltlos unterstützte, stieß an eine Grenze der französischen Staatsräson, der sich de Gaulle verpflichtet fühlte. Latent ruft der Konflikt, den die Haltung de Gaulles zur deutschen Einheit in der Nachkriegszeit offenbarte und der die faktisch betriebene Politik nicht unbeeinflußt ließ, zunächst seine bereits zitierte Betrachtung zur deutschen Reichseinheit aus dem Jahre 1934 in Erinnerung.

Damals hatte der Oberstleutnant als Angehöriger des Conseil Supérieur de la Guerre die Legitimität deutscher Nationalstaatlichkeit nicht in Abrede gestellt, aber auch nicht auf die für die französischen Sicherheits- und Großmachtinteressen gefährlichen immanenten Folgen der Reichsgründung von 1871 hinzuweisen versäumt, ohne allerdings in dem Zusammenhang staatsmännische Gestaltungsmöglichkeiten differenziert zu erörtern, die das Dilemma erträglich zu entschärfen vermochten. Obgleich er zwischen Otto von Bismarcks Saturiertheitspolitik, die den europäischen Frieden, von peripheren Konflikten und zwischenzeitlichen Spannungen einmal ab-

216 ACDP, NL Mertes, Bd. I-403–021/1, Aufzeichnung von Wilhelm Grewe vom Mai/Juni 1961 über »Frankreich, Deutschland und Europa«, S. 8.
217 Siehe z. B. den Kommentar von E. A. KOLODZIEJ, French International Policy under de Gaulle and Pompidou. The Politics of Grandeur, New York 1974, S. 598: »De Gaulle's repeated assertions of France's power, prestige, and privileged status obscured, ironically enough, the true measure of grandeur earned for France under his administration: the promotion of a safer and saver international order.«
218 Siehe W. BRANDT, Erinnerungen, S. 245.
219 BA, NL Blankenhorn, Bd. 102, Bl. 92. Dieses Urteil hat er später in seinem publizierten Tagebuch »Verständnis«, S. 379, abgeschwächt.
220 BA, NL Blankenhorn, Bd. 126 a, Bl. 42, H. Blankenhorn, Aufzeichnung »Gedanken zur weltpolitischen Lage im Blickpunkt von Paris«.
221 So E. ASHCROFT, De Gaulle, S. 315f.

gesehen, zu bewahren half, und der wilhelminischen Epoche, in der er das Expansionsstreben Überhand nehmen sah, sehr genau zu unterscheiden wußte, entging seinem Blick in der Zwischenkriegszeit nicht die Bedeutung der »natürlichen Gegebenheiten, die Frankreich in eine Situation der Unterlegenheit gegenüber Deutschland bringen«[222] mußten. Nicht erst in der wilhelminischen Außenpolitik, sondern in der schieren Existenz des Bismarckreiches lag demzufolge ein Gefahrenpotential verborgen.

Ferner läßt sich eine gewisse historische Parallele zwischen de Gaulles prinzipiell ambivalenten Sichtweise der »deutschen Frage« und der Außenpolitik erkennen, die der französische Kaiser Napoleon III. in den sechziger Jahren des 19. Jahrhunderts der deutschen Nationalbewegung gegenüber betrieb. In der Dekade des anfangs kaschierten und nachfolgend offenen preußisch-österreichischen Dualismus bezog der Kaiser der Franzosen, geplagt von seinem persönlichen Legitimitätsdefizit, eingenommen für die europäischen bürgerlichen Nationalbewegungen und beinahe mit der Aufgabe überfordert, die französischen Interessen realistisch und klar zu definieren, am Ende eine Position, die Henry Kissinger jüngst als »widersinnig« beurteilt hat[223]. Napoleon III. »fürchtete die deutsche Einigung, sympathisierte zugleich mit dem deutschen Nationalismus und suchte nun verzweifelt nach einem Ausweg aus diesem Zwiespalt«[224]. Das Unterfangen, französische »grandeur« und »la France généreuse« miteinander zu vereinbaren, mißlang.

Die entscheidende Differenz zu der gaullistischen Position ist damit bereits angedeutet. Denn Charles de Gaulle sympathisierte nicht mit dem deutschen Nationalismus. Gleichwohl unterstellte er mit einem nüchternen Realismus den Deutschen wie jedem anderen Volk ein geschichtswirksames Nationalgefühl, weswegen er seine Zweifel an der Dauerhaftigkeit der bundesrepublikanischen Westorientierung, auch vor dem Hintergrund der Geschichte Preußen-Deutschlands, nicht verlor[225]. Gerade angesichts der Westintegrationspolitik Konrad Adenauers, welche die westliche politische Schwerpunktverlagerung der Bonner Republik forcierte, und der fortbestehenden Teilung Deutschlands, die beide den ohnehin nach dem katastrophalen Ausgang des Zweiten Weltkrieges teilweise geläuterten deutschen Patriotismus spürbar dämpften, mißtraute er dem Nationalgefühl. Fragwürdig erschien ihm die mittel- oder langfristige Tragfähigkeit der Westbindung, so sehr er sie willkommen hieß und seinerseits zu konsolidieren bemüht war[226]. Dennoch unternahm auch de Gaulle ähnlich wie Napoleon III. den Versuch, auf die Hilfe der Deutschen zu zählen und ihr nationales Empfinden maßvoll und überlegt im Hinblick auf die französischen Interessen

222 J.-P. BLED, L'image de l'Allemagne, S. 68.
223 Siehe H. A. KISSINGER, Die Vernunft der Nationen, S. 117.
224 Ebd.
225 Siehe das oben in diesem Kapitel zitierte und in der Anm. 132 belegte Gespräch mit Theodor Heuss. Vgl. auch H. MACMILLAN, Erinnerungen, S. 371–374, 417. Über das Nationalgefühl der Polen, das er außenpolitisch in seine Überlegungen einbezog, äußerte er sich ähnlich. Siehe AMAE, Europe 1944–1960, Pologne, Bd. 246, Bl. 236, Aufzeichnung für den französischen Außenminister, 22. April 1959.
226 Interessant ist in dem Zusammenhang eine Äußerung de Gaulles gegenüber Harold Macmillan vom 26. November 1961. Sie zeigt, welches Gewicht der französische Präsident unter diesem Aspekt der soliden Westbindung Deutschlands zuerkannte und in welchem Maße er seine Politik während der Berlin-Krise an dieser Frage ausrichtete: »President de Gaulle explained that France was concerned

politisch zu instrumentalisieren, freilich aus ganz unterschiedlichen Gründen der nationalen und internationalen Lage mit größerem Erfolg.

Insbesondere in den Vereinigten Staaten von Amerika, wo seit George Washingtons Abschiedsbotschaft ein erhebliches Mißtrauen gegenüber den diplomatischen Ränken und nationalen Konflikten der Alten Welt herrschte, erregte de Gaulle den Verdacht, er wolle »die traditionellen nationalen Rivalitäten in Europa reaktivieren«[227]. Wie er die politische Wirksamkeit der nationalen Energien europäischer Völker in Wahrheit bewertete und sich ihrer zu bedienen gedachte, um die Blockbildung in Europa und dessen Spaltung friedlich zu überwinden, geht aus der bereits genannten Unterredung hervor, zu der sich Maurice Couve de Murville und Heinrich von Brentano am 14. September 1958 in Chaumont trafen und in der neben anderen Themen das Verhältnis der Bundesrepublik zu den osteuropäischen Staaten zur Sprache kam. Beide stimmten darin überein, daß die kommunistischen »Satelliten«, auch Polen und die Tschechoslowakei, lediglich geringfügig auf den außenpolitischen Kurs des gesamten sowjetischen Machtbereichs Einfluß zu nehmen vermochten. De Gaulles Außenminister schätzte aber die politische Relevanz ihrer Nationalismen nicht gering ein: »L'expérience prouve cependant qu'en dépit de l'emprise russe, ces pays ont conservé leur personnalité. Il faut les y aider. Il ne s'agit pas d'y favoriser une action politique contre le régime, car la riposte russe serait écrasante. Il faut travailler dans les domaines économiques et culturels, exploiter les contacts humains, lutter contre le monopole russe. L'intérêt de cette action est différent selon les satellites. En Pologne, malgré la réaction constatée, la personnalité nationale demeure vigoureuse. C'est dans cette mesure et dans cet esprit que l'apport de l'Allemagne à l'action d'autres pays occidentaux présenterait de l'intérêt«[228].

Augenscheinlich stellte das mindestens untergründig fortwirkende Nationalbewußtsein der Deutschen, das sich dank des Erfolges ihrer Sozialen Marktwirtschaft bisweilen im Materiellen zu verflüchtigen schien[229], eine Herausforderung der französischen Staatskunst dar. Als die Berlin-Krise andauerte, beklagte de Gaulle zum einen westdeutsche Servilität und Unterwürfigkeit gegenüber der amerikanischen Schutzmacht[230]. Zum anderen mußte er, der erkannt hatte, »daß das deutsche Natio-

above all, and perhaps more than her British and American Allies, to ensure that Germany was tied in to the West. France looked on Berlin as one part of this problem, and not in itself of capital importance. ... In fact once negotiations with the Russians began the Allied position would inevitably be eroded. In the circumstances he saw no advantage in embarking on negotiations at the present time. Even if the Federal German Government of the day accepted the concessions which would be asked of them, the German people would be left with a sense of betrayal. Whatever the United States and the United Kingdom might do France, although not proposing to fight a war with the Russians on her own, would not be a party to such an arrangement. The Germans would then in the future feel that at least they had one friend left in the West.« Siehe PRO, PREM 11/3338, Telegramm Nr. 8711 vom 27. November 1961. Vgl. auch LNC IX, S. 156, Schreiben an Kennedy, 21. Oktober 1961.

227 H. A. Kissinger, Memoiren, S. 117. Vgl. dazu auch Ders., Die Vernunft der Nationen, S. 28f., 656.
228 Documents Diplomatiques Français 1958. Bd. II (1er juillet–31 décembre) S. 350. Siehe dazu auch LNC VIII, S. 204f., Schreiben an Eisenhower, 11. März 1959, und oben den Abschnitt 2., passim, in diesem Kapitel.
229 Vgl. jüngst K. Beyersdorf-Zimeray, L'impact, S. 227.
230 Vgl. AMAE, USA 1952–1963, USA–Allemagne, Bd. 44 e, Telegramm von Hervé Alphand vom 12. Oktober 1960; H. Macmillan, Erinnerungen, S. 374.

nalgefühl ein Trumpf und keine Hypothek des Westens ist«[231], das Sicherheitsbedürfnis der Deutschen genügend berücksichtigen, wenn er sie für eine französische Großmachtpolitik in einem nach seinen Vorstellungen geordneten nationalstaatlichen Europa gewinnen und ihnen en passant eine realistische Perspektive für ihre Wiedervereinigung bieten wollte.

Am 25. März 1959 äußerte er sich in einer vielbeachteten Pressekonferenz im Elysée-Palast präzise zu den Bedingungen einer nationalstaatlichen Einheit Deutschlands:

La réunification des deux fractions en une seule Allemagne, qui serait entièrement libre, nous paraît être le destin normal du peuple allemand, pourvu que celui-ci ne remette pas en cause ses actuelles frontières, à l'ouest, à l'est, au nord et au sud et qu'il tende à s'intégrer un jour dans une organisation contractuelle de toute l'Europe pour la coopération, la liberté et la paix[232].

Mit der Aufforderung, die bestehenden Grenzen in allen Himmelsrichtungen anzuerkennen und auf diesem Wege einen Schritt zur Entspannung in Europa zu vollziehen[233], meinte er in erster Linie die Oder-Neiße-Linie, die er bei seinem Moskau-Besuch im Dezember 1944 ebenso wie die größtenteils mit der vormaligen Curzon-Linie übereinstimmende polnische Ostgrenze, mithin die geplante »Westverschiebung« Polens insgesamt, für Frankreich anerkannt hatte[234]. Konrad Adenauer lehnte die polnische Westgrenze völkerrechtlich anzuerkennen mit dem Hinweis auf den Friedensvertragsvorbehalt ab. Zugleich schloß der Kanzler 1959 die Möglichkeit aus, »daß Amerika, England, Frankreich, Italien, Holland und Belgien, daß irgendeiner einen Krieg mit Sowjetrußland anfangen würde um die Oder-Neiße-Linie«[235]. Adenauer erwartete weder eine Lösung der »deutschen Frage« noch eine Regelung der »Verhältnisse im Osten ... von heute auf morgen«[236]. Auch de Gaulle vertrat 1959 die Ansicht, daß die deutsche Wiedervereinigung »auf lange Zeit unmöglich sei«. Aber »schließlich sei Deutschland ja auch über die Jahrhunderte lang nicht geeint gewesen«, fuhr de Gaulle hingegen im Gespräch mit dem englischen Premierminister Macmillan fort. »Wirklich unangenehm an der Teilung Deutschlands sei die Tatsache, daß Ostdeutschland kommunistisch sei, und das mache die Westdeutschen natürlich sehr unglücklich und zornig«[237].

231 ACDP, NL Mertes, Bd. I-403–017/3, Brief von Alois Mertes an Carlo Schmid vom 27. September 1962.
232 DM III, S. 84f.
233 Vgl. E. A. KOLODZIEJ, De Gaulle, S. 47f.
234 Vgl. zu der Kontinuität ebd. S. 43, und G. HUMBERT, Charles de Gaulle, S. 574f.
235 Adenauer, »... um den Frieden zu gewinnen«. Protokolle des CDU-Bundesvorstands 1957–1961, S. 447.
236 Ebd. S. 447f.
237 H. MACMILLAN, Erinnerungen, S. 368. Referiert wird, was de Gaulle am 21. Dezember 1959 gegenüber dem englischen Premierminister im Anschluß an die westliche Gipfelkonferenz in Paris äußerte. Da die Dokumente im Public Record Office zur Zeit nicht zugänglich sind, kann vorläufig nicht entschieden werden, ob diese Einlassung authentisch überliefert ist. Siehe dazu auch Documents Diplomatiques Français 1959. Bd. I (1er janvier–30 juin) S. 318, Protokoll der Unterredung de Gaulles mit Harold Macmillan vom 10. März 1959 in Paris, in der sich der französische Präsident folgendermaßen äußerte: »Il ne faut pas dire non à la réunification. Mais, actuellement, il ne serait pas très réaliste de vouloir faire la réunification. Nous devons éviter de désespérer le peuple allemand et de le dégoûter de l'Alliance atlantique.«

Im Grunde bewegte de Gaulle vorrangig die Frage, ob die bundesrepublikanische Westorientierung, die seit ihren Anfängen 1950 die »deutsche Frage« nach einer kürzlich geäußerten, vielleicht zu provokanten Einschätzung ebenso »brutal« wie »sanft« auf provisorische Weise beantwortete[238], die nationalstaatlichen Wünsche der Deutschen tragfähig zu kanalisieren imstande sei. Da er wußte, daß das Deutsche Reich einer der historisch spät entstandenen Nationalstaaten in Europa gewesen war, traute er den Deutschen einerseits eine bestimmte historische Phase lang eine geteilte nationalstaatliche Existenz geduldig zu ertragen zu, obwohl er andererseits gerade in ihrer damaligen westeuropäischen Integration, die ihm einem angelsächsischen »Protektorat« zu gleichen schien, »keinen gesunden Europäismus« sah[239]. Mochte sein Vertrauen in Konrad Adenauers außenpolitische Zuverlässigkeit und Stetigkeit in den Jahren ihrer gemeinsamen Regierungszeiten auch gewachsen sein, so galten seine Sorgen aus historischer Erfahrung der Zukunft. Als er den englischen Premierminister am 26. November 1961, also nur wenige Monate nach dem Bau der Berliner Mauer, in Sussex traf, verlieh er seiner zwiespältigen Einschätzung der politischen Qualitäten des östlichen Nachbarvolkes Ausdruck: »Das Deutschland von heute fürchtet er nicht. Aber seine Befürchtungen hinsichtlich des Deutschland von morgen sind etwas stärker geworden, als sie noch vor einem oder zwei Jahren waren. Adenauer, das weiß er, kann er beherrschen. Aber gilt das auch für Strauß? Und gilt das auch für die nächste Generation?«[240] Historisch gesehen, überdachte de Gaulle eine Entscheidung, die 1866 und 1871 politisch eindeutig getroffen worden war. Er stellte sich mißtrauisch die Frage, wie lange die Deutschen die staatliche Teilung ertragen würden.

Während beispielsweise Wilhelm von Humboldt den Deutschen Bund von 1815 »als politische Ordnung Deutschlands zu akzeptieren« bereit gewesen war, zog Otto von Bismarck die politische und nationale »Lebensfähigkeit« dieser »Übergangserscheinung« in Zweifel[241]. An diese Problematik knüpfte Charles de Gaulle bis zu einem bestimmten Grade an. Ein fast schon traditionelles strukturelles Merkmal der Geschichte deutscher Staatlichkeit, das die Bundesrepublik mit dem untergegangenen Bismarckreich ansatzweise verband und das im Zuge der Teilung Deutschlands und der Westorientierung des Bonner Provisoriums von neuem in Erscheinung trat, erregte seinen Argwohn. Wie im Falle des Deutschen Bundes, der 1866 zerbrach, differierten in der Nachkriegszeit Staat, Territorium und Nation der Deutschen. Selbst Adenauer könne als ein sensibler Realist, der die gesicherte westliche Freiheit unter den gegebenen Bedingungen einer unfreien nationalen Einheit vorzog, nicht vergessen, berichtete François Seydoux am 26. Oktober 1958 aus Bonn, daß Deutschland trotz seiner erstaunlichen Prosperität und seines unerwarteten politischen Wiederaufstiegs seit dem Kriegsende »ein amputiertes Land« bliebe[242]. Die überlieferte »Suche nach Deutschland« glich nicht zuletzt einem »Streifzug ins Ungewisse«, solange

238 Siehe K. Beyersdorf-Zimeray, L'impact, S. 226f.
239 ACDP, NL Kiesinger, Bd. I-226–A-008, »Vertrauliche Hintergrundgespräche mit Journalisten«, Gespräch vom 20. März 1969, S. 16.
240 H. Macmillan, Erinnerungen, S. 424. De Gaulles Mißtrauen gegenüber dem Verteidigungsminister Franz Josef Strauß bezog sich auf dessen nuklearpolitische Ambitionen. Vgl. dazu E. Conze, Die gaullistische Herausforderung, S. 229.
241 Vgl. P. Krüger, Auf der Suche, S. 57f.
242 Siehe Documents Diplomatiques Français 1958. Bd. II (1er juillet–31 décembre) S. 580.

staatliche und nationale Grenzen differierten[243]. In dieser Perspektive forderte Charles de Gaulle, der »Frankreich den Glauben an sich selbst zurückzugeben« als »seine Hauptaufgabe« verstand[244], weil sein Land einen »schrecklichen Abstieg ... seit über hundert Jahren« erlitten habe[245], die Deutschen auf, sich selbst anzuerkennen, um das Ungewisse ihrer nationalen und staatlichen Existenz zu überwinden.

Dies galt vordergründig keineswegs in jenem Sinne, den Willy Brandt andeutete, als er, an eine andere politische Denktradition anknüpfend und ein berühmtes Wort Thomas Manns aus der Nachkriegszeit zitierend, in seiner Osloer Nobelpreisrede 1971 davon sprach, Deutschland kehre durch Europa »heim zu sich selbst und den aufbauenden Kräften seiner Geschichte«[246]. Indem der französische Präsident an das Nationalgefühl der Deutschen moderat appellierte und auf der Anerkennung der aktuellen Grenzen insistierte, ihnen die Wiedervereinigung als »normales« wie legitimes Schicksal in Aussicht stellte und sie zugleich zur Geduld ermahnte, wies er ihnen einen Weg, an dessen Ende Staat und Nation potentiell erheblich vorteilhafter als in früheren Epochen der modernen Geschichte übereinzustimmen vermochten. Er leistete mittelfristig »einen entscheidenden Beitrag zu diesem Sich-wieder-selbst-Finden der deutschen Nation«[247], als er das nationale Einheitsverlangen stärkte und umgehend politisch zu kalmieren und territorial zu begrenzen suchte.

Aus diesem Grund erwähnte er in seiner genannten Pressekonferenz vom 25. März 1959 nicht nur die Ostgrenze zu Polen, sondern auch die Grenze im Süden. Denn Frankreich konnte »auch keinen Anschluß Österreichs zulassen. Andernfalls könnte Frankreich Deutschlands nicht sicher sein«, belehrte er Willy Brandt als Regierenden Bürgermeister von Berlin, »ja Deutschland könnte seiner selbst nicht sicher sein, wenn es wieder in diese Richtung ginge«[248]. Auf die Unabhängigkeit Österreichs legte de Gaulle gerade unter dem Aspekt seiner Deutschland- und Europapolitik so großen Wert, daß er im Juni 1962 »feierlich« gelobte, wie der österreichische Botschafter Martin Fuchs in seinem Tagebuch notierte, »Österreich ›besser als vor 1938 zu unterstützen‹«[249]. Konkret wandte sich der französische Präsident gegen eine mög-

---

243 Vgl. P. KRÜGER, Auf der Suche, S. 66.

244 So H. A. KISSINGER, Memoiren, S. 118.

245 Siehe Ch. DE GAULLE, Memoiren der Hoffnung, S. 41. Vgl. auch ACDP, NL Kiesinger, Bd. I-226–A-008, »Vertrauliche Hintergrundgespräche mit Journalisten«, Gespräch vom 23. Januar 1969, S. 18, und G.-H. SOUTOU, L'alliance, S. 131, der auf einen in diesem Zusammenhang interessanten, aber nicht authentischen Ausspruch de Gaulles vom 22. August 1962 verweist: »L'Europe, ce le moyen pour la France de redevenir ce qu'elle a cessé d'être depuis Waterloo: la première au monde.«

246 Siehe W. BRANDT, Erinnerungen, S. 478. Willy Brandt bezieht sich auf Thomas Manns Radioansprache vom 1. Mai 1944, in der der Romancier feststellt, daß die Wiederherstellung Europas ein Vorrecht habe vor dem Wohle Deutschlands. Die Existenz Deutschlands ist in dieser Perspektive nicht mit einer nationalstaatlichen Form verknüpft. Siehe Th. MANN, Deutsche Hörer! 55 Radiosendungen nach Deutschland, in: DERS., Gesammelte Werke in 12 Bänden. Bd. 11: Reden und Aufsätze, Frankfurt a. M. 1960, S. 1100.

247 ACDP, NL Mertes, Bd. I-403–017/3, Brief von Alois Mertes an Carlo Schmid vom 27. September 1962.

248 W. BRANDT, Begegnungen und Einsichten. Die Jahre 1960–1975, Hamburg 1976, S. 153.

249 Siehe O. RATHKOLB, De Gaulle »im Spiegel« österreichischer Außenpolitik und Diplomatie 1958/59 –1965, in: Österreichische Gesellschaft für Zeitgeschichte (Hg.), De Gaulles europäische Größe, S. 89f.

liche Beteiligung Österreichs am Gemeinsamen Markt der EWG-Partner[250]. Dahinter verbarg sich nicht zuletzt ein bestimmtes Gleichgewichtsdenken, denn de Gaulle trug dem Sicherheitsbedürfnis der Sowjetunion Rechnung, als er einen einheitlichen »germanischen Block« in Mitteleuropa ablehnte. Beantwortete de Gaulle also die offene »deutsche Frage« teilweise im Bewußtsein der historisch tradierten Grundmuster der Geschichte deutscher Staatlichkeit, so erlangten seine Worte vom 25. März 1959 unter den aktuellen Bedingungen des Kalten Krieges eine weitere Signifikanz, die Vergangenheit und Gegenwart miteinander verband.

Denn in mehrfacher Hinsicht, aus historischen, sicherheitspolitischen und ideellen Gründen, befand sich Frankreich im deutschlandpolitischen Zusammenhang der Ost-West-Auseinandersetzung in einer Schlüsselposition. Sicherlich reichten seine Einwirkungsmöglichkeiten und sein internationales Gewicht bei weitem nicht an jene der beiden weltpolitischen Giganten, der Sowjetunion und der Vereinigten Staaten von Amerika, heran. Jedoch wußte die sowjetische Regierung nach Alois Mertes' zeitgenössischer Einschätzung, »daß Frankreich trotz seiner derzeit geringen militärischen Macht im innerwestlichen wie im Ost-West-Kräfteverhältnis über bedeutsame politische Trümpfe verfügt: ... Ohne seine Zustimmung kann es zu keiner rechtsverbindlichen Ost-West-Vereinbarung in deutschen Fragen kommen. ... Der Stimme Frankreichs als der eines ›dreimaligen Opfers des deutschen Militarismus‹ kommt in allen deutschen Fragen in der Weltöffentlichkeit, insbesondere bei unseren Nachbarn (Polen!) beträchtliches moralisches Gewicht zu«[251].

Daher gereichte das gezielt öffentlichkeitswirksame gaullistische Bekenntnis zur Legitimität einer deutschen Wiedervereinigung, so wenig willkommen manchen Deutschen insbesondere die genannten territorialen Bedingungen sein mochten, der Deutschlandpolitik Konrad Adenauers prinzipiell zum Vorteil. Daß der General, der einer neueren historiographischen These zufolge als »Schüler Richelieus« einer bestimmten deutschlandpolitischen französischen Tradition verhaftet blieb[252], daneben zentrale Elemente der französischen Staatsräson in der Nachfolge des großen Kardinals mit genuin gaullistischem Nationalstaatsdenken eigenwillig zu kombinieren ver-

---

250 Vgl. dazu B. HALLER, A. PELINKA, Charles de Gaulle und die österreichische Europapolitik, in: Ebd. S. 80–83; ACDP, NL Kiesinger, Bd. I-226–A-008, »Vertrauliche Hintergrundgespräche mit Journalisten«, Gespräch vom 9. Oktober 1968, S. 17.

251 Ebd. NL Mertes, Bd. I-403–124/4 (a), Drahtbericht vom 20. November 1963, S. 2f. Tatsächlich darf die historische Wirkung seiner öffentlichen Reden nicht unterschätzt werden, zumal Charles de Gaulle als Rhetoriker virtuos auf der Klaviatur zu spielen pflegte, die das Medienzeitalter seiner Epoche bot. Hinter verschlossenen Türen hatte er John Foster Dulles am 5. Juli 1958 bedeutet, er sei nach dem Kriegsende 1945 ein Gegner eines »Reiches«, d. h. eines Zentralstaates, gewesen und habe eine Konföderation deutscher Staaten befürwortet. Diese Lösung hätte ein »arrangement entre les deux Allemagnes« ermöglichen können. Konrad Adenauer versicherte er schon in Colombey-les-Deux-Eglises, das deutsche Volk sei berechtigt, die Wiedervereinigung mit friedlichen Mitteln zu erlangen. Vgl. Documents Diplomatiques Français 1958. Bd. II (1er juillet–31 décembre) S. 27, 365; K. ADENAUER, Erinnerungen 1955–1959, S. 430.

252 Siehe H. A. KISSINGER, Die Vernunft der Nationen, S. 626f., 661, 672. Den legitimen Platz, den de Gaulle für Frankreich in einem gemäß seinen Vorstellungen geordneten Europa beanspruchte, vergleicht Kissinger mit der Vormachtstellung Preußens innerhalb des Bismarckreiches und skizziert die gaullistische Konzeption einer europäischen Ordnung unter französischer Prädominanz folgendermaßen: »In de Gaulles Adaptation des alten Richelieu-Traums von französischer Vormachtstellung würde jede Nation eine Rolle zu übernehmen haben: Die Sowjetunion sollte sich um die

stand, geht aus mehreren Unterredungen hervor, die er mit ausländischen Besuchern und Botschaftern führte.

Am 29. Juni 1958 empfing der neue französische Ministerpräsident den englischen Premierminister Harold Macmillan in Paris. Am Ende ihres Gedankenaustausches stellte de Gaulle die Frage, ob Macmillan prinzipiell oder praktisch an einer baldigen deutschen Wiedervereinigung interessiert sei. Auf dessen Entgegnung »En principe«

Teilung Deutschlands kümmern und die Vereinigten Staaten um die Verteidigung Westeuropas gegenüber der Sowjetunion; Frankreich sollte dafür sorgen, daß sich die deutschen nationalstaatlichen Bestrebungen in einen Wunsch nach europäischer Einheit verwandelten.« Vgl. ebd. S. 661. Zu einer ähnlichen Beurteilung der Europapolitik de Gaulles gelangt auch H.-D. LUCAS, Europa, S. 414f. Die historiographische Einordnung der präsidentiellen Außenpolitik de Gaulles in die Tradition des 17. Jahrhunderts hat Henry Kissinger wohl am konsequentesten und überzeugendsten vertreten, wenngleich sich gegen diese Interpretation, wie nachfolgend gezeigt wird, mehrere Einwände erheben lassen. 1968 hat bereits der kaum minder geschichtskundige amerikanische Außenpolitiker G. W. BALL, Disziplin der Macht. Voraussetzungen für eine neue Weltordnung, Frankfurt a. M. 1968, S. 130, ähnlich argumentiert. Da Henry Kissinger prinzipielle politische Kategorien im einzelnen analysiert und stets anhand eines historischen Repräsentanten exemplifiziert, wählt er Richelieu als Beispiel eines allein an der nationalen Staatsräson orientierten politischen Denkens, das im Übergang vom Mittelalter zur Frühen Neuzeit an die Stelle des einheitlichen Wertesystems der »katholischen Universalität« getreten sei und dem der Erste Minister Frankreichs von 1624 bis 1642 »rücksichtslos« zum Durchbruch verholfen habe. Richelieus Bündnisse mit den protestantischen Fürsten der Gegenreformation hätten in der Phase des »verdeckten Krieges« bis 1635, als Frankreich noch nicht unmittelbar in das Kriegsgeschehen involviert war, zum einen dem Zweck gedient, eine Vormachtstellung des Habsburgischen Kaisers Ferdinand II. bzw. des Heiligen Römischen Reiches deutscher Nation an der Grenze zu Frankreich, d. h. in Mitteleuropa, zu verhindern. Zum anderen ließen sich die Grenzen Frankreichs dank dieser von religiösen oder anderen wertgebundenen Motiven befreiten, säkularisierten machtpolitischen Strategie, die nach dem Kriegseintritt Frankreichs 1635 dominierte, erweitern. Der deutsche Partikularismus sei als politische Manövriermasse der französischen »Raison d'état« unterworfen worden und daher über den Krieg hinaus auf Drängen der französischen Diplomatie in der Nachfolge Richelieus 1648 erhalten geblieben. Dagegen vertritt die einschlägige Forschung inzwischen die These, daß Richelieu keineswegs die Vorherrschaft Frankreichs in Mitteleuropa als einseitiges Ziel seiner Außenpolitik zu erlangen suchte oder etwa die französischen Grenzen ausschließlich zum eigenen Vorteil an den Rhein zu verlegen gedachte. In einer charakteristischen Mischung aus machiavellistischen und moralischen Motiven konzipierte er vielmehr ein »Projekt kollektiver Sicherheit«, in der die autonomen Interessen Frankreichs ebenso zur Geltung gelangen sollten, wie es dem Sicherheitsbedürfnis aller an einem zukünftig gestalteten europäischen Staatensystem beteiligten Mächte, der deutschen Kleinstaaten wie der Großmächte, entsprach. Zwar sah der Plan eines europäischen Friedens, den Richelieu erstmals auf dem italienischen Kriegsschauplatz 1629 zu realisieren hoffte, als er die italienischen Kleinstaaten, insbesondere Savoyen und Venedig, in einer Liga zu vereinigen und ihre selbständige Existenz gegenüber Spanien zu garantieren suchte, für Frankreich nicht nur ein prinzipielles Interventionsrecht, sondern in jedem Falle eine »leitende Position« vor. Aber sie sollte in ihrer Wirkung durch rechtliche Selbstbeschränkung und wechselseitige Garantieverpflichtungen der vormaligen Verbündeten und Gegner relativiert werden. Ähnliches plante er auch für die deutschen Staaten. Richelieu verband außenpolitischen Machiavellismus mit völkerrechtlichen Selbstverpflichtungen. Er begrenzte die legitimen Interessen Frankreichs, indem er allen Mächten im potentiell gleiches Interventionsrecht gegen jede andere zugestand, die den allgemeinen Frieden brach. Denn der »Einsatz für den Frieden der Christenheit war ... der beste Weg, um auf legitime Weise der Berufung des allerchristlichen Königs gerecht zu werden, eine führende Rolle in dieser Christenheit zu übernehmen, ohne daß er dabei einzig und allein auf die Kräfte Frankreichs angewiesen war«; so H. WEBER, Une paix sûre et prompte. Die Friedenspolitik Richelieus, in: H. DUCHHARDT (Hg.), Zwischenstaatliche Friedenswahrung in Mittelalter und Früher Neuzeit, Köln/Wien 1991, S. 116. Vgl. dazu auch R. J. KNECHT, Richelieu, 2. Auflage London/New York 1994, S. 218. Vgl. H. A. KISSINGER, Die Vernunft der Nationen, S. 56–63. Siehe zum heutigen Forschungsstand H. WEBER, Vom verdeckten zum offenen Krieg. Richelieus Kriegsgründe und Kriegsziele 1634/35, in: K. REPGEN (Hg.), Krieg und Politik

signalisierte der General, er habe ihn verstanden. Der Premierminister fügte hinzu: »Nous devons toujours soutenir la réunification en principe. Cela n'offre aucun danger«. Darauf gab de Gaulle zu erkennen, daß sich der prinzipielle Anspruch einer nationalstaatlichen Existenz, den er anderen Nationen, auch der deutschen, zuerkannte, nur bedingt, abhängig von den situativen Umständen, mit der französischen Staats-

1618–1648. Europäische Probleme und Perspektiven, München 1988, S. 217; K. MALETTKE, Richelieus Außenpolitik und sein Projekt kollektiver Sicherheit, in: P. KRÜGER (Hg.), Kontinuität und Wandel in der Staatenordnung der Neuzeit, S. 47f., S. 59f.; F. DICKMANN, Rechtsgedanke und Machtpolitik bei Richelieu. Studien an neu entdeckten Quellen, in: DERS., Friedensrecht und Friedenssicherung. Studien zum Friedensproblem in der Geschichte, Göttingen 1971, S. 71. Richelieu kombinierte nationale Interessenpolitik mit den Kategorien eines universalen Wertesystems. Läßt sich also Henry Kissingers ausschließlich an der Idee der machiavellistisch verstandenen Staatsräson aufgezeigte Parallele zwischen Richelieus und de Gaulles Deutschlandpolitik nur bedingt aufrechterhalten, weil sich der Kardinal weiterer Prinzipien seiner Zeit verpflichtet fühlte, so verdeutlicht gerade die im französischen Staatsrat beschlossene Kriegserklärung Frankreichs an Spanien, daß Richelieu jene Kabinettspolitik operativ zu betreiben vermochte, die zu den Charakteristika der europäischen Geschichte in der Epoche vor 1789 gehörte. Seitdem aber Jean-Jacques Rousseau im 18. Jahrhundert gefordert hatte, daß politische Machtausübung zu legitimieren sei, also wie einen Erisapfel die Frage in den Ring geworfen hatte, wie politische Herrschaft und Macht im Inneren eines Staates begründet werden könnten, unterlag die französische Deutschlandpolitik, ohne daß sie sich etwa fortan einseitig, sicherlich auch nicht überwiegend, auf rein innenpolitische Motive zurückführen ließe, bestimmten ideengeschichtlichen Legitimierungszwängen, die dem 17. Jahrhundert fremd waren. Sie begleiteten de Gaulles allgemeine außenpolitische und auch deutschlandpolitische Vorstellungen durchgehend und trugen zum Gelingen seiner späteren Deutschlandpolitik ebenso bei, wie sie so manchen Mißerfolg während seiner Regierungszeit verursachten. Ein fernes Echo dieses neuzeitlich-modernen Wertewandels erklang beispielsweise im März 1959, als de Gaulle im Zeitalter des Ost-West-Konflikt, auf dem Höhepunkt der Berlin-Krise, auf das Nationalgefühl der Polen und ihr legitimes außenpolitisches Sicherheitsbedürfnis hinwies und luzide zwischen den Interessen der Regierungen und der regierten Völker im kommunistischen Machtbereich differenzierte. Siehe dazu auch unten Abschnitt 6 in diesem Kapitel. Lag der Machtpolitik im 17. Jahrhundert vorzugsweise ein militärisch definierter Machtbegriff zugrunde, aus dem im Zusammenhang mit der erwähnten christlich-universalen Friedensidee ein entsprechend definierter Rechtsgedanke bzw. Begriff des Politischen erwuchs, so wandelte sich der Gestalt äußerer politischer Macht im Zeitalter der europäischen Aufklärungsphilosophie des 18. Jahrhunderts, ohne freilich ihren Einfluß als eines der zentralen Gestaltungsprinzipien historischer Vorgänge in Europa zu verlieren. Frankreichs europäische »Mission« und auch seine deutschlandpolitische Interessenlage veränderten sich, weil sie fortan auch von einem neuen Selbstverständnis des Landes abhingen. Seit der Großen Revolution von 1789, die zunächst, im Jahre 1791, den konstitutionellen Monarchiegedanken an die Stelle des unbeschränkten monarchischen Absolutismus treten ließ, bevor von 1793 an mit der Proklamation der Republik das Prinzip der Volkssouveränität nominell vorherrschte, stellte sich nicht nur die Frage der Herrschaftslegitimation im Inneren Frankreichs auf eine neuartige Weise, weil die Nation an der Macht teilzuhaben begehrte, sondern zeitigte der ideengeschichtliche Wertewandel umgehend außenpolitische Konsequenzen, die in der anspruchsvollen »Vorstellung von einer europäischen Aufgabe der französischen Nation« gipfelten. So urteilt B. GÖDDE-BAUMANNS, Nationales Selbstverständnis, S. 47. Vgl. auch J. JULLIARD, Les antinomies de la Révolution française, in: F. HAMON, J. LELIÈVRE (Hg.), L'Héritage politique de la Révolution française, Lille 1993, S. 118. Die revolutionären Ideale »Freiheit, Gleichheit, Brüderlichkeit«, auf die sich die französische Nation fortan berief, beanspruchten Gültigkeit über nationale Grenzen hinweg und gerieten unvermeidbar in die Gefahr mangelnder Selbstbegrenzung. Als sich im Revolutionszeitalter im Bewußtsein nicht weniger Franzosen die »Vorstellung von einer europäischen Aufgabe der französischen Nation« herausbildete, bestand rasch ein Konsens darüber, daß sich die Legitimität des französischen Führungsanspruchs in Europa nicht mehr nur auf vorgegebene Umstände gründete, die mit der territorialen, ökonomischen und demographischen, also naturgegebenen machtpolitischen Größe des Landes zusammenhingen. Zu diesen eher traditionellen un-

räson vertrug. De Gaulle unterwarf die Wünschbarkeit eines deutschen Nationalstaates pragmatisch den Geboten der französischen Interessenlage:

*En 1945, vous vous rappelez que j'avais proposé la création d'une confédération allemande.
Si on s'était engagé dans cette voie, c'eût été sans doute meilleur, mais aujourd'hui, c'est du
passé*[253].

Seine Haltung zur »deutschen Frage« hatte sich seit 1945 graduell gewandelt. Er
knüpfte nun stärker an seine entsprechende Betrachtung von 1934 an.

De Gaulle war 1958 kein erklärter Gegner der deutschen Wiedervereinigung, aber
reduzierte insofern ihre Relevanz, als sie nicht zu den Nahzielen seiner Außenpolitik
gehörte. Nach dem Kriegsende 1945 hatten sich ein geeintes Deutschland und der angestrebte französische Großmachtstatus in seiner Sichtweise gegenseitig ausgeschlossen. Aber als er 1958 an die Regierung zurückkehrte und Frankreich eine vorherrschende Stellung in Europa zu verschaffen suchte, stellte sich die »deutsche Frage« auf eine neuartige Weise. Denn das Ziel, den Kalten Krieg langfristig zu beenden
und die Aufteilung Europas in zwei Blöcke, die von jeweils einer »fremden« Supermacht beherrscht wurden, zugunsten eines nationalstaatlichen »europäischen Europas«[254] zu überwinden, dessen westliche Hälfte einem fast hegemonialen französischen Einfluß unterstehen sollte, schloß ein einheitliches deutsches Staatsgebilde perspektivisch ein[255]. Diesen Gedanken nahm er auf, als er den sowjetischen Botschafter
Sergei Winogradow am 6. März 1959 zu einer Audienz empfing.

Die aus Bonner Sicht völkerrechtlich umstrittene Frage der Oder-Neiße-Grenze
nannte er bei der Gelegenheit »une affaire réglée«. Mit der gleichen Entschlossenheit
trat er sowjetischen Befürchtungen entgegen, wie begründet sie auch sein mochten,
Frankreich werde »revisionistische« Forderungen Westdeutschlands gegenüber der

---

abänderlichen Elementen gesellte sich nun eine folgenreiche »ostensible Missionsidee« (Ludwig De-
hio), die aus dem universalen Geltungsanspruch der deklarierten Menschen- und Bürgerrechte resultierte. Aus ihr leitete sich der Anspruch ab, daß Frankreich »nicht allein für sich selbst, sondern
zugleich für Europa Sorge tragen und führend an der Gestaltung Europas mitwirken müsse«, wie
B. GÖDDE-BAUMANNS, Nationales Selbstverständnis, S. 48, ausführt. Diese ideengeschichtlich kon-
sequente und politisch problematische Schlußfolgerung warf unverzüglich die von Kissinger in den
Mittelpunkt seiner Geschichtsbetrachtung gestellte und für das künftige deutsch-französische Verhältnis wichtige Frage der freiwilligen machtpolitischen Saturiertheit Frankreichs auf. Das evolu-
tionär überlieferte Gleichgewichtsprinzip englischer Provenienz kollidierte mit dem revolutionären
Nationalitätsprinzip französischer Prägung. Bis in die Nachkriegszeit des 20. Jahrhunderts setzte
die »Idee der Nation«, von der sich de Gaulle, anknüpfend an diese ideengeschichtliche Wende des
Zeitalters der Französischen Revolution, im Hinblick auf die französischen Interessen leiten ließ,
nach P. MAILLARD, La politique du Général de Gaulle, S. 59, »die Achtung der Rechte der anderen
Nationen voraus«. Schließlich sei erwiesen, daß ein folgenreiches »Dilemma des napoleonischen Regimes« in den sechziger Jahren des 19. Jahrhunderts aus dieser ideengeschichtlichen Erbschaft der Moderne resultierte. Napoleon III. berief sich auf das Nationalitätsprinzip, trat indessen
gegen die deutsche Nationalstaatsbildung ein. Vgl. Th. NIPPERDEY, Deutsche Geschichte 1866–1918.
Bd. 2, S. 57. Dieses Dilemma, das die französische Deutschlandpolitik seither mehr oder minder begleitete, blieb Richelieu erspart. Deutschlandpolitisch markiert »1789« trotz mancher Kontinuität,
deren Wurzeln teilweise bis ins Zeitalter Richelieus zurückreichten, den Trennstrich zwischen den
Epochen des Generals und des Kardinals, zwischen der Moderne und der Frühen Neuzeit.

253 Siehe das Protokoll in: Documents Diplomatiques Français 1958. Bd. I (1er janvier–30 juin) S. 871.
254 Ch. DE GAULLE, Memoiren der Hoffnung, S. 237.
255 Vgl. dazu auch E. A. KOLODZIEJ, De Gaulle, S. 42.

Tschechoslowakei unterstützen oder einen »Anschluß« Österreichs an Deutschland tolerieren.

Passant ensuite au problème de l'unité allemande,

heißt es im Protokoll der Unterredung,

le Général a déclaré que, même si la réunification n'était pas une affaire de première urgence, il ne faudrait rien faire qui soit de nature à l'écarter définitivement. D'ailleurs, a ajouté le Général, il est possible que l'on puisse, un jour, faire réellement l'Europe, dans la paix. Il faudra bien que, dans cette Europe, l'Allemagne y figure, avec vous et avec nous, comme d'ailleurs aussi la Grande-Bretagne, l'Italie, l'Espagne, etc. ... . Ne désespérons donc pas le peuple allemand[256].

Auch dem polnischen Botschafter Stanislaus Gajewski gegenüber erklärte er am 21. April desselben Jahres, er habe es weder sehr eilig, die deutsche Wiedervereinigung sich realisieren zu sehen, noch sei er daran interessiert, die DDR zu einem Staat aufzuwerten[257].

Interesse verdient schließlich in dem Kontext de Gaulles Antwort auf das sowjetische Aide-mémoire, das ihm Nikita Chruschtschow am 16. August 1959 übersandte. In ihm rief der sowjetische Ministerpräsident Frankreich zu einer Wende seiner Deutschlandpolitik auf, nannte Konrad Adenauer das »einzige Hindernis zur Beendigung des Kalten Krieges« und legte die sowjetische Position in der Abrüstungsfrage und der Deutschland- und Berlinpolitik dar[258]. In seiner offiziellen Replik vom 10. September 1959 betonte der französische Präsident die Notwendigkeit einer internationalen Entspannung zwischen Ost und West, die einen Modus vivendi in der Berlin-Frage zu finden gestatten würde, und ergänzte,

la France ... s'efforce d'aider à un pareil changement dans les rapports entre l'Est et l'Ouest. C'est dans ce but qu'elle s'abstient d'affirmer que la réunification de l'Allemagne s'impose immédiatement. Pour la même raison, elle s'en tient à ce qui est en ce qui concerne les frontières allemandes de l'Est, de l'Ouest, du Nord et du Sud. Mais c'est aussi dans ce but qu'elle estime nécessaire l'existence d'une Allemagne libre et solide et qu'elle participe avec elle à l'O.T.A.N.[259].

Die Détente zwischen Ost und West rangierte vor der deutschen Einheit. Charles de Gaulle relativierte die aktuelle Bedeutung der »deutschen Frage« und wies einen langfristig möglicherweise gangbaren Weg zu ihrer Lösung, indem er vorübergehend den Status quo zu erhalten bevorzugte und mittelfristig einen Wandel der bestehenden Ordnung in Europa in Aussicht stellte, den er selbst mit Gewißheit erwartete. Fragwürdig mutet daher Henry Kissingers Urteil an, de Gaulle »sei nicht unzufrieden gestorben, weil zu seinen Lebzeiten Deutschland nicht wiedervereinigt wurde«[260]. Überzeugender wirkt das zeitgenössische Urteil des Industriellen Otto A. Friedrich, der am 30. September 1960 den Eindruck gewann, der französische Präsident sei »ehrlich für die Wiederherstellung der deutschen Einheit«, zumal er wüßte, »daß die Wiedervereinigung für Deutschland eine noch viel gravierendere Lebensfrage ist als Al-

---

256 Siehe das Protokoll in: Documents Diplomatiques Français 1959. Bd. I (1er janvier–30 juin) S. 293.
257 Vgl. das Protokoll in: AMAE, Europe 1944–1960, Pologne, Bd. 246, Bl. 235.
258 Vgl. ebd. URSS, Bd. 268, Bl. 93–98.
259 LNC VIII, S. 255f.
260 H. A. KISSINGER, Die Vernunft der Nationen, S. 627.

gerien, für das Frankreich schon seit vielen Jahren blutet«[261]. Wenngleich de Gaulle damals nach eigenem Bekunden »für den Augenblick« Nikita Chruschtschows Ansicht billigte, daß Deutschland notwendigerweise zweigeteilt bleiben müsse[262], bezog er sich nur auf den bestehenden Status quo. Ihn gedachte er »im großeuropäischen Raum«[263] zu revidieren. Nur in diesem »kontinentalen Rahmen, der Polen, die Tschechoslowakei, Ungarn, Rumänien und schließlich das europäische Rußland bis zum Ural einschließen müsse«, sah er »die Möglichkeit und auch die Wünschbarkeit eines wiedervereinigten Deutschlands«[264].

Ein gemeinsames Interesse Frankreichs und der Sowjetunion bestand darin, eine »renaissance du pan-germanisme« zu verhindern[265]. Während die Sowjetunion im Rahmen ihres Konzepts einer »coexistence pacifique«, die ihren Einflußbereich zu konsolidieren und möglicherweise zu erweitern und in jedem Falle die aktuelle Lage in Europa dauerhaft zu erhalten versprach[266], einen historischen Moment lang an einer Entspannung interessiert war, trachtete das gaullistische Frankreich danach, auf lange Sicht die bestehende Ordnung in Europa zu verändern[267]. Zwar sprach sich de Gaulle am 15. Mai 1962 in einer Pressekonferenz, in der er die Deutschland-Frage als das »brennendste Weltproblem« bezeichnete, »entschieden gegen eine Änderung der Verhältnisse aus, wie sie sich in Deutschland herausgebildet hätten, also für die Aufrechterhaltung des Status quo«[268]. Dieser Haltung lag jedoch hauptsächlich das Motiv zugrunde, die westliche Position in der Ost-West-Auseinandersetzung nicht zu schwächen. Auf weite Sicht verband er mit der Bereitschaft, den Status quo zeitweilig zu bewahren, die »Hoffnung auf eine Einigung ... Gesamteuropas vom ›Atlantik bis zum Ural‹«, und suchte »zunächst Zeit zu gewinnen«, weil er erwartete, daß die Fünfte Französische Republik nach dem Ende der Dekolonisation und nach ihrer ökonomischen und verfassungspolitischen Konsolidierung »wesentlich stärker sein«[269] werde. Vor diesem Hintergrund nahm er in Kauf, daß die Teilung Deutschlands fortbestand. Seine Strategie erregte in Bonn durchaus Zuspruch.

Bereits seit Ende Oktober 1958 wurde in Westdeutschland ein langsamer Zuwachs an äußerer Macht registriert, den de Gaulle für Frankreich errang. »Aux yeux de l'Allemand«, vermeldete François Seydoux nach Paris, »la France a cessé d'être ma-

261 ACDP, NL Friedrich, Bd. I-093–012/1, Gespräch Otto A. Friedrichs mit dem französischen Geschäftsmann François Saar-Demichel vom 30. September 1960. Vgl. dazu V. R. BERGHAHN, P. J. FRIEDRICH, Otto A. Friedrich, S. 276f.
262 So Ch. DE GAULLE, Memoiren der Hoffnung, S. 258.
263 ACDP, NL Friedrich, Bd. I-093–012/1, Gespräch Otto A. Friedrichs mit François Saar-Demichel vom 30. September 1960.
264 Ebd. Vgl. auch Ch. DE GAULLE, Memoiren der Hoffnung, S. 258.
265 Vgl. AMAE, Europe 1944–1960, URSS, Bd. 251, Bl. 7, H. Alphand an M. Couve de Murville, 6. Mai 1960.
266 Vgl. ebd. Bd. 268, Bl. 16, Aufzeichnung der Europaabteilung vom 24. März 1959 für Michel Debré, und ebd. Bd. 245, Bl. 8–14, Aufzeichnung der Europaabteilung über »La coexistence pacifique« vom 13. Januar 1960.
267 Vgl. de Gaulles zwei Schreiben an Kennedy vom 6. Juli und 26. August 1961 sowie seinen Entwurf für eine gemeinsame Deklaration der westlichen Schutzmächte Berlins vom August 1961, in: LNC IX, S. 103, 127, 130.
268 Siehe DM III, S. 409ff., und PA AA, Referat 204, Bd. 323, Aufzeichnung über de Gaulles Pressekonferenz für Außenminister Schröder.
269 Ebd.

lade«[270]. Die Entente zwischen Frankreich und der Bundesrepublik, die von diesem machtpolitischen Wandel nicht unbeeinflußt blieb, kam der Bonner Position im Hinblick auf die deutsche Teilung zugute. Daß das Auswärtige Amt nach der Pressekonferenz de Gaulles in einer Aufzeichnung vom 19. Juni 1962 für den deutschen Außenminister Gerhard Schröder zu dem Ergebnis gelangte, »Frankreichs Unterstützung in der deutschen Frage kann für uns durch keine andere ersetzt werden«[271], mag vielleicht suggestiv erscheinen, weil die Bedeutung der Vereinigten Staaten von Amerika in dem Kontext nicht übersehen werden darf und de Gaulles gleichermaßen anspruchsvolle wie nebulöse Formel, Europa werde eines Tages »vom Atlantik bis zum Ural« geeint sein, ein »Gleichgewichtsdenken im Stil des 19. Jahrhunderts« zum Vorschein gelangen ließ[272], das nicht in jeder Hinsicht den globalen Bedingungen des Ost-West-Konflikts im 20. Jahrhundert gerecht zu werden versprach[273]. Aber plausibel wirkt das Urteil dennoch. Obgleich Deutschland in den fünfziger und sechziger Jahren geteilt blieb und die Geschichte Charles de Gaulle zeit seiner Staatspräsidentschaft nicht zwang, sich im Hinblick auf die »ruhende Frage«[274] der deutschen Einheit tatsächlich eindeutig zu entscheiden, galt bereits 1958/59, was der Bundestagsabgeordnete Ernst Majonica über die Pressekonferenz des Generals vom 4. Februar 1965 befand: »De Gaulle hat seine große internationale Autorität eingesetzt, um auf die Deutsche Frage hinzuweisen«[275].

In der weltpolitischen Umbruchzeit, in deren Verlauf in Westeuropa ein »Stimmungsumschwung« von den harten Tönen des Kalten Krieges zu den sanften Klän-

270 Documents Diplomatiques Français 1958. Bd. II (1er juillet–31 décembre) S. 579.
271 PA AA, Referat 204, Bd. 323, Aufzeichnung vom 19. Juni 1962 über de Gaulles Pressekonferenz für Außenminister Schröder.
272 Vgl. E. WEISENFELD, Charles de Gaulle, S. 60f.
273 Einer der Mängel seiner europapolitischen Vision bestand in der politischen Illusion, die Sowjetunion ließe sich in einen europäischen »russischen« Teil und einen asiatischen Teil jenseits des Urals zerstückeln bzw. neugliedern. Vgl. P. DE AUER, Une Europe de l'Atlantique à l'Oural, in: Revue militaire générale, Nr. 4 (1966) S. 428; H. HECKER, Europäische Optionen – Osteuropäische Reflexionen, in: DERS. (Hg.), Europa – Begriff und Idee. Historische Streiflichter, Bonn 1991, S. 161. Siehe dazu auch die Erklärung des bedeutenden Diplomaten und profunden, äußerst realistischen Rußlandkenners Jean LALOY in: J. LACOUTURE, R. MEHL (Hg.), De Gaulle, S. 223. Laut E. JOUVE, Le Général de Gaulle et la construction de l'Europe (1940–1966). Bd. 1, Paris 1967, S. 153, zählte de Gaulle die rein russische Bevölkerung des sowjetischen Vielvölkerreiches zur »weißen Rasse«. In diesem Sinne habe der europäische Teil Sowjetrußlands geographisch bis dorthin gereicht, wo der politische Einfluß der »weißen Rasse« spürbar gewesen sei, nämlich angeblich bis zum Ural. Was de Gaulle tatsächlich mit seiner zeitgenössisch ungewöhnlichen Formel gemeint hat, ist bis heute wegen der unzureichenden Quellenlage ungeklärt. Selbst der sowjetische Botschafter Winogradow war davon überzeugt, daß sein Staat zu Europa gehörte, vermochte indes die Wendung »Europa bis zum Ural« nicht zu verstehen. Vgl. ebd. S. 156.
274 ACDP, NL Kiesinger, Bd. I-226–A-009, Gespräch Kurt Georg Kiesingers mit Bruno Kaiser vom 22. Januar 1982, S. 30.
275 Ebd. NL von Danwitz, Bd. I-330–004/1, Kommentar von Ernst Majonica vom 7. Februar 1965 im Westdeutschen Rundfunk. Der Kommentar bezog sich auf de Gaulles Pressekonferenz am 4. Februar 1965, trifft aber auch auf weitere Einlassungen zu, z. B. seine Pressekonferenz vom 21. Februar 1966, abgedruckt in DM V, S. 22, in der er seinen Vorschlag einer intergouvernementalen nationalstaatlichen Struktur Europas wiederholte: »Cette union des Six peut et doit être aussi un des môles sur lesquels seraient progressivement bâtis, d'abord l'équilibre, puis la coopération, et puis, peut-être un jour, l'union de l'Europe tout entière, ce qui permettrait à notre continent de régler pacifiquement ses propres problèmes, notamment celui de l'Allemagne, y compris sa réunification.«

gen der »Entspannung« einsetzte, jedoch Konrad Adenauer weiterhin in Osteuropa offiziell vorgeworfen wurde, eine »aggressive Revanchismuspolitik« zu betreiben, und die Frage der deutschen Einheit international »nicht mehr allein oder ausschlaggebend bestimmend für den Gang des Geschehens war«[276], vermochte die bundesrepublikanische Deutschlandpolitik »vom einzigartigen Ansehen des Generals seit den Jahren seiner Führung des französischen Widerstandes gegen Hitler-Deutschland zu profitieren«[277]. Da der »härteste Kern seiner politischen Überzeugung«, wie der deutsche Kanzler Kurt Georg Kiesinger einmal de Gaulles Vision eines »Europa vom Atlantik bis zum Ural« später genannt hat[278], zum äußeren Rahmen avancierte, innerhalb dessen er die deutsche Wiedervereinigung für möglich und wünschenswert hielt, leistete der französische Präsident einen Beitrag dazu, daß die »deutsche Frage« im Bewußtsein der Weltöffentlichkeit präsent blieb! Umgehend ist damit die äußere Grenze seiner Haltung zur deutschen Einheit und seiner politischen Konzeption hinsichtlich ihrer Realisierung angedeutet.

Charles de Gaulle hielt sie nämlich für eine Frage der europäischen Dimension, eine Herausforderung der europäischen Staatskunst, eine Aufgabe der europäischen Diplomatie. Die Vereinigten Staaten von Amerika mußten mitwirken, eine Lösung zu finden, aber die »Tochter Europas«, wie er die USA aus seiner eurozentrischen, historischen Perspektive nannte[279], durfte sich nach seiner Ansicht nicht übermäßig daran beteiligen. Die drei Bedingungen, die er gleichsam wie das unausweichliche Los eines delphischen Orakelspruches der Bundesrepublik 1958/59 auferlegte und ihr ernsthaft in Betracht zu ziehen empfahl, um die Wiedervereinigung zu erlangen – die Anerkennung der bestehenden Grenzen, der Verzicht auf Atomwaffen und das Einvernehmen mit den Nachbarn, d. h. die Verträglichkeit mit einer europäischen Friedensordnung –, und deren hellsichtig vorausgesagte Unumgänglichkeit sich 1990 bewahrheitete, vermochten, für sich genommen, einem strukturellen Zusammenhang des Kalten Krieges und auch des Zeitalters der Entspannung nicht zureichend gerecht zu werden. 1990 erwies es sich zwar als richtig, daß die Wiedervereinigung Deutschlands mit dem Ende der Spaltung Europas untrennbar zusammenhing. Den epochalen Wandel bewirkte hingegen in ausschlaggebender Weise die veränderte Beziehung zwischen den Vereinigten Staaten von Amerika und der Sowjetunion. Hauptsächlich auf Grund dieser »einmalig günstigen internationalen Konstellation«[280] wurde die Blockbildung in Europa überwunden und Deutschland vereinigt. Auf die politische Kursänderung der Sowjetunion, jener ebenso europäischen wie asiatischen Weltmacht, vermochten die übrigen europäischen Staaten nur begrenzten Einfluß auszuüben[281].

Die entscheidende Bedeutung des amerikanisch-sowjetischen Verhältnisses für die politische Entwicklung in Europa teilweise unterschätzt und die Einwirkungsmög-

276 A. HILLGRUBER, Europa, S. 107.
277 H. MÖLLER, Charles de Gaulle, S. 346. Diese historische Bedeutung betont auch K. CARSTENS, Erinnerungen, S. 260.
278 Siehe ACDP, NL Kiesinger, Bd. I-226–A-00309, Vermerk über »Die verdeckte Krise der Jahre 1968–69«, o. J.
279 So in seiner Pressekonferenz am 25. März 1959. Siehe DM III, S. 87.
280 P. KRÜGER, Auf der Suche, S. 68.
281 Diesen Aspekt hat G. HUMBERT, Charles de Gaulle, S. 575f., zu gering bewertet.

lichkeiten Frankreichs überschätzt zu haben, mindert aber in jedem Falle nicht de Gaulles historische Größe, zumal der General zutreffend prognostiziert hatte, es sei nur eine Frage der Zeit, daß sich das bolschewistische Rußland auf seine nationalen Interessen besinnen werde und die Satellitenstaaten seines Einflußbereiches mit Ausnahme der DDR im Nationalen eine solide politische Identität finden würden[282]. In jedem Falle realistisch bewertete de Gaulle während seiner Präsidentschaft die enorme Machtfülle der Vereinigten Staaten von Amerika. An ihrer langfristigen politischen Überlegenheit gegenüber ihrem globalen Gegenspieler zweifelte er nicht, wie die Zielsetzungen zeigen, von denen er sich 1963 beim Abschluß des Elysée-Vertrages leiten ließ.

5. Vom »Sich-wieder-selbst-Finden der deutschen Nation« zum Elysée-Vertrag

Das Jahr 1962 bildete für Charles de Gaulles Verhältnis zu Deutschland eine Zäsur. Seit 1958 hatte er mit Konrad Adenauer Pläne einer engeren bilateralen Annäherung ihrer Staaten erörtert, die Ende Juli 1960 in seinem Vorschlag einer regelrechten »deutsch-französischen Union«, einer gemeinsamen Außen- und Verteidigungspolitik und einer Staatsangehörigkeit für Deutsche und Franzosen gipfelten[283]. Aber »der als Initialzündung gedachte bilaterale Ansatz« scheiterte an der sorgenvollen deutschen Seite, weil er »zu weit von der gesicherten deutschen Europa- und Atlantik-Politik entfernt war«[284]. De Gaulles Bemühen, statt dessen eine Europäische Politische Union der sechs EWG-Mitgliedsstaaten nach dem Muster des ersten und des zweiten Fouchet-Plans zu gründen, traf auf den Widerstand der Regierungen Belgiens und der Niederlande, die das gaullistische Projekt am 17. April 1962 endgültig ablehnten und eine Beteiligung Großbritanniens forderten[285]. Der französische Präsident sah sich, als er einen adäquaten außenpolitischen Partner suchte, der seine ambitiöse Großmachtpolitik auf dem europäischen Kontinent mitzutragen vermochte, »wieder an den Anfangspunkt zurückgeworfen«[286]. Spätestens seit diesem Zeitpunkt spielten die Beziehungen Frankreichs zu den Benelux-Ländern und zu Italien in der europapolitischen Gedankenbildung de Gaulles »nur eine sehr untergeordnete Rolle«[287].

Als Konrad Adenauer vom 2. bis zum 8. Juli 1962 Frankreich offiziell besuchte, schlug »die Geburtsstunde des späteren Vertrages«[288]. Denn de Gaulle fragte den Bundeskanzler, dem in Paris gezielt ungewöhnliche protokollarische Ehren zuteil wur-

---

282 Vgl. E. A. Kolodziej, De Gaulle, S. 52. Ebd. S. 57 schreibt er zutreffend, de Gaulles »state-to-state formula for the German and Cold War problems was a necessary but not sufficient condition for their resolution«. Vgl. auch E. Conze, Deutsche Frage und europäische Integration 1945–1990, in: Historisches Jahrbuch 114/2 (1994) S. 424.
283 Vgl. H.-D. Lucas, Europa, S. 136f.
284 P. Fischer, Der diplomatische Prozeß der Entstehung des deutsch-französischen Vertrages von 1963, in: VfZG 41 (1993) S. 105.
285 Neben taktischen Hintergedanken gab gerade die Sorge vor einer deutsch-französischen »Achse« den Ausschlag auf belgischer und niederländischer Seite, wie Georges-Henri Soutou, 1961: le plan Fouchet, in: Espoir, Heft 87 (1992) S. 53, pointiert schreibt.
286 P. Fischer, Der diplomatische Prozeß, S. 105.
287 Th. A. Mirow, Die europapolitischen Konzeptionen, S. 396.
288 P. Fischer, Der diplomatische Prozeß, S. 106.

den[289], ob er »bereit sei, eine Politische Union zu zweit zu schließen«[290]. Einen historischen Moment lang wähnte sich de Gaulle seinem deutschlandpolitischen »Traum« einer gallisch-germanischen Entente nahe, der seine politische Phantasie in den dreißiger Jahren vorübergehend beflügelt hatte. Adenauer willigte, zwischen anfänglichem Zögern und prinzipieller Vorbehaltlosigkeit schwankend, in den Vorschlag de Gaulles ein, ohne dessen Motive vollständig zu teilen. Der Bundeskanzler sprach am 4. Juli 1962, am amerikanischen Nationalfeiertag, von der »antisowjetischen Bastion« eines engen deutsch-französischen Zusammenschlusses und verstand einen Tag später, als der Präsident sein weitreichendes Angebot unterbreitete, das Projekt als »union restreinte en laissant la place ouverte aux autres membres«, die jeder diplomatischen Avance seitens der Sowjetunion an einen der Partner vorbeugen werde[291].

Dagegen gingen die gaullistischen Intentionen seit diesem ungewöhnlichen »Flirt«[292] ebensoweit über die Grenzen Europas hinaus, wie sie sich unmittelbar auf die Bundesrepublik bezogen. Das Gewicht Deutschlands bemaß sich im Rahmen eines »grand dessein de politique globale internationale«[293]. Maurice Couve de Murville hat 25 Jahre später einmal die Grundvorstellung, die sich eine Regierung über das eigene Land bildet, die Perzeption der eigenen politischen Möglichkeiten und Erfordernisse, eine der zentralen Voraussetzungen erfolgreicher Außenpolitik genannt und bemerkenswerterweise nicht gezögert einzugestehen, »[que] la France n'est plus depuis la fin de la dernière guerre une des grandes puissances qui dominaient l'univers. Elle est une puissance moyenne«[294]. Als Außenminister hatte er 1962 und 1963 erklärtermaßen eine Politik betrieben, die dem Ziel diente, eine »alliance de l'Europe et de l'Amérique sur un pied d'égalité dans tous les domaines« zustandezubringen[295]. Eine eigenartige Spannung zwischen Frankreichs regional begrenzten, faktisch auf den europäischen Kontinent konzentrierten Interessen und seinem ideellen Anspruch, legitime globale Verpflichtungen erfüllen zu müssen, begleitete fortan de Gaulles Deutschlandpolitik und gab der triumphalen, theatralische Gesten mit kalkulierten Effekten verknüpfenden Visite ihr charakteristisches Gepräge, die der Präsident vom 4. bis zum 9. September 1962 der Bundesrepublik Deutschland abstattete.

Vordergründig schien das diplomatische Resultat der Reise in einer deutsch-französischen Konvention zu bestehen, die die bislang informelle Praxis bilateraler Konsultationen auf französischen Wunsch hin vertraglich regelte. Ferner wurde vereinbart, Fragen der militärischen Verteidigung in den künftigen deutsch-französischen Dialog auf dieser neuen Basis einzubeziehen. Damit reagierten beide Staatsmänner auf die neue amerikanische Strategie der »flexible response«. Von einem völkerrechtlichen

289 Vgl. AN, NL de Gaulle, Bd. 5 AG 1/589, »Avant-Projet du séjour officiel en France du Chancelier Adenauer«.
290 P. FISCHER, Der diplomatische Prozeß, S. 105.
291 AN, NL de Gaulle, Bd. 5 AG 1/161, Entretiens franco-allemands 1962/1963.
292 FNSP, Fonds Baumgartner, Bd. 4 BA 8/Dr 7: Manuskript eines Zeitungskommentars für »La Réforme« über »Le Flirt de Gaulle–Adenauer. Pour le bon motif?« vom 14. Juli 1962 von R. COURTIN.
293 Ebd. Manuskript eines Zeitungskommentars für »Informations et Conjoncture« über »Le Dialogue avec Moscou passe par l'Europe des Patries« vom 10. Juli 1962 von J. BLOCH-MORHANGI. Vgl. dazu auch DM III, S. 429ff., Begrüßungsansprache für Adenauer, 3. Juli 1962.
294 Vgl. dazu den 1987 erschienenen Beitrag von M. COUVE DE MURVILLE, Principes, S. 3.
295 Rede COUVE DE MURVILLEs vom 12. Juni 1963 anläßlich der Ratifikation des deutsch-französischen Vertrages in der Nationalversammlung, in: Journal officiel de la République Française, 13. Juni 1963, S. 3318.

Vertrag jener Qualität, wie sie der im folgenden Jahr unterzeichnete Elysée-Vertrag besitzen sollte, war keine Rede[296]. Für das subjektive Empfinden der Gastgeber lag die Bedeutung des Staatsbesuches auf einer anderen Ebene. Denn »kein anderer französischer Regierungschef«, erkannte das Bonner Auswärtige Amt im Sommer dieses Jahres, konnte »die deutsch-französische Aussöhnung in gleicher Weise mit dem Siegel der Unwiderruflichkeit versehen wie der ehemalige Führer des freien Frankreichs im Kampf gegen das Deutsche Reich«[297]. Als Charles de Gaulle am 5. September 1962 »dem großen deutschen Volk« seine Referenz erwies und vier Tage später im Ludwigsburger Schloß junge Deutsche als »Kinder eines großen Volkes« begrüßte[298], trug er nach Alois Mertes' und Carlo Schmids sensiblem Gespür auf seine Weise zu jenem bereits in einem anderen Zusammenhang erwähnten, aus mehreren Gründen so wichtigen »Sich-wieder-selbst-Finden der deutschen Nation«[299] bei.

Vor dem historischen Hintergrund seines exzeptionellen Prestiges und seines unverwechselbaren Nimbus, den er sich im Zweiten Weltkrieg an der Spitze des Freien Frankreich im Kampf gegen Hitler-Deutschland erworben hatte, gewannen die bewegenden Worte, die de Gaulle an die Deutschen richtete, einen politisch relevanten Eigenwert. Zwar zählte er am 4. September 1962 anläßlich eines Empfangs im Brühler Schloß vergleichsweise nüchtern die unmittelbare sowjetische Bedrohung, die Stärkung des europäischen Pfeilers der NATO, die Entspannung in Europa als Voraussetzung einer auch Osteuropa einschließenden Gleichgewichtsordnung in Europa sowie die wissenschaftlichen, technischen, ökonomischen, sozialen und kulturellen Zukunftsaufgaben der Menschheit als Gründe auf, die die geplante deutsch-französische Union geboten erscheinen ließen. Er erinnerte ferner daran, daß die deutsche Einheit nur zu erlangen sei, wenn die Bonner Position gegenüber Moskau von Frankreich unterstützt würde[300]. Als mindestens ebenso folgenreich und bedeutsam erwies sich für den weiteren Verlauf der deutsch-französischen Beziehungen seine Offerte einer dauerhaften Aussöhnung der beiden Völker, welche die Entente der Regierungen fundieren sollte und deren epochalen Wert er angesichts der blutigen Geschichte früherer Jahrzehnte ermaß, als er in Ludwigsburg die Deutschen in ihrer Sprache ein Volk nannte,

das manchmal ... große Fehler begangen hat ..., das aber auch der Welt fruchtbare geistige, wissenschaftliche, künstlerische und philosophische Werke gespendet und sie um unzählige Erzeugnisse seiner Erfindungskraft, seiner Technik und seiner Arbeit bereichert hat ..., das in seinem friedlichen Werk, wie auch in den Leiden des Krieges, wahre Schätze an Mut, Disziplin und Organisation entfaltet hat[301].

Die Neue Zürcher Zeitung verglich dieses Finale seines Deutschlandbesuches nicht ohne Bedacht mit »einer Apotheose wie im französischen Drama, nur mit dem Un-

---

296 Vgl. G.-H. SOUTOU, Les problèmes de sécurité, S. 243ff., und H.-P. SCHWARZ, Präsident de Gaulle, S. 174.
297 PA AA, Referat 204, Bd. 323, Aufzeichnung vom 19. Juni 1962 von Josef Jansen über de Gaulles Pressekonferenz am 15. Mai 1962 für Außenminister Schröder.
298 Vgl. seine Ansprachen in: DM IV, S. 6, 15.
299 ACDP, NL Mertes, Bd. I-403–017/3, Brief von Alois Mertes an Carlo Schmid vom 27. September 1962.
300 Vgl. DM IV, S. 5.
301 Ebd. S. 15.

terschied, daß sich außer den Helden auch das Volk in unübersehbarer Menge auf der Bühne versammelte«. Für den Schluß sei »das Adjektiv ›grandios‹ nicht zu hoch gegriffen«[302].

Wenngleich Charles de Gaulle dank seiner bereits zu Lebzeiten legendären Autorität und Reputation auch bei anderen Staatsbesuchen, z. B. 1964 in Mexiko oder 1967 in Polen, fremde und aus unterschiedlichen Gründen für dergleichen Rhetorik empfängliche Völker »durch Frankreich zu sich selbst«[303] finden ließ und die Deutschen nicht die einzigen waren, denen diese Gabe der gaullistischen »France généreuse« zuteil wurde, so verfehlte das Pathos 1962 dennoch nicht seine spezifische Wirkung. Die einzigartige politische, nationale und moralische Katastrophe des Jahres 1945, die Kapitulation des Deutschen Reiches, lag noch keine zwei Jahrzehnte zurück. Da sie im kollektiven Gedächtnis beider Völker präsent blieb, verstanden manche der Angesprochenen de Gaulles Worte als »Absolution«[304]. Der Präsident hat »uns sozusagen unsere Geschichte zurückgegeben, mit einer Verbeugung vor der Größe, die es doch auch darin gegeben hat«, kommentierte Hermann Schreiber in der Stuttgarter Zeitung den vorherrschenden Eindruck seiner Landsleute[305].

De Gaulle beabsichtigte diese Resonanz zu erzeugen, als er 1962 Deutschland besuchte. Die Union und Entente der beiden Staaten bedurfte einer affirmativen emotionalen Fundierung im nationalen Bewußtsein beider Völker. Zwei Jahre zuvor hatte der »stolzeste aller stolzen Franzosen«, wie ihn Willy Brandt einmal genannt hat[306], von Theodor Heuss erfahren, im 19. Jahrhundert habe es »in Deutschland einen regelrechten ›Anti-Richelieu-Komplex‹ gegeben«. Im Zeitalter Ernest Renans seien die Deutschen »weniger gegen das französische Volk als ›gegen Richelieu‹ eingestellt gewesen«[307]. Nun erinnerte de Gaulle ihre Nachkommen daran, daß sie »mehr als ein Nichts seien«[308], und kam seinem Jahrzehnte zuvor einmal anvisierten und nunmehr, unter erheblich gewandelten Bedingungen, von neuem verfolgten Ziel, eine deutschfranzösische Entente auf der Ebene der Regierenden und der Regierten beider Länder zu schließen[309], einen großen Schritt näher. Daß er sich noch seiner entsprechen-

---

302 Neue Zürcher Zeitung vom 11. September 1962, S. 1.
303 M. COUVE DE MURVILLE, Außenpolitik, S. 381.
304 So der deutsche Diplomat Paul FRANK in: J. LACOUTURE, R. MEHL (Hg.), De Gaulle, S. 360.
305 Vgl. Stuttgarter Zeitung vom 8. September 1962. Diese Geste zielte allerdings auch auf das kollektive Gedächtnis der Franzosen selbst. Denn die deutsch-französische Annäherung in der Nachkriegszeit »bedurfte noch jener nationalen Weihe, die nach all den schweren Prüfungen für Frankreich moralisch unerläßlich war und die nur de Gaulle rückhaltlos vollziehen konnte«, hat M. COUVE DE MURVILLE, Außenpolitik, S. 193, befunden.
306 W. BRANDT, Erinnerungen, S. 253.
307 Vgl. PA AA, Referat 204, Bd. 356, Bericht von Josef Jansen vom 9. März 1960 über einen Besuch des ehemaligen Bundespräsidenten Theodor Heuss bei de Gaulle.
308 W. BRANDT, Erinnerungen, S. 259. Vgl. zu der gezielt verfolgten Absicht seine Briefe an seine Schwester und an W. d'Ormesson vom 10. und 21. September 1962, in: LNC IX, S. 261, 263.
309 Siehe dazu jetzt A. PEYREFITTE, C'était de Gaulle. ›La France redevient la France‹, Paris 1994, S. 62, der zahlreiche Gespräche übermittelt, die er als Regierungssprecher mit dem französischen Präsidenten führte, und de Gaulles Äußerung vom 27. Januar 1960 zitiert: »l'Europe se fera ou ne se fera pas, selon que la France et l'Allemagne se réconcilieront ou non. C'est peut-être fait au niveau des dirigeants; ce n'est pas fait en profondeur. Il n'y aura pas de construction européenne si l'entente de ces deux peuples n'en est pas la clef de voûte.« Vgl. auch ebd. S. 153. Hinsichtlich der Authentizität dieser Quelle mag eine gewisse Vorsicht geboten sein, solange de Gaulles Nachlaß aus dem Zeit-

den Ausführung von 1934 oder der Instruktion für François Seydoux aus dem Jahre 1958 entsann, läßt sich anhand keiner der gegenwärtig verfügbaren Quellen beweisen, muß hingegen auch nicht als ausgeschlossen gelten. In jedem Falle rangierte die französische Staatsräson, die ihr attraktives Antlitz so unvermutet wie gezielt enthüllte, zu dieser Zeit an erster Stelle.

Seitdem der zweite Fouchet-Plan am 17. April 1962 abgelehnt worden war, schwelte zwischen den sechs Mitgliedern der Europäischen Wirtschaftsgemeinschaft ein Streit über den britischen Beitritt, hinter dem sich für Charles de Gaulle einem Zeugnis Couve de Murvilles zufolge »die ganze Politik im höchsten Sinn« verbarg[310]. Daher bereitete der Präsident auch höchstpersönlich den eingeleiteten Verhandlungen mit der englischen Regierung ein Ende. Sein Entschluß stand bereits fest, als Macmillan ihn unmittelbar vor seinem Treffen mit dem amerikanischen Präsidenten Kennedy in Nassau auf den Bahamas im Dezember 1962 in Rambouillet besuchte[311]. De Gaulle und Adenauer fühlten sich, aus unterschiedlichen, teilweise sogar entgegengesetzten Gründen, in ihrer Entscheidung bestätigt, auf dem Weg exklusiver Bilateralität voranzuschreiten, als Macmillan und Kennedy auf den Bahamas die Lieferung amerikanischer Polaris-Raketen an Großbritannien vereinbarten. De Gaulle erblickte in Großbritannien das »Trojanische Pferd« der Vereinigten Staaten von Amerika in Westeuropa, also dort, wo er für Frankreich die Vormacht beanspruchte. Adenauer wiederum, der im Unterschied zum französischen Präsidenten nicht einmal über den Inhalt des geplanten Abkommens informiert worden war, witterte die Möglichkeit bzw. Gefahr, der Gedanke eines Dreier-Direktoriums der Nuklearmächte in der NATO könnte von neuem aufgegriffen werden[312].

Der General suchte von 1962 an eine vorwaltende Tendenz der europäischen Geschichte in der Nachkriegszeit zu korrigieren, die seit der Zwischenkriegszeit die Handlungsfreiheit der kontinentalen Staaten prinzipiell beeinflußte, den Status Frankreichs insbesondere seit 1924/25 fühlbar beeinträchtigte und seit 1945 Dominanz erlangte. Der Poet Paul Valéry hatte in den zwanziger Jahren pointiert und sicherlich nicht ganz zutreffend bemerkt, »daß die letzte Zielsetzung der europäischen Politik darin zu bestehen schien, einer amerikanischen Kommission die Regierung des alten Kontinents anzuvertrauen«[313]. Wie gezielt de Gaulle die angestrebte exklusive

raum der sechziger Jahre größtenteils gesperrt ist. Jedoch fügt sich diese wie auch andere Einlassungen de Gaulles, die Alain Peyrefitte überliefert, relativ widerspruchsfrei in die Interpretation ein. Einen gegenläufigen Kommentar des französischen Präsidenten zitiert J.-R. TOURNOUX, Die Tragödie des Generals, Düsseldorf 1968, S. 336, der allerdings für seine sogenannten »indiskreten Selbstgespräche« gleichfalls jeden gesicherten Quellenbeleg schuldig bleibt. Vgl. ebd. S. 341.

310 Siehe M. COUVE DE MURVILLE, Außenpolitik, S. 249.
311 Vgl. M. VAÏSSE, De Gaulle et la première ›candidature‹ britannique au marché commun, in: Revue d'Histoire diplomatique 108 (1994) S. 145, 147; D. BRINKLEY, Dean Acheson, S. 186; G.-H. SOUTOU, Les problèmes de sécurité, S. 246f.
312 Vgl. ebd. S. 246. Weder die Kuba-Krise im Oktober 1962 noch das Abkommen von Nassau im Dezember 1962 gewannen eine initiierende Bedeutung für den Entstehungsprozeß des Elysée-Vertrags, sondern bestärkten de Gaulle in seiner bilateralen Deutschlandpolitik. Vgl. P. MELANDRI, D'une crise américano-soviétique aux malentendus transatlantiques, in: M. VAÏSSE (Hg.), L'Europe et la crise de Cuba, Paris 1993, S. 240f.; M. VAÏSSE, Une hirondelle ne fait pas le printemps. La France et la crise de Cuba, in: Ebd. S. 94ff., 107. Siehe grundsätzlich auch J. N. GIGLIO, The Presidency, S. 74.
313 Zitiert nach R. ARON, Frieden, S. 165. Vgl. dazu auf historiographischem Niveau S. A. SCHUKER, The End of French Predominance in Europe. The Financial Crisis of 1924 and the Adoption of the Dawes Plan, 2. Auflage Chapel Hill (N.C.) 1976, S. 13, 393.

Union mit der Bundesrepublik gegen den angelsächsischen Einfluß in Europa plante, geht aus dem Protokoll einer Vorbesprechung hervor, zu der er mehrere Mitglieder der Delegation seines bevorstehenden Deutschlandbesuches am 31. August 1962 empfing. Die deutsch-französischen Beziehungen sollten auf der europäischen Ebene nämlich die gleiche Qualität erhalten wie »autrefois l'Entente Cordiale Franco-Britannique«[314]. Insofern gerierte sich der General tatsächlich in nuce »als verspäteter Napoleon«[315], als er in seiner zeitgenössisch aufsehenerregenden und im Rückblick wenig erstaunlichen Pressekonferenz am 14. Januar 1963 einen Beitritt Großbritanniens zur EWG »aus politischen Erwägungen«[316] kategorisch ablehnte und Assoziationen an eine einstige Kontinentalsperre weckte[317]. Ein Besuch Konrad Adenauers in Paris, der dazu dienen sollte, »die Sache zu erledigen«, wie der Kanzler die in Aussicht stehende exklusive Entente nannte[318], war zu diesem Zeitpunkt bereits fest geplant.

Als Konrad Adenauer am ersten Tag seines Parisbesuches, am 21. Januar 1963, mit de Gaulle konferierte, erläuterte der General nochmals seine Vorbehalte gegenüber der angelsächsischen Politik. Ohne Verzug sei Frankreich bereit, im Ernstfall sämtliche seiner verfügbaren Streitkräfte und Waffen, auch die noch im Aufbau befindliche Atomstreitmacht, zur Verteidigung Westeuropas, insbesondere der Bundesrepublik, einzusetzen. Groteskerweise gestand er ein, daß nicht jede französische Atombombe mit der wünschenswerten Zielsicherheit am »richtigen« Ort explodieren könne, sagte aber zu, alle würden gezündet, »wenn Europa und insbesondere wenn Deutschland angegriffen würde«[319]. Mit Hilfe dieser »umfassenden Sicherheitsgarantie« zugunsten der Bundesrepublik suchte er Adenauer auch davon zu überzeugen, auf die Entwicklung eigener deutscher Atomwaffen zu verzichten. Er unterstellte nicht nur der Bundesrepublik, in ihren Besitz gelangen zu wollen, sondern hatte auch Verständnis für dieses Begehren[320].

Der Bundeskanzler insistierte darauf, statt des ursprünglich vorgesehenen Protokolls einen politisch und völkerrechtlich wertvolleren Vertrag zu schließen. De Gaulle

---

314 AN, NL de Gaulle, Bd. 5 AG 1/161, Réunion restreinte consacrée à la préparation des entretiens politiques qui auront lieu à l'occasion de la visite du Général de Gaulle en Allemagne, Paris, 31/8/1962, S. 4.

315 ACDP, NL Krone, Bd. I-028–005/5, Manuskript des Freiherrn von und zu Guttenberg vom 24. Februar 1963 zum Thema »Was will de Gaulle?«.

316 Akten zur Auswärtigen Politik der Bundesrepublik Deutschland 1963. Bd. I, hg. im Auftrag des Auswärtigen Amts vom Institut für Zeitgeschichte, bearbeitet v. R. A. BLASIUS u. a., München 1994, Dok. 89, S. 294, Blankenhorn an den Staatssekretär R. Lahr, 12. Februar 1963. Der französische Präsident befand sich laut G.-H. SOUTOU, L'alliance, S. 237, in einer außenpolitischen Entscheidungssituation. Mit seinem Beschluß, eine bilaterale Allianz mit der Bundesrepublik zu bilden, schlug er die Ende 1962 gegebene Möglichkeit eines »système nucléaire tripartite américano-anglo-français« nach dem Muster des am 17. September 1958 vorgeschlagenen Dreierdirektoriums aus.

317 Vgl. DM IV, S. 66–76. Siehe zu de Gaulles Konzeption »eines eigenständigen, kontinentaleuropäischen Bündnis- und Verteidigungssystems unter französischer Führung« Akten zur Auswärtigen Politik der Bundesrepublik Deutschland 1963. Bd. I, Dok. 94, S. 316–319, Aufzeichnung von Blankenhorn, 15. Februar 1963.

318 ACDP, CDU-Bundesvorstandssitzung vom 14. März 1963, Bd. VII-001–007/3, S. 4.

319 Vgl. Akten zur Auswärtigen Politik der Bundesrepublik Deutschland 1963. Bd. I, Dok. 37, S. 117.

320 Vgl. ebd. S. 117f.

willigte in die Bitte umgehend ein[321]. Vorangestellt wurde eine »Gemeinsame Erklärung« der beiden Staatsmänner, in der sie die Versöhnung der beiden Völker, »die eine Jahrhunderte alte Rivalität beendet«, als »ein geschichtliches Ereignis« bezeichneten[322]. Der Vertrag selbst, der kurz nach 17.30 Uhr am 22. Januar 1963 unterzeichnet wurde[323], regelte die exklusive Zusammenarbeit in institutioneller, außenpolitischer, verteidigungspolitischer und kultureller Hinsicht. Wenngleich es nicht gelang, eine qualifizierte Konsultationsverpflichtung zu vereinbaren, die eine »gemeinsame Haltung« in zentralen Fragen von außenpolitischem Interesse als Ziel zu erreichen vorsah, sondern sich beide Vertragspartner auf den Wortlaut einigten, daß sich die Regierungen »in allen wichtigen Fragen der Außenpolitik und in erster Linie in den Fragen von gemeinsamem Interesse« konsultieren würden, »um so weit wie möglich zu einer gleichgerichteten Haltung zu gelangen«[324], lag in der Konsultationsverpflichtung die wesentliche Substanz des Vertrages. De Gaulle vollzog mithin einen Schritt, um das Ziel einer Politischen Union Europas auf nationalstaatlicher Basis mittels eines gouvernementalen Instrumentariums zu erreichen, denn der deutsch-französische Vertrag »transformierte auf bilaterale Ebene die Grundprinzipien der beiden Fouchet-Pläne«[325]. Maurice Couve de Murville erklärte später, der Elysée-Vertrag sei primär eine Folge des Scheiterns der Fouchet-Pläne gewesen. Frankreich sei zu einem ähnlichen Vertragsabschluß mit Italien bereit gewesen. »Nous prenions en même temps soin d'affirmer que la France et l'Allemagne n'entendaient en aucune façon faire œuvre exclusive«, betonte er am 12. Juni 1963 in der Ratifikationsdebatte der Pariser Nationalversammlung[326]. Dennoch entwickelte sich der Vertrag nicht erst in der Folgezeit zu einer exklusiven bilateralen Bindung, die von der auf deutscher Seite hinzugefügten Präambel freilich abgemildert wurde, sondern trug ab initio im Zeichen der »bevorzugte[n] Zusammenarbeit«[327] Züge internationaler Singularität.

Charles de Gaulle befand sich innenpolitisch und international am Anfang jener Phase seiner Präsidentschaft, die ihn auf den »Höhepunkt seiner Macht«[328] führen sollte. Nachdem im April 1962 seine Landsleute zu 90 Prozent in einem Referendum

---

321 Die massiven Einwirkungsversuche seitens der USA und der eigenen Partei, die Adenauer nach de Gaulles Pressekonferenz vom 14. Januar 1963 zu einer Absage der ganzen Reise nach Paris bewegen sollten, schienen den Kanzler in seinem Entschluß eher zu bestärken, einen deutsch-französischen Vertrag zu schließen. Vgl. H. OSTERHELD, Adenauer et De Gaulle: portraits comparés, in: Espoir, Heft 79 (1992) S. 8.

322 Siehe Auswärtiges Amt (Hg.), 40 Jahre Außenpolitik der Bundesrepublik Deutschland. Eine Dokumentation, Stuttgart 1989, S. 147.

323 Vgl. zum leicht abenteuerlichen Hergang P. FISCHER, Der diplomatische Prozeß, S. 114f.; H. P. SCHWARZ, Präsident de Gaulle, S. 179. In der zeitgeschichtlichen Forschung ist bereits früh bemerkt worden, daß die sachlichen Fragen weitgehend geklärt waren, als Adenauer in Paris seine Gespräche begann, aber noch nicht die exakte Form einer vertraglichen Vereinbarung. Vgl. Th. A. MIROW, Die europapolitischen Konzeptionen de Gaulles, S. 330.

324 Bundesgesetzblatt 1963. Teil II, S. 708.

325 Th. A. MIROW, Die europapolitischen Konzeptionen, S. 284. Vgl. auch E. JOUVE, Heurs et malheurs, in: Espoir, Heft 45 (1983) S. 41.

326 Vgl. Journal officiel de la République Française, 13. Juni 1963, S. 3318. Siehe auch M. COUVE DE MURVILLE, Außenpolitik, S. 312. Vgl. dazu P. FISCHER, Der diplomatische Prozeß, S. 112.

327 K. G. KIESINGER, »15 Jahre Deutsch-französischer Vertrag - Gewähr für das Gelingen der Einigung Europas«, in: Deutschland-Union-Dienst vom 19. Januar 1978, S. 2.

328 Ebd. Siehe dazu auch die Einschätzung von Herbert Blankenhorn vom 15. Februar 1963, in: Akten zur Auswärtigen Politik der Bundesrepublik Deutschland 1963. Bd. I, Dok. 94, S. 315.

das Evian-Abkommen gebilligt hatten, das die Unabhängigkeit Algeriens endgültig regelte und damit die Fünfte Republik von ihrer schwersten historischen Erbschaft befreite, verschaffte er sich dank des engen, ständig wachsenden Einvernehmens mit dem deutschen Kanzler, das im Vertragsabschluß gipfelte, wertvolle diplomatische Unterstützung und vermied eine außenpolitische Isolierung, in die Frankreich nach dem Scheitern der Fouchet-Pläne zu geraten drohte[329]. Die Allianz bot Frankreich nicht nur die Chance, Deutschland begrenzt zu kontrollieren. De Gaulle verfügte vielmehr fortan über einen ökonomisch mächtigen, politisch womöglich beherrschbaren und folgsamen außenpolitischen Partner, mit dem er sein langfristiges Projekt, Europa eines Tages »bis zum Ural« zu vereinigen, unter günstigen Umständen realisieren zu können erwartete, das sich strukturell, politisch und geographisch von einem angelsächsischen Europa »de la Weser au Mississippi«[330] unterschied. Daß er an die weite Zukunft dachte, als er den Vertrag schloß, läßt sich aus seiner Erklärung im französischen Ministerrat vom Februar 1963 entnehmen, er »halte den Augenblick für gekommen, Bedingungen zu schaffen, die es Europa zwischen 1970 und 1980 erlauben, wirklich unabhängig von Amerika und der Sowjetunion zu werden«[331]. Immerhin hatte de Gaulle 1943 schon beklagt, daß die Vereinigten Staaten von Amerika die Europäer als Klienten und nicht als gleichberechtigte Staaten zu behandeln beabsichtigten[332].

Während das besiegte Deutschland 1945 dem gaullistischen Nachkriegsfrankreich als Terrain diente, um nicht zuletzt diesem Rangverlust zu entgehen, avancierte die Bundesrepublik aus einem vergleichbaren Motiv zum bevorzugten Verbündeten der Fünften Republik. Solange de Gaulle mit seinen europäischen Plänen nach Heinrich Krones zeitgenössischer Ansicht »ziemlich allein« stand, verhalf das exklusive Bündnis mit der Bundesrepublik Frankreich »aus seiner Isolierung heraus«[333].

Eher drohte nun paradoxerweise die Bundesrepublik in eine latente Isolierung zu geraten, als sie sich an Frankreich band. Hatte die Bonner Diplomatie bei den Verhandlungen über beide Fouchet-Pläne stets auf der Vorbedingung bestanden, daß die Verpflichtungen nicht berührt werden dürften, die sich aus dem NATO-Vertrag ergaben, verzichtete Konrad Adenauer auf einen entsprechenden rechtlichen Zusatz. Er schloß diese Seite der außenpolitischen Staatsräson seines Landes in die Konsultationsverpflichtung ein. Indem er die Bundesrepublik eng an Frankreich heranführte, geriet sie nolens volens in eine größere Distanz zu den übrigen EWG-Mitgliedstaaten und insbesondere zu den USA[334]. Daher läßt sich der deutsch-französische Ver-

---

329 Vgl. ACDP, NL Krone, Bd. I-028–033/2, Aufzeichnung vom 5. Februar 1963. Siehe zur politischen Bedeutung des Evian-Abkommens M. COUVE DE MURVILLE, Außenpolitik, S. 200; Th. A. MIROW, Die europapolitischen Konzeptionen, S. 343; G.-H. SOUTOU, Les problèmes de sécurité, S. 241; A. SHENNAN, De Gaulle, S. 115f.

330 A. VON KAGENECK, Le préambule terrible, in: Espoir, Heft 23 (1978) S. 28.

331 Zitiert nach ACDP, NL Krone, Bd. I-028–033/2, Aufzeichnung vom 5. Februar 1963, S. 3.

332 Siehe oben Kapitel IV.1.c, S. 111.

333 Zitiert nach ACDP, NL Krone, Bd. I-028–033/2, Aufzeichnung vom 5. Februar 1963, S. 1.

334 Vgl. BA, NL von Brentano, Bd. 57, Bl. 142; vgl. Akten zur Auswärtigen Politik der Bundesrepublik Deutschland 1963. Bd. I, Dok. 51, S. 169f., Gespräch zwischen Carstens und dem amerikanischen Botschafter W. C. Dowling, 24. Januar 1963, und ebd. Dok. 58, S. 200, Botschafter K. H. Knappstein an das Auswärtige Amt, 28. Januar 1963.

trag nicht als gleichwertige »Ersatzlösung«[335] des gescheiterten zweiten Fouchet-Planes zureichend verstehen, sondern besaß von seiner Unterzeichnung an eine andere politische Bedeutung. Adenauers besorgte Umgebung reagierte zunächst mit Unverständnis. Heinrich von Brentano beispielsweise war »nicht recht klar, warum es zu dieser Entwicklung kam«[336]. Die Bundesrepublik vermochte das gaullistische Frankreich aus seiner Isolierung zum Teil zu befreien bzw. ihre Folgen zu lindern, wobei sich die Fünfte Republik aus mehreren Gründen ohnehin eine gewisse äußere Unabhängigkeit gestatten durfte, ohne existenzbedrohende Risiken befürchten zu müssen. Dagegen konnte der Preis für diese Politik, den die Bonner Diplomatie zu entrichten hatte, eventuell die Isolation der Bundesrepublik innerhalb des westlichen Bündnisses sein, die die Entente mit Frankreich kaum aufzuwiegen vermochte[337].

Auf den ersten Blick wirkte de Gaulles Zielsetzung, im Zeitraum zwischen 1970 oder 1980, d. h. »auf lange Sicht«, wie sein Außenminister den im Grunde überschaubaren Rahmen umschrieb, eine deutsch-französische Union zu gründen, »die sich emanzipieren und ein neuer Faktor im Mächtekonzert sowie ein erhebliches und autonomes Element eines künftigen kontinentalen Gleichgewichts werden könnte«[338], möglicherweise ebenso anmaßend wie riskant, so hybride wie unrealistisch. Immerhin hatte ein hochrangiger amerikanischer Außenpolitiker, der Nationale Sicherheitsberater McGeorge Bundy, Adenauer unmittelbar vor der Vertragsunterzeichnung unumwunden beschieden, die Führung in Europa werde »für die nächsten 15 Jahre Amerika haben«[339]. Indessen darf die Zeitgeschichtsschreibung der gaullistischen europäischen Vision nicht nur jene vordergründige Glaubhaftigkeit angedeihen lassen, die Gerhard Schröder ansprach, als er über de Gaulles Pressekonferenz vom 14. Januar 1963 befand: »De Gaulle meint, was er sagt«[340]. Nicht zuletzt die Reaktion Moskaus indizierte, wie die Realisierungsmöglichkeiten seiner Strategie zeitgenössisch eingeschätzt wurden. Der deutsch-französische Vertrag bestätigte und enttäuschte zugleich die seit 1958 gehegte Erwartung der Sowjetunion, »de Gaulles nationale Eigenwilligkeit bringe Elemente der Spaltung ins westliche Lager«[341]. Der verlockenden Aussicht stand 1963 »die schwerwiegende Befürchtung gegenüber, er könne im Verein mit Bonn den Moskau zur Zeit taktisch willkommenen Machteinfluß Washingtons innerhalb der NATO gefährden oder zumindest die Politik der USA im Sinne größerer Härte beeinflussen. Die – wenn auch langsam – heranreifen-

---

335 So Th. JANSEN, Die Entstehung des deutsch-französischen Vertrages vom 22. Januar 1963, in: D. BLUMENWITZ u. a. (Hg.), Konrad Adenauer und seine Zeit. Politik und Persönlichkeit des ersten Bundeskanzlers. Bd. 2: Beiträge der Wissenschaft, Stuttgart 1976, S. 250.

336 BA, NL von Brentano, Bd. 57, Bl. 142, von Brentano an den Abgeordneten Alois Zimmer, 15. Februar 1962.

337 Vgl. ACDP, NL Krone, Bd. I-028–033/2, Aufzeichnung vom 5. Februar 1963. Siehe zu der Gefahr einer Isolierung der Bundesrepublik H.-P. SCHWARZ, Adenauer. Bd. 2, S. 825.

338 M. COUVE DE MURVILLE, Außenpolitik, S. 213f. Vgl. auch ACDP, NL Krone, Bd. I-028–033/2, Aufzeichnung vom 5. Februar 1963, und die Rede Couve de Murvilles vom 12. Juni 1963 anläßlich der Ratifikation des deutsch-französischen Vertrages in der Nationalversammlung, in: Journal officiel de la République Française, 13. Juni 1963, S. 3317f.

339 ACDP, CDU-Bundesvorstandssitzung vom 25. Februar 1964, Bd. VII-001–013/2, S. 37.

340 Ebd. CDU/CSU-Bundestagsfraktion, Bd. VIII-001–1504/1, Protokoll des Fraktionsvorstandssitzung vom 25. Januar 1963, S. 3.

341 Ebd. NL Mertes, Bd. I-403–124/4 (a), Drahtbericht vom 20. November 1963. Siehe auch ebd. den Bericht vom 2. März 1963 von Alois Mertes.

de Bildung eines dem sowjetischen Machtstreben Widerstand leistenden, mit den USA eng verbündeten europäischen Machtzentrums mit starker Ausstrahlungskraft nach Osteuropa könnte – in sowjetischer Sicht – angesichts des ›deutschen Dynamismus‹ über kurz oder lang den Deutschen eine dominierende Rolle verschaffen, die Moskau vor eine neue Situation stellen würde«[342].

Die politische Solidarität, die der General sowohl in der langen Berlin-Krise wie in der kurzen Kuba-Krise jeweils bewiesen hatte, ließ die sowjetische Regierung noch auf einen weiteren Gedanken verfallen, der der inneren Schlüssigkeit der französischen Außenpolitik ein bemerkenswertes Zeugnis ausstellte, so wenig er auch ihrem wahrem Gehalt gerecht wurde. Denn so zutreffend die Einschätzung war, daß die französisch-amerikanischen Beziehungen ungeachtet der aktuellen politischen Vorkommnisse im Grunde »ganz gut«[343] blieben, als de Gaulle die USA diplomatisch unterstützte und gleichzeitig in Europa politisch herausforderte, so wenig vermag aus späterer Sicht das Moskauer Urteil über den deutsch-französischen Vertrag zu überzeugen, demzufolge Frankreichs »starke moralische Position in Amerika infolge eines engen deutsch-französischen Einvernehmens letztlich Bonn zugute kommt«[344]. Zunächst verschlechterten sich nämlich die Beziehungen rapide, welche die auf neuartige Weise verbündeten beiden europäischen Mächte zu den Vereinigten Staaten von Amerika unterhielten.

Wenngleich sich Konrad Adenauer vor seiner Reise in die französische Hauptstadt im Januar 1963 vergewissert hatte, daß die USA keine Einwände gegen eine deutsch-französische Entente vorzubringen hatten[345], überschritt die neue Allianz jene Grenze deutsch-französischer Harmonie, welche die amerikanische Regierung zu akzeptieren bereit war. Zwar hieß man jenseits des Atlantiks das nun feierlich dokumentierte Ende der »Erbfeindschaft«, die entstandene »Freundschaft« auf den Ebenen der beiden Regierungen, Völker und Länder willkommen, weil sie einen traditionellen »Strukturfehler« der europäischen Ordnung korrigierte, der in der amerikanischen Europapolitik seit dem Ende des Ersten Weltkrieges beklagt worden war, aber man begrüßte nicht den Fortschritt der deutsch-französischen Beziehungen »außerhalb der NATO und eines integrierten Europas«[346]. Zweifellos war Charles de Gaulle, als er nach dem Ende des Algerienkonflikts und dem Abklingen der Berlin-Krise 1962 energische Schritte unternahm, um »dem französischen Volk neue Perspektiven zu

342 Ebd. Siehe dazu auch BA, NL von und zu Guttenberg, Bd. 25, Bl. 33, Rede von und zu Guttenbergs vom 7. März 1963 vor der Katholischen Akademie in München über die »Krise in der Europa-Politik«.
343 ACDP, Kiesinger in der CDU-Bundesvorstandssitzung vom 12. November 1963, Bd. VII-001–012/4, S. 29.
344 Ebd. NL Mertes, Bd. I-403–124/4 (a), Drahtbericht vom 20. November 1963.
345 Vgl. ACDP, CDU/CSU-Bundestagsfraktion, Bd. VIII-001–1504/1, Protokoll der Fraktionsvorstandssitzung vom 25. Januar 1963; Akten zur Auswärtigen Politik der Bundesrepublik Deutschland 1963. Bd. I, Dok. 52, S. 173, Gespräch zwischen Adenauer und Dowling, 24. Januar 1963. Vgl. auch das Interview mit George BALL, abgedruckt in: Espoir, Heft 83 (1992) S. 4, und D. BRINKLEY, Dean Acheson, S. 191f.
346 Vgl. ACDP, NL Kiesinger, Bd. I-226–A-299, Gespräch Kiesingers mit John F. Kennedy am 8. Oktober 1963. Vgl. zur amerikanischen Europapolitik der Nachkriegszeit und zu ihren Wurzeln aus der Zwischenkriegszeit E. CONZE, Hegemonie durch Integration? Die amerikanische Europapolitik und ihre Herausforderung durch de Gaulle, in: VfZG 43 (1995) S. 301, 310f.

eröffnen«[347], d. h. seine politischen Pläne in die Tat umzusetzen, auf eine enge Abstimmung mit der Bundesrepublik und auf ihre politische Unterstützung angewiesen[348]. Umgekehrt beruhten das internationale Gewicht des Bonner Provisoriums und seine Reputation nach Josef Jansens klarem Urteil nicht ausschließlich, sicherlich nicht in erster Linie, aber in jedem Falle »wesentlich auf unseren guten Beziehungen zu Frankreich«[349]. Obwohl de Gaulle kein Gegner einer fortdauernden Präsenz amerikanischer Truppen in Deutschland war, sie sogar im Gegenteil ausdrücklich befürwortete[350], rief er die Westdeutschen zu einer größeren politischen Distanz zu den USA auf, als er seine Bemühungen forcierte, ein »europäisches Europa« mit dem deutsch-französischen Bündnis als Kern zu bilden. Dezidiert verfolgte er auf diesem Wege das Ziel einer Äquidistanz Europas zu beiden Supermächten, »um eine unabhängige Politik zu praktizieren, mit anderen Worten, nicht mehr untergeordnet zu sein«[351]. Damit mutete er der Bundesrepublik implizit zu, ihr bereits »mehr oder minder traditionelles außenpolitisches Bewegungsgesetz einer spürbaren Prüfung zu unterziehen, das sich in der ebenso erfolgreichen wie komplizierten, innere und äußere Handlungsfreiheit gewährenden und umgehend begrenzenden Verbindung aus Souveränität, Integration und Sicherheit manifestierte.

Aus historischen und aktuellen Gründen, die mit den Erfahrungen der noch kaum überwundenen und in der Teilung sichtbaren Vergangenheit ebenso zusammenhingen wie mit der Staatsräson Westdeutschlands seit 1949, vermochte die Bundesrepublik die Avance des Generals nicht vorbehaltlos zu akzeptieren, wenngleich de Gaulles Ziel, Frankreich die Führung in einem deutsch-französischen Zweibund zu verschaffen, seinen Angelpunkt nicht zuletzt in der reinen Tatsache besaß, »daß das geteilte Deutschland weltweit seinen Einfluß eingebüßt und zudem die Bürde seiner jüngsten Vergangenheit zu tragen hatte«[352]. Adenauer setzte sich insbesondere in den USA dem Verdacht aus, er favorisiere de Gaulles europäische Konzeption zu Lasten der amerikanischen Interessen[353], bis jene »schreckliche Präambel«[354] den vermeintlichen Kurswechsel der bundesrepublikanischen Außenpolitik zum Teil revidierte, in der der Bonner Bundestag die politische, militärische und ökonomische Tradition der bundesdeutschen Staatsräson bekräftigte. Die Präambel trug als integraler Teil des Vertrages dazu bei, die Verankerung der Bundesrepublik im Westen zu verstärken und der amerikanischen Führung im westlichen Bündnis neue Akzeptanz zu verschaffen,

347 M. COUVE DE MURVILLE, Außenpolitik, S. 200.
348 Vgl. PA AA, Referat 204, Bd. 323, Aufzeichnung vom 19. Juni 1962 von Josef Jansen über de Gaulles Pressekonferenz am 15. Mai 1962 für Außenminister Schröder. Siehe auch ebd. Bd. 355, Aufzeichnung von Karl Carstens vom 7. August 1962, und grundsätzlich Th. A. MIROW, Die europapolitischen Konzeptionen, S. 343.
349 PA AA, Referat 204, Bd. 323, Aufzeichnung vom 19. Juni 1962 von Josef Jansen über de Gaulles Pressekonferenz am 15. Mai 1962 für Außenminister Schröder.
350 Vgl. M. COUVE DE MURVILLE, Außenpolitik, S. 151.
351 Ebd. S. 218f.
352 G.-H. SOUTOU, De Gaulle, Adenauer und die gemeinsame Front gegen die amerikanische Nuklearstrategie, in: E. W. HANSEN, G. SCHREIBER, B. WEGNER (Hg.), Politischer Wandel, organisierte Gewalt und nationale Sicherheit. Beiträge zur neueren Geschichte Deutschlands und Frankreichs. Festschrift für Klaus-Jürgen Müller, München 1995, S. 492.
353 Vgl. ACDP, NL Krone, Bd. I-028–033/2, Aufzeichnung vom 5. Februar 1963, S. 1f.
354 A. VON KAGENECK, Le préambule terrible, S. 26.

was de Gaulles Intention durchkreuzte[355]. Insbesondere in militärischer bzw. verteidigungspolitischer Hinsicht bedeutete die Präambel für die gaullistische Deutschlandpolitik eine Enttäuschung.

Hatte er Konrad Adenauer bereits ein Jahr zuvor, am 15. Februar 1962 bei einem Zusammentreffen in Baden-Baden, von den Vorzügen eines exklusiven bilateralen Bündnisses mit dem Hinweis zu überzeugen versucht, die Amerikaner seien im Ernstfall nicht bereit, ihre atomaren Waffen mit Sicherheit zur Verteidigung Deutschlands einzusetzen, und außerdem hinzugefügt, daß die Deutschen auf dem Gebiet ohnehin von jeder politischen Mitsprache und jeder Verfügungsgewalt ausgeschlossen seien[356], so gab er dem Kanzler am 21. Januar 1963 in Paris die Zusage, daß Frankreich »ausnahmslos und vorbehaltlos und unverzüglich« für die Verteidigung Deutschlands, auch mit seinen Atomwaffen, im Ernstfall einstünde[357]. Mit der Zusicherung gedachte er daneben die Bundesrepublik von der Entwicklung eigener Atomwaffen abzuhalten, ohne auf deutsche Technologie zur weiteren Entwicklung der französischen atomaren Bomben verzichten zu wollen[358].

Unvereinbar standen sich in dieser Frage die Positionen der beiden Vertragspartner gegenüber. Adenauer interpretierte de Gaulles Insistieren auf den militärischen Bestimmungen dahingehend, daß sie sich auf das gesamte »Gebiet atomarer Bewaffnung« bezögen[359]. Dagegen meinte der Teil II.B. des Vertrages, der Verteidigungsfragen regelt, nach französischer Lesart lediglich die deutsch-französische Rüstungskooperation auf konventionellem Niveau. »Le domaine nucléaire est d'autre part et naturellement exclu«, stellte Maurice Couve de Murville am 12. Juni 1963 mit ausdrücklicher Billigung des Generals öffentlich klar, nachdem er insgeheim bereits am 25. Mai 1963 John F. Kennedy versichert hatte, Frankreich werde der Bundesrepublik nicht zum Besitz atomarer Waffen verhelfen[360].

355 Vgl. dazu auch Ch. HARGROVE, Nach zwanzig Jahren. Ein Engländer blickt auf das Zweigespann Bonn–Paris, in: Unbegreiflicher Nachbar? Beiträge zum Verhältnis Deutschland–Frankreich. Sonderausgabe der Zeitschrift ›Dokumente‹ 39 (1983) S. 30.

356 AN, NL de Gaulle, Bd. 5 AG 1/161, Entretiens franco-allemands 1962/1963, Protokoll der Unterredung Adenauer–de Gaulle am 15. Februar 1962 in Baden-Baden, Bl. 13f.

357 Vgl. Akten zur Auswärtigen Politik der Bundesrepublik Deutschland 1963. Bd. I, Dok. 37, S. 117. Gerhard Schröder bezeugt in: ACDP, CDU/CSU-Bundestagsfraktion, Bd. VIII-001–1504/1, Protokoll der Fraktionsvorstandssitzung vom 21. Oktober 1963, de Gaulle habe »bei Abschluß des Vertrages den größten Wert auf die militärische Seite« gelegt. Vgl. zu de Gaulles zwischen 1960 und 1963 verfolgtem Projekt, eine »communauté de destin stratégique de la France et de l'Allemagne face à l'URSS« zu gründen, G.-H. SOUTOU, L'alliance, S. 248, 251, 259.

358 Vgl. zu dem nicht widerspruchsfreien, aber auch nicht unplausiblen Kalkül W. L. KOHL, French Nuclear Diplomacy, S. 278.

359 Vgl. ACDP, CDU/CSU-Bundestagsfraktion, Bd. VIII-001–1009/2, Protokoll des Fraktionsvorstandssitzung vom 5. Februar 1963, S. 246. Siehe zu Adenauers möglichen entsprechenden Überlegungen und zur zeitgenössisch allenthalben aufgeworfenen Nuklearfrage G.-H. SOUTOU, Les problèmes de sécurité, S. 245.

360 Rede Couve de Murvilles vom 12. Juni 1963 anläßlich der Ratifikation des deutsch-französischen Vertrages in der Nationalversammlung, in: Journal officiel de la République Française, 13. Juni 1963, S. 3319. Diese Einlassung erfolgte mit de Gaulles Einverständnis, wie aus den korrigierenden handschriftlichen Randnotizen des Präsidenten ersichtlich ist. Vgl. FNSP, Fonds Couve de Murville, carton 17, Manuskript der Rede, S. 22. Vgl. ferner DERS., Außenpolitik, S. 80; E. CONZE, Die gaullistische Herausforderung, S. 278.

Der Elysée-Vertrag verschärfte hinsichtlich der verteidigungspolitischen Zusammenarbeit zusätzlich das machtpolitische Gefälle, das zwischen dem »ewigen Frankreich« und der »provisorischen Bundesrepublik« ohnedies bestand, zumal atomare Waffen im Vertragstext nicht explizit erwähnt wurden. Der egalitäre Zug des Vertrages, der in der Konsultationsverpflichtung Ausdruck fand, förderte unter dem Aspekt die französische Superiorität. Der französische Seniorpartner achtete darauf, daß die regionalen Interessen des deutschen Juniorpartners, die sich charakteristisch von den eigenen globalen politischen Ansprüchen abhoben, auf den westeuropäischen Kontinent beschränkt blieben und »jedes Abrutschen der Bundesrepublik in östliche Richtung, psychologisch und politisch, verhindert«[361] wurde.

Bereits die beiden Fouchet-Pläne hatten latent, aber erkennbar signalisiert, daß de Gaulle nur bedingt die deutschlandpolitische Tradition der Vierten Französischen Republik fortzusetzen beabsichtigte. Mit dem deutsch-französischen Vertrag verließ er sie nicht nur unter sicherheitspolitischen Gesichtspunkten bzw. begründete er eine neue. Während die Vierte Republik die Politik der deutsch-französischen Annäherung und Zusammenarbeit ihrer Tendenz nach eher im Zeichen der Gleichberechtigung betrieben hatte, von der freilich gewisse substantielle Verpflichtungen ausgespart blieben, welche die Bundesrepublik im Rahmen der Pariser Verträge am 23. Oktober 1954 bzw. am 5. Mai 1955 übernahm und die eine wesentliche Voraussetzung dieser französischen Politik bildeten, ging Charles de Gaulle seit 1958 gleichermaßen stillschweigend wie offenkundig von einer Überlegenheit und deutlichen Ungleichheit der beiden Staaten aus, wie Adenauers Besuch in Colombey-les-Deux-Eglises und das NATO-Memorandum im September 1958 erstmals bewiesen. Anders als Konrad Adenauer, der bei allem Eigenwert, die er guten Beziehungen zu Frankreich beimaß, insofern vorwiegend ein »subsidiäres Konzept deutsch-französischer Beziehungen« vertrat, als er die bilateralen Beziehungen als »Mittel zum Zweck einer harmonischen Gestaltung des westeuropäischen und des atlantischen Umfeldes« verstand und de Gaulle im Verhältnis zwischen Bonn und Paris unausgesprochen »die erste Stimme« zubilligte[362], verfolgte der General in der Tradition des Großmachtdenkens des 19. Jahrhunderts »die Idee eines exklusiven Bilateralismus«[363]. Die Superiorität Frankreichs wurde durch den deutsch-französischen Vertrag bestätigt. Den Wandel von der Vierten zur Fünften Republik erkannte der Bundestagsabgeordnete Hans-Joachim von Merkatz 1963 darin, daß das gaullistische Frankreich »nicht mehr das Frankreich des ›Moulin Rouge‹« sei. Es sei »wieder jung geworden und dynamisch und nicht mehr so höflich, wie es einmal war. Die Uhren in Frankreich [gingen] nicht mehr anders«[364].

Gewann die Bundesrepublik nun auch einen vertraglich gebundenen Befürworter der Wiedervereinigung Deutschlands? Immerhin zerstoben mit dem Abschluß des Elysée-Vertrages insbesondere auf sowjetischer Seite alle Hoffnungen auf eine fran-

---

361 F. J. STRAUSS, Die Erinnerungen, S. 418.
362 Siehe H. OSTERHELD, Außenpolitik unter Bundeskanzler Ludwig Erhard 1963–1966. Ein dokumentarischer Bericht aus dem Kanzleramt, Düsseldorf 1992, S. 27.
363 Siehe, auch zu den Termini, H.-P. SCHWARZ, Präsident de Gaulle, S. 171.
364 BA, NL von Brentano, Bd. 68, Bl. 21, Bericht des Abgeordneten von Merkatz vom 7. Juli 1963 über ein Treffen mit UNR-Abgeordneten in La Celle St. Cloud. Vgl. dazu auch W. WEIDENFELD, Der Einfluß der Ostpolitik, S. 117.

zösisch-sowjetische Annäherung, die sich vormals auf die deutsche Teilung bzw. ein gemeinsames Interesse an ihrem Fortbestand gegründet hatten. Gewiß vermochte de Gaulle Adenauer generös die Hilfe Frankreichs bei ihrer Überwindung zu offerieren, solange er in dieser Frage kaum auf die sowjetische Politik einzuwirken imstande war[365]. Indessen entsprach der Elysée-Vertrag als ein wesentlicher Schritt der gaullistischen Deutschlandpolitik auch unter dem Aspekt nicht den Erwartungen und Wünschen der Sowjetunion[366], wenngleich Maurice Couve de Murville die Frage der deutschen Einheit bzw. der französischen Haltung zu ihr wenig später nicht zu den Feldern deutsch-französischer Zusammenarbeit zählte, auf die sich der Vertrag bezog[367]. Pierre Maillard hat gerade in der Teilung Deutschlands keinen ausschlaggebenden oder zentralen, aber einen zusätzlichen Impetus der Entschlossenheit de Gaulles gesehen, eine exklusive Zweier-Union mit dem Bonner Provisorium zu schließen. Hatte die Teilung Deutschlands eine Schwächung der Bundesrepublik zur Zeit der Vierten Republik bewirkt, ein übermäßiges Ungleichgewicht zwischen Bonn und Paris verhindert und die Annäherung beider Länder erleichtert, sie zum Teil auch geboten erscheinen lassen, so sei sich de Gaulle nach Pierre Maillards Ansicht der Möglichkeit, sogar der Wahrscheinlichkeit bewußt gewesen, daß Deutschland eines Tages wiedervereinigt werden würde, und habe für den zukünftigen Fall die Deutschen dauerhaft an Frankreich binden wollen[368]. Historisch mindestens ebenso bedeutend nahm sich aus sowjetischer Perspektive die ideologische Seite des deutsch-französischen Vertrages aus.

Denn schon im Frühjahr 1961, als die deutsch-französischen Beziehungen weder tatsächlich noch symbolisch die Qualität einer Akkolade wie im Januar 1963 erreicht hatten, erfuhr das Bonner Auswärtige Amt aus einem Leitartikel der Pariser kommunistischen Tageszeitung »L'Humanité«, »daß die deutsch-französische Versöhnung und Zusammenarbeit für die Sowjetunion tief enttäuschend, ja verbitternd sei, weil sie einen entscheidenden Ansatzpunkt zur Spaltung des Westens beseitigt und die ›Theorie von den inneren Widersprüchen des Kapitalismus‹ an einem geschichtlich besonders eklatanten Beispiel entkräftet haben«[369]. Dies galt für die nominell von ideologischen Motiven freie gaullistische Deutschlandpolitik 1962/63 um so mehr. Das deutsch-französische Verhältnis erhielt nunmehr in Gestalt einer feierlich zelebrierten vertraglichen Entente »jene nationale Weihe, die nach all den schweren Prüfungen für Frankreich moralisch unerläßlich war und die nur de Gaulle rückhaltlos vollziehen konnte«[370]. De Gaulles Deutschlandpolitik rief in Moskau, wo traditionell

365 Vgl. ACDP, NL Mertes, Bd. I-403–124/4 (a), Drahtbericht vom 20. November 1963, S. 3ff.; AMAE, Europe 1944–1960, URSS, Bd. 268, Bl. 109.
366 Siehe allgemein de Gaulles Antwort auf die sowjetische Note vom 5. Februar 1963, die sich auf den deutsch-französischen Vertrag bezog, in: LNC IX, S. 324ff.
367 Vgl. Rede Couve de Murvilles vom 12. Juni 1963 anläßlich der Ratifikation des deutsch-französischen Vertrages in der Nationalversammlung, in: Journal officiel de la République Française, 13. Juni 1963, S. 3318.
368 Vgl. P. MAILLARD, 1963. Le traité franco-allemand et les répercussions en Europe, in: Espoir, Heft 90 (1993) S. 14, 20, und DERS. am 15. März 1993 im Interview »Der große Entwurf«, S. 26f. Siehe auch Ch. DE GAULLE, Memoiren der Hoffnung, S. 208, 217.
369 PA AA, Referat 204, Bd. 372, Aufzeichnung über die deutsch-französischen Beziehungen in der Nachkriegszeit vom 11. April 1962.
370 M. COUVE DE MURVILLE, Außenpolitik, S. 193.

eine gewisse Sorge vor einem zu engen deutsch-französischen Einvernehmen herrschte, empfindliche historische Erinnerungen an die Münchener Konferenz des Jahres 1938 wach[371], obgleich der Präsident nach seiner subjektiven Überzeugung den langfristigen Interessen Sowjet-Rußlands entgegenzukommen meinte. Er unterstellte nämlich der Moskauer Außenpolitik prinzipiell ein vitales Interesse an einer geringeren amerikanischen Einflußnahme auf Westeuropa. Die enge Bindung Deutschlands an Frankreich schien ihm Stabilität in Europa auch unter dem Aspekt zu gewährleisten, daß ein zwischen Ost und West hin- und herschaukelndes ungebundenes Deutsches Reich in der Vergangenheit die Gleichgewichtsordnung in Gefahr gebracht hatte. »Pour que l'Union européenne se constitue, pour que l'équilibre s'établisse, l'Allemagne doit nécessairement se trouver de notre côté, c'est-à-dire liée à la France. Si elle se tourne vers l'Est, la frange occidentale que nous représentons sera submergée tôt ou tard. Si elle ne choisit pas, la menace sera permanente, et l'on sait aussi comment nous finirons«, verlieh Maurice Couve de Murville diesem prinzipiellen Gesichtspunkt Ausdruck, der historischer Erfahrung entsprang[372]. Charles de Gaulle verstand die deutsch-französische Entente als Kern eines künftigen, unter dominierendem französischen Einfluß geeinten westeuropäischen Blocks, der nicht zuletzt ein Gegengewicht zum russischen Element einer sich neu formierenden europäischen Gleichgewichtsordnung bilden würde[373]. Die vertragsmäßige Westbindung der Bundesrepublik markierte einen wichtigen Schritt im Rahmen der Strategie des französischen Präsidenten, die angelsächsisch-russisch geprägte europäische Ordnung durch eine austarierte neue Gleichgewichtsordnung unter französisch-russischem Einfluß zu ersetzen, die das gesamte kontinentale Europa »bis zum Ural« einschließen sollte und an deren Entstehung Rußland in seiner Sicht interessiert sein müsse. Daher vermochte de Gaulle nicht zu verstehen, inwiefern die deutsch-französische Entente mittel- oder langfristig gegen die Sowjetunion gerichtet sein könne. Von einer regelrechten »Einkreisung« zu sprechen, hielt er für unangemessen[374], verkannte aber in dem Zusammenhang teilweise die bundesdeutsche Interessenlage.

Konrad Adenauer unterzeichnete den deutsch-französischen Vertrag auch »im Hinblick auf die Rolle Sowjetrußlands«, wie er im Mai 1963 bekannte[375], und suchte Frankreich auf diesem Wege von osteuropäischen politischen Alleingängen abzuhalten und zugleich in eine »antisowjetische Bastion« einzugliedern. Der Konsultationsverpflichtung erkannte er unter dem Aspekt eine hohe Bedeutung zu[376]. Auch de

371 Vgl. V. S. CHILOV, L'image de De Gaulle et de la France dans la presse soviétique des années 1958–1964, in: Espoir, Heft 77 (1991) S. 64.

372 Siehe Rede M. Couve de Murvilles vom 12. Juni 1963 anläßlich der Ratifikation des deutsch-französischen Vertrages in der Nationalversammlung, in: Journal officiel de la République Française, 13. Juni 1963, S. 3317. Vgl. auch DERS., Außenpolitik, S. 145, 218f., und F. J. STRAUSS, Die Erinnerungen, S. 418.

373 Vgl. Rede M. Couve de Murvilles vom 12. Juni 1963 ebd.

374 Vgl. ebd.

375 Siehe seinen Redebeitrag in: Deutschland und Frankreich im Spiegel des Vertrages, S. 14.

376 Bereits während seines feierlichen Frankreichbesuches im Sommer 1962 hatte Adenauer de Gaulle ein bilaterales Abkommen mit Konsultationsverpflichtung zu schließen vorgeschlagen, damit beide vor einer unabhängigen »Rußlandpolitik« des anderen geschützt seien. Vgl. AN, NL de Gaulle, Bd. 5 AG 1/161, Protokoll der Unterredung de Gaulles mit Adenauer am 4. Juli 1962. Vgl. auch H. P. SCHWARZ, Präsident de Gaulle, S. 173.

Gaulle befürchtete 1962/63 weiterhin, die deutsche Teilung und die fragile Lage in Berlin könnten die Bundesrepublik verleiten, eine einseitige Ostpolitik mit dem Ziel der Wiedervereinigung zu betreiben[377]. A la longue hegten die beiden Staatsmänner ebenso unterschiedliche Vorstellungen darüber, wie der sowjetischen Herausforderung zu begegnen sei, wie sie im Hinblick auf dieses unmittelbare Motiv für den Vertragsabschluß übereinstimmten. Der französische Präsident teilte unter den gegebenen Umständen Konrad Adenauers Grundüberzeugung, »daß Europas Freiheit ohne das Bündnis mit Amerika nicht gewährleistet sei«[378], aber gewann, als er die Bundesrepublik ungeachtet der hinzugefügten Präambel dauerhaft an Frankreich band und seine außenpolitische Strategie auf diese Weise in Europa absicherte, die nötige Handlungsfreiheit für seine anspruchsvolle Politik, Europa »bis zum Ural« zu vereinigen, um die Freiheit der Alten Welt zukünftig einmal ohne das Bündnis mit den USA zu sichern. Darin »lag der wichtigste Unterschied in der Konzeption der beiden Staatsmänner«, hat Kurt Georg Kiesinger rückblickend geurteilt[379].

Adenauers vorgerücktes Alter und die Ungewißheit über die künftige bundesdeutsche Außenpolitik, die infolgedessen in Bonn und Paris herrschte, verschärfte eher das Mißtrauen auf beiden Seiten gegenüber potentiellen osteuropäischen Avancen der jeweils anderen. So hatte bereits ein Jahr zuvor, am 23. Januar 1962, der deutsche Verteidigungsminister Franz Josef Strauß seinen französischen Amtskollegen Pierre Messmer aufgefordert, jene nukleare deutsch-französisch-italienische Rüstungskooperation mindestens bilateral wieder fortzusetzen, die Charles de Gaulle kurz nach dem Beginn seiner Ministerpräsidentschaft eigenmächtig und einseitig aufgekündigt hatte. Für den Fall einer französischen Weigerung könnte sich, beschied Strauß den französischen Minister in einer Mischung aus diplomatischem Feingefühl und unverkennbarer Drohgebärde, die Frage einer West- oder Ostoption der Bundesrepublik neu stellen: »si la France rejetait l'Allemagne de l'Ouest, celle-ci devrait alors se préparer à une revision plus fondamentale encore de sa politique et que cette revision serait inéluctable après la disparition du Chancelier Adenauer, événement qui surviendra avant quatre ans et peut-être bientôt«[380].

Die Unsicherheit über Adenauers weitere Amtsdauer veranlaßte de Gaulle seit dem Herbst 1962, nach der Rückkehr von seinem feierlichen Staatsbesuch in Deutschland, »mit unglaublicher Dynamik«[381] die deutsch-französische Zweier-Union vorzubereiten und en passant allen Erwartungen der amerikanischen Regierung und des deutschen Außenministers Gerhard Schröder, nach Adenauers Ausscheiden aus dem Amt würden sich Frankreich und die Bundesrepublik eher entzweien, entgegenzutreten[382]. Denn er wußte, daß der Kanzler im Unterschied zu seinem Außenminister, der Frankreich allenfalls mit gewissen Vorbehalten als »porte-parole de l'Allemagne de l'Ouest dans les réunions au sommet occidentales« akzeptierte, nicht nur prinzipiell das fran-

---

377 Vgl. z. B. sein Schreiben an Kennedy vom 4. August 1963, in: LNC IX, S. 356.

378 So hat sie K. G. KIESINGER formuliert in seinem Artikel »15 Jahre Deutsch-französischer Vertrag«, S. 2.

379 Ebd.

380 AN, NL de Gaulle, Bd. 5 AG 1/161, Protokoll der Unterredung Messmers mit Strauß am 23. Januar 1962 in Bonn, S. 2. Siehe zu dem trilateralen Rüstungsprojekt oben in diesem Kapitel, Abschnitt 2, S. 156.

381 P. FISCHER, Der diplomatische Prozeß, S. 108.

382 Vgl. ebd. S. 107; G.-H. SOUTOU, Les problèmes de sécurité, S. 241.

zösische Übergewicht im bilateralen Verhältnis anerkannte, sondern die »Sprecher-funktion« Frankreichs im Namen bundesdeutscher Interessen zu schätzen verstand[383] und im übrigen selbst von Mißtrauen gegenüber seinen potentiellen Nachfolgern er-füllt war, denen er seit dem Sommer 1962 ein deutsch-französisches Abkommen als verpflichtendes Erbe zu hinterlassen gedachte[384]. Daß Adenauer gegen Widerstände in den eigenen Reihen und der Verbündeten letztlich einen Vertrag statt eines quali-tativ minderen Protokolls oder Regierungsabkommens zu unterzeichnen beschloß, verfehlte nicht seine Wirkung auf den General. Der historischen Größe, die der fran-kophile Bundeskanzler nicht zuletzt mit diesem »einsamen, aber richtigen Ent-schluß«[385] bewies, entsprach jener scheinbar vermessene und nicht zufällig erkorene Vorsatz, mit dem de Gaulle 1958 seine Amtsgeschäfte insbesondere auf außenpoliti-schem Terrain übernommen hatte: »Il se disait que ce qu'il ne ferait pas à ce sujet, per-sonne ne le ferait après lui«[386]. Konsequenterweise ließ er den Kairos, den die abseh-bar letzten Monate der Kanzlerschaft Adenauers bedeuteten, nicht ungenutzt ver-streichen[387].

Daß de Gaulles deutschlandpolitische Ziele, die er mit dem Abschluß des Elysée-Vertrages verknüpfte, nur für einen historischen Moment realisierbar erschienen, bis die Präambel ihre Erfolgsaussichten zunächst erheblich reduzierte, mochte daher ei-nerseits tragisch wirken. Denn was der deutsche Kanzler und der französische Präsi-dent ursprünglich als exklusiven »Zweibund« betrachteten, bewirkte in der Ge-schichte der deutschen Außenpolitik einen »Triumph des Atlantizismus«[388]. Ande-rerseits eröffnete der Vertrag ebenso unerwartet wie folgerichtig außenpolitische »Gestaltungsspielräume«[389], die sich zuvor allenfalls latent angedeutet hatten und nun gesicherter erkundet werden konnten.

Die deutsch-französische Annäherung in den Jahren 1962/63 entsprang in hohem Maße der »gegenseitige[n] Sorge vor negativer Ostpolitik des Partners«[390]. Einer ein-seitigen Hinwendung Deutschlands, sowohl der Bundesrepublik in ihrer bestehen-den Form als auch eines künftig möglicherweise wiedervereinigten Deutschlands, zum Osten beugte Charles de Gaulle vor. Bereits am 23. August 1962, also am Jah-restag des Hitler-Stalin-Paktes von 1939, hatte Josef Jansen gleichsam ostentativ er-kannt, »daß ein Alleingang einer deutschen oder französischen Regierung zu Pakt-versuchen mit Sowjet-Rußland unmöglich gemacht« werde, wenn aus der deutsch-französischen Entente eine darüber hinausgehende, auch von den Völkern getragene Liaison »zur gemeinsamen Verteidigung ihrer Lebensgüter gegenüber jeder Bedro-hung aus dem Osten« resultiere[391].

383 Vgl. AMAE, USA 1952–1963, USA–Allemagne, Bd. 44 f, Telegramm von Hervé Alphand vom 17. Dezember 1962.

384 Vgl. AN, NL de Gaulle, Bd. 5 AG 1/161, Protokoll der Unterredung de Gaulles mit Adenauer am 4. Juli 1962.

385 H.-P. SCHWARZ, Präsident de Gaulle, S. 179. Vgl. auch H. OSTERHELD, Adenauer, S. 8.

386 So überliefert von E. BURIN DES ROZIERS in: Les relations franco-américaines, S. 58.

387 Vgl. LNC IX, S. 347ff., Ansprache in Bonn, 4. Juli 1963.

388 Vgl., auch zu den Termini, H.-P. SCHWARZ, Eine Entente élémentaire, S. 15.

389 Ebd. S. 17.

390 Ebd. S. 11.

391 Siehe ACDP, NL Mertes, Bd. I-403–021/2, Aufzeichnung von Josef Jansen 23. August 1962.

Der Elysée-Vertrag veränderte aber nicht nur in dieser Hinsicht die Beziehungen Deutschlands und Frankreichs zu den osteuropäischen Staaten. Gewiß verfügte die Sowjetunion fortan nicht mehr in der gleichen Weise über das traditionelle und bewährte politische Mittel, von einer möglicherweise eher geringfügigen Uneinigkeit zwischen Bonn und Paris zu profitieren und dadurch den Westen zu spalten und insgesamt zu schwächen. Konnte also jeder Dissens zwischen der Bundesrepublik und Frankreich künftig nicht mehr zwangsläufig als »geweihtes Brot für die Sowjets«[392] gelten, so stellte sich angesichts der ausgreifenden ostpolitischen bzw. kontinentaleuropäischen Pläne de Gaulles die Frage, ob Frankreich gegenüber den osteuropäischen Staaten als Verbündeter oder Bürge Deutschlands fungieren würde, d. h. wie sich der Vertrag im Hinblick auf das »Hauptanliegen« der Deutschen[393] in der tatsächlichen Politik auswirken würde.

Traf Alois Mertes zeitgenössische Ansicht zu, daß de Gaulles Deutschlandpolitik »in den gewandelten Macht- und Interessenverhältnissen bei allen politisch relevanten Fragen des Ost-West-Konflikts praktisch in erster Linie den substantiellen deutschen Forderungen zugute«[394] kam? Verfolgte de Gaulle das Ziel, eine neue Ostpolitik der Bundesrepublik zu initiieren bzw. den Bonner Vertragspartner um seiner nationalen Einheit willen zu bestimmten eigenen Schritten auf osteuropäischem Terrain zu veranlassen? Bezog der französische Präsident die Möglichkeit in seine Überlegungen ein, daß die Westdeutschen dank ihrer vertraglichen und daher wahrscheinlich definitiven Bindung an Frankreich die nötige Sicherheit gewannen, um die europäischen Bedingungen für eine Wiedervereinigung grundsätzlich zu verbessern?

6. Das gaullistische Frankreich als Verbündeter und Bürge Deutschlands

Als sich Charles de Gaulle während der Berlin-Krise 1958 bis 1962 als »Sprecher der Bundesrepublik«[395] engagierte, ließ er sich von einem doppelten machtpolitischen Kalkül leiten. Zum einen erkannte er, daß Nikita Chruschtschow nicht nur die Geschlossenheit und Solidarität der westlichen Verbündeten in der Berlin-Frage auf die Probe stellte, sondern die »deutsche Frage«, die mit der Berlin-Problematik des Kalten Krieges unmittelbar zusammenhing, auch eine »instrumentelle«[396] Bedeutung im Hinblick auf die außenpolitischen Interessen Frankreichs gewann. Sie vermochte, wenn Frankreich erfolgreich »eine Sprecherrolle« für die Bundesregierung übernahm, zur »Aufwertung und Gewichtung der Position Frankreichs in der europäischen Politik und insbesondere gegenüber der Sowjetunion« beizutragen[397]. Zum anderen übersah er im Unterschied zu manchen seiner Kompatrioten, die die historisch tradierte Aura Frankreichs als »grande puissance« über die wahren Machtverhältnisse in Europa bisweilen hinwegtäuschte, keineswegs den qualitativen Unterschied

392 E. WEISENFELD, Frankreichs Geschichte, S. 266.
393 Vgl. ACDP, NL Mertes, Bd. I-403–124/4 (a), Drahtbericht vom 20. November 1963.
394 Ebd.
395 F. SEYDOUX, Beiderseits des Rheins, S. 231.
396 J. SCHWARZ, Charles de Gaulle und die Sowjetunion, in: G. NIEDHART (Hg.), Der Westen und die Sowjetunion. Einstellungen und Politik gegenüber der UdSSR in Europa und in den USA seit 1917, Paderborn 1983, S. 271.
397 Vgl. ebd. Siehe auch Ph. DEVILLERS, Le Président, S. 39f.

zwischen dem geteilten Deutschland und seinem eigenen Land im »Machtkampf um nationales Dasein und nationale Selbstbehauptung«[398], den der ideologische Wettstreit zwischen West und Ost implizierte.

Joseph Rovan differenziert in diesem Kontext zwischen einer »importance instrumentale«, die Frankreich in der Sicht Moskaus besaß, und »l'objectif principal«, das Deutschland in der Berlin-Krise darstellte[399]. Denn der Konflikt hatte prinzipiell die ungelöste »deutsche Frage« zum Gegenstand, entzündete sich in Berlin und unterzog die Westbindung der Bundesrepublik einer Prüfung. Frankreich erfuhr insofern eher »eine negative Gewichtung«[400], als sich die sowjetischen Begierden nicht unmittelbar auf das Hexagon richteten. Die französische Politik wurde in der Sicht Moskaus nur interessant, wenn sie ihre Eigenständigkeit zu Lasten der westlichen Verbündeten, insbesondere der Vereinigten Staaten von Amerika, übermäßig betonte. Und im übrigen mußte Charles de Gaulle realistischerweise in Betracht ziehen, daß Frankreichs nationale Unabhängigkeit kaum mehr wert sein werde als weiland die »ligne Maginot minée du dedans et sans cesse dépassée par le réel«, wie Joseph Rovans pointiertes Urteil lautet, wenn die Bundesrepublik ihre feste Einbindung in die westliche Allianz lockern würde[401]. Daher insistierte de Gaulle auf der fortbestehenden Westbindung der Bundesrepublik, ohne sich mit dem Resultat der Berlin-Krise zu begnügen. Gerade den Elysée-Vertrag verstand er in seiner ursprünglichen Gestalt als deutsch-französischen Zweibund jenseits der NATO. Zwar erwuchs aus der Liaison, als der Bundestag die Präambel ergänzte, keine »Achse Bonn–Paris«, sondern vielmehr eine »Achse Bonn–Washington«[402]. Dennoch lehnte sich Westdeutschland nicht nur enger an seinen wichtigsten sicherheitspolitischen Verbündeten an, sondern gewann seinerseits »in Amerika an Bedeutung«[403]. Der Elysée-Vertrag hatte am Ende des Jahres 1963 »den Kurswert der deutschen Politik erhöht«[404]. Dies galt jedoch bei weitem nicht nur, sogar nicht einmal in erster Linie im Hinblick auf die zwischen 1962 und 1964 wenig störungsfreien Beziehungen der Vereinigten Staaten von Amerika zur Bundesrepublik bzw. zu Westeuropa.

Insbesondere im Zusammenhang mit der »deutschen Frage« und den Beziehungen Bonns zu Osteuropa, auch zur Sowjetunion, dämmerte manchen westdeutschen Beobachtern erst dann, welche Relevanz der deutsch-französische Vertrag besaß, als neue Risse im deutsch-französischen Verhältnis sichtbar wurden. Im September 1964 notierte Horst Osterheld, der Leiter des Außenpolitischen Büros im Bundeskanzleramt, in seinem Tagebuch die Warnung, de Gaulle »könne uns durch Nichtunterstüt-

---

398 J. SCHWARZ, Charles de Gaulle und die Sowjetunion, S. 264.

399 Vgl. J. ROVAN, Deux anniversaires, in: Espoir, Heft 42 (1983) S. 64.

400 J. SCHWARZ, Charles de Gaulle und die Sowjetunion, S. 276.

401 Siehe J. ROVAN, Deux anniversaires, S. 64. Möglicherweise hat sich Rovan 1983 mit seiner Feststellung auch auf die damalige internationale Situation bezogen, die von der Ost-West-Auseinandersetzung um den NATO-Doppelbeschluß beherrscht wurde.

402 Siehe H. OSTERHELD, Außenpolitik, S. 64.

403 Ebd. S. 58. Dahinter verbarg sich in Washington jedoch das Kalkül, daß die amerikanische Regierung über Bonn auf de Gaulles Außenpolitik Einfluß nehmen zu können hoffte. Siehe Akten zur Auswärtigen Politik der Bundesrepublik Deutschland 1964. Bd. I, Dok. 20, S. 112, Knappstein an das Auswärtige Amt, 22. Januar 1964.

404 ACDP, NL Krone, Bd. I-028–015/1, Brief von Franz Josef Strauß an Ludwig Erhard vom 25. Juni 1964, S. 3.

zung der Deutschlandfrage sehr schaden; an die Folgen einer etwaigen Anerkennung der SBZ dürfe man gar nicht denken«[405]. Eine Seite der gaullistischen Deutschlandpolitik gelangte damit zum Vorschein, die der westdeutschen Wiedervereinigungspolitik neue, vormals kaum gegebene Chancen eröffnete und zugleich bestimmte Ansprüche an die deutsche Frankreichpolitik stellte. Der Elysée-Vertrag verstärkte die Westbindung der Bundesrepublik und verschaffte ihr gleichzeitig wertvolle neue Bewegungsfreiheit gegenüber Osteuropa, ohne die Gefahren einer expansiven deutschen Ostpolitik heraufzubeschwören, die sich für die friedliche Ordnung in Europa in früheren Jahrzehnten als verheerend erwiesen hatten.

Die reelle französische Solidarität in der Ost-West-Auseinandersetzung verbesserte das ideelle Renommee Deutschlands im Ausland. So wenig Zweifel de Gaulle an der machtpolitischen Zuverlässigkeit Frankreichs während der unmittelbaren Ost-West-Konfrontation ließ und mit welchem Nachdruck er beispielsweise gegenüber Polen, einschließlich der Drohung, gegebenenfalls die diplomatischen Beziehungen unverzüglich abzubrechen, genuine französische Interessen vertrat[406], so deuten mehrere Indizien auch darauf hin, daß sich für ihn nationale Außenpolitik nicht ausschließlich auf kühle Machtpolitik reduzierte, deren hohe Bedeutung mitnichten in Abrede gestellt werden darf.

Seitdem sich eine tragfähige politische Lösung des Algerienkonflikts abzeichnete, war Frankreich ein handlungsfähiger territorial saturierter Nationalstaat par excellence. Staat und Nation kongruierten. Anders als der westdeutsche Teilstaat, als der sich die Bundesrepublik nominell präsentierte und auch überwiegend selbst empfand, war Frankreich vorteilhafterweise »imstande, auch in sich selbst zu ruhen«[407]. Der eingeschränkt souveränen Bundesrepublik stand in der gaullistischen Fünften Französischen Republik ein außenpolitischer Partner gegenüber bzw. ein Verbündeter zur Seite, der nunmehr »als Nation auf geschichtliche Kontinuität, politische und gesellschaftliche Stabilität und nationales Selbstbewußtsein innerhalb unumstrittener Grenzen verweisen«[408] konnte. General de Gaulle vermochte mit Fug und Recht einen ans Legendäre heranreichenden Nimbus zu beanspruchen, den er im Zweiten Weltkrieg als Retter der verlorenen französischen Souveränität und als Repräsentant der westlichen Freiheit erworben hatte. Als Staatspräsident verfügte er über die Möglichkeit, diesen Nimbus auch außenpolitisch zur Geltung zu bringen, wie sich 1962 anläßlich seines Deutschlandbesuches erwies. Wenngleich sich die Fünfte Republik nicht ohne Einschränkungen auf eine ideelle historische Kontinuität zu berufen vermochte und die Geschichte Frankreichs seit 1789 generell mehr von zahlreichen Brüchen und jähen Zäsuren als von geschmeidigen Evolutionen und zeitgemäßen Reformen geprägt war, wie sie die englische Geschichte charakteristisch auszeichneten, bewahrte Frankreich auch während der Staatspräsidentschaft de Gaulles seine teilweise mythische, jedoch nicht unbegründete oder unberechtigte Reputation eines freiheitlich-demokratischen Staatswesens. Das Renommee erhöhte sich sogar in der Sichtweise der internationalen Öffentlichkeit, nicht zuletzt in der Perspektive osteuropäischer Zeit-

405 H. OSTERHELD, Außenpolitik, S. 110.
406 Vgl. Documents Diplomatiques Français 1958. Bd. II (1er juillet–31 décembre) S. 480.
407 M. A. MANTZKE, Grundzüge der Frankreichpolitik Konrad Adenauers 1958–1963. Ein Beitrag zur Geschichte der deutsch-französischen Beziehungen, Diss. phil. Bonn 1975, S. 159.
408 Ch. HARGROVE, Nach zwanzig Jahren, S. 28.

genossen. Zur Zeit de Gaulles herrschte im Selbstverständnis der »France généreuse« das Urteil vor, welches im Ausland weit verbreitet war, daß »seine Geschichte und Zivilisation exemplarische Bedeutung besitzen«[409]. Übertrug sich das Ansehen Frankreichs auch auf die Bundesrepublik, die auf dem Gebiet trotz ihrer stabilen wie in hohem Maße westlichen politischen Werten verpflichteten Demokratie noch kein vergleichbares Renommee genoß? Ließ sich von ihm, wie der CSU-Bundestagsabgeordnete Karl Theodor Freiherr von und zu Guttenberg 1966 erwog, durch »gezielte gemeinsame Aktionen mit politischer Ausstrahlung ... in Osteuropa«[410] politisch profitieren?

In verschiedenem Maße warf das untergegangene »Dritte Reich« noch einen Schatten auf die sich so unübersehbar von dieser Epoche unterscheidenden Bonner Politik. Kraß beschrieb der französische Botschafter Jean Chauvel aus London den atmosphärischen Unterschied zwischen den Staatsbesuchen, die Theodor Heuss 1958 und Charles de Gaulle 1960 England abstatteten, und deutete gleichzeitig in seiner Depesche vom 14. April 1960 an das französische Außenministerium die Wechselwirkung an, die möglicherweise zwischen guten deutsch-französischen Beziehungen und dem Ansehen Deutschlands in England bestehen konnte[411]. Die anders gestalteten Beziehungen der Regierungen zu den Regierten, der einzelnen Herrscher zu ihren Völkern, im kommunistischen Machtbereich schienen diese Korrelation in Osteuropa, wo die Zeit des Zweiten Weltkriegs und die Jahre davor sehr unterschiedliche Erinnerungen weckten, politisch auszunutzen ebenso zu erschweren wie nun erst recht nahezulegen. Immerhin blieb in Paris nicht verborgen, daß die sowjetische Diplomatie die öffentliche Meinung zumindest in den westlichen Demokratien als instrumentalisierbaren Faktor durchaus zu berücksichtigen wußte[412]. Als der tschechoslowakische Staatspräsident Antonin Novotný im Herbst 1960 Polen besuchte, bildeten die Beziehungen Polens und seines Landes zur Bundesrepublik ein wichtiges Thema seiner Gespräche. An das Ohr des französischen Botschafters Jean-Paul Garnier in Prag, der über sie seinen Minister unterrichtete, drangen schrille Revanchismus- und Militarismusvorwürfe, die der Staatsgast und seine polnischen Gastgeber an die Bonner Adresse richteten. Die Bundesrepublik sei »schlimmer als Hitlers ›Drittes Reich‹«; sie sei »le IVème Reich d'Adenauer«[413].

Schon für die Zeitgenossen war evident, daß Verleumdungskampagnen dieser Art nicht zuletzt das durchsichtige Motiv zugrunde lag, die Autorität der kommunistischen Regierungen gegenüber ihren Völkern zu stärken. Jenseits der Ebene politischer

---

409 W. WEIDENFELD, Der Einfluß der Ostpolitik, S. 120. Vgl. z. B. das aussagekräftige Telegramm des französischen Botschafters Claude Bréart de Boisanger in Prag vom 4. Juni 1958, in dem er schildert, wie tschechische Regimegegner die Regierungskrise in Frankreich und die französische Algerienpolitik beurteilten, in: AMAE, Europe 1944–1960, Tchécoslovaquie, Bd. 216, Bl. 88.

410 BA, NL von und zu Guttenberg, Bd. 47, Bl. 35, Brief von und zu Guttenbergs an Franz Josef Strauß vom 20. August 1966. Diesen Aspekt der gaullistischen Deutschland- bzw. Europapolitik hat W. LOTH, De Gaulle und Europa, S. 659, nicht behandelt.

411 Vgl. AMAE, Europe 1944–1960, Grande-Bretagne, Bd. 141, Bl. 159.

412 Vgl. ebd. URSS, Bd. 245, Bl. 005, Aufzeichnung der Europaabteilung vom 12. Januar 1960: »L'union soviétique attache en effet une importance primordiale à l'action sur les opinions publiques. Elle n'est qu'exceptionnellement disposée à négocier sur la base de concessions réciproques (son désir de négociation ne se manifeste réellement que dans des périodes de crise ou de danger de guerre).«

413 Siehe ebd. Tchécoslovaquie, Bd. 213, Bl. 203, Depesche von Jean-Paul Garnier, 15. September 1960.

Propaganda, die den führenden Akteuren ohnehin nur begrenzt inneren Rückhalt verschaffte, waren die fast miserablen politischen Beziehungen zwischen Bonn und Warschau sachlich begründet. Die Erinnerung in Polen an die deutsche Besatzung im Zweiten Weltkrieg hatte kaum geringere Spuren hinterlassen als die sowjetische Politik am Ende des Krieges. Der Hitler-Stalin-Pakt blieb als Trauma im kollektiven Gedächtnis durchgängig gegenwärtig. Ferner verhinderte die völkerrechtlich offene und lediglich vorläufig geklärte Frage der Westgrenze Polens und der deutschen Ostgebiete eine Verbesserung der politischen Beziehungen zur Bundesrepublik[414]. Daher stieß die deutsch-französische Annäherung seit den fünfziger Jahren bei offiziellen Stellen in Warschau auf Kritik. Frankreich wurde vorgeworfen, die »deutsche Revanchismus- und Revisionspolitik« zu unterstützen[415]. Die erste Begegnung zwischen de Gaulle und Adenauer in Colombey-les-Deux-Eglises galt als Sündenfall des Generals[416].

Ähnliche Töne vernahm das gaullistische Frankreich auch aus Moskau. In einem Aide-mémoire forderte Nikita Chruschtschow am 16. August 1959 de Gaulle zu einem grundlegenden Kurswechsel seiner Deutschlandpolitik auf und denunzierte Konrad Adenauer als »einziges Hindernis für die Beendigung des Kalten Krieges«. Der Kanzler verteidige die Schimäre der Wiedervereinigung und verstärke en passant die militärische Aufrüstung der Bundesrepublik, um einen »heißen Krieg« vorzubereiten. Frankreich unterstütze diese Politik[417]. Recht kühl wies der französische Präsident in seiner Antwort vom 11. September 1959 diese Vorhaltungen zurück:

l'Allemagne de 1959 n'est, à aucun égard, celle d'Hitler ... Celle-ci, en effet, dès lors qu'elle n'a pas l'ambition d'une ›revanche‹, demeure un grand peuple nécessaire au progrès et à l'équilibre de l'Europe unie, que, du côté français, on souhaite voir naître demain[418].

So unmißverständlich Charles de Gaulle die Westdeutschen aufrief, die Nachkriegsgrenzen völkerrechtlich anzuerkennen und sich von der Vorstellung zu verabschieden, Polen als einen »Staat auf Rädern«[419] zu betrachten, so sicher hielt er dem propagandistischen »Trommelfeuer«[420] aus Moskau stand und leistete »wertvolle Unterstützung im Kampf gegen die Diffamierungskampagne des Ostblocks«[421], als er die Entente mit den Deutschen insbesondere 1962/63 so öffentlichkeitswirksam zele-

---

414 Abgesehen von den institutionalisierten ökonomischen Beziehungen, bestanden auch wegen der Hallstein-Doktrin keine diplomatischen Beziehungen, seitdem Polen am 18. Februar 1955 den Kriegszustand mit Deutschland offiziell für »beendet« erklärt hatte. Vgl. M. LINDEMANN, Anfänge einer neuen Ostpolitik? Handelsvertragsverhandlungen und die Errichtung von Handelsvertretungen in den Ostblock-Staaten, in: R. A. BLASIUS (Hg.), Von Adenauer zu Erhard. Studien zur Auswärtigen Politik der Bundesrepublik Deutschland 1963, München 1994, S. 47f.
415 Vgl. AMAE, Europe 1944–1960, Pologne, Bd. 241, Bl. 255f., Aufzeichnung der Europaabteilung vom 4. September 1958; Bd. 246, Bl. 265, Aufzeichnung der Europaabteilung für M. Debré, 8. Dezember 1960.
416 Vgl. ebd. Bd. 241, Bl. 279, Depesche von E. Burin des Roziers.
417 Siehe dazu ebd. URSS, Bd. 268, Bl. 94f.
418 LNC VIII, S. 256f.
419 W. BRANDT, Begegnungen, S. 242.
420 Adenauer, »... um den Frieden zu gewinnen«. Protokolle des CDU-Bundesvorstands 1957–1961, S. 447f.
421 PA AA, Referat 204, Bd. 361, Aufzeichnung über de Gaulles Staatsbesuch in Deutschland von Carl Lahusen, 21. September 1962.

brierte. Er stellte im Gegenteil der Bundesrepublik Konrad Adenauers einen moralisch wertvollen und politisch relevanten »Unbedenklichkeitsnachweis«[422] aus. Denn auf seine öffentlichen Reden über die Deutschen wie auch beispielsweise auf seine Worte, die er im Mai 1962 in Oradour-sur-Glane sprach, traf zu, was Josef Jansen in einem anderen Zusammenhang schon 1958 erkannt hatte. Sie wirkten »nicht so phrasenhaft oder unehrlich wie bei anderen Vertretern französischer Interessen«[423].

Sowohl den Deutschen selbst, denen er keineswegs zu einem unbefangeneren, aber zu einem vielleicht wahrhaftigeren Verhältnis zu ihrer eigenen Geschichte verhalf, wie auch ihren Nachbarn, die die Aufbauphase der Bundesrepublik aus mehreren Gründen mißtrauisch beäugten, signalisierte de Gaulle sehr bewußt, welches Zutrauen er Adenauers Deutschland gegenüber gewonnen hatte. Immerhin hatte er in der Unterredung, die er am 10. März 1959, exakt zwanzig Jahre nach Josef Stalins folgenreicher »Kastanien«-Rede, mit Harold Macmillan in Paris geführt hatte, nicht ohne Bedacht die Sicherheitsinteressen und die patriotischen Gefühle der polnischen Nation und nicht nur jene der polnischen Regierung in Betracht gezogen, als er seinem Gast die wesentlichen Ergebnisse seiner Konsultationen mit der deutschen Regierung referierte:

Pour ce qui est des frontières, j'ai dit à Adenauer qu'il ne faut pas instituer un débat sur la frontière Oder-Neisse. ... Je lui ai dit aussi que nous ne voulions pas blesser la Pologne, non pas le gouvernement polonais, mais l'opinion nationale en Pologne[424].

Da Frankreich einem hellsichtigen Urteil Werner Weidenfelds zufolge auf Grund einer bestimmten mentalitätsgeschichtlichen Tradition »über einen bemerkenswerten Überschuß an Vertrauen in der Welt« verfügte, der sich freilich in den fünfziger Jahren unter dem Eindruck des Algerienkrieges eher vermindert hatte, half die Entente zwischen Paris und Bonn, obwohl sie keinesfalls eine kodifizierte Sicherheitsgarantie für andere Staaten in Europa einschloß, den »Mangel an Kredit und Ansehen Deutschlands nach dem Zweiten Weltkrieg ... auszugleichen«[425] und beseitigte gewisse Hindernisse, die einer »direkte[n] Einwirkung auf die Satellitenstaaten« Moskaus im Wege standen, »von der sich de Gaulle im Anfang der sechziger Jahre einiges versprach«[426]. Offenkundig gedachte der französische Präsident den osteuropäischen Nachbarstaaten jenes Sicherheitsgefühl zu vermitteln, dessen Mangel sich unter anderen Rahmenbedingungen in der Zwischenkriegszeit verhängnisvoll auf die Stabilität des europäischen Systems ausgewirkt hatte. Dies galt insbesondere für Polen, den wichtigsten Satellitenstaat des Ostblocks. Im Hinblick auf die deutsch-polnischen Beziehungen wurde der Bundesrepublik auch von der öffentlichen Meinung in Frank-

---

422 R. MARCOWITZ, Charles de Gaulle und die Westdeutschen, S. 209.
423 ACDP, NL Mertes, Bd. I-403–017/1, Bericht von Josef Jansen vom 8. Oktober 1958, S. 2. Siehe zu seiner Ansprache in Oradour-sur-Glane am 19. Mai 1962 oben in diesem Kapitel Abschnitt 2, S. 161, bzw. Anm. 93.
424 Documents Diplomatiques Français 1959. Bd. I (1er janvier–30 juin) S. 319, Protokoll der Unterredung de Gaulles mit Harold Macmillan vom 10. März 1959 in Paris.
425 Siehe W. WEIDENFELD, Der Einfluß der Ostpolitik, S. 121. Vgl. dazu auch A. PEYREFITTE, C'était de Gaulle, S. 161f.
426 BA, NL von und zu Guttenberg, Bd. 70, Bl. 227, Manuskript eines Rückblicks auf de Gaulles Deutschlandpolitik von J. ROVAN vom Juli 1971.

reich vorgeworfen, daß »sie Polen durch ihre territorialen Forderungen immer wieder in die Arme der Sowjetunion treibe«[427].

Teilweise entzog sich der Vertrauensvorschuß, der dem gaullistischen Frankreich insbesondere in Osteuropa politisch zu Gebote stand, einer rationalen Analyse im strengen Sinne, beachtet man die so grundlegenden Unterschiede, die das Europa der Nachkriegszeit von jenem früherer Jahrhunderte oder der Weltkriegsepoche trennten. In jedem Falle blieb die aus dem 18. Jahrhundert überlieferte Sympathie weiterhin wirksam, die das französische und das polnische Volk in ihrer Mehrheit füreinander empfanden und die zu jenen wenigen Konstanten der neuzeitlichen europäischen Geschichte zählt, die nicht der allgemeinen Vergänglichkeit des Historischen unterlagen. Im 19. Jahrhundert, also in der Ära der »verspäteten« Nationalstaatsgründungen, erreichte die wechselseitige Zuneigung als Politikum ein solches Ausmaß, daß Paris als bevorzugter Zufluchtsort polnischer Emigranten zeitweise sogar als »eine zweite Hauptstadt Polens«[428] galt. Daher wußte der französische Geschäftsträger Yves Debroise am 25. Juni 1958 aus Warschau zu berichten, die polnische Bevölkerung und die Intellektuellen fühlten sich weniger dem realen Frankreich der Zeit, der Vierten Französischen Republik, verbunden, sondern ließen vielmehr ihre prinzipielle Affinität zu einem imaginären »historischen Frankreich« erkennen[429].

Der General selbst wurde entsprechend dieser Perspektive bewertet. Das Gros des polnischen Volkes sympathisierte mit seiner Rückkehr an die Regierung und der späteren Übernahme der Staatspräsidentschaft. Entgegen den von der Regierung des polnischen Ministerpräsidenten Josef Cyrankiewicz offiziell geschürten Erwartungen nahm es nämlich an, de Gaulle sei einer Machtübernahme der französischen kommunistischen Partei in Paris zuvorgekommen. Eine solche Entwicklung galt im Strudel der innenpolitischen Krise Frankreichs im Sommer 1958 nicht als ausgeschlossen. Bei dieser Perzeption verband sich ein gleichsam subkutaner Antikommunismus mit dem Gedenken an den bisweilen überschätzten heroischen Kampf der »France Libre« im Zweiten Weltkrieg. Konservative bzw. strengkatholische Polen verglichen General de Gaulle insgeheim sogar mit dem Marschall Josef Pilsudski aus der Zwischenkriegszeit, dessen Politik manche patriotischen Kreise noch mehr als zwei Jahrzehnte nach seinem Tod 1935 so unvermuteten wie verständlichen Respekt bezeugten[430].

Anders wurde de Gaulles Regierungszeit von offizieller Seite in Warschau bewertet, die naheliegenderweise an dessen früheren Kampf gegen Hitler-Deutschland dachte und daher voreilig erwartete, daß die Beziehungen zwischen Paris und Bonn sich verschlechtern würden. Ebenso erleichtert wie enttäuscht nahm man dort zur Kenntnis, daß der General die Oder-Neiße-Grenze als endgültig betrachtete und die deutsch-französische Annäherung mit neuen Akzenten fortsetzte und forcierte[431].

427 Akten zur Auswärtigen Politik der Bundesrepublik Deutschland 1963. Bd. III, Dok. 395, S. 1346, Aufzeichnung von H. Blankenhorn, 22. Oktober 1963.

428 H. SCHULZE, Staat und Nation, S. 221. De Gaulle hatte auf die Tradition der polnisch-französischen Eintracht bereits 1919 einmal hingewiesen. Vgl. seine Ansprache vor Offizieren der französischen Militärmission in Polen vom Dezember 1919, in: LNC II, S. 45, 51–54, 61, 68.

429 Vgl. AMAE, Europe 1944–1960, Pologne, Bd. 246, Bl. 190, Bericht des französischen Geschäftsträgers Yves Debroise aus Warschau, 25. Juni 1958.

430 Vgl. ebd. Bl. 192f.

431 Vgl. ebd. Bl. 218 recto et verso, E. Burin des Roziers,Telegramm vom 10. Januar 1959, und Bl. 225 recto et verso, Telegramm von J. Laloy an die Auslandsvertretungen, 10. März 1959.

Das traditionelle Ansehen, das Frankreich in Polen genoß, und Charles de Gaulles persönlicher Nimbus konnten daher der Bundesrepublik nützlich sein. »La sympathie portée traditionnellement par la France à la Pologne ne pouvait s'en trouver affectée et il n'existait, à notre sens, aucune opposition entre l'entente avec Bonn et la poursuite de bonnes relations avec Varsovie«, beschied der »gaullistische Erzengel«, wie Premierminister Michel Debré einmal von Willy Brandt genannt wurde[432], am 10. März 1959 Stanislaus Gajewski, den polnischen Botschafter in Paris[433].

Da die französische Politik traditionellerweise in Osteuropa, besonders im kollektiven historischen Bewußtsein der Polen, gewissermaßen »unverdächtig«[434] war, gereichte die Politik deutsch-französischer Annäherung, wie sie im Elysée-Vertrag Ausdruck fand, der Bundesrepublik aus mehreren Gründen zum Vorteil. Sichtbar verbesserte sich entgegen der offiziellen Propaganda die Reputation Westdeutschlands. Die Konsultationsklausel des Vertrages bot implizit eine Gewähr dafür, daß Frankreich gegebenenfalls die Bundesrepublik vor bestimmten außenpolitischen Schritten bewahren konnte. Die offizielle französische Unterstützung der Bonner Position in der Wiedervereinigungsfrage bedeutete einen besonderen ideellen Wert, der einen reellen Kern besaß. Denn Frankreich befand sich aus historischen Gründen in dem Zusammenhang in einer anderen, teilweise günstigeren Lage als die anderen beiden Westmächte, auch als die Vereinigten Staaten von Amerika, deren Bedeutung hingegen auf der Ebene der Machtpolitik um so ausschlaggebender war. Im Hinblick auf die sowjetischen Satellitenstaaten und deren Bereitschaft, die deutsche Einheit auf lange Sicht zu akzeptieren, war die französische Haltung von einer besonderen Relevanz.

Einerseits favorisierte Charles de Gaulle, nicht nur im Hinblick auf die polnische Westgrenze, den territorialen Status quo in Europa und trat andererseits für eine langfristige Revision der politischen Ordnung des Kontinents ein. Seine Deutschlandpolitik, die er im Zeichen der französischen Superiorität wie der verläßlichen Entente betrieb und in der sich traditionelle Elemente einer »grandeur de la France« und einer »France généreuse« charakteristisch verbanden, ohne sich zumindest in der Ära Adenauer gegenseitig zu behindern, brachte in begrenztem Maße Bewegung in die Beziehungen der Bundesrepublik zu den osteuropäischen Satellitenstaaten. Teilweise war diese Folge gewissermaßen unvermeidlich. Schon bevor er mit Konrad Adenauer am 14. September 1958 Gedanken über die weltpolitische Lage und die »deutsche Frage« austauschte, hieß es in einer Aufzeichnung des Quai d'Orsay, die ihm zur Vorbereitung der Gespräche diente: »Le problème des rapports entre l'Allemagne et la Pologne, son voisin de l'Est, revêt une importance particulière et ne manque pas de liens avec celui des relations entre l'Allemagne et son voisin de l'ouest, la France«[435].

Der durchsichtige Zusammenhang, der auf ein geopolitisches Element der Stabilität jeder europäischen Gleichgewichtsordnung spätestens seit der Mitte des 19. Jahrhunderts verwies, beschrieb für Charles de Gaulle insofern eine spezifische Herausforderung, als er den europäischen Kontinent »bis zum Ural« nationalstaatlich zu einigen und zu einer »dritten Kraft« in der Weltpolitik zu entwickeln gedachte. »Si la

432 W. BRANDT, Erinnerungen, S. 259.
433 Vgl. Documents Diplomatiques Français 1959. Bd. I (1er janvier–30 juin) S. 311.
434 ACDP, NL Kiesinger, Bd. I-226–A-009, Gespräch mit Bruno Kaiser am 22. Januar 1982, S. 25.
435 AMAE, Europe 1944–1960, Pologne, Bd. 241, Bl. 252, »Note pour les entretiens de Gaulle–Adenauer« vom 22. August 1958.

Pologne parvenait à adopter à l'égard de l'Allemagne une attitude moins rigide que celle du bloc soviétique, l'amélioration qui interviendrait dans les rapports polono-allemands serait conforme à nos intérêts«[436], lautete die Devise der osteuropäischen Abteilung des Pariser Außenministeriums, wobei die Perspektive, eines Tages womöglich einem wiedervereinigten Deutschland gegenüberzustehen, die sich auf lange Sicht zwingend aus der gaullistischen Europakonzeption ergab, ohne in naher Zukunft zu den erreichbaren oder wünschenswerten Zielen zu gehören[437], diese Aufgabe noch dringlicher zu lösen gebot. Aus mehreren Depeschen seines Warschauer Botschafters Etienne Burin des Roziers erfuhr de Gaulle, daß die polnische Regierung auf Geheiß Moskaus und auf Grund vorgeblicher eigener Sicherheitsinteressen die »Gefahr« eines westdeutschen Militarismus anprangerte, um die Westbindung der Bundesrepublik vor der Öffentlichkeit in den westeuropäischen Staaten zu diskreditieren. Offiziellen Verlautbarungen zufolge verstand Polen die Teilung Deutschlands als beste Garantie seiner äußeren Sicherheit, solange die Oder-Neiße-Grenze rechtlich nicht von Bonn anerkannt wurde, und stimmte mit der sowjetischen Regierung darin überein, westliche Wiedervereinigungsvorschläge beinahe prinzipiell abzulehnen[438].

Das Verlangen nach äußerer Sicherheit überlagerte sogar teilweise jenen charakteristischen Freiheitsdrang, der den polnischen Patriotismus traditionell auszeichnete. Bestimmte Teile der Bevölkerung standen deshalb in einem ambivalenten Verhältnis zur Sowjetunion, der »Schutzmacht« ihrer Patria[439]. Vergleichbar mit der Tschechoslowakei und im Unterschied zu fast allen übrigen Ostblockstaaten mit Ausnahme der Sowjetunion, stimmten unter dem Aspekt gewisse außenpolitische Interessen der polnischen und der sowjetischen Regierungen überein, sieht man von der offiziell gedämpften, aber gleichwohl vorhandenen Affinität mancher Kreise zu westlichen politischen Werten einmal ab. Abgesehen von Chruschtschows Berlin-Ultimatum favorisierten sowohl die Sowjetunion als auch ihre polnischen und tschechoslowakischen Satelliten aus unterschiedlichen Gründen den Status quo[440].

Als Charles de Gaulle die Anerkennung der Oder-Neiße-Grenze eine der notwendigen Bedingungen der deutschen Wiedervereinigung nannte, hegte er auch die Absicht, Polen aus der engen politischen Verklammerung der Sowjetunion zu lösen,

---

436 Ebd. Bl. 255, Aufzeichnung der Europaabteilung vom 4. September 1958.
437 Vgl. oben den entsprechenden Abschnitt VI.4., passim. Daß de Gaulle die Möglichkeit einer zukünftigen Wiedervereinigung Deutschlands stets mitbedachte und ihr in seiner weiten Perspektive Rechnung trug, geht aus den ebd. zitierten Unterredungen hervor und wird in jüngster Zeit besonders von Pierre MAILLARD, z. B. in seinem Interview über »Der große Entwurf«, S. 26 und 28, betont. Siehe auch DERS., De Gaulle und Deutschland, S. 366f.
438 Vgl. zu dieser französischen Sicht der Lage Polens AMAE, Europe 1944–1960, Pologne, Bd. 179, Bl. 185, Bericht von E. Burin des Roziers über die polnische Außenpolitik, 9. Juli 1959, und ebd. Bl. 201, Aufzeichnung der Europaabteilung vom 8. Dezember 1959; ebd. Bd. 241, Bl. 279, Depesche von E. Burin des Roziers, 17. September 1958; ebd. URSS, Bd. 270, Bl. 171, Aufzeichnung über die Entwicklung der französisch-sowjetischen Beziehungen 1959/60, o.D.
439 Vgl. ebd. Bd. 179, Bl. 185, Bericht von E. Burin des Roziers über die polnische Außenpolitik, 9. Juli 1959.
440 Vgl. ebd.; und ebd. Tchécoslovaquie, Bd. 212, Bl. 187, Depesche des Botschafters Claude Bréart de Boisanger aus Prag, 3. September 1958; Bd. 213, Bl. 207, Depesche des Botschafters Jean-Paul Garnier aus Prag, 15. September 1960.

indem er seinem Sicherheitsbedürfnis Rechnung trug[441]. Daher begrüßte er nachträglich als einen ersten Schritt die im geänderten sogenannten Deutschlandvertrag vom 23. Oktober 1954 gegebene Zusage, »mit friedlichen Mitteln« das Ziel der deutschen Einheit im Zusammenwirken mit den Drei Mächten erreichen zu wollen[442]. Konrad Adenauers in den fünfziger Jahren getroffene Entscheidung, Souveränität und Integration im Rahmen der bundesrepublikanischen Außen- bzw. Westpolitik miteinander zu kombinieren, verfehlte in dieser Hinsicht nicht ihre späte Wirkung auf de Gaulles Gedankenbildung, zumal dieser am 22. April 1959 vom polnischen Botschafter erfuhr, welchen Eindruck seine Pressekonferenz vom 25. März 1959 in Polen hervorgerufen hatte, in der er die Bedingungen der deutschen Wiedervereinigung aus seiner Sicht beschrieben hatte[443]. Gleichzeitig verhehlte er dem offiziellen Repräsentanten Polens nicht seine feste Überzeugung,

que les régimes communistes sont en décadence, on le voit en particulier en Pologne où les intellectuels sont de plus en plus épris de liberté et où les masses se détachent du communisme. Il viendra un jour où cette question de régime étant dépassée, on pourra faire du travail utile et, dans de telles circonstances, la Pologne aura à jouer un rôle très important[444].

Als der deutsch-französische Vertrag 1963 die polnische Regierung zu beunruhigen schien, weil er aus ihrer Sicht den Anschein erweckte, Frankreich wolle die westdeutsche, maßgeblich mit der ungeklärten Grenzfrage identifizierte sogenannte »Revisionspolitik« Konrad Adenauers politisch unterstützen[445], ließ die nachfolgende Warschauer Propaganda, die ohnehin seit Jahren zur Genüge bekannt war, de Gaulle unbeeindruckt. Im Gegenteil sah er nun die Stunde gekommen, jenen Spannungsherd der europäischen Diplomatie zu kalmieren, dessen Sprengkraft ihm in den zwanziger Jahren bewußt geworden war.

Nachdem er 1920 am polnisch-russischen Krieg teilgenommen und sich ernsthaft mit Fragen der europäischen Mächtekonstellation zu beschäftigen begonnen hatte, plädierte er in den zwanziger Jahren mehrmals für eine französisch-polnische Allianz. Sie bot nach seiner damaligen Ansicht präventiven Schutz gegen separate Expansionsgelüste Deutschlands und Sowjetrußlands und beugte auch einem gemeinsamen Vorgehen der beiden Mächte vor. De Gaulle favorisierte zu der Zeit enge Beziehungen zwischen Paris und Warschau mit einer antideutschen und einer antirussischen Stoßrichtung. Erst in den dreißiger Jahren veranlaßten ihn die deutsche Aufrüstung und Adolf Hitlers Politik systematischer Vertragsverletzungen, mit de-

441 So vermutete Alexander Böker, Generalsekretariat der NATO in Paris, in einem Memorandum vom 11. Dezember 1959. Siehe PA AA, Referat 204, Bd. 268.
442 Siehe AMAE, Europe 1944–1960, Pologne, Bd. 241, Bl. 256, Aufzeichnung der Europaabteilung über die französisch-polnischen Beziehungen vom 4. September 1958. Siehe zum Artikel 7 der endgültigen Fassung des Deutschlandvertrages und die Pariser Verträge, auf die sich die Quelle bezieht, Auswärtiges Amt (Hg.), 40 Jahre Außenpolitik der Bundesrepublik Deutschland. Eine Dokumentation, S. 75.
443 Siehe das Protokoll der Unterredung, in AMAE, Europe 1944–1960, Pologne, Bd. 246, Bl. 234.
444 Ebd. Bl. 236. Der Nachsatz bezeugt, daß die Vision eines vereinigten »Europas vom Atlantik bis zum Ural«, das auf einer zwischen Frankreich und Rußland austarierten Gleichgewichtsordnung gegründet sein sollte, tatsächlich zum »härtesten Kern seiner politischen Überzeugung« avancierte, wie Kurt Georg Kiesinger treffend bemerkt hat. Siehe zu dem Urteil oben in diesem Kapitel, Abschnitt 4. Das exakte Zitat wird ebd. Anm. 278 nachgewiesen.
445 Vgl. K. MAZUROWA, La perception en Pologne de la politique orientale du général de Gaulle, in: Etudes gaulliennes 2, Heft 7–8 (1974) S. 132.

nen die Pariser Friedensordnung ebenso schleichend wie deutlich erkennbar erheblich revidiert wurde, die inzwischen stalinistische Sowjetunion in seine Bündnisüberlegungen einzubeziehen und in ihr ein notwendiges Gegengewicht gegen das Deutsche Reich zu sehen. Zu Beginn der sechziger Jahre erschien unter den Bedingungen des Kalten Krieges eine Option kaum zu realisieren zu sein, die de Gaulle nun aber gleichwohl mittelfristig für wünschenswert hielt und die der Bundestagsabgeordnete Ernst Majonica, der die Arbeitskreise der Unionsfraktion für Außen-, Deutschland- und Verteidigungspolitik leitete, nach einer Reise in die französische Hauptstadt folgendermaßen skizzierte: »Ein besseres Verhältnis zwischen Deutschland und Polen würde in Paris begrüßt werden. Da Frankreich traditionell eine gute Stellung in Warschau hat, dient die deutsch-französische Verständigung auch der deutsch-polnischen«[446].

Seitdem der Elysée-Vertrag unterzeichnet war, ermunterte das gaullistische Frankreich die Bundesregierung immer stärker, die Gunst der Stunde für eigene ostpolitische Schritte zu nutzen, damit »die französisch-polnische Freundschaft zur Weiterentwicklung der deutsch-polnischen Beziehungen beitragen könne«[447]. Auf deutscher Seite galt es nun den politischen Handlungsspielraum auszuloten, den die vertragliche und in aller Öffentlichkeit zelebrierte deutsch-französische Entente eröffnete, und gleichzeitig zu bedenken, daß der französische Präsident dem Bonner Partner bestimmte Verpflichtungen aufzuerlegen versucht hatte und entsprechende Schritte erwartete.

Denn de Gaulle insistierte weiter auf der Anerkennung der Oder-Neiße-Grenze und unterstützte nicht minder die »nationale Forderung der Deutschen«, die er nach Alois Mertes' zeitgenössischer Einsicht als »eines der offensiven Mittel in der politischen Auseinandersetzung mit dem Kommunismus« verstand. Denn »Ostdeutschlands Freiheit ist der Schlüssel zur Freiheit für Polen, dem Frankreich seit je Sympathien entgegenbracht hat«, erörterte dieser Kenner gaullistischer Strategien 1963 den Zusammenhang[448]. Indem Frankreich die Bundesrepublik als verläßlichen Verbündeten gewann und einen höheren Einfluß auf ihre Außen- und Deutschlandpolitik auf Grund des Elysée-Vertrages ausübte, vermochte es nicht nur jeder potentiellen deutsch-russischen Verständigung über Polen entgegenzuwirken, die als traditionelle Option in Warschau wie in Paris weiterhin gefürchtet wurde. De Gaulles Kalkül zufolge bestand nunmehr die reelle Aussicht auf eine allgemeine Détente zwischen der Sowjetunion und dem Westen und auf eine innere Liberalisierung Polens[449].

---

446 Vgl. BA, NL von Brentano, Bd. 32, Bl. 29, Bericht von Ernst Majonica vom 13. März 1962 über seine Gespräche mit Maurice Schumann, dem Vorsitzenden des Ausschusses für Außenpolitik der Pariser Nationalversammlung, Jean-Marie Soutou, dem Leiter der Europaabteilung des Quai d'Orsay, Jean Laloy und dem einflußreichen General Pierre Gallois.

447 Den Ratschlag erteilte der General Pierre Billotte den Abgeordneten Heinrich von Brentano, Hans-Joachim von Merkatz, Kurt Birrenbach, Ernst Majonica und anderen am 23. Mai 1963. Siehe ebd. Bd. 68, Bl. 32, Aufzeichnung vom 6. Juni 1963 über das Gespräch zwischen mehreren CDU-Abgeordneten und französischen Mitgliedern des ›Comité des Amis de la Pologne‹ am 23. Mai 1963 in Bonn.

448 ACDP, NL Mertes, Bd. I-403–020/3, Entwurf eines Berichts aus Moskau, wohin Alois Mertes im Herbst 1963 versetzt wurde, an das Auswärtige Amt.

449 Vgl. zu dem Kalkül de Gaulles G.-H. SOUTOU, Les problèmes de sécurité, S. 251. Siehe auch ACDP, NL Mertes, Bd. I-403–020/3, Entwurf eines Berichts aus Moskau von Alois Mertes an das Aus-

Während die Berlin-Krise noch andauerte, lauerte de Gaulle auf äußere Anzeichen eines sich regenden Nationalgefühls in den Satellitenstaaten des Ostblocks und in der Sowjetunion selbst. Komplementär zu seiner Deutschlandpolitik stellte er auch die auswärtige französische Kulturpolitik in den Dienst dieses Ziels, dessen Erreichbarkeit angesichts der sowjetischen Härte für die überschaubare Zukunft fraglich erscheinen mochte, dessen Realisierungschancen der General aber selbst nicht gering einschätzte[450]. 1963 äußerte er Willy Brandt gegenüber, die Zeit »arbeite« gegen die sowjetische Position in der Ost-West-Auseinandersetzung, solange kein offener Krieg ausbreche. Wenn der Frieden in Europa erhalten bliebe, befänden sich die Sowjets mehr und mehr in einer »delikaten« Lage,

car, à la longue, leur régime, leur doctrine, leur tyrannie seront intenable. Il y aura des changements en Russie, en Pologne, en Hongrie, en Tchécoslovaquie, en Roumanie, il y aura des changements en Prusse et en Saxe. Dès à présent, le régime soviétique est beaucoup moins assuré que du temps de Staline[451].

Er bat den Regierenden Bürgermeister von Berlin, ihn über »Zeichen der Erleichterung und Ermutigung für die Menschen im Osten«, nicht nur in »Preußen und Sachsen«, wie er die DDR nannte, laufend zu unterrichten[452]. Augenscheinlich konzipierte er die Strategie, der in manchen Satellitenstaaten Osteuropas vorherrschenden Furcht vor Deutschland mittels der deutsch-französischen Entente die Grundlage zu entziehen und auf diesem Wege »eines der Bindemittel im Ostblock«[453] zu lockern, in einem langen zeitlichen Rahmen.

Denn trotz seines Vertrauens zu Konrad Adenauer selbst und der Berechenbarkeit der deutschen Politik während ihrer gemeinsamen Regierungszeit verlor de Gaulle nicht letzte Zweifel an der Dauerhaftigkeit der deutschen Westbindung. So weit wie im Falle der bürgerlichen Kritiker seiner Außenpolitik in Frankreich selbst, zu denen sich auch manche der französischen Kommunisten aus naheliegenden Motiven hinzugesellten und nach deren Auffassung »das besiegte und territorial amputierte, seinem ›Wesen nach stets unruhige‹ Deutschland mit steigender militärischer Macht« nur auf die erstbeste Gelegenheit wartete, die Resultate des Zweiten Weltkrieges im Stil

wärtige Amt; PA AA, Referat 204, Bd. 338, Bericht von Herbert Blankenhorn vom 21. Mai 1962, und AMAE, Europe 1944–1960, Pologne, Bd. 238, Bl. 167, Bericht von E. Burin des Roziers, 23. Januar 1959.

450 Vgl. ebd. Tchécoslovaquie, Bd. 212, Bl. 247, Aufzeichnung der Europaabteilung vom 29. März 1960; und ebd. URSS, Bd. 228, Bl. 358f., Aufzeichnung über ›Conversations franco-soviétiques Paris, mars–avril 1960‹.

451 AN, NL de Gaulle, Bd. 5 AG 1/161, Protokoll der Unterredung de Gaulles mit Willy Brandt am 14. April 1963 in Saint-Dizier, S. 6f. Als de Gaulle prognostizierte, daß die sowjetische Stärke langsam schrumpfend und durch die wachsende Macht Westeuropas und insbesondere Frankreichs ausbalanciert werden würde, zog er auch die sich seit dem Beginn der sechziger Jahre stetig wandelnde Situation in Asien, im Machtdreieck zwischen den USA, der Sowjetunion und China, als politischen Faktor in Betracht. Daß die Sowjetunion keine rein hemisphärische europäische Großmacht, sondern eine europäisch-asiatische Weltmacht war, vergaß er nicht, wenngleich er verbal nur ihren europäischen Teil zu den konstitutiven Mitgliedern einer neuen europäischen Gleichgewichtsordnung zählte. Potentielle Spannungen zwischen China und der Sowjetunion ahnte er frühzeitig voraus. Vgl. dazu R. NIXONS Ausführungen in: J. LACOUTURE, R. MEHL (Hg.), De Gaulle, S. 149f., und LNC VIII, S. 408, Schreiben an David Ben Gurion, 9. November 1960.

452 Vgl. W. BRANDT, Erinnerungen, S. 78f.

453 Ebd. S. 407.

der Zwischenkriegszeit zu revidieren[454], reichte sein Mißtrauen eindeutig nicht. Aber auch er hegte noch ein »gewisses Mißtrauen, eine gewisse Sorge«, wie Kurt Georg Kiesinger die Angst vor der Unberechenbarkeit der Deutschen bei den westlichen und östlichen Nachbarn umschrieben hat[455].

Angesichts der Möglichkeit, daß de Gaulles zahlreiche Appelle an das Nationalgefühl der Osteuropäer und den Freiheitsgedanken der westlichen Welt und seine Ententepolitik gegenüber der Bundesrepublik zu einem nachlassenden Zusammenhalt des Ostblocks führen konnte, wurde der französische Präsident in Moskau zunehmend kritischer eingeschätzt. An die Stelle der Erwartung, die sich insbesondere an seine anglophoben rhetorischen Attacken knüpfte, er werde die amerikanische Vorherrschaft über die westliche Welt destabilisieren, trat die Erkenntnis, »daß de Gaulle per saldo vielleicht doch kein Element der Schwächung, sondern der inneren Aufrüttelung und positiven Neuordnung des Westens in der langfristigen Auseinandersetzung der freien Welt mit dem Kommunismus sei«[456].

Diese ideelle Dimension der deutsch-französischen Entente beschrieb ein zentrales Element der gaullistischen Deutschlandpolitik. Die Anerkennung der Oder-Neiße-Linie seitens der Bundesrepublik verstand der General, wie Kurt Georg Kiesinger als einer von wenigen bundesdeutschen Politikern durchschaute, »als ersten Schritt für eine gemeinsame Ostpolitik« beider Regierungen, die idealiter zur deutschen Einheit und zu einem freien »Europa bis zum Ural« führen sollte[457]. Daß sich der Elysée-Vertrag und das »moralische Guthaben Frankreichs«[458], welches politisch zugunsten des Bonner Provisoriums ins Gewicht fiel, nicht nur für die weitere westeuropäische Integration oder für die Erweiterung der bestehenden Europäischen Wirtschaftsgemeinschaft zu einer Freihandelszone größeren Zuschnitts ausnutzen ließen, wie Adenauers Nachfolger, Bundeskanzler Ludwig Erhard, annahm[459], sondern im Interesse der deutschen Wiedervereinigung für die deutsche Ostpolitik von Belang war, erkannte zeitgenössisch in Bonn vor allem Helmut Schmidt. Er sah ein wesentliches Element der französischen Deutschlandpolitik in der »große[n] Aufmerksamkeit«, »die jedes französische Wort über deutsche Probleme stets in Osteuropa finden wird«[460]. Daher favorisierte er eine westdeutsche Politik der Entspannung gegenüber dem Ostblock im Verbund mit Paris. Und Kurt Georg Kiesinger prägte

454 Siehe ACDP, NL Mertes, Bd. I-403–020/3, Entwurf eines Berichts über »Außenpolitische Auswirkungen des deutschen Wahlkampfes« von Alois Mertes an das Auswärtige Amt von 1963.
455 Vgl. ebd. NL Kiesinger, Bd. I-226–A-312, Protokoll der Bundespressekonferenz am 27. Februar 1967.
456 Ebd. NL Mertes, Bd. I-403–124/4 (a), Bericht vom 2. März 1963, S. 15.
457 Siehe ebd. NL Kiesinger, Bd. I-226–A-009, Gespräch mit Bruno Kaiser am 22. Januar 1982, S. 26.
458 BA, NL von Brentano, Bd. 185, Brief Heinrich von Brentanos an Ludwig Erhard vom 15. Juli 1964.
459 Vgl. die Vorwürfe ebd. Siehe dazu auch U. LAPPENKÜPER, ›Ich bin wirklich ein guter Europäer‹. Ludwig Erhards Europapolitik 1949–1966, in: Francia 18/3 (1991) S. 98ff.
460 H. SCHMIDT, Strategie des Gleichgewichts. Deutsche Friedenspolitik und die Weltmächte, 2. Auflage Stuttgart 1966, S. 142. Vgl. zu Helmut Schmidts Kalkül auch H. MIARD-DELACROIX, Partenaires de choix? Le chancelier Helmut Schmidt et la France (1974–1982), Bern 1993, S. 50–55, und R. MARCOWITZ, Option für Paris? Unionsparteien, SPD und Charles de Gaulle 1958 bis 1969, München 1996, S. 271.

als Kanzler in dem Zusammenhang die Formel, das gaullistische Frankreich wolle »dem Osten gegenüber gleichzeitig unser Verbündeter und Bürge für uns ... sein«[461].

So durchdacht diese Konzeption de Gaulles anmutete, so gering waren letzten Endes ihre Realisierungschancen unter den Bedingungen des Kalten Krieges und im Zeitalter der »Entspannung«. Ähnlich wie später dem deutschen Außenminister Gerhard Schröder die Erfahrung nicht erspart blieb, daß sich keine deutsche Ostpolitik an Moskau vorbei betreiben ließ[462], belehrte eine Aufzeichnung des Quai d'Orsay vom März 1960 den Staatspräsidenten über die einstweilen kaum vorhandene Bereitschaft der Sowjetunion, sich auf eine solche Politik einzulassen: »Ainsi, l'U.R.S.S. poursuit sa politique à l'égard de l'Allemagne, sans se soucier de l'accorder avec celle de la France. Elle n'a pas d'objections à une influence modératrice de la France sur la République fédérale. Mais, pour modérer l'Allemagne l'U.R.S.S. compte avant tout sur elle-même«[463]. De Gaulle war als »Garant der bundesdeutschen Ehrbarkeit«[464] in Moskau nicht erwünscht. Als problematisch erwies sich die gaullistische Deutschlandpolitik aber auch für die Bundesrepublik selbst.

De Gaulles Offerte, als Verbündeter und als Bürge für die äußere Sicherheit der Westdeutschen zu sorgen, ihnen behilflich zu sein, sich von den unheilvollen Schatten ihrer Vergangenheit moralisch zu lösen und die Tradition der Schaukelpolitik zwischen Ost und West zugunsten der Westoption aufzugeben, und ihnen obendrein eine möglicherweise realistische, wenn auch viel Geduld und territoriale Entsagungsbereitschaft erfordernde Perspektive für ihre Wiedervereinigung zu bieten, mochte in einer Zeit attraktiv wirken, in der sich der Status quo zunehmend verfestigte. Die »deutsche Frage« war letztmalig auf der Genfer Außenministerkonferenz 1959 als weltpolitisches Thema behandelt worden. Dagegen plante der General, den Status quo im französischen Interesse zu revidieren, über dessen unveränderliche Fortsetzung Washington und Moskau nach Konrad Adenauers späterer Einschätzung scheinbar ein »stillschweigendes Abkommen«[465] geschlossen hatten. Daß de Gaulle trotz der Präambel des deutsch-französischen Vertrages weiterhin die Bundesrepublik für ein exklusives Bündnis zu gewinnen hoffte, gab er zu erkennen, als er den deutschen Partner anfangs eher unausgesprochen und während der Kanzlerschaft Ludwig Erhards explizit vor die Wahl stellte, entweder ganz seiner Strategie zu folgen und sich französischem Schutz anzuvertrauen oder die in der Präambel bekräftigte Außenpolitik einer Anlehnung an die Vereinigten Staaten von Amerika, den verdienten Mentor und Schutzpatron, fortzusetzen[466]. Die USA boten ungeachtet ihres politisch-militäri-

461 ACDP, NL Kiesinger, Bd. I-226–A-008, »Vertrauliche Hintergrundgespräche mit Journalisten«, Gespräch vom 23. Januar 1969, S. 23. In den USA erkannte Kennedys Stellvertretender Außenminister George W. Ball de Gaulles europäischer Konzeption eine gewisse Plausibilität zu. Siehe G. W. BALL, Disziplin, S. 148f.
462 Vgl. K. HILDEBRAND, Die Außenpolitik der Bundesrepublik Deutschland 1949–1989, S. 617. Vgl. auch M. LINDEMANN, Anfänge, S. 95, die das Fazit zieht, am Widerstand Moskaus und Ost-Berlins sei Gerhard Schröders Ostpolitik gescheitert.
463 AMAE, Europe 1944–1960, URSS, Bd. 270, Bl. 171.
464 A. GROSSER, Die Außenpolitik: Die Tore der Zukunft offen lassen, in: Bundeskanzler Dr. Kurt Georg Kiesinger zum 65. Geburtstag. Sonderdruck der Zeitschrift »Universitas«, April-Ausgabe 1969, S. 363.
465 ACDP, CDU/CSU-Bundestagsfraktion, Bd. VIII-001–1010/2, Protokoll der Fraktionssitzung vom 20. Oktober 1965, S. 28.
466 Vgl. K. HILDEBRAND, Der provisorische Staat, S. 289f.

schen Engagements in Vietnam äußere Sicherheit, bekundeten aber seit der Amtszeit John F. Kennedys kaum noch Interesse, die Blockbildung in Europa unmittelbar verändern zu wollen. Henry Kissinger hat im alsbald einsetzenden Werben der USA und Frankreichs um die Gunst und Gefolgschaft der Westdeutschen ein Dilemma gesehen. Während de Gaulles Pläne und Konzepte weiter reichten als seine Macht, sei die Macht der amerikanischen Regierung größer gewesen als ihre politische Konzeption[467].

Welches Optionsproblem de Gaulles Deutschlandpolitik für die Deutschen selbst aufwarf, geht aus Ludwig Erhards freimütigem Bekenntnis vom 4. Juli 1963 hervor, als de Gaulle letztmals im Rahmen der offiziellen Konsultationen mit Konrad Adenauer in Bonn zusammentraf, nachdem zehn Tage zuvor John F. Kennedy Deutschland besucht hatte: »L'accueil qui a été fait en Allemagne au Général de Gaulle et au Président Kennedy procède de deux sentiments différents. Le Général est le promoteur, avec le Chancelier Adenauer, de la réconciliation franco-allemande. Il bénéficie à cet égard du mouvement profond qui pousse les Allemands à se libérer du passé. En ce qui concerne Kennedy, la situation est toute différente. Il incarne le pays militairement le plus puissant ... Les Allemands voient en lui le protecteur dont ils ont besoin«[468].

7. »Les Allemands seront toujours des Allemands«. Charles de Gaulle und Deutschland 1963–1969

Der Wechsel von Konrad Adenauer zu Ludwig Erhard im Amt des Bundeskanzlers am 16. Oktober 1963 bedeutete ungeachtet der personellen Kontinuität im Bonner Auswärtigen Amt einen tiefen Einschnitt in der Geschichte der Bundesrepublik. Charles de Gaulle hatte nicht zuletzt wegen Konrad Adenauers vorgerücktem Alters und der seit Jahren im Hintergrund der bundesdeutschen Politik geführten Nachfolgediskussion, zu deren Entstehung der »Alte« selbst beigetragen hatte, den Prozeß der »Anlehnung«[469] an die Bundesrepublik beschleunigt, der im deutsch-französischen Vertrag am 22. Januar 1963 kulminierte. Daß das Optionsproblem der westdeutschen Außenpolitik, sich zwischen einer latenten, militärisch ungleich schwächeren französischen Hegemonie und der offen demonstrierten, sicherheitspolitisch beinahe überlebenswichtigen amerikanischen Vormacht in Westeuropa entscheiden zu müssen, nur notdürftig beigelegt worden war, als der Bonner Bundestag dem Elysée-Vertrag die Präambel hinzufügte, bedeutete für den neuen Bundeskanzler eine schwere politische Erbschaft, die er von seinem Vorgänger übernahm. Denn de Gaulle gab die Erwartung nicht auf, ein exklusives deutsch-französisches Bündnis zu schließen, und bemerkte bis 1969 nicht, daß er den sicherheitspolitischen Interessen seines west-

---

467 Vgl. H. A. KISSINGER, Was wird aus der westlichen Allianz?, Wien/Düsseldorf 1965, S. 82.
468 AN, NL de Gaulle, Bd. 5 AG 1/161, Protokoll der Unterredung de Gaulles mit Ludwig Erhard am 4. Juli 1963 in Bonn, S. 2. Vgl. auch Akten zur Auswärtigen Politik der Bundesrepublik Deutschland 1963. Bd. II, Dok. 217, S. 703, Gespräch zwischen Erhard und de Gaulle, 4. Juli 1963.
469 ACDP, Bd. VII-001–014/5, S. 37, Redebeitrag von Konrad Adenauer in der CDU-Bundesvorstandssitzung vom 15. Oktober 1965.

deutschen Verbündeten und auch dessen außenpolitischer Tradition nicht gerecht wurde[470].

Noch in der Endphase der Ära Adenauer, in seiner Fernsehansprache am 19. April 1963, hatte er den gewachsenen außen- und innenpolitischen Handlungsspielraum, über den die Fünfte Republik seit dem Ende des Algerienkrieges verfügte, fast prahlerisch zur Schau gestellt[471]. Auch die Kontroverse, die zwischen Bonn und Paris über die Frage des britischen Beitritts zur Europäischen Wirtschaftsgemeinschaft bestand, hielt de Gaulle nicht von der Zielsetzung ab, »in erster Linie mit Deutschland zusammengehen«[472] zu wollen. So zutreffend Haig Simonians These ist, daß konvergierende Interessen beider Länder, bis zu einem gewissen Grade unabhängig von den einzelnen Persönlichkeiten an deren Spitze, ausschlaggebend für die Gestaltung enger deutsch-französischer Beziehungen gewesen seien[473], so wenig darf jener im Individuellen gründende Faktor der persönlichen Harmonie zwischen Charles de Gaulle und Konrad Adenauer, die sich gegenseitig trotz aller unvermeidbaren Meinungsverschiedenheiten und vielleicht sogar vermeidbaren Mißverständnissen vor allem vertrauten[474], geringgeschätzt werden, der in ihrer gemeinsamen Regierungszeit das bilaterale Verhältnis prägte. Nun traten plötzlich politische Differenzen zwischen Paris und Bonn in den Vordergrund, die im Grunde mit den unterschiedlichen Begriffen des Politischen Charles de Gaulles und Ludwig Erhards zusammenhingen.

Für den neuen Bundeskanzler, der sich in seinem politischen Wirken in hohem Maße von moralischen Motiven leiten ließ, war nicht »die Politik das Schicksal«, wovon der General und der erste Bundeskanzler zeit ihres Lebens überzeugt waren. Statt dessen nahm in seiner politischen Gedankenwelt und seiner Perspektive internationaler Beziehungen das Ökonomische einen höheren, fast den primären Rang ein, allerdings in keinem Falle im marxistischen Sinne. Auf dem Wege eines nicht nur kontinentaleuropäischen, sondern universalen Freihandels gedachte er der von ihm als verabscheuenswert empfundenen kommunistischen Herausforderung des Ostens zu begegnen. Ludwig Erhard war sich der langfristigen Überlegenheit des westlichen ökonomischen und politischen Systems ebenso sicher, wie er seine historisch teilweise an Adam Smith orientierten politisch-ökonomischen Grundüberzeugungen seit den fünfziger Jahren selbstbewußt und nicht ohne Erfolg zu vertreten pflegte[475]. Ab initio lagen der »Vater des bundesdeutschen Wirtschaftswunders« und der Heros des

---

470 Vgl. auch R. MARCOWITZ, Option, S. 299f., der indirekt darstellt, daß de Gaulle die bundesdeutsche Interessenlage teilweise unrealistisch einschätzte.

471 Vgl. DM IV, S. 94f. Siehe dazu A. GROSSER, Frankreich, S. 223f.

472 ACDP, CDU/CSU-Bundestagsfraktion, Bd. VIII-001–054/1, »Erinnerungsnotiz« von Will Rasner vom 22. Oktober 1964.

473 Vgl. H. SIMONIAN, France, Germany, and Europe, in: Journal of Common Market Studies 19 (1981) S. 219. Dabei ist allerdings zu bedenken, daß die jeweils Regierenden innerhalb existierender Strukturen und Rahmenbedingungen die Interessen definieren, prüfen und verfolgen. Sicherlich verhinderte neben anderen Faktoren die im Elysée-Vertrag vorgeschriebene Verpflichtung, mindestens im halbjährlichen Rhythmus bilaterale Konsultationstreffen auf Regierungsebene abzuhalten, daß sich Frankreich und die Bundesrepublik seit 1963 irreversibel entzweiten. Jedoch ließ sich gerade Charles de Gaulle, wie in diesem Unterkapitel ausgeführt wird, die eigene Gestaltungsfreiheit bei der Fortentwicklung der deutsch-französischen Beziehungen nicht immer von jenen vertraglichen Strukturen begrenzen, die er selbst in seiner Amtszeit geschaffen hatte.

474 Siehe dazu de Gaulles Brief an R. d'Harcourt vom 29. November 1964, in: LNC X, S. 102.

475 Vgl. U. LAPPENKÜPER, ›Ich bin wirklich ein guter Europäer‹, S. 86f.

Zweiten Weltkrieges »nicht andeutungsweise auf einer Wellenlänge«[476]. Allenfalls schien einen leidlichen Modus vivendi zwischen beiden zu finden möglich zu sein, wenngleich Charles de Gaulle früh spürte, sodann klar erkannte und zeitweise fast resignativ aussprach, »daß er mit Erhard aus der Natur beider Männer heraus einfach nicht kann«[477].

In Gestalt Ludwig Erhards trat, nicht nur nach seiner Ansicht, ein «typischer ›Quartiermeister‹«[478] die Nachfolge des »Alten« an. Denn de Gaulle verstand unter »Politik« im wesentlichen äußere Machtpolitik um den Einfluß, um das Prestige, um den Rang eines Staates »in der Welt«[479]. Während Ludwig Erhard selbst die traditionelle Hierarchisierung der Staaten in »kleine«, »mittlere« und »große Mächte« als fremd empfand, in der volkswirtschaftlichen Tradition seines Lehrers Franz Oppenheimer ein »Europa der Freien und Gleichen« favorisierte und im übrigen – wie der französische Präsident, aber aus anderen Motiven – von starkem Mißtrauen gegen die Brüsseler EWG-Kommission unter der Präsidentschaft Walter Hallsteins erfüllt war[480], lehnte Charles de Gaulle die Aktienbörse über das Wohl und Wehe der äußeren oder inneren Politik eines Staates entscheiden zu lassen ausdrücklich ab und hielt statt dessen machtpolitische Rivalitäten im zwischenstaatlichen Bereich für unausweichlich[481]. »Certes, la vie est la vie, autrement dit un combat, pour une nation comme pour un homme«, so verwegen, beinahe an Napoleon I. erinnernd, beendete der General seine Fernsehansprache am 31. Dezember 1964[482].

Abgesehen von den unmittelbaren Divergenzen zwischen Paris und Bonn, die de Gaulle im September 1963 bei Adenauers offiziellem Abschiedsbesuch im Elysée-Palast am Rande zur Sprache brachte, d. h. dem geplanten englischen EWG-Beitritt und der Entwicklung der Wirtschaftsgemeinschaft zu einer politischen Organisation, den französischen Wünschen hinsichtlich einer europäischen Agrarpolitik und vor allem der weiteren politischen Zukunft des deutsch-französischen Vertrages[483], erschwerten das genuin gaullistische Politikverständnis und die Sichtweise der deutsch-französischen Beziehungen im Zeichen französischer Superiorität und bilateraler Exklusivität eine Verständigung. Immerhin stand mit dem vertraglichen Konsultationsme-

476 W. BRANDT, Erinnerungen, S. 169f.
477 ACDP, CDU/CSU-Bundestagsfraktion, Bd. VIII-001–054/1, »Erinnerungsnotiz« von Will Rasner vom 22. Oktober 1964.
478 H. WILSON, Die Staatsmaschine, S. 279.
479 Siehe dazu seinen vielsagenden Brief vom 30. Juli 1962 an Paul-Henri Spaak, abgedruckt in: LNC IX, S. 257.
480 Vgl. K. HILDEBRAND, Ludwig Erhard 1897–1977, in: L. GALL (Hg.), Die großen Deutschen unserer Epoche, Berlin 1985, S. 373, und U. LAPPENKÜPER, ›Ich bin wirklich ein guter Europäer‹, S. 90, 104f., 109. Siehe zu Erhards Beurteilung der Europäischen Wirtschaftsgemeinschaft 1957 V. LAITENBERGER, Ludwig Erhard. Der Nationalökonom als Politiker, Göttingen/Zürich 1986, S. 134–137.
481 Nicht zuletzt erwartete er früher oder später politische Spannungen im sowjetisch-chinesischen Verhältnis, weil er von der Unvermeidbarkeit der Rivalitäten dieser benachbarten Großmächte überzeugt war. Vgl. dazu beispielsweise DM IV, S. 382, Pressekonferenz am 9. September 1965, und LNC VIII, S. 408, Schreiben an Ben Gurion, 9. November 1960. Siehe prinzipiell auch DM V, S. 110, Pressekonferenz am 28. Oktober 1966.
482 DM IV, S. 319.
483 Vgl. W. HÖLSCHER, Krisenmanagement in Sachen EWG. Das Scheitern des Beitritts Großbritanniens und die deutsch-französischen Beziehungen, in: R. A. BLASIUS (Hg.), Von Adenauer, S. 43.

chanismus ein politisches Instrumentarium zur Verfügung, um zumindest eine irreversible Distanzierung der Partner zu verhindern. In jedem Falle setzte de Gaulles ebenso egoistischen, rein französischen Interessen entsprungene wie einer gewissen generösen Tradition verpflichtete Offerte, als Verbündeter und als Bürge die Ostpolitik der Bundesrepublik im Hinblick auf die Wiedervereinigung Deutschlands diplomatisch flankieren zu wollen, ein hohes Maß an außenpolitischem Verständnis auf seiten Bonns voraus.

Schon seit dem Sommer 1958, als der Algerienkrieg die Handlungsfreiheit Frankreichs empfindlich begrenzte, fühlte sich de Gaulle berufen, dem »natürlichen Weltmachtanspruch« seines Landes, der so eigentümlich mit der realen Situation Frankreichs als einer »Mittelmacht«[484] kontrastierte, Geltung zu verschaffen. »Car si la France cesse d'être mondiale, elle cesse d'être la France«, hatte er den amerikanischen Außenminister Dulles unverblümt beschieden[485]. Die sich auch von Ludwig Erhards anglophiler Perspektive deutlich abhebende Konzeption internationaler Beziehungen unter den Bedingungen der Ost-West-Konfrontation, insbesondere zwischen Westeuropa und den Vereinigten Staaten von Amerika, die in der amerikanischen Außenpolitik der Nachkriegszeit dominierte und die einmal, trotz mehrerer Anzeichen sicherlich nicht ganz zutreffend, mit dem Verhältnis von »Anteilseignern in einer Aktiengesellschaft« verglichen worden ist[486], vermochte de Gaulle innerhalb der NATO ebensowenig zu akzeptieren, wie er auf den französischen Führungsanspruch in Europa zugunsten eines anderen zu verzichten bereit war. Je länger er regierte, desto vehementer forderte er die Gleichberechtigung Frankreichs mit den angelsächsischen Mächten innerhalb der NATO und erwartete eine entsprechende politische Unterstützung aus Bonn. In diesem Zusammenhang stellte er im Juli 1964, als er zu einem Konsultationsbesuch in Bonn weilte, den Bundeskanzler vor die sicherheitspolitische Alternative, entweder vollständig auf den Kurs exklusiver deutsch-französischer Beziehungen einzuschwenken oder weiter an der bestehenden Partnerschaft mit den Vereinigten Staaten von Amerika festzuhalten[487]. Warnend rief sich Ludwig Erhards frankophiler Weggefährte Horst Osterheld, der im Rückblick nicht mit Kritik am Bundeskanzler sparte[488], ins Gedächtnis, der Präsident »habe eine fast romantische Liebe zu Deutschland – die man freilich auch in Haß verwandeln kann«[489].

Bis zu einem gewissen Grade unabhängig von der Politik des deutschen Kanzlers bildeten ferner die Jahre 1963/64 eine latente Zäsur der Außenpolitik de Gaulles, nachdem er zuvor stärker innenpolitische Erfordernisse hatte berücksichtigen müssen, ohne seine originären außenpolitischen Prinzipien aufzugeben oder ihnen unterzuordnen. Zwar läßt sich seine ganze Staatspräsidentschaft nicht in pharaonenhafte sieben magere und sieben fette Jahre gliedern, zumal sein zweites Septennat abrupt 1969 zu Ende ging. Aber noch deutlicher als ehedem stellte de Gaulle nun den Primat

484 M. Couve de Murville, Principes, S. 4.
485 Siehe Documents Diplomatiques Français 1958. Bd. II (1er juillet–31 décembre) S. 26.
486 So H. A. Kissinger, Memoiren, S. 117.
487 Vgl. K. Hildebrand, Der provisorische Staat, S. 289f.
488 Vgl. H. Osterhelds Redebeitrag in: Nach-Denken. Über Konrad Adenauer und seine Politik. Internationales wissenschaftliches Symposion am 27. April 1992, hg. v. der Stiftung Haus der Geschichte der Bundesrepublik Deutschland, Bonn/Berlin 1993, S. 154f.
489 Ders., Außenpolitik, S. 125.

der Außenpolitik solange ungehindert zur Schau, bis die eigene Nation ihm nicht mehr zu folgen bereit war und ihren Tribut forderte, den der Herr des Elyséepalastes ihr bereits einige Jahre lang zu zollen versäumt hatte[490].

Hatte de Gaulle 1959 amerikanisches Kapital in Frankreich willkommen geheißen und in der New Yorker Finanzwelt eine entsprechende Resonanz hervorgerufen, so beschloß er, als der amerikanische Chrysler-Konzern im Januar 1963 den französischen Automobilhersteller Simca erwarb, den französischen Markt für künftige amerikanische Investitionen protektionistisch zu schließen[491], ohne die übrigen fünf EWG-Partner zu benachrichtigen oder gar Ludwig Erhards Freihandelsgedanken in Erwägung zu ziehen. Ähnlich wie die weitere Entwicklung des Gemeinsamen Marktes der EWG bedeutete diese ökonomische Frage für de Gaulle ein Politikum. Bereits Konrad Adenauer hatte sich 1959 und 1960 die Frage stellen müssen, »ob die gaullistische Außen- und Verteidigungspolitik nicht zu weit von der gesicherten deutschen Europa- und Atlantik-Politik entfernt« sei[492]. Die außenpolitischen Bewegungsgesetze der beiden Länder, die 1962/63 für einen historischen Moment scheinbar vollständig miteinander harmoniert hatten, bewirkten 1965/66 eine Entzweiung.

In mancher Hinsicht stieß der General in der Mitte der sechziger Jahre an eine innere Grenze seiner Deutschlandpolitik, die durch seine ehrgeizige Zielsetzung markiert wurde, eine Renaissance französischer Groß- und Weltmachtpolitik einzuleiten und der Bundesrepublik eigenmächtig die Stellung einer »willkommenen Hilfskraft«[493] zuzuweisen. Denn die atlantische Option, die Ludwig Erhard wählte, fügte sich vergleichsweise nahtlos in die dominierende Tradition der Bonner Außenpolitik ein. Sie hing mit der Teilung Deutschlands untrennbar zusammen, die ihrerseits das ökonomische und demographische Gefälle zwischen beiden Ländern zugunsten Frankreichs verschoben und die deutsch-französische Annäherung in der Nachkriegszeit nicht unwesentlich erleichtert hatte[494].

De Gaulle trat nun dem seit langem als Herrschaft empfundenen amerikanischen Einfluß in Europa offensiv entgegen. Seit seinem NATO-Memorandum vom September 1958 und seinen 1959 bzw. 1962 getroffenen Beschlüssen, die französische Mittelmeerflotte und die aus Algerien abgezogenen Truppen nicht dem NATO-Kommando zu unterstellen, ließ er die Verbündeten und auch den Hauptgegner, die Sowjetunion, erahnen, daß er auf einen günstigen historischen Moment wartete, der die als lästig empfundene Fessel der Integration des westlichen Bündnisses abstreifen zu können gestattete. Am 3. Juli 1964 teilte Maurice Couve de Murville Gerhard Schröder auf eine energische Nachfrage unumwunden mit, »Frankreich beabsichtige, sich aus der Integration herauszulösen und die Kommandogewalt über alle seine

490 Vgl. A. SHENNAN, De Gaulle, S. 126, und D. PICKLES, The Uneasy Entente. French Foreign Policy and Franco-British Misunderstandings, London 1966, S. 169.
491 Vgl. A. SHENNAN, De Gaulle, S. 119f., und R. F. KUISEL, De Gaulle's Dilemma, S. 13ff. Siehe auch ebd. S. 16, zum »Dollarstreit«.
492 Siehe P. FISCHER, Der diplomatische Prozeß, S. 105.
493 C. SCHMID, Erinnerungen, Bern/München 1979, S. 779. Die prinzipiell unveränderlichen außenpolitischen Unterschiede zwischen Bonn und Paris hat de Gaulle 1966 detailliert benannt. Vgl. sein »Exposé au Conseil des affaires étrangères sur l'Allemagne« vom 4. Februar 1966, abgedruckt in: LNC X, S. 248.
494 Vgl. P. MAILLARD, 1963. Le traité franco-allemand, S. 14.

Streitkräfte selbst zu übernehmen«[495]. Das amerikanische Engagement in Vietnam bestärkte den französischen Präsidenten in der Absicht, war aber nicht der Hauptgrund.

Als de Gaulle im März 1966 Ludwig Erhard den Teilrückzug Frankreichs aus der NATO mitteilte, begründete er diesen Schritt offiziell mit der Befürchtung, Westeuropa könne in einen Krieg verwickelt werden, »der seine Wurzeln nicht in Europa hat, sondern in irgendeinem Teil der Welt, der aber auf Europa überschlagen könnte«[496]. Zu der Besorgnis hatte 1958/59, als er die vollständige verteidigungspolitische Unabhängigkeit seines Landes schrittweise zu restaurieren begonnen hatte, kein unmittelbarer Anlaß bestanden. Dem wahren Motiv verlieh er Kurt Georg Kiesinger gegenüber mit dem Bekenntnis Ausdruck, die Franzosen seien für eine

geschwächte Situation nicht geboren, sie würden sich mit ihr nicht zufrieden geben. Für Frankreich gehe es im Grunde um eine nationale Wiederbelebung, sonst sinke das Land immer stärker in Unordnung, Spaltung und Ohnmacht ab. Dies bedeute ein Unglück nicht nur für Frankreich, sondern für Europa und die Welt. Das nationale Gefühl in Frankreich sei nicht kriegerisch und auf Eroberung und Beherrschung gerichtet, sondern auf das eigene Wiedererstarken, eine nationale Wiedergeburt. Deshalb seien alle Versuche supranationaler Art, auch die NATO, niemals wirklich populär gewesen. Deshalb habe er dieser Politik, die im Grunde überhaupt keine Politik sei, ein Ende gesetzt[497].

Indem Frankreich aus der militärischen Integration der NATO austrat, fand es insofern gewissermaßen zu sich selbst zurück, als die Armee nach der Ansicht des Generals die »zweite Natur« seines Landes bildete[498]. Die Wende, die de Gaulle 1965/66 scheinbar einleitete[499], fügte sich zwar weder bruchlos in die europäische Nachkriegsgeschichte noch in die Tradition der deutsch-französischen Beziehungen seit 1949 ein, beschrieb aber auch keine prinzipielle Peripetie der modernen Geschichte Frankreichs oder der gaullistischen Deutschlandpolitik.

Seit sich die internationale Lage in Europa noch in der Endphase der Kanzlerschaft Konrad Adenauers wandelte und das Zeitalter der Entspannung den Kalten Krieg ablöste, trat umgehend eine bereits in den fünfziger Jahren verborgen vorhandene grundsätzliche Differenz zwischen Frankreich und der Bundesrepublik wieder stärker hervor. Historisch »befänden sich Frankreich und Deutschland nicht in einer identischen Situation«, führte de Gaulle Bundeskanzler Kiesinger mit deutlichen Worten vor Augen, denn »Deutschland habe den letzten Krieg verloren«[500]. Das gaul-

---

495 Akten zur Auswärtigen Politik der Bundesrepublik Deutschland 1964. Bd. II, Dok. 182, S. 737.

496 ACDP, CDU-Bundesvorstand, Bd. VII-001–015/2, Protokoll vom 14. März 1966, S. 139.

497 Ebd. NL Kiesinger, Bd. I-226–A-312, Kurzprotokoll des Konsultationsbesuches vom 13. März 1969. In einem ähnlichen Sinne hatte sich de Gaulle am 4. Juli 1963 gegenüber Adenauer in Bonn geäußert. Vgl. K. ADENAUER, Erinnerungen 1959–1963, Stuttgart 1968, S. 228f.

498 So hat er sie explizit in einem Brief an den Journalisten P. Lyautey vom 6. November 1963 bezeichnet. Siehe LNC IX, S. 387.

499 So mutete seine Entscheidung zeitgenössisch an. Vgl. H. ABOSCH, De Gaulle und die außenpolitische Wende, in: Gewerkschaftliche Monatshefte 17 (1966) S. 94. De Gaulle hatte im Februar 1965 den Plan erwogen, nicht nur die militärische Integration zu verlassen, sondern Frankreich auch aus der politischen Struktur der NATO komplett zu lösen und statt des multilateralen Bündnisses eine bilaterale französisch-amerikanische Allianz zu schließen. Vgl. seine Aufzeichnung vom 23. Februar 1965 über das Projekt eines französisch-amerikanischen Militärabkommens, in: LNC X, S. 134.

500 ACDP, NL Kiesinger, Bd. I-226–A-312, Kurzprotokoll des Konsultationsbesuches vom 13. März 1969. Vgl. auch die dezidierten Äußerungen de Gaulles vom 4. Mai 1966 gegenüber dem amerikanischen Senator F. Church, in: LNC X, S. 296.

listische Frankreich suchte zurückzugewinnen bzw. sträubte sich gegen den Verlust dessen, was Deutschland längst verloren hatte. Die Bundesrepublik suchte im Zuge ihres äußeren Bewegungsgesetzes nur zum Teil wiederzuerlangen, was Frankreich seit 1962 wieder besaß. Die Statusdifferenz zwischen einem relativ unabhängigen Nationalstaat und einem begrenzt souveränen Teilstaat, deren politische Unterschiedlichkeit während des offen ausgetragenen Kalten Krieges eher eingeebnet worden war, brachte Charles de Gaulles Außenpolitik nun stärker zum Vorschein und unterwarf die ohnehin seit dem Beginn der sechziger Jahre von Entspannungstendenzen im westlichen Bündnis gefährdete äußere Staatsräson der Bundesrepublik, »durch westliche Integration zugleich staatliche Souveränität und nationale Einheit zu finden«[501], einer neuen Belastungsprobe. Seine einsam getroffene und seit langem vorbereitete Entscheidung, die französischen Streitkräfte vollständig aus dem integrierten Verbund der NATO zurückzuziehen und den Abzug sämtlicher NATO-Truppen, insbesondere amerikanischer NATO-Streitkräfte, vom französischen Territorium anzuordnen, signalisierte deutlich einen »der Unterschiede, was ein französischer und ein deutscher Regierungschef tun könnten«[502]. De Gaulle reklamierte für Frankreich das Recht, frei über seine Streitkräfte zu verfügen und zugleich seinen politischen Einfluß auf die NATO-Strategie zu bewahren.

Dabei erwartete er keineswegs, daß die Bundesrepublik ihm auf diesem Kurs folgen würde. Gerade dies fürchtete er und suchte er zu verhindern. Im gleichen Maße, wie er dafür Sorge trug, daß die Fünfte Französische Republik kein »amerikanisches Protektorat« blieb[503], und er die Bundesrepublik 1962 zu einer größeren Distanz gegenüber der amerikanischen Schutzmacht aufgefordert hatte, achtete er darauf, daß der deutsche Verbündete auf einen ähnlichen nationalen Alleingang verzichtete[504]. Mit der abgestuften Entscheidung, Frankreichs politische Mitgliedschaft in der westlichen Allianz beizubehalten und die französische Armee komplett aus der Integration der NATO herauszulösen, verlor nämlich Paris gerade nicht seine angestammten politischen und militärischen Kontrollmöglichkeiten über Deutschland[505].

Aus mehreren Gründen setzte die französische Unabhängigkeit die weitere vollständige NATO-Integration der Bundesrepublik sogar voraus. Solange die französischen Atomwaffen noch keine ernsthafte Abschreckungswirkung erzielten[506], son-

501 K. HILDEBRAND, Die Außenpolitik der Bundesrepublik Deutschland 1949–1989, S. 615.
502 ACDP, NL Kiesinger, Bd. I-226–A-312, Kurzprotokoll des Konsultationsbesuches vom 28. September 1968. Allerdings darf im Hinblick auf die tatsächliche Bedeutung im militärischen, nicht politischen, Sinne des französischen Teilaustritts aus der NATO nicht übersehen werden, daß Frankreich ohnehin seit 1964 lediglich noch mit zwei Heeresdivisionen und einigen in Deutschland stationierten Geschwadern in der Organisation integriert war. Vgl. F. BOZO, De Gaulle, l'Amérique et l'Alliance atlantique. Une relecture de la crise de 1966, in: Vingtième Siècle. Revue d'Histoire 43 (1994) S. 61. P. MESSMER, Après tant de batailles, S. 254, bezeugt, daß er als Verteidigungsminister den kompletten Austritt Frankreichs aus der NATO-Integration mittelfristig ahnte, aber über diesen individuellen Beschluß de Gaulles vorher nicht unterrichtet gewesen war.
503 So referierte Kiesinger de Gaulles Standpunkt. Siehe ACDP, NL Kiesinger, Bd. I-226–A-009, Gespräch mit Bruno Kaiser am 22. Januar 1982, S. 32.
504 Vgl. ebd. Bd. I-226–A-312, Kurzprotokoll des Konsultationsbesuches vom 28. September 1968. Vgl. auch LNC X, S. 247, »Exposé au Conseil des affaires étrangères sur l'Allemagne« vom 4. Februar 1966, und ebd. S. 295f., Unterredung mit F. Church am 4. Mai 1966.
505 Vgl. G.-H. SOUTOU, L'alliance, S. 291f.
506 Vgl. D. STIKKER, Bausteine für eine neue Welt. Gedanken und Erinnerungen an schicksalhafte Nachkriegsjahre, (dt. Übersetzung) Wien/Düsseldorf 1966, S. 431.

dern im wesentlichen, nicht zuletzt im Verhältnis zu Bonn, auf die Bedeutung einer »politische[n] Waffe«[507] reduziert blieben, vermochte Frankreich seine Unabhängigkeit »nur hinter dem Schutzschild der NATO [zu] behaupten«[508]. Ferner hielt der französische Präsident aus historischer Erfahrung und angesichts der deutschen Teilung, aus Sorge vor einer übermäßigen Stärke Deutschlands wie aus Angst vor einer ungezügelten expansiven deutschen Ostpolitik, die fortdauernde Präsenz amerikanischer Streitkräfte in der Bundesrepublik ebenso für geboten wie die weitere Kontrolle der deutschen Politik auf dem Wege der bundesrepublikanischen Westintegration. Seitdem sich während der Regierungszeit Ludwig Erhards die weitreichenden Hoffnungen »auf eine gemeinsame deutsch-französische Politik in Europa und in der Welt auf allen Gebieten, einschließlich dem der Verteidigung«, die de Gaulle beim Abschluß des Elysée-Vertrages gehegt hatte[509], endgültig verflüchtigten, wuchs sein Mißtrauen gegenüber den Deutschen wieder, das während der Adenauer-Ära einem beinahe singulären Zutrauen gewichen war. Im August 1964 registrierte das Bonner Auswärtige Amt einen »Vertrauensschwund gegenüber der deutschen Politik, so wie sie in Paris beurteilt wird«[510]. Und als Couve de Murville am 31. Oktober 1965 in Pitzunda mit Alexei Kossygin, dem Vorsitzenden des sowjetischen Ministerrates, konferierte, deutete er die Abkühlung der deutsch-französischen Beziehungen an. Frankreich wünsche weiterhin gute Beziehungen zur Bundesrepublik, erklärte der französische Außenminister, »parce que, tout d'abord, ce sont nos voisins. Nous n'avons pas d'illusions, c'est une affaire de raison«[511]. Der politische Stellenwert Deutschlands drohte sich, nachdem die historische Chance einer bilateralen deutsch-französischen Entente im Zeichen der Exklusivität, die nicht wenigen zeitgenössischen Bonner Beobachtern eher eine Gefahr darzustellen schien, wegen der Präambel zum Elysée-Vertrag 1963 ohnehin kaum noch bestand und 1964 mit der Absage Ludwig Erhards endgültig vertan war, für die gaullistische Außenpolitik erheblich zu relativieren. Der französische General André Beaufre sah wenig später in der Bundesrepublik keineswegs mehr einen außen- oder verteidigungspolitischen Partner, mit dem Frankreich eine gemeinsame konstruktive Politik im Sinne der entsprechenden Bestimmungen des Vertrages initiieren könne, sondern nannte sie »ein Vorfeld gegen den Osten ... wie ... zu Zeiten Karls des Großen«[512].

Bereits zuvor wurde der französische Präsident von wenigen Skrupeln geplagt, als er in aller Öffentlichkeit demonstrierte, »daß zwischen Frankreich und Deutschland noch kein Zustand der vollen Gleichberechtigung herrschte«[513]. Am 25. Februar 1963 nahm der französische militärische Geheimdienst Antoine Argoud, einen desertierten französischen Oberst, der sich der Untergrundbewegung OAS angeschlossen hat-

507 E. WEISENFELD, Charles de Gaulle, S. 76.
508 I. KOLBOOM, Im Westen, S. 72.
509 Siehe ACDP, CDU/CSU-Bundestagsfraktion, Bd. VIII-m001–056, Bericht über ein Gespräch Willy Brandts mit Charles de Gaulle vom 2. Juni 1965.
510 Akten zur Auswärtigen Politik der Bundesrepublik Deutschland 1964. Bd. II, Dok. 234, S. 973, Aufzeichnung von J. Jansen, 18. August 1964.
511 FNSP, Fonds Couve de Murville, carton 20, Protokoll der Unterredung mit Kossygin vom 31. Oktober 1965, S. 2f.
512 A. BEAUFRE, Vorfeld und Hinterland. Frankreich und Deutschland von der Warte der Verteidigungspolitik, in: Wehrkunde 15 (1966) S. 114.
513 K. CARSTENS, Erinnerungen, S. 254.

te und an Attentatsversuchen auf den französischen Präsidenten beteiligt gewesen war, in München fest und entführte ihn nach Paris, ohne die bundesdeutsche Souveränität zu respektieren. Der Verhaftung Argouds, mit welcher sich Premierminister Georges Pompidou zuvor einverstanden erklärt hatte, lag eine persönliche Anordnung des Verteidigungsministers Pierre Messmer zugrunde, von welcher der Staatspräsident keine Kenntnis besaß. Als Ludwig Erhard, nicht zuletzt auf Druck der Gaullisten in den eigenen Reihen bzw. in seiner Regierung, diskrete Satisfaktion seitens der französischen Regierung wünschte, ohne das bereits für den Februar 1964 geplante Konsultationstreffen mit dieser unangenehmen Bagatelle unnötig belasten zu wollen, erhielt er von de Gaulle geraume Zeit später das gewünschte Schreiben, in dem von legitimen Souveränitätsrechten der Westdeutschen nicht die Rede war[514].

Folgenreicher wirkte sich die Ungleichheit im Rang aus, als das Frankreich de Gaulles am 27. Januar 1964 die Volksrepublik China anerkannte. Im Einklang mit der im deutsch-französischen Vertrag vorgeschriebenen Konsultationspflicht teilte die französische Seite ihrem deutschen Verbündeten ihre seit dem September des Vorjahres erwogene und letztlich nicht unbegründete Absicht kurz vorher mit[515]. Die Bundesregierung erfuhr bei dieser Gelegenheit, wie unterschiedlich der Vertrag auf beiden Seiten interpretiert wurde und welche Differenz in der Interessenlage zwischen Bonn und Paris bestand. Die Anerkennung Chinas werde vom Elysée-Vertrag nicht berührt, erfuhr der deutsche Diplomat Paul Frank, »puisque la France a une responsabilité mondiale et que l'Allemagne n'a qu'une responsabilité régionale«[516]. Entsprechend dieser Perspektive, der ein globales Gleichgewichtsdenken zugrunde lag, achtete der General, seitdem die Bonner Außenpolitik 1963/64 nicht auf seine exklusive Bündnisofferte eingegangen war, auf die zumindest militärische und diplomatische Unterordnung der deutschen Seite im bilateralen Verhältnis, die er nicht zuletzt mit der Aussicht auf französische Unterstützung in der Wiedervereinigungsfrage erträglich zu gestalten hoffte, wie sich im Zusammenhang mit dem mehrere Jahre lang diskutierten Plan einer Multilateralen Atomstreitmacht (MLF) erwies.

Die MLF, von der de Gaulle sarkastisch als einer »atomaren Fremdenlegion der USA«[517] sprach, warf nicht nur die Frage einer Abstufung zwischen »Großen« und »Kleinen«, Nuklearmächten und nicht-nuklearbewaffneten Staaten, innerhalb der NATO auf, sondern durchkreuzte beträchtlich die gaullistische Europapolitik. Ob-

---

514 Vgl. LNC X, S. 37f. Siehe zur nachträglichen Unterrichtung de Gaulles über die Argoud-Affäre P. Messmer, Après tant de batailles, S. 279, und zur deutschen Position Akten zur Auswärtigen Politik der Bundesrepublik Deutschland 1963. Bd. III, Dok. 441, S. 1523, Carstens an den deutschen Botschafter M. Klaiber, 2. Dezember 1963.

515 Vgl. die Instruktion vom 26. September 1963 für Edgar Faure, der zu dieser Mission nach China entsandt wurde, in: LNC IX, S. 374, sowie Akten zur Auswärtigen Politik der Bundesrepublik Deutschland 1964. Bd. I, hg. im Auftrag des Auswärtigen Amts vom Institut für Zeitgeschichte, bearbeitet v. R. A. Blasius u. a., München 1995, Dok. 11, S. 42, Aufzeichnung von Carstens, 15. Januar 1964.

516 So referiert Paul Frank die französischen Explikationen in: J. Lacouture, R. Mehl (Hg.), De Gaulle, S. 364. Siehe auch den Brief von Bruno Heck über das Konsultationstreffen im Februar 1964, den er an Rainer Barzel und Will Rasner am 17. Februar 1964 sandte, in: ACDP, CDU/CSU-Bundestagsfraktion, Bd. VIII-001–054/1 Ablage »Büro Rasner«, und zu de Gaulles offizieller Begründung Akten zur Auswärtigen Politik der Bundesrepublik Deutschland 1964. Bd. I, Dok. 44, S. 210f., Gespräch zwischen de Gaulle und Erhard, 14. Februar 1964.

517 Siehe M. A. Mantzke, Grundzüge, S. 168.

wohl die amerikanische Regierung 1962 bezweifelte, daß sich das gaullistische Frankreich an einer gemeinsamen Nuklearstreitmacht im Rahmen der NATO beteiligen würde, diente das MLF-Projekt auch dem Zweck, den Aufbau der nationalen Force de frappe zu hintertreiben[518]. Tatsächlich hatte der französische Präsident im Juli 1964 der Bonner Regierung vorgeschlagen, sich an der französischen Force de frappe zu beteiligen, allerdings die alleinige Verfügungsgewalt über ihren Einsatz Frankreich vorbehalten[519]. Ob er in informellen Gesprächen am Rande der Konsultationen ernsthaft weitergehendere Vorschläge unterbreitete, wie in jüngsten Quellen angedeutet wird, und eine deutsche Mitwirkung an einer potentiellen Entscheidung über den Einsatz gemeinsamer Atomwaffen zugestand[520], erscheint auf dem gegenwärtigen Stand der Quellen eher fraglich. Zwar geht aus dem Protokoll einer Unterredung de Gaulles mit dem Staatssekretär Karl Carstens vom 4. Juli 1964 hervor, daß der General in einer äußerst vagen Form eine deutsche Beteiligung an der »Force de frappe« anbot, aber Karl Carstens hat in einer zeitgenössischen Aufzeichnung diese gaullistische Offerte »undeutlich« genannt[521]. Daß de Gaulle dieses Angebot ernsthaft unterbreitete, wirkt nicht zuletzt im Hinblick auf die Vormachtstellung, die der französische Präsident für Frankreich im bilateralen Verhältnis zur Bundesrepublik reklamierte, eher zweifelhaft. Zunächst stellte er nämlich zehn Tage nach seiner Rückkehr intern klar, daß den Deutschen nicht einmal »la moindre porte sur ce que nous faisons dans le domaine atomique« geöffnet werde, solange die Bonner Außenpolitik der atlantischen Route folgen werde[522].

Außerdem empfahl er, der im Unterschied zu anderen westlichen Staatsmännern in der Zeit, vielleicht auch noch stärker als manche Deutschen selbst, die nationalstaatliche Wiedervereinigung für das Hauptziel deutscher Politik schlechthin erachtete[523], Bundeskanzler Erhard in konzilianter, aber unmißverständlicher Form ein halbes Jahr später, sich zu

überlegen, ob unser Drang und unser Wunsch, in der Frage der Wiedervereinigung einen Fortschritt zu erzielen ... und vielleicht die Ostblockländer diesem Problem gegenüber etwas auf-

518 Vgl. Ch. HOPPE, Zwischen Teilhabe und Mitsprache: Die Nuklearfrage in der Allianzpolitik Deutschlands 1959–1966, Baden-Baden 1993, S. 75f., 81. Siehe auch ebd. S. 226f., 377f., zu der mißlungenen amerikanischen Absicht, Frankreich mit Hilfe der MLF zu isolieren und gleichzeitig die NATO-Integration stärken zu wollen. Diese von Beginn an widersprüchliche Intention trug zum Scheitern des Projekts bei. Siehe zu den Anfängen der MLF und den Intentionen des amerikanischen Außenministers Christian Herter 1960 C. BARBIER, La Force multilatérale, in: Relations internationales, Nr. 69 (1992) S. 4.
519 Vgl. K. HILDEBRAND, Der provisorische Staat, S. 289f.
520 Vgl. K. CARSTENS, Erinnerungen, S. 272; H. OSTERHELD, Außenpolitik, S. 100.
521 Siehe Akten zur Auswärtigen Politik der Bundesrepublik Deutschland 1964. Bd. II, Dok. 210, S. 887, Aufzeichnung von Carstens, 27. Juli 1964. Vgl. auch ebd. S. 893, und Dok. 186, S. 768, Gespräche zwischen Carstens, de Gaulle und Couve de Murville. Nach G.-H. SOUTOU, L'alliance, S. 274f., handelt es sich um ein Mißverständnis. De Gaulle habe keine Beteiligung an der Verfügungsgewalt über die »Force de frappe« angeboten, sondern nur die Einbeziehung Deutschlands in deren Abschreckungsbereich zugesagt, falls Bonn eindeutig für Paris optiert.
522 Vgl. LNC X, S. 79, Aufzeichnung vom 13. Juli 1964 für Burin des Roziers.
523 Vgl. z. B. ebd. S. 247, »Exposé au Conseil des affaires étrangères sur l'Allemagne« vom 4. Februar 1966. Vgl. auch Rede Couve de Murvilles vom 14. April 1966 vor der Nationalversammlung, in: Journal officiel de la République Française, 15. April 1966, S. 691.

geschlossener zu machen, im Einklang mit einer deutschen Beteiligung an einer nuklearen Waffe stünden[524].

Wie in seinen hellsichtigen Ausführungen über die äußeren Bedingungen der deutschen Wiedervereinigung im Jahre 1959, vertrat er in den sechziger Jahren den Standpunkt, daß sich deutsche Einheit und deutscher Atomwaffenbesitz gegenseitig ausschlössen[525]. Nach wie vor sah er nämlich einen Zweck des Elysée-Vertrages nicht nur darin, auf der Grundlage einer engen Verbundenheit zwischen Frankreich und der Bundesrepublik eine gemeinsame Politik zur Überwindung der Spaltung Europas zu betreiben, sondern erblickte gewissermaßen auch im »containment« Deutschlands selbst einen Sinn des bilateralen Vertragsverhältnisses. Jedem Rückfall in eine imperialistische deutsche Politik beuge die vertragliche Entente vor, erklärte de Gaulle am 10. September 1965 dem polnischen Ministerpräsidenten Josef Cyrankiewicz in Paris[526], und entschärfe die Brisanz der »deutschen Frage«:

L'Allemagne s'est relevée économiquement. Elle s'est relevée un peu militairement. Actuellement nous ne la jugeons pas menaçante. Nous ne pensons pas qu'elle veuille, qu'elle puisse redominer l'Europe. Nous ne sommes pas sûrs qu'elle le veuille jamais. ... Nous sommes politiquement prudents à l'égard de l'Allemagne. C'est une politique prudente mais pas encore une politique inquiète[527].

Gleichzeitig versäumte er keineswegs während der Kanzlerschaft Ludwig Erhards, der seiner europäischen Konzeption wenig Verständnis entgegenbrachte, der möglicherweise zu keiner Zeit den spezifischen, historisch bedingten politischen Wert des gaullistischen Frankreichs als Verbündeten und Bürgen gegenüber Osteuropa zu ermessen verstand, der die Bedeutung der deutsch-französischen Entente vor dem Hintergrund der nicht illegitimen Sicherheitsbedürfnisse der osteuropäischen Satelliten kaum jemals ernsthaft in Betracht zog[528], französische Ostpolitik zu betreiben und dabei deutsche Interessen nach seinen Vorstellungen zu berücksichtigen.

Informell teilte Charles de Gaulle im März 1966 dem bereits mehr als zwei Jahre vorher aus dem Amt geschiedenen neunzigjährigen Konrad Adenauer mit, er werde, wenn er in einigen Monaten nach Rußland reise, die Wiedervereinigung Deutschlands verlangen[529]. Eine europäische Détente bezeichnete er Adenauer gegenüber als »la clé

---

524 So referierte Erhard de Gaulles Standpunkt in der CDU-Bundesvorstandssitzung vom 9. Februar 1965. Siehe ACDP, Bd. VII-001–014/1, S. 14.
525 Vgl. zu der Kontinuität LNC X, S. 249, »Exposé au Conseil des affaires étrangères sur l'Allemagne« vom 4. Februar 1966.
526 Vgl. FNSP, Fonds Couve de Murville, carton 14 (Documents divers, entretiens), Protokoll der Unterredung de Gaulles mit Josef Cyrankiewicz vom 10. September 1965, S. 8.
527 Ebd.
528 Als de Gaulle Ludwig Erhard im Februar 1964 nach seiner »Sicht der Elemente der Freundschaft zwischen Frankreich und Deutschland« fragte, nannte der Kanzler zuerst »einmal die von beiden Völkern gewonnene tiefe Überzeugung, daß es eine wahre Befreiung bedeutet, über die geschichtliche Tragik hinweggefunden zu haben«. Ferner sei das »Vertrauen in einen Bündnispartner, der in den entscheidenden politischen Fragen ohne Schwanken und Zögern für uns eingestanden ist«, ein solches Element. Schließlich war er überzeugt, »daß Europa, so diffus auch manchmal das Bild Europas scheinen mag, sich selbst zerstören würde, wenn nicht das feste Gerippe der deutsch-französischen Freundschaft erhalten bliebe«. Siehe ACDP, CDU-Bundesvorstand, Bd. VII-001–013/2, Protokoll vom 25. Februar 1964, S. 10.
529 Vgl. ebd. Bd. VII-001–015/3, Protokoll vom 21. März 1966, S. 32.

de la réunification allemande«[530]. Die Ankündigung einer neuen französischen Initiative zur Lösung der »deutschen Frage« sowie die Reiseabsicht generell warfen umgehend die Frage auf, ob de Gaulle tatsächlich die Solidarität mit der Bundesrepublik für wichtiger hielt als eine eigenständige französische Rußlandpolitik ohne Rücksichtnahme auf den deutschen Verbündeten, oder ob sich beide Optionen miteinander verbinden ließen. Der Elysée-Vertrag wurde einer beinahe existentiellen Nagelprobe ausgesetzt, die mit früheren Prüfungen wie beispielsweise dem erwähnten Frankreichbesuch des polnischen Ministerpräsidenten Cyrankiewicz kaum zu vergleichen war. Immerhin hatte sich de Gaulle im September 1965 kategorisch geweigert, der Forderung des polnischen Gastes nachzukommen, einen Passus über die Anerkennung der Oder-Neiße-Grenze in das gemeinsame Kommuniqué aufzunehmen. Denn er wollte der Regierung Erhard keine Schwierigkeiten im Bundestagswahlkampf bereiten[531], nachdem er bereits im Mai desselben Jahres den sowjetischen Außenminister Gromyko in Paris empfangen und mit ihm »über vieles und vor allem über Deutschland geredet« hatte[532]. Aufmerksam wurde im Mai 1965 in Bonn registriert, welcher Dissens zwischen Paris und Moskau über die Existenz zweier deutscher Staaten herrschte und welcher Konsens über die Endgültigkeit der deutschen Grenzen und den Verzicht Deutschlands auf eine atomare Bewaffnung zwischen beiden bestand[533]. Im Sommer 1966, als de Gaulle den direkten Kontakt zum Kreml suchte, stand dagegen beinahe die gesamte Entente mit der Bundesrepublik auf dem Spiel. Der Präsident ging bewußt »ein kalkuliertes Risiko« ein, hinter dem die Frage stand, ob Frankreich »mehr zu gewinnen als zu verlieren habe, wenn es die deutsche Wiedervereinigung fordere«[534].

Den Beginn seines Besuches in Moskau wählte de Gaulle mit Bedacht. Seine Ankunft fiel beinahe mit dem 25. Jahrestag des deutschen Angriffs auf die Sowjetunion im Zweiten Weltkrieg zusammen[535]. Jedoch vermochte er die sowjetische Regierung trotz aller Rhetorik, mit der er diese äußerliche Koinzidenz künstlich betonte[536], kaum zu einem Kurswechsel ihrer Politik gegenüber Westeuropa und gegenüber ihren eigenen Vasallen im Ostblock oder zu einer Änderung ihrer Haltung in der Wiedervereinigungsfrage zu bewegen. In gewisser Weise widersprach es ihren Interessen, der von Frankreich begonnenen Auflockerung der Blockbildung in Europa zuzustimmen, seit sie sich, wie gerade de Gaulle vorhergesehen hatte, von der chinesischen Seite herausgefordert fühlte und daher kaum von unüberschaubaren politischen Veränderungen an ihrer westlichen Grenze zu profitieren vermochte[537]. Sie empfand ebenso wie die in Vietnam engagierten Vereinigten Staaten von Amerika die gaullisti-

530 Siehe LNC X, S. 272, Unterredung vom 10. März 1966.
531 Vgl. FNSP, Fonds Couve de Murville, carton 14 (Documents divers, entretiens), Protokoll der Unterredung de Gaulles mit Josef Cyrankiewicz vom 11. September 1965, S. 10.
532 Vgl. P. MAILLARD, De Gaulle und Deutschland, S. 325.
533 Vgl. ACDP, CDU-Bundestagsfraktion, Bd. VIII-001–1010/1, Protokoll der Fraktionssitzung vom 4. Mai 1965, S. 378.
534 Siehe den Bericht vom 17. August 1966 des Freiherrn von und zu Guttenberg über einen offiziellen Parisbesuch, den er im Mai 1966 unternahm, in: BA, NL von und zu Guttenberg, Bd. 52, Bl. 23.
535 Vgl. E. WEISENFELD, Frankreichs Geschichte, S. 160.
536 Vgl. DM V, S. 40f., Begrüßungsansprache vom 20. Juni 1966.
537 Vgl. den Bericht vom 17. August 1966 des Freiherrn von und zu Guttenberg über einen offiziellen Parisbesuch, den er im Mai 1966 unternahm, in: BA, NL von und zu Guttenberg, Bd. 52, Bl. 22.

sche Politik, Europa als »dritte Kraft« in der Weltpolitik zu etablieren und die »deutsche Frage« wie die Teilung der »Alten Welt« aus der Verfügungsgewalt der beiden Supermächte zu lösen, als störenden Versuch eines »renversement des alliances«[538]. Daher blieben auf beiden Seiten die tatsächlichen Ergebnisse der Reise de Gaulles ins »ewige Rußland« hinter den Erwartungen zurück. Maurice Couve de Murville nannte es sogar den größten Erfolg, daß der Staatsbesuch überhaupt stattgefunden habe[539]. Ähnlich wie im Dezember 1944, als er den später so häufig beschworenen und nicht angewendeten Beistandspakt mit der stalinistischen Sowjetunion schloß, demonstrierte de Gaulle, daß die »französische Karte« existierte, aber nicht »stach«[540]. Die Konzeption de Gaulles war größer als seine Macht. Aber war sie deshalb bedeutungslos?

In jedem Falle setzte sie ein hohes Maß an außenpolitischem Verständnis gerade seitens des westdeutschen Partners voraus, der diesen Ansprüchen, wie legitim oder begründet sie auch sein mochten, konzeptionell erst wieder in jener Ära gerecht wurde, in der in Bonn eine Große Koalition regierte, ohne indessen de Gaulles wahrscheinlich teilweise unerfüllbaren Wünschen, die er gegenüber der Bundesrepublik hegte, vollkommen zu entsprechen. Denn der neue Kanzler Kurt Georg Kiesinger, der den französischen Präsidenten als einen »visionären Realisten« kennenlernte[541], verzichtete wie seine Vorgänger bewußt auf »eine große Außenpolitik«[542] der Bundesrepublik, erkannte analytisch die »Verschiedenheiten« im deutsch-französischen Verhältnis im Hinblick auf die NATO und die EWG und hielt es dennoch für möglich, sogar für geboten, »das [zu] treiben, was General de Gaulle eine große Politik auf lange Sicht genannt hat«[543]. Insbesondere auf ostpolitischem Terrain veranschlagte er den Wert des französischen Verbündeten erheblich höher als Ludwig Erhard, weil er überzeugt war, daß die ideelle Reputation und das machtpolitische Gewicht des gaullistischen Frankreichs eine Chance boten, das Verhältnis der Bundesrepublik zu den osteuropäischen Staaten, insbesondere zu Polen, zukunftsweisend zu verbessern und en passant jene »gewisse Sorge, die eben doch bei unseren östlichen Nachbarn bestehen könnte und zweifellos auch besteht, ... durch die Zusammenarbeit mit Frankreich, das

---

538 Vgl. A. SHENNAN, De Gaulle, S. 121.
539 Siehe A. FABRE-LUCE, Douze journées décisives, Paris 1981, S. 221.
540 Siehe F. PUAUX, 1994: du rêve aux réalités, in: Espoir, Heft 99 (1994) S. 23. Auch seinem anschließenden geheimen Projekt, eine abgestimmte französisch-sowjetische Politik mit italienischer und tschechoslowakischer Unterstützung im Sinne einer Europäisierung der globalen Entspannung zu initiieren, war kein Erfolg beschieden. Siehe dazu LNC XI, S. 18, Aufzeichnung vom 10. August 1966 für Pompidou, Louis Joxe und Couve de Murville. Das von de Gaulle erheblich überschätzte machtpolitische Gewicht Frankreichs wurde von Leonid Breschnew, auch im Vergleich zur Bundesrepublik, geringer bewertet. Vgl. G.-H. SOUTOU, L'alliance, S. 308.
541 ACDP, NL Kiesinger, Bd. I-226–A-706 (Bundespressekonferenzen), Protokoll der Bundespressekonferenz vom 20. Januar 1967.
542 Ebd. Bd. I-226–A-009, Gespräch Kurt Georg Kiesingers mit Bruno Kaiser vom 22. Januar 1982, S. 20.
543 Siehe ebd. Bd. I-226–A-706 (Bundespressekonferenzen), Protokoll der Bundespressekonferenz vom 27. Februar 1967. Vgl. zu den unterschiedlichen außenpolitischen Zielen und Konzeptionen Kiesingers und de Gaulles sowie zu ihrer persönlichen Beziehung D. KROEGEL, Einen Anfang finden! Kurt Georg Kiesinger in der Außen- und Deutschlandpolitik der Großen Koalition, München 1997, S. 76–83.

ja gute Beziehungen zu diesen Gebieten hat«[544], zu zerstreuen. Im Gegenzug suchte er, der, anders als Ludwig Erhard, nicht die Wirtschaft, sondern wieder die Politik für das »Schicksal« hielt, »Frankreich nicht in der Substanz seiner Politik, sondern in ihrer Richtung zu verändern«[545].

De Gaulle traf also in Bonn auf einen Partner, der seiner deutschlandpolitischen Konzeption ein vergleichsweise großes Verständnis entgegenbrachte und der selbst beklagte, daß die deutsch-französischen Beziehungen in der Regierungszeit Ludwig Erhards »leider eingetrocknet«[546] seien. Kiesinger suchte die deutsch-französischen Beziehungen nicht nur atmosphärisch wiederzubeleben, sondern substantiell zu intensivieren. Denn mit »Frankreich zusammen mußte, konnte manches besser gehen, als es in einem Alleingang oder etwa zusammen mit den Vereinigten Staaten nur gegangen wäre«[547], verlieh er im Rückblick seiner Sichtweise der deutsch-französischen Beziehungen Ausdruck, die mit de Gaulles Ansichten in nicht geringem Maße übereinstimmte[548].

Bis zu einem gewissen Grade, dem die Westintegration zu keiner Zeit zum Opfer fiel, knüpfte der neue Kanzler an jene Tradition deutscher Außenpolitik an, die Gustav Stresemann als Reichsaußenminister 1925/26 im Zeichen der »Ost-West-Balance« begründet hatte, freilich ohne sie hinsichtlich ihrer Ziele oder Methoden übernehmen zu wollen oder zu können. Der Weimarer Staatsmann hatte sich um eine sicherheitspolitisch begrenzte Verständigung mit Frankreich bemüht, um auf der dadurch gewonnenen Basis außenpolitischer Absicherung die ostpolitischen Resultate des Versailler Vertrages zu revidieren[549]. Im Hinblick auf die revisionistischen Ziele des Deutschen Reiches hatte Stresemann, als er 1925 die Locarno-Verträge abschloß, »mit der Westpolitik auch Ostpolitik«[550] betrieben.

In einer ähnlichen Weise maß Kiesinger den Beziehungen zu Frankreich auch deshalb eine große Bedeutung bei, weil sie Rückwirkungen auf die deutsch-polnischen Beziehungen haben konnten. Jedoch gedachte sich der Bundeskanzler – und damit ist die entscheidende Differenz zu Stresemanns Politik der »Ost-West-Balance« benannt – der Entente mit Frankreich zu bedienen, um Polen auf Grund der bekannten Haltung de Gaulles in der Frage der polnischen Westgrenze zunächst ein prinzipielles Sicherheitsgefühl zu vermitteln. Während die Reichseinheit in den zwanziger Jahren trotz mehrerer Gefährdungen erhalten geblieben war und Stresemann politisches Vertrauenskapital auf der Seite der Westmächte angehäuft hatte, um gegenüber Polen den nötigen Handlungsspielraum zu gewinnen, erkannte Kiesinger, wie »hilfreich und

544 Siehe ACDP, NL Kiesinger, Bd. I-226–A-706 (Bundespressekonferenzen), Protokoll der Bundespressekonferenz vom 27. Februar 1967.
545 Siehe ebd. Protokoll der Bundespressekonferenz vom 3. November 1967.
546 Siehe das Gesprächsprotokoll vom 15. Juni 1967, in: BA, NL von und zu Guttenberg, Bd. 90, Bl. 218.
547 ACDP, NL Kiesinger, Bd. I-226–A-009, Gespräch Kurt Georg Kiesingers mit Bruno Kaiser vom 22. Januar 1982, S. 25.
548 Vgl. DM V, S. 101, Pressekonferenz, 28. Oktober 1966.
549 Vgl. M.-O. MAXELON, Stresemann, S. 290f.
550 K. HILDEBRAND, Das vergangene Reich, S. 464. Auch Ch. BAECHLER, Stresemann, Locarno et la frontière rhénane en 1925, in: DERS., C. FINK (Hg.), L'établissement des frontières en Europe après les deux guerres mondiales, Bern u. a. 1996, S. 198, rekonstruiert einen inneren operativen Zusammenhang zwischen den Locarno-Verträgen, insbesondere dem sogenannten Westpakt, und der von Stresemann daran anknüpfend geplanten Revision im Hinblick auf Eupen-Malmédy und Polen.

wertvoll«[551] das Anliegen des französischen Präsidenten, Europa »bis zum Ural« nationalstaatlich zu gliedern, in bezug auf die deutsche Wiedervereinigung sein konnte. Ebensowenig unterschätzte er die Ernsthaftigkeit, mit der de Gaulle die Deutschen zur Anerkennung der Oder-Neiße-Grenze aufforderte[552].

Auf Grund der individuellen politischen Dispositionen de Gaulles und Kiesingers schlug nun die historische Stunde »der angestrebten deutschlandpolitischen Sprecherrolle«[553], die der General seit 1962 zu übernehmen begehrt hatte. Kurt Georg Kiesinger verfolgte das Ziel, »die Chancen, die der deutsch-französische Vertrag bietet, ... so konkret wie möglich [zu] nutzen«[554] und das »häßliche ›Eintrocknenlassen‹ der Beziehungen, die zwischen Adenauer und de Gaulle entstanden waren«[555], zu vermeiden. Auf den Ehrgeiz, darüber hinaus eine gemeinsame konstruktive Politik gegenüber dem Schutzpatron Westeuropas, den Vereinigten Staaten von Amerika, zu betreiben, verzichtete Kiesinger nolens volens, weil de Gaulle seit 1966 deutlich das außenpolitische Ziel ansteuerte, eine Art Äquidistanz zwischen beiden Supermächten zu gewinnen[556].

Nicht geringe Zweifel bestanden überdies auf seiten Bonns, ob sich generell auf die alternde »Sphinx« im Elyséepalast einwirken ließe, die offenkundig zunehmend ihren momentanen Eingebungen nachgab. De Gaulles Entscheidungen reichten inzwischen bis an den Rand des im zwischenstaatlichen Verkehr Akzeptablen heran[557] und erhielten allmählich Züge des Endgültigen und Unwiderruflichen im Sinne eines »Now or never«[558]. Insbesondere das französisch-amerikanische Verhältnis kühlte sich zwischen 1964 und 1966, nach der Aufnahme diplomatischer Beziehungen zwischen Frankreich und der Volksrepublik China und dem Teilaustritt Frankreichs aus der NATO, weiter ab. Es befand sich »effektiv auf dem Nullpunkt«[559], seitdem der französische Präsident im September 1966 zu einer Reise nach Kambodscha aufgebrochen war und in einer öffentlichen Rede im Sportstadion von Pnom-Penh das militärisch teilweise katastrophale und politisch kostspielige Engagement der Vereinigten Staaten von Amerika in Vietnam als illegitime und aussichtslose Intervention einer fremden Macht gebrandmarkt hatte. Diese Entwicklung war allerdings nicht nur einseitig »dem bedrohlichen und rätselhaften Charles de Gaulle anzulasten«[560], wie Henry Kis-

551 ACDP, NL Kiesinger, Bd. I-226–A-008, »Vertrauliche Hintergrundgespräche mit Journalisten«, Gespräch vom 23. Januar 1969, S. 23.
552 Vgl. ebd. Bd. I-226–A-009, Gespräch Kurt Georg Kiesingers mit Bruno Kaiser vom 22. Januar 1982, S. 25f.
553 J. SCHWARZ, Grundzüge der Ostpolitik, S. 105.
554 Siehe ACDP, NL Kiesinger, Bd. I-226–A-312, Interview Kiesingers vom 21. Januar 1978 im Südwestfunk.
555 Ebd. Bd. I-226–A-009, DERS., Gespräch mit Bruno Kaiser vom 22. Januar 1982, S. 18. Das »häßliche ›Eintrocknenlassen‹« der deutsch-französischen Beziehungen hatte Kiesinger bereits seit zwei Jahren an der Frankreichpolitik Ludwig Erhards und besonders Gerhard Schröders, seines anglophilen Außenministers, bemängelt.
556 Vgl. DM V, S. 201ff., Fernsehansprache, 10. August 1967.
557 Vgl. dazu, beispielsweise zu de Gaulles unkonventioneller Kanadareise im Juli 1967, die Ausführungen von A. SHENNAN, De Gaulle, S. 122f.
558 Vgl. ebd. S. 127.
559 So befand der Abgeordnete Erik Blumenfeld in der Sitzung des CDU-Bundesparteivorstandes am 7. Oktober 1966. Siehe ACDP, CDU-Bundesvorstand, Bd. VII-001–015/6, Protokoll vom 7. Oktober 1966, S. 18.
560 H. A. KISSINGER, Memoiren, S. 79.

singer im Unterschied zur Mehrzahl der zeitgenössischen amerikanischen Beobachter zutreffend erkannte, weil er den Wert eines schwierigen, aber verläßlichen Verbündeten im Rahmen globaler Gleichgewichtspolitik zu ermessen wußte und nicht zuletzt als Historiker die Einsicht gewonnen hatte, daß sich nationale Unabhängigkeitspolitik und internationale Bündnissolidarität solange zu bedingen vermochten, wie sie im nationalen Interesse einen gemeinsamen Fluchtpunkt besitzen[561]. »Je préfère un allié fort et indépendant qui soit à nos côtés dans les crises graves plutôt qu'un partenaire faible et servile«, so beschrieb der amerikanische Präsident Richard Nixon später diese Sichtweise der französisch-amerikanischen Beziehungen[562].

Daß sich de Gaulle von den USA, geschweige denn vom Bonner Juniorpartner, auf einen »atlantischeren« Kurs zurückleiten ließe, war kaum zu erwarten. Daher beschränkte sich Bundeskanzler Kiesinger, der der gaullistischen Europakonzeption Verständnis entgegenbrachte, ohne ihr politisch folgen zu können oder zu wollen, nüchtern darauf, einen »Bruch zwischen uns und Frankreich« zu vermeiden[563]. Der erste Dämpfer seines ohnehin jedem übertriebenen Optimismus abholden Realismus ließ nicht lange auf sich warten. Im September 1967 erregte Charles de Gaulle sowohl in Bonn wie in Moskau Aufsehen, als er das »tausendjährige Polen«[564] besuchte. Bereits seit mehreren Jahren genoß der General, der die Bundesrepublik ständig, öffentlich wie auf dem Wege diplomatischer Kontakte, zur Anerkennung der polnischen Westgrenze ermunterte und das nationale Selbstbestimmungsrecht aller Völker gegenüber fremden Mächten betonte, im kollektiven Bewußtsein der osteuropäischen Völker, abgesehen vom Sonderfall des russischen, ein vergleichsweise hohes Ansehen. In einer Rede appellierte de Gaulle nun im oberschlesischen Hindenburg, das er in der Art einer unkonventionellen Captatio benevolentiae als »Zabrze« bezeichnete, an den Nationalismus der Gastgeber und erinnerte gleichzeitig die polnische Regierung an ihre mangelnde demokratische Legitimität[565]. Aus sehr unterschiedlichen Gründen empfanden sowohl die Moskauer als auch die Bonner Regierung diese gaullistische Außenpolitik als Affront[566]. Kiesinger vermutete sogar, daß sich der unbeherrschte französische Präsident von den Erwartungen seiner Zuhörer habe überwältigen lassen[567]. Galt also weiterhin de Gaulles Versicherung, französische Ostpolitik auch im Hinblick auf deutsche Interessen zu betreiben, die er im Dezember 1966 Willy Brandt gab[568] und die sich aus dem Elysée-Vertrag entnehmen ließ?

In jedem Falle erwies sich, daß der General ein Verständnis internationaler Verträge besaß, das für die Beziehungen zum empfindlichen Bonner Provisorium Risiken barg. Er hielt den »Geist« eines Übereinkommens für wichtiger als den formalen Wortlaut. Kurt Georg Kiesinger sah in der gaullistischen Provokation eine grobe

---

561 Vgl. ebd. S. 454.
562 Siehe das Zeugnis in: J. LACOUTURE, R. MEHL (Hg.), De Gaulle, S. 155.
563 Vgl. ACDP, NL Kiesinger, Bd. I-226–A-008, »Vertrauliche Hintergrundgespräche mit Journalisten«, Gespräch vom 21. März 1969.
564 LNC XI, S. 132, Schreiben an den Warschauer Erzbischof St. Wyszynki, 7. September 1967.
565 Vgl. G. HUMBERT, Charles de Gaulle, S. 576.
566 Vgl. ACDP, NL Kiesinger, Bd. I-226–A-312, Aufzeichnung von Kurt Georg Kiesinger vom Dezember 1984 zum Thema »Warten auf bessere Zeiten – in aller Freundschaft. Frankreich und Europa während der Großen Koalition«, S. 7.
567 Vgl. D. KROEGEL, Einen Anfang finden, S. 79.
568 Vgl. W. BRANDT, Erinnerungen, S. 253.

Mißachtung der bundesdeutschen Interessenlage, weil de Gaulle das Vertriebenen-problem und die Frage der Oder-Neiße-Grenze faktisch bereits als gelöst betrachte-te. Der Präsident hatte im Sommer 1966 hinter verschlossenen Türen Ludwig Erhard »ganz deutlich« geraten, wie der Kanzler hinterher zu berichten wußte[569], volle diplomatische Beziehungen zu allen ost- und südosteuropäischen Staaten aufzunehmen. Ein Jahr später betonte er demonstrativ in der Öffentlichkeit »le caractère polonais de la ville où je me trouvais«[570]. Gegenüber Kurt Georg Kiesinger verglich er das Problem der Oder-Neiße-Grenze, das auf die überlieferte spannungsreiche Inkongruenz zwischen Staat und Nation in der deutschen und polnischen Geschichte verwies und im Grunde sowohl für Deutschland wie für Polen die bereits in einem anderen Zusammenhang erörterte Frage aufwarf, inwiefern sich nationale Kontinuität und staatliche Diskontinuität gegenseitig zu bedingen vermochten, mit einem Präzedenzfall aus der jüngsten Geschichte seines Landes bzw. seiner Nation, mit dem Algerienkrieg. De Gaulle sagte dem historisch bewanderten Kanzler Kiesinger unumwunden voraus, der Tag werde kommen, an dem die Deutschen die Oder-Neiße-Grenze anerkennen müßten. Auf Kiesingers respektvolle Entgegnung, der General »sei der einzige Mann in Frankreich gewesen, der die schmerzliche Algerien-Frage habe lösen können«, gab de Gaulle

die interessante Antwort, auch er habe diese Entscheidung nur treffen können, weil die französische Nation sie schon selbst innerlich getroffen gehabt habe. Und – so fügte er hinzu – anders könne es auch in Deutschland hinsichtlich der Ostgebiete nicht sein[571].

In de Gaulles politischer Gedankenbildung verbanden sich das Dynamische des Nationalstaatlichen mit dem Statischen des Nationalen. Frankreich hatte sich von 1958 bis 1962, als es seine drei algerischen Departements verlor, politisch und national konsolidiert. Die Unabhängigkeit Algeriens bedeutete zwar nicht die einzige, aber in jedem Falle eine wichtige, vielleicht sogar eine unumgängliche Voraussetzung jener Renaissance französischer Außenpolitik im Zeichen überlieferter Großmachtansprüche, die de Gaulle sukzessive einleitete. Letztere hatten die Deutschen nach seiner Ansicht in jedem Falle verspielt. Nachdrücklich betonte er, Frankreich werde zukünftig »nur mit einem nichtimperialistischen Deutschland« befreundet sein wollen, dessen Grenzen klar fixiert seien[572]. Indessen gedachte er den Deutschen hinsichtlich der Ostgebiete einen erheblichen nationalen und territorialen Verlust zumuten zu können, der historisch kaum mit der Bedeutung der Algerienfrage in der jüngsten Geschichte Frankreichs zu vergleichen war, der aber ebenfalls einen politischen Gewinn verhieß. Er wurde nämlich nach seinem Urteil durch die Aussicht aufgewogen, auf diesem Wege eines Tages eine nationalstaatliche Existenz wiederzuerlangen. War die äußere Handlungsfreiheit Frankreichs zweifellos gewachsen, seitdem die Evian-Verträge 1962 die Unabhängigkeit Algeriens endgültig regelten, eine der letzten, aber auch der wichtigsten Phasen der Dekolonisation abschlossen und Frankreich wieder auf seine Interessen in Europa und gleichzeitig in der Welt zurückverwiesen, so erwartete de Gaulle, Deutschland könne sich dank des Verzichts auf seine

569 Siehe ACDP, CDU-Bundesvorstand, Bd. VII-001–015/6, Protokoll vom 7. Oktober 1966, S. 8.
570 DM V, S. 240, Pressekonferenz im Elyséepalast, 27. November 1967.
571 Interview von K. G. Kiesinger in: »Bild am Sonntag« vom 19. September 1971.
572 Siehe W. Brandt, Erinnerungen, S. 252.

Ostgebiete in politischer, territorialer und nationaler Hinsicht, »ähnlich wie Frankreich, selbst finden«[573]. Nach wie vor fürchtete de Gaulle nämlich die von ihm während des Zweiten Weltkriegs angeprangerte spezifische »Dynamik« der Deutschen, die aus ihrer territorialen Unbegrenztheit und ihrer damit zum Teil zusammenhängenden politischen Maßlosigkeit in der Vergangenheit erwachsen war, wenngleich er die Unterschiede zwischen den exzeptionell ausgreifenden Kriegszielen Adolf Hitlers und den expansiven Bestrebungen des wilhelminischen Deutschlands zu keiner Zeit verkannt hatte. Während der Kanzlerschaft Ludwig Erhards, der das »Ende der Nachkiegszeit« in seiner Regierungserklärung am 10. November 1965 proklamierte, ohne sich der politischen und moralischen Bürden des Zweiten Weltkrieges leichtfertig oder in sinistrer Absicht entledigen zu wollen[574], beschlich ihn nämlich das Gefühl, das sachlich kaum gerechtfertigt war und von dem letztlich erfolglosen Plan einer Multilateralen Atomstreitmacht hervorgerufen wurde, die Deutschen seien, wie in ihrer noch so kurz zurückliegenden kriegerischen Vergangenheit, wiederum der Versuchung verfallen, den Weg der politischen Offensive, der militärischen Machtpolitik und der unbegrenzten »Dynamik« zu wählen. De Gaulle wurde sich weder völlig grundlos noch letzten Endes begründet eines qualitativen Unterschiedes zwischen dem Deutschland Adenauers und Erhards bewußt, den er mißtrauisch mit den Worten umschrieb,

que l'Allemagne n'est plus le vaincu poli et honnête qui cherche à se gagner les bonnes grâces du vainqueur. Les Allemands sentent aujourd'hui renaître parmi eux des forces élémentaires et sont animés de nouvelles ambitions.

Argwöhnisch beobachtete er »leur dynamisme croissant«, und sorgenvoll gewahrte er »la renaissance de la puissance militaire en Allemagne«[575].

Als 1967 so verschiedene Ereignisse und Entwicklungen wie der Sechs-Tage-Krieg, der Fortgang des Vietnamkrieges und die chinesische Atombombenentwicklung koinzidierten, sah de Gaulle, möglicherweise den Einfluß der beiden Supermächte unterschätzend, einen neuen regelrechten Weltkrieg voraus, weil den vier etablierten Siegermächten des Zweiten Weltkrieges die untereinander abgestimmte Steuerung des globalen Geschehens entglitten sei[576]. Mehrere internationale Entwicklungen zeichneten sich nun ab, die den weltpolitischen Ehrgeiz des französischen Präsidenten dämpften. Die Sowjetunion honorierte keineswegs seine gegen die amerikanische Hegemonie über Westeuropa gerichtete französische Unabhängigkeitspolitik. Sie war nicht dazu bereit, ihren Satelliten mehr Unabhängigkeit zu gewähren. Die Vision, Europa »vom Atlantik bis zum Ural« nationalstaatlich zu gliedern, unter französischer

---

573 So faßte Kiesinger de Gaulles entsprechende Worte zur Grenzfrage zusammen. Siehe ACDP, NL Kiesinger, Bd. I-226–A-312, Kurzprotokoll der deutsch-französischen Konsultationen vom 13. März 1969.

574 Vgl. K. HILDEBRAND, Von Erhard zur Großen Koalition 1963–1969, Stuttgart 1984, S. 160.

575 Siehe sein geheimes »Exposé au conseil des affaires étrangères sur l'Allemagne« vom 4. Februar 1966, in: LNC X, S. 246f.

576 Vgl. die Protokolle der Unterredungen de Gaulles mit dem englischen Premierminister Harold Wilson vom 19. und 20. Juni 1967, in: FNSP, Fonds Couve de Murville, carton 14 (Documents divers, entretiens), und H. WILSON, Die Staatsmaschine, S. 302ff., 306. Wegen des Nahostkrieges verschob de Gaulle auch seinen für den Juni 1967 geplanten Polenbesuch, den er im September 1967 nachholte. Siehe dazu LNC XI, S. 112, Schreiben an den polnischen Staatsratspräsidenten Edward Ochab, 7. Juni 1967.

Führung zu einigen und zu einer dritten Kraft in der Weltpolitik zu entwickeln, fand wenig Resonanz bei den Verbündeten und Gegnern. Die Bundesrepublik schließlich begann zu einem mächtigeren Partner zu avancieren, der sogar vernehmbar nach atomarer Bewaffnung strebte und sich kaum noch von Paris kontrollieren ließ.

De Gaulle verzichtete fortan nicht auf triumphale Gesten, aber auf weitere riskante oder spektakuläre außenpolitische Schritte und besann sich auf die Notwendigkeit, bislang Geschaffenes zu konsolidieren. Mochte Frankreich seinen überlieferten Groß- und Weltmachtstatus im Juni 1940 einstweilen verloren haben, so verzeichnete die gaullistische Fünfte Republik bereits wieder einen nicht zu unterschätzenden Machtzuwachs im Vergleich mit der Dritten Republik in den dreißiger Jahren. De Gaulle war sich dieses unter großen Anstrengungen errungenen Erfolges bewußt[577]. Fortan konzentrierte er sich darauf, seinem »pays fatigué«, wie er 1966 voller historisch gesättigter Skepsis und ganz und gar illusionslos sein Land nannte[578], ein beständiges Erbe zu hinterlassen. Stärker gelangte nun jener charakteristische Grundzug gaullistischer Politik zum Vorschein, der dem Wirken des Präsidenten der Fünften Republik ab initio, bisweilen allzu offen, häufiger latent, in jedem Falle durchgehend vernehmbar etwas Epochales verliehen hatte. Da Frankreich »in den letzten 150 Jahren schrecklich heruntergekommen« sei, so beschrieb Kiesinger de Gaulles »tiefes Grundbedürfnis, ... das alles andere beherrscht«, fühlte sich der General berufen, »das so weit wie möglich wieder in Ordnung zu bringen«. Frankreich sei daher im elementaren Interesse seiner inneren und äußeren Staatsräson ebenso auf »Ruhe und Frieden« angewiesen, wie es paradoxerweise nicht auf seinen traditionellen »weltpolitische[n] Ehrgeiz« zu verzichten vermochte[579]. Zum einen reizte der französische Präsident die Westdeutschen, als er Polen besuchte, und stürzte die deutsch-französische Entente im Zuge seiner Ostpolitik in eine erhebliche Vertrauenskrise. Zum anderen legte er großen Wert darauf, daß die Deutschen hinsichtlich ihrer Waffen und Grenzen »modest« blieben[580]. Die charakteristische Spannung zwischen einem mehr historisch als aktuell legitimierten Überlegenheitsgefühl und einer in ähnlicher Weise aus der Vergangenheit überlieferten und weniger von der Gegenwart her bedingten untergründigen Furcht, die de Gaulles schillernde Deutschlandpolitik von 1966 an auszeichnete und die seine Erwartungen an die deutsche Außenpolitik prägte, umschrieb der verständnisvolle Kanzler der Großen Koalition folgendermaßen:

Um Gottes willen, die Deutschen sollen ja nichts Unvorsichtiges machen. Die Geschichte mit den Russen ist eben doch gefährlich, das kann zu bösen Dingen führen, das können wir nicht brauchen[581].

---

577 Vgl. P.-L. BLANC, Charles de Gaulle, S. 121.
578 Siehe LNC X, S. 270, Unterredung mit Adenauer, 10. März 1966.
579 ACDP, NL Kiesinger, Bd. I-226–A–008, »Vertrauliche Hintergrundgespräche mit Journalisten«, Gespräch vom 9. Oktober 1968, S. 17; auch ebd. Gespräch vom 23. Januar 1969, S. 18. G.-H. SOUTOU, L'alliance, S. 132, erblickt in der ambitiösen Zielsetzung, Frankreichs machtpolitischen Abstieg seit der Niederlage Napoleons I. bei Waterloo 1815 rückgängig zu machen, »le concept de base de De Gaulle, qui allait guider, à travers différentes phases bien sûr, toute sa politique extérieure jusqu'en 1969«.
580 Vgl. ACDP, NL Kiesinger, Bd. I-226–A–008, »Vertrauliche Hintergrundgespräche mit Journalisten«, Gespräch vom 9. Oktober 1968, S. 17.
581 Vgl. ebd.

Eine in gewissem Sinne endzeitliche Stimmung befiel den General, der im Sommer 1967 nach glaubhaften Zeugnissen seiner engsten Umgebung »unter einer echten Angst vor neuen kriegerischen Verwicklungen für sein Land« litt und »die NATO als Rückversicherung« in Erwägung zog[582]. Ambivalent urteilte er über die erreichten Erfolge im deutsch-französischen Verhältnis, nachdem die halkyonischen Tage der Ära Adenauer endgültig vergangen waren. »Les Allemands seront toujours les Allemands«, beschied er Harold Wilson am 20. Juni 1967[583]. Welche Bedeutung er jedoch der tatsächlichen Qualität der deutsch-französischen Beziehungen in historischer Perspektive zuerkannte, läßt die Parabel erkennen, mit der er 1967 seine Tischrede in Bonn beschloß. Frankreich und Deutschland glichen zwei Männern, die ausgezogen seien, um einen Schatz zu suchen; sie hätten ihn nicht gefunden, aber »auf ihrem mühseligen Weg etwas Kostbares gewonnen: sie sind Freunde geworden«[584].

De Gaulles Furcht vor einem weiteren machtpolitischen Abstieg Frankreichs, von der seine erwähnten Äußerungen Harold Wilson und Kurt Georg Kiesinger gegenüber Kunde geben, schien jedoch schon bald zerstoben zu sein. In seiner Ansprache am Silvesterabend des Jahres 1967 blickte er auf die Herausforderungen des neuen Jahres und lobte nicht ohne Selbstgefälligkeit die unangefochtene Position außenpolitischer Handlungsfreiheit und die allseits akzeptierte Großmachtstellung Frankreichs[585]. Der »Häretiker« von einst, der in den dreißiger Jahren klarsichtig, erfolglos, aber unverdrossen die Unzulänglichkeiten der inneren Staatsräson und die Risiken des außenpolitischen Kurses der Dritten Republik primär auf Grund historischer Überlegungen kritisiert hatte und seit 1958 gegen die festgefügte Blockbildung in Europa revoltierte, sah sich nun von einer Seite herausgefordert, von der er am wenigsten Kritik erwartet hatte[586]. Als die ersten Anzeichen einer inneren Unruhe in der jüngeren Generation seines Landes Anfang Mai 1968, vor allem seitens der Pariser Studentenschaft, zu erkennen waren, beauftragte de Gaulle ahnungslos seinen Premierminister Georges Pompidou bzw. Louis Joxe, den Präsidenten des Staatsrates, mit der Führung der Regierungsgeschäfte und brach einige Tage später zu einer seit langem geplanten Visite Rumäniens auf, jenes Landes, das im Ostblock in begrenztem Maße nationale Unabhängigkeitspolitik betrieb. Der alternde Präsident ignorierte selbstsicher ebenso die beklagten inneren Verwerfungen bzw. Strukturprobleme der Fünften Republik wie den Ruf »Dix ans, c'est assez!«, der in Paris erscholl, und signalisierte, daß er sich weiterhin vom Primat der Außenpoltik leiten ließ. Bei seiner überstürzten Rückkehr am 18. Mai 1968 befand sich Frankreich in einem vorerst unkontrollierbaren Aufruhr, der mancherorts Erinnerungen an seine gleichermaßen glorreiche wie menetekelhafte revolutionäre Vergangenheit hervorrief, wenngleich nun streikende Arbeiter zu den Protagonisten gehörten[587].

---

582 Siehe die in einem Brief von Alfred Frisch aus Paris an den Freiherrn von und zu Guttenberg vom 24. Juli 1967 mit diesen Worten referierte aufschlußreiche Einschätzung Pierre Maillards, in: BA, NL von und zu Guttenberg, Bd. 70, Bl. 28.

583 H. Wilson, Die Staatsmaschine, S. 315.

584 Zitiert nach dem Artikel von K. G. Kiesinger, »15 Jahre Deutsch-französischer Vertrag«, S. 3.

585 Vgl. DM V, S. 252f.

586 Vgl., auch zu der mehrfachen historischen Ironie, J. Jackson, De Gaulle and May 1968, in: H. Gough, J. Horne (Hg.), De Gaulle, S. 125.

587 Siehe ebd. S. 126.

De Gaulle selbst besann sich auf die Zwischenkriegszeit, in der er eine geistige und politische Orientierungslosigkeit der Massen diagnostiziert hatte, und auf seine Oxforder Rede vom 25. November 1941, in der er die Gefahren des industriellen Massenzeitalters für die individuelle Freiheit in der Moderne beschworen hatte[588]. Hatte Deutschland als machtpolitische Herausforderung de Gaulle gegen die Militärdoktrin der Dritten Republik opponieren lassen und Adolf Hitlers Expansionspolitik im Zweiten Weltkrieg den unmittelbaren Anlaß geboten, historische bzw. philosophische Betrachtungen dieser Tragweite anzustellen, so avancierte nun die Bundesrepublik einen historischen Moment lang zu einem Ort des Schutzes, dessen der frühere »Rebell«[589] bedurfte, als er vor der Insurrektion zu den französischen Truppen in Baden-Baden floh. Einen außergewöhnlichen Vertrauensbeweis für die Deutschen darin zu sehen, daß de Gaulle am Nachmittag des 23. Mai 1968 spektakulär mit einem Hubschrauber nach Baden-Baden flog, als er panikartig mindestens einige Stunden lang den Bestand seiner Regierung bzw. ihre Akzeptanz verloren gab[590], gleicht jedoch einer vordergründigen Bewertung. Denn er suchte Zuflucht hinter den verschlossenen Kasernentoren seiner in Deutschland stationierten Armee und sah sich politisch in erster Linie auf die Ausgangsposition des Jahres 1958 zurückverwiesen, als die Autorität der Regierungen der Vierten Republik gewiß nicht vollständig, aber in hohem Maße von der Gefolgschaft der Armee abgehangen hatte.

Charles de Gaulle hatte von 1958 bis 1962 maßvoll Rücksicht auf die innere Reformbedürftigkeit Frankreichs genommen, ohne ihr außenpolitische Entscheidungen unterzuordnen, sondern eine konstitutionelle Reform eingeleitet und gleichzeitig Algerien in die Unabhängigkeit entlassen, weil er in beiden Entschlüssen unumgängliche Voraussetzungen erblickte, um verlorengegangenen äußeren Handlungsspielraum zurückzugewinnen. Im Mai 1968 erfuhr er, daß seine zuletzt in den Reisen nach Polen und Rumänien sichtbar zum Ausdruck gekommene außenpolitische Prioritätensetzung an innere Grenzen stieß[591]. Ob Andrew Shennans Urteil, de Gaulle sei nach der schweren inneren Erschütterung seines Landes »a changed man« gewesen[592], auch auf dem Terrain der Deutschlandpolitik gilt, wirkt angesichts der latenten Kurskorrektur eher fragwürdig, die de Gaulle mit dem Hinweis auf sein jeder Risikobereitschaft abholdes »Ruhebedürfnis« Kurt Georg Kiesinger bereits im Vorjahr angekündigt hatte. Sie hatte sich, kaum ersichtlich, aber gleichwohl spürbar, schon angekündigt, als er im Mai 1967, anders als im Januar 1963, nur noch ein »samtene[s] Veto«[593] gegen einen britischen Beitritt zur Europäischen Wirtschaftsgemeinschaft einlegte. In der Hinsicht wartete 1968 auf den von Sorgen geplagten wie zur Besorgnis seiner Verbündeten Anlaß gebenden General eine weitere Herausforderung.

588 Vgl. A. SHENNAN, De Gaulle, S. 143.
589 So hat ihn P. MAILLARD in diesem Zusammenhang im Interview zum Thema »Der große Entwurf«, S. 24, genannt.
590 Die These stellt der ehemalige Diplomat G. DIEHL, Sur le tard, in: Espoir, Heft 89 (1992) S. 64, auf. Vgl. auch die Erörterungen von R. RÉMOND, Frankreich im 20. Jahrhundert. Bd. 2, S. 150.
591 Vgl. D. COLARD, Politique étrangère, S. 49.
592 Siehe A. SHENNAN, De Gaulle, S. 150.
593 H. WILSON, Die Staatsmaschine, S. 292. De Gaulle sprach im Januar 1967 einmal vertraulich von einer Frist von zehn Jahren für einen Beitritt Großbritanniens zur EWG. Siehe Vermerk des Staatssekretärs von und zu Guttenberg für Kiesinger vom 16. Januar 1967, in: BA, NL von und zu Guttenberg, Bd. 91, Bl. 315. Vgl. auch DM V, S. 169 und S. 174, Pressekonferenz, 16. Mai 1967.

Als sich im Zuge des »Prager Frühlings« jenes autochthone Freiheits- und Nationalbewußtsein in einem sowjetischen Satellitenstaat Bahn brach, auf das de Gaulle im Grunde seit 1959 gelauert und das er politisch stets zu schüren gesucht hatte, bewies er ein größeres Interesse an der Stabilität der bestehenden Ordnung Europas als an einem Wandel, der unabsehbare Folgen für das europäische Gleichgewicht bergen konnte. Den Einmarsch der meisten Armeen des Warschauer Paktes in die Tschechoslowakei, der dem Freiheitsdrang der Tschechen im August 1968 abrupt ein gewaltsames Ende bereitete, nannte der neue französische Außenminister Michel Debré einen »Verkehrsunfall auf dem Wege der Entspannung« und sparte ebenso wie de Gaulle nicht mit Vorwürfen an die westdeutsche Seite. Das gaullistische Frankreich gab der Bundesregierung der Großen Koalition eine Mitschuld an der tschechischen Katastrophe[594]. Der französische Präsident führte das Vorgehen der Sowjetunion auf die Furcht Moskaus zurück, »in einem eventuell drohenden militärischen Konflikt mit China im Rücken von Deutschland angegriffen zu werden«[595], und verhehlte nicht seine Enttäuschung über die geringen Einflußmöglichkeiten Frankreichs auf die sowjetische Außenpolitik[596]. Die sowjetische Intervention bedeutete für die französische Regierung überdies keine Überraschung. Denn die Führung der Roten Armee hatte Verteidigungsminister Messmer, der im Frühjahr 1968 offiziell die Sowjetunion besuchte, deutlich vorgewarnt[597]. Trotz dieser Ankündigung unterließ de Gaulle offenbar jeden Versuch, auf die Moskauer Politik innerhalb des Ostblocks einzuwirken oder das französische Vorgehen in dieser Krise mit der westdeutschen Regierung abzustimmen. Für das deutsch-französische Verhältnis zeitigte der Vorfall schließlich eine klärende Wirkung.

Als de Gaulle ansatzweise Partei für die sowjetische Politik im Ost-West-Gegensatz ergriff, weil »die Entwicklung in der Tschechoslowakei ... das französische Ruhebedürfnis gestört«[598] hatte, erwiesen sich alle Hoffnungen der westdeutschen Seite auf französischen Flankenschutz für die eigene zaghafte Ostpolitik als übertrieben. Als »Garant der bundesdeutschen Ehrbarkeit« gegenüber den osteuropäischen Satellitenstaaten, wie ihn Alfred Grosser einmal genannt hat, büßte der französische Präsident an Glaubhaftigkeit ein[599]. Osteuropa weiterhin in den Bereich der politischen

---

594 Vgl. dazu W. BRANDT, Erinnerungen, S. 220, und ACDP, NL Kiesinger, Bd. I-226–A-008, »Vertrauliche Hintergrundgespräche mit Journalisten«, Gespräch vom 23. Januar 1969, S. 18. Siehe auch A. FABRE-LUCE, Douze journées, S. 236; J.-F. REVEL, Beitrag ohne Titel in: De Gaule en son siècle, Bd. 1, S. 516. Beide weisen angesichts dieses Eklats auf das gewiß zu manchen künftigen Diskussionen hinreichenden Anlaß gebende Faktum hin, daß de Gaulles Konzeption eines »Europas vom Atlantik bis zum Ural«, in der für das »europäische Rußland« ein organischer Platz vorgesehen war, nicht ohne Einschränkungen als Muster für die europäische Ordnung angesehen werden kann, die sich im Gefolge der ost- und ostmitteleuropäischen Umwälzungen 1989/90 herausgebildet hat. Vgl. auch de Gaulles Ausführungen zum »Prager Frühling« in seiner Pressekonferenz am 9. September 1968, in: DM V, S. 332–335, die erkennen lassen, daß für ihn die sowjetische Regierung und nicht die Satellitenstaaten der maßgebliche Adressat ostpolitischer Initiativen des Westens war.
595 ACDP, NL Kiesinger, Bd. I-226–A-312, Kurzprotokoll des Konsultationsbesuches vom 27. September 1968.
596 Vgl. D. BUDA, Ostpolitik à la française. Frankreichs Verhältnis zur UdSSR von de Gaulle zu Mitterrand, Marburg 1990, S. 99, 179.
597 Vgl. P. MESSMER, Après tant de batailles, S. 299f.
598 So lautete die Einschätzung Kiesingers, die er im internen Koalitionsgespräch am 15. Oktober 1968 äußerte. Siehe das Protokoll in: BA, NL von und zu Guttenberg, Bd. 95, Bl. 78.
599 Siehe A. GROSSER, Die Außenpolitik, S. 363.

deutsch-französischen Kooperation einzubeziehen, nannte Kiesinger »unvorstellbar« und warnte gleichwohl vor übereilten frankophoben Reaktionen. Die Bundesregierung beschränkte sich vielmehr darauf, ein »Auseinanderdriften beider Länder zu verhindern«[600].

Nicht gering wog in der Tat de Gaulles Sorge »vor dem Machtzuwachs der Bundesrepublik«[601], die weiterhin die Oder-Neiße-Grenze nicht völkerrechtlich anerkannte, vor allem ökonomisch in Osteuropa eine starke Stellung errungen hatte und deren Zurückhaltung auf dem Gebiet atomarer Waffen de Gaulle mißtraute[602]. Aus der Einsicht, daß sich das bundesdeutsche Wirtschaftspotential offenbar nicht ohne ein entsprechendes zusätzliches Gegengewicht in Europa ausgleichen ließ, wie die Währungsturbulenzen nach den Mai-Unruhen 1968 und der Bonner Wirtschafts- und Finanzgipfel im folgenden Dezember zeigten, erwuchs die Überzeugung, einen moderaten außenpolitischen Kurswechsel einzuleiten und zumindest eine stärkere Beteiligung Großbritanniens an der Europäischen Gemeinschaft in Erwägung zu ziehen. Sichtbarstes Zeugnis dieses außenpolitischen und insbesondere deutschlandpolitischen Sinneswandels de Gaulles war die sogenannte Soames-Affäre im Januar und Februar 1969[603]. Auch seine Entscheidung, insgeheim einen Teil der französischen Mittelmeerflotte wieder der NATO zu unterstellen[604], gehört in diesen Kontext. Die äußere Interessenlage Frankreichs ließ de Gaulle den Weg vollständiger politischer Unabhängigkeit verlassen. Geriet er aber in einen unaufhebbaren Widerspruch zu seinen politischen Grundüberzeugungen und genuinen außenpolitischen Prinzipien, nachdem er den deutsch-französischen Vertrag 1963 nicht zuletzt mit dem Ziel abgeschlossen hatte, wie schon die Zeitgenossen erkannten, »durch französische Einwirkung die ›anti-germanische‹ Haltung im Ostblock zu lockern«[605]?

Prima vista mag dieses Urteil naheliegen, das in Bonn der desillusionierte Außenminister Willy Brandt im Unterschied zum Bundeskanzler vertrat[606]. Bei genauerem Hinsehen fällt der Wandel auf, den die deutsch-französischen Beziehungen in den sechziger Jahren erfuhren. Denn de Gaulle ging, als er seine Deutschlandpolitik konzipierte, stillschweigend und bewußt von einer prinzipiellen politischen Überlegen-

---

600 Siehe ACDP, NL Kiesinger, Bd. I-226–A-008, »Vertrauliche Hintergrundgespräche mit Journalisten«, Gespräch vom 23. Januar 1969, S. 19.

601 Siehe das Urteil Kiesingers, das er im internen Koalitionsgespräch am 1. Oktober 1968 äußerte; Protokoll in: BA, NL von und zu Guttenberg, Bd. 95, Bl. 95.

602 De Gaulle bezweifelte bis zum Ende seiner Amtszeit, daß die Deutschen auf Dauer bereit seien, auf eigene Nuklearwaffen zu verzichten. Vgl. ACDP, NL Kiesinger, Bd. I-226–A-312, Kurzprotokoll des Konsultationsbesuches vom 28. September 1968, und H. A. Kissinger, Memoiren, S. 414. Siehe auch E. CONZE, Die gaullistische Herausforderung, S. 278.

603 Vgl. J. LACOUTURE, De Gaulle. Bd. 3, S. 551; W. SCHÜTZE, Frankreichs Außenpolitik im Wandel von de Gaulle zu Pompidou, in: Europa-Archiv 27 (1972) S. 12.

604 De Gaulle fürchtete um die Sicherheit seines Landes im Falle eines Krieges, wenn es der Sowjetunion gelänge, militärische Stützpunkte in Algerien zu errichten, und vertraute vor dem Hintergrund dieser Gefahr die Sicherung französischer Interessen im Mittelmeer der NATO an, d. h. faktisch der dort operierenden amerikanischen Flotte. Siehe dazu ACDP, NL Kiesinger, Bd. I-226–A-008, »Vertrauliche Hintergrundgespräche mit Journalisten«, Gespräch vom 5. Dezember 1968, S. 13. Die Einzelheit wird leider nicht behandelt in: Histoire militaire de la France. Bd. 4: De 1940 à nos jours. Sous la direction de André MARTEL, S. 487–490.

605 Memorandum des Comité de Défense Nationale der UDR-Partei bzw. -Gruppierung vom 29. August 1969, in: ACDP, NL Kiesinger, Bd. I-226–A-009, S. 1.

606 Vgl. Protokoll des Gespräches zwischen Kiesinger und Brandt vom 2. Dezember 1968, in: Ebd. S. 1f.

heit Frankreichs gegenüber der Bundesrepublik im bilateralen Verhältnis aus, die sich jedoch nicht nur unter dem Einfluß der ökonomischen Entwicklung seit 1967 relativierte. Da Frankreichs Stärke im geteilten Europa der Blockkonfrontation gewiß nicht allein, aber auch nicht unmaßgeblich von der politischen Unterlegenheit des Bonner Juniorpartners abhing, verfehlte die Gewichtsverlagerung innerhalb der Entente nicht ihre Wirkung auf die gaullistische Deutschlandpolitik. In jedem Falle darf die Kurskorrektur der Jahre 1967/68 hinsichtlich ihrer historischen Bedeutung nicht überbewertet werden. Denn aus ihr resultierte weder eine Trennung der vertraglich Verbundenen noch ein qualitativer Rückfall hinter den mühsam erreichten und mehrmals gefährdeten Stand der deutsch-französischen Beziehungen, der sich aus dem Elysée-Vertrag und der Präambel seit 1963 ergeben hatte. Die von einem unverkennbaren Fatalismus und einer gewissen realistischen Einsicht in geopolitische Zusammenhänge zeugende Formel »mit den Deutschen könne man nur verbündet sein oder Krieg führen, dazwischen gäbe es nichts«, mit der Kurt Georg Kiesinger am 5. Dezember 1968 de Gaulles Haltung zu Deutschland umschrieb[607], täuscht womöglich darüber hinweg, was die Fünfte Republik zu ihrem eigenen Vorteil vom westdeutschen Teilstaat weiterhin unterschied. Die »Hauptsache sei«, fuhr Kiesinger fort, als er 1968 de Gaulles Gedankengang nachzeichnete, »daß wir nicht auseinanderdriften, ... daß wir beisammenbleiben müssen ..., und für ihn bedeutet das auch, daß nicht eine neue deutsche Gefahr für Frankreich entsteht. Das muß man bei ihm ernstnehmen. Daher auch die Bedeutung, die er der Force de frappe beimißt. Sie hat ihre Hauptbedeutung im Verhältnis zu uns«[608].

Vor dem Hintergrund des weiterhin wirksamen Mißtrauens, mit dem de Gaulle den Deutschen begegnete und das letztmals deutlich zum Ausdruck kam, als er Richard Nixon im März 1969 vor der Aufnahme der Bundesrepublik in die Runde der Nuklearmächte mit dem Hinweis warnte, »man dürfe den Ehrgeiz nicht wecken, der Europa in diesem Jahrhundert zweimal in einen Krieg gerissen habe«[609], nimmt sich der schließlich erreichte Zustand der Beziehungen des gaullistischen Frankreichs zum östlichen Nachbarn besser aus, als nach dem Jahr 1968 zu erwarten gewesen war. Immerhin sprach de Gaulle selbst von »privilegierte[n] Kontakten«[610], als er am 13. März 1969 letztmals, wie sich aus der Rückschau sagen läßt, deutsch-französische Konsultationen leitete.

Wie de Gaulles »schöne Parabel«[611] der beiden Schatzsucher poetisch andeutet, war sich der Präsident der Tatsache bewußt, daß er bei weitem nicht alle deutschlandpolitischen Ziele erreichte, die er beim Abschluß des deutsch-französischen Vertrages verfolgt hatte, aber die Resultate seiner Deutschlandpolitik nicht gering einschätzte. Als er im April 1969 ein gescheitertes Referendum zum Anlaß nahm, vom Amt des Staatspräsidenten zurückzutreten, hinterließ er in dieser Hinsicht gewiß kein leichtes, aber ein tragfähiges Erbe, das seinen Nachfolger Georges Pompidou eher zur Kontinuität verpflichtete als zur Diskontinuität zwang.

607 Siehe ebd. Bd. I-226–A-008, »Vertrauliche Hintergrundgespräche mit Journalisten«, Gespräch vom 5. Dezember 1968, S. 15.
608 Ebd.
609 Zitiert nach H. A. Kissinger, Memoiren, S. 414.
610 ACDP, NL Kiesinger, Bd. I-226–A-312, Kurzprotokoll des Konsultationsbesuches vom 13. März 1969.
611 K. G. Kiesinger, »15 Jahre Deutsch-französischer Vertrag«, S. 3.

Was die Deutschen am Ende empfanden, geht aus einem Urteil hervor, das François Seydoux überliefert hat. Mit einer deutlichen Erleichterung darüber, einer mehrjährigen außenpolitischen Überforderung entronnen zu sein, aber auch nicht ohne Respekt vor historischer Größe, die gerade dem fragilen bundesrepublikanischen Provisorium einige Jahre zuvor zustatten gekommen war, lautete ein repräsentativer Bonner Kommentar zum dramatischen Finale: »De Gaulle und der Freundschaftsvertrag – das war zu viel auf einmal«[612].

---

612 F. SEYDOUX, Botschafter in Bonn. Meine zweite Mission 1965–1970, (dt. Übersetzung) Frankfurt a. M. 1978, S. 166.

VII. SCHLUSSBETRACHTUNG

Charles de Gaulle beschäftigte sich seit dem Ersten Weltkrieg wie kaum ein anderer französischer Deutschlandpolitiker im 20. Jahrhundert mit der überlieferten Differenz zwischen deutschem Staat, deutscher Nation und deutschem Territorium, ermaß die äußeren Gefahren, die nicht nur für die deutsch-französischen Beziehungen, sondern für die Stabilität der europäischen Ordnung insgesamt aus dieser traditionellen Besonderheit der »Macht in der Mitte Europas«[1] erwuchsen, und trug dieser elementaren Eigentümlichkeit der preußisch-deutschen Geschichte in seiner präsidentiellen Deutschlandpolitik mit Erfolg Rechnung.

Gleichzeitig divergierten das ideelle Profil, das Deutschland in de Gaulles Perspektive besaß, und die realen Konturen des Landes. De Gaulles Vorstellungen über Deutschland stimmten gleichsam mit der Realität nicht immer überein. Dieser durchgehend nachweisbare Zug seines Deutschlandbildes erklärt mehrere der Mißerfolge de Gaulles auf dem Terrain der Deutschlandpolitik. Er stand ebenso in einem eigentümlichen Kontrast zu seiner fundierten Kenntnis der deutschen Geschichte, wie er weder von den zahlreichen Eindrücken, die Charles de Gaulle unmittelbar von Deutschland und den Deutschen gewonnen hatte, noch von der allgemeinen Aufmerksamkeit, mit der er aktuelle politische Vorgänge innerhalb und außerhalb Frankreichs zu verfolgen pflegte, aufgewogen wurde.

Damit ist bereits angedeutet, warum es sich lohnt, Charles de Gaulles Haltung zu Deutschland im Zeitraum von 1914 bis 1969, d.h. das Deutschlandbild und die tatsächlich betriebene Deutschlandpolitik des Generals, darzustellen. Manche Untersuchungen, die ausschließlich jene Deutschlandpolitik zum Gegenstand haben, die de Gaulle seit 1958 in der Zeit der bipolaren Ost-West-Konfrontation betrieb und die den französischen Großmachtinteressen im Zeitalter des Kalten Krieges und der »Entspannung« gerecht werden mußte, vermögen nur bedingt zu klären, ob sich de Gaulle von eigenständigen Vorstellungen über das Verhältnis der »Gallier« zu den »Germanen« leiten ließ und womöglich eine neuartige deutschlandpolitische Tradition begründete. Aus mehreren Gründen erweist es sich als fragwürdig, de Gaulles Bereitschaft zur Entente mit den Deutschen, die der General nach seiner Rückkehr an die Macht 1958 bewies und aus der neben anderem der Elysée-Vertrag 1963 resultierte, sei primär eine Antwort auf die Spaltung Europas nach 1945 gewesen und der Furcht vor einer sowjetischen Hegemonie entsprungen. Der zustimmenden zeitgenössischen Reaktion des Oppositionspolitikers de Gaulle auf Konrad Adenauers Vorschlag aus dem Jahre 1950, eine deutsch-französische Union zu bilden, lag gewiß in hohem Maße ein antibolschewistisches Motiv zugrunde. Aber als Präsident knüpfte de Gaulle zum einen an jene Vision einer Eintracht zwischen »Germanen« und »Galliern« an, die er unter ganz anderen politischen Umständen erstmals 1934 als Alternative zur vorherrschenden französischen Deutschlandpolitik beschworen und unverzüglich verworfen hatte. Zum anderen bezog er, als er in den sechziger Jahren zumindest Westdeutschland als Juniorpartner an Frankreich zu binden suchte und zeitweise auch tatsächlich band, die Möglichkeit in seine Überlegungen ein, daß eines

---

1 G. SCHÖLLGEN, Die Macht in der Mitte Europas.

fernen Tages die Aufteilung Europas in eine amerikanisch und eine sowjetisch beherrschte Hälfte überwunden sein und sich dann von neuem die Frage stellen werde, wie eine noch unbekannte, aber voraussichtlich multipolare Gleichgewichtsordnung in Europa geschaffen werden und gestaltet sein könne.

De Gaulles präsidentielle Deutschlandpolitik trug in jedem Falle nicht nur den aktuellen Rahmenbedingungen des Kalten Krieges Rechnung. Zweifellos regelte der deutsch-französische Vertrag unmittelbar nur die Beziehungen zwischen dem »ewigen Frankreich« und dem westdeutschen Provisorium, aber er sollte in der Sicht des deutschen Kanzlers und des französischen Präsidenten auch die Außenpolitik eines künftigen Gesamtdeutschlands antizipieren und präjudizieren. Da de Gaulle beinahe um jeden Preis auf der Westorientierung und Westbindung Deutschlands, der Bundesrepublik zu seiner Regierungszeit wie eines wiedervereinigten deutschen Staates in der noch unabsehbaren Zukunft, insistierte, reagierte er, als er 1963 die vertragliche Allianz mit der Bundesrepublik schloß, bei weitem nicht nur auf die sowjetische Bedrohung Westeuropas, von deren Ernsthaftigkeit er sich seit dem Abschluß der Berlin-Krise zunehmend weniger überzeugt zeigte. Sowohl vor dem Zweiten Weltkrieg, als die Beziehungen zwischen Frankreich und Deutschland in der multipolaren europäischen Ordnung der Pariser Vorortverträge überwiegend von Konfrontation geprägt waren, als auch nach seiner Rückkehr an die Regierung 1958 gehörte die Perspektive einer Annäherung beider Staaten, einer Kooperation ihrer Regierungen und einer »Ergänzung beider Völker«[2] zu den genuinen Elementen seiner deutschlandpolitischen Gedankenbildung, ohne allerdings durchgängig zu dominieren. Generell besaß de Gaulle in den Jahrzehnten vom Ersten Weltkrieg 1914 bis zu seinem Rücktritt vom Amt des Staatspräsidenten 1969 kein konstantes Deutschlandbild, geschweige denn eine unverrückbar feststehende deutschlandpolitische Konzeption.

Mit den epochalen Unterschieden zwischen den vergleichsweise zahlreichen Formen deutscher Staatlichkeit, die de Gaulle zu seinen Lebzeiten kennenlernte, hingen die Veränderungen teilweise zusammen, die das Deutschlandbild Charles de Gaulles im Untersuchungszeitraum kennzeichneten. Deutschland wandelte in der Zeit von 1914 bis 1969 seine geographische, politische und geistig-kulturelle Gestalt in einer fast extremen Weise. Daher verliert jene Zäsur, die de Gaulles Politik während der Jahre 1945/46 von seiner Deutschlandpolitik nach 1958 trennte und die in der einschlägigen Literatur oftmals als ein vorherrschendes Element der deutschlandpolitischen Gedankenbildung des Generals genannt wird[3], einen Deut ihrer Schärfe.

Die Fragen, ob dieser Wandel seiner Haltung gegenüber Deutschland nur einen Bruch markierte oder ihm etwas Verbindendes zugrunde lag und ob die scheinbare Inkonsequenz seines deutschlandpolitischen Denkens ebenso wie die erwähnten strukturellen politischen Diskontinuitäten zwischen den Jahrhunderten und innerhalb des 20. Jahrhunderts von mehreren historischen Kontinuen aufgewogen wurde, lassen sich nunmehr eindeutig beantworten. Immerhin suchte Charles de Gaulle selbst seinem subjektiven Gefühl, in einer politischen und geistesgeschichtlichen Übergangsepoche zu leben, das ihn mehrmals während seines langen Lebens und politischen Wirkens beschlich, etwas Beständiges entgegenzusetzen. Er sprach schon im Juni 1908 in einer für seine spätere politische Karriere sinnfälligen und bezeichnen-

2 So P. MAILLARD, Der große Entwurf, S. 22.
3 Vgl. z. B. Ch. BLOCH, De Gaulle, S. 135.

den Weise von den »malaises qui précèdent les grandes guerres«[4], als er seine Eindrücke der ersten Dekade des 20. Jahrhunderts schilderte.

Zu nennen ist unter dem Aspekt der Kontinuität vor allem die Überlegung, in »der Existenz der Macht und im Wettbewerb um ihren Besitz ... das Wesen der Geschichte schlechthin« zu erkennen[5]. Sie war de Gaulle vertraut, wie mehrere Quellen belegen. »Waffenlos werden die Gesetze des Völkerrechts nichts wert sein. Welche Richtung auch die Welt einschlägt, auf die Waffen wird sie nicht verzichten«, äußerte er 1932[6]. Auch seine profunde Kritik an der französischen Appeasementpolitik gegen Hitler-Deutschland, die auf manche Elemente seiner intransigenten Haltung in der Berlin-Krise 1958 bis 1962 hindeutete, zeigt, daß er sich dieses Zusammenhangs bewußt blieb. »La paix n'est plus qu'une question de force«, befand de Gaulle im Juli 1939[7], nachdem er bereits zuvor für eine machtpolitische Allianzbildung zwischen Frankreich, England und der Sowjetunion plädiert und den bündnispolitischen Schritt als Alternative zur scheiternden Politik der kollektiven Sicherheit und des »apaisement« beschworen hatte. Als historisches Vorbild wählte er explizit ein Exempel aus der Frühen Neuzeit. 1936 verwies er auf das Bündnis des französischen Königs Franz' I. mit dem osmanischen Sultan Suleiman dem Prächtigen gegen den Habsburger Karl V.[8]

Als Machiavellist und Realpolitiker plädierte de Gaulle in den dreißiger Jahren à court terme für die Konfrontation gegenüber Hitler-Deutschland und à la longue für eine deutsch-französische Annäherung, weil er in einer Politik der Stärke eine Voraussetzung dafür sah, mittelfristig konstruktiv zusammenzuwirken. Von der Zwischenkriegszeit bis zur Endphase seiner Staatspräsidentschaft 1968/69 blieb sich de Gaulle der »Allgegenwart der Macht«[9] bewußt und versäumte zu keiner Zeit, jener Maxime politischen Handelns Tribut zu zollen, der zufolge die Macht eines Mitglieds der Staatenwelt sowohl im globalen Rahmen wie innerhalb des europäischen Systems von der Gegenmacht eines oder mehrerer anderen abhängt. Anders als die Dritte Republik Léon Blums handelte das Frankreich Charles de Gaulles nicht so, als ob es »allein auf der Welt gewesen« wäre.

De Gaulle erkannte ferner, daß sich die Staaten selbst wie auch ihre Beziehungen zueinander im steten Wandel befinden, daher ein einmal entstandenes Kräftegleichgewicht bestenfalls temporär unverändert zu existieren vermag und, wie beinahe alles Historische, der Vergänglichkeit unterliegt. Dies galt für das deutsch-französische Verhältnis bis zuletzt. Auf die von hochrangigen amerikanischen Gesprächspartnern gestellte Frage, wie er das ökonomisch ständig wachsende deutsche Potential innerhalb Europas auszugleichen beabsichtige, entgegnete General de Gaulle im März 1969 schlicht: »Par la guerre«[10]. Im nuklearen Zeitalter, auf das er mit dieser Replik hinwies, entschied nicht zuletzt der Besitz atomarer Waffen neben anderen Faktoren darüber, wer sich wem unterordnete. Konsequent achtete de Gaulle als Staatspräsident auf die

4 LNC I, S. 30.
5 Siehe K. HILDEBRAND, Von Richelieu bis Kissinger. Die Herausforderungen der Macht und die Antworten der Staatenwelt, in: VfZG 43 (1995) S. 197.
6 Vgl. Ch. DE GAULLE, Die Schneide, S. 10.
7 Siehe LNC III, S. 436.
8 Vgl. LNC II, S. 442.
9 K. HILDEBRAND, Von Richelieu, S. 213.
10 Zitiert nach H. A. KISSINGER, Memoiren, S. 414.

politische und militärische Prädominanz seines Landes innerhalb des bilateralen Verhältnisses zur Bundesrepublik und ließ keinen Zweifel an den diplomatischen Status- und Rangunterschieden zwischen beiden Partnern.

Charles de Gaulle dachte bis zum Ende des Zweiten Weltkrieges einerseits »in den Kategorien von 1919, vielleicht sogar von 1914«, wie Jacques Bariéty jüngst einmal zutreffend geurteilt hat[11], und blieb der Tradition reiner äußerer Machtpolitik Clemenceauscher Prägung verhaftet, ohne freilich bis zum Beginn des Zweiten Weltkrieges das Deutschlandbild des »Tigers« zu übernehmen. Andererseits erweiterte er nach dem Zweiten Weltkrieg die zu mißverständlichen Deutungen ebenso verleitende wie eine klare politische Zielsetzung enthaltende Leitidee der »France généreuse« um einen spezifisch gaullistischen Sinngehalt.

Denn für ihn reduzierte sich das deutsch-französische Verhältnis weder in der Zwischenkriegszeit noch nach dem Zweiten Weltkrieg allein auf eine Sicherheitsfrage im engeren Sinne, welches Gewicht er ihr auch bis 1969 beimaß[12]. Die Relevanz der Sicherheitsfrage hing nach seinem Urteil auch keineswegs nur mit dem militärischen Kräftepotential beider Länder zusammen, sondern verknüpfte sich in besonderer Weise zunächst mit einem strukturellen, historisch überlieferten Charakteristikum der deutschen Staats- und Nationalgeschichte. Über den Frieden im deutsch-französischen Verhältnis entschied nicht nur das militärische Gleichgewicht zwischen beiden Ländern, sondern auch die innere und äußere Saturiertheit Deutschlands. Sie erwies sich seit der »späten« Nationalstaatsgründung der Deutschen 1871, teilweise vergleichbar mit den ebenfalls »späten« Staatsgründungen Italiens und Polens, als ein besonderes historisches Problem, das nur vor dem epochalen Hintergrund des modernen Nationalstaatsgedankens verständlich ist. De Gaulle stellte sich beinahe durchgehend die Frage, ob und wie Nation, Staat und Territorium im Falle der Deutschen zu einer für Frankreich und Europa akzeptablen Übereinstimmung gelangen konnten.

Im Jahre 1934 hatte de Gaulle erstmals den visionären Gedanken einer deutsch-französischen Entente flüchtig erwogen und ihn aus mehreren Gründen umgehend verworfen. Die aktuellen politischen Rahmenbedingungen der dreißiger Jahre schlossen angesichts der konträren Interessenlage beider Staaten eine tragfähige Entente naheliegenderweise aus. Daneben verhinderten de Gaulles damaligem Urteil zufolge die überlieferten politischen und geistig-kulturellen Traditionen beider Völker eine politische Verständigung zwischen »Galliern und Germanen«. De Gaulle nannte unter diesem Aspekt neben anderen Faktoren das preußische Erbe der deutschen Geschichte und die aktuelle Vormachtstellung Preußens im Deutschen Reich.

Läßt man die keineswegs marginale Tatsache einmal außer acht, daß Preußen 1934 formal existierte, aber von der sogenannten »Gleichschaltung« der Länder nicht unbeeinflußt geblieben war und seit dem »Preußenschlag« Franz von Papens und des

---

11 Siehe seinen Redebeitrag in: Nach-Denken. Über Konrad Adenauer und seine Politik, S. 86.

12 Vgl. dazu sein »Exposé au Conseil des affaires étrangères sur l'Allemagne« vom 4. Februar 1966, in: LNC X, S. 246. De Gaulles Enttäuschung über die Frankreichpolitik Ludwig Erhards resultierte auch aus der mangelnden Bereitschaft des deutschen Partners, die feierliche Besiegelung der Entente bzw. die geschlossene »Erbfreundschaft« des Jahres 1963 zu einer darauf aufbauenden und erheblich weiterreichenden gemeinsamen deutsch-französischen Politik zu nutzen, nachdem beinahe alle gegenseitigen territorialen Ansprüche und feindseligen Absichten früherer Jahrhunderte endgültig gegenstandslos geworden waren.

Freiherrn von Gayl 1932 der unmittelbaren Reichsgewalt unterstand, so erweisen sich aus der Rückschau de Gaulles Bild der preußischen Geschichte und seine Einschätzung der Bedeutung Preußens für die deutsche Politik überdies als fragwürdig. Denn Charles de Gaulle führte die expansiven Tendenzen der Außenpolitik des Kaiserreiches, der Weimarer Republik und des »Dritten Reiches« wesentlich auf die Vormachtstellung Preußens im Deutschen Reich zurück, seitdem er während seiner Kriegsgefangenschaft 1916 das Buch »Deutschland und der nächste Krieg« des Militärhistorikers Friedrich von Bernhardi gelesen und sich 1918/19 und 1924 mit den Gründen der deutschen Niederlage im Ersten Weltkrieg befaßt hatte. Zwar beging er nicht den Fehler, Deutschland mit seinem wichtigsten Bundesstaat zu identifizieren und im politischen und geistigen Profil Preußens ein Pars pro toto der vorwaltenden Tendenzen des ganzen Deutschen Reiches zu erblicken. Aber sowohl den militärischen Fanatismus Erich Ludendorffs in der zweiten Hälfte des Ersten Weltkrieges als auch Adolf Hitlers friedliche und kriegerische Expansionspolitik brachte er mit »la puissance frénétique du germanisme prussianisé«[13] in Verbindung.

Den tieferen Ursprung der nationalsozialistischen Ideologie, deren rassenideologischer Substanz sich de Gaulle weniger bewußt war als ihrer totalitären Herrschaftsqualität, ihres andere Ideale zermalmenden Ausschließlichkeitsanspruchs, vermutete er in einer europäischen Zivilisationskrise, die in Deutschland in besonders extremer Weise ausgebrochen sei. Als er sich während seines Londoner Exils 1941 zur politischen Kontinuität der »Zeit der Weltkriege« äußerte, sprach er von »unserer Epoche des dreißigjährigen Krieges«. Er sah das dominierende Kennzeichen deutscher Politik in diesem Zeitabschnitt in einem anfangs eher gebändigten und seit dem Beginn der Politik systematischer Vertragsverletzungen, die Adolf Hitler begangen hatte, wachsenden militaristischen Expansionismus »preußischer Prägung«. Dabei zog er unzureichend in Erwägung, was aus der Rückschau auch kaum verwundert, daß die Staatsräson Preußens mindestens während langer Abschnitte des 18. und 19. Jahrhunderts aus bestimmten Gründen äußeren Militarismus mit aufklärerischer Reformpolitik, formaler Rechtsstaatlichkeit, begrenzter Toleranz etc. im Inneren miteinander verbunden hatte und das »Dritte Reich« letztlich mit mehreren innen- und außenpolitischen Traditionen der Geschichte Preußen-Deutschlands bzw. des Bismarckreiches brach[14]. Daß de Gaulle dieses Bild der Geschichte Preußens gewonnen hatte, hing auch mit der nicht selten anzutreffenden Erfahrung zusammen, daß sich Kriege im kollektiven Gedächtnis der Nationen bzw. Völker unabhängig von ihrer Dauer stärker einprägen als Friedenszeiten. Selbst an kurze Kriege pflegen sich betroffene Völker mehr zu erinnern als an lange Friedensperioden, zumindest auf der Ebene ihrer wechselseitigen politischen und auch ethnischen Perzeption. Während des Zweiten Weltkrieges gelangte de Gaulle im Zusammenhang mit dem Militarismus vorgeblich preußischer Herkunft und der Differenz zwischen Staat und Nation in der deutschen Geschichte zu einer weiteren Erkenntnis, die sein Deutschlandbild künftig bestimmte.

Anknüpfend an seine entsprechenden Gedanken aus dem Jahre 1934, an sein Buch »Vers l'Armée de métier«, erblickte er nun in der Gründung des kleindeutschen Na-

---

13 DM I, S. 388, Rede vor der Provisorischen Konsultativversammlung in Algier, 18. März 1944.
14 Vgl. dazu A. HILLGRUBER, Großmachtpolitik und Militarismus im 20. Jahrhundert. 3 Beiträge zum Kontinuitätsproblem, Düsseldorf 1974, S. 31–34.

tionalstaates 1871 den Beginn einer kontinuierlichen Expansion, weil es dem Deutschen Reich an Selbstgenügsamkeit gemangelt habe. Denn außerhalb der Grenzen Deutschlands lebten ebenso zahlenmäßig beträchtliche deutsche Minoritäten, wie sich nationale Minderheiten im Reich selbst befanden. De Gaulle dachte für die Zeit bis zum Versailler Vertrag an die Folgen der Annexion des Elsaß und des deutschsprachigen Teiles Lothringens einschließlich der Stadt Metz. Vor allem aber war er sich der Existenz einer polnischen Minderheit in Deutschland und generell der politischen Sprengkraft der ostmittel- und südosteuropäischen Minderheitenprobleme im Zeitalter der »späten« Nationalstaatsgründungen bewußt.

Die pure Existenz des Deutschen Reiches barg daher nach seiner Ansicht jenseits der übrigen politischen Zeitfragen, z. B. des Imperialismus oder der ökonomischen Expansion Deutschlands in Mitteleuropa, latent ein Moment des Unfertigen, eine Tendenz der nach außen gerichteten Dynamik, die beide Otto von Bismarck noch maßvoll zu kanalisieren verstanden habe. Seit der wilhelminischen Epoche sei dagegen die im Keim angelegte Neigung, das Bestehende als unzureichend zu empfinden, in politischer, territorialer und nationaler Hinsicht ins beinahe grenzenlos Offensive umgeschlagen. Adolf Hitler erscheint in dieser Perspektive einerseits als Vollstrecker eines fast unausweichlichen Schicksals, der mit dem Griff zum Schwert eine charakteristische Tradition der deutschen Politik fortsetzte und im europäischen Rahmen dem neuen »dreißigjährigen Krieg« ein weiteres Gefecht hinzufügte. Am 7. November 1941 sprach de Gaulle in London in diesem Sinne von »ce paroxysme d'enthousiasme« der Deutschen, der sie dazu verleitet habe, »de se surpasser lui-même«[15].

Daß der deutsche Diktator im Zuge seiner hegemonialen Machtpolitik andererseits ideengeschichtliche Ziele verfolgte, die über die Tradition wilhelminischer Außenpolitik hinausgingen, bezog de Gaulle in seine Sichtweise ein. Allerdings stand seine deutschlandpolitische Gedankenbildung seitdem keineswegs nur oder überwiegend im Zeichen der politischen Erfahrungen, die er während seines Kampfes gegen das »Dritte Reich« im Zweiten Weltkrieges erworben hatte. De Gaulle vertrat im übrigen zu keiner Zeit nach 1945 die sogenannte »Kollektivschuldthese«, gegen die er sich bereits mit seiner Oxforder Rede vom 25. November 1941 gewandt hatte! Für die folgende Nachkriegszeit sind seine grundsätzlichen Überlegungen über die Differenz zwischen Territorium, Staat und Nation im Falle Deutschlands neben der genuin französischen Interessenlage wichtiger, wobei de Gaulle bisweilen der Gefahr nicht entging, zu historisch motivierten Einsichten zu gelangen, die mit den aktuellen politischen Rahmenbedingungen in keinen harmonischen Einklang zu bringen waren.

Solange die Frage der deutschen Grenzen nicht dauerhaft gelöst war, vermochte keine europäische Gleichgewichtsordnung Stabilität zu gewinnen. Die Deutschen blieben bis zu dem Zeitpunkt in de Gaulles Perspektive ein »peuple déséquilibré«[16]. Insofern reagierte er nach dem Zweiten Weltkrieg nicht nur auf die hybride Außen- und Kriegspolitik, die Adolf Hitler gegenüber Polen im Herbst 1939 betrieben hatte, sondern suchte eine historisch überlieferte Gefahr des europäischen Staatensystems zu entschärfen, als er bis 1969 ständig die Westdeutschen aufrief, die polnische Westgrenze verbindlich anzuerkennen.

15 Siehe DM I, S. 127.
16 Ebd. S. 122, Rundfunkansprache, 23. Oktober 1941.

Zwar bildeten die möglichen politischen Gefahren bzw. das Risiko eines Krieges, die in der Vergangenheit für die friedliche Gleichgewichtsordnung in Europa und für die deutsch-französischen Beziehungen aus der Problematik der unklaren deutschen Ostgrenze resultiert waren, gewiß nicht das einzige Motiv seines Insistierens auf der Anerkennung der Oder-Neiße-Linie. Denn bereits seit seiner Teilnahme am polnisch-russischen Krieg 1920 erkannte er den Wert eines unabhängigen polnischen Staates als eines Gegengewichts zu Deutschland und Sowjetrußland in Mittel- und Osteuropa. Etwa ein Jahr nach dem Ende des Ersten Weltkrieges bezweifelte er im übrigen kaum, daß sich die deutschen Minderheiten im neuen polnischen Staat rasch assimilieren würden. Denn die Erfahrung habe gelehrt, »que l'Allemand à l'étranger perd sa nationalité avec une facilité déconcertante«[17]. Aber neben anderen Überlegungen veranlaßte die Einsicht in das traditionell komplizierte Problem der nationalstaatlichen Saturiertheit Deutschlands de Gaulle seit 1944, als er im Moskauer Kreml einen Beistandspakt mit der stalinistischen Sowjetunion aushandelte, auf der Anerkennung der Oder-Neiße-Grenze seitens der Deutschen zu bestehen.

Von seiner Beobachtung des Jahres 1919, »que le terrain sans relief de toute l'Europe orientale a amené les différentes races et nationalités à se mêler, à empiéter les uns sur les autres«[18], verläuft eine Kontinuitätslinie seiner deutschlandpolitischen Gedankenbildung bis in die Zeit seiner Staatspräsidentschaft. Deutschland sei »quelque chose de mal défini et d'incertain«, heißt es in einer Aufzeichnung des französischen Außenministeriums vom 27. November 1959, in der die deutsch-französischen Beziehungen der Nachkriegszeit mit jenen der Zwischenkriegszeit verglichen werden. »Le passé historique lui-même de l'Allemagne montre une tendance persistante à regarder vers l'Est dont il serait tout à fait imprudent de négliger la force«[19].

Zum einen traf also nach 1958 Alois Mertes' zeitgenössisches Urteil zu, »daß de Gaulle per saldo vielleicht doch kein Element der Schwächung, sondern der inneren Aufrüttelung und positiven Neuordnung des Westens in der langfristigen Auseinandersetzung der freien Welt mit dem Kommunismus sei«[20]. Aber die Voraussetzung für diese Politik der Bewegung, der »Aufrüttelung« und »Auflockerung«[21] des Ostblocks, war zum anderen die territoriale Saturiertheit der Deutschen. Übereinstimmend mit »der zumeist sehr polenfreundlichen französischen öffentlichen Meinung« warf Charles de Gaulle der Bundesrepublik in den sechziger Jahren vor, »sie verhindere die notwendige und zu erstrebende Solidarität mit den freiheitlich gesinnten Polen, die mit Deutschland die Herstellung freiheitlicher Verhältnisse in ganz Osteuropa ersehnten, indem sie Polen durch ihre territorialen Forderungen immer wieder in die Arme der Sowjetunion treibe«[22].

Gleichzeitig vergaß de Gaulle nicht, als er 1958 als Ministerpräsident der Vierten Französischen Republik an die Macht zurückkehrte und 1959 Staatspräsident wurde, daß die Deutschen ein »unruhiges Volk« blieben und im modernen Sinne nicht satu-

---

17 LNC II, S. 64, Ansprache vor Offizieren, Dezember 1919.
18 Ebd. S. 10.
19 AMAE, Europe 1944–1960, Allemagne 1956–1960, Bd. 29, Bl. 23 verso, 24 verso.
20 ACDP, NL Mertes, Bd. I-403-124/4 (a), Bericht vom 2. März 1963, S. 15.
21 Akten zur Auswärtigen Politik der Bundesrepublik Deutschland 1964. Bd. II, Dok. 342, S. 1342, Aufzeichnung von J. Jansen, 16. November 1964.
22 Akten zur Auswärtigen Politik der Bundesrepublik Deutschland 1963. Bd. III, Dok. 395, S. 1346, Aufzeichnung von H. Blankenhorn, 21. Oktober 1963.

riert seien bzw. sein könnten, solange die Teilung Deutschlands andauerte. Jedenfalls äußerte er sich in dem Sinne sehr prononciert bei mehreren Gelegenheiten, beispielsweise gegenüber dem englischen Premierminister Macmillan[23], wenngleich er die Westdeutschen in dieser Frage zur Geduld ermahnte. Auch in sein ernsthaft verfolgtes, begrifflich nebulöses und letztlich in seiner Amtszeit gescheitertes Projekt, eine europäische Gleichgewichtsordnung »vom Atlantik bis zum Ural« zu errichten und auf diesem Wege die »deutsche Frage« zu lösen, gingen seine beiden deutschlandpolitischen Grundgedanken, die historisch problematische, aber lösbare territoriale Saturiertheit und die prinzipielle Legitimität eines deutschen Nationalstaates, ein.

Bis in die Nachkriegszeit des 20. Jahrhunderts setzte die »Idee der Nation«, von der sich de Gaulle, anknüpfend an diese ideengeschichtliche Wende des Zeitalters der Französischen Revolution, im Hinblick auf die französischen Interessen leiten ließ, »die Achtung der Rechte der anderen Nationen voraus«[24]. De Gaulle war von 1958 an kein erklärter Gegner der deutschen Wiedervereinigung, aber sie zählte nicht zu den Nahzielen seiner Außenpolitik. In den dreißiger Jahren kritisierte er nachträglich auch unter diesem Aspekt die Deutschlandpolitik Georges Clemenceaus am Ende des Ersten Weltkrieges. Als die Frage der deutschen Einheit mehr als eine Dekade nach dem Ausgang des Großen Krieges kein aktuelles politisches Thema bildete, warf er dem Ministerpräsidenten vor, die deutsche Reichseinheit 1918/19 unangetastet gelassen zu haben. Nach dem Kriegsende 1945 schlossen sich ein geeintes Deutschland und der angestrebte französische Großmachtstatus in seiner Sichtweise, die jener Warnung vor einem weiteren Machtverlust Frankreichs aus dem Jahre 1866 glich, die der oppositionelle Adolphe Thiers Napoléon III. vor der Schlacht bei Königgrätz erteilte[25], gegenseitig aus. De Gaulle signalisierte 1934 und 1949, daß er sich an bestimmten Phasen der deutschen Geschichte vor 1866 orientierte.

Als er jedoch 1958 an die Regierung zurückkehrte und Frankreich eine vorherrschende Stellung in Europa zu verschaffen suchte, stellte sich die »deutsche Frage« auf eine neuartige Weise. Denn das Ziel, den Kalten Krieg langfristig zu beenden und die Aufteilung Europas in zwei Blöcke, die von jeweils einer »fremden« Supermacht beherrscht wurden, zugunsten eines nationalstaatlichen »europäischen Europas«[26] zu überwinden, dessen westliche Hälfte einem fast hegemonialen französischen Einfluß unterstehen sollte, schloß ein einheitliches deutsches Staatsgebilde perspektivisch ein!

Innerhalb dieser Konzeption rangierte die Détente zwischen Ost und West vor der deutschen Einheit. Charles de Gaulle relativierte die aktuelle Bedeutung der »deutschen Frage« und wies einen langfristig möglicherweise gangbaren Weg zu ihrer Lösung, indem er vorübergehend den Status quo zu erhalten bevorzugte und mittelfristig einen Wandel der bestehenden Ordnung in Europa in Aussicht stellte, den er selbst mit Gewißheit erwartete. Damit wird auf eine Frage und zugleich auf einen Aspekt verwiesen, die beide für das Verständnis des Deutschlandbildes und der Deutschlandpolitik des Generals von zentraler Relevanz sind. Wie wichtig war

---

23 Vgl. H. MACMILLAN, Erinnerungen, S. 368, und Documents Diplomatiques Français 1959. Bd. I (1er janvier–30 juin) S. 318, Protokoll der Unterredung de Gaulles mit Harold Macmillan vom 10. März 1959 in Paris.

24 P. MAILLARD, La politique du Général de Gaulle, S. 59.

25 Vgl. P. GUIRAL, Adolphe Thiers ou De la nécessité en politique, Paris 1986, S. 315f.

26 Ch. DE GAULLE, Memoiren der Hoffnung, S. 237.

Deutschland für Charles de Gaulle? Erregte allein die geographische Nachbarschaft der beiden Länder das besondere Interesse des Franzosen?

Da die »deutsche Frage« schon aus geopolitischem Grunde immer eine »europäische Frage« war und Frankreich ideell und real, zeitweise sogar existentiell, betraf, mußte jeder französische Staatsmann, der im 20. Jahrhundert außenpolitisches Terrain betrat, den vielbeklagten »incertitudes allemandes« in unterschiedlichem Ausmaß seine Aufmerksamkeit schenken. Zeitweise trat jedoch das Interesse, das Charles de Gaulle der Geschichte und Politik Deutschlands entgegenbrachte, hinter andere aktuelle Fragen vollkommen zurück. So befaßte er sich zwischen 1929 und 1931 aus erklärlichen Gründen mit der französischen Überseepolitik, als er in der Levante stationiert war. Während des Zweiten Weltkrieges hingen die politischen Ziele de Gaulles untrennbar mit der Kriegspolitik Adolf Hitlers zusammen, gingen aber über Deutschland hinaus und ließen sich keineswegs immer im Einvernehmen mit den Alliierten realisieren.

Ferner unterschied sich die Bundesrepublik in mehrfacher Hinsicht von früheren Formen deutscher Staatlichkeit. Alsbald war nach dem Zweiten Weltkrieg das »geordnete, tätige, aufbauende, europäische Deutschland Konrad Adenauers den Franzosen, die an das Ungeheuerliche aus Deutschland gewöhnt waren, beinahe zu geheuer«[27]. De Gaulle hatte, seitdem er die ersten außenpolitischen Schritte Konrad Adenauers zu verfolgen begann, die Westorientierung und Westbindung der Bundesrepublik begrüßt. Diese Option bot nach seiner Ansicht eine Gewähr dafür, daß sich Deutschland politisch, geographisch und geistig-kulturell von seiner preußischen Vergangenheit entfernte und seinen Schwerpunkt dauerhaft nach Westen verlagerte. Jacques Bariéty hat unlängst auf die wichtige »Überzeugung de Gaulles« hingewiesen, »mit der Bundesrepublik sei eine völlig neue deutsche politische Tradition gegründet worden, die nichts mehr mit dem [untergegangenen Deutschen] Reich gemein hatte«[28]. Aber hatte Charles de Gaulle dann tatsächlich, wie ein Zeitgenosse urteilte, »eine fast romantische Liebe zu Deutschland«, die sich »freilich auch in Haß verwandeln« ließ[29]?

Zunächst ist der Tatsache genügende Beachtung zu schenken, daß sich de Gaulle mit keinem anderen fremden Land ähnlich intensiv beschäftigte wie mit Deutschland, daß er aber die deutsch-französischen Beziehungen immer im europäischen Rahmen und keineswegs isoliert, d.h. auf dem Niveau einer exklusiven Bilateralität, betrachtete. Außerdem blieb sein Urteil über die Deutschen trotz seiner Klage über den Einfluß Preußens auf den Verlauf der deutschen Geschichte relativ unverändert im gesamten Untersuchungszeitraum von 1914 bis 1969. Im Unterschied zu den Jahrzehnten vor dem Zweiten Weltkrieg, in denen de Gaulles Deutschlandbild nahezu durchgängig von erheblichen Vorbehalten gegenüber den verschiedenen deutschen Regierungen und einer davon eigentümlich abgehobenen grundsätzlichen Zuneigung zu den Regierten, einer Sympathie für das »große deutsche Volk«, geprägt gewesen war, signalisierte der General kaschiert erstmals 1945, vernehmbar 1950 und eindeutig seit 1958, läßt man seine schillernde Beurteilung der historischen Größe Otto von Bismarcks außer acht, eine begrenzte Affinität zur politischen Gedankenwelt eines

27 F. BONDY, Zum deutsch-französischen Dialog, S. 438.
28 J. BARIÉTY, Das Deutsche Reich, S. 217.
29 Siehe H. OSTERHELD, Außenpolitik, S. 125.

deutschen Staatsmannes. Konrad Adenauer war der erste Deutsche, dessen Außen- und Innenpolitik er, wie die überwiegende Mehrzahl der Franzosen generell, mit Verständnis, Zutrauen, sogar mit Sympathie verfolgte.

In mehrfacher Hinsicht hatten in den dreißiger Jahren de Gaulles ideelle Vorstellungen über Deutschland mit der Wirklichkeit nicht übereingestimmt. Ähnliches galt jedoch nun auch für seine Haltung zur Bundesrepublik[30], obwohl der westdeutsche Teilstaat, der zwar nicht sämtlichen deutschlandpolitischen Vorstellungen de Gaulles entsprach, ihnen von allen deutschen Staatswesen, die er seit den Tagen des kaiserlichen Deutschlands erlebt hatte, relativ nahekam, was mit der betont frankophilen Außenpolitik in nicht geringem Maße zusammenhing, die Konrad Adenauer im Rahmen der von den westlichen Siegermächten gezogenen politischen Grenzen des westdeutschen Provisoriums betrieb. Konrad Adenauers außenpolitische Grundüberzeugungen trugen ebenso wie die nun, in der Nachkriegszeit, von neuem und neuartig entstandene Differenz zwischen Staat und Nation der Deutschen dazu bei, daß de Gaulle mehrere seiner wichtigsten deutschlandpolitischen Ziele zu erreichen vermochte und gleichzeitig am Ende in gewissem Sinne scheiterte.

Sieht man von der Teilung Deutschlands in diesem Zusammenhang ab, weil sie eine gesonderte Betrachtung erfordert und bereits behandelt worden ist[31], dann stimmten die innere und die äußere Staatsräson im Falle der Bundesrepublik vorteilhafterweise überein. Diese Kongruenz, die Peter Krüger »die entscheidende politische Errungenschaft der Deutschen nach dem Krieg« nennt[32], beschreibt eine der Leistungen Konrad Adenauers. Die Bundesrepublik hatte ferner im Zuge seiner Westpolitik ihr außenpolitisches Bewegungsgesetz in einer unauflöslichen Verbindung von nationaler Souveränität, westeuropäischer Integration und atlantischer Partnerschaft gefunden. Aus der »deutschen Katastrophe« (Friedrich Meinecke) zog Konrad Adenauer die Konsequenz, auf jede Schaukelpolitik zwischen Ost und West zu verzichten und eindeutig für den Westen zu optieren. Der erste Bundeskanzler wählte diese Option im übrigen nicht nur als Reaktion auf die Teilung Deutschlands oder die sowjetische Bedrohung der westeuropäischen Freiheit, sondern gedachte gleichsam in einer epochalen historischen Perspektive dafür zu »sorgen, daß der Anschluß an den Westen so fest gemacht wird, daß niemals wieder ein Deutschland nach dem Osten zu Kurs nimmt oder ... pendelt zwischen Westen und Osten«[33]. Die Westbindung präjudizierte in seiner Sicht die Außenpolitik eines künftigen Gesamtdeutschlands!

Gleichzeitig erwartete Adenauer, auf diesem Wege die deutsche Wiedervereinigung zu erlangen. Zwar erfuhr er noch zu seinen Lebzeiten, daß diese Strategie bestenfalls über einen langen Zeitraum hinweg Erfolg zu versprechen vermochte[34], aber in jedem Falle steckte er die äußeren politischen und institutionellen Rahmenbedingungen der künftigen bundesrepublikanischen Außenpolitik ab, die keine künftige Regierung

---

30 In mancher Hinsicht neigte de Gaulle als Staatspräsident dazu, sowohl die politische Macht Frankreichs wie Westeuropas insgesamt nach dem Zweiten Weltkrieg zu überschätzen. Am 13. Februar 1963 soll er beispielsweise angekündigt haben, daß ein »europäisches Europa« ohne »fremde«, d. h. amerikanische Hilfe stark genug sein werde, den Eisernen Vorhang, der die beiden Hälften des Kontinents trennte, aus eigener Kraft zu öffnen. Siehe A. PEYREFITTE, C'était de Gaulle, S. 381.
31 Siehe oben in diesem Kapitel, S. 258f.
32 Siehe P. KRÜGER, Auf der Suche, S. 67.
33 K. ADENAUER, Teegespräche 1959–1961, S. 285.
34 Vgl. ebd.

sprengen sollte. Schließlich blieb sich Adenauer, als die Bundesrepublik bereits leidlich konstituiert und konsolidiert war, der moralischen Hypothek bewußt, die sich aus der nationalsozialistischen Vergangenheit für die deutsche Politik und das internationale Ansehen Deutschlands ergab[35].

Charles de Gaulle bezog als Staatspräsident sowohl die Westoption als auch die deutsche Teilung und die moralischen Folgen des »Dritten Reiches« in seine deutschlandpolitische Konzeption ein. Ferner gingen seine deutschlandpolitischen Ziele über diese drei Elemente hinaus.

Seit 1958, als er Ministerpräsident der Vierten Französischen Republik wurde, knüpfte er an seine Vision des Jahres 1934 an, eines fernen Tages zumindest eine deutsch-französische Annäherung zu bewirken. Wie er in der Zwischenkriegszeit nicht nur an die äußere Gestalt des Deutschen Reiches, die in machtpolitischer Hinsicht eine Verständigung eher erschwerte, sondern insbesondere an die nationalen Gefühle der Deutschen gedacht und generell keineswegs nur eine Entente auf der Ebene der Regierungen, sondern eine solide zukunftsträchtige Annäherung der beiden Völker angestrebt hatte, so zeigte insbesondere sein triumphaler Staatsbesuch, den er der Bundesrepublik Deutschland 1962 abstattete, daß de Gaulle nach der katastrophalen bzw. »ungeheuerlichen« Erfahrung des »Dritten Reiches« dazu berufen war, die Tradition der »France généreuse« eigenständig fortzusetzen.

De Gaulle leistete im September 1962 nach Carlo Schmids und Alois Mertes' Urteil »einen entscheidenden Beitrag zu diesem Sich-wieder-selbst-Finden der deutschen Nation«[36] in der Nachkriegszeit. Er gab »uns sozusagen unsere Geschichte zurück, mit einer Verbeugung vor der Größe, die es doch auch darin gegeben hat«, so kommentierte Hermann Schreiber in der Stuttgarter Zeitung den vorherrschenden Eindruck seiner Landsleute[37], als der französische Präsident während seines glanzvollen Besuches seinen Nimbus als Heros des Zweiten Weltkrieges, der 1940 im Zeichen der Freiheit und der nationalen Souveränität Frankreichs den Kampf gegen Hitler-Deutschland von London aus fortgesetzt hatte, zugunsten des Bonner Provisoriums in die Waagschale warf und dem popularen Element innerhalb der deutsch-französischen Beziehungen augenscheinlich keine geringe Bedeutung beimaß. De Gaulle stellte Konrad Adenauers Bundesrepublik, die sich einer fortwährenden Diffamierungskampagne und schrillen »Revanchismusvorwürfen« des Ostblocks ausgesetzt sah, einen politisch nicht bedeutungslosen »Unbedenklichkeitsnachweis«[38] aus. Denn als »Verbündeter und Bürge«[39] Deutschlands trug das gaullistische Frankreich dem legitimen Wiedervereinigungsanspruch Deutschlands und den nicht minder legitimen Sicherheitsbedürfnissen Polens Rechnung.

Gleichzeitig kollidierte de Gaulles Sichtweise der deutschen Interessenlage mit der Realität, als er um die Gefolgschaft der Bundesrepublik warb und sie als Juniorpartner für seine europäische Politik, der globale Zielsetzungen zugrunde lagen, zu gewinnen suchte. Die gaullistischen Groß- und Weltmachtambitionen bedeuteten nicht

35 Vgl. ebd. S. 312.
36 ACDP, NL Mertes, Bd. I-403-017/3, Brief von Alois Mertes an Carlo Schmid vom 27. September 1962.
37 Vgl. Stuttgarter Zeitung vom 8. September 1962.
38 R. MARCOWITZ, Charles de Gaulle und die Westdeutschen, S. 209.
39 ACDP, NL Kiesinger, Bd. I-226-A-008, »Vertrauliche Hintergrundgespräche mit Journalisten«, Gespräch vom 23. Januar 1969, S. 23.

nur für Frankreich eine Überbürdung, sondern für die Bundesrepublik eine eklatante außenpolitische Überforderung. Insofern entbehrte das Diktum »De Gaulle und der Freundschaftsvertrag – das war zu viel auf einmal«[40] nicht einer gewissen Wahrheit.

Wenngleich das westdeutsche Provisorium dem idealen Deutschlandbild de Gaulles weitgehend entsprach, weil dessen innere Gestalt und äußere Größe Frankreich nicht bedrohten, so blieb sich der Präsident der Tatsache bewußt, daß »unser Drang und unser Wunsch, in der Frage der Wiedervereinigung einen Fortschritt zu erzielen«, welche die unmittelbar Betroffenen, die Deutschen, empfanden, grundsätzlich bestanden, und daß den Deutschen politisch aufgegeben war, »vielleicht die Ostblockländer diesem Problem gegenüber etwas aufgeschlossener zu machen«[41]. Die »deutsche Frage« gedachte er im Zuge seiner europäischen Konzeption ebenso zu lösen, wie er die Blockbildung in Europa zu überwinden trachtete. Aber daß die in machtpolitischer Weise so vorteilhaft überschaubare Bundesrepublik gerade wegen der Ost-West-Konfrontation einem bestimmten außenpolitischen Bewegungsgesetz folgte, das es nicht geboten erscheinen ließ, eine exklusive deutsch-französische Entente zu Lasten der deutsch-amerikanischen Partnerschaft zu vereinbaren, begrenzte ab initio die Realisierungschancen der weitreichenden deutschlandpolitischen Pläne de Gaulles.

Da sich die westeuropäische Integration bis zu einem gewissen Grade nicht mit den Formen bilateraler Allianzen vereinbaren ließ, wie sie in Europa bis zum Ende des Zweiten Weltkrieges im zwischenstaatlichen Verkehr überwogen hatten – ein spätes Beispiel dieser Allianzbildung stellte der französisch-sowjetische Beistandspakt von 1944 dar –, vermochten die Bundesregierungen unter den Kanzlern Adenauer, Erhard und Kiesinger, deren Ziele sich auf dem Gebiet der Frankreichpolitik relativ stark voneinander unterschieden, die Offerte de Gaulles, die im Vorschlag einer exklusiven »Zweier-Union« gipfelte, nicht anzunehmen. Ein deutsch-französischer »Zweibund« hätte für die westdeutsche Außenpolitik in jedem Falle eine einschneidende Zäsur, möglicherweise eine irreversible Kursänderung, bedeutet. Primär aus sicherheitspolitischen Gründen entschied sich die Bundesrepublik für die atlantische und gegen die gaullistische Option. Der Elysée-Vertrag bewirkte auf Grund der Präambel, die der Bundestag beschloß, einen »Triumph des Atlantizismus«[42] in der Geschichte der Bonner Außenpolitik.

Obwohl sich bereits Konrad Adenauer 1959 und 1960 die Frage hatte stellen müssen, »ob die gaullistische Außen- und Verteidigungspolitik nicht zu weit von der gesicherten deutschen Europa- und Atlantik-Politik entfernt« sei[43], zählte er unter den gewandelten weltpolitischen Umständen des Jahres 1963 zu den Befürwortern der gaullistischen Option. Er hatte nicht beabsichtigt, dem Elysée-Vertrag eine »atlantische« Präambel hinzuzufügen. Aber neben dem massiven amerikanischen Druck verhinderte die westdeutsche äußere Staatsräson, die Adenauer wie kein zweiter geprägt hatte, daß der frankophile erste Kanzler auf den Vorschlag de Gaulles einzugehen ver-

---

40 Zitiert nach F. SEYDOUX, Botschafter, S. 166.
41 So referierte Erhard de Gaulles Standpunkt in der CDU-Bundesvorstandssitzung vom 9. Februar 1965. Siehe ACDP, Bd. VII-001-014/1, S. 14.
42 H.-P. SCHWARZ, Eine Entente, S. 15.
43 Siehe P. FISCHER, Der diplomatische Prozeß, S. 105.

mochte, eine exklusive deutsch-französische Entente zu schließen. Daß der französische Präsident sein letztes deutschlandpolitisches Ziel nicht erreichte, hing zum Teil also wiederum mit der nun unter ganz anderen Umständen wirksamen und neuartig entstandenen Differenz zwischen Staat und Nation der Deutschen zusammen. Charles de Gaulle wurde von der Zeit gezwungen, wie Maurice Couve de Murville am 11. Mai 1964 klarsichtig diagnostizierte, jenem eigentümlichen »Zusammenhang zwischen Wiedervereinigung und Sicherheit«[44] im Zuge seiner Deutschlandpolitik Tribut zu zollen, der die bundesrepublikanische Nachkriegsgeschichte charakteristisch auszeichnete.

Einerseits vermochte, erkannten schon die Zeitgenossen beiderseits des Rheins, »kein anderer französischer Regierungschef die deutsch-französische Aussöhnung in gleicher Weise mit dem Siegel der Unwiderruflichkeit [zu] versehen, wie der ehemalige Führer des freien Frankreichs im Kampf gegen das Deutsche Reich«[45].

Andererseits zeitigten die außenpolitischen Bewegungsgesetze der beiden Länder, die 1962/63 für einen historischen Moment scheinbar vollständig miteinander harmoniert hatten, 1965/66 eine entzweiende Wirkung, ohne daß die vertraglich Verbundenen nachfolgend miteinander brachen. Dieser relative Mißerfolg am Ende schmälert aber keineswegs die bleibende historische Größe, die Charles de Gaulle nicht zum geringsten auf dem Gebiet der französischen Deutschlandpolitik zu attestieren ist.

44 Akten zur Auswärtigen Politik der Bundesrepublik Deutschland 1964. Bd. I, Dok. 124, S. 525, Redebeitrag von M. Couve de Murville im Gespräch mit G. Schröder und den Außenministern D. Rusk und R. Butler in Den Haag.
45 PA AA, B 24, Bd. 323, Aufzeichnung vom 19. Juni 1962 von Josef Jansen über de Gaulles Pressekonferenz am 15. Mai 1962 für Außenminister Schröder.

Quellen- und Literaturverzeichnis

I. QUELLENVERZEICHNIS

1. Ungedruckte Quellen

a. Archiv für Christlich-Demokratische Politik,
St. Augustin bei Bonn

CDU-Bundesvorstand, Bände VII-001–007/3, VII-001–010/6, VII-001–011/1, VII-001–012/4, VII-001–013/2, VII-001–014/1, VII-001–014/5, VII-001–015/2, VII-001–015/3, VII-001–015/6.

Parteigremien, Bd. VII-002–003/1.

CDU/CSU-Bundestagsfraktion, Bände VIII-001–052/2, VIII-001–054/1, VIII-001–056, VIII-001–1009/2, VIII-001–1010/1, VIII-001–1010/2, VIII-001–1504/1.

Nachlaß Kurt Birrenbach, Bd. I-433–145/2.

Nachlaß Ludwig von Danwitz, Bd. I-330–004/1.

Nachlaß Otto A. Friedrich, Bd. I-093–012/1.

Nachlaß Kurt Georg Kiesinger, Bände I-226-A-008, I-226-A-009, I-226-A-299, I-226-A-309, I-226-A-312, I-226-A-706.

Nachlaß Heinrich Krone, Bände I-028–005/5, I-028–006/4, I-028–015/1, I-028–033/2.

Nachlaß Hans-Joachim von Merkatz, Bd. I-148–116/1.

Nachlaß Alois Mertes, Bände I-403–017/1, I-403–017/3, I-403–020/3, I-403–021/1, I-403–021/2, I-403–124/4 (a).

b. Bundesarchiv, Koblenz

Nachlaß Herbert Blankenhorn, Bände 90, 92A, 92B, 102, 103, 112, 126 a, 128 a, 132 a, 144, 144 b, 145, 148.

Nachlaß Heinrich von Brentano, Bände 32, 57, 68, 185.

Nachlaß Karl Theodor Freiherr von und zu Guttenberg, Bände 25, 47, 52, 68–70, 90, 91, 95.

c. Politisches Archiv des Auswärtigen Amtes, Bonn

Abt. 3 (Länderabteilung)/EVG-Akten, Bd. 4.

Ref. 204 (Länderreferat, u. a. Frankreich), Bände 3, 24, 175, 268–270, 286, 287, 313, 323, 338, 339, 355, 356, 358, 361, 372, 380.

d. Ministère des Affaires étrangères. Archives diplomatiques, Paris

Papiers d'agents: Nachlaß René Massigli, Bände 217/41, 217/59.

Série Europe 1944–1960:

Sous-série Allemagne 1956–1960, Bände 26, 27, 29, 43.
– Grande-Bretagne, Bd. 141.

– Pologne, Bände 179, 238, 241, 246.
– Tchécoslovaquie, Bände 212, 213, 216.
– URSS, Bände 228, 243–245, 249, 251, 267, 268, 270.

Série USA 1952–1963, USA–Allemagne, Bände 44 e, 44 f.

e. Archives Nationales, Paris

Série Archives privées:
Nachlaß Georges Bidault, 457/AP, carton 1.
Nachlaß Charles de Gaulle, Bd. 5 AG 1/161; Bd. 5 AG 1/589.

f. Fondation Nationale de Sciences Politiques, Paris

Fonds Wilfrid Baumgartner, Bd. 3 BA 5/Dr 4: Problèmes militaires; Bd. 4 BA 8/Dr 7.
Fonds Maurice Couve de Murville, carton 14 (Documents divers, entretiens), carton 17 (Documents divers), carton 20 (Documents divers).

g. Kennedy Library, Boston

Papers of Arthur M. Schlesinger, Jr., Writings, Box w-3, E.O. 12356, Sec. 3.4.

h. Public Record Office, London

PREM 11/3338, Treffen Macmillan–de Gaulle in London, 26. November 1961.

2. Gedruckte Quellen

a. Charles de Gaulles Reden, Werke und Briefe

Charles DE GAULLE, Vers l'Armée de métier, Paris 1971 (Nachdruck der Ausgabe von 1934).
DERS., La Discorde chez l'ennemi, Paris 1972 (Nachdruck der Ausgabe von 1924).
DERS., Discours et Messages, 5 Bände, Paris 1970. Bd. I: Pendant la guerre. Juin 1940–Janvier 1946; Bd. II: Dans l'attente. Février 1946–Avril 1958; Bd. III: Avec le renouveau. Mai 1958–Juillet 1962; Bd. IV: Pour l'effort. Août 1962–Décembre 1965; Bd. V: Vers le terme. Janvier 1966–Avril 1969.
DERS.,Trois Etudes. Précédées du mémorandum du 26 janvier 1940, Paris 1971.
DERS., Lettres, Notes et Carnets, 12 Bände, Paris 1980–1988. Bd. I: 1905–1918; Bd. II: 1919–Juin 1940; Bd. III: Juin 1940–Juillet 1941. Suivi d'un complément pour les années 1905–juin 1940; Bd. IV: Juillet 1941–Mai 1943, Bd. V: Juin 1943–Mai 1945; Bd. VI: Mai 1945–Juin 1951; Bd. VII: Juin 1951–Mai 1958; Bd. VIII: Juin 1958–Décembre 1960; Bd. IX: Janvier 1961–Décembre 1963; Bd. X: Janvier 1964–Juin 1966; Bd. XI: Juillet 1966–Avril 1969; Bd. XII: Mai 1969–Novembre 1970. Compléments de 1908 à 1968.
DERS., Memoiren. Der Ruf 1940–42, (dt. Übersetzung) Berlin/Frankfurt a. M. 1955.
DERS., Memoiren 1942–1946. Die Einheit – Das Heil, (dt. Übersetzung) Düsseldorf 1961.
DERS., Memoiren der Hoffnung. Die Wiedergeburt 1958–1962, (dt. Übersetzung) Wien/München/Zürich 1971.

DERS., Die Schneide des Schwertes. Aus dem Französischen von Carlo Schmid, Frankfurt a. M. 1981 (Nachdruck der Ausgabe von 1932).

b. Diplomatische Akten, amtliche Veröffentlichungen, Parteiakten

Adenauer, »… um den Frieden zu gewinnen«. Protokolle des CDU-Bundesvorstands 1957–1961, bearbeitet von Günter BUCHSTAB, Düsseldorf 1994.
Akten zur Auswärtigen Politik der Bundesrepublik Deutschland 1963. Bd. I–III, hg. v. Institut für Zeitgeschichte, München, im Auftrag des Auswärtigen Amts, bearbeitet von Rainer A. BLASIUS u. a., München 1994.
Akten zur Auswärtigen Politik der Bundesrepublik Deutschland 1964. Bd. I und II, hg. v. Institut für Zeitgeschichte, München, im Auftrag des Auswärtigen Amts, bearbeitet von Rainer A. BLASIUS u. a., München 1995.
Akten zur deutschen auswärtigen Politik. Serie C: 1933–1937. Bd. IV/1, Göttingen 1975.
Auswärtiges Amt (Hg.), 40 Jahre Außenpolitik der Bundesrepublik Deutschland. Eine Dokumentation, Stuttgart 1989.
Bundesgesetzblatt 1963. Teil II.
Documents Diplomatiques Français 1932–1939. 1ère Série (1932–1935). Bd. IX, Paris 1980; Bd. X, Paris 1981.
Documents Diplomatiques Français 1958. Bd. I (1er janvier–30 juin 1958), Paris 1993; Bd. II (1er juillet – 31 décembre 1958), Paris 1993.
Documents Diplomatiques Français 1959. Bd. I (1er janvier–30 juin), Paris 1994.
Journal officiel de la République Française. Débats parlementaires. Assemblée Nationale, 1. Oktober 1957, 13. Juni 1963, 15. April 1966.

c. Memoiren, Autobiographien und Tagebücher

Konrad ADENAUER, Erinnerungen 1955–1959, 3. Auflage Stuttgart 1982.
DERS., Erinnerungen 1959–1963. Fragmente, Stuttgart 1968.
Herbert BLANKENHORN, Verständnis und Verständigung. Blätter eines politischen Tagebuchs 1949 bis 1979, Frankfurt a. M. 1980.
Léon BLUM, L'œuvre. Bd. 4/2 (1937–1940), Paris 1965.
Willy BRANDT, Begegnungen und Einsichten. Die Jahre 1960–1975, Hamburg 1976.
DERS., Erinnerungen, Frankfurt a. M. 1989.
Karl CARSTENS, Erinnerungen und Erfahrungen. Hg. v. Kai VON JENA, Reinhard SCHMOECKEL, Boppard am Rhein 1993.
Jean COMBASTEIL, Arbeit an der Zukunft. Bürgermeister gegen das Vergessen, in: Martin GRAF, Florence HERVÉ (Hg.), Oradour. Regards au-delà de l'oubli. Blicke gegen das Vergessen, Essen 1995, S. 43f.
Maurice COUVE DE MURVILLE, Außenpolitik 1958–1969, (dt. Übersetzung) München 1973.
Edouard DALADIER, Journal de captivité 1940–1945, Paris 1991.
Dwight David EISENHOWER, Wagnis für den Frieden, Düsseldorf, (dt. Übersetzung) Wien 1966.
André FRANÇOIS-PONCET, Als Botschafter im ›Dritten Reich‹. Die Erinnerungen des französischen Botschafters in Berlin. September 1931 bis Oktober 1938, (dt. Übersetzung) Neuauflage Mainz 1980.

Lord GLADWYN, Europe after de Gaulle, New York 1969.

Claude HETTIER DE BOISLAMBERT, Les Fers d'Espoir, Paris 1978.

Henry A. KISSINGER, Memoiren 1968–1973, (dt. Übersetzung) München 1979.

Harold MACMILLAN, Erinnerungen, (dt. Übersetzung) Frankfurt a. M./Berlin 1972.

Claude MAURIAC, Un autre de Gaulle. Journal 1944–1954, Paris 1971.

Friedrich MEINECKE, Die deutsche Katastrophe, in: Autobiographische Schriften, in: DERS., Werke. Bd. 8, Stuttgart 1969, S. 321–445.

Pierre MESSMER, Après tant de batailles. Mémoires, Paris 1992.

Jean MONNET, Erinnerungen eines Europäers, (dt. Übersetzung) München 1978.

Horst OSTERHELD, Außenpolitik unter Bundeskanzler Ludwig Erhard 1963–1966. Ein dokumentarischer Bericht aus dem Kanzleramt, Düsseldorf 1992.

Carlo SCHMID, Erinnerungen, Bern/München 1979.

François SEYDOUX, Botschafter in Bonn. Meine zweite Mission 1965–1970, (dt. Übersetzung) Frankfurt a. M. 1978.

DERS., Beiderseits des Rheins. Erinnerungen eines französischen Diplomaten, (dt. Übersetzung) Frankfurt a. M. 1975.

Dirk U. STIKKER, Bausteine für eine neue Welt. Gedanken und Erinnerungen an schicksalhafte Nachkriegsjahre, (dt. Übersetzung) Wien/Düsseldorf 1966.

Franz Josef STRAUSS, Die Erinnerungen, Berlin 1989.

Cyrus L. SULZBERGER, Auf schmalen Straßen durch die dunkle Nacht. Erinnerungen eines Augenzeugen der Weltgeschichte 1934–1954, (dt. Übersetzung) Wien u. a. 1969.

Vernon A. WALTERS, In vertraulicher Mission, (dt. Übersetzung) München 1990.

Harold WILSON, Die Staatsmaschine. Erinnerungen des britischen Premiers 1964–1970, (dt. Übersetzung) Wien/München/Zürich 1972.

d. Zeitgenössische Presseartikel in Zeitungen und Zeitschriften

Raymond ARON, Quelle sera la politique atomique française?, in: Le Figaro vom 8. März 1960.

Maurice COUVE DE MURVILLE, Deutschland und Frankreich seit 1945. Ein Ludwigsburger Vortrag, in: Deutsche Rundschau 84 (1958) S. 521–530.

André FRANÇOIS-PONCET, Frappe mais écoute ..., in: Le Figaro vom 16. Juli 1962.

Alphonse GRASSET, La Défense nationale et l'effort nécessaire, in: Revue des Deux Mondes vom 15. Juni 1938, S. 820–845.

Kurt Georg KIESINGER, 15 Jahre Deutsch-französischer Vertrag – Gewähr für das Gelingen der Einigung Europas, in: Deutschland-Union-Dienst vom 19. Januar 1978, S. 1–3.

Alexandre MILLERAND, La Politique extérieure, Rede vom 20. Februar 1935, abgedruckt in: Revue des Deux Mondes vom 1. April 1935, S. 526–534.

Raymond MILLET, Scepticisme sur l'efficacité d'une alliance franco-allemande, in: Le Figaro vom 23. Januar 1963.

Philippe PÉTAIN, La Sécurité de la France. Au cours des années creuses, in: Revue des Deux Mondes vom 1. März 1935, S. I–XX.

René PINON, La Reconstruction de l'Europe orientale, in: Revue des Deux Mondes vom 15. Januar 1919, S. 377–405.

Stuttgarter Zeitung vom 8. September 1962.

Neue Zürcher Zeitung vom 11. September 1962.

Maxime WEYGAND, L'Armée d'aujourd'hui, in: Revue des Deux Mondes vom 15. Mai 1938, S. 33.

DERS., L'Etat militaire de la France, in: Revue des Deux Mondes vom 15. Oktober 1936, S. 721–736.

3. Publizierte Aussagen von Zeitzeugen

Adenauer. Teegespräche 1959–1961. Bearbeitet v. Hanns Jürgen KÜSTERS, Berlin 1988.

George BALL, Interview in: Espoir, Heft 83 (1992) S. 4.

Deutschland und Frankreich im Spiegel des Vertrages. VII. Deutsch-Französische Konferenz in Bad Godesberg. 24.–26. Mai 1963, hg. v. deutschen Rat der Europäischen Bewegung, Bonn o. J. [1963], Redebeiträge von Konrad ADENAUER, René MAYER.

De Gaulle ou l'éternel défi. 56 témoignages recueillis et présentés par Jean LACOUTURE et Roland MEHL, Paris 1988, Beiträge von Geoffroy DE COURCEL, André DULAC, Paul FRANK, André LAFFARGUE, Jean LALOY, Richard NIXON.

Kurt Georg KIESINGER, Interview, in: Bild am Sonntag vom 19. September 1971.

Pierre MAILLARD, Der große Entwurf der deutsch-französischen Verständigung, in: Ibykus. Zeitschrift für Poesie, Wissenschaft und Staatskunst 12 (1993) S. 20–29 (Interview).

Nach-Denken. Über Konrad Adenauer und seine Politik. Internationales wissenschaftliches Symposion am 27. April 1992, hg. v. der Stiftung Haus der Geschichte der Bundesrepublik Deutschland, Bonn/Berlin 1993, Beiträge von Jacques BARIÉTY, Horst OSTERHELD.

Alain PEYREFITTE, C'était de Gaulle. ›La France redevient la France‹, Paris 1994.

Les relations franco-américaines au temps du général de Gaulle. Entretiens du 25 juin 1976 avec Hervé ALPHAND, Etienne BURIN DES ROZIERS, Edmond JOUVE, Stanley HOFFMANN, Gilbert PILLEUL, abgedruckt in: Espoir Heft 26 (1979) S. 50–61, Beitrag von Etienne BURIN DES ROZIERS.

4. Literarische, philosophische und geistesgeschichtliche Werke sowie politische Betrachtungen

Georges BERNANOS, Die großen Friedhöfe unter dem Mond, (dt. Übersetzung) Köln 1959.

Friedrich von BERNHARDI, Deutschland und der nächste Krieg, 6. Auflage Stuttgart/Berlin 1917 (erstmals 1911).

Albert CAMUS, Lettres à un ami allemand, Nachdruck Paris 1984.

Thomas MANN, Deutsche Hörer! 55 Radiosendungen nach Deutschland, in: DERS., Gesammelte Werke in 12 Bänden. Bd. 11: Reden und Aufsätze, Frankfurt a. M. 1960, S. 983–1123.

Robert MUSIL, Der Mann ohne Eigenschaften. Roman, Hamburg 1988.

José ORTEGA Y GASSET, Der Aufstand der Massen, in: DERS., Gesammelte Werke. Bd. III, (dt. Übersetzung) Stuttgart 1956, S. 7–155.

George ORWELL, Mein Katalonien. Bericht über den Spanischen Bürgerkrieg, (dt. Übersetzung) Zürich 1975.

DERS., Review ›Spanish Testament‹ by Arthur Koestler, in: DERS., The collected Essays, Journalism and Letters. Bd. 1: An Age Like This, 1920–1940, London 1968, S. 295f.

Werner SOMBART, Händler und Helden. Patriotische Besinnungen, München/Leipzig 1915.

Germaine DE STAËL, Über Deutschland. Ausgewählt und mit einer Einleitung versehen v. Paul FRIEDRICH, (dt. Übersetzung) Weimar 1913.

Leo N. TOLSTOI, Krieg und Frieden, 5. Auflage (dt. Übersetzung) München 1989.

II. SEKUNDÄRLITERATUR

1. Bibliographie, Handbuch

Histoire militaire de la France. Bd. 4: De 1940 à nos jours. Sous la direction de André MARTEL, Paris 1994.

Nouvelle Bibliographie internationale sur Charles de Gaulle 1980–1990, établie par l'Institut Charles de Gaulle, Paris 1990.

2. Monographien, Aufsätze, Sammelbände

Heinz ABOSCH, De Gaulle und die außenpolitische Wende, in: Gewerkschaftliche Monatshefte 17 (1966) S. 94–100.

Anthony ADAMTHWAITE, France and the Coming of War, in: Wolfgang J. MOMMSEN, Lothar KETTENACKER (Hg.), The Fascist Challenge and the Policy of Appeasement, London 1983, S. 246–256.

DERS., France and the Coming of the Second World War 1936–1939, London 1977.

DERS., War Origins Again, in: Journal of Modern History 56 (1984) S. 100–115.

Martin S. ALEXANDER, The Republic in Danger. General Maurice Gamelin and the politics of French defense, 1933–1940, Cambridge 1992.

Johann-Christoph ALLMAYER-BECK, Le problème de la guerre de coalition dans l'une des premières œuvres de Charles de Gaulle, in: Etudes gaulliennes 3 (1975) S. 47–50.

Peter ALTER, Der eilige Abschied von der Nation. Zur Bewußtseinslage der Deutschen nach 1945, in: Harm KLUETING (Hg.), Nation, Nationalismus, Postnation. Beiträge zur Identitätsfindung der Deutschen im 19. und 20. Jahrhundert, Köln/Weimar/Wien 1992, S. 185–202.

Stephen E. AMBROSE, Eisenhower. Bd. 1: 1890–1952, New York 1983.

Claire ANDRIEU, Charles de Gaulle, héritier de la Révolution française, in: Institut Charles de Gaulle (Hg.), De Gaulle en son siècle. Actes des Journées internationales tenues à l'Unesco. Paris, 19–24 novembre 1990, Bd. 2: La République, Paris 1992, S. 43–68.

Douglas G. ANGLIN, The St. Pierre and Miquelon Affaire of 1941. A Study in Diplomacy in the North Atlantic Quadrangle, Toronto 1966.

Hannah ARENDT, Elemente und Ursprünge totaler Herrschaft, Frankfurt a. M. 1958.

DIES., Macht und Gewalt, München 1970.

Raymond ARON, Der engagierte Beobachter. Gespräche mit Jean-Louis Missika und Dominique Walton, Stuttgart 1983.

DERS., Frieden und Krieg. Eine Theorie der Staatenwelt, Frankfurt a. M. 1963.

DERS., Französische Gedanken über die deutsche Einheit, in: Außenpolitik 3 (1952) S. 576–582.

DERS., Schicksal zweier Völker: der deutsche Nachbar, in: Peter COULMAS (Hg.), Frankreich deutet sich selbst. 12 prominente Franzosen über Politik, Wirtschaft und Kultur, Hamburg 1961, S. 65–68.

Edward ASHCROFT, De Gaulle, Wien/Hamburg 1963.

Stéphane AUDOIN-ROUZEAU, Von den Kriegsursachen zur Kriegskultur. Neuere Forschungstendenzen zum Ersten Weltkrieg in Frankreich, in: Neue Politische Literatur 39 (1994) S. 203–217.

DERS., The National Sentiment of Soldiers during the Great War, in: Robert TOMBS (Hg.), Nationhood and Nationalism in France. From Boulangism to the Great War, 1889–1918, London 1991, S. 89–100.

Paul DE AUER, Une Europe de l'Atlantique à l'Oural, in: Revue militaire générale 4 (1966) S. 425–428.

Jean-Pierre AZÉMA, Les débuts de la Résistance dans la France occupée, in: Claude CARLIER, Stefan MARTENS (Hg.), La France et l'Allemagne en guerre. Septembre 1939–Novembre 1942, Paris 1990, S. 345–358.

DERS., Die französische Politik am Vorabend des Krieges, in: Wolfgang BENZ, Hermann GRAML (Hg.), Sommer 1939. Die Großmächte und der europäische Krieg, Stuttgart 1979, S. 280–313.

Gilbert BADIA, Das Frankreichbild der Weimarer Zeit. Faszination und Ablehnung in der deutschen Literatur, in: Franz KNIPPING, Ernst WEISENFELD (Hg.), Eine ungewöhnliche Geschichte. Deutschland – Frankreich seit 1870, Bonn 1988, S. 112–122.

Christian BAECHLER, Stresemann, Locarno et la frontière rhénane en 1925, in: DERS., Carole FINK (Hg.), L'établissement des frontières en Europe après les deux guerres mondiales, Bern u. a. 1996, S. 181–198.

Michael BALFOUR, Kaiser Wilhelm II. und seine Zeit. Mit einem einleitenden Essay von Walter BUSSMANN, Frankfurt a. M. u. a. 1979.

George W. BALL, Disziplin der Macht. Voraussetzungen für eine neue Weltordnung, Frankfurt a. M. 1968.

Philip Charles Farwell BANKWITZ, Maxime Weygand and Civil-Military Relations in Modern France, Cambridge (Mass.) 1967.

Colette BARBIER, La Force multilatérale, in: Relations internationales 69 (1992) S. 3–18.

Jacques BARIÉTY, Léon Blum et l'Allemagne 1930–1938, in: Les Relations franco-allemandes 1933–1939, hg. v. Centre National de la Recherche Scientifique, Paris 1976, S. 33–55.

DERS., La décision de réarmer l'Allemagne, l'échec de la Communauté Européenne de Défense et les accords de Paris du 23 octobre 1954 vus du côté français, in: Revue belge de philologie et d'histoire 71 (1993) S. 354–383.

DERS., De Gaulle, Adenauer et la genèse du traité de l'Elysée du 22 janvier 1963, in: Institut Charles de Gaulle (Hg.), De Gaulle en son siècle. Actes des Journées internationales tenues à l'Unesco. Paris, 19–24 novembre 1990, Bd. 5: L'Europe, Paris 1992, S. 355–362.

DERS., La perception de la puissance française par le chancelier K. Adenauer de 1958 à 1963, in: Relations internationales 58 (1989) S. 217–225.

DERS., Das Deutsche Reich im französischen Urteil, 1871–1945, in: Klaus HILDEBRAND (Hg.), Das Deutsche Reich im Urteil der Großen Mächte und europäischen Nachbarn (1871–1945), München 1995, S. 203–218.

Arnulf BARING, Im Anfang war Adenauer. Die Entstehung der Kanzlerdemokratie, 2. Auflage München 1982.

Geoffrey BARRACLOUGH, Tendenzen der Geschichte im 20. Jahrhundert, München 1967.

Heinrich BARTEL, Frankreich und die Sowjetunion 1938–1940, Stuttgart 1986.

Christopher John BARTLETT, The Global Conflict 1880–1970, 4. Auflage London/New York 1986.

Franz J. BAUER, Nation und Moderne im geeinten Italien (1861–1915), in: GWU 46 (1995) S. 16–31.

André BEAUFRE, Vorfeld und Hinterland. Frankreich und Deutschland von der Warte der Verteidigungspolitik, in: Wehrkunde 15 (1966) S. 113–118.

Jean-Jacques BECKER, La France en guerre (1914–1918). La grande mutation, Bruxelles 1988.

DERS., Serge BERSTEIN, Victoire et frustrations 1914–1929, Paris 1990.

Josef BECKER, Der Krieg 1870/71 als Problem der deutsch-französischen Beziehungen, in: Franz KNIPPING, Ernst WEISENFELD (Hg.), Eine ungewöhnliche Geschichte. Deutschland – Frankreich seit 1870, Bonn 1988, S. 15-27.

François BÉDARIDA, De Gaulle and the Resistance 1940–1944, in: Hugh GOUGH, John HORNE (Hg.), De Gaulle and Twenty-Century France, London 1994, S. 19–34.

DERS., Vichy et la crise de la conscience française, in: Jean-Pierre AZÉMA, François BÉDARIDA (Hg.), Le Régime de Vichy et les Français, Paris 1992, S. 77–96.

Philip BELL, Les attitudes de la Grande-Bretagne envers l'Europe et l'intégration européenne, 1940–1957, in: Revue d'Histoire diplomatique 108 (1994) S. 113–127.

DERS., The Letters and Papers of General de Gaulle, in: European History Quarterly 16 (1986) S. 484–490.

Hans F. BELLSTEDT, »Apaisement« oder Krieg. Frankreichs Außenminister Georges Bonnet und die deutsch-französische Erklärung vom 6. Dezember 1938, Bonn 1993.

Volker R. BERGHAHN, Paul J. FRIEDRICH, Otto A. Friedrich, ein politischer Unternehmer: Sein Leben und seine Zeit, 1902–1975. Frankfurt a. M./New York 1993.

Barton J. BERNSTEIN, Reconsiderung the Missile Crisis: Dealing with the Problems of the American Jupiters in Turkey, in: James A. NATHAN (Hg.), The Cuban Missile Crisis Revisited, New York 1992, S. 55–129.

Karine BEYERSDORF-ZIMERAY, L'impact de la réunification allemande sur les relations franco-britanniques, in: Revue d'Histoire diplomatique 108 (1994) S. 223–256.

Michael BIDDISS, Nationalism and the Moulding of Modern Europe, in: History 79 (1994) S. 412–432.

Rudolf L. BINDSCHEDLER, Zum Primat der Außenpolitik, in: Urs ALTERMATT, Judit GARAMVÖLGYI (Hg.), Innen- und Außenpolitik. Primat oder Interdependenz? Festschrift zum 60. Geburtstag von Walther Hofer, Bern/Stuttgart 1980, S. 27–36.

Jacques BINOCHE, La formation allemande du Général de Gaulle, in: Etudes gaulliennes 5, Heft 17 (1977) S. 29–35.

Pierre-Louis BLANC, Charles de Gaulle au soir de sa vie, Paris 1990.

Jean-Paul BLED, Le général de Gaulle et l'Allemagne pendant la traversée du désert (1946–1958), in: Revue d'Allemagne 22 (1990) S. 513–523.

DERS., L'image de l'Allemagne chez Charles de Gaulle avant juin 1940, in: Etudes gaulliennes 5, Heft 17 (1977) S. 59–68.

273

Charles BLOCH, De Gaulle et l'Allemagne, in: Elie BARNAVI, Saul FRIEDLÄNDER (Hg.), La Politique étrangère du général de Gaulle, Paris 1985, S. 112–136.

DERS., Wechselwirkungen zwischen Innen- und Außenpolitik in Frankreich 1870–1970, in: Urs ALTERMATT, Judit GARAMVÖLGYI (Hg.), Innen- und Außenpolitik. Primat oder Interdependenz? Festschrift zum 60. Geburtstag von Walther Hofer, Bern/Stuttgart 1980, S. 149–171.

Hans Manfred BOCK, Zur Perzeption der frühen Bundesrepublik Deutschland in der französischen Diplomatie: Die Bonner Monatsberichte des Hochkommissars André François-Poncet 1949 bis 1955, in: Francia 15 (1987) S. 579–658.

Briand BOND, Martin ALEXANDER, Liddell Hart and De Gaulle: The Doctrines of Limited Liability and Mobile Defense, in: Peter PARET (Hg.), Makers of Modern Strategy from Machiavelli to the Nuclear Age, Oxford 1986, S. 598–623.

François BONDY, Zum deutsch-französischen Dialog, in: Adolf ARNDT u. a. (Hg.), Konkretionen politischer Theorie und Praxis. Festschrift für Carlo Schmid, Stuttgart 1972, S. 432–440.

DERS., Gestern de Gaulle ..., in: Merkur 24 (1970) S. 1099–1103.

Dominique BORNE, Henri DUBIEF, La crise des années 30 (1929–1938), 2. Auflage Paris 1989.

Gérard BOSSUAT, La France, l'aide américaine et la construction européenne 1944–1954, Bd. 1, Paris 1992.

Pierre BOURGET, Un Précurseur de De Gaulle?, in: Revue d'Histoire de la Deuxième Guerre mondiale et des Conflits contemporains 36 (1986) S. 103–107.

Renata BOURNAZEL, Rapallo. Ein französisches Trauma, Köln 1976.

Frédéric BOZO, De Gaulle, l'Amérique et l'Alliance atlantique. Une relecture de la crise de 1966, in: Vingtième Siècle. Revue d'Histoire 43 (1994) S. 55–68.

DERS., Pierre MÉLANDRI, La France devant l'opinion américaine: le retour de de Gaulle début 1958–printemps 1959, in: Relations internationales 58 (1989) S. 195–215.

Karl Dietrich BRACHER, Das 20. Jahrhundert als Zeitalter der ideologischen Auseinandersetzungen zwischen demokratischen und totalitären Systemen, in: Klaus W. HEMPFER, Alexander SCHWAN (Hg.), Grundlagen der politischen Kultur des Westens, Berlin/New York 1987, S. 211–235.

DERS., Tradition und Revolution im Nationalsozialismus, in: DERS., Zeitgeschichtliche Kontroversen. Um Faschismus, Totalitarismus, Demokratie, 5. Auflage München 1984, S. 63–79.

Eric BRANCA, De Gaulle et les forces politiques traditionnelles avant le 18 Juin 1940, in: Espoir 42 (1983) S. 12–20.

Georges BRIÈRE DE L'ISLE, Le général de Gaulle et la crise de la civilisation, in: Etudes gaulliennes 2, Heft 7/8 (1974) S. 69–75.

Douglas BRINKLEY, Dean Acheson. The Cold War Years, 1953–71, New Haven/London 1992.

Gabriel DE BROGLIE, Histoire politique de la ›Revue des Deux Mondes‹ de 1829 à 1979, Paris 1979.

Roger BRUGE, Histoire de la ligne Maginot. Bd. 1: Faites sauter la ligne Maginot, 2. Auflage Paris 1990.

Günter BUCHSTAB, Zwischen ›Zauber und Donner‹. Die CDU/CSU und de Gaulle, in: Wilfried LOTH, Robert PICHT (Hg.), De Gaulle, Deutschland und Europa, Opladen 1991, S. 95–107.

Dirk BUDA, Ostpolitik à la française. Frankreichs Verhältnis zur UdSSR von de Gaulle zu Mitterrand, Marburg 1990.

Otto BÜSCH, Aspekte des Preußenbildes und ihre Rezeption, in: DERS. (Hg.), Das Preußenbild in der Geschichte. Protokoll eines Symposions, Berlin/New York 1980, S. 3–14.

Cyril BUFFET, De Gaulle et Berlin. Une certaine idée de l'Allemagne, in: Revue d'Allemagne 22 (1990) S. 525–538.

Heike BUNGERT, A New Perspective on French-American Relations during the Occupation of Germany, 1945–1948: Behind-the-Scenes Diplomatic Bargaining and the Zonal Merger, in: Diplomatic History 18 (1994) S. 333–352.

Philippe BUTON, L'État restauré, in: Jean-Pierre AZÉMA, François BÉDARIDA (Hg.), La France des années noires. Bd. 2: De l'Occupation à la Libération, Paris 1993, S. 405–428.

Guy DE CARMOY, Les politiques étrangères de la France 1944–1966, Paris 1967.

François CARON, Frankreich im Zeitalter des Imperialismus 1851–1918, Stuttgart 1991.

Hélène CARRÈRE D'ENCAUSSE, La politique du général de Gaulle à l'Est, in: Espoir 62 (1988) S. 29–39.

Philip G. CERNY, Une politique de grandeur. Aspects idéologiques de la politique extérieure de De Gaulle, Paris 1986.

Jean CHARLOT, Le Gaullisme d'Opposition 1946–1958. Histoire politique du gaullisme, Paris 1983.

Viatcheslav S. CHILOV, L'image de De Gaulle et de la France dans la presse soviétique des années 1958–1964, in: Espoir 77 (1991) S. 59–66.

Monique CLAGUE, Conceptions of Leadership. Charles de Gaulle and Max Weber, in: Political Theory 3 (1975) S. 423–440.

William B. COHEN, De Gaulle et l'Europe d'avant 1958, in: Institut Charles de Gaulle (Hg.), De Gaulle en son siècle. Actes des Journées internationales tenues à l'Unesco. Paris, 19–24 novembre 1990, Bd. 5: L'Europe, Paris 1992, S. 53–65.

Daniel COLARD, Politique étrangère et politique de défense dans la pensée et l'action du général de Gaulle, in: Espoir 62 (1988) S. 39–50.

Randall COLLINS, German-Bashing and the Theory of Democratic Modernization, in: Zeitschrift für Soziologie 24 (1995) S. 3–21.

Eckart CONZE, La coopération franco-germano-italienne dans le domaine nucléaire dans les années 1957–1958: un point de vue allemand, in: Revue d'Histoire diplomatique 104 (1990) S. 115–132.

DERS., Deutsche Frage und europäische Integration 1945–1990, in: Historisches Jahrbuch 114/2 (1994) S. 412–426.

DERS., Hegemonie durch Integration? Die amerikanische Europapolitik und ihre Herausforderung durch de Gaulle, in: VfZG 43 (1995) S. 297–340.

DERS., Die gaullistische Herausforderung. Die deutsch-französischen Beziehungen in der amerikanischen Europapolitik 1958–1963, München 1995.

Werner CONZE, Polnische Nation und deutsche Politik im Ersten Weltkrieg, Köln 1958.

Don COOK, Charles de Gaulle. Soldat und Staatsmann, München 1985.

Joël CORNETTE, La Révolution militaire et l'état moderne, in: Revue d'Histoire moderne et contemporaine 41 (1994) S. 696–709.

DERS., Le roi de guerre. Essai sur la souveraineté dans la France du Grand Siècle, Paris 1993.

James S. CORUM, The Roots of Blitzkrieg. Hans von Seeckt and German Military Reform, Lawrence (Kansas) 1992.

Frank COSTIGLIOLA, France and the United States. The Cold Alliance Since World War II, New York u. a. 1992.

Maurice COUVE DE MURVILLE, Principes d'une politique étrangère, in: Espoir 61 (1987) S. 2–7.

Gordon A. CRAIG, Die preußisch-deutsche Armee 1640–1945. Staat im Staate, (Nachdruck) Düsseldorf 1980.

DERS., Alexander L. GEORGE, Zwischen Krieg und Frieden. Konfliktlösung in Geschichte und Gegenwart, München 1984.

Robert DALLEK, Roosevelt et de Gaulle, in: Espoir 79 (1992) S. 80–86.

Jacques DALLOZ, Georges Bidault. Biographie politique, Paris 1993.

Alfons DALMA, Hintergründe der Berlin-Krise, Karlsruhe 1962.

Wilhelm DEIST, Einführung zum Beitrag ›Heeresrüstung und Aggression 1936–1939‹, in: Klaus HILDEBRAND, K. F. WERNER (Hg.), Deutschland und Frankreich 1936–1939, München/Zürich 1981, S. 641–644.

Anton W. DePORTE, De Gaulle's Foreign Policy, 1944–1946, Cambridge (Mass.) 1968.

Philippe DEVILLERS, Le Président et la Russie, in: Espoir 8 (1974) S. 38–46.

Fritz DICKMANN, Rechtsgedanke und Machtpolitik bei Richelieu. Studien an neu entdeckten Quellen, in: DERS., Friedensrecht und Friedenssicherung. Studien zum Friedensproblem in der Geschichte, Göttingen 1971, S. 36–78.

Günter DIEHL, Sur le tard, in: Espoir 89 (1992) S. 64f.

Richard DIETRICH, Preußen und Deutschland im 19. Jahrhundert, in: DERS. (Hg.), Preußen. Epochen und Probleme seiner Geschichte, Berlin 1964, S. 99–143.

Claude DIGEON, La Crise allemande de la pensée française (1870–1914), Paris 1959.

Jean DOISE, Maurice VAÏSSE, Diplomatie et outil militaire 1871–1969, Paris 1987.

James E. DOUGHERTY, Das psychologische Umfeld, in: Walter F. HAHN, Robert L. PFALTZGRAFF, jr. (Hg.), Die atlantische Gemeinschaft in der Krise. Eine Neudefinition der transatlantischen Beziehungen, Stuttgart 1982, S. 73–98.

Jacques DROZ, Die Linksparteien in Frankreich und die Weltlage zwischen 1933 und 1935, in: Oswald HAUSER (Hg.), Weltpolitik 1933–1939. Bd. 1, Göttingen 1973, S. 11–28.

Jost DÜLFFER, Ein angemessener Begriff? Nationalsozialismus und Modernisierung, in: Frankfurter Allgemeine Zeitung vom 10. Juni 1991, S. 11 (Rezension).

DERS., Einleitung: Dispositionen zum Krieg im wilhelminischen Deutschland, in: DERS., Karl HOLL (Hg.), Kriegsmentalität im wilhelminischen Deutschland 1890–1914. Beiträge zur historischen Friedensforschung, Göttingen 1986, S. 9–19.

Roger DUFRAISSE, Die Deutschen und Napoleon im 20. Jahrhundert (Schriften des Historischen Kollegs: Vorträge, 21), München 1991.

Georges DUPEUX, La France de 1945 à 1969, 3. Auflage Paris 1972.

Jean-Baptiste DUROSELLE, L'Abîme 1939–1945, Paris 1982.

DERS., Clemenceau, Paris 1988.

DERS., Politique étrangère de la France. La décadence 1932–1939, 2. Auflage Paris 1983.

Henry DUTAILLY, Les Problèmes de l'armée de terre française (1935–1939), Paris 1980.

DERS., Programmes d'armement et structures modernes dans l'Armée de terre (1935–1939), in: Klaus HILDEBRAND, Karl Ferdinand WERNER (Hg.), Deutschland und Frankreich 1936–1939, München/Zürich 1981, S. 105–128.

Modris EKSTEINS, Tanz über Gräben, Die Geburt der Moderne und der Erste Weltkrieg, Reinbek 1990.

Hartmut ELSENHANS, Die schwierige Anpassung an das Ende des Großmachtstatus: Die Schmerzen der Entkolonisierung während des Algerienkrieges, in: Thomas HÖPEL, Dieter TIEMANN (Hg.), 1945 – 50 Jahre danach. Aspekte und Perspektiven im deutsch-französischen Beziehungsfeld, Leipzig 1996, S. 95–129.

Karl EPTING, Das französische Sendungsbewußtsein im 19. und 20. Jahrhundert, Heidelberg 1952.

Alfred FABRE-LUCE, Douze journées décisives, Paris 1981.

Detlef FELKEN, Dulles und Deutschland. Die amerikanische Deutschlandpolitik 1953–1959, Bonn/Berlin 1993.

Jörg-Peter FINDEISEN, Karl XII. von Schweden – gekrönter Soldat oder Feldherr? Zum Bild Karls XII. in der deutschen Historiographie, in: Zeitschrift für Geschichtswissenschaft 42 (1994) S. 983–998.

Per FISCHER, Der diplomatische Prozeß der Entstehung des deutsch-französischen Vertrages von 1963, in: VfZG 41 (1993) S. 101–116.

Robert FRANK, Vichy et le monde, le monde et Vichy: perceptions géopolitiques et idéologiques, in: Jean-Pierre AZÉMA, François BÉDARIDA (Hg.), Le Régime de Vichy et les Français, Paris 1992, S. 99–121.

Robert FRANKENSTEIN, The Decline of France and French Appeasement Policies, 1936–9, in: Wolfgang J. MOMMSEN, Lothar KETTENACKER (Hg.), The Fascist Challenge and the Policy of Appeasement, London 1983, S. 236–245.

Jacques FRÉMEAUX, La guerre d'Algérie, in: André MARTEL (Hg.), Histoire militaire de la France. Bd. 4: De 1940 à nos jours, Paris 1994, S. 321–348.

Patrick FRIDENSON, Introduction: A New View of France at War, in: DERS. (Hg.), The French Home Front 1914–1918, Providence/Oxford 1992, S. 1–13.

Karl-Heinz FRIESER, Blitzkrieg-Legende. Der Westfeldzug 1940, München 1995.

Larry William FUCHSER, Neville Chamberlain and Appeasement. A Study in the Politics of History, New York/London 1982.

John Lewis GADDIS, The United States and the Origins of the Cold War, 1941–1947, New York 1972.

Lothar GALL, Bismarcks Preußen, das Reich und Europa, in: Preußen. Seine Wirkung auf die deutsche Geschichte. Vorlesungen v. Karl Dietrich ERDMANN u. a., Stuttgart 1985, S. 87–108.

Romain GARY, Charles de Gaulle – Der Mann und der Staatsmann, in: Peter COULMAS (Hg.), Frankreich deutet sich selbst. 12 prominente Franzosen über Politik, Wirtschaft, Gesellschaft und Kultur, Hamburg 1961, S. 209–220.

Arnold GEHLEN, Moral und Hypermoral. Eine pluralistische Ethik, Frankfurt a. M. 1969.

Matthias GELZER, Cicero. Ein biographischer Versuch, Wiesbaden 1969.

Pierre GERBET, Le Relèvement 1944–1949, Paris 1991.

James N. GIGLIO, The Presidency of John F. Kennedy, Lawrence (Kansas) 1991.

Martin GILBERT, Auschwitz und die Alliierten, München 1982.

Raoul GIRARDET, L'armée française et la République, in: Paul ISOART, Christian BIDEGARAY (Hg.), Des Républiques françaises, Paris 1988, S. 547–554.

DERS., Présentation, in: DERS. (Hg.), Le nationalisme français. Anthologie 1871–1914, Paris 1983, S. 7–32.

René GIRAULT, La France est-elle une grande puissance en 1945?, in: Maurice VAÏSSE (Hg.), 8 mai 1985: La Victoire en Europe. Actes du colloque international de Reims, 1989, Lyon 1985, S. 207–217.

DERS., The Impact of the Economic Situation in the Foreign Policy of France, 1936–9, in: Wolfgang J. MOMMSEN, Lothar KETTENACKER (Hg.), The Fascist Challenge and the Policy of Appeasement, London 1983, S. 209–226.

DERS., Der Kriegseintritt einer uneinigen Nation: Frankreich, in: Helmut ALTRICHTER, Josef BECKER (Hg.), Kriegsausbruch 1939. Beteiligte, Betroffene, Neutrale, München 1989, S. 104–130.

Beate GÖDDE-BAUMANNS, Deutsche Geschichte in französischer Sicht. Die französische Historiographie von 1871 bis 1918 über die Geschichte Deutschlands und der deutsch-französischen Beziehungen in der Neuzeit, Wiesbaden 1971.

DIES., Nationales Selbstverständnis, Europabewußtsein und deutsche Frage in Frankreich, in: Michael SALEWSKI (Hg.), Nationale Identität und europäische Einigung, Göttingen/Zürich 1991, S. 47–72.

Jacques LE GOFF, Der Historiker als Menschenfresser, in: Freibeuter 41 (1989) S. 21–28.

Philip H. GORDON, A Certain Idea of France. French Security Policy and the Gaullist Legacy, Princeton (New Jersey) 1993.

Christian GREINER, Die militärische Eingliederung der Bundesrepublik Deutschland in die WEU und die NATO 1954 bis 1957, in: Hans EHLERT u. a., Anfänge westdeutscher Sicherheitspolitik 1945–1956. Bd. 3: Die NATO-Option, hg. v. Militärgeschichtlichen Forschungsamt, München 1993, S. 561–850.

Richard GRIFFITHS, Pétain et les Français 1914–1951, Paris 1974.

Alfred GROSSER, Die Außenpolitik: Die Tore der Zukunft offen lassen, in: Bundeskanzler Dr. Kurt Georg Kiesinger zum 65. Geburtstag. Sonderdruck der Zeitschrift Universitas, April-Ausgabe 1969, S. 362–365.

DERS., Frankreich und seine Außenpolitik 1944 bis heute, München/Wien 1986.

DERS., La politique européenne du général de Gaulle, in: Espoir 62 (1988) S. 18–28.

Pierre GUIRAL, Frankreich zwischen 1936 und 1939, in: Oswald HAUSER (Hg.), Weltpolitik 1933–1939. Bd. 1, Göttingen 1973, S. 29–48.

DERS., Der Liberalismus in Frankreich (1815–1870). Grundlagen, Erfolge, Schwächen, in: Lothar GALL (Hg.), Liberalismus, Köln 1976, S. 283–307.

DERS., Adolphe Thiers ou De la nécessité en politique, Paris 1986.

Peter-Michael HAHN, Aristokratisierung und Professionalisierung. Der Aufstieg der Obristen zu einer militärischen und höfischen Elite in Brandenburg-Preußen von

1650–1725, in: Forschungen zur Brandenburgischen und Preußischen Geschichte. Neue Folge 1 (1991) S. 161–208.

Birgit HALLER, Anton PELINKA, Charles de Gaulle und die österreichische Europapolitik, in: Österreichische Gesellschaft für Zeitgeschichte (Hg.), De Gaulles europäische Größe. Jahrbuch für Zeitgeschichte 1990/91, Wien/Salzburg 1990/91, S. 77–84.

Ben HALPERN, The Context of Hannah Arendt's Concept of Totalitarianism, in: The Israel Academy of Sciences and Humanities (Hg.), Totalitarian Democracy and After. International Colloquium in Memory of Jacob L. Talmon, Jerusalem 1984, S. 386–398.

Léo HAMON, Les rapports franco-soviétiques dans la conception du général de Gaulle, in: Espoir 8 (1974) S. 47–52.

Charles HARGROVE, Nach zwanzig Jahren. Ein Engländer blickt auf das Zweigespann Bonn–Paris, in: Unbegreiflicher Nachbar? Beiträge zum Verhältnis Deutschland-Frankreich. Sonderausgabe der Zeitschrift Dokumente 39 (1983) S. 25–30.

Peter HAUNGS, Überparteiliches Staatsoberhaupt und parlamentarische Parteiregierung. Hindenburg und de Gaulle, in: Carl-Joachim FRIEDRICH, Benno REIFENBERG (Hg.), Sprache und Politik. Festgabe für Dolf Sternberger, Heidelberg 1968, S. 340–363.

Hans HECKER, Europäische Optionen – Osteuropäische Reflexionen, in: DERS. (Hg.), Europa – Begriff und Idee. Historische Streiflichter, Bonn 1991, S. 151–172.

Gerd HEINRICH, Religionstoleranz in Brandenburg-Preußen. Idee und Wirklichkeit, in: Manfred SCHLENKE (Hg.), Preußen. Politik, Kultur, Gesellschaft. Bd. 1, Reinbek 1986, S. 83–102.

Hans HERZFELD, Der Erste Weltkrieg, 7. Auflage München 1985.

Klaus HILDEBRAND, Die Außenpolitik der Bundesrepublik Deutschland 1949–1989, in: GWU 45 (1994) S. 611–625.

DERS., Entfesselung des Zweiten Weltkrieges und das internationale System. Probleme und Perspektiven der Forschung, in: HZ 251 (1990) S. 607–625.

DERS., Von Erhard zur Großen Koalition 1963–1969, Stuttgart 1984.

DERS., Ludwig Erhard 1897–1977, in: Lothar GALL (Hg.), Die großen Deutschen unserer Epoche, Berlin 1985, S. 368–378.

DERS., Integration und Souveränität. Die Außenpolitik der Bundesrepublik Deutschland 1949–1982, Bonn 1991.

DERS., Reich – Großmacht – Nation. Betrachtungen zur Geschichte der deutschen Außenpolitik 1871–1945 (Schriften des Historischen Kollegs: Vorträge, 42), München 1995.

DERS., Das vergangene Reich. Deutsche Außenpolitik von Bismarck bis Hitler 1871–1945, Stuttgart 1995.

DERS., Von Richelieu bis Kissinger. Die Herausforderungen der Macht und die Antworten der Staatenwelt, in: VfZG 43 (1995) S. 195–219.

DERS., Der provisorische Staat und das ewige Frankreich. Die deutsch-französischen Beziehungen 1963–1969, in: HZ 240 (1985) S. 283–311.

Andreas HILLGRUBER, Europa in der Weltpolitik der Nachkriegszeit 1945–1963, 4. Auflage, durchgesehen und wesentlich ergänzt v. Jost DÜLFFER, München 1993.

DERS., Deutsche Geschichte 1945–1982. Die ›deutsche Frage‹ in der Weltpolitik, 5. Auflage Stuttgart u. a. 1984.

DERS., Großmachtpolitik und Militarismus im 20. Jahrhundert. 3 Beiträge zum Kontinuitätsproblem, Düsseldorf 1974.

DERS., ›Jalta‹ und die Spaltung Europas, in: DERS., Die Zerstörung Europas, Berlin 1988, S. 355–370.

DERS., Der historische Ort des Ersten Weltkrieges, in: Manfred FUNKE u. a. (Hg.), Demokratie und Diktatur. Geist und Gestalt politischer Herrschaft in Deutschland und Europa. Festschrift für Karl Dietrich Bracher, Bonn 1987, S. 109–123.

DERS., Der Zweite Weltkrieg 1939–1945. Kriegsziele und Strategie der großen Mächte, 5. Auflage Stuttgart u. a. 1989.

Wolfgang HÖLSCHER, Krisenmanagement in Sachen EWG. Das Scheitern des Beitritts Großbritanniens und die deutsch-französischen Beziehungen, in: Rainer A. BLASIUS (Hg.), Von Adenauer zu Erhard. Studien zur Auswärtigen Politik der Bundesrepublik Deutschland 1963, München 1994, S. 9–44.

Stanley HOFFMANN, Perceptions et Politiques. Le conflit franco-américain sous le général de Gaulle, in: Espoir 6 (1974) S. 50–57.

Christoph HOPPE, Zwischen Teilhabe und Mitsprache: Die Nuklearfrage in der Allianzpolitik Deutschlands 1959–1966, Baden-Baden 1993.

Rainer HUDEMANN, Französische Besatzungszone 1945–1952, in: Claus SCHARF, Hans-Jürgen SCHRÖDER (Hg.), Die Deutschlandpolitik Frankreichs und die französische Zone 1945–1949, Wiesbaden 1983, S. 205–248.

DERS., De Gaulle und der Wiederaufbau in der französischen Besatzungszone nach 1945, in: Wilfried LOTH, Robert PICHT (Hg.), De Gaulle, Deutschland und Europa, Opladen 1991, S. 153–167.

DERS., Wirkungen französischer Besatzungspolitik: Forschungsprobleme und Ansätze zu einer Bilanz, in: Ludolf HERBST (Hg.), Westdeutschland 1945–1955. Unterwerfung, Kontrolle, Integration, München 1986, S. 167–181.

Dietmar HÜSER, Frankreichs »doppelte Deutschlandpolitik«. Dynamik aus der Defensive – Planen, Entscheiden, Umsetzen in gesellschaftlichen und wirtschaftlichen, innen- und außenpolitischen Krisenzeiten 1944–1950, Berlin 1996.

Fernand L'HUILLIER, Le problème allemand vu par Michel Debré entre 1948 et 1968, in: Etudes gaulliennes 6 (1978) S. 61–69.

Geneviève HUMBERT, Charles de Gaulle et la »Ligne Oder-Neiße«, in: Revue d'Allemagne 22 (1990) S. 565–581.

Institut Charles de Gaulle (Hg.), De Gaulle en son siècle. Actes des Journées internationales tenues à l'Unesco. Paris, 19–24 novembre 1990, 7 Bände, Paris 1991/1992.

Ghita IONESCU, Leadership in an Interdependent World: The Statesmanship of Adenauer, De Gaulle, Thatcher, Reagan and Gorbachev, London 1991.

Julian JACKSON, De Gaulle and May 1968, in: Hugh GOUGH, John HORNE (Hg.), De Gaulle and Twentieth-Century France, London 1994, S. 125–146.

Hans-Adolf JACOBSEN, Der Zweite Weltkrieg – Eine historische Bilanz, in: Aus Politik und Zeitgeschichte B 7–8 (1995) S. 3–12.

Jean JACQUART, François Ier, Paris 1981.

Eberhard JÄCKEL, Frankreich in Hitlers Europa. Die deutsche Frankreichpolitik im Zweiten Weltkrieg, Stuttgart 1966.

DERS., Hitler und die Deutschen, in: Karl Dietrich BRACHER, Manfred FUNKE, Hans-Adolf JACOBSEN (Hg.), Nationalsozialistische Diktatur 1933–1945. Eine Bilanz, Bonn 1983, S. 706–720.

Peter JANKOWITSCH, Die Politik des Generals de Gaulle gegenüber den Ländern Osteuropas in der europäischen Nachkriegsordnung, in: Österreichische Gesellschaft für Zeitgeschichte (Hg.), De Gaulles europäische Größe. Jahrbuch für Zeitgeschichte 1990/91, Wien/Salzburg 1990/91, S. 49–56.

Thomas JANSEN, Die Entstehung des deutsch-französischen Vertrages vom 22. Januar 1963, in: Dieter BLUMENWITZ u. a. (Hg.), Konrad Adenauer und seine Zeit. Politik und Persönlichkeit des ersten Bundeskanzlers. Bd. 2: Beiträge der Wissenschaft, Stuttgart 1976, S. 249–271.

Jean-Charles JAUFFRET, The Army and the ›appel au soldat‹, 1874–89, in: Robert TOMBS (Hg.), Nationhood and Nationalism in France. From Boulangism to the Great War, 1889–1918, London 1991, S. 238–247.

Douglas JOHNSON, Les conditions politiques de la transition entre la IVe République et la Ve République, in: Paul ISOART, Christian BIDEGARAY (Hg.), Des Républiques françaises, Paris 1988, S. 704–720.

DERS., De Gaulle and France's Role in the World, in: Hugh GOUGH, John HORNE (Hg.), De Gaulle and Twentieth-Century France, London 1994, S. 83–94.

DERS., The Political Principles of General de Gaulle, in: International Affairs 41 (1965) S. 650–662.

James JOLL, Das Bild eines zukünftigen Krieges 1919–1939, in: Heinz LÖWE (Hg.), Geschichte und Zukunft, Berlin 1978, S. 75–90.

Edmond JOUVE, De Gaulle et sa philosophie de l'homme, in: Espoir 56 (1986) S. 19–24.

DERS., Le Général de Gaulle et la construction de l'Europe (1940–1966). Bd. 1, Paris 1967.

DERS., Heurs et malheurs, in: Espoir 45 (1983) S. 35–41.

Jacques JULLIARD, Les antinomies de la Révolution française, in: Francis HAMON, Jacques LELIÈVRE (Hg.), L'Héritage politique de la Révolution française, Lille 1993, S. 113–128.

Detlef JUNKER, Die manichäische Falle: Das Deutsche Reich im Urteil der USA, 1871–1945, in: Klaus HILDEBRAND (Hg.), Das Deutsche Reich im Urteil der Großen Mächte und europäischen Nachbarn (1871–1945), München 1995, S. 141–158.

August VON KAGENECK, Le préambule terrible, in: Espoir 23 (1978) S. 26–29.

Reinhard KAPFERER, Charles de Gaulle. Umrisse einer politischen Biographie, Stuttgart 1985.

André KASPI, Les relations franco-américaines (1958–1969), in: Espoir 61 (1987) S. 19–27.

Bernd KASTEN, »Gute Franzosen«. Die französische Polizei und die deutsche Besatzungsmacht im besetzten Frankreich 1940–1944, Sigmaringen 1993.

John KEIGER, Patriotism, politics and policy in the Foreign Ministry, 1880–1914, in:

Robert TOMBS (Hg.), Nationhood and Nationalism in France. From Boulangism to the Great War, 1889–1918, London 1991, S. 255–266.

Martina KESSEL, »L'empêcheur de la danse en ronde«: Französische Deutschlandpolitik 1945–1947, in: Stefan MARTENS (Hg.), Vom »Erbfeind« zum »Erneuerer«. Aspekte und Motive der französischen Deutschlandpolitik nach dem Zweiten Weltkrieg, Sigmaringen 1993, S. 65–85.

DIES., Westeuropa und die deutsche Teilung. Englische und französische Deutschlandpolitik auf den Außenministerkonferenzen von 1945 bis 1947, München 1989.

Adolf KIMMEL, Die Dritte Republik, in: Neue Politische Literatur 17 (1982) S. 272ff.

Henry A. KISSINGER, Was wird aus der westlichen Allianz?, Wien/Düsseldorf 1965.

DERS., Die Vernunft der Nationen. Über das Wesen der Außenpolitik, Berlin 1994.

Robert Jean KNECHT, Renaissance Warrior and Patron: The Reign of Francis Ist, Cambridge 1994.

DERS., Richelieu, 2. Auflage London/New York 1994.

Wilfried L. KOHL, French Nuclear Diplomacy, Princeton (New Jersey) 1971.

Ingo KOLBOOM, Wie modern war die Dritte Republik? Von der »Zerstörung der republikanischen Synthese« zur Revision der »blockierten Gesellschaft«, in: Hartmut ELSENHANS u. a. (Hg.), Frankreich, Europa, Weltpolitik. Festschrift für Gilbert Ziebura, Opladen 1989, S. 61–72.

DERS., Im Westen nichts Neues? Frankreichs Sicherheitspolitik, das deutsch-französische Verhältnis und die deutsche Frage, in: Karl KAISER, Pierre LELLOUCHE (Hg.), Deutsch-Französische Sicherheitspolitik. Auf dem Wege zur Gemeinsamkeit?, Bonn 1986, S. 68–89.

Edward A. KOLODZIEJ, De Gaulle, Germany, and the Superpowers: German Unification and the End of the Cold War, in: French Politics & Society 8 (1990) S. 41–61.

DERS., French International Policy under de Gaulle and Pompidou. The Politics of Grandeur, New York 1974.

Günther KRAUS, De Gaulle und Adenauer im Spiegel sechs deutscher Wochenzeitungen. Die Beurteilung ihrer gemeinsamen Politik, Diss. phil. Erlangen-Nürnberg 1970.

Elmar KRAUTKRÄMER, Frankreichs Kriegswende 1942. Die Rückwirkungen der alliierten Landung in Nordafrika – Darlan, de Gaulle, Giraud und die royalistische Utopie, Bern u. a. 1989.

Dirk KROEGEL, Einen Anfang finden! Kurt Georg Kiesinger in der Außen- und Deutschlandpolitik der Großen Koalition, München 1997.

Peter KRÜGER, Briand, Stresemann und der Völkerbund. Männer, Mächte, Institutionen – und das Schicksal, in: Franz KNIPPING, Ernst WEISENFELD (Hg.), Eine ungewöhnliche Geschichte. Deutschland – Frankreich seit 1870, Bonn 1988, S. 85–100.

DERS., Auf der Suche nach Deutschland – Ein historischer Streifzug ins Ungewisse, in: DERS. (Hg.), Deutschland, deutscher Staat, deutsche Nation. Historische Erkundungen eines Spannungsverhältnisses, Marburg 1993, S. 41–69.

Hanns Jürgen KÜSTERS, Souveränität und ABC-Waffen-Verzicht. Deutsche Diplomatie auf der Londoner Neunmächte-Konferenz 1954, in: VfZG 42 (1994) S. 499–536.

Richard F. Kuisel, De Gaulle's Dilemma: The American Challenge and Europe, in: French Politics & Society 8 (1990) S. 13–24.

Ernest Labrousse, Conclusion du Colloque, in: Janine Bourdin (Hg.), Léon Blum. Chef de Gouvernement 1936–1937, Paris 1967, S. 413–417.

Yvon Lacaze, La France et Munich. Etude d'un processus décisionnel en matière de relations internationales, Bern u. a. 1992.

Jean Lacouture, De Gaulle. Bd. 1: Le Rebelle 1890–1944; Bd. 2: Le Politique 1944–1959; Bd. 3: Le Souverain 1959–1970, Paris 1984–1986.

Volkhard Laitenberger, Ludwig Erhard. Der Nationalökonom als Politiker, Göttingen/Zürich 1986.

Dieter Langewiesche, Reich, Nation und Staat in der jüngeren deutschen Geschichte, in: HZ 254 (1992) S. 341–381.

Ulrich Lappenküper, ›Ich bin wirklich ein guter Europäer‹. Ludwig Erhards Europapolitik 1949–1966, in: Francia 18/3 (1991) S. 95–121.

Ders., Der Schuman-Plan. Mühsamer Durchbruch zur deutsch-französischen Verständigung, in: VfZG 42 (1994) S. 403–445.

Alain Larcan, Charles de Gaulle. Itinéraires intellectuels et spirituels, Nancy 1993.

Gabriele Latte, Die französische Europapolitik im Spiegel der Parlamentsdebatten (1950–1965), Berlin 1979.

Bernard Ledwidge, De Gaulle, New York 1982.

Wolfgang Leiner, 1870/71 – Wandel des Deutschlandbilds im Spiegel der französischen Literatur, in: Franz Knipping, Ernst Weisenfeld (Hg.), Eine ungewöhnliche Geschichte. Deutschland – Frankreich seit 1870, Bonn 1988, S. 28–46.

François Leveque, De Gaulle à Moscou, in: Espoir 99 (1994) S. 54–61.

Mechthild Lindemann, Anfänge einer neuen Ostpolitik? Handelsvertragsverhandlungen und die Errichtung von Handelsvertretungen in den Ostblock-Staaten, in: Rainer A. Blasius (Hg.), Von Adenauer zu Erhard. Studien zur Auswärtigen Politik der Bundesrepublik Deutschland 1963, München 1994, S. 45–96.

Walter Lipgens, Bedingungen und Etappen der Außenpolitik de Gaulles 1944–1946, in: VfZG 21 (1973) S. 52–102.

Richard Löwenthal, Internationale Konstellation und innerstaatlicher Systemwandel, in: HZ 212 (1971) S. 41–58.

Eckart Lohse, Östliche Lockungen und westliche Zwänge. Paris und die deutsche Teilung 1949 bis 1955, München 1995.

Wilfried Loth, Einleitung, in: Ders., Robert Picht (Hg.), De Gaulle, Deutschland und Europa, Opladen 1991, S. 7–18.

Ders., Die Franzosen und die deutsche Frage 1945–1949, in: Claus Scharf, Hans-Jürgen Schröder (Hg.), Die Deutschlandpolitik Frankreichs und die französische Zone 1945–1949, S. 27–48.

Ders., De Gaulle und Europa. Eine Revision, in: HZ 253 (1991) S. 626–660.

Ders., Sozialismus und Internationalismus. Die französischen Sozialisten und die Nachkriegsordnung Europas 1940–1950, Stuttgart 1977.

Ders. und Robert Picht (Hg.), De Gaulle, Deutschland und Europa, Opladen 1991.

Jean-Louis Loubet del Bayle, Les Non-Corfomistes des années 30. Une tentative de renouvellement de la pensée politique française, Paris 1969.

Hans-Dieter Lucas, Europa vom Atlantik bis zum Ural? Europapolitik und Europadenken im Frankreich der Ära de Gaulle (1958–1969).

Hans Maier, ›Totalitarismus‹ und ›politische Religionen‹. Konzepte des Diktaturvergleichs, in: VfZG 43 (1995) S. 387–404.

Klaus A. Maier, Die internationalen Auseinandersetzungen um die Westintegration der Bundesrepublik Deutschland und um ihre Bewaffnung im Rahmen der Europäischen Verteidigungsgemeinschaft, in: Lutz Köllner u. a., Die EVG-Phase. Bd. 2 der Reihe »Anfänge westdeutscher Sicherheitspolitik 1945–1956«, hg. v. Militärgeschichtlichen Forschungsamt, München 1990, S. 1–234.

Pierre Maillard, De Gaulle und Deutschland. Der unvollendete Traum, Bonn/Paris 1991.

Ders., La politique du Général de Gaulle à l'égard de l'Allemagne (1945–1969) – Continuité et discontinuité, in: Joseph Jurt (Hg.), Von der Besatzungszeit zur deutschfranzösischen Kooperation, Freiburg i. Br. 1993, S. 50–60.

Ders., 1963. Le traité franco-allemand et les répercussions en Europe, in: Espoir 90 (1993) S. 12–21.

Klaus Malettke, Richelieus Außenpolitik und sein Projekt kollektiver Sicherheit, in: Peter Krüger (Hg.), Kontinuität und Wandel in der Staatenordnung der Neuzeit. Beiträge zur Geschichte des internationalen Systems, Marburg 1991, S. 47–68.

Philippe Manin, Le Rassemblement du peuple français (R.P.F.) et les problèmes européens, Paris 1966.

Martin Alfred Mantzke, Grundzüge der Frankreichpolitik Konrad Adenauers 1958–1963. Ein Beitrag zur Geschichte der deutsch-französischen Beziehungen, Diss. phil. Bonn 1975.

Reiner Marcowitz, Charles de Gaulle und die Westdeutschen in der Berlin-Krise 1958–1963. Über die Wirkmächtigkeit eines nationalen Stereotyps auf die operative Außenpolitik, in: Harm Klueting (Hg.), Nation, Nationalismus, Postnation. Beiträge zur Identitätsfindung der Deutschen im 19. und 20. Jahrhundert, Weimar/Wien 1992, S. 203–218.

Ders., Grundzüge der Deutschlandpolitik de Gaulles und Bidaults von Herbst 1944 bis Frühjahr 1947, in: Mitteilungen der Ranke-Gesellschaft 1 (1988) S. 117–134.

Ders., Option für Paris? Unionsparteien, SPD und Charles de Gaulle 1958 bis 1969, München 1996.

André Martel, »La stratégie française en 1945«, in: Maurice Vaïsse (Hg.), 8 mai 1945: la Victoire en Europe. Actes du colloque international de Reims, 1985, Lyon 1985, S. 47–68.

Stefan Martens, ›Drôle de Guerre‹ – Occupation – Épuration: Frankreich im Zweiten Weltkrieg, in: Neue Politische Literatur 39 (1994) S. 185–213.

Ders., Einleitung, in: Ders. (Hg.), Documents diplomatiques français sur l'Allemagne 1920. Französische Diplomatenberichte aus Deutschland 1920. Bd. 1: 9. Januar –30. Juni, Bonn/Berlin 1992, S. 29–149.

Ders., Saisir l'avenir et garder le passé. Die Pariser Archive, ihre Bestände und deren Schicksal, in: HZ 247 (1988) S. 357–368.

Ders., Inventarisierte Vergangenheit. Frankreich zehn Jahre nach Öffnung der staatlichen Archive, in: Francia 17/3 (1990) S. 103–109.

Michael-Olaf MAXELON, Stresemann und Frankreich 1914–1929. Deutsche Politik der Ost-West-Balance, Düsseldorf 1972.

Jean-Marie MAYEUR, De Gaulle as Politician and Christian, in: Hugh GOUGH, John HORNE (Hg.), De Gaulle and Twentieth-Century France, London 1994, S. 95–107.

DERS., La vie politique sous la troisième République 1870–1940, Paris 1984.

K. MAZUROWA, La perception en Pologne de la politique orientale du général de Gaulle, in: Etudes gaulliennes 2, Heft 7–8 (1974) S. 131–136.

Pierre MELANDRI, D'une crise américano-soviétique aux malentendus transatlantiques, in: Maurice VAÏSSE (Hg.), L'Europe et la crise de Cuba, Paris 1993, S. 225–241.

Wolf MENDL, The Background of French Nuclear Policy, in: International Affairs 41 (1965) S. 22–36.

Manfred MESSERSCHMIDT, Außenpolitik und Kriegsvorbereitung, in: Wilhelm DEIST u. a., Ursachen und Voraussetzungen des Zweiten Weltkrieges. Bd. 1 der Reihe »Das Deutsche Reich und der Zweite Weltkrieg«, hg. v. Militärgeschichtlichen Forschungsamt, 2., aktualisierte Auflage Frankfurt a. M. 1989, S. 639–850.

DERS., La Stratégie Allemande (1939–1945). Conception, objectif, commandement, réussite, in: Revue d'Histoire de la Deuxième Guerre mondiale 25 (1975) S. 1–26.

Hélène MIARD-DELACROIX, Partenaires de choix? Le chancelier Helmut Schmidt et la France (1974–1982), Bern 1993.

Henri MICHEL, Bibliographie critique de la Résistance, Paris 1964.

DERS., Le procès de Riom, Paris 1979.

Susan MILNER, August 1914: Nationalism, Internationalism and the French Working Class, in: Michael SCRIVEN, Peter WAGSTAFF (Hg.), War and Society in Twentieth-Century France, Oxford 1991, S. 15–33.

Pierre MIQUEL, Poincaré, Paris 1984.

Thomas Alexander MIROW, Die europapolitischen Konzeptionen de Gaulles und ihre Bedeutung für die Haltung Frankreichs in der Fünften Republik, Diss. phil. Bonn 1977.

Rainer MÖHLER, Entnazifizierung, Demokratisierung, Dezentralisierung – Französische Säuberungspolitik im Saarland und in Rheinland-Pfalz, in: Stefan MARTENS (Hg.), Vom »Erbfeind« zum »Erneuerer«. Aspekte und Motive der französischen Deutschlandpolitik nach dem Zweiten Weltkrieg, Sigmaringen 1993, S. 157–173.

Horst MÖLLER, Charles de Gaulle und die deutsche Frage: Bemerkungen zu Tradition und Wandlung geostrategischen Denkens, in: Georg JENAL (Hg.), Gegenwart in Vergangenheit. Beiträge zur Kultur und Geschichte der Neueren und Neuesten Geschichte. Festgabe für Friedrich Prinz zu seinem 65. Geburtstag, München 1993, S. 335–347.

DERS., Vernunft und Kritik. Deutsche Aufklärung im 17. und 18. Jahrhundert, 2. Auflage Frankfurt a. M. 1994.

John MONCURE, Forging the King's Sword. Military Education between Tradition and Modernization: The Case of the Royal Prussian Cadet Corps, 1871–1918, New York u. a. 1993.

François MONNET, Refaire la République. André Tardieu: Une dérive réactionnaire (1876–1945), Paris 1993.

Ronald C. MONTICONE, Charles de Gaulle, Boston 1975.

Janine MOSSUZ, André Malraux et le gaullisme, Paris 1970.

Robert Werner MÜHLE, Louis Barthou und Deutschland (1862–1934), in: Francia 21/3 (1994) S. 71–98.

DERS., Frankreich und Hitler. Die französische Deutschland- und Außenpolitik 1933–1935, Paderborn u. a. 1995.

Klaus-Jürgen MÜLLER, Die Bundesrepublik Deutschland und der Algerienkrieg, in: VfZG 38 (1990) S. 609–641.

DERS., Protest – Modernisierung – Integration. Bemerkungen zum Problem faschistischer Phänomene in Frankreich 1924–1934, in: Francia 8 (1980) S. 465–524.

Thankmar VON MÜNCHHAUSEN, »Staub, Schmerzensschreie, Pulvergeruch«. Der Untergang von Oradour-sur-Glane im Juni 1944. Ein Kriegsverbrechen deutscher Soldaten, in: Frankfurter Allgemeine Zeitung vom 10. Juni 1994, S. 7.

Ladislas MYSYROWICZ, Anatomie d'une défaite, Lausanne 1973.

Henri DE NANTEUIL, Die Entwicklung der französischen Sicherheitspolitik, in: Europäische Wehrkunde 26 (1977) S. 396–399.

James A. NATHAN, The Heyday of the New Strategy: The Cuban Missile Crisis and the Confirmation of Coercive Diplomacy, in: DERS. (Hg.), The Cuban Missile Crisis Revisited, New York 1992, S. 1–39.

J.-B. NEVEUX, De Gaulle vu de R.F.A.. Vingt ans d'incompréhension, in: Etudes gaulliennes 15, Heft 44 (1985) S. 69–79.

John NEWHOUSE, Krieg und Frieden im Atomzeitalter. Von Los Alamos bis SALT, München 1990.

Thomas NIPPERDEY, Deutsche Geschichte 1866–1918. Bd. 2: Machtstaat vor der Demokratie, München 1992.

DERS., Preußens Janusgesicht und Preußens Erbe, in: Preußen. Seine Wirkung auf die deutsche Geschichte. Vorlesungen von Karl Dietrich ERDMANN u. a., Stuttgart 1985, S. 338–343.

Pierre NORA, Ernest Lavisse: son rôle dans la formation du sentiment national, in: Revue historique 86, Heft 228 (1962) S. 73–106.

Vera NÜNNING, Ansgar NÜNNING, Autoritätshörig, unpolitisch und opportunistisch. Englische Vorstellungen vom deutschen Nationalcharakter am Ende des Zweiten Weltkriegs, in: GWU 45 (1994) S. 224–239.

William J. ORR, jr., La France et la révolution allemande de 1848–1849, in: Revue d'Histoire diplomatique 93 (1979) S. 300–330.

Antje OSCHMANN, Der Nürnberger Exekutionstag 1649–1650. Das Ende des Dreißigjährigen Krieges in Deutschland, Münster 1991.

Horst OSTERHELD, Adenauer et De Gaulle: portraits comparés, in: Espoir 79 (1992) S. 4–9.

Frank R. PFETSCH, Die Verfassungspolitik in Deutschland nach 1945, in: Joseph JURT (Hg.), Von der Besatzungszeit zur deutsch-französischen Kooperation, Freiburg 1993, S. 88–108.

Loïc PHILIP, Les sources et l'élaboration de la Constitution du 27 octobre 1946, in: Paul ISOART, Christian BIDEGARAY (Hg.), Des Républiques françaises, Paris 1988, S. 440–464.

Dorothy PICKLES, The Uneasy Entente. French Foreign Policy and Franco-British Misunderstandings, London 1966.

Raymond POIDEVIN, René Mayer et la politique extérieure de la France (1943–1953), in: Revue d'Histoire de la Deuxième Guerre mondiale 34 (1984) S. 73–97.

DERS., La politique allemande de la France en 1945, in: Maurice VAÏSSE (Hg.), 8 mai 1945: la Victoire en Europe. Actes du colloque international de Reims, 1985, Lyon 1985, S. 221–238.

DERS., Robert Schuman. Homme d'État 1886–1963, Paris 1986.

DERS., Robert Schumans Deutschland- und Europapolitik zwischen Tradition und Neuorientierung, München 1976.

DERS., Jacques BARIÉTY, Frankreich und Deutschland. Die Geschichte ihrer Beziehungen 1815–1972, München 1982.

François PUAUX, 1994: du rêve aux réalités, in: Espoir 99 (1994) S. 23f.

Oliver RATHKOLB, De Gaulle »im Spiegel« österreichischer Außenpolitik und Diplomatie 1958/59–1965, in: Österreichische Gesellschaft für Zeitgeschichte (Hg.), De Gaulles europäische Größe. Jahrbuch für Zeitgeschichte 1990/91, Wien/Salzburg 1990/91, S. 85–93.

René RÉMOND, Two Destinies: Pétain and de Gaulle, in: Hugh GOUGH, John HORNE (Hg.), De Gaulle and Twenty-Century France, London 1994, S. 9–17.

DERS., Frankreich im 20. Jahrhundert. Erster Teil: 1918–1958. Zweiter Teil: 1958 bis zur Gegenwart, Stuttgart 1994/1995.

DERS., Die verweigerte Integration: Nationalstaatliche Autonomie als Prinzip der französischen Geschichte, in: Robert PICHT (Hg.), Das Bündnis im Bündnis. Deutsch-französische Beziehungen im internationalen Spannungsfeld, Berlin 1982, S. 21–39.

DERS., Réflexions sur un Colloque, in: Janine BOURDIN (Hg.), Léon Blum. Chef de Gouvernement 1936–1937, Paris 1967, S. 420–439.

Jean-François REVEL, Beitrag ohne Titel in: Institut Charles de Gaulle (Hg.), De Gaulle en son siècle. Actes des Journées internationales tenues à l'Unesco. Paris, 19–24 novembre 1990, Bd. 1: Dans la mémoire des hommes et des peuples, Paris 1991, S. 514–518.

André LE RÉVÉREND, Lyautey écrivain 1854–1934, Paris 1976.

Paul REYNAUD, Ehrgeiz und Illusion. Die Außenpolitik de Gaulles, München/Zürich 1964.

Jean-Pierre RIOUX, L'épuration en France (1944–1945), in: L'Histoire 5 (1978) S. 24–32.

DERS., La France de la IVᵉ République. Bd. 1: L'ardeur et la nécessité, 1944–1952, 2. Auflage Paris 1980; Bd. 2: L'Expansion et l'impuissance (1952–1958), 2. Auflage Paris 1983.

DERS., De Gaulle in Waiting 1946–1958, in: Hugh GOUGH, John HORNE (Hg.), De Gaulle and Twenty-Century France, London 1994, S. 35–49.

Gerhard RITTER, Geschichte als Bildungsmacht. Ein Beitrag zur historisch-politischen Neubesinnung, 2. Auflage Stuttgart 1947.

DERS., Staatskunst und Kriegshandwerk. Das Problem des Militarismus in Deutschland. Bd. 1, 2. Auflage München 1959.

Joseph ROVAN, Deux anniversaires, in: Espoir 42 (1983) S. 63f.

DERS., Préface, zu: Otto VON BISMARCK, Pensées et Souvenirs, (frz. Übersetzung) Paris 1984, S. 7–11.

DERS., Zwei Völker – eine Zukunft. Deutsche und Franzosen an der Schwelle des 21. Jahrhunderts, München 1986.

Lothar RUEHL, Machtpolitik und Friedensstrategie, Hamburg 1974.

Michael SALEWSKI, Deutschland. Eine politische Geschichte. Von den Anfängen bis zur Gegenwart. Bd. 1: 800–1815; Bd. 2: 1815–1990, München 1993.

DERS., Tirpitz. Aufstieg – Macht – Scheitern, Göttingen u. a. 1979.

Birgit SCHÄBLER, Das Prinzip der ›Vermeidung‹: der Große Syrische Aufstand 1925–1927 gegen das französische Mandat in der französischen und syrischen Geschichtsschreibung, in: Saeculum 45 (1994) S. 195–212.

Lawrence SCHEINMAN, Atomic Energy Policy in France under the Fourth Republic, Princeton (New Jersey) 1965.

Theodor SCHIEDER, Typologie und Erscheinungsformen des Nationalstaats in Europa, in: DERS., Nationalismus und Nationalstaat. Studien zum nationalen Problem im modernen Europa. Hg. v. Otto DANN, Hans-Ulrich WEHLER, Göttingen 1991, S. 65–86.

Wolfgang SCHMALE, Das Bicentenaire. Ein Forschungsbericht (Teil II), in: Historisches Jahrbuch 114 (1994) S. 135–174.

Helmut SCHMIDT, Strategie des Gleichgewichts. Deutsche Friedenspolitik und die Weltmächte, 2. Auflage Stuttgart 1966.

Pierre SCHNEIDER, Le surréalisme est-il soluble au musée?, in: L'Express vom 31. Mai 1991, S. 54–57.

Gregor SCHÖLLGEN, Die Macht in der Mitte Europas. Stationen deutscher Außenpolitik von Friedrich dem Großen bis zur Gegenwart, München 1992.

Walter SCHÜTZE, Frankreichs Außenpolitik im Wandel von de Gaulle zu Pompidou, in: Europa-Archiv 27 (1972) S. 11–20.

Stephen A. SCHUKER, The End of French Predominance in Europe. The Financial Crisis of 1924 and the Adoption of the Dawes Plan, 2. Auflage Chapel Hill (N.C.) 1976.

Ernst SCHULIN, Die Französische Revolution, 2. Auflage München 1989.

Hagen SCHULZE, Staat und Nation in der europäischen Geschichte, München 1994.

Winfried SCHULZE, Deutsche Geschichtswissenschaft nach 1945, 2. Auflage München 1993.

Alois SCHUMACHER, Frankreichs Sicherheits- und Deutschlandpolitik 1931–1935 im Widerstreit der öffentlichen Diskussion, Diss. phil. Frankfurt a. M. 1970.

Peter SCHUNCK, De Gaulle und seine deutschen Nachbarn bis zur Begegnung mit Adenauer, in: Wilfried LOTH, Robert PICHT (Hg.), De Gaulle, Deutschland und Europa, Opladen 1991, S. 21–43.

Hans-Peter SCHWARZ, Adenauer. Bd. 1: Der Aufstieg. 1876–1952, 2. Auflage München 1994; Bd. 2: Der Staatsmann 1952–1967, 2. Auflage München 1994.

DERS., Adenauer als politischer Neuerer, in: Gerd LANGGUTH (Hg.), ›Macht bedeutet Verantwortung‹. Adenauers Weichenstellungen für die heutige Politik, Köln 1994, S. 13–46.

DERS., Eine Entente élémentaire. Das deutsch-französische Verhältnis im 25. Jahr des Elysée-Vertrages, Bonn 1990.

DERS., Exposé, in: Institut Charles de Gaulle (Hg.), De Gaulle en son siècle. Actes des Journées internationales tenues à l'Unesco. Paris, 19–24 novembre 1990, Bd. 5: L'Europe, Paris 1992, S. 407–410.

DERS., Präsident de Gaulle, Bundeskanzler Adenauer und die Entstehung des Elysée-Vertrages, in: Wilfried LOTH, Robert PICHT (Hg.), De Gaulle, Deutschland und Europa, Opladen 1991, S. 169–179.

DERS., Die Zentralmacht Europas. Deutschlands Rückkehr auf die Weltbühne, Berlin 1994.

Jürgen SCHWARZ, Charles de Gaulle und die Sowjetunion, in: Gottfried NIEDHART (Hg.), Der Westen und die Sowjetunion. Einstellungen und Politik gegenüber der UdSSR in Europa und in den USA seit 1917, Paderborn 1983, S. 263–277.

DERS., Grundzüge der Ostpolitik de Gaulles insbesondere in den Jahren 1958 bis 1963, in: Rudolf MORSEY, Konrad REPGEN (Hg.), Adenauer-Studien. Bd. 3, Mainz 1974, S. 92–115.

Andrew SHENNAN, Rethinking France. Plans for Renewal 1940–1946, Oxford 1989.

DERS., De Gaulle, London/New York 1993.

John M. SHERWOOD, Georges Mandel and the Third Republic, Stanford 1970.

William SHIRER, Der Zusammenbruch Frankreichs, München/Zürich 1970.

Heinz-Otto SIEBURG, Deutschland und Frankreich in der Geschichtsschreibung des 19. Jahrhunderts (1848–1871), Wiesbaden 1958.

Haig SIMONIAN, France, Germany, and Europe, in: Journal of Common Market Studies 19 (1981) S. 203–219.

Gunnar SKOGMAR, Nuclear Triangle. Relations between the United States, Great Britain and France in the Atomic Energy Field, 1939–1950, Copenhagen 1993.

Jacques SOUSTELLE, Der Traum von Frankreichs Größe. 28 Jahre Gaullismus, Velbert 1969.

Georges-Henri SOUTOU, L'alliance incertaine. Les rapports politico-stratégiques franco-allemands, 1954–1996, Paris 1996.

DERS., De Gaulle, Adenauer und die gemeinsame Front gegen die amerikanische Nuklearstrategie, in: Ernst Willi HANSEN, Gerhard SCHREIBER, Bernd WEGNER (Hg.), Politischer Wandel, organisierte Gewalt und nationale Sicherheit. Beiträge zur neueren Geschichte Deutschlands und Frankreichs. Festschrift für Klaus-Jürgen Müller, München 1995, S. 491–518.

DERS., Le général de Gaulle et l'URSS, 1943–1945: idéologie ou l'équilibre européen, in: Revue d'Histoire diplomatique 108 (1994) S. 303–355.

DERS., 1961: le plan Fouchet, in: Espoir 87 (1992) S. 40–54.

DERS., Les problèmes de sécurité dans les rapports franco-allemands de 1956 à 1963, in: Relations internationales 58 (1989) S. 227–251.

Hans Otto STAUB, De Gaulle. Träumer oder Realist?, Luzern/Frankfurt a. M. 1966.

Rolf STEININGER, Ein neues Land an Rhein und Ruhr. Die Ruhrfrage 1945/46 und die Entstehung Nordrhein-Westfalens, Köln u. a. 1990.

Fritz STERN, Die Historiker und der Erste Weltkrieg. Privates Erleben und öffentliche Erklärung, in: Transit. Europäische Revue 8 (1994) S. 116–136.

David THOMSON, General de Gaulle and the Anglo-Saxons, in: International Affairs 41 (1965) S. 11–21.

Lujo TONCIC-SORINJ, Das unbefriedigende Primat der Innenpolitik über die Außenpolitik, in: Urs ALTERMATT, Judit GARAMVÖLGYI (Hg.), Innen- und Außenpolitik. Primat oder Interdependenz? Festschrift zum 60. Geburtstag von Walther Hofer, Bern/Stuttgart 1980, S. 37–43.

Jean-Raymond TOURNOUX, Die Tragödie des Generals, Düsseldorf 1968.

Gerd TREFFER, Der Hauptmann Charles de Gaulle in Ingolstädter Kriegsgefangenschaft, in: Sammelblatt des Historischen Vereins Ingolstadt 91 (1982) S. 193–259.

Jean TULARD, Frankreich im Zeitalter der Revolutionen 1789–1851, Stuttgart 1989.

DERS., Napoléon ou le mythe du sauveur, 5. Auflage Paris 1989.

Hans-Peter ULLMANN, Das Deutsche Kaiserreich 1871–1918, Frankfurt a. M. 1995.

Hans UMBREIT, Der Kampf um die Vormachtstellung in Westeuropa, in: Klaus A. MAIER u. a., Die Errichtung der Hegemonie auf dem europäischen Kontinent. Bd. 2 der Reihe »Das Deutsche Reich und der Zweite Weltkrieg«, hg. v. Militärgeschichtlichen Forschungsamt, Stuttgart 1979, S. 233–327.

Maurice VAÏSSE, Frankreich und die Machtergreifung, in: Wolfgang MICHALKA (Hg.), Die nationalsozialistische Machtergreifung, Paderborn 1984, S. 261–273.

DERS., De Gaulle et la première ›candidature‹ britannique au marché commun, in: Revue d'Histoire diplomatique 108 (1994) S. 129–150.

DERS., De Gaulle et les relations internationales avant 1958, in: Espoir 61 (1987) S. 8–18.

DERS., Une hirondelle ne fait pas le printemps. La France et la crise de Cuba, in: Ders., (Hg.), L'Europe et la crise de Cuba, Paris 1993, S. 89–107.

DERS., Aux origines du mémorandum de septembre 1958, in: Relations internationales 58 (1989) S. 253–268.

Jacques VIARD, Les Origines du Socialisme républicain, in: Revue d'Histoire moderne et contemporaine 33 (1986) S. 133–147.

Rudolf VIERHAUS, Historische Entwicklungslinien deutscher Identität, in: Bundeszentrale für politische Bildung (Hg.), Die Frage nach der deutschen Identität. Ergebnisse einer Fachtagung, Bonn 1985, S. 11–22.

Miorst VIORST, Hostile Allies. FDR and Charles de Gaulle, New York 1965.

Irwin M. WALL, Harry S. Truman et Charles de Gaulle, in: Espoir 79 (1992) S. 87–94.

DERS., The United States, Algeria, and the Fall of the Fourth French Republic, in: Diplomatic History 18 (1994) S. 489–511.

William WALLACE, Walter Hallstein aus britischer Sicht, in: Wilfried LOTH, William WALLACE, Wolfgang WESSELS (Hg.), Walter Hallstein – Der vergessene Europäer?, Bonn 1995, S. 225–246.

Geoffrey WARNER, France and the Non-Intervention in Spain, July–August 1936, in: Wolfgang SCHIEDER, Christof DIPPER (Hg.), Der Spanische Bürgerkrieg in der internationalen Politik (1936–1939), München 1976, S. 306–326.

Hermann WEBER, Vom verdeckten zum offenen Krieg. Richelieus Kriegsgründe und Kriegsziele 1634/35, in: Konrad REPGEN (Hg.), Krieg und Politik 1618–1648. Europäische Probleme und Perspektiven, München 1988, S. 203–217.

DERS., Une paix sûre et prompte. Die Friedenspolitik Richelieus, in: Heinz DUCHHARDT (Hg.), Zwischenstaatliche Friedenswahrung in Mittelalter und Früher Neuzeit, Köln/Wien 1991, S. 111–129.

Werner WEIDENFELD, Konrad Adenauer und Europa. Die geistigen Grundlagen der westeuropäischen Integrationspolitik des ersten Bonner Bundeskanzlers, Bonn 1976.

DERS., Der Einfluß der Ostpolitik de Gaulles auf die Ostpolitik Adenauers, in: Rudolf MORSEY, Konrad REPGEN (Hg.), Adenauer-Studien. Bd. 3, S. 116–125.

Gerhard L. WEINBERG, Globaler Krieg. Die Beziehungen zwischen dem europäischen und pazifischen Kampfraum während des Zweiten Weltkrieges, in: Karl Dietrich BRACHER, Manfred FUNKE, Hans-Peter SCHWARZ (Hg.), Deutschland zwischen Krieg und Frieden. Beiträge zur Politik und Kultur im 20. Jahrhundert. Festschrift für Hans-Adolf Jacobsen, Bonn 1990, S. 89–98.

DERS., Eine Welt in Waffen. Die globale Geschichte des Zweiten Weltkriegs, Stuttgart 1995.

Ernst WEISENFELD, Frankreichs Geschichte seit dem Krieg. Von de Gaulle bis Mitterrand. 2., überarbeitete und ergänzte Auflage München 1982.

DERS., Charles de Gaulle. Der Magier im Elysée, München 1990.

Klaus Rudolf WENGER, Preußen in der öffentlichen Meinung Frankreichs 1815–1870. Politische Aspekte des französischen Preußenbildes; ein Beitrag zur historischen Analyse nationaler Urteilsklischees, Göttingen u. a. 1979.

Adolf WILD, Jean Jaurès (1859–1914). Der sozialistische Internationalismus gegen den Krieg, in: Christiane RAJEWSKY, Dieter RIESENBERGER (Hg.), Große Pazifisten von Immanuel Kant bis Heinrich Böll, München 1987, S. 69–81.

Andreas WILKENS, Das Jahrhundert des Generals. Die historische Forschung zu de Gaulle steht erst am Anfang, in: Francia 20/3 (1993) S. 180–191.

Michel WINOCK, De Gaulle and the Algerian Crisis 1958–1962, in: Hugh GOUGH, John HORNE (Hg.), De Gaulle and Twentieth-Century France, London 1994, S. 71–82.

DERS., Nationalisme, antisémitisme et fascisme en France, 2. Auflage Paris 1990.

Rainer WOHLFEIL, Der Spanische Bürgerkrieg 1936–1939. Zur Deutung und Nachwirkung, in: Wolfgang SCHIEDER, Christof DIPPER (Hg.), Der Spanische Bürgerkrieg in der internationalen Politik (1936–1939), München 1976, S. 53–75.

Günter WOLLSTEIN, Theobald von Bethmann Hollweg. Letzter Erbe Bismarcks, erstes Opfer der Dolchstoßlegende, Göttingen/Zürich 1995.

Peter WYDEN, The Passionate War: The Narrative History of the Spanish Civil War, 1936–1939, New York 1983.

John W. YOUNG, France, the Cold War and the Western Alliance, 1944–49: French foreign policy and post-war Europe, London 1990.

Marvin R. ZAHNISER, Uncertain Friendship: American-French Diplomatic Relations Through the Cold War, New York u. a. 1975.

ABKÜRZUNGSVERZEICHNIS

ACDP	Archiv für Christlich-Demokratische Politik, St. Augustin bei Bonn
AMAE	Archives du Ministère des Affaires Etrangères, Paris
AN	Archives Nationales, Paris
BA	Bundesarchiv, Koblenz
DM	Charles DE GAULLE, Discours et Messages, 5 Bände, Paris 1970
GWU	Geschichte in Wissenschaft und Unterricht
HZ	Historische Zeitschrift
LNC	Charles DE GAULLE, Lettres, Notes et Carnets, 12 Bände, Paris 1980–1988
NL	Nachlaß
PA AA	Politisches Archiv des Auswärtigen Amtes, Bonn
PRO	Public Record Office, London
VfZG	Vierteljahrshefte für Zeitgeschichte